新编21世纪高等职业教育精品教材 / 财务会计类

U0853741

A Practical Training Course of RPA Financial Robot

RPA财务机器人实训教程

主　编　王萱　闫佳

中国人民大学出版社
·北京·

前　言

随着教育部《职业教育专业目录（2021年）》的发布实施，高等职业教育专科和本科中的“会计”“财务管理”“审计”等专业纷纷升级为“大数据与会计”“大数据与财务管理”“大数据与审计”等新专业，各专业的人才培养方案及课程体系发生了非常显著的变化，“RPA财务机器人”等一批信息技术先进、融合趋势明显的课程增设其中，有力地支撑着专业升级和数字化改造。本书以习近平新时代中国特色社会主义思想为指导，全面融入党的二十大精神，始终把提高学生的思想道德素质与专业素养融为一体，培养学生诚实守信、爱岗敬业等优秀品质，为中国式现代化建设提供高技能人才支撑。

在数字经济蓬勃发展和职业教育深化改革的浪潮中，“RPA财务机器人”等高等职业教育新专业课程应如何建设和教学呢？怀揣这样的问题，编者曾通过线上或线下的方式参加了多次RPA课程培训，印象最为深刻的一次是重庆理工大学程平教授于2021年7月27日—30日举办的那场“RPA财务机器人”课程高级师资培训。程平教授是中国云会计改革概念的提出者，笔耕不辍、育人不倦，近3年已完成4本RPA教材和20多篇以RPA为主题的核心期刊论文，在教学和培训时采用的“理论讲解＋案例分析＋沙盘模拟推演＋软件开发实训”混合式教学模式，更是培养和指引了一批又一批高校师生和业界精英。在程平教授等业界名师名家的激励和指引下，编者立志在职业教育的轨道上打造具有鲜明特色的RPA财务机器人教学模式，本教材则是其成果之一，希望借此教材吸引更多的高职学生或RPA爱好者加入RPA财务机器人的学习及应用实践。

本教材是在深圳信息职业技术学院“RPA财务机器人”等课程教学实践的基础上编写而成的。作为UiPath学术联盟中国首批合作院校，深圳信息职业技术学院是深圳市人民政府于2002年4月创办的一所公办全日制高等院校，是国家“双高计划”（中国特色高水平高职学校和高水平专业建设计划）第一轮建设单位，是教育部、广东省和深圳市明确支持发展本科及以上层次职业教育的高校。以2021年下半年大数据与会计专业开设的课程为例，作为教育部第三批现代学徒制试点专业和广东省高职教育二类品牌专业，深圳信息职业技术学院大数据与会计专业面向456名毕业班学生增设了“RPA财务机器人”系列课程（包括9个专科毕业班和1个本科毕业班），通过项目化课程建设和线上线下混合式教学，在高等职业教育的赛道上积极培养适应时代发展需要的新型复合型高素质会计专业人才，取得了较好的效果。

本教材围绕RPA及其在Web、Excel、PDF场景中的应用，基于RPA行业领导者UiPath公司开发的UiPath Studio软件，整体分为六个项目：（1）RPA简介及UiPath安装，包括“RPA概述及学习缘由”和“UiPath简介及安装”两个任务；（2）RPA入门案例——随机数字机器人，包括“猜数游戏机器人”和“随机点名机器人”两个任务；（3）Web场景应用——数据抓取机器人，包括“股票数据抓取机器人”和“文献信息抓取机器人”两个任务；（4）Excel场景应用——数据处理机器人，包括“银行对账机器人”和“数据查找机器人”两个任务；（5）PDF场景应用——识别分析机器人，包括“电子发票识别机器人”和“财务报告分析机器人”两个任务；（6）课程综合实训与总结展望，包括“课程综合实训”和“课程总结与展望”两个任务。

本教材定位于RPA财务机器人的入门级教材，以趣味性、实用性、可操作性为导向，适用于高等职业院校课程教学及RPA爱好者自主学习。本教材有如下几个特点：（1）采用项目化、模块化方式编写，各项目内容和任务相对独立，便于教学实践和自主学习，每个项目建议安排4～8课时，结合项目练习等内容，建议总课时为24～56课时；（2）采用案例化、全图解方式编写，主要项目的任务都是沿着“任务导入→任务分析与设计→任务实施→任务小结”的路线开展，其中任务实施的关键“机器人制作”环节都是按照“操作准备→程序制作→程序运行→文件保存”的过程实施，每一步骤都通过全屏截图并图解标注的方式详细展现，极大地降低了阅读和实操的难度，契合了UiPath“人手一个机器人”的宣传口号；（3）优化细节内容并注重课程衔接，为避免标点符号的影响，本项目在表述活动控件时用【】表示（如【分配】，与程平教授编著的教材表述一致），在表述输入内容时用下划线表示（如表示输入的内容为“分配”，为避免对双引号的误用，本教材使用分配）；同时，将变量、函数等知识点穿插到各项目任务的程序制作过程，不再单独设置章节专门介绍编程基础知识或UiPath的高级应用，读者如有兴趣可查阅本教材的主要参考书籍及其他学习资源进一步学习。

本教材由深圳信息职业技术学院王萱和闫佳共同提出创意、思路与提纲，并与教学团队许金红、付波航、戴维等老师充分论证而定。各项目执笔撰写人如下：王萱编写项目一、项目二、项目六，同时负责配套教学资源的制作；闫佳编写项目三、项目四、项目五，同时负责机器人的运行测试。

由于编者水平有限，加之时间仓促，我们诚挚地希望各位前辈、同人、读者对本教材的不足之处给予批评指正。

编者

目 录

项目一

RPA 简介及 UiPath 安装

【知识目标】

了解 RPA 的概念及学习的缘由；了解 UiPath 公司及其开发的 UiPath 软件；掌握 UiPath Studio 软件的下载安装与初步使用。

【能力目标】

能够自主下载并安装 UiPath Studio 软件；能够打开 UiPath 工作界面并制作运行出"哇塞，你真棒!"的消息框内容。

【素养目标】

满足数字经济时代对新型复合型高素质人才的培养需求，促进对信息技术前沿知识和核心素养的认同与追求，提升利用 RPA 等新技术解决现实问题的综合能力，培养爱岗敬业的专业素养和勇于创新的职业精神。

近年来，在上海国家会计学院联合多家机构举办的“影响中国会计人员的十大信息技术”评选活动中，有一项技术首次亮相后就蝉联2020年度、2021年度榜单第5位，它就是RPA，全称为Robotic Process Automation，通常被翻译为机器人流程自动化。RPA财务机器人可认为是机器人在财务中的应用，虽然引入财务领域的时间不长，但却因其快速发展、成效显著而成为广大会计人员关注的热门话题，也成为很多企业纷纷试水和深化应用的技术之一。本项目将介绍RPA及主流的一款优秀RPA软件——UiPath，希望初学者能够理解RPA并安装好UiPath软件走进RPA的世界。

任务1

RPA概述及学习缘由

一、什么是RPA?

2021年12月，工业和信息化部等多部门联合印发了《“十四五”智能制造发展规划》以及《“十四五”机器人产业发展规划》，对我国智能制造和机器人产业发展做出了重要规划。与人们通常所熟知的机器人不同，RPA是Robotic Process Automation（机器人流程自动化）的简称，可理解为“软件机器人”，可以帮助人类进行各种流程自动化处理工作，具有显著的应用场景及实际价值。

（一）RPA的概念

亿欧智库等多方资料显示，RPA这个概念最早是由英国RPA供应商Blue Prism公司的Pat Geary于2012年提出的。随着人们对RPA的认识在不断迭代更新，关于RPA的概念有很多版本，但基本都体现出“软件机器人”这一普遍认可的理念，主流观点视其为一种新兴的“数字劳动力”或“虚拟劳动力”，这也是很多企业和投资者都看好RPA前景的一大原因。

综合国内外对RPA概念的相关论述，本教材认为RPA是一种软件技术，可以按照既定的规则自动执行设定的工作流程和预设任务，是一种可以模拟人类完成人机交互、系统间交互的自动化流程软件，是针对各行业存在大批量、重复性、机械化人工操作情况时可供选择的一种高效解决方案。近年来，为了应对财务领域存在的大批量、重复性、机械化人工操作情况，RPA技术在财务领域得到了快速应用并以“RPA财务机器人”的概念广为人知。国际著名的四大会计师事务所（安永、普华永道、德勤、毕马威）先后把国外已有初步应用的“财务机器人”概念引入中国，试图制造一个“软件机器人”，或者叫“数字化劳动力”，自动完成这些计算机上的机械重复工作。

（二）RPA的行业发展

著名信息调查机构Everest曾发布一份关于RPA变革的报告，对RPA框架定义和未来发展方向划分出四个阶段，见表1-1。

表1-1 RPA的四个发展阶段

发展阶段	内容	特征
RPA 1.0：辅助性RPA（Assisted RPA）	涵盖了现有的全部桌面自动化软件操作，用以提高工作效率，部署在员工的个人电脑上；缺点是不支持端到端的自动化和难以成规模的应用	虚拟助手
RPA 2.0：非辅助性RPA（Unassisted RPA）	涵盖了目前RPA的主要功能要求，是实现端到端的自动化和可伸缩的虚拟劳动力，具有工作自动协调机制、机器人智能管理方法、机器人性能分析等功能，部署在虚拟机上；缺点是需要手动控制和管理机器人	虚拟劳动力
RPA 3.0：自主性RPA（Autonomous RPA）	涵盖了目前RPA最期望的主动功能要求，是实现端到端的自动化和可扩展且灵活的虚拟化劳动力，具有自动缩放、动态负载平衡、情景感知、高级分析和工作量等功能，部署在服务器（虚拟机）上；缺点是无法处理非结构化数据	
RPA 4.0：认知性RPA（Cognitive RPA）	涵盖了未来RPA的功能要求，使用人工智能AI和机器学习等技术，实现处理非结构化数据、预测性和规范性分析、涉及判断任务的自动化等功能	

Everest在报告中指出：从RPA 1.0到RPA 2.0是一个非常大的飞跃，从RPA 2.0阶段开始，RPA才可以被称为软件机器人，具有了代替人的可能。目前大多数RPA软件产品都集中在RPA 2.0和RPA 3.0之间，解决RPA 2.0和RPA 3.0的所有问题并积极探索RPA 4.0人工智能AI和机器学习等技术的引入，已成为RPA发展趋势。

与Everest的RPA 4.0概念相类似，著名管理咨询公司麦肯锡（McKinsey）在2020年一份报告中将管理智能化从RPA提升到了IPA（Intelligent Process Automation），指出IPA则是下一代流程增强的工具（或者称之为下一代RPA），在目前RPA基础上结合机器学习等AI技术。随着深度学习和认知技术的快速发展，IPA将逐步具备制定决策的能力，从而远远超出现有的基于规则的自动化，从根本上增质提效、减少操作风险、改善响应时间和客户体验。

根据2021年亿欧智库发布的《千帆竞发——2021 RPA赋能企业数字化转型》研究报告，“传统的RPA技术已出现多年，最早可追溯到1994年微软发布Excel 5.0中Macroinstruction（宏指令）功能，早期这类编程工具如批处理脚本和触发器等皆为RPA的雏形，微软孕育了大部分底层自动化框架和技术……随着数据库和编程技术的成熟，专业的RPA工具从21世纪初开始建立，并诞生了UiPath、Blue Prism、Automation Anywhere等独角兽企业……各厂商底层技术路径虽有差异，但最后都形成了现代RPA三件套的低代码软件开发工具包，即流程设计器、控制中心、机器人，并整合 OCR、NLP 等 AI 技术，以非侵入、弱耦合形式实现跨系统、跨平台连接，使企业原来只能通过编写程序或者编写脚本才能实现的自动化功能，通过机器人自主学习以及图形化拖拉拽的方式就能实现……随着大企业客户进入 RPA 市场，单一的解决方案无法满足其多元化、复杂需求，RPA 供应商开始研发规模化部署的 RPA 和云端 RPA，并结合 AI 技术，实现非结构化数据的处理等功能……目前中国大部分企业处于 RPA 2.0 和 RPA 3.0 之间，正向 RPA 4.0 冲刺并作为研发重点。”

2021 年，著名咨询研究机构 Gartner 发布了 2021 年 RPA 魔力象限，如图 1－1 所示，对 RPA 行业的市场份额、供应商地位以及未来发展趋势进行了详细解读。

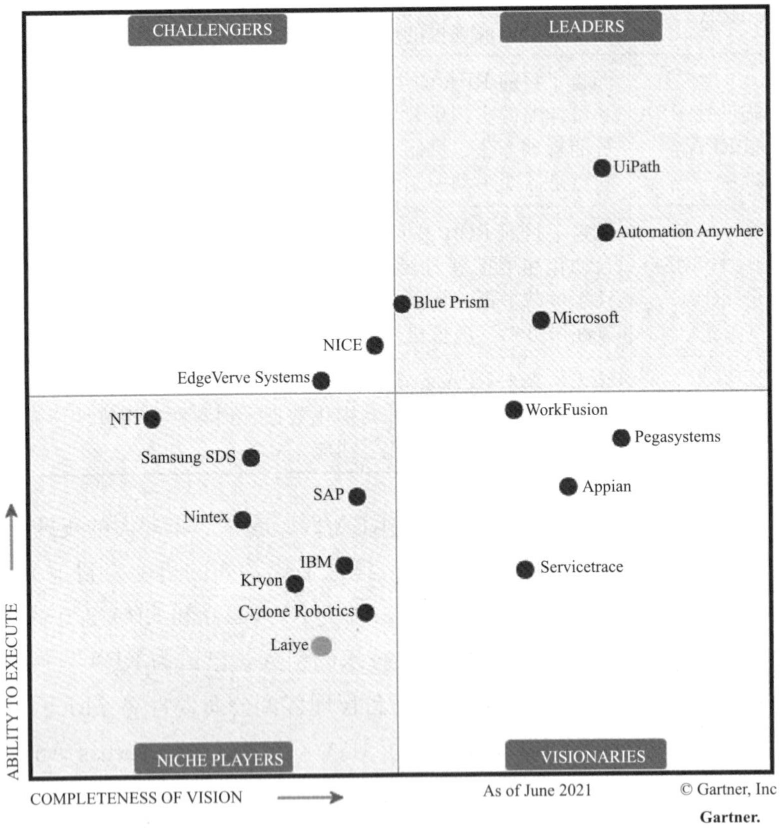

图 1－1　Gartner 发布的 2021 年 RPA 魔力象限

Gartner 在报告中主要有以下几个方面的调查发现：

（1）RPA 仍然是全球企业软件市场中增长最快的细分市场，尽管 COVID－19（新型冠状病毒肺炎）对业务造成了很多不确定性，但全球 RPA 市场的收入在 2020 年增长了 38.9%，超过了所有其他软件领域，而整个企业软件市场的增长率仅为 8.9%。

（2）截至 2021 年 6 月，RPA 领域共有 60 多家大型供应厂商，共有 18 家 RPA 厂商入选了魔力象限（包括 2 家中国 RPA 厂商——弘玑 Cyclone Robotics 和来也 Laiye），前 10 家 RPA 厂商占据了全球 80% 以上的市场份额。

(3) RPA 供应商格局发生变化。本次评选中，UiPath、Automation Anywhere、Blue Prism、Microsoft 被评为行业领导者（Leaders），NICE、EdgeVerve Systems 被评为挑战者（Challengers），WorkFusion、Pegasystems、Appian、Servicetrace 被评为远见者（Visionaries），NTT、Samsung SDS、SAP、Nintex、IBM、Kryon、Cyclone Robotics（弘玑）、Laiye（来也）被评为利基市场参与者（Niche Players）。

(4) RPA 正在扩大能力边界，不仅限于屏幕抓取，而且正在迅速演变为具有嵌入式流程发现、IDP（智能文档处理）、AI、ML、低代码开发以及复杂工作流编排功能的自动化平台；许多软件提供商正通过 RPA 打造关键功能的企业级自动化平台，以快速进入 RPA 市场；与此同时，纯 RPA 供应商正在扩大其平台范围，提供 API 集成、低代码开发和复杂的流程编排等强大功能。

二、为什么要学 RPA?

2021 年 12 月，国务院印发《“十四五”数字经济发展规划》，开篇指出“数字经济是继农业经济、工业经济之后的主要经济形态，是以数据资源为关键要素，以现代信息网络为主要载体，以信息通信技术融合应用、全要素数字化转型为重要推动力，促进公平与效率更加统一的新经济形态”。RPA 实质上也是数字经济的一分子，未来将是人工智能、大数据、云计算等新技术的深度融合体，在数字经济发展的时代浪潮中如何保持前进姿态，需要的是学习和不断学习。

（一）RPA 能显著提高生产力

RPA 作为软件机器人，可以模拟人类、帮助人类更好地处理计算机上的工作，无论是企业还是个人，都可以从中通过节约成本、提高效率的方式提高生产力。

入选 2021 年 RPA 魔力象限的全球 RPA 行业领导者 UiPath 在其公司网站上指出 RPA 具有如下优势和发展态势。

1. RPA 能够带来很多业务优势

RPA 简化了工作流程，帮助企业获得更高利润，企业能够更灵活、更快速地做出响应；由于 RPA 减少了单调的日常工作，因此它还能够提高员工满意度、参与度和生产力；RPA 是非侵入性的，可快速实施，加速数字化转型；RPA 非常适用于那些缺少 API、虚拟桌面基础设施（VDI）或数据库访问的原有系统的自动化工作流程。

2. RPA 具有变革性，将改变人们的工作方式

软件机器人代替人工从事重复性、低价值的工作，如登录应用和系统、移动文件和文件夹、提取、复制和插入数据、填写表单、完成例行分析和报告等。高级机器人甚至可以参与认知流程，如解释问题、参与聊天和对话、理解非结构化数据，以及应用先进的机器学习模型做出复杂决策等。当机器人从事这些重复性、高负荷的工作时，员工则可以解放出来，专注于他们更擅长、更有兴趣的工作，如创新、协作、创造、与客户互

动等。企业也得到了提升，获得了很高的生产力、工作效率和灵活性。

3. RPA 适用领域广泛，可以得到普遍应用

现在 RPA 推动众多行业和流程实现了新一轮的高效率，将人们从重复、单调的工作中解放出来。金融服务、医疗保健、制造业、公共部门、零售等行业的企业已在金融、合规、法律、客户服务、运营和 IT 等多个领域实施了 RPA，而这才只是开始。虚拟、高负荷、商业规则驱动、可重复的流程都是自动化的潜在目标，同时，要求更高 AI 技能的认知流程也越来越成为自动化的潜在目标。

4. RPA 正成为世界上发展最快的企业软件

当您将 RPA 的可量化价值及其相对于其他企业技术的实施性综合考虑时，就不难理解为什么 RPA 能够在全球快速得到普遍采用。RPA 可帮助各行各业以更新、更强有力的方式解决其具体的运营问题。财务、客服、营销、人力资源等各职能部门负责人均认为 RPA 可改进诸多流程，产生更高容量，加快吞吐量，减少主要流程的出错率。从 CEO 的角度来看，与其他企业技术相比，RPA 技术投资能够快速实现 ROI（投资回报率），且前期费用要小；IT 主管发现，RPA 的实施几乎不会造成中断，而且，由于软件机器人能够与原有系统兼容，易于访问，因此 RPA 已成为数字化转型的主要推动力量，且现代化的 RPA 技术提供可拓展的企业级平台；员工发现在日常工作中采用机器人助手非常方便，而且 RPA 的低代码方式可以让他们成为平民开发者，可以自行开发简单的自动化流程。

同样入选 2021 年 RPA 魔力象限的中国 RPA 厂商来也（Laiye）在其公司网站上指出，RPA 已广泛应用于金融、制造、能源、政务、零售、物流、医疗、教育、电商等众多行业领域，为业务流程自动化提供良好的解决方案，优化人员配置，提升运营管理效率。在实际应用中，RPA 机器人通常承载着以下十大基础功能：

（1）数据搜索。通过预先设定的规则，RPA 机器人可自动访问内外网，灵活获取页面元素，根据关键字段搜索数据，提取并存储相关信息。

（2）数据迁移。RPA 具有灵活的扩展性和无侵入性，可集成在多个系统平台上，跨系统自动处理结构化数据，进行数据迁移，检测数据的完整性和准确性，且不会破坏系统原有的结构。

（3）数据录入。对于需要录入系统的纸质文件数据，RPA 机器人可借助 OCR 进行识别，将读取到的数据信息自动录入系统并归档。

（4）OCR 识别。RPA 机器人可依托 OCR 对扫描所得的图像进行识别处理，进一步优化校正分类结果，将提取的图片关键字段信息输出为能结构化处理的数据。

（5）信息审核。基于 OCR 对图像信息的识别，RPA 机器人可根据预设规则，模拟人工执行操作任务，并对识别完成的文字信息进行审核与初加工，完成从图像到信息的转换。

（6）上传下载。RPA 机器人可模拟人工操作，自动登录多个异构系统，将指定数据及文件信息上传至特定系统；也可从系统中下载指定数据及文件信息，并按预设路径进

行存储，或是进一步根据规则进行平台上传或其他处理。

（7）筛选统计。对于原始的结构化数据，RPA 机器人可按照预先设定的规则，自动筛选数据，并根据筛选的数据进行统计、整理等后续处理，从而得出满足个性化管理需求的数据信息。

（8）整理校验。RPA 机器人能对提取的结构化数据和非结构化数据进行转化和整理，并按照标准模板输出文件，实现从数据收集到数据整理与输出的自动化；此外，RPA 还能自动校验数据信息，对数据错误进行分析和识别。

（9）生成报告。根据标准的报告模板，RPA 可按照规则要求，将从内外部获取的数据信息进行整合，自动生成报告。

（10）推送通知。在处理任务的过程中，RPA 可将识别到的关键信息，自动推送给任务节点的相关工作人员，及时通知信息，实现流程跟催。

（二）财务人员更要学习 RPA

RPA 的出现，对财务人员来说，既是机遇也是挑战。在数字经济发展的时代浪潮中，RPA 应该成为财会人员的必备职业技能。

重庆理工大学会计学院副院长程平教授在《RPA 财务机器人开发教程——基于 UiPath（第 2 版）》中指出："成本和效率是企业使用财务机器人的两大主要驱动因素，财务机器人的应用是企业财务数字化转型的必由之路，它使财务人员从繁杂、重复的会计记账工作中摆脱出来，有更多的时间和精力参与到企业的业务财务工作中，完成由会计核算型人才向会计管理型人才的转变……从 2017 年开始，以德勤、普华永道、安永、毕马威为代表的国际四大会计师事务所相继上市财务机器人及其解决方案，标志着财务领域的'RPA（机器人流程自动化）'时代的正式开启，随着 RPA 的发展，国内的浪潮集团、苏州数字力量公司、上海茵罗公司等也在财务领域做了许多创新的应用。"

UiPath 公司大中华区总裁吴威先生为《RPA 财务机器人开发教程——基于 UiPath（第 2 版）》一书作序时提道："新技术的发展与快速应用，使得社会对 RPA 财务人才需求越来越多……许多具备 RPA 能力的会计毕业生，已经在国内外咨询公司或者企业客户的 RPA 财税咨询、实施、开发和运用等方面发挥了重要作用。鉴于此，国内有特别多的高校会计学生期望在学校的课程中能够学习到 RPA 财务机器人知识与技术，以便形成核心竞争力，在毕业后能够加入这个前沿领域，以谋求更好的职业发展……三年过去了，RPA 已经不是一个新概念，在财务领域尤其如此。很多公司已经找到了财务的应用场景，并且还在不断地挖掘新的应用场景。"

2021 年 6 月，在由上海国家会计学院等多家机构联合举办的影响中国会计人员的十大信息技术评选中，RPA（机器人流程自动化）技术继 2020 年评选后再次名列第 5 位。中国会计学会会计信息化专业委员会主任委员、上海国家会计学院副院长刘勤教授指出，相比其他智能技术，RPA 具有开发时间短、编码量小、实施成本低，无侵入性，合规性、安全性、扩展性高，可 24 小时自行运行等诸多特点；而在应用方面，自 RPA 技术被引入财务领域后，在短短几年内，其应用已快速扩展到财务处理、发票处理、银行对账、费用审核、报表处理、资产管理、纳税申报等十几个场景之中，已部分实现了对会计人员基础工作的替代。

由此可见，在数字经济发展的时代浪潮中，新技术的发展与快速应用正改变着各种领域，财务人员学习 RPA 正是恰逢其时，在高等院校开设 RPA 课程很有必要。以高等职业教育财务会计类为例，随着教育部《职业教育专业目录（2021 年）》的发布实施，高等职业教育专科和本科原来的“会计”“财务管理”“审计”等专业已纷纷更名升级为“大数据与会计”“大数据与财务管理”“大数据与审计”等新专业，其人才培养方案及课程体系发生巨大变化，“RPA 财务机器人”等一些科技气息浓厚、技术与时俱进的课程正赋能其中，体现出大数据、云计算、人工智能等新技术与财务领域的深度融合，将有力地支撑专业升级和数字化改造，更好地对接服务产业，以适应新时代对财务领域人才的需要。

任务小结

通过本任务的学习，大家是不是对 RPA 这种软件机器人有所了解了呢？没错，RPA 就是机器人流程自动化，英文全称为 Robotic Process Automation，它可以帮助人类进行各种流程自动化处理工作。随着与人工智能（AI）等新技术的进一步融合，RPA 的未来更是可期！在当前数字经济发展的时代浪潮中，为了显著提高生产力、更好地融入新时代，让我们一起来学习 RPA 吧！在学习 RPA 的道路上，我们并不是在孤军奋战，丰富的教学资源、有趣的项目内容、各类的学习伙伴……加油吧！

任务 2

UiPath 简介及安装

一、什么是 UiPath？

随着 RPA 的快速发展，国内外参与 RPA 市场的软件开发商和客户越来越多，市面上可供选择的 RPA 软件也越来越丰富，若一定要举例几个，那必须要提的就是 UiPath。根据 Gartner 发布的 2021 年 RPA 魔力象限，在最终入选的 18 家 RPA 开发商中，UiPath 稳居榜首，并与另外 3 家（Automation Anywhere、Blue Prism、Microsoft）同称为行业领导者。为了让读者更好地认识 UiPath，下面将简要介绍 UiPath 公司及其开发的 UiPath 软件。

（一）UiPath 公司

UiPath 开始规模很小，后来逐渐成为全球 RPA 软件公司。公司创始人 Daniel Dines 提出："比尔・盖茨在微软时曾经说过，让每个家庭的桌上都有一台电脑。我希望实现人手一个机器人。"如今，"人手一个机器人"已成为 UiPath 的宣传口号，正在激励越来越多的 RPA 学习者。

（1）2005 年，UiPath 公司成立于罗马尼亚的首都布加勒斯特，原名为 Deskover，最初只是一个 10 人的团队，由微软前高管 Daniel Dines 和 Marius Tirca 共同创建，主要是给世界上的大型公司外包自动库和软件。

（2）2015 年，UiPath 公司正式更名并倍加关注 RPA 领域，为 UiPath 学院推出了免费课程，并开始向超过 35 000 名已获得认证的开发者教授 RPA 课程，推动了企业的快速增长。

（3）2017 年，UiPath 公司将总部迁往美国纽约，其主要开发中心仍位于罗马尼亚首都布加勒斯特。

（4）2019 年，UiPath 公司在 Gartner 发布的第一份全球 RPA 行业魔力象限报告中位居榜首，与 Automation Anywhere、Blue Prism 一起被评为 RPA 行业领导者。

（5）2020 年，UiPath 公司在 Gartner 发布的 2020 年 RPA 行业魔力象限中蝉联榜首，与 Automation Anywhere、Blue Prism、WorkFusion 一起被评为 RPA 行业领导者。

（6）2021 年，UiPath 公司在纽约证券交易所上市，股票代号为"PATH"，联合创始人兼首席执行官 Daniel Dines 成为罗马尼亚首富，个人财富超过 70 亿美元。

（7）2021 年，UiPath 公司在 Gartner 发布的 2021 年 RPA 行业魔力象限中蝉联榜首，与 Automation Anywhere、Blue Prism、Microsoft 一起被评为 RPA 行业领导者。

（二）UiPath 软件

UiPath 产品是 RPA 领域最受欢迎的软件之一，该产品由 UiPath 公司开发并经历了多个版本的更新迭代。在浏览器上登录 UiPath 软件"开始试用"的界面（网址：https://www.uipath.com.cn/start-trial/），可以看到主要分为社区版和企业版两大类，如图 1－2 所示。

（1）UiPath 社区版：适用于个人 RPA 开发者和小型团队，永远免费，由 UiPath 管理更新，根据官网提示，只需要每隔 60 天更新最新版本，即可享受 UiPath 社区版永久使用权。

（2）UiPath 企业版：又分为适用于企业 Studio 和企业服务器两种类型，免费试用期为 60 天，企业试用期结束后，继续使用需要购买相应的许可，由企业自主管理更新。

初学者及个人开发者推荐下载使用社区版，本教材使用的是 UiPath 社区版 v21.10.5。无论是 UiPath 社区版还是企业版，其产品都主要由 UiPath Studio、UiPath Robot、UiPath Orchestrator 等软件组成。

	适用于个人和小型团队 **社区版** 立即试用 适用于个人RPA开发者和小型团队，可随时升级到企业版。1	适用于企业 **Studio** 立即试用 对于希望试用UiPath Studio的企业开发人员。	适用于企业 **企业服务器** 立即试用 完整的企业自动化平台（Studio、Robots、Orchestrator）的本地部署版本。
免费试用期	**永远免费**	**60天**	**60天**
Orchestrator	1个许可证	—	1个许可证
Action Center	5个许可证（许可用户）	—	10个许可证（许可用户）
Insights	—	—	1个许可证
Studio ①	2个许可证	1个许可证	10个许可证
StudioX ② ①	包含在Studio许可证内	1个许可证	10个许可证
包含机器人	2个有人值守；1个无人值守	1个有人值守	—
额外机器人	— ①	—	不限量；按需发放许可证
人工智能机器人	—	—	—
人工智能计算机视觉	3000万像素/分钟	—	取决于基础设施
文档理解	2页、4MB	—	1000页
自动化产能	3个机器人	—	利用您的基础设施进行企业扩展
可用性	99.5%以上	—	现可提供高可用性架构
用户管理	—	—	集中式企业用户管理
软件更新	由UiPath管理更新	由企业自主管理更新	由企业自主管理更新
在线培训和认证	✓	✓	✓
现场培训	—	✓	✓
支持	免费论坛支持 3	具备服务等级协议的工单支持 ③	具备服务等级协议的工单支持 ③
激活	在线激活	在线和离线激活	在线和离线激活

图 1-2　UiPath 的软件版本比较

（1）UiPath Studio：它是 UiPath 的开发工具，为满足不同层次用户需求又分为 UiPath Studio X、UiPath Studio、UiPath Studio Pro 等操作版本，利用它的图形化界面或者编程功能，可以很方便地设计出各种自动化流程，适用应用程序集成、自动执行第三方应用程序、管理 IT 任务和业务流程等需求。

（2）UiPath Robot：它是 UiPath 的执行工具，是用来搭建 UiPath Studio 以及运行 workflow（工作流）时所需的环境。用户在安装 UiPath Studio 时会同时安装 UiPath Robot，它会使流程按照设计的方式运行下去，其运行方式根据是否需要人工参与又可分为有人值守（Attended）和无人值守（Unattended）。

（3）UiPath Orchestrator：它是一个高度可拓展的服务器平台，主要承担管理者的角色，基于 Web 应用程序，能集中调度、管理和监控所有设定 UiPath Robot 环境中的机器人，可以管理和部署不同的 UiPath 工作流程，还能根据需求无须人工干预即可定时运行 UiPath 工作流程。

二、怎么安装 UiPath?

UiPath 社区版安装

了解完全球 RPA 行业领导者 UiPath 公司开发的 UiPath 软件，是不是很想下载试用一下呢？好，那我们接下来就去 UiPath 官网下载并安装试用吧！

（一）下载 UiPath 社区版

首先，登录 UiPath 官网下载页面（https://www.uipath.com.cn/community-edition-download/），填写电子邮箱等相关信息后提交，如图 1－3 所示。

图 1－3　UiPath 社区版官方下载页面

然后，登录电子邮箱查收 UiPath 发送的下载邮件，并根据内容提示进行下载，如图 1－4 所示。

最后，通过下载，UiPath 社区版安装包就到手啦！本次下载的安装包的属性显示大小为 866 MB，如图 1－5 所示。

图 1-4　查看电子邮箱下载 UiPath

图 1-5　下载的 UiPath 社区版安装包及其属性

（二）安装 UiPath 社区版

（1）做好准备工作。提前退出 360 安全卫生等杀毒软件（避免对安装过程的干扰），关闭 Chrome 等浏览器（减少设置拓展程序提示弹窗），检查是否为 Win10 系统，如果是 Win7 系统则需要先安装 Net _ Framework4. 6. 1 等程序包（由于篇幅问题，本教材不再赘述，读者可根据相关提示搜索程序文件进行安装）。

（2）安装 UiPath 程序包。首先，双击 UiPath 社区版安装包，进入安装程序界面，勾选“我接受许可协议中的条款”后点击“安装”，如图 1-6 所示；然后，耐心等待几分钟的安装过程，如图 1-7 所示，此过程若有弹窗出现可根据提示进行处理；最后，进入安装完成界面，如图 1-8 所示。

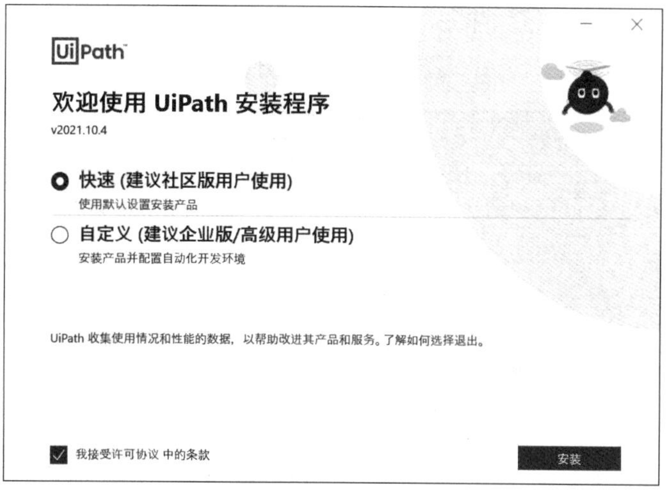

图 1-6　安装 UiPath 社区版程序包

图 1-7　耐心等待安装过程

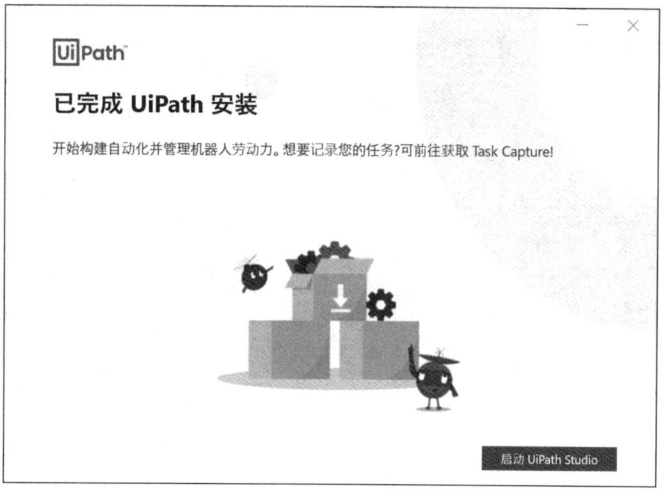

图 1-8　已完成 UiPath 安装界面

（3）启动 UiPath Studio。首先，点击上图已完成 UiPath 安装界面中的“启动 UiPath Studio”，进入 UiPath Studio 登录界面，如图 1－9 所示。

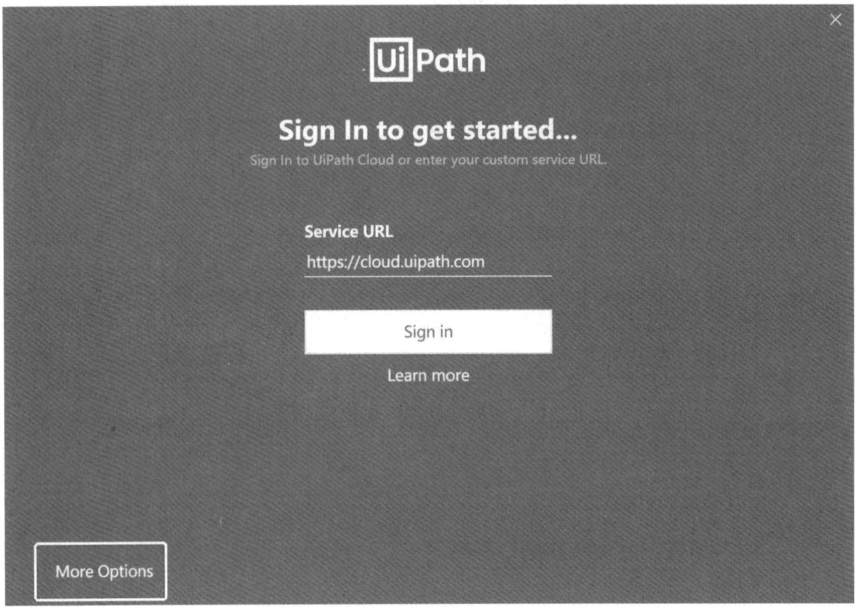

图 1－9 UiPath Studio 登录界面

然后，选择“More Options”（更多操作），进入 UiPath Studio 选择界面 1，如图 1－10 所示。

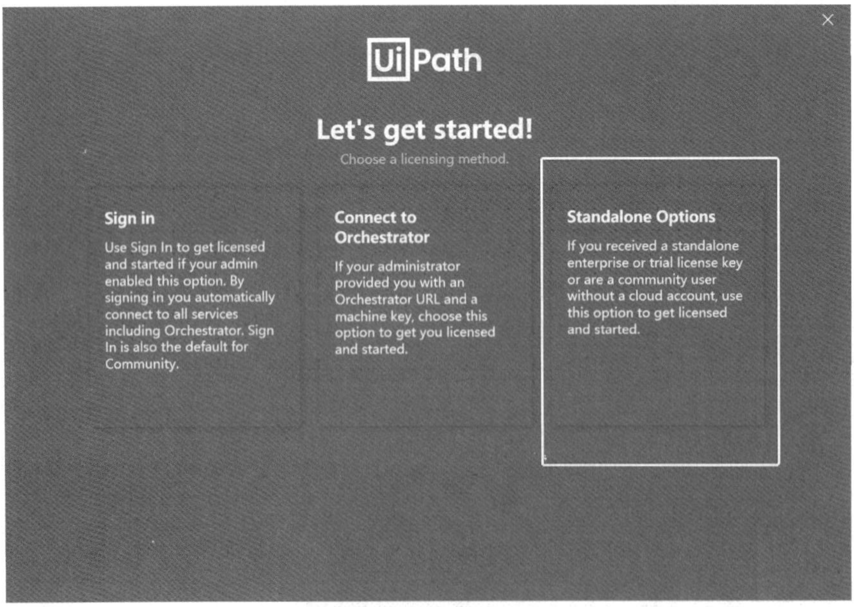

图 1－10 UiPath Studio 选择界面 1

然后，选择“Standalone Options”（独立选项），进入 UiPath Studio 选择界面 2，如图 1－11 所示。

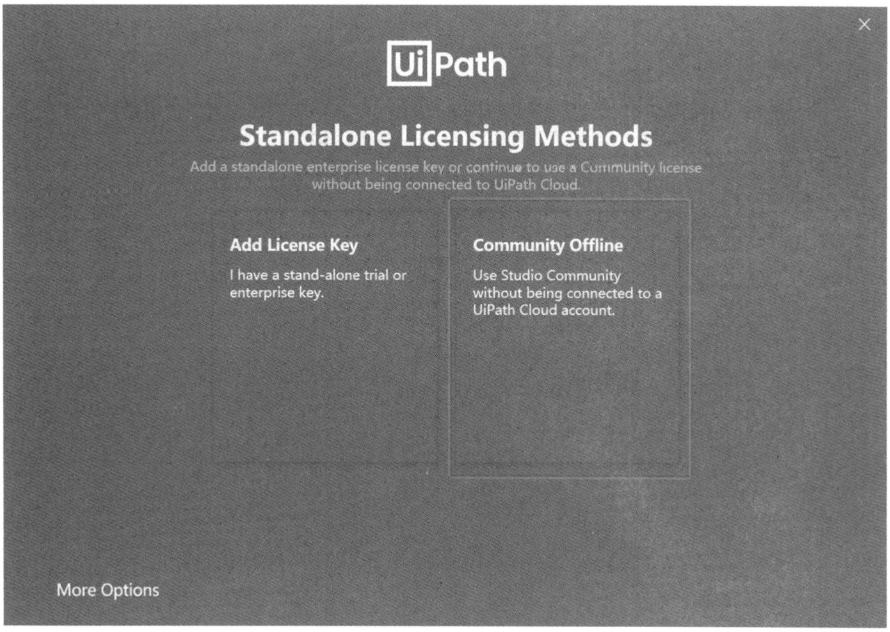

图 1-11 UiPath Studio 选择界面 2

然后，选择“Community Offline”（社区离线），进入 UiPath Studio 选择界面 3，如图 1-12 所示。

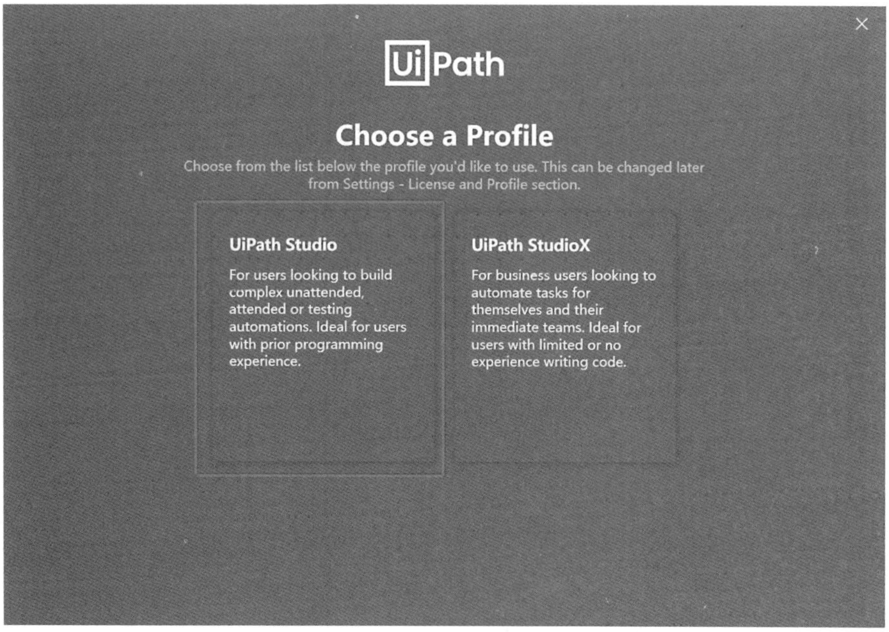

图 1-12 UiPath Studio 选择界面 3

最后，选择“UiPath Studio”，进入 UiPath Studio 开始界面，如图 1-13 所示，鼠标左键勾选“Don't show again”（标记 1）并点击“Close”（标记 2），进入如图 1-14 所示的英文界面。

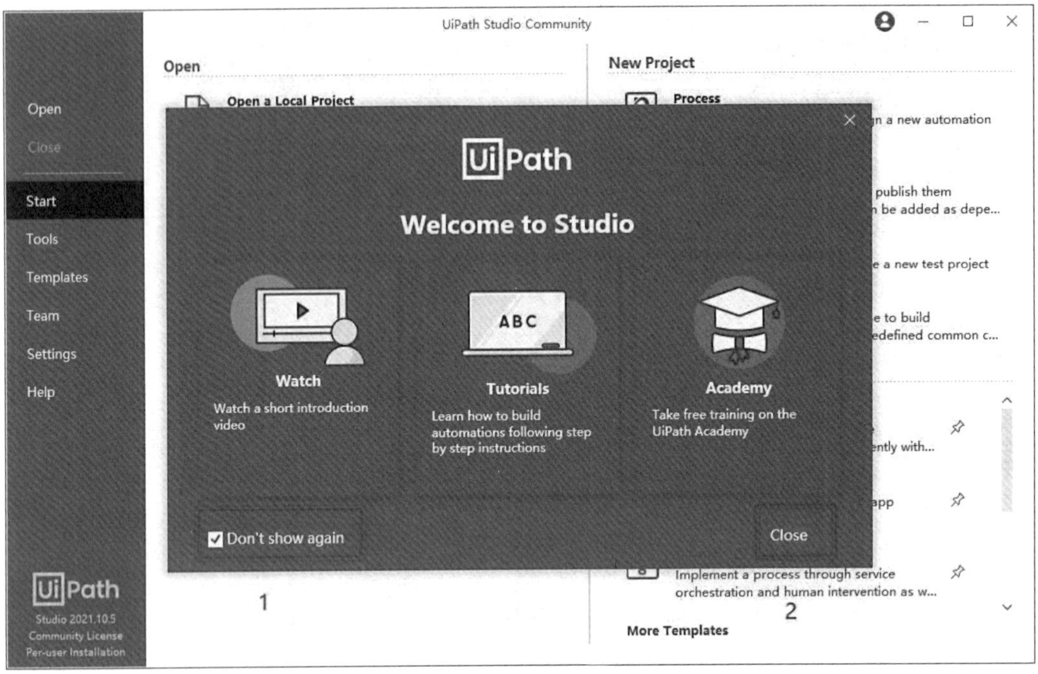

图 1－13　在 UiPath Studio 开始界面取消提示语

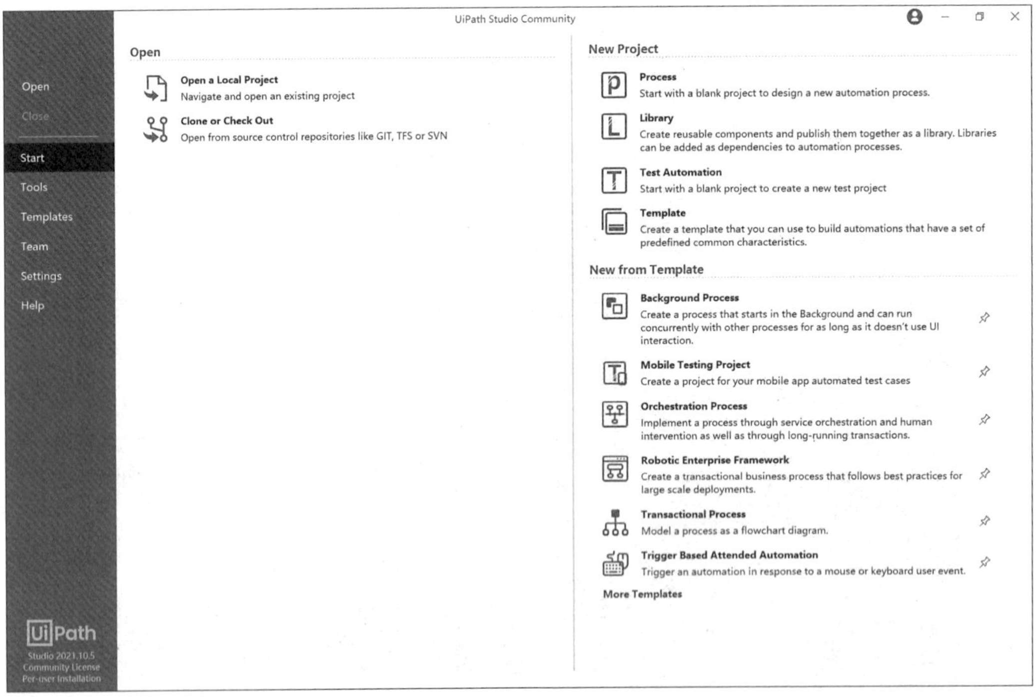

图 1－14　UiPath Studio 开始界面（英文）

（4）设置语言为简体中文。首先，在上图 UiPath Studio 开始界面中依次选择设置（Settings）→常规（General）→语言（Language），将语言设置为中文（简体），如

图 1－15 所示；然后，在跳出的弹框中选择“Restart”（重启），如图 1－16 所示；最后，UiPath Studio 开始界面就转换为中文了，如图 1－17 所示。

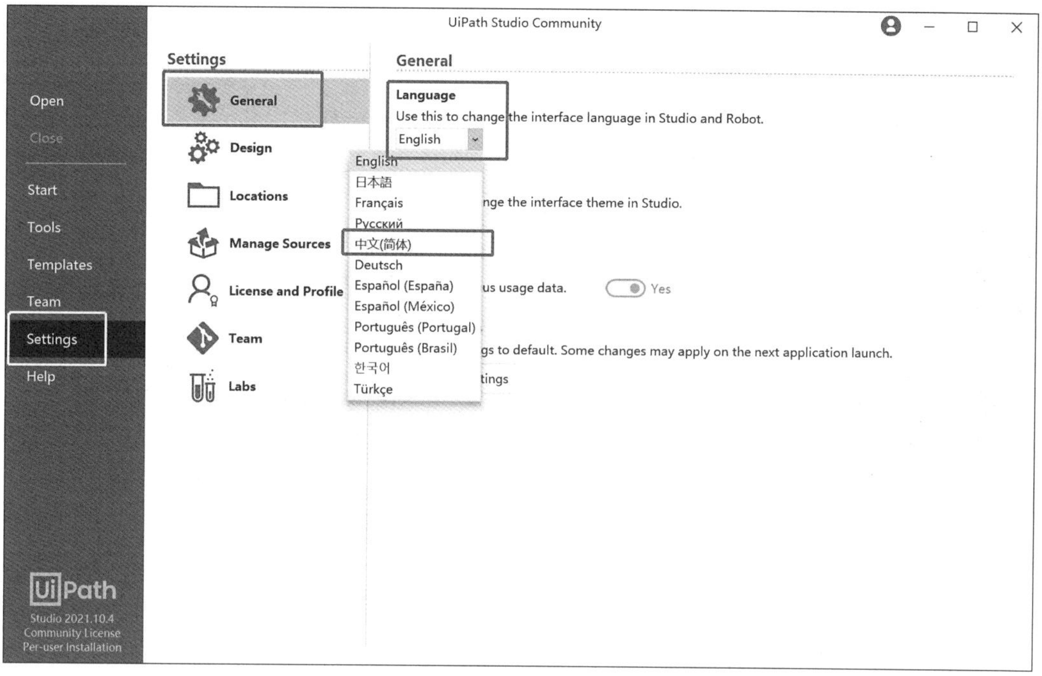

图 1－15 UiPath Studio 语言设置界面

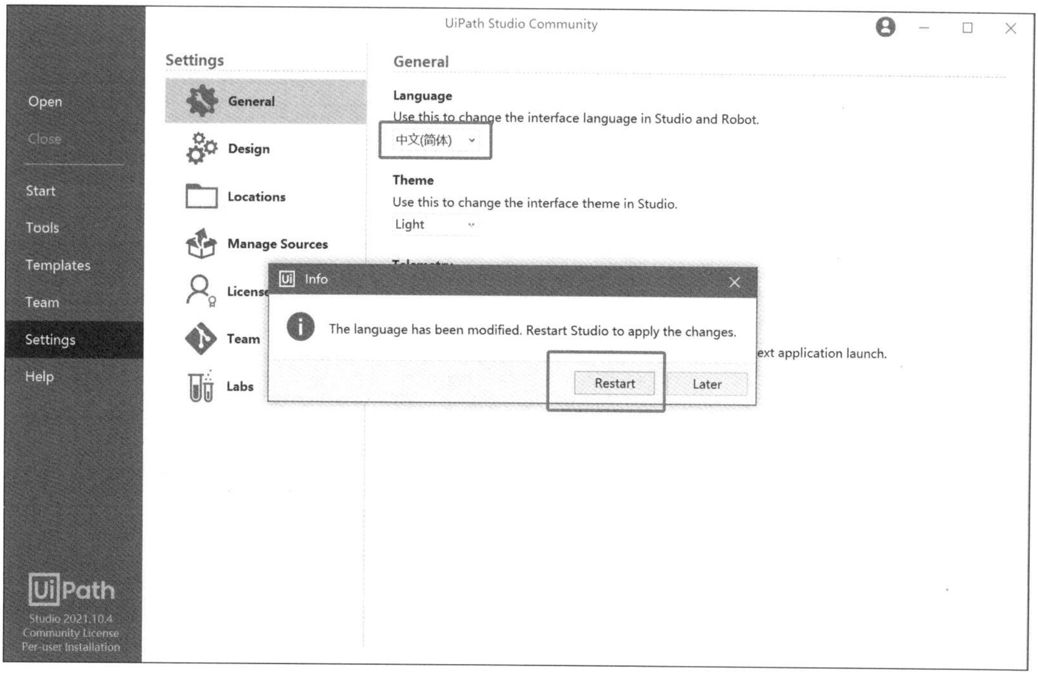

图 1－16 UiPath Studio 界面重启

图 1－17　UiPath Studio 开始界面（中文）

（5）设置设计样式。在图 1－17 中依次选择设置→设计→为新项目使用新式体验→选择“否”将其关闭，如图 1－18 所示。这里设置的目的是让后面“录制”等样式与以前版本保持一致。

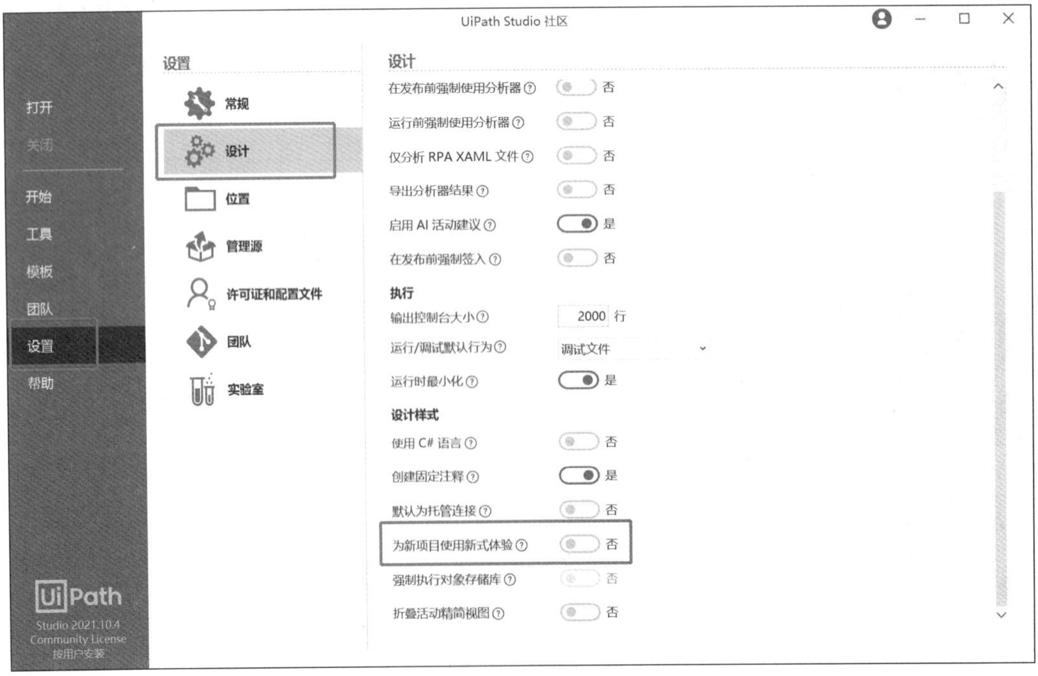

图 1－18　UiPath Studio 设置设计样式

三、怎么使用 UiPath?

哇塞，你真棒！

完成了上述操作，是不是觉得自己很棒呢？那接下来就让 UiPath 夸夸我们，让它说出："哇塞，你真棒！"让这个案例带我们走进 UiPath 的神秘世界吧！

（一）操作准备

首先，在 UiPath Studio 开始界面的新建项目处点击"流程"，如图 1-19 所示，在弹出来的对话框中根据需要修改"名称""位置"等信息（不修改则取系统默认值），点击"创建"，如图 1-20 所示。

然后，待加载依赖项相关过程完成，新的流程就创建成功了，如图 1-21 所示；点击"打开主工作流"，进入该流程的工作流，如图 1-22 所示。

为了便于理解工作流界面构成，我们将图 1-22 的界面窗口最大化后，把工作流界面划分为六个区域：①设计主界面；②菜单面板；③活动面板；④属性面板；⑤变量面板；⑥输出面板。如图 1-23 所示。

（1）设计主界面，默认位于工作流界面最中间的位置，是开发设计、流程编辑的主要阵地。

（2）菜单面板，默认位于工作流界面最上方的位置，包含"主页""设计""调试"3 个选项卡（每个选项卡又有很多快捷工具），点击"主页"选项则会显示刚启动 UiPath Studio 时的界面。

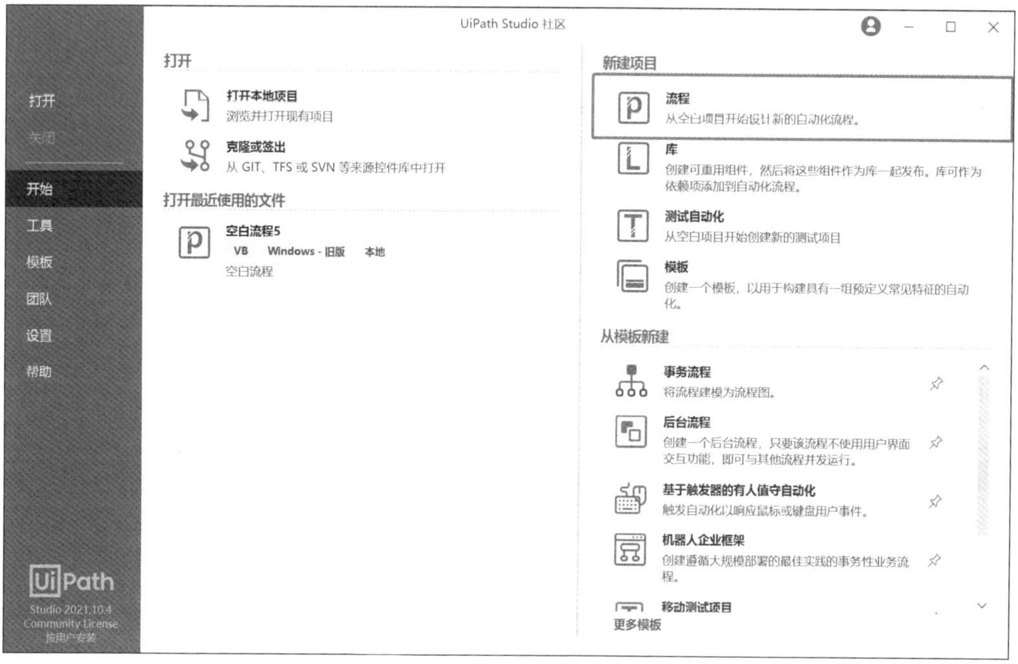

图 1-19　在 UiPath Studio 开始界面点击"流程"

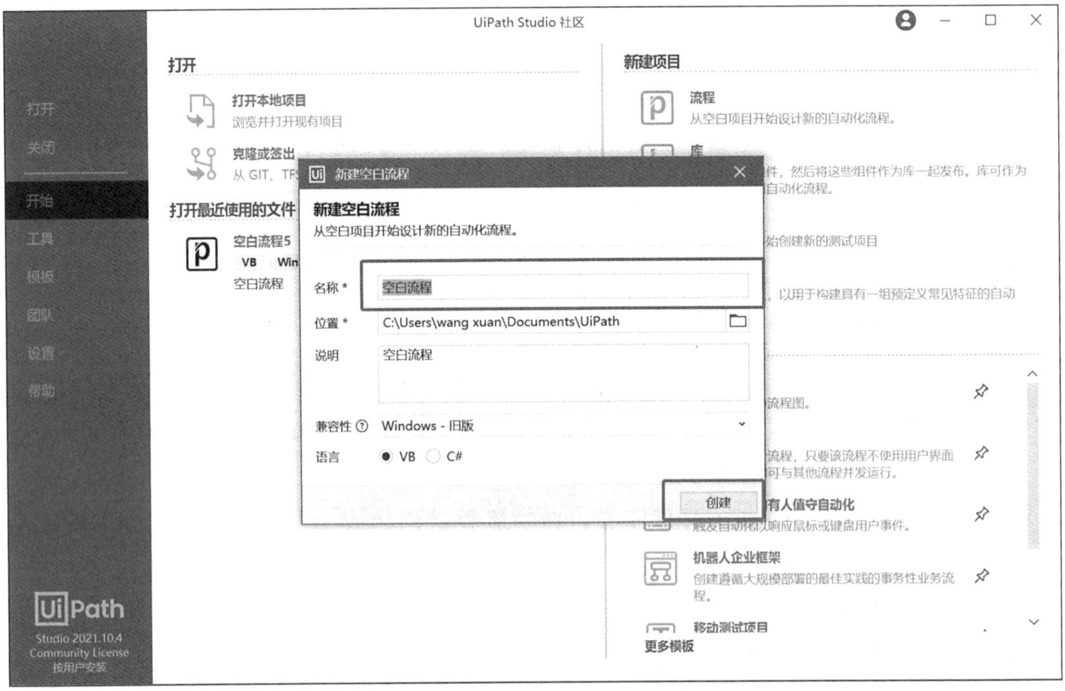

图 1-20　创建一个空白流程

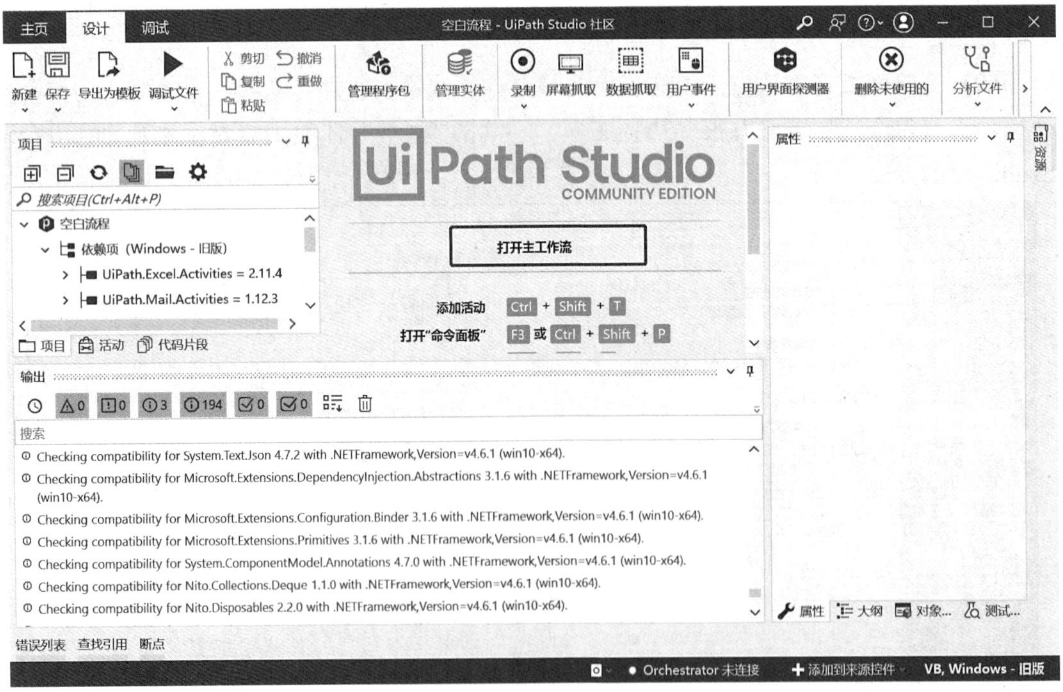

图 1-21　新的流程创建成功

（3）活动面板，默认位于工作流界面最左侧的位置，包含“项目”“活动”“代码片段”3个选项卡。“项目”选项卡显示当前流程文档的组成结构，“活动”选项卡显示给设计主界面提供的各种活动，“代码片段”选项卡提供实现某些片段功能的代码展示。

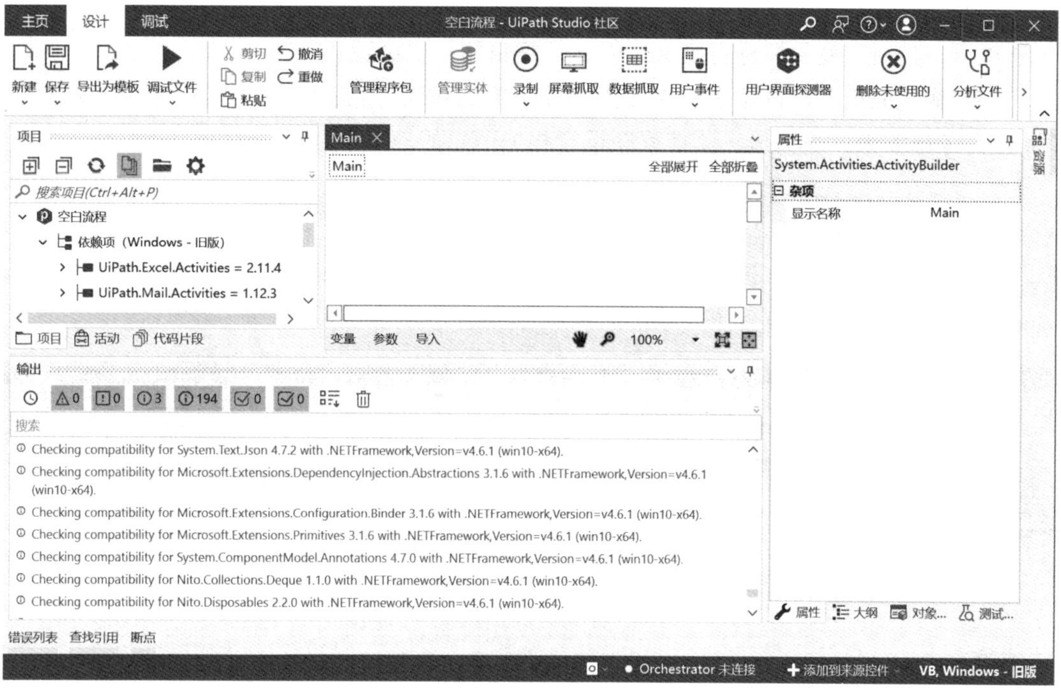

图 1－22 进入工作流界面

图 1－23 工作流的界面构成

（4）属性面板，默认位于工作流界面最右侧的位置，包括“属性”“大纲”等选项卡。“属性”能显示每个活动的属性并进行设置，“大纲”能显示流程文件的层级结构。

（5）变量面板，默认位于设计主界面下面的位置，包括“变量”“参数”“导入”3个选项卡，是对“变量”进行定义、设置、编辑的重要位置。

（6）输出面板，默认位于工作流界面左下方的位置，包括“错误列表”“查找引用”“断点”等选项卡，是输出、监控程序运行相关信息的地方。

（二）程序制作

步骤一：在上图工作流界面中点击左侧活动面板的“活动”，发现上方出现“搜索活动（Ctrl+Alt+F）”的输入框，如图1-24所示。

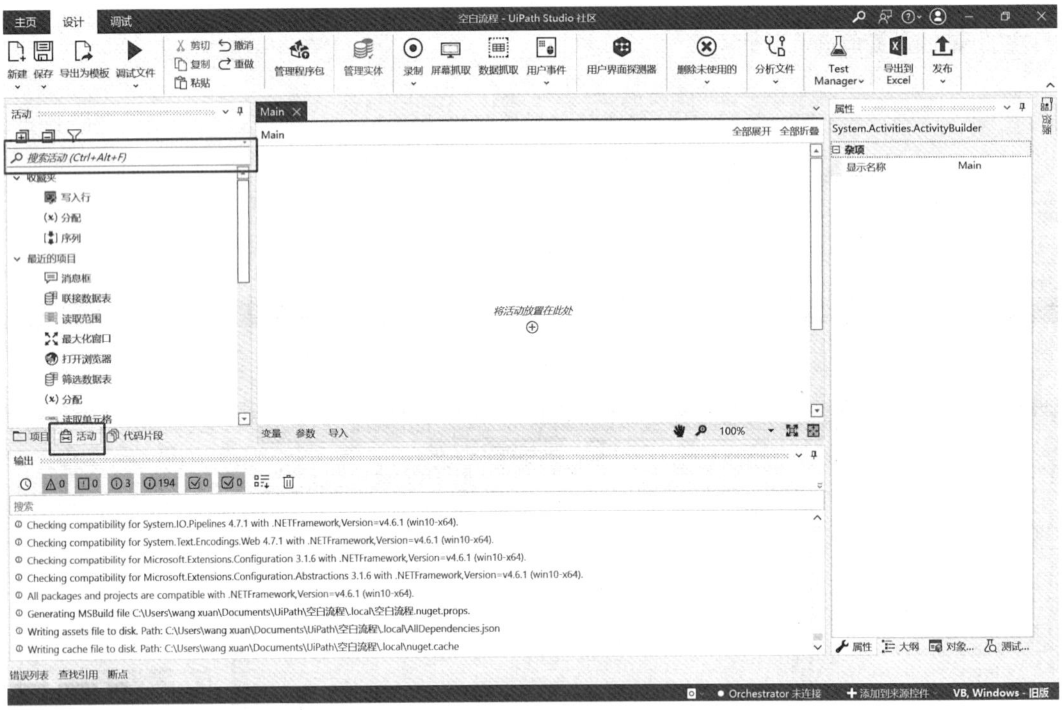

图1-24 在活动面板中搜索活动

步骤二：在搜索活动框中输入消息框，鼠标左键双击下方出现的控件【消息框】或者用鼠标左键按住控件【消息框】拖拽到设计主界面的“⊕”处，如图1-25所示。

步骤三：设计主界面出现一个带有【消息框】的序列，如图1-26所示。点击设计主界面消息框中的空白输入框，输入"哇塞，你真棒!"，此时我们可以看到属性面板中的输入文本处同步出现了我们输入的内容，如图1-27所示。

（三）程序运行

首先，点击工作流界面左上角菜单面板的“调试文件”按钮，点击出现的“运行文件”按钮，如图1-28所示。

然后，等待程序运行，这时我们的电脑会弹出一个消息框，弹框中的内容正是我们输入的内容，如图1-29所示。

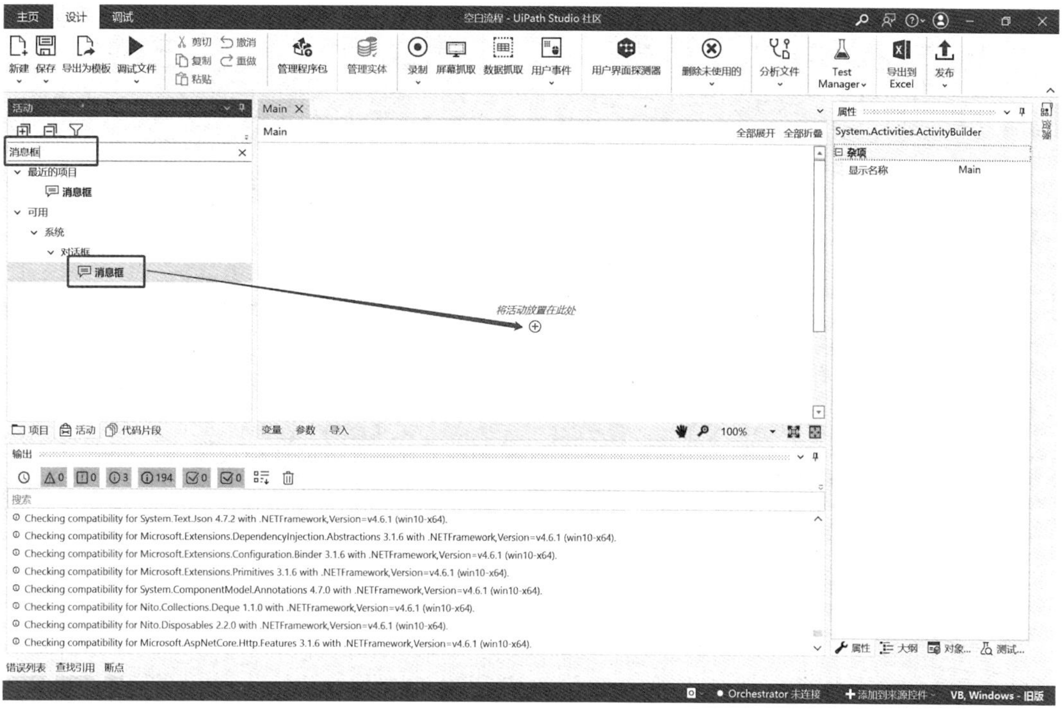

图 1-25　将【消息框】放入设计主界面

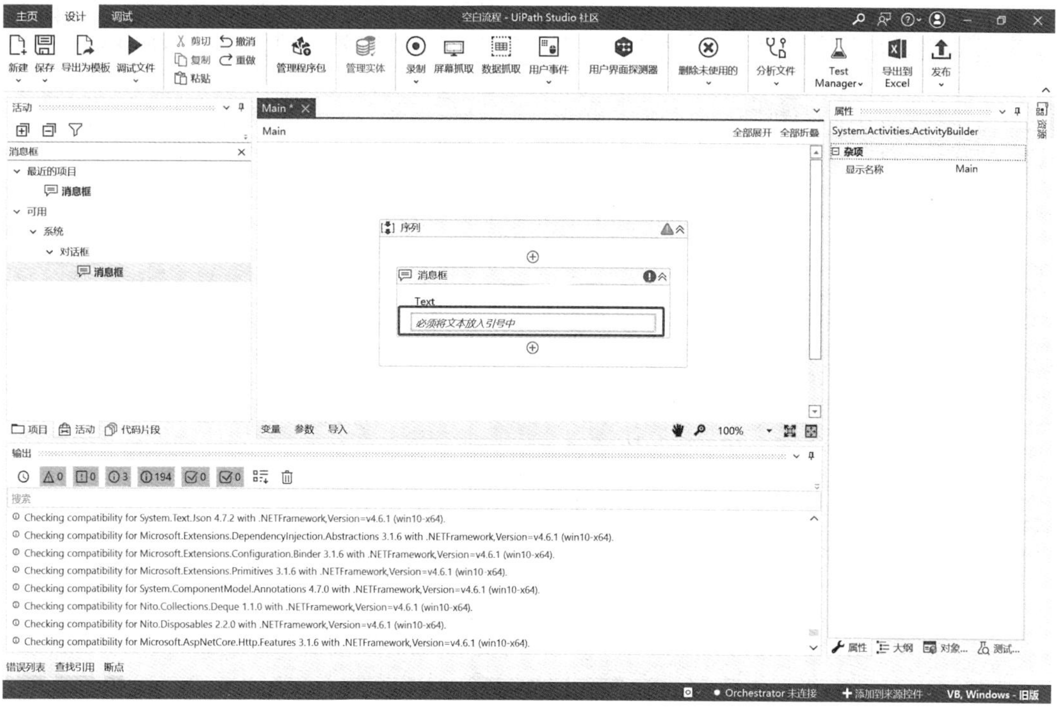

图 1-26　设计主界面出现【消息框】

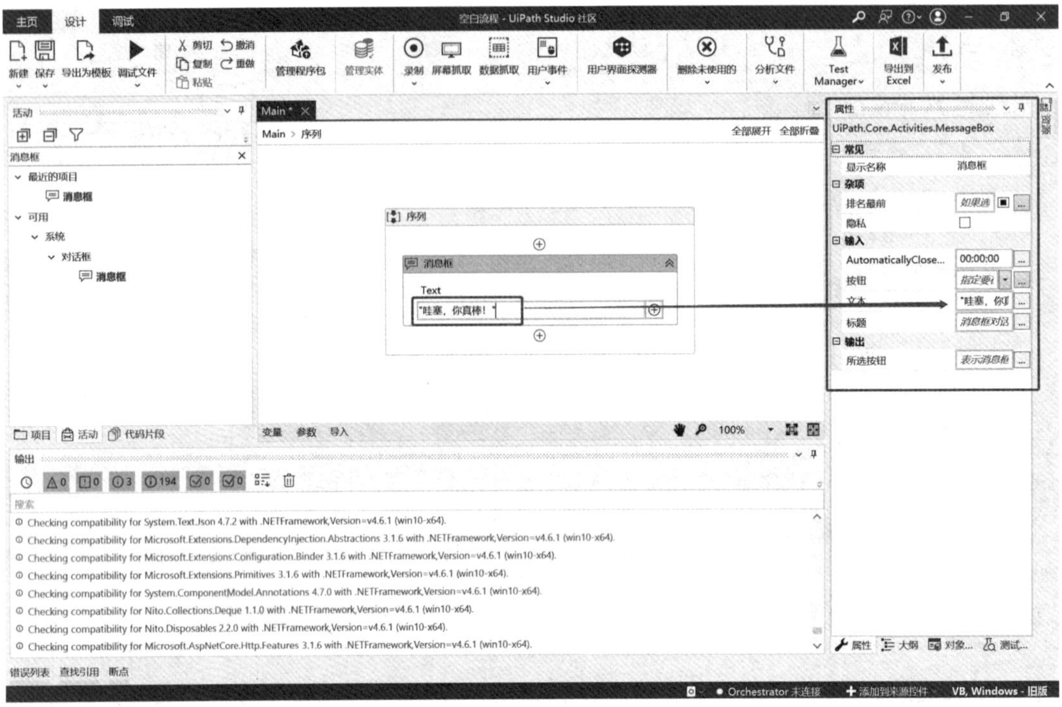

图 1－27 在【消息框】输入内容

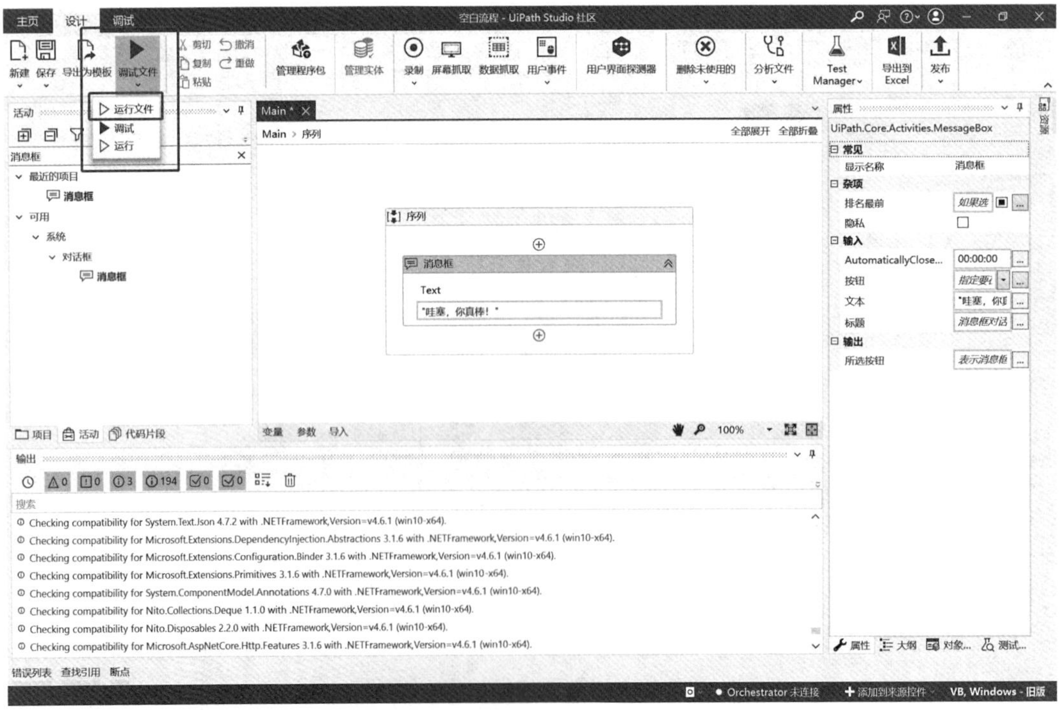

图 1－28 在菜单面板中点击“运行文件”

图 1－29　运行文件后电脑弹出消息框

最后，我们点击弹框中的“确定”，回到工作流界面，在左下方输出面板中出现了程序运行的相关信息，如图 1－30 所示。

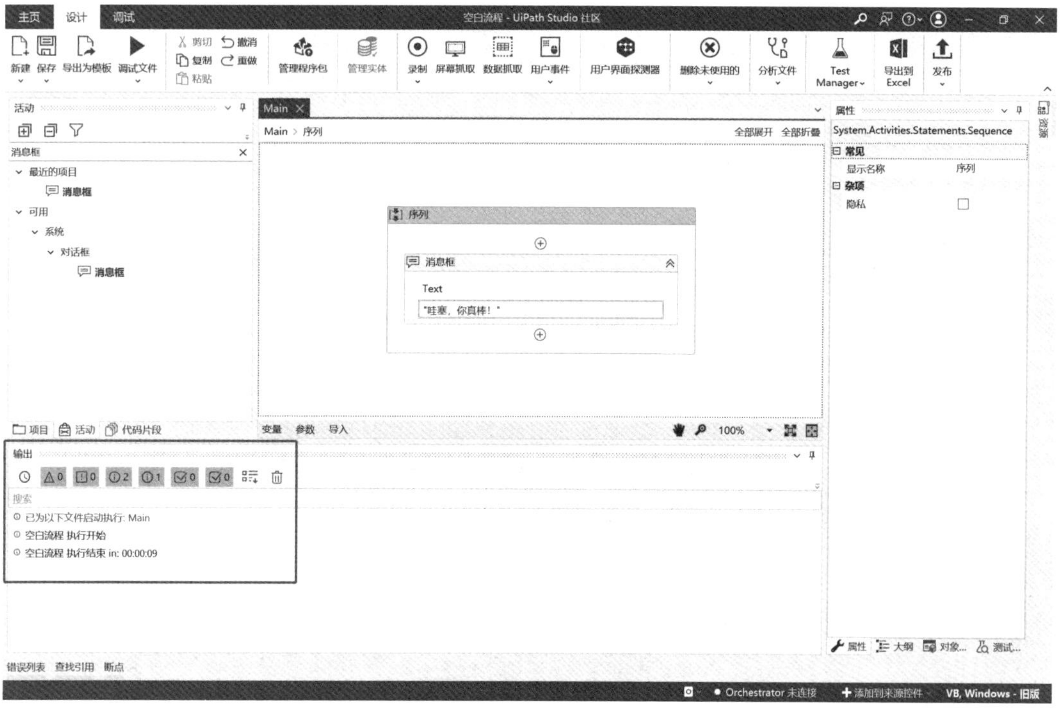

图 1－30　输出面板中显示运行的相关信息

任务小结

通过本任务的学习，大家是不是对 UiPath 有了初步的认识了？没错，我们认识的正是全球 RPA 行业领导者 UiPath 公司开发出来的 UiPath 软件，我们安装并运行的 UiPath 社区版正在夸我们：“哇塞，你真棒！”UiPath 的宣传口号是“人手一个机器人”，利用 UiPath 等 RPA 相关软件我们还能做出更多有趣、好玩、实用的软件机器人呢。如果你还想了解更多的话，那就跟着我们的节奏继续探索新的项目吧！

项目练习

1. 登录 UiPath 公司主页（https://www.uipath.com.cn/）了解更多资源信息。
2. 打开 UiPath Studio，通过【消息框】活动说出："加油，让我们继续学习吧！"

项目二

RPA 入门案例——随机数字机器人

【知识目标】

了解 RPA 在人机交互中的应用；掌握在 UiPath 中制作猜数游戏机器人的设计原理和操作流程；掌握在 UiPath 中制作随机点名机器人的设计原理和操作流程。

【能力目标】

能够利用 UiPath Studio 软件设计并制作运行猜数游戏机器人；能够利用 UiPath Studio 软件设计并制作运行随机点名机器人。

【素养目标】

满足数字经济时代对新型复合型高素质人才的培养需求，促进对信息技术前沿知识和核心素养的认同与追求，通过猜数游戏机器人和随机点名机器人两个案例展示 RPA 在人机交互中的应用，引导举一反三、灵活应用的独立思考和主动探究能力，提升利用 RPA 等新技术解决现实问题的综合能力，培养爱岗敬业的专业素养和勇于创新的职业精神。

在上一个项目中，我们安装并试用了全球 RPA 行业领导者 UiPath 公司开发出来的 UiPath 软件。还记得我们是怎么让 UiPath 夸出“哇塞，你真棒!”的吗？是的，我们在 UiPath 里创建了一个流程，然后在可视化的界面中轻松几步就实现了，很像是在玩搭积木的游戏。事实上，RPA 作为一种软件机器人，对初学者极其友好，其堪称零代码、零门槛、零侵入的优点，足以让编程不再艰难、让学习成为乐趣、让工作更加高效！本项目将通过猜数游戏和随机点名等场景带着大家进一步认识 UiPath，学会制作并应用 RPA 机器人解决实际问题。

任务 1
猜数游戏机器人

任务导入

有一天，你和朋友在玩一个猜数游戏，你的朋友在纸上随机写了一个 1 到 100 之间的整数，然后让你猜。这个游戏有两种玩法：

一是单次玩法。你只有一次机会。首先，你在 1 到 100 之间猜一个整数。然后，如果你猜对了则会提示你“恭喜你，你猜对啦!”，如果你猜大了则会提示你“很遗憾，你猜大啦!”，如果你猜小了则会提示你“很遗憾，你猜小啦!”。最后，你的朋友提示游戏结束并说出正确的数字。

二是多次玩法。你拥有 4 次机会。首先，你在 1 到 100 之间猜一个整数。然后，如果你猜对了则会提示你“恭喜你，你猜对啦!”，如果你猜大了则会提示你“很遗憾，你猜大啦!”并让你继续猜，如果你猜小了则会提示你“很遗憾，你猜小啦!”并让你继续猜。最后，只要你在 4 次机会中猜对了，或者猜了 4 次都没猜对，他就会提示游戏结束并说出正确的数字。

玩得正高兴时，你的朋友被叫走了，你突发奇想能不能人机交互一下在电脑上玩呢？那么，让我们利用 UiPath 做个“猜数游戏机器人”一起玩吧!

任务分析与设计

上述案例采用“首先……然后……最后……”等语句表达，时不时还穿插着“如果……则……”的说法，多次玩法中还可能再重复几次，是不是很有逻辑呢？实际上，人类大脑表达流程的逻辑方法有很多，例如“顺序”“选择”“循环”等，RPA 工具中也对应有这些方法，否则就无法实现人类的逻辑了。

RPA（机器人流程自动化）可以很大程度上弱化编程代码，但离不开编程逻辑；利用 UiPath 等 RPA 软件制作相关机器人来解决实际问题，摆在首位的就是要分析问题并形成解决问题的逻辑思维。为了方便分析并制作出合意的 RPA 机器人，我们还需要换位思考，站在计算机的角度考虑问题。由于计算机采用二进制 0 和 1 作为基础语言且远未达到人工智能高度发达的地步，因此我们在开发程序时必须逻辑清晰地下达相关指令。下面我们就借助流程图来分析这个案例的单次玩法和多次玩法。制作流程图的工具有很多，本教材采用了“迅捷画图”（网站为 https://huatu.98youxi.com/home/myfile）。

一、单次玩法

单次玩法的流程图如图 2－1 所示，主要涉及“顺序”和“选择”两种逻辑方法。从开始到结束的整个流程可以表述如下：

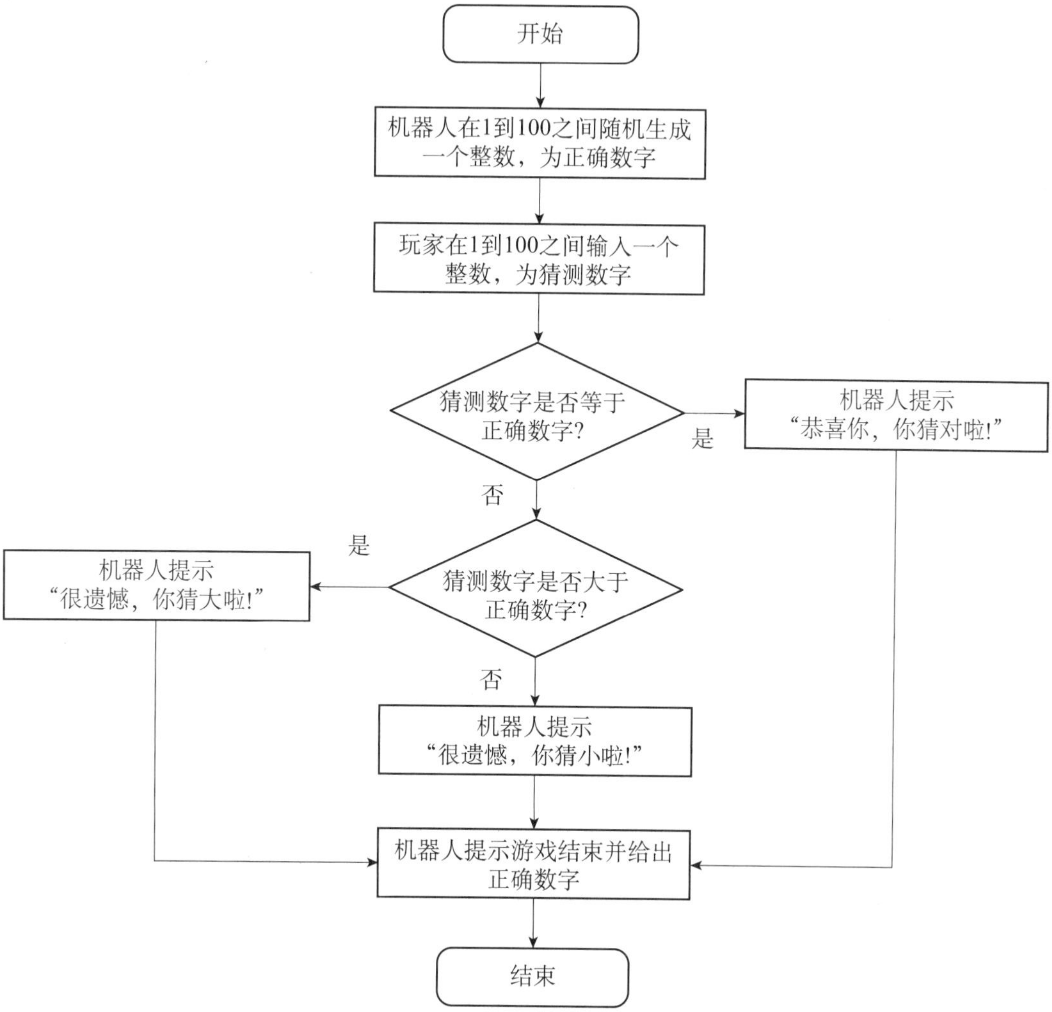

图 2－1　单次玩法的流程图

（1）机器人在 1 到 100 之间随机生成一个整数，为正确数字。

（2）玩家在 1 到 100 之间输入一个整数，为猜测数字。

（3）机器人判断猜测数字是否等于正确数字。

1）如果猜测数字等于正确数字，则机器人提示“恭喜你，你猜对啦!”

2）如果为“否”，则机器人会继续判断猜测数字是否大于正确数字：

①若判断结果为“是”，则机器人提示“很遗憾，你猜大啦!”；

②若判断结果为“否”，则机器人提示“很遗憾，你猜小啦!”。

（4）机器人提示游戏结束并给出正确数字。

看完这个流程，可能有些人会想：由于猜测数字与正确数字的大小关系只存在“大于”“等于”“小于”三种结果，明明可以做一次决策判断，为啥这个流程图要设置两次决策判断呢？这里我们再次回到计算机采用二进制 0 和 1 作为基础语言的设定，由于决策判断结果的“是”与“否”更符合计算机的二进制语言，因此对于存在三种结果的决策情形，我们可以将其分解为两次决策判断。

二、多次玩法

多次玩法的流程图如图 2－2 所示，在“顺序”“选择”两种逻辑方法的基础上还增加了“循环”的逻辑方法，从开始到结束的整个流程与单次玩法虽然很相似，但也增加了一个猜测计数器 i 和一个决策判断过程，其作用就是为了实现循环过程并在达到规定次数时停止循环。由此可见，多次玩法的流程既能利用以前单次玩法中创建过的活动，又需要根据循环条件及内容新增一些必要的活动。

通过上述两个流程图的比较，对猜数游戏的单次玩法和多次玩法是不是都心中有数了呢？接下来就让我们动手制作吧！

任务实施

一、单次玩法的机器人制作

（一）操作准备

单次玩法猜数游戏机器人操作准备

首先，提前退出 360 安全卫士等杀毒软件（避免对使用过程的干扰），打开 UiPath Studio 软件并在开始界面的新建项目处点击“流程”，如图 2－3 所示。在弹出来的“新建空白流程”对话框中更改“名称”和“位置”信息（名称改为单次玩法猜数游戏机器人，位置改为C：\猜数机器人），点击“创建”，如图 2－4 所示。

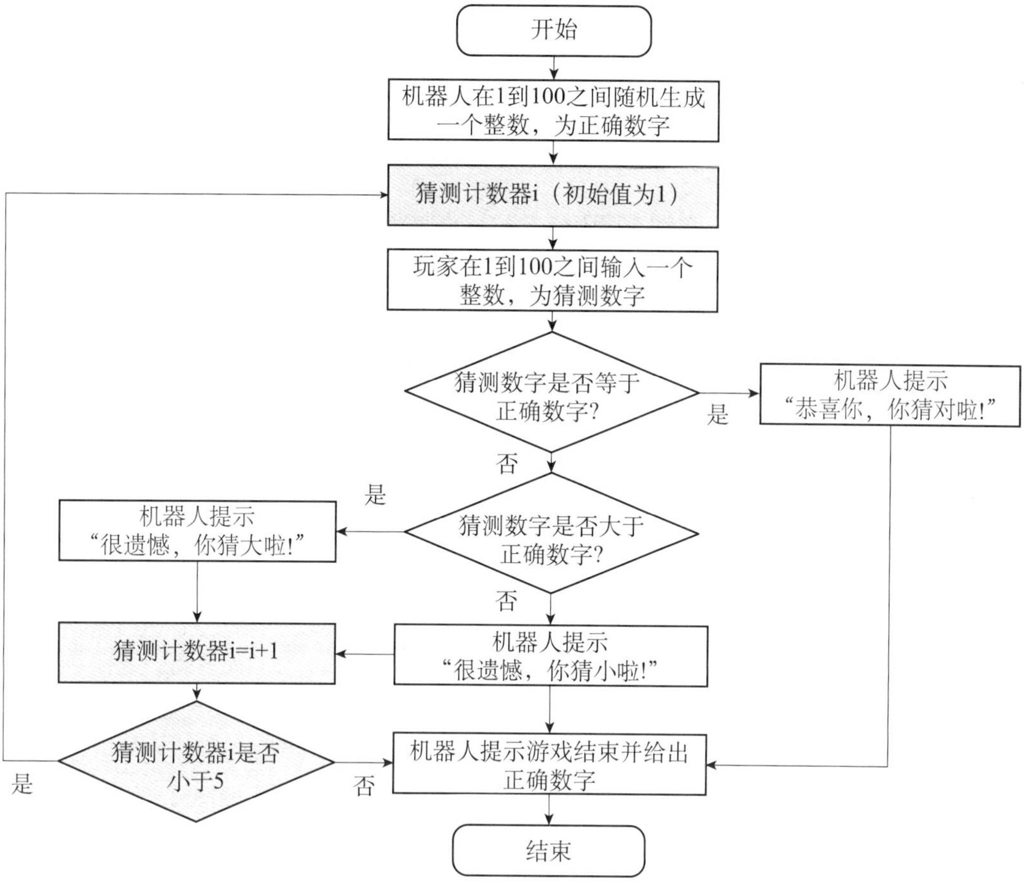

图 2-2　多次玩法的流程图

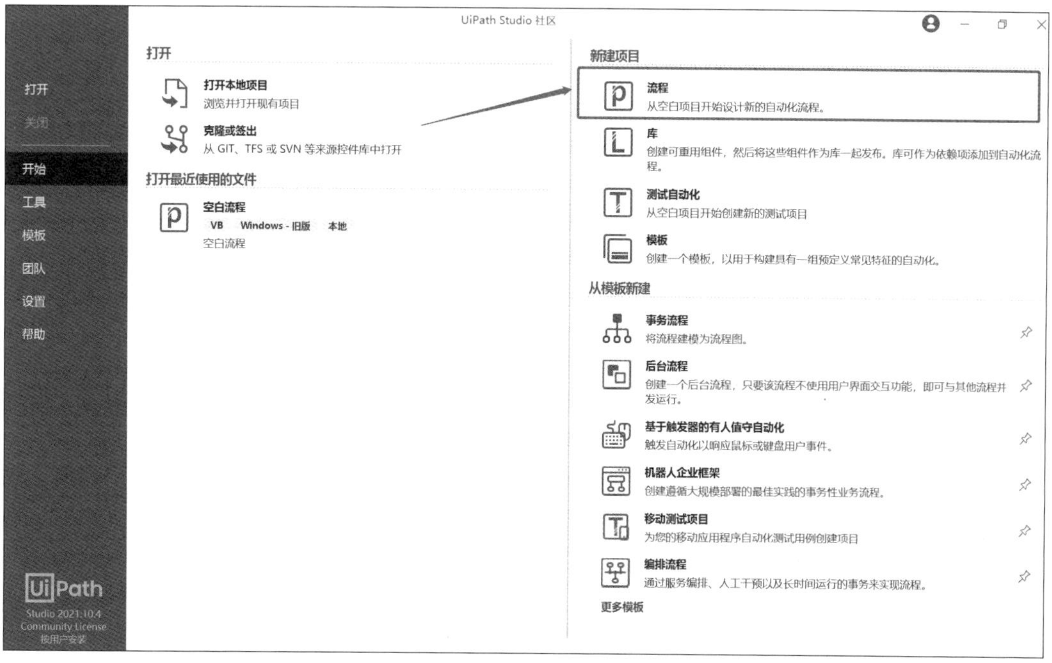

图 2-3　在 UiPath Studio 开始界面点击“流程”

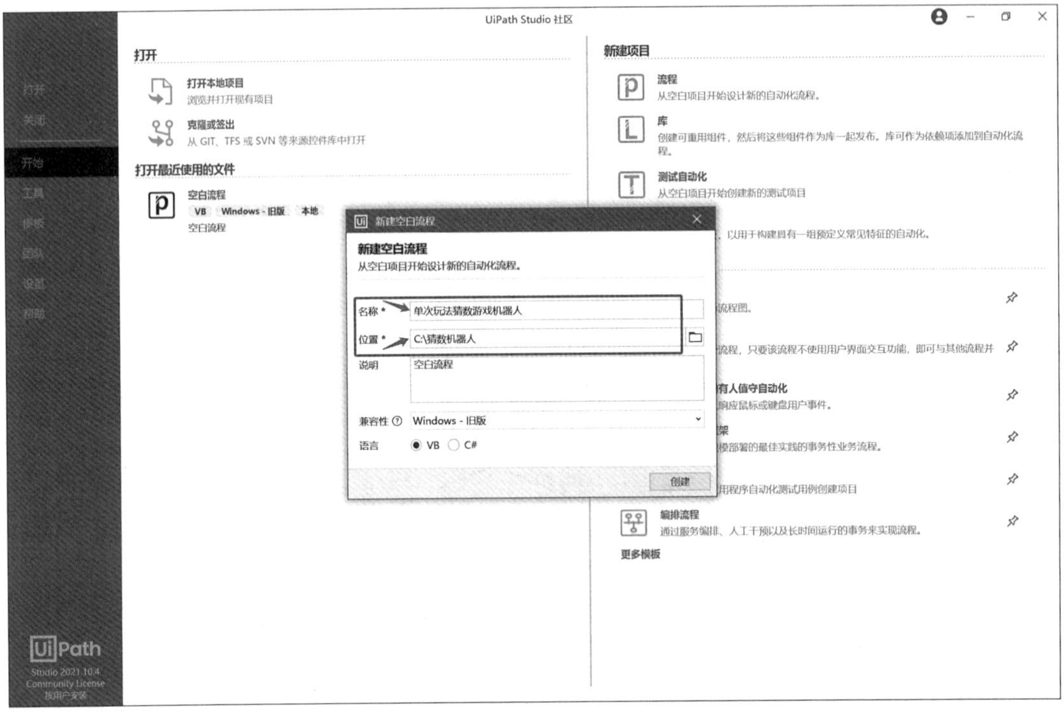

图 2-4　创建一个空白流程并更改名称和位置

然后，待加载依赖项相关过程完成，新的流程就创建成功了，如图 2-5 所示。点击“打开主工作流”，进入该流程的工作流，界面的各功能区域如图 2-6 所示。

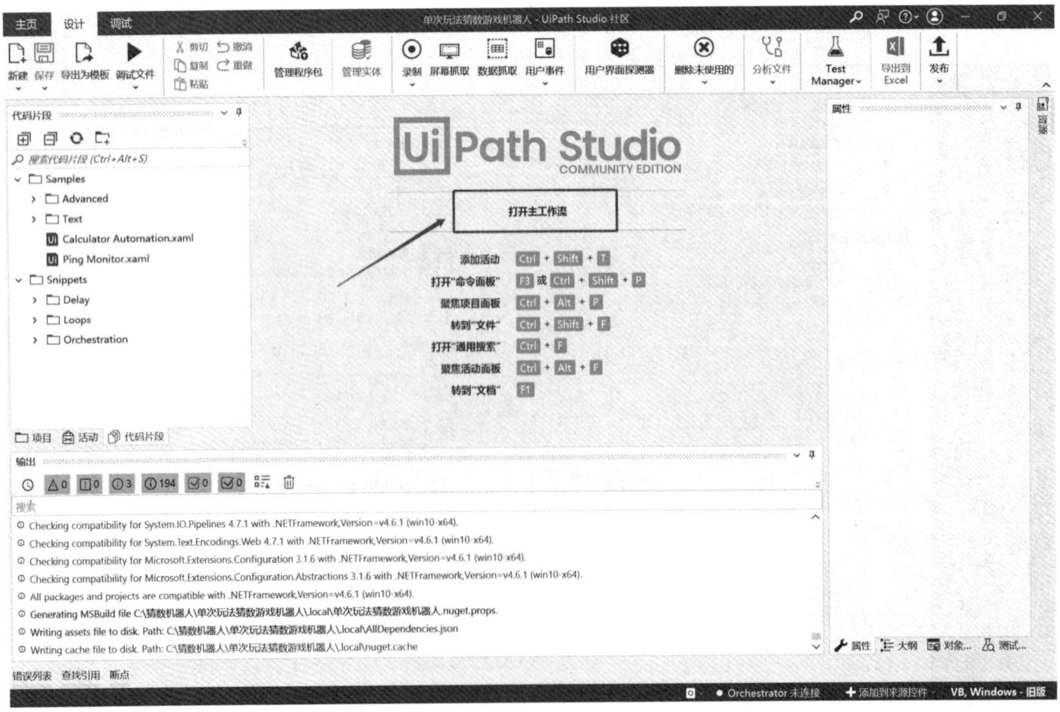

图 2-5　新的流程创建成功并打开主工作流

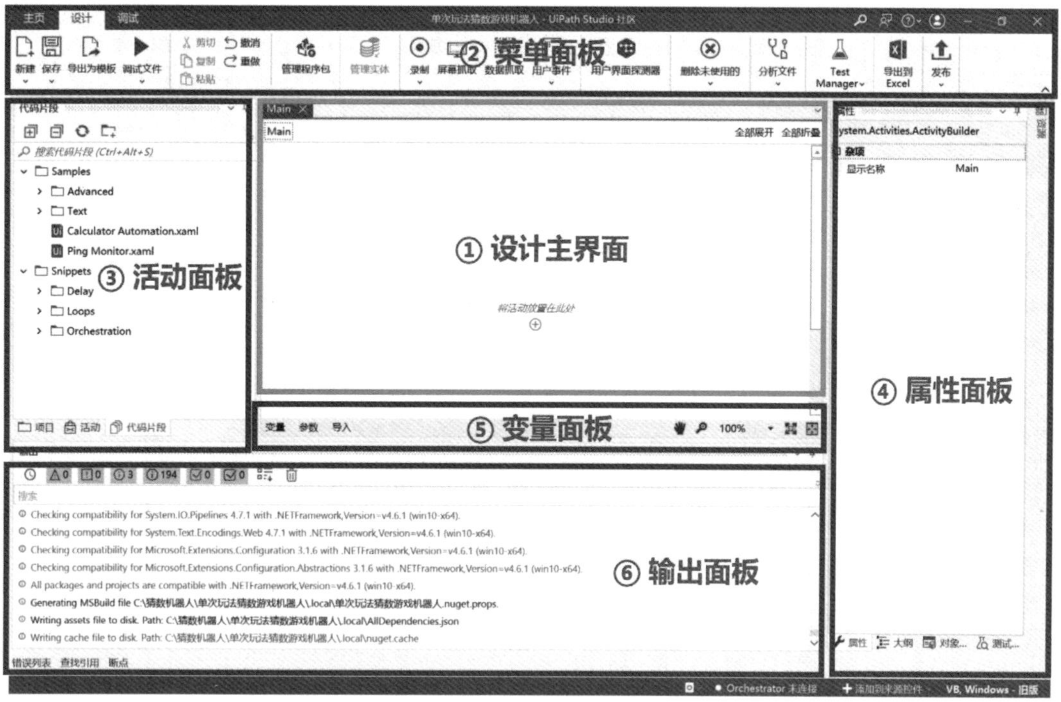

图 2－6　进入工作流界面

至此，我们的操作准备已完成，接下来就让我们在 UiPath 工作流界面大展身手吧！

（二）程序制作

单次玩法猜数游戏机器人制作运行解析

对照流程图，程序制作可以分为 4 个过程。

过程 1：机器人在 1 到 100 之间随机生成一个整数，为正确数字

步骤一：如图 2－7 所示，首先点击工作流界面左侧的“活动”（标记 1），然后在上方搜索活动框中输入分配（标记 2），然后用鼠标左键按住控件【分配】拖拽到设计主界面的“⊕”处（标记 3），结果如图 2－8 所示。

步骤二：如图 2－9 所示，首先在【分配】活动左侧输入正确数字（标记 1），然后在【分配】活动右侧输入New Random(). Next(1,100)（标记 2），然后在右侧属性面板可以看到同步出填写的内容（标记 3），然后点击变量面板中的“变量”（标记 4），展开变量编辑区域如图 2－10 所示。

步骤三：如图 2－11 所示，首先点击变量编辑区域的“创建变量”处，在“名称”列输入正确数字（标记 1），然后在“变量类型”列下拉选择Int32（标记 2），然后在“范围”列下拉选择序列（标记 3），然后在“默认值”列输入1（标记 4），然后在属性面板处可以看到同步出填写的内容（标记 5），最后点击变量面板处的“变量”（标记 6），收回变量编辑区域如图 2－12 所示。

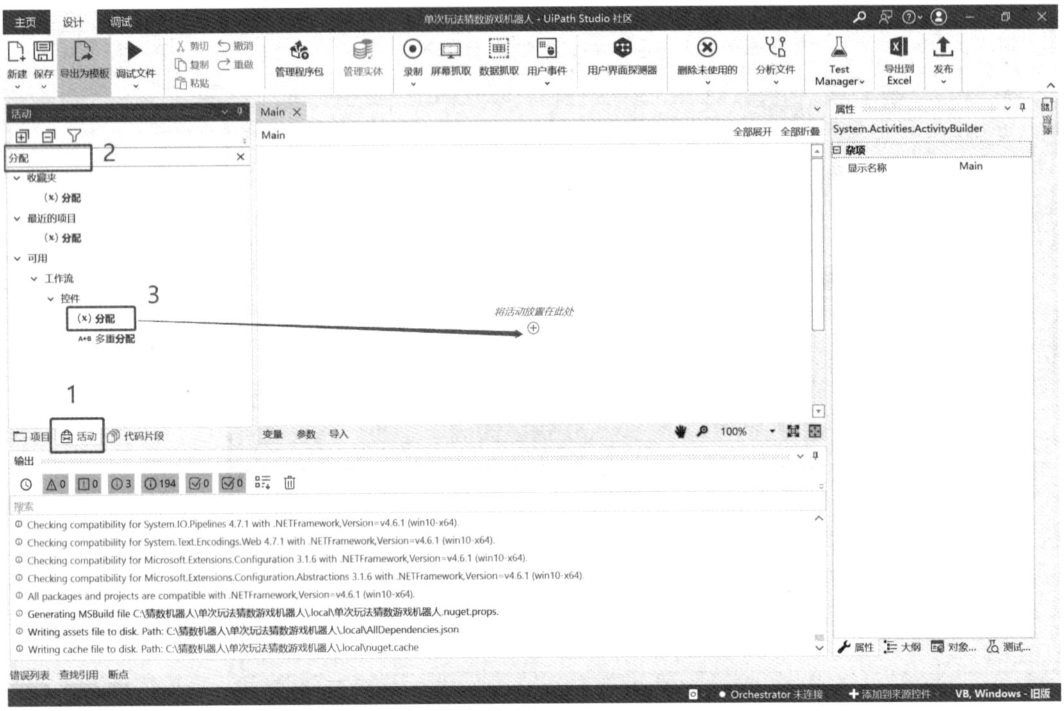

图 2-7　在设计主界面中加入一个【分配】活动

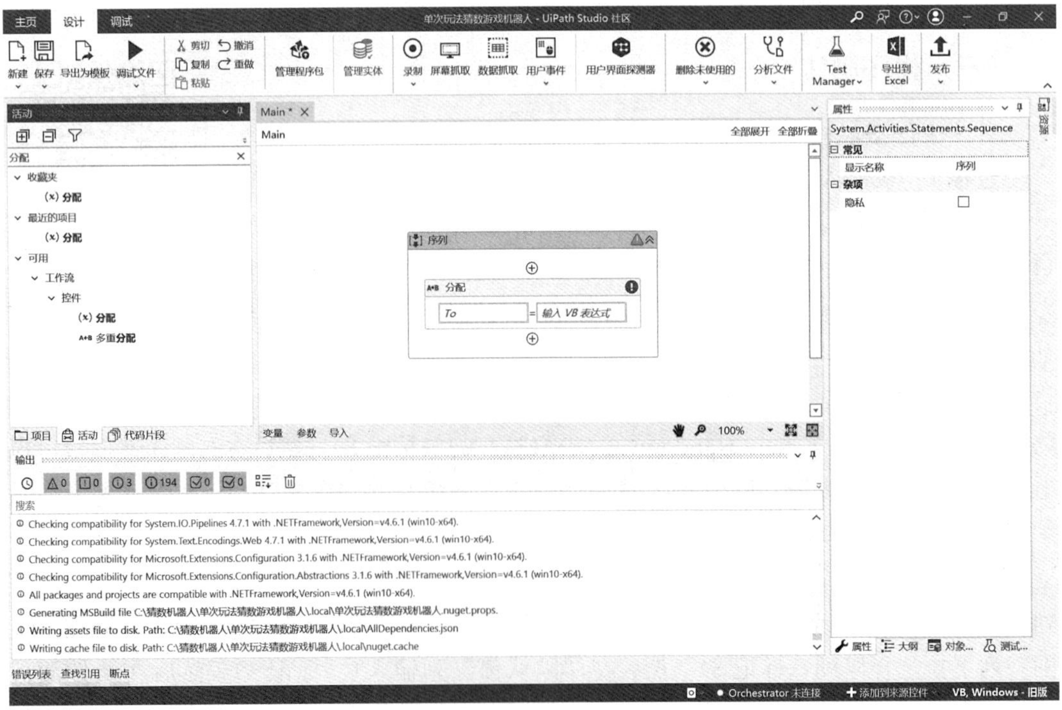

图 2-8　设计主界面中出现了【分配】活动

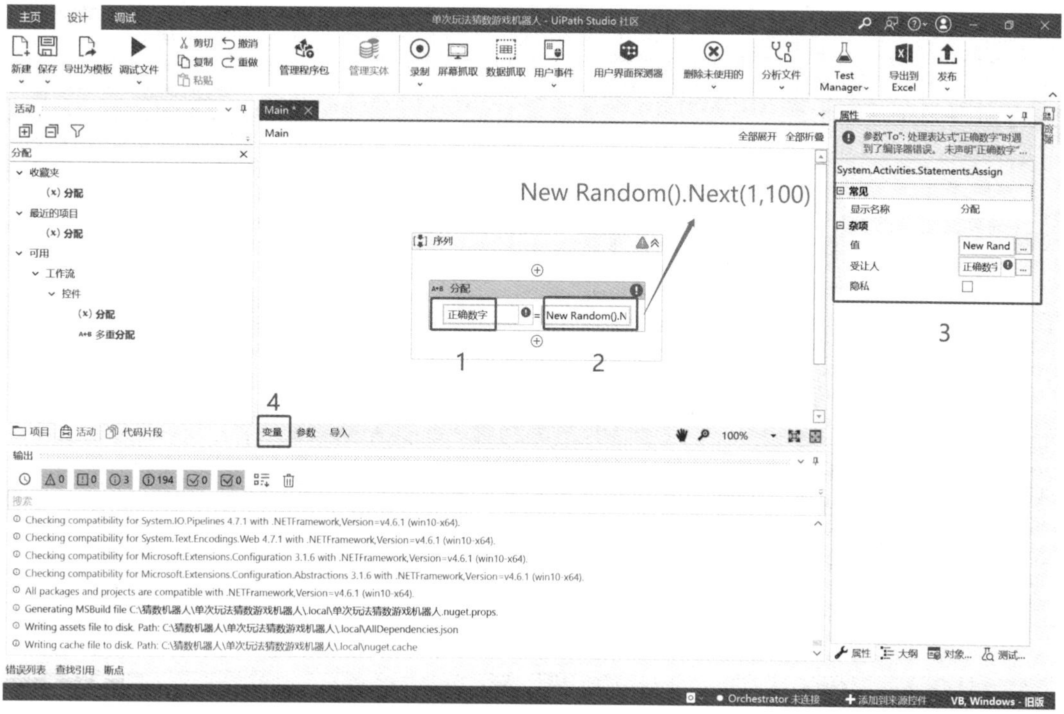

图 2-9 填写【分配】活动的相关内容

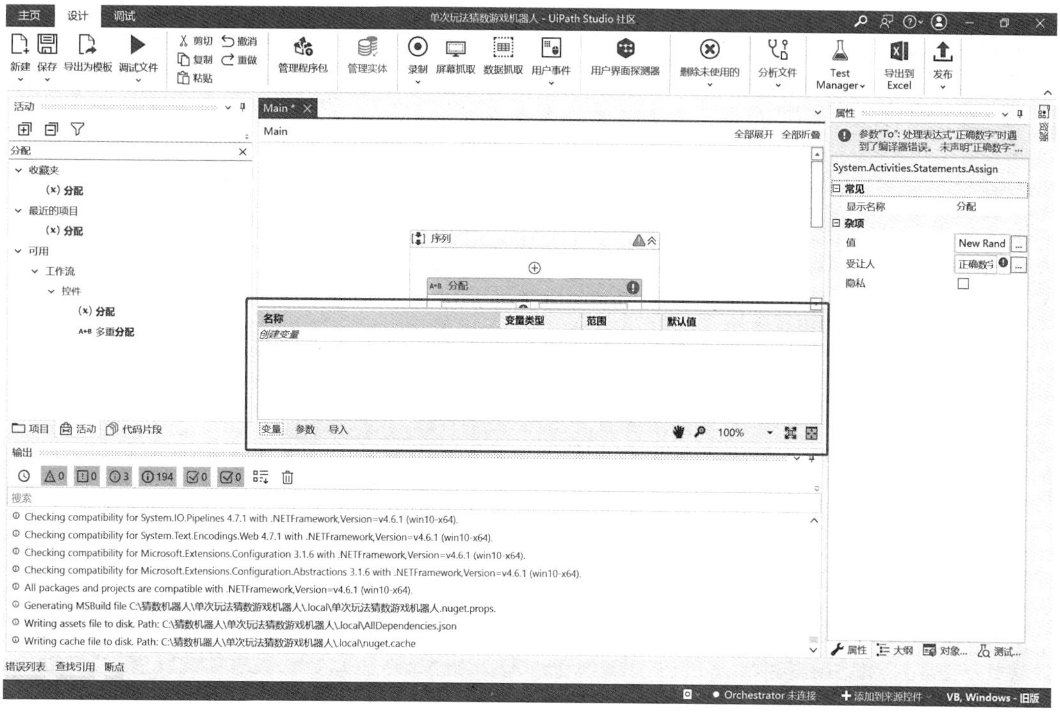

图 2-10 展开变量面板中的变量编辑区域

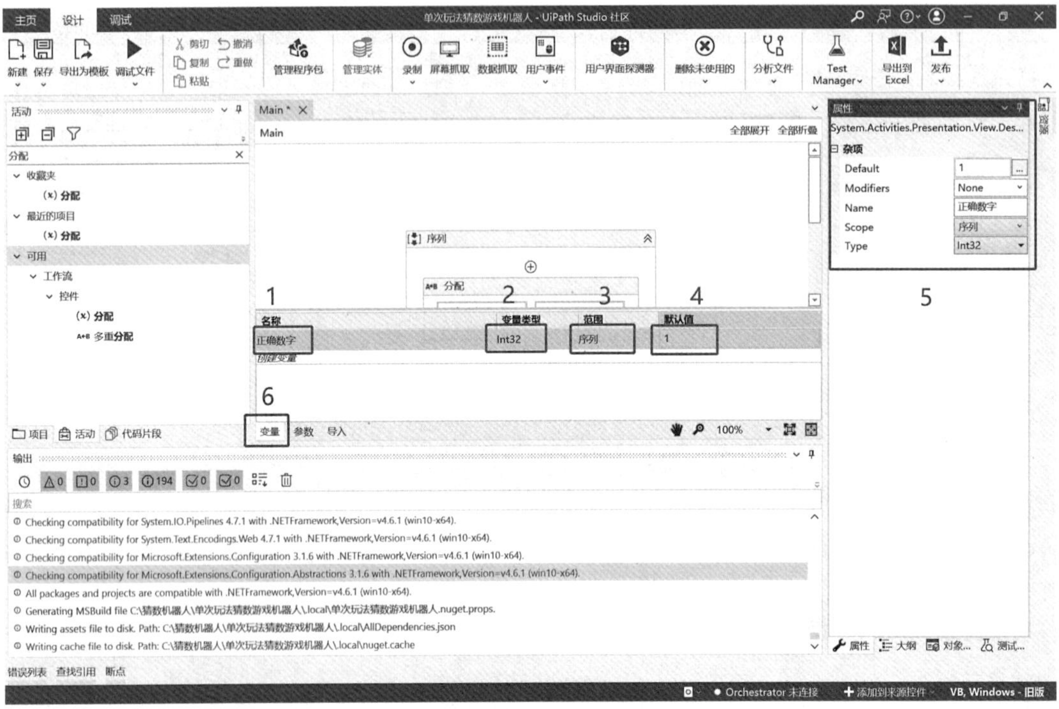

图 2－11　在变量编辑区域创建变量“正确数字”

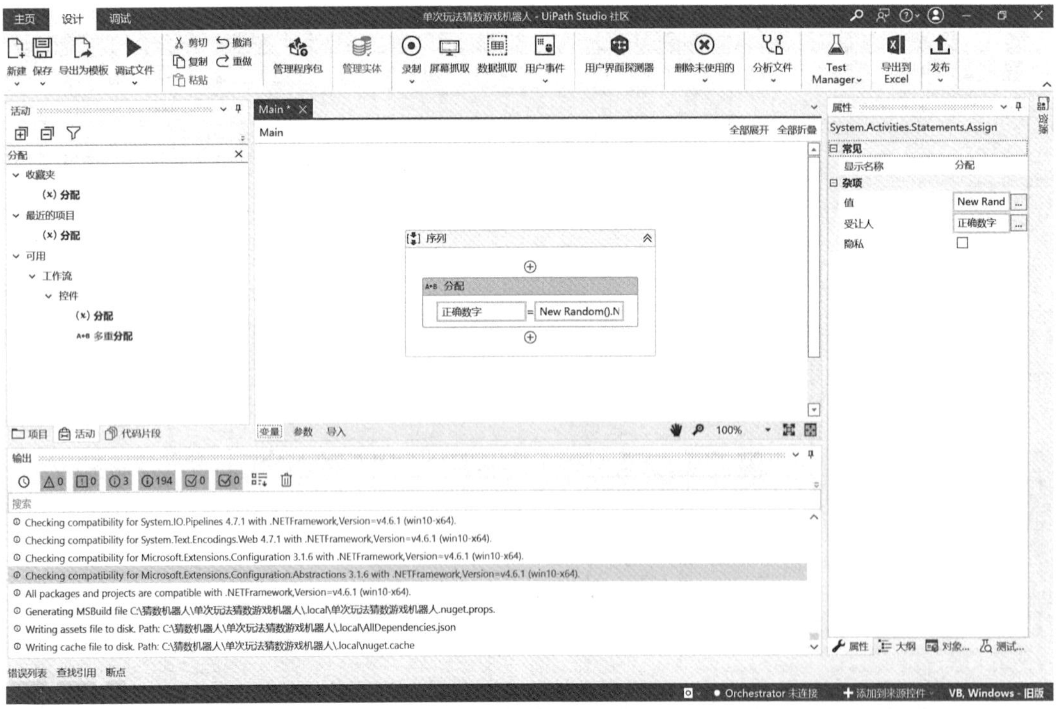

图 2－12　收回变量编辑区域展现【分配】活动结果

过程 2：玩家在 1 到 100 之间输入一个整数，为猜测数字

步骤一：如图 2－13 所示，首先在工作流界面中点击左侧的“活动”（标记 1），然后在上方搜索活动框中填写输入对话框（标记 2），然后用鼠标左键按住控件【输入对话框】拖拽到设计主界面的"⊕"处（标记 3），结果如图 2-14 所示。

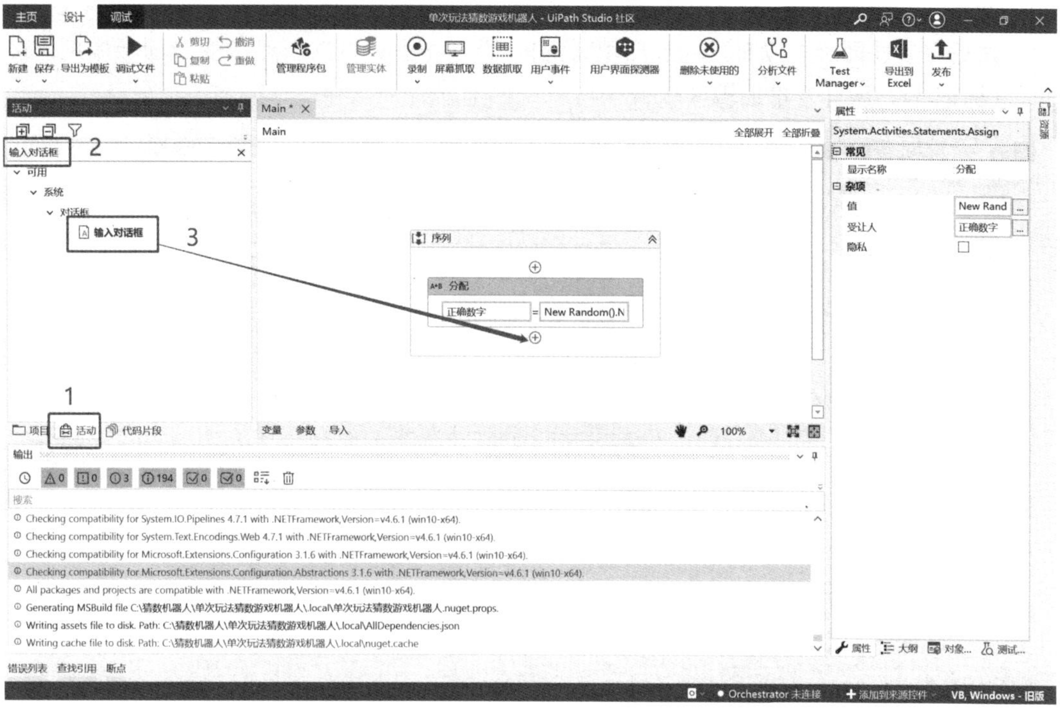

图 2-13　在设计主界面中加入一个【输入对话框】活动

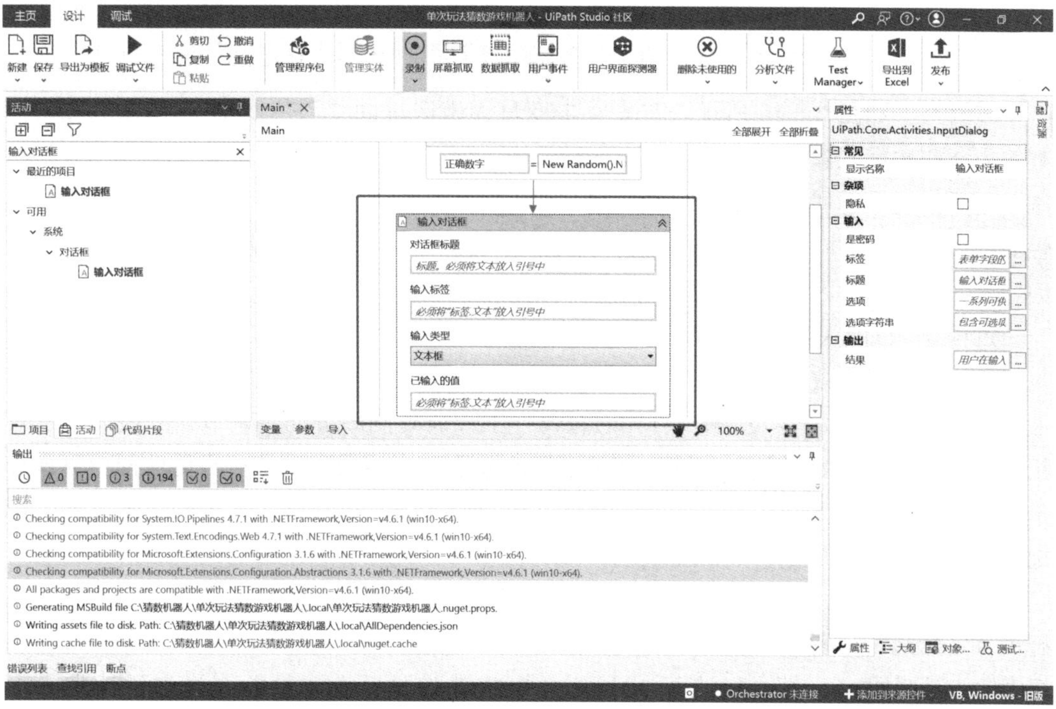

图 2-14　设计主界面中出现一个【输入对话框】活动

步骤二：如图 2-15 所示，点击选中设计主界面的【输入对话框】活动，首先在“对话框标题”处输入"请玩家在 1 到 100 之间猜一个整数"（标记 1），然后在“输入标签”处输入"玩家猜测数字"（标记 2），然后在“已输入的值”处输入猜测数字（标记 3），然后在属性面板可以看到同步出填写的内容（标记 4），然后点击变量面板中的“变量”（标记 5），展开变量编辑区域。

图 2-15 填写【输入对话框】活动的相关内容

步骤三：如图 2-16 所示，首先点击变量编辑区域的“创建变量”处，在“名称”列输入猜测数字（标记 1），然后在“变量类型”列下拉选择Int32（标记 2），然后在“范围”列下拉选择序列（标记 3），然后在“默认值”列不做任何操作（标记 4），然后在属性面板处可以看到同步出填写的内容（标记 5），最后点击变量面板处的“变量”（标记 6），收回变量编辑区域如图 2-17 所示。

过程 3：机器人判断猜测数字是否等于正确数字

（1）如果猜测数字等于正确数字，则机器人提示“恭喜你，你猜对啦!”

步骤一：如图 2-18 所示，首先通过设计主界面右侧的滑动条调节拉到最底端（标记 1），然后在左侧活动面板中点击“活动”（标记 2），然后在上方搜索活动框中输入IF 条件（标记 3），然后用鼠标左键按住控件【IF 条件】拖拽到设计主界面的“⊕”处（标记 4），如图 2-19 所示，点击显示“Else”。

步骤二：如图 2-20 所示，首先在“IF 条件”活动的“条件”处输入猜测数字=正确数字（标记 1），然后在左侧活动面板中点击“活动”（标记 2），然后在上方搜索活动框中输入消息框（标记 3），然后用鼠标左键按住控件【消息框】拖拽到设计主界面“Then”下方的“⊕”处（标记 4）。

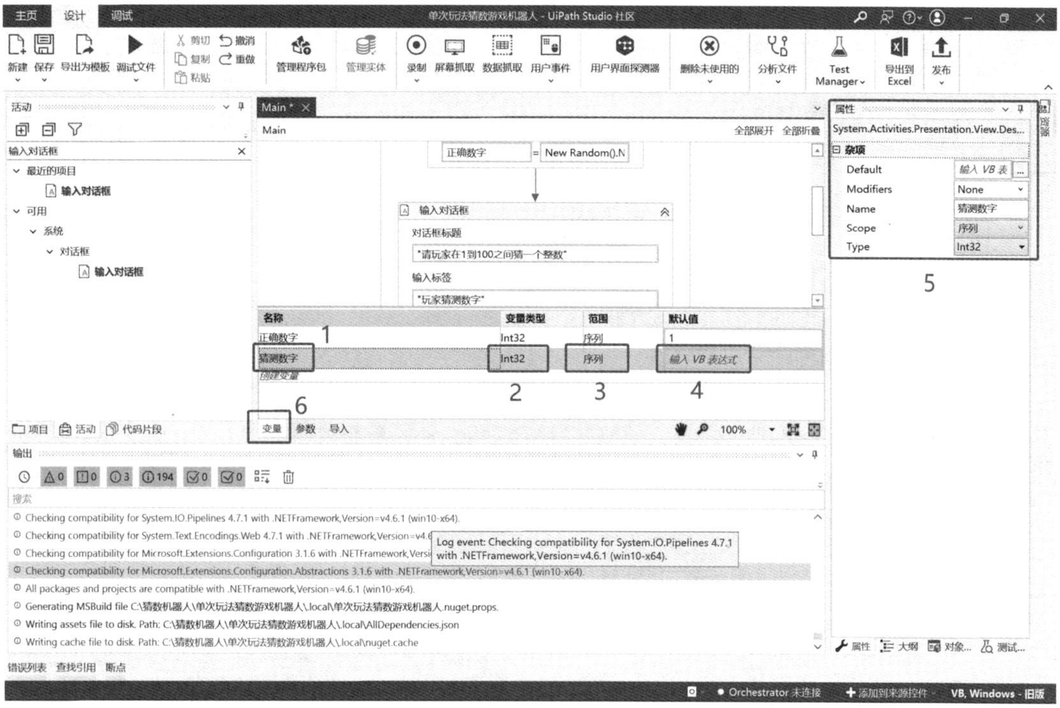

图 2-16 在变量编辑区域创建变量"猜测数字"

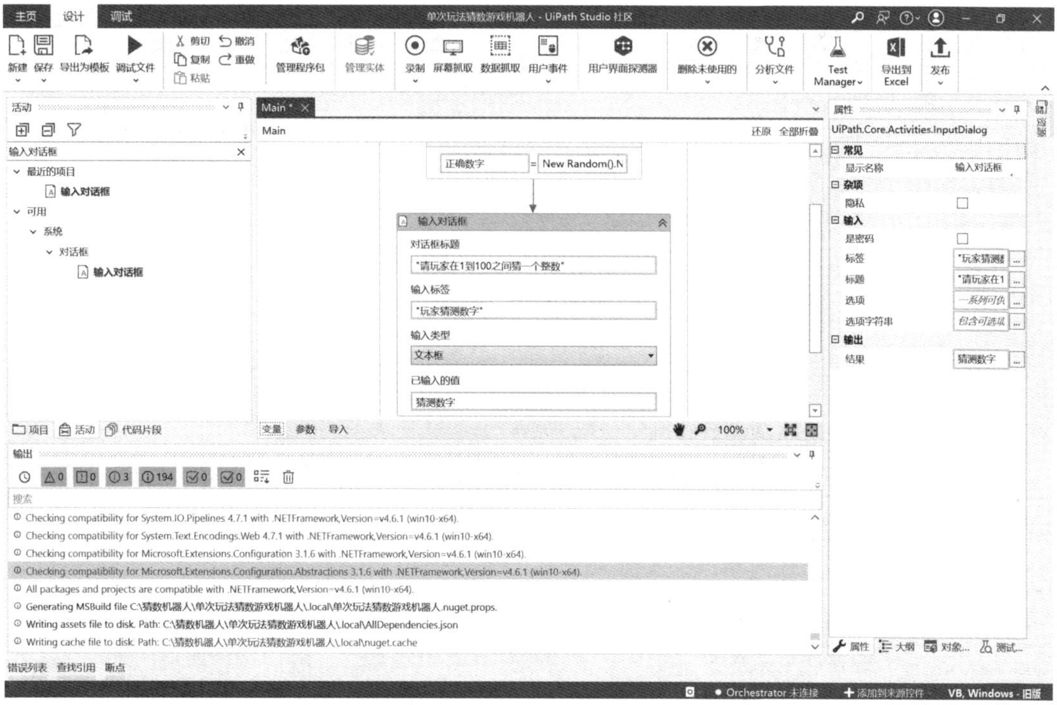

图 2-17 收回变量编辑区域展现【输入对话框】活动结果

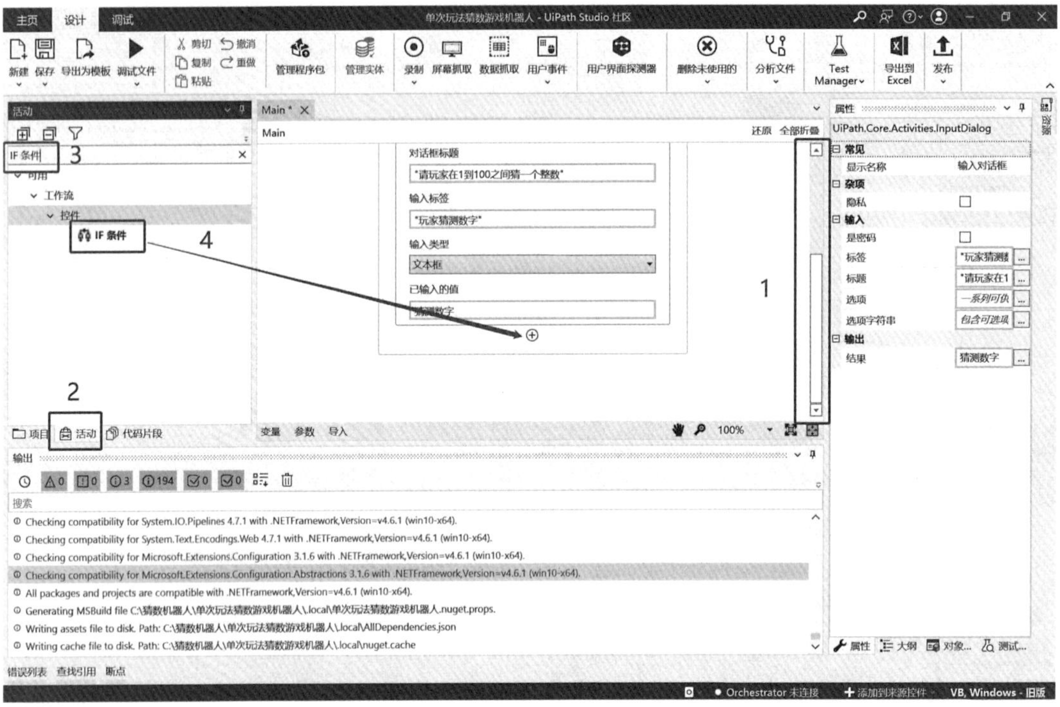

图 2-18　在设计主界面中加入一个【IF 条件】活动

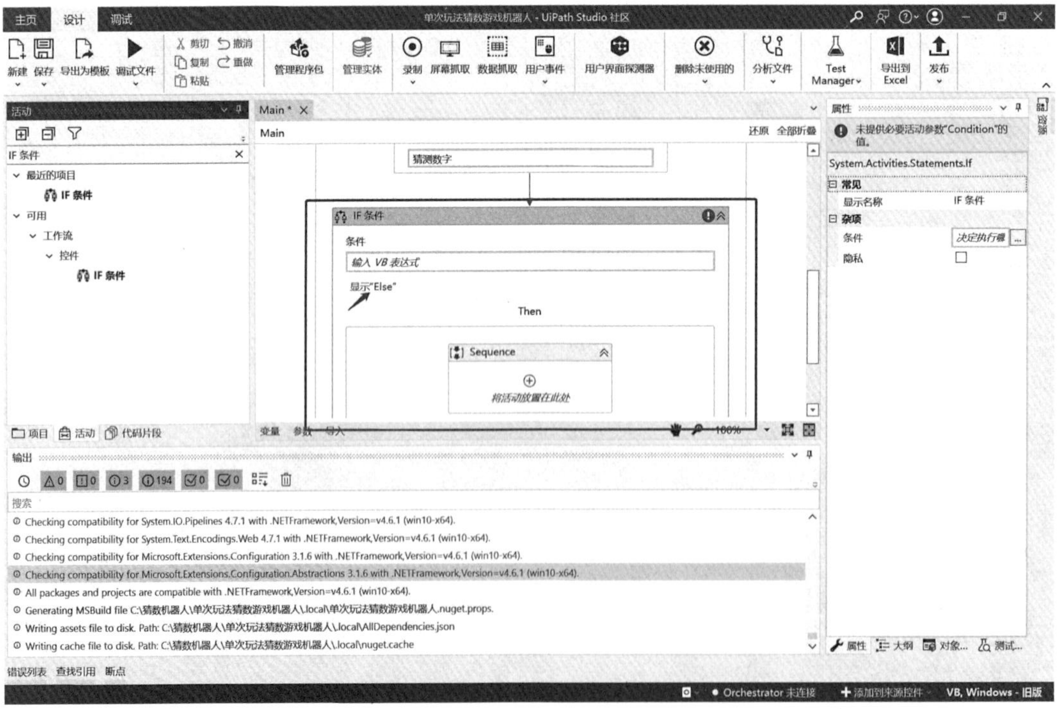

图 2-19　设计主界面出现一个【IF 条件】活动并点击显示“Else”

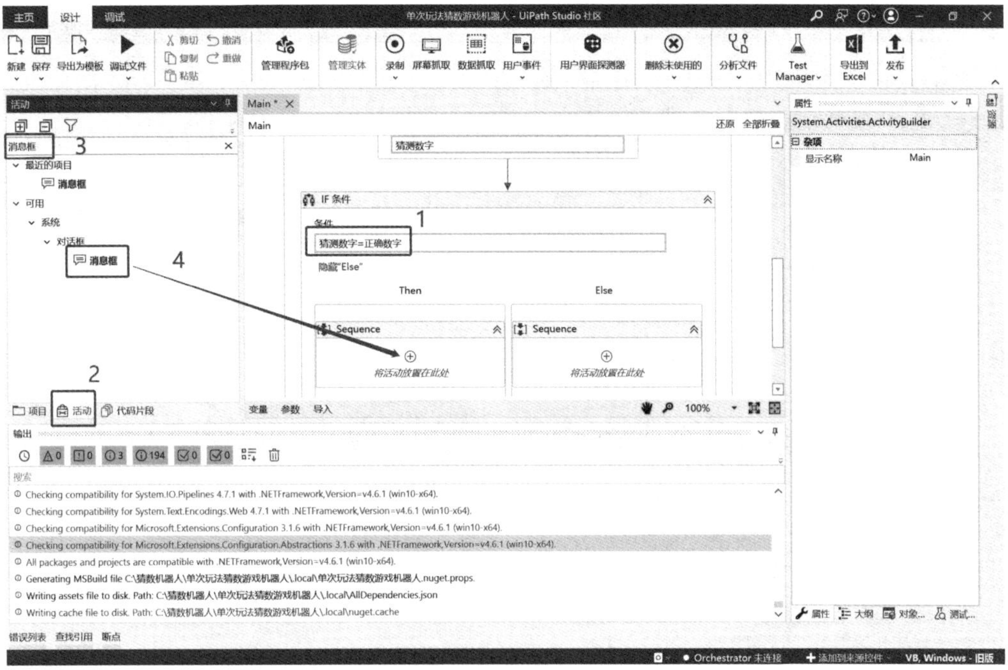

图 2-20 在【IF 条件】活动中填写内容并加入一个【消息框】

步骤三：如图 2-21 所示，首先在“消息框”活动中输入"恭喜你，你猜对啦!"（标记 1），然后在左侧活动面板中点击“活动”（标记 2），然后在上方搜索活动框中输入IF条件（标记 3），然后用鼠标左键按住控件【IF 条件】拖拽到设计主界面的“⊕”处（标记 4），如图 2-22 所示，点击显示“Else”。

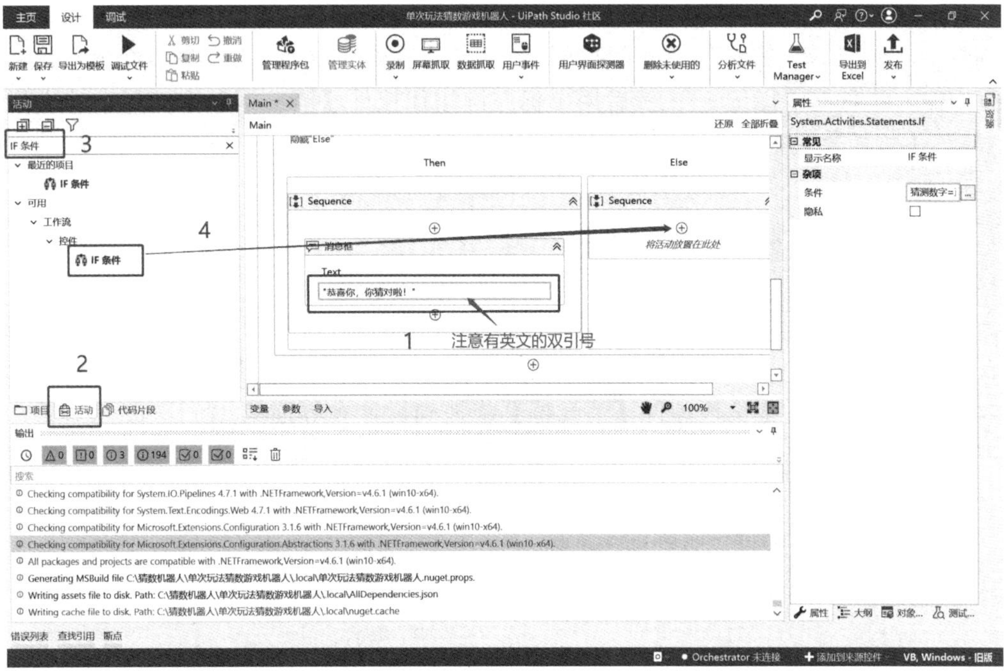

图 2-21 填写【消息框】内容并再加一个【IF 条件】活动

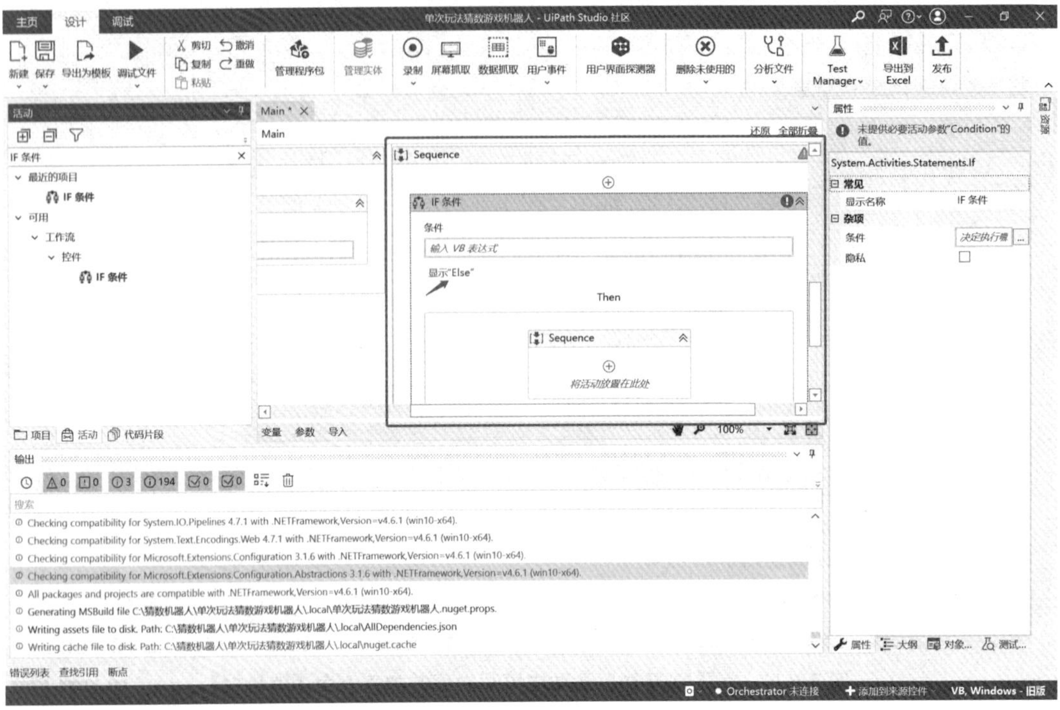

图 2-22 出现新的【IF 条件】活动并点击显示“Else”

（2）如果为“否”，则机器人会继续判断猜测数字是否大于正确数字。

①若判断结果为“是”，则机器人提示“很遗憾，你猜大啦!”；

②若判断结果为“否”，则机器人提示“很遗憾，你猜小啦!”。

步骤四：如图 2-23 所示，首先在新的【IF 条件】活动“条件”处输入猜测数字>正确数字（标记 1），然后在左侧活动面板中点击“活动”（标记 2），然后在上方搜索活动框中输入消息框（标记 3），然后用鼠标左键按住控件【消息框】拖拽到设计主界面“Then”下方的“⊕”处（标记 4）。

步骤五：如图 2-24 所示，首先在【消息框】中输入"很遗憾，你猜大啦!"（标记 1），然后在属性面板处可以看到同步出填写的内容（标记 2），然后为了显示完整可以将主设计面板的显示比例由 100%调整到 50%（标记 3）。

步骤六：如图 2-25 所示，此时设计主界面的显示比例已调整为 50%（标记 1），然后在左侧活动面板中点击“活动”（标记 2），然后在上方搜索活动框中输入消息框（标记 3），然后用鼠标左键按住控件【消息框】拖拽到设计主界面第二个“Then”下方的“⊕”处（标记 4）。

步骤七：如图 2-26 所示，首先在【消息框】中输入"很遗憾，你猜小啦!"（标记 1），然后在属性面板处可以看到同步出填写的内容（标记 2），然后可以看到主设计面板的显示比例为 50%，后续可以根据需要再调整显示比例（标记 3）。

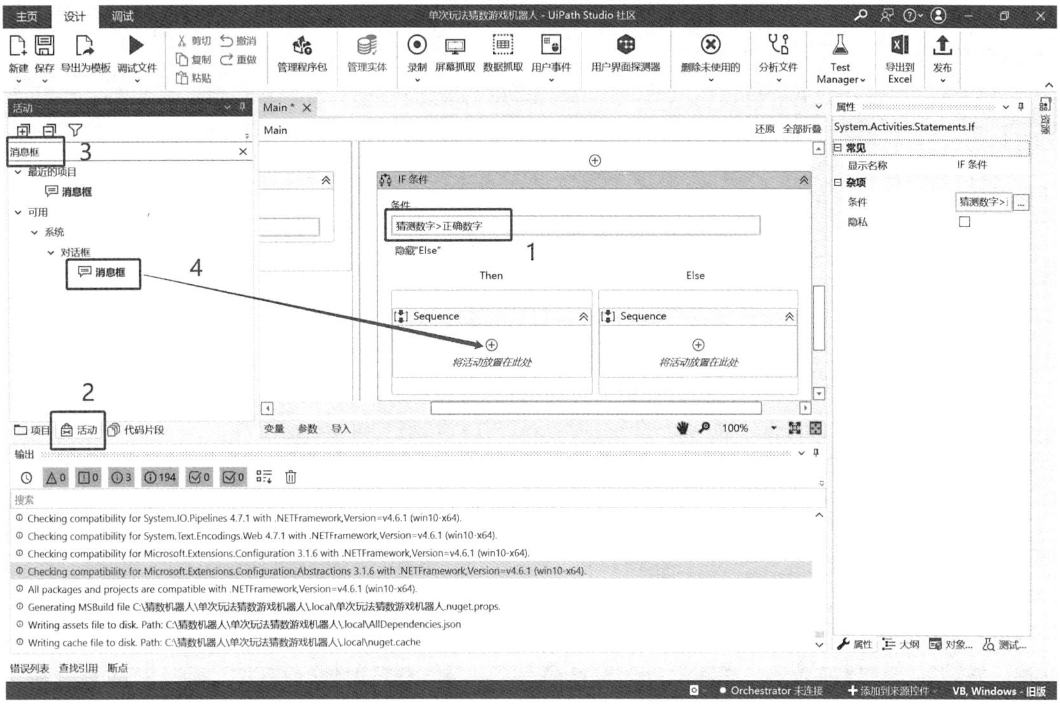

图 2-23 在新的【IF 条件】活动中填写条件内容并加入一个【消息框】

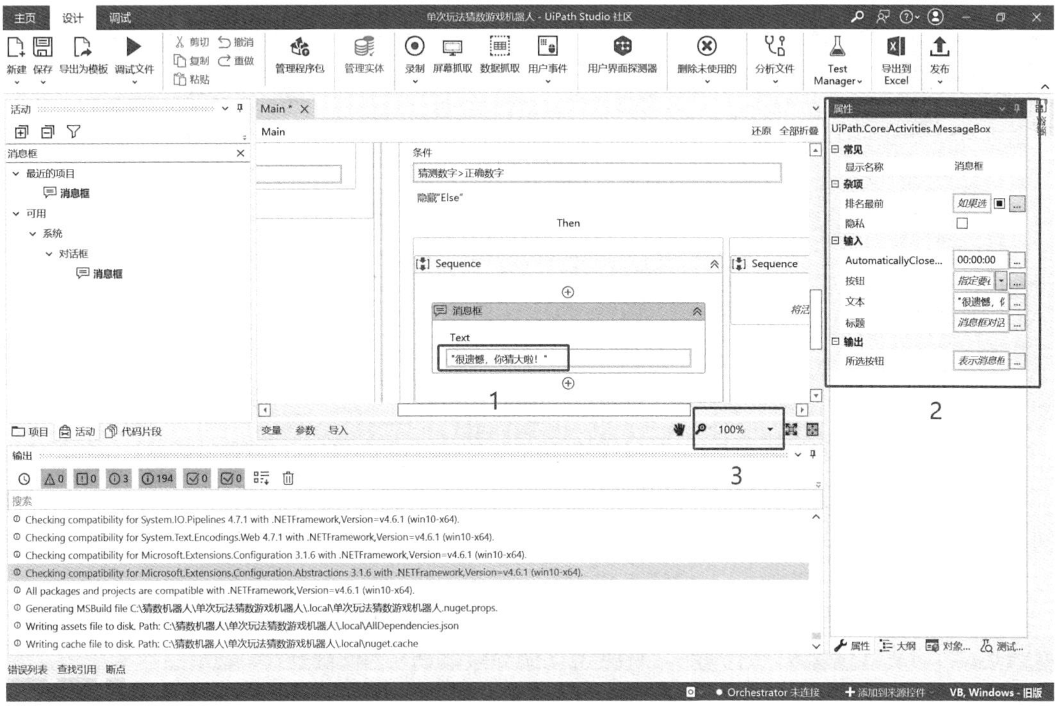

图 2-24 在【消息框】活动中填写相关内容

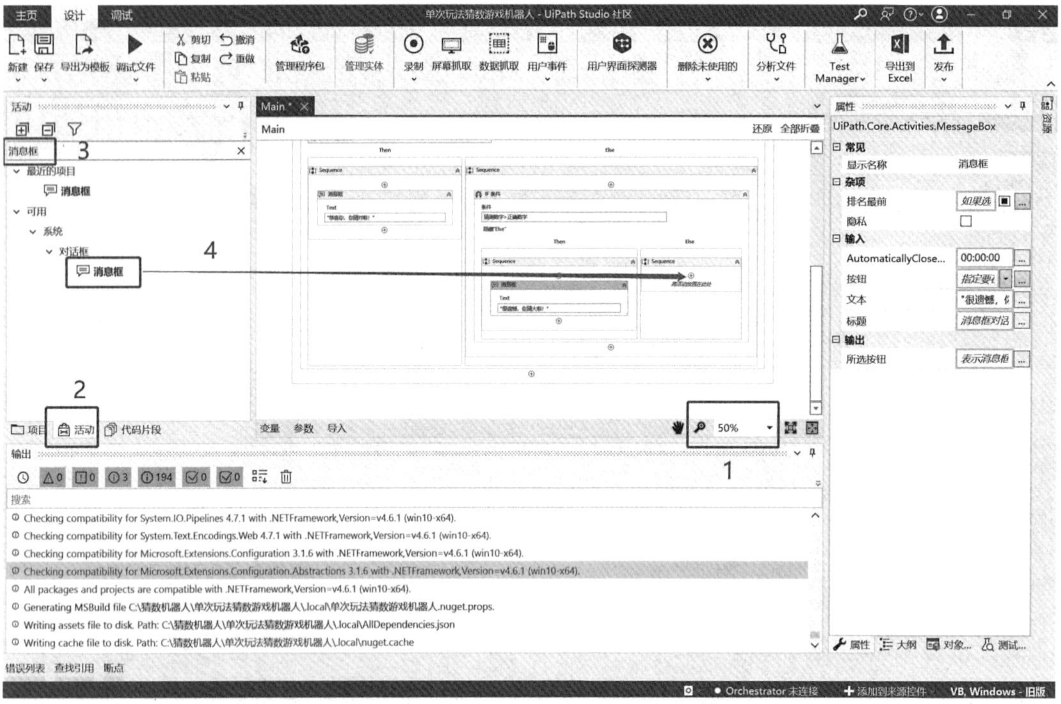

图 2-25 在第二个“Then”中再加入一个【消息框】活动

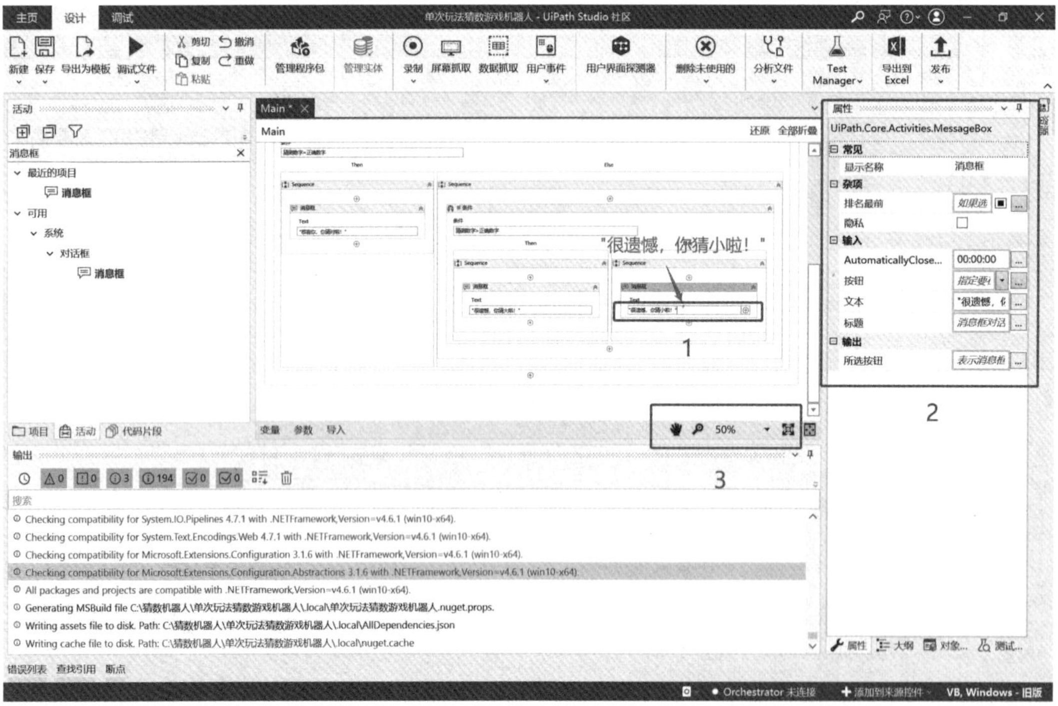

图 2-26 填写【消息框】活动的相关内容

过程 4：机器人提示游戏结束并给出正确数字

步骤一：如图 2-27 所示，在主界面左侧活动面板中点击“活动”（标记 1），然后在上方搜索活动框中输入消息框（标记 2），然后用鼠标左键按住控件【消息框】拖拽到设计主界面最下方的“⊕”处（标记 3）。

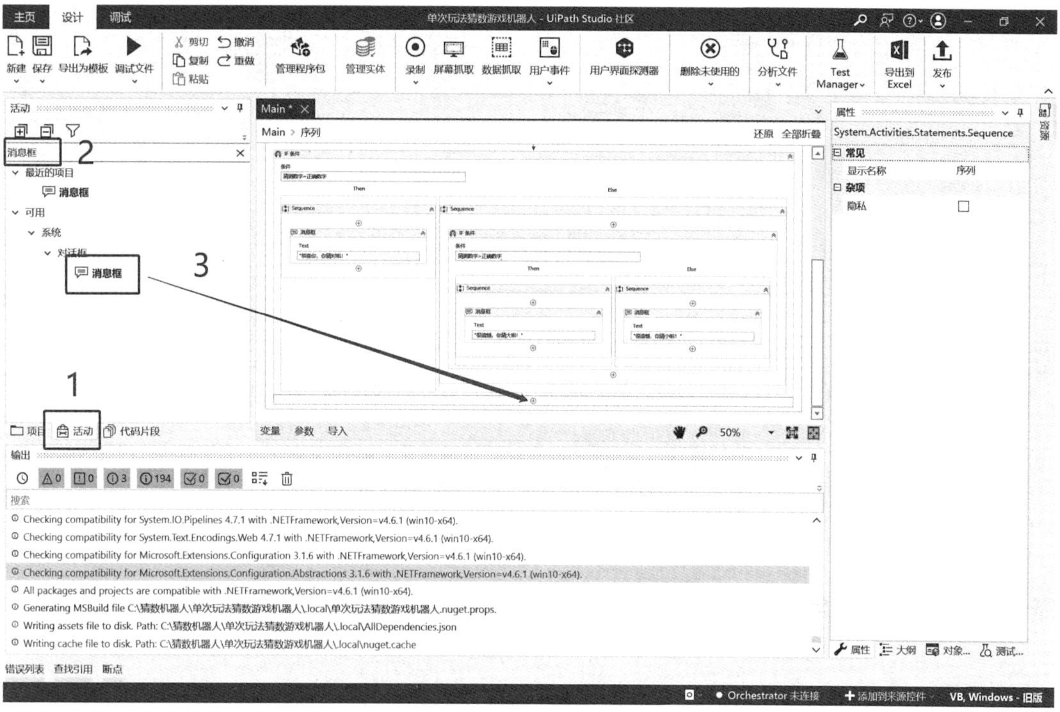

图 2-27 在设计主界面最下方的“⊕”处加入一个【消息框】活动

步骤二：如图 2-28 所示，在设计主界面【消息框】中输入"游戏结束啦，正确数字是"＋正确数字. ToString＋"。"（标记 1），然后将主设计面板的显示比例由 50％调整到 70％（标记 2），然后用鼠标左键点击设计主界面右上方的“全部折叠”（标记 3），结果如图 2-29 所示。

图 2-29 向我们展示了本次制作的完整程序，包括【分配】、【输入对话框】、【IF 条件】、【消息框】四个主要活动（标记 1），每个主要活动里又嵌套了多种活动，可以点击设计主界面右上方的“全部展开”查看具体内容（标记 2）。

（三）程序运行

首先，如图 2-30 所示，点击工作流界面左上角的“调试文件”按钮，并点击出现的“运行文件”按钮，运行程序文件。

然后，我们的电脑会弹出一个消息框（如图 2-31 所示），点击“确定”后弹出消息框提示猜数结果（如图 2-32 所示），点击“确定”后弹出消息框提示游戏结束并显示正确数字（如图 2-33 所示）。

最后，我们点击弹框中的“确定”，回到工作流界面，在左下方出现了程序运行的相关信息，如图 2-34 所示。

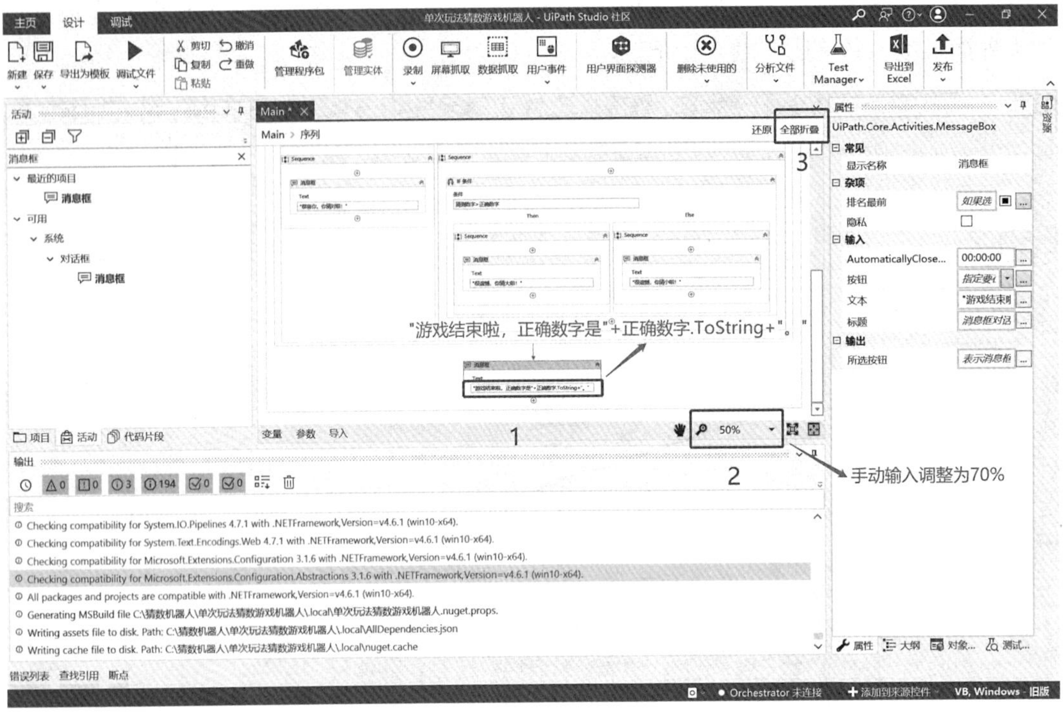

图 2-28　在设计主界面最下方的"⊕"处加入一个【消息框】活动

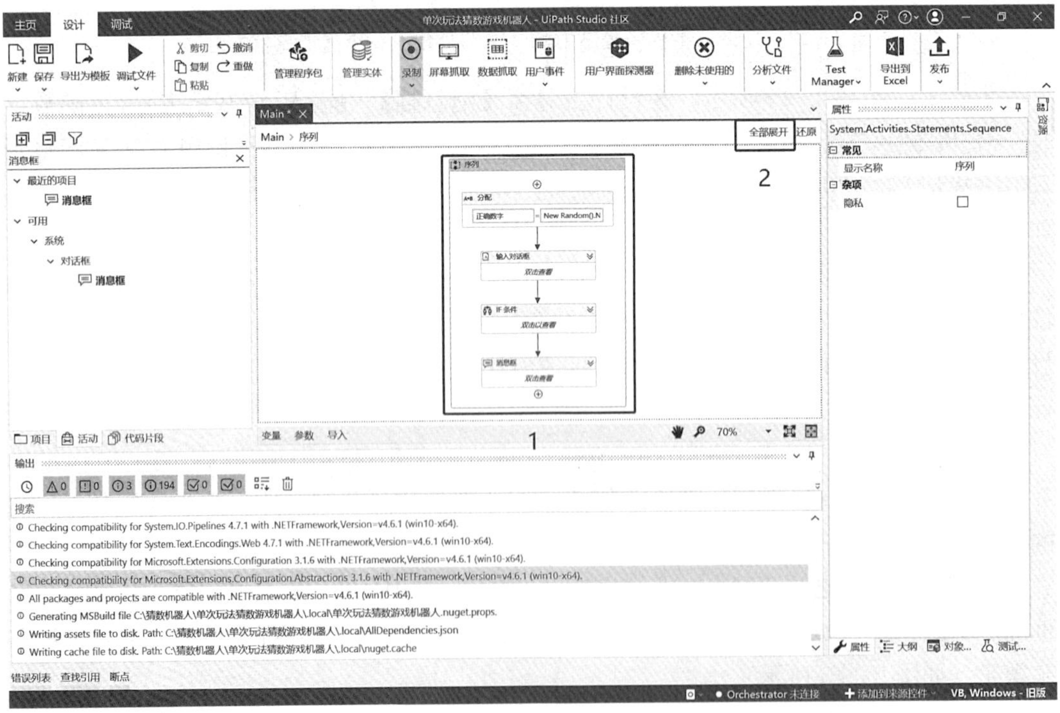

图 2-29　完整程序及主要活动一览图

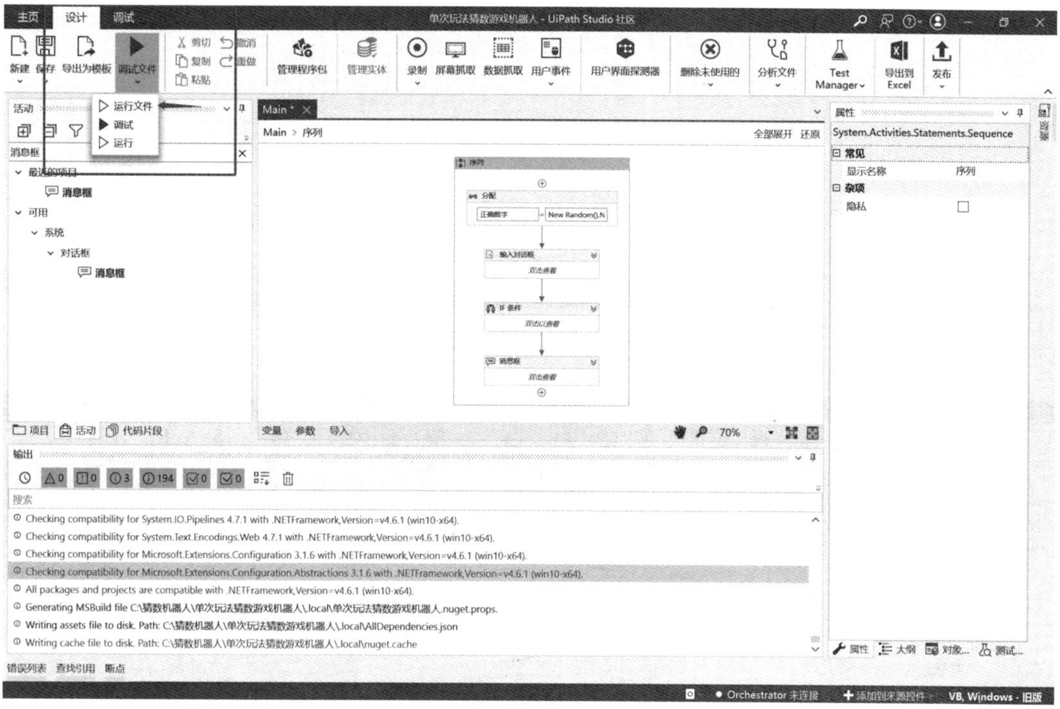

图 2-30 在菜单面板中点击“运行文件”

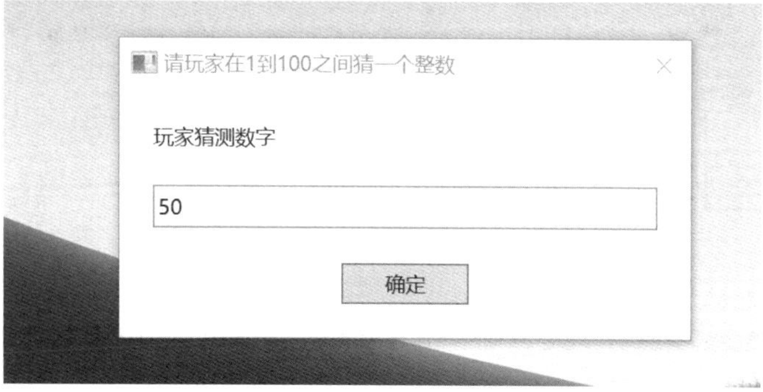

图 2-31 消息框提示玩家输入数字

图 2-32 消息框提示猜数结果

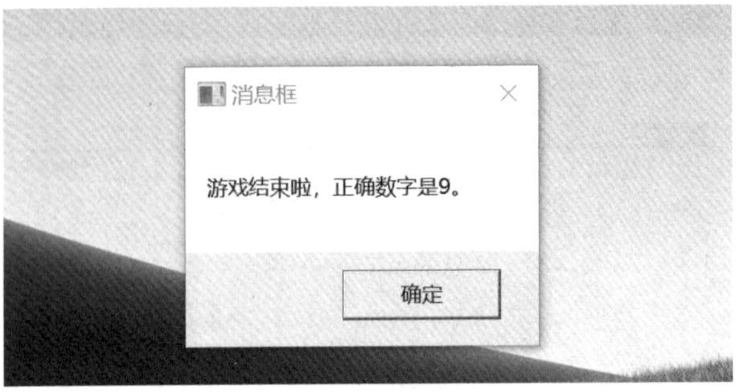

图 2-33　消息框提示游戏结束并显示正确数字

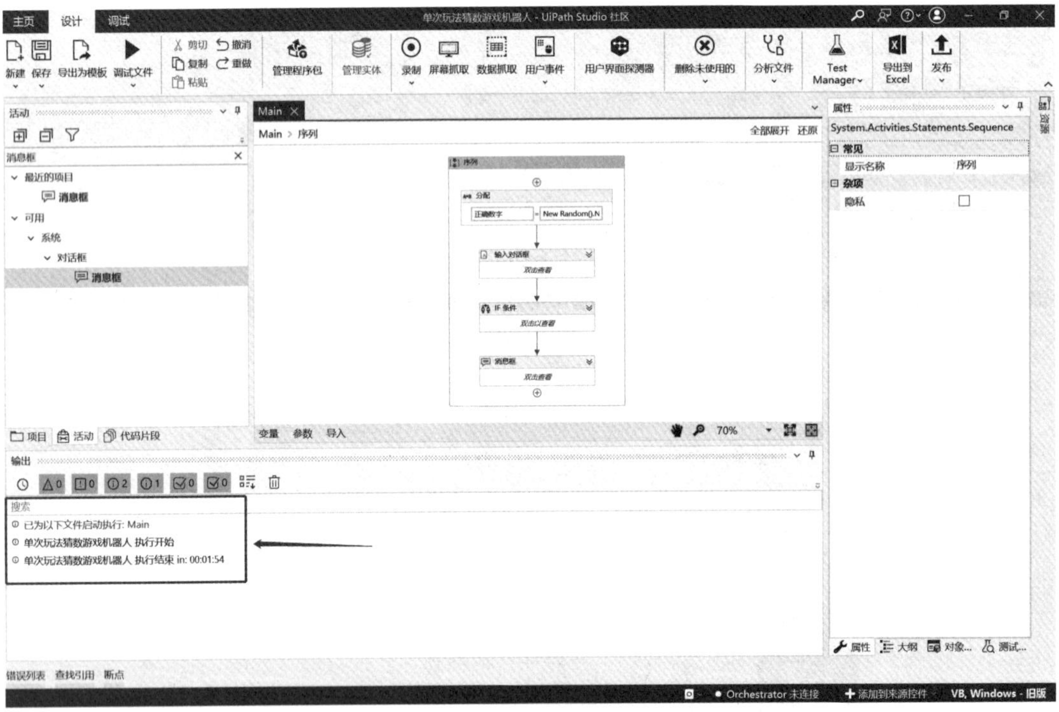

图 2-34　输出面板中显示运行的相关信息

(四) 文件保存

如图 2-35 所示，鼠标左键点击工作流界面左上角的“保存”按钮，并点击出现的“全部保存”按钮。最后保存的文件在哪呢？这与我们在“图 2-4　创建一个空白流程并更改名称和位置”的操作密切相关，如图 2-36 所示。

二、多次玩法的机器人制作

从前面两种玩法的流程图可以看出，多次玩法在单次玩法的基础上增加了循环功能，若要制作多次玩法的机器人，我们是不是可以在已完成的单次玩法版本上直接进行修改

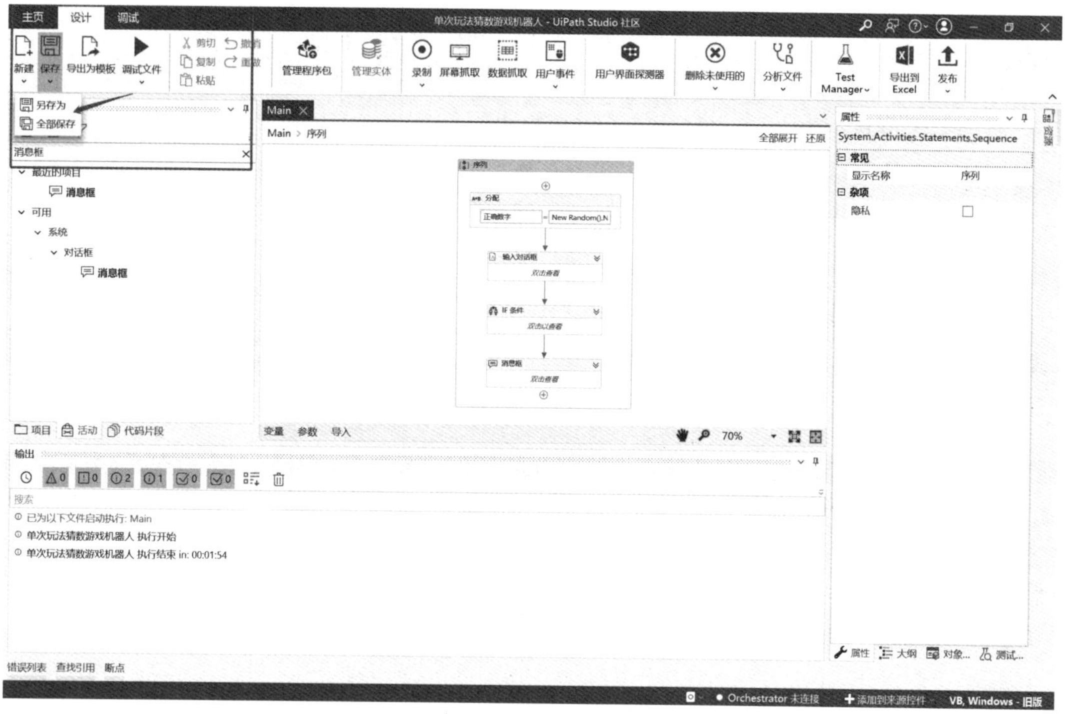

图 2 - 35　点击“全部保存”

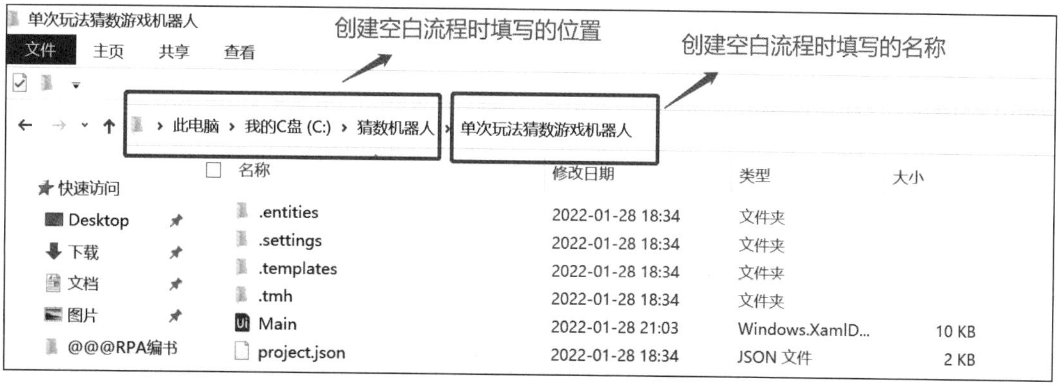

图 2 - 36　程序文件所在的位置及内容

呢？答案是当然可以！下面我们就看怎样在 UiPath 里让单次玩法变成多次玩法吧！

（一）操作准备

为了不破坏单次玩法版本的程序文件，我们可以从单次玩法版本中导出一个新的模板来进一步制作多次玩法版本。

首先，提前退出 360 安全卫士等杀毒软件（避免对使用过程的干扰），在保存的“单次玩法猜数游戏机器人”文件夹中用鼠标双击“Main”文件（如图 2 - 37 所示），这将直接在 UiPath Studio 软件中打开前面单次玩法版本的程序文件。用鼠标左键点击工作流界面左上角的“导出为模板”按钮，如图 2 - 38 所示。

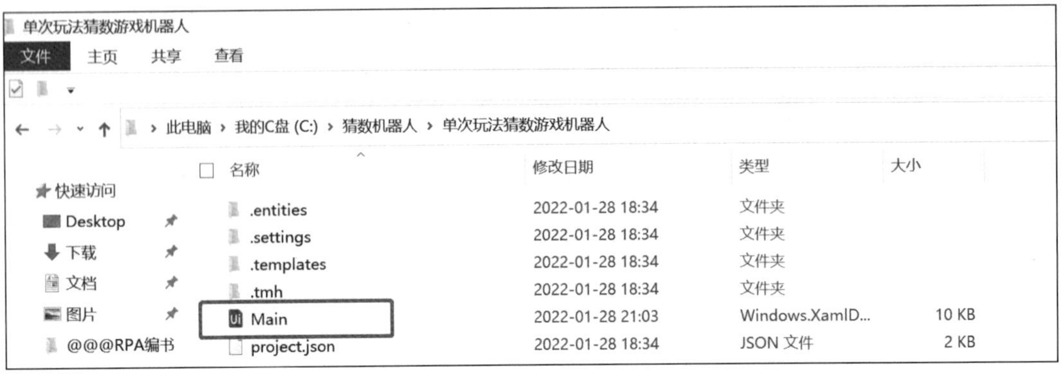

图 2-37　双击单次玩法版本程序文件中的 Main 文件

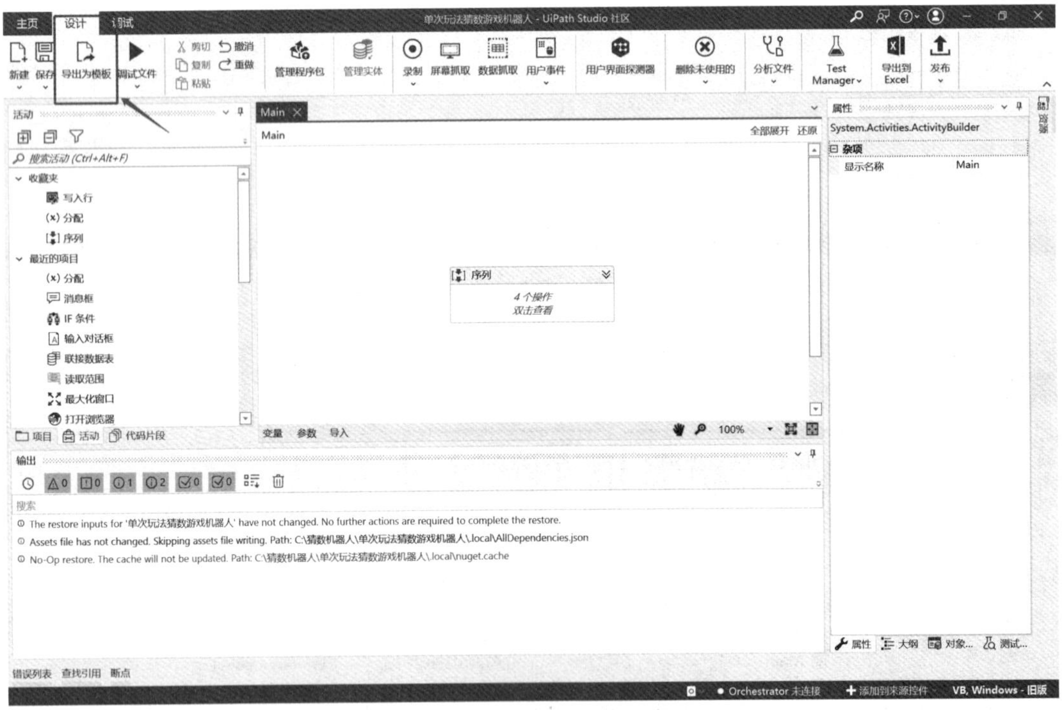

图 2-38　在单次玩法界面中点击“导出为模板”

其次，在弹出来的“导出为模板”对话框中更改“名称”和“位置”信息（名称改为多次玩法猜数游戏机器人，位置改为C:\猜数机器人），点击“导出”，如图 2-39 所示；在弹出的“是否要打开已导出的项目”对话框中选择“是”，如图 2-40 所示。

最后，在出现如图 2-41 所示的界面后，我们可以看到标题已变为“多次玩法猜数游戏机器人”（标记 1）；点击“打开主工作流”（标记 2），则进入如图 2-42 所示的工作流界面，在设计主界面的“序列”中，鼠标左键双击进去则可看到单次玩法版本已制作过的全部活动。

至此，我们的操作准备已完成，接下来就让我们在 UiPath 工作流界面大展身手吧！

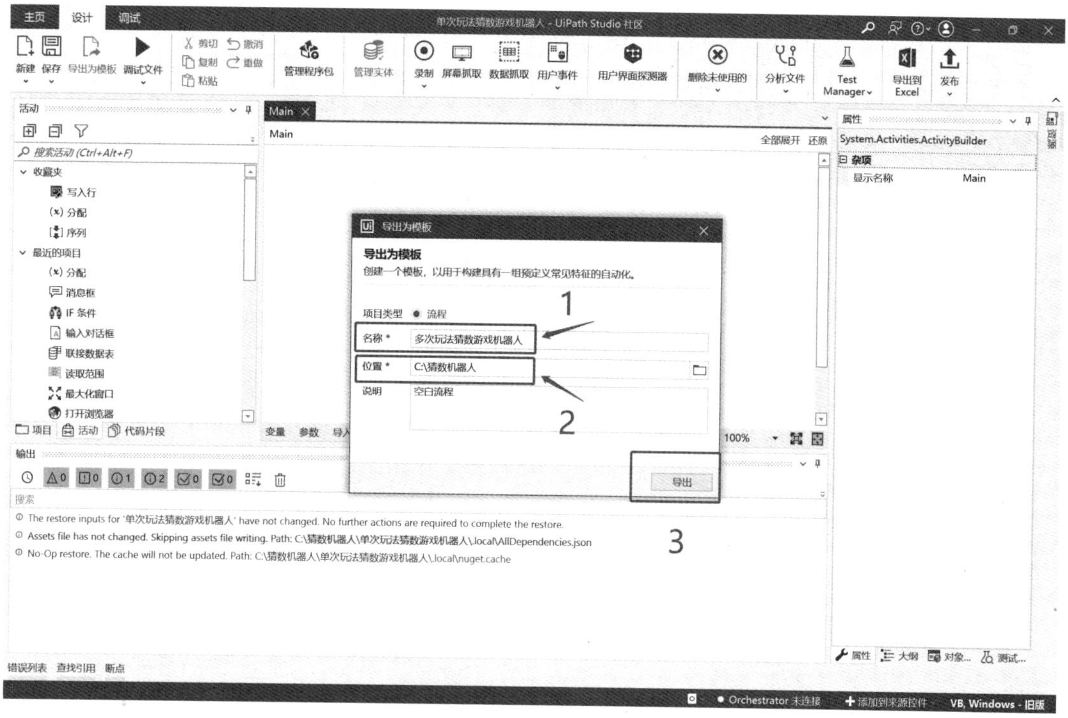

图 2－39　在“导出为模板”时修改“名称”和“位置”信息

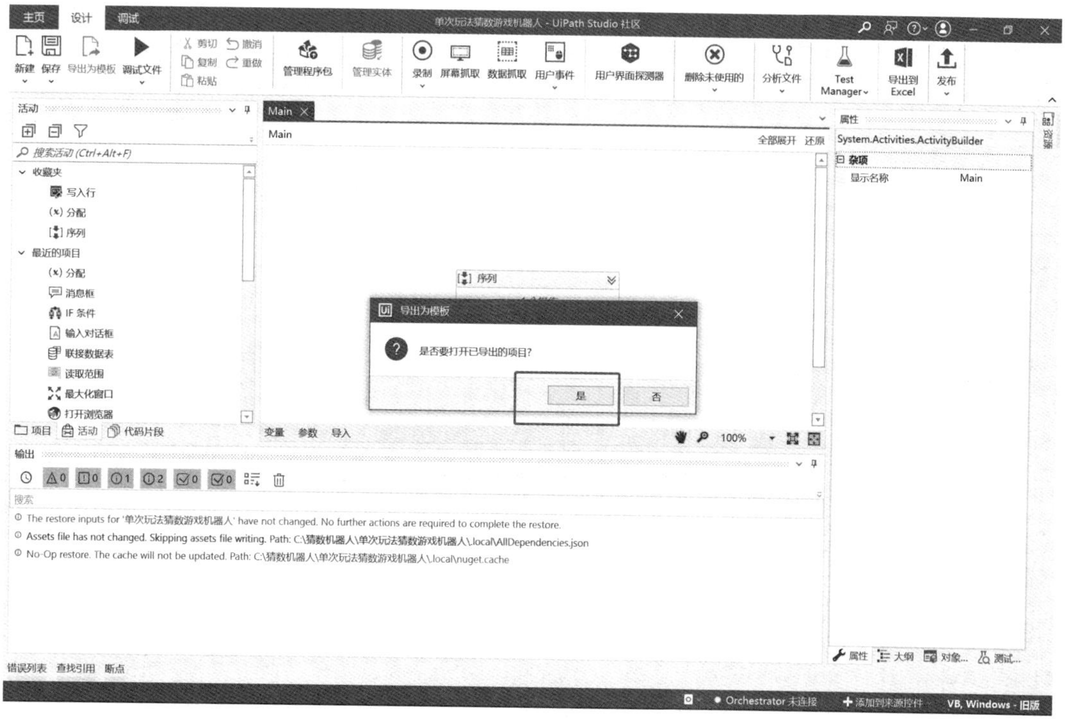

图 2－40　选择打开已导出的项目

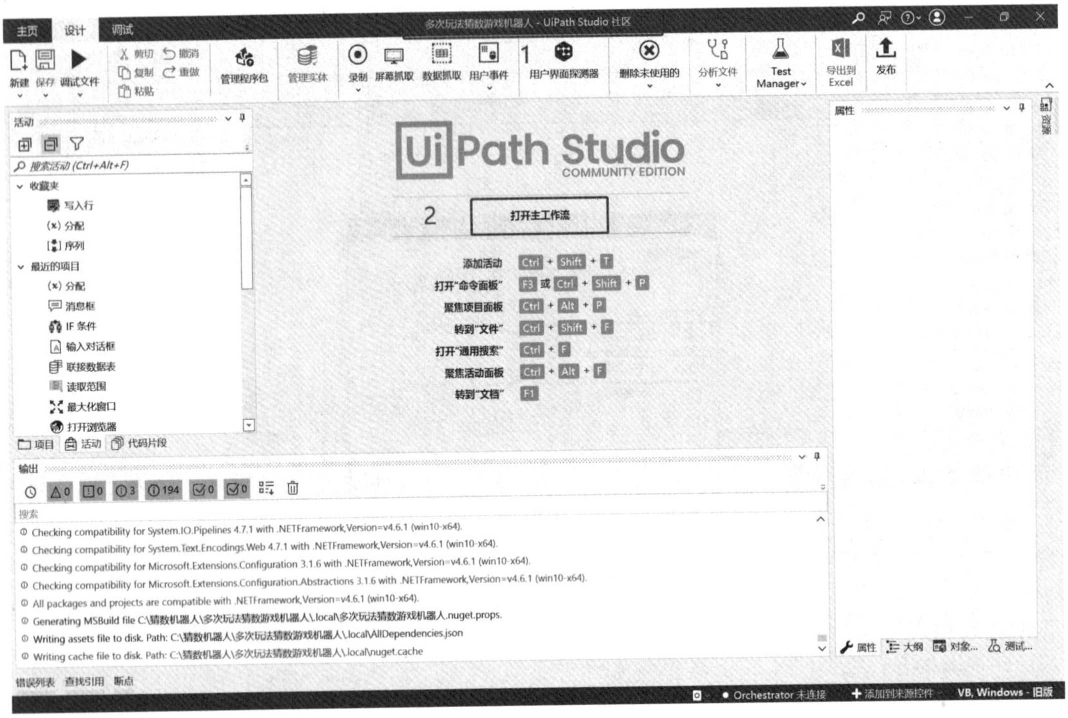

图 2－41　成功打开已导出的项目

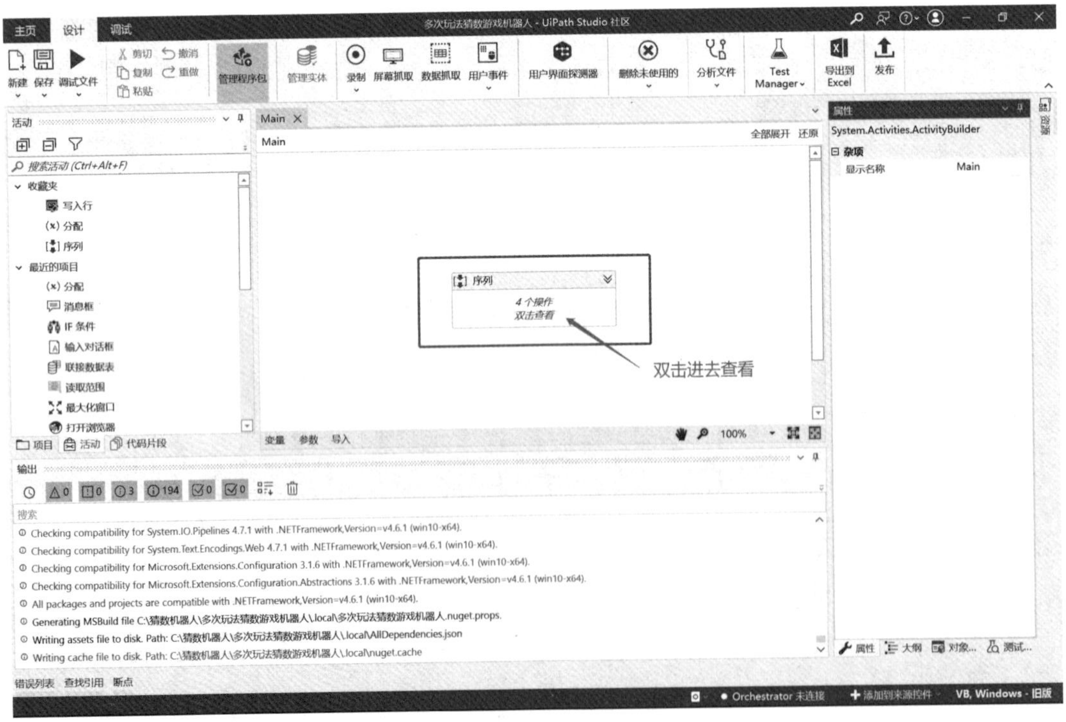

图 2－42　鼠标左键双击进去查看序列的全部活动

（二）程序制作

多次玩法猜数游戏机器人制作运行解析

对照流程图，程序制作可以分为 2 个过程。

过程 1：循环及条件设置

步骤一：如图 2－43 所示，点击“适应屏幕”图标调整设计主界面的显示比例（标记 1），然后在左侧活动面板点击“活动”（标记 2），然后在上方搜索活动框中输入后条件循环（标记 3），然后用鼠标左键按住控件【后条件循环】拖拽到设计主界面【输入对话框】活动前的“⊕”处（标记 4）。

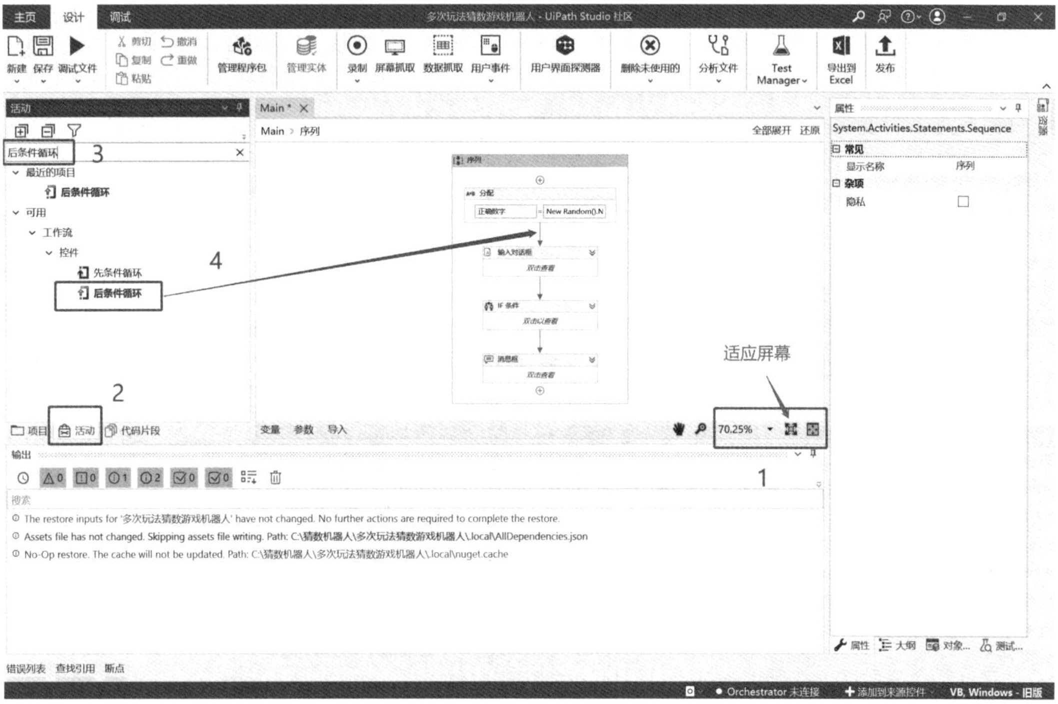

图 2－43 调整设计主界面显示比例并加入一个【后条件循环】活动

步骤二：在随后出现的图 2－44 页面中，在设计主界面中长按鼠标左键拉出一个框，同时选中【输入对话框】和【IF 条件】两个活动后再松开，键盘上同时按 Ctrl 键和 C 键（“复制”的快捷键），或者鼠标右键点击“复制”（图 2－45 中标记 1），然后鼠标左键双击查看设计主界面的“后条件循环”活动（图 2－45 中标记 2）。

步骤三：如图 2－46 所示，在设计主界面【后条件循环】活动的“条件”中输入i<5 and 猜测数字<> 正确数字（标记 1），然后鼠标左键点击“正文”的“⊕”处，键盘上同时按 Ctrl 键和 V 键（“粘贴”的快捷键），将复制的两个活动粘贴过来（标记 2）。

过程 2：循环内容编制

步骤一：在随后出现的图 2－47 界面中，在左侧活动面板点击“活动”（标记 1），然后在上方搜索活动框中输入分配（标记 2），然后用鼠标左键按住控件【分配】拖拽到设计主界面【输入对话框】活动前的“⊕”处（标记 3）。

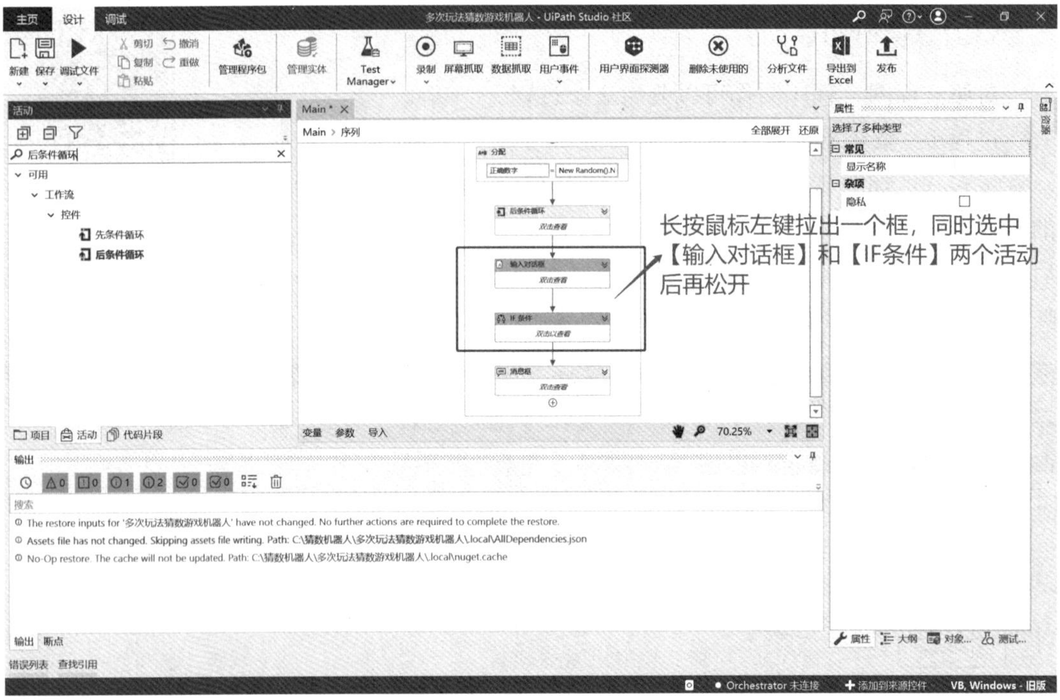

图 2-44　同时选中【输入对话框】和【IF 条件】两个活动

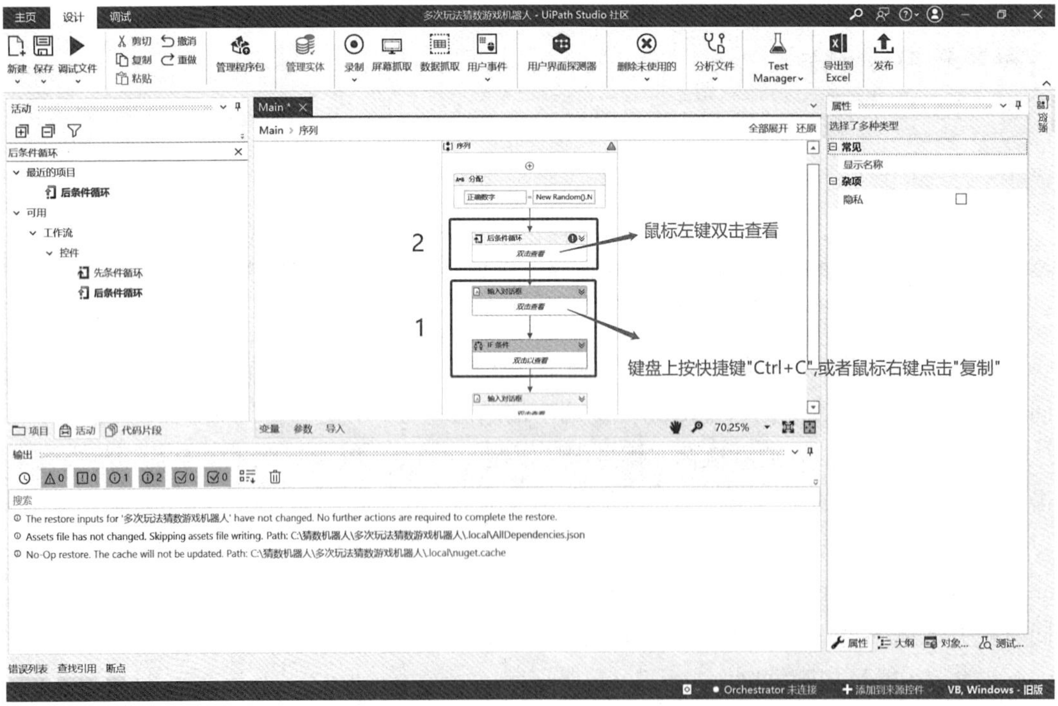

图 2-45　复制两个活动并双击查看【后条件循环】活动

图 2 - 46　在【后条件循环】活动补充相关内容

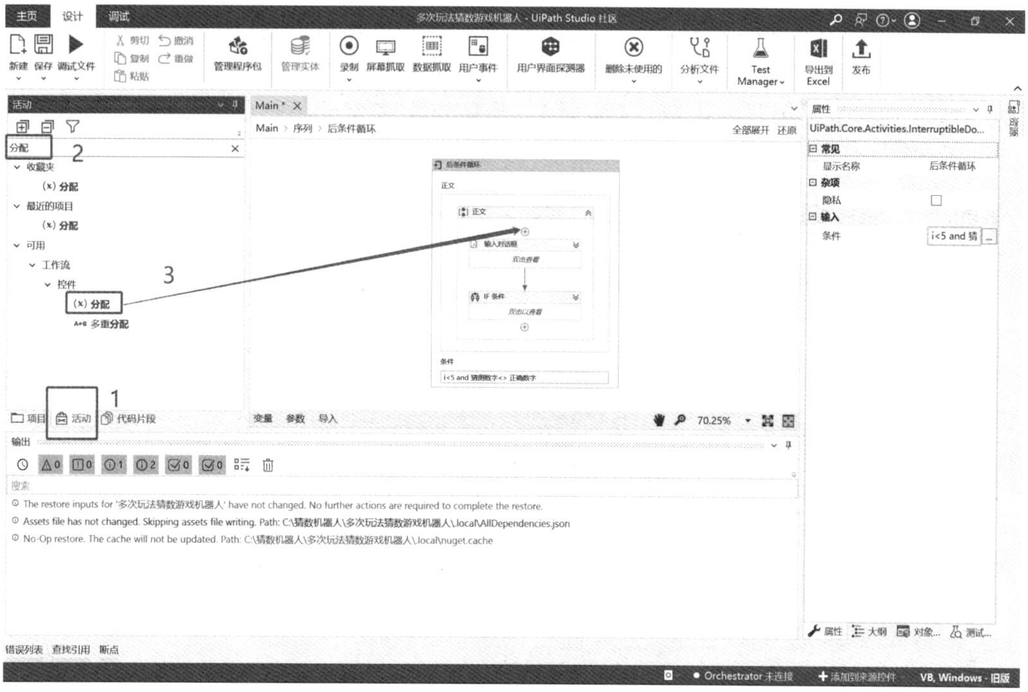

图 2 - 47　在【输入对话框】活动前加入一个【分配】活动

步骤二：在随后出现的图 2 - 48 界面中，首先在【分配】活动左侧输入i（标记 1），然后在【分配】活动右侧输入i+1（标记 2），然后在右侧属性面板可以看到同步出填写的内容（标记 3），然后点击变量面板中的“变量”（标记 4），展开变量编辑区域。

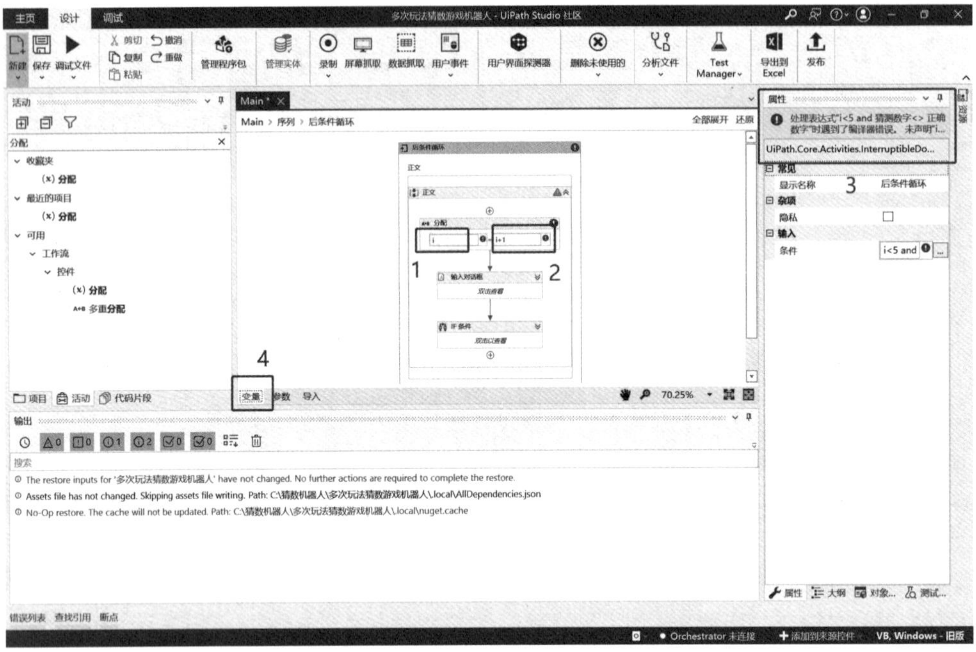

图 2-48　在【分配】活动中填写相关内容

步骤三：在随后出现的图 2-49 界面中，首先点击变量编辑区域的“创建变量”处，在“名称”列输入i（标记 1），然后在“变量类型”列下拉选择Int32（标记 2），然后在“范围”列下拉选择序列（标记 3），然后在“默认值”列输入1（标记 4），然后在属性面板处可以看到同步出填写的内容（标记 5），最后点击变量面板处的“变量”（标记 6），收回变量编辑区域。

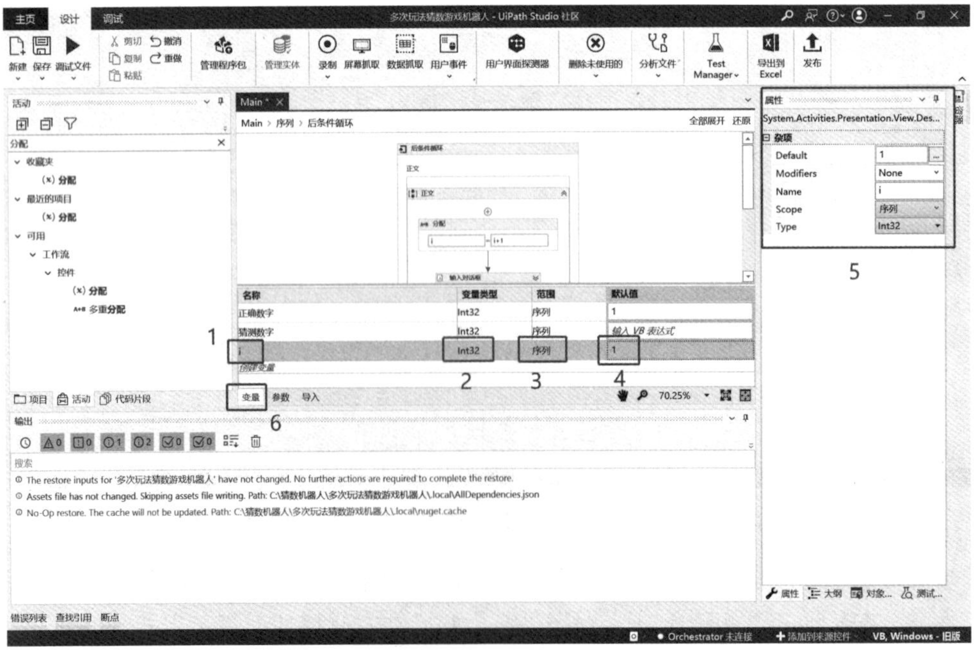

图 2-49　在变量编辑区域创建变量“i”

步骤四：在随后出现的图 2－50 界面中，鼠标左键点击设计主界面左上方的“序列”回到图 2－51 的界面，在设计主界面中长按鼠标左键拉出一个框，同时选中【输入对话框】和【IF 条件】两个活动后再松开，然后键盘上按快捷键“Delete”或者鼠标右键点击“删除”，如图 2－52 所示。

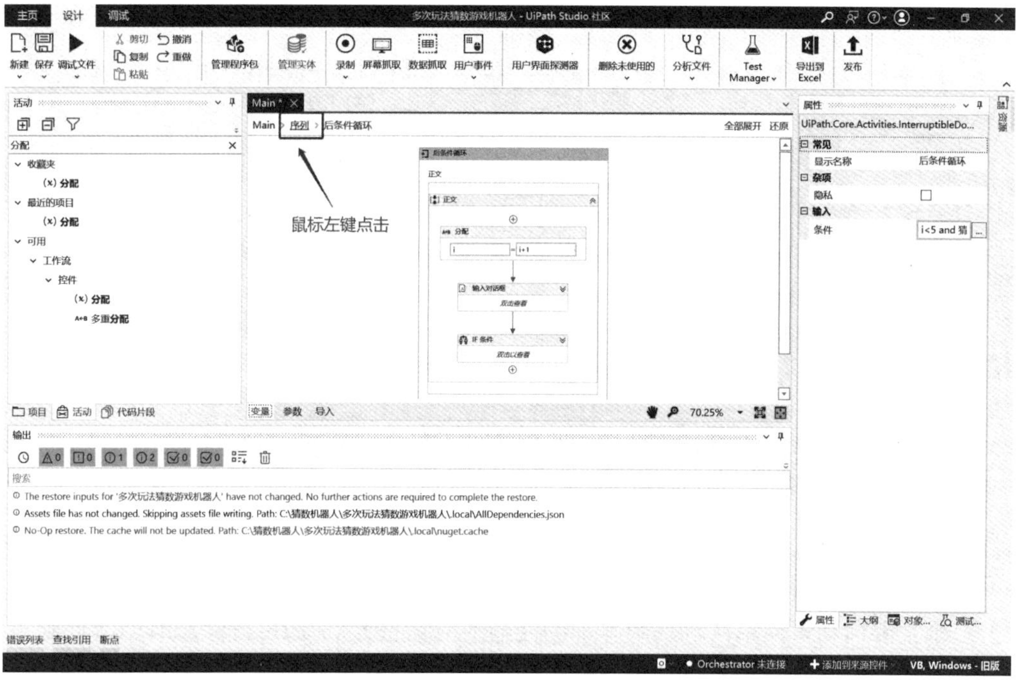

图 2－50　在设计主界面中鼠标左键点击“序列”

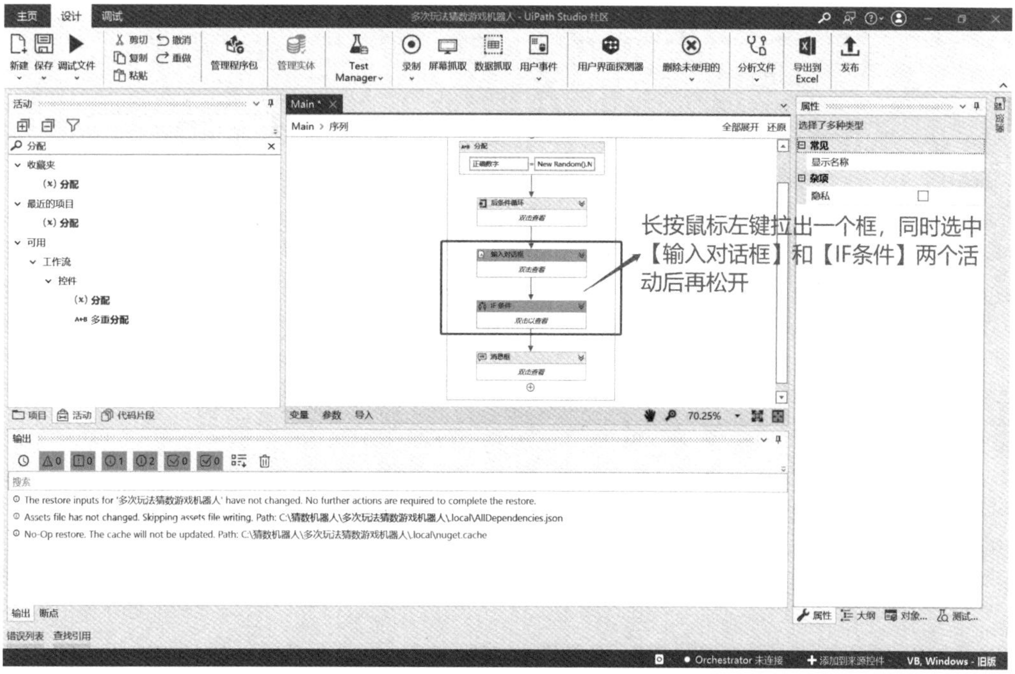

图 2－51　在设计主界面中同时选中两个活动

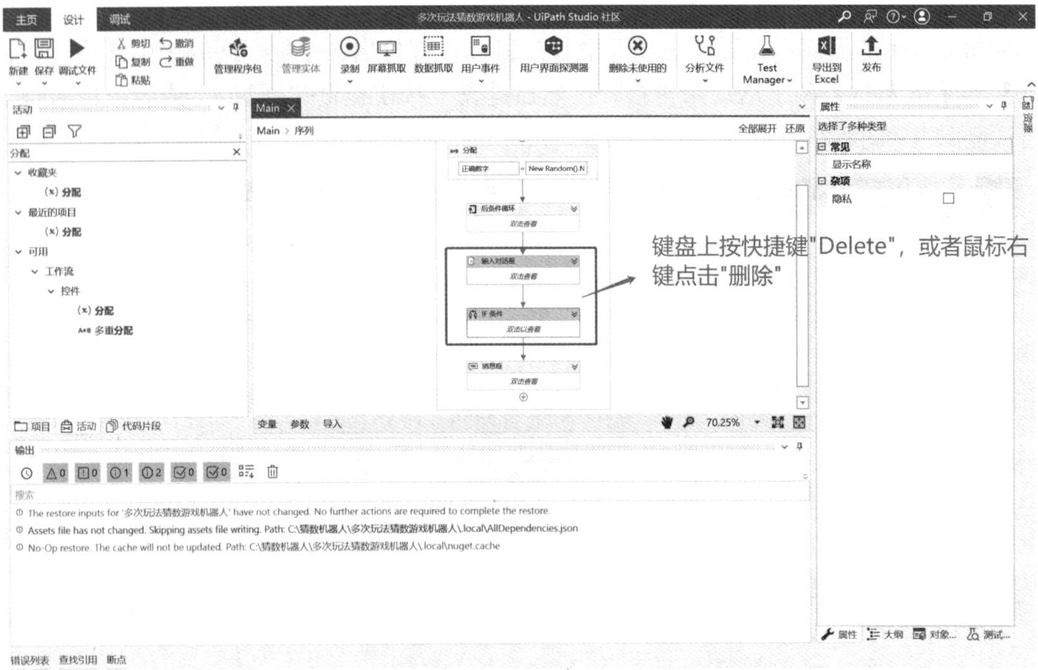

图 2-52　在设计主界面中删除选中的两个活动

图 2-53 向我们展示了本次制作的完整程序，包括【分配】、【后条件循环】、【消息框】三个主要活动，而单次玩法版本中的【输入对话框】和【IF 条件】两个活动则被复制且嵌套在【后条件循环】活动里。

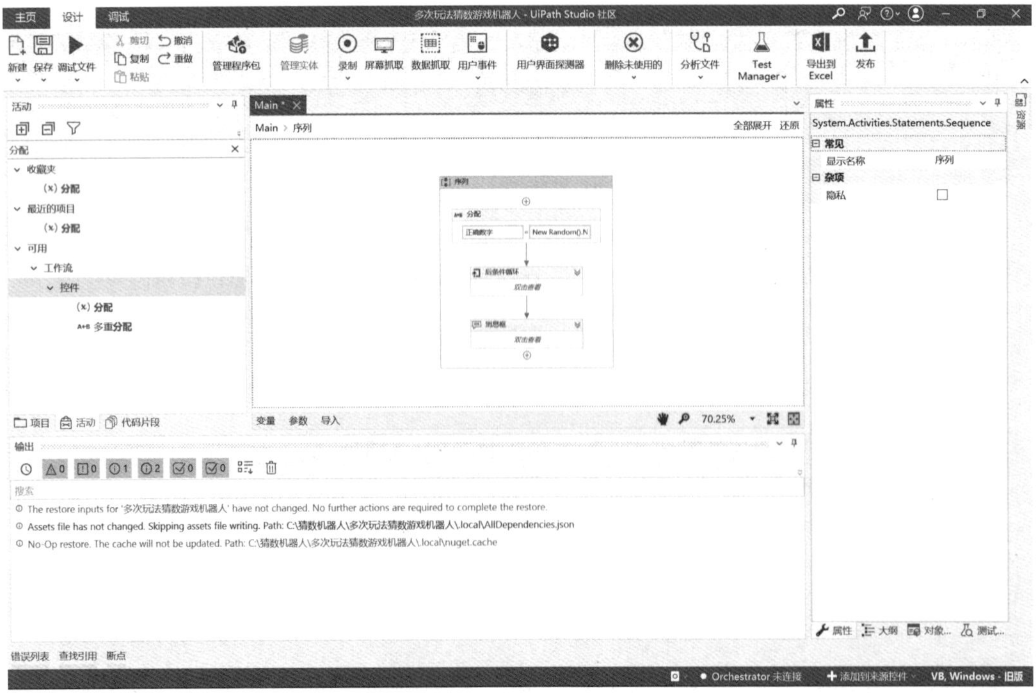

图 2-53　完整程序及主要活动一览图

(三)程序运行

由于是多次玩法，且猜的次数被设置为最多 4 次，下面我们来演示用“两分法”(即每次猜数都按数字范围的中间值)猜数字的游戏过程。

首先如图 2-54 所示，点击工作流界面左上角的“调试文件”按钮，并点击出现的“运行文件”按钮，运行程序文件。

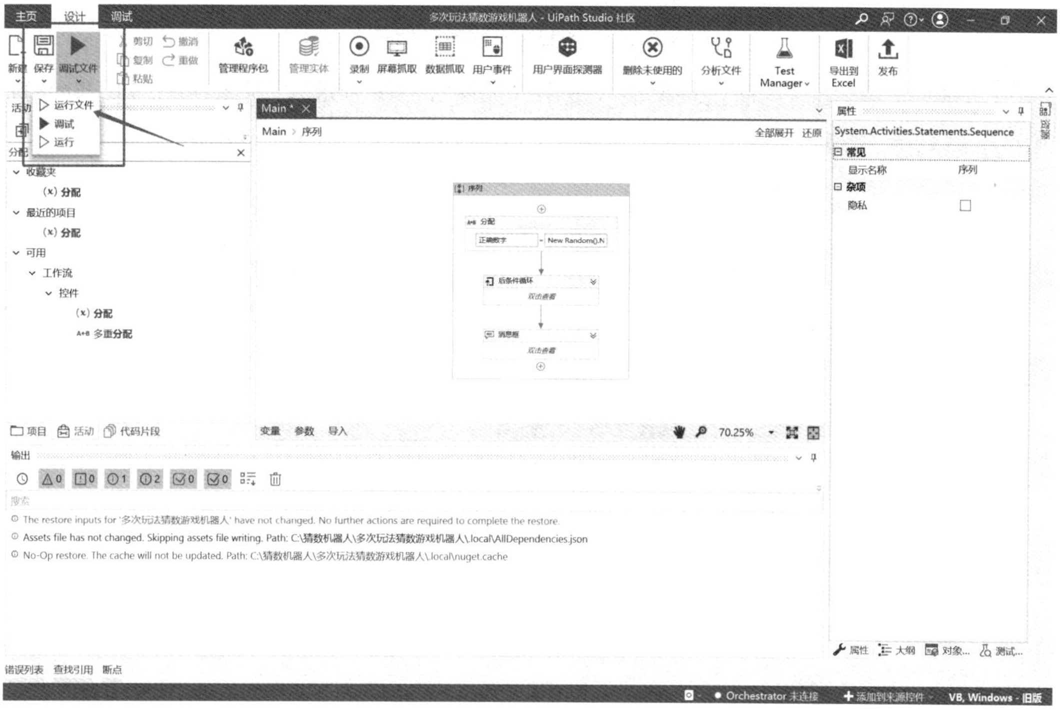

图 2-54 在菜单面板中点击“运行文件”

然后，我们就要与电脑进行人机互动，由于正确数字是随机生成的，因此每次玩的结果可能不一样，本教程演示了一个游戏过程是这样的：

(1)电脑弹出消息框让玩家输入数字(如图 2-55 所示)，玩家在 1 到 100 之间输入 50 后点击“确定”，消息框提示很遗憾，你猜小啦!(如图 2-56 所示)。

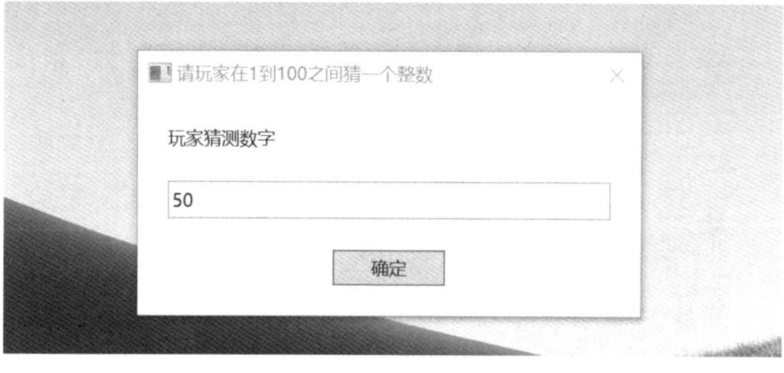

图 2-55 消息框提示玩家输入数字

图 2－56　消息框提示猜数结果

（2）电脑又弹出消息框让玩家输入数字（如图 2－57 所示），玩家在 50 到 100 之间输入75 后点击“确定”，消息框提示很遗憾，你猜小啦！（如图 2－58 所示）。

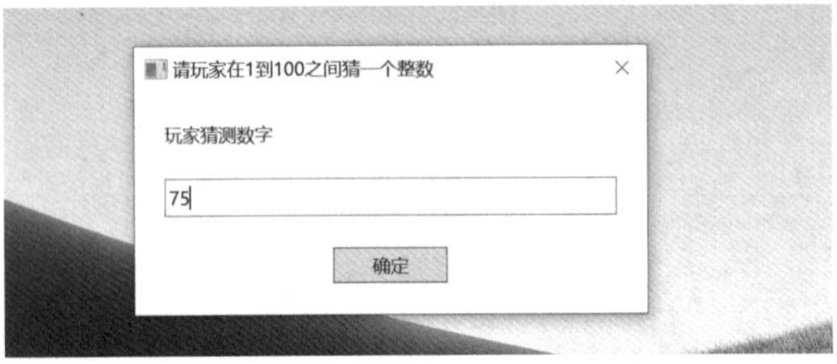

图 2－57　消息框第二次提示玩家输入数字

图 2－58　消息框第二次提示猜数结果

（3）电脑又弹出消息框让玩家输入数字（如图 2－59 所示），玩家在 75 到 100 之间输入88 后点击“确定”，消息框提示很遗憾，你猜小啦！（如图 2－60 所示）。

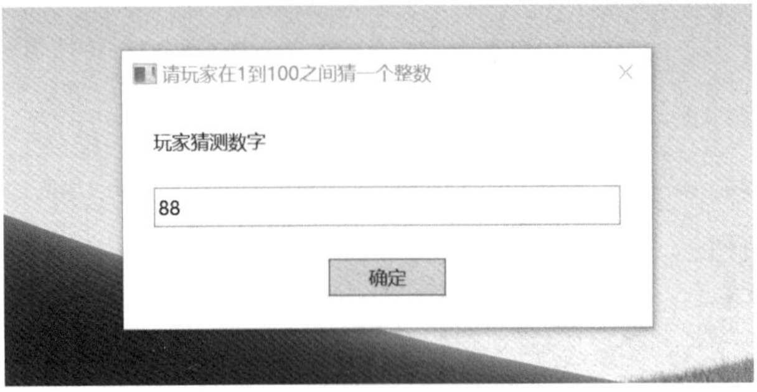

图 2－59　消息框第三次提示玩家输入数字

图 2-60　消息框第三次提示猜数结果

（4）电脑又弹出消息框让玩家输入数字（如图 2-61 所示），玩家在 88 到 100 之间输入94 后点击“确定”，消息框提示很遗憾，你猜小啦！（如图 2-62 所示）。

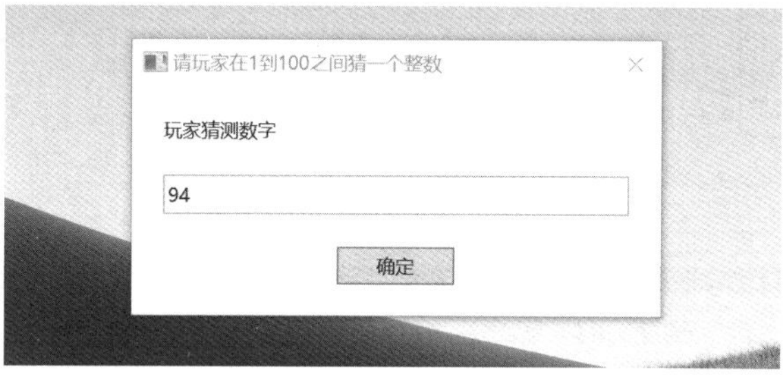

图 2-61　消息框第四次提示玩家输入数字

图 2-62　消息框第四次提示猜数结果

（5）至此，玩家猜了 4 次都没猜对，电脑直接弹出消息框提示游戏结束啦，正确数字是 97。（如图 2-63 所示）。

图 2-63　消息框提示游戏结束并显示正确数字

最后，我们点击弹窗中的“确定”，回到工作流界面，在左下方出现了程序运行的相关信息，如图 2-64 所示。

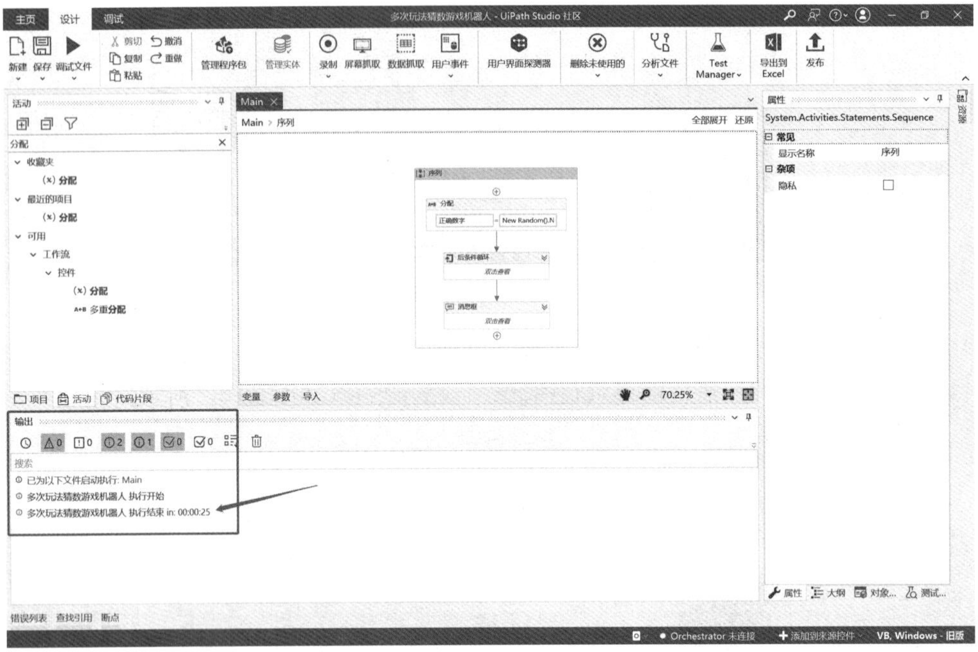

图 2-64　输出面板中显示运行的相关信息

（四）文件保存

如图 2-65 所示，鼠标左键点击工作流界面左上角的“保存”按钮，并点击出现的“全部保存”按钮。最后保存的文件在哪儿呢？这与我们在“图 2-39　在‘导出为模板’时修改‘名称’和‘位置’信息”的操作密切相关，如图 2-66 所示。

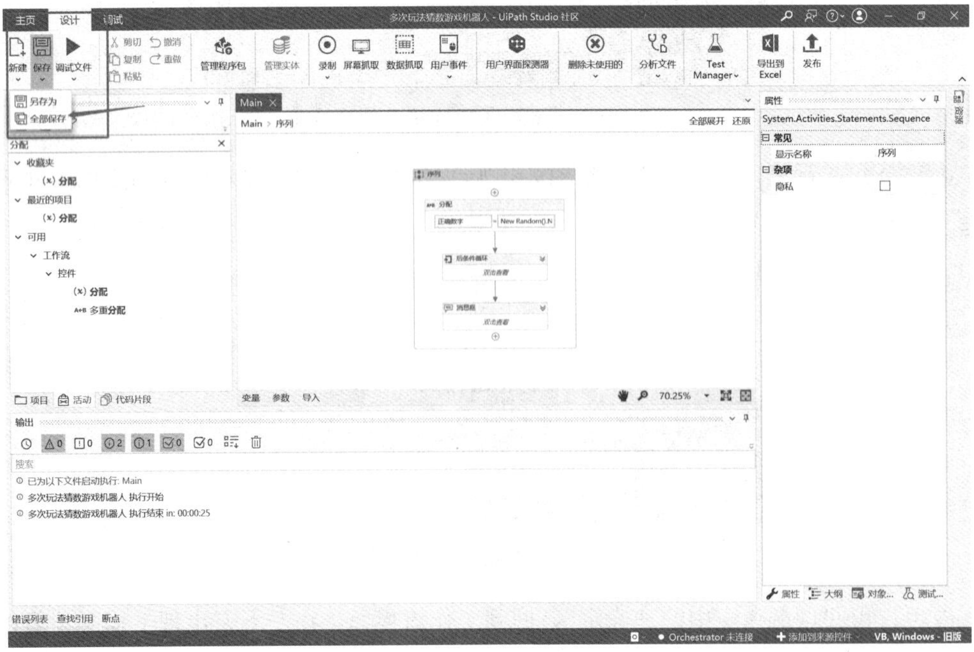

图 2-65　点击“全部保存”

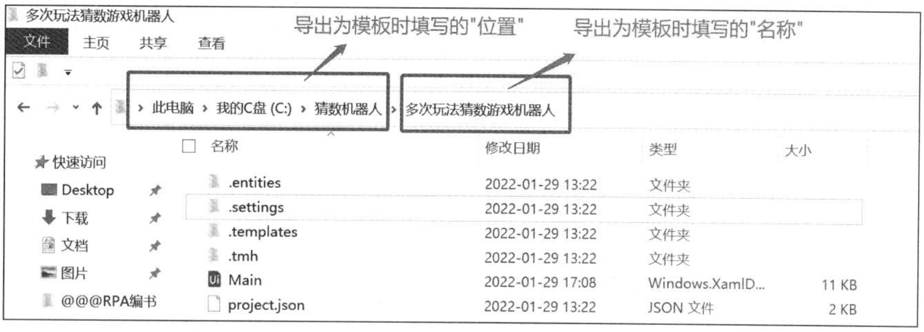

图 2-66　程序文件所在的位置及内容

任务小结

通过本任务的学习，大家是不是学会在 UiPath 中制作不同版本的猜数游戏机器人了？在这个模块里我们已经见识了“项目”“活动”“变量”等重要的概念，接触到了“顺序”“选择”“循环”等逻辑方法。其中，我们在操作准备时新建了“流程”；在程序制作时创建了名称为“正确数字”“猜测数字”“i”的变量（如图 2-67 所示），不仅用到了【消息框】这一熟悉的活动，还应用了【后条件循环】、【分配】、【IF 条件】、【输入对话框】这些新的活动。最后给大家一个思考题：如果给你多次机会从 1 到 100 中猜到正确的整数，那么你至少要猜几次才能保证猜对呢？

名称	变量类型	范围	默认值
正确数字	Int32	序列	1
猜测数字	Int32	序列	输入 VB 表达式
i	Int32	序列	1

图 2-67　创建的变量

任务 2
随机点名机器人

任务导入

有一天，你参加了一个新成立社团的活动，社团共有 20 位同学（如图 2-68 所示）。由于同学们都是初次见面，为了加强认识，这时有人提议通过随机点名的方式每次挑选一位幸运同学介绍自己并来段才艺表演。如何随机点名呢？大家不约而同地想到了“抓阄”的办法。

序号	姓名	性别	学院	班级	学号
1	李欣	男	财经学院	20财经1班	202010015
2	张伟	男	财经学院	20财经4班	202010126
3	贝欣	女	财经学院	21财经1班	202110018
4	蔡丽婷	女	管理学院	20管理2班	202020054
5	陈亿南	男	管理学院	21管理1班	202120033
6	陈豪	男	管理学院	21管理3班	202120102
7	邓瑞茵	女	化工学院	20化工2班	202030067
8	郭英	男	化工学院	20化工2班	202030071
9	李娜	女	外语学院	20外语1班	202070004
10	胡歌	男	外语学院	21外语1班	202170019
11	张伟	女	外语学院	21外语2班	202170059
12	黄敏	女	软件学院	20软件2班	202040063
13	黄可欣	女	软件学院	20软件3班	202040093
14	黄军	男	软件学院	21软件1班	202140017
15	赖静言	女	软件学院	21软件1班	202140028
16	雷琪	女	物理学院	20物理1班	202060010
17	黎立	男	物理学院	21物理2班	202160078
18	王佳琪	女	体育学院	20体育1班	202050002
19	林志豪	男	体育学院	21体育1班	202150013
20	李娜	女	体育学院	21体育2班	202150055

图 2-68　学生名单

那么，如何开展“抓阄”呢？首先，每位同学将各自的序号写在纸条上并叠成纸团；然后，将这些纸团放在一个空盒子里打乱并从中随机抽取一个纸团，展开这个纸团并宣布上面的序号；然后，请该序号对应的同学自我介绍并来段才艺表演；最后，大家决定是否还需要继续“抓阄”，如果需要就将前述过程再来一遍，如果不需要就到此结束。

“抓阄”结束后，你突然想到这个场景似曾相识，之前是从 1 到 100 中随机猜出一个数，这次是从 1 到 20 之间随机生成一个数并展示数字代表的姓名等信息，以后类似随机点名的事情还挺多的，有没有可能设计一个程序实现上述过程呢？那么，让我们利用 UiPath 做个“随机点名机器人”来帮忙吧！

任务分析与设计

我们继续借助流程图来分析这个案例，案例中随机点名的过程同样应用了“顺序”“选择”“循环”等多种逻辑方法，从开始到结束其整个流程实际上都是位于一个“循环”里，其中又嵌套着“顺序”与“选择”，具体如图 2-69 所示。

一、循环条件

i 是否等于 0（0 代表退出循环，1 代表继续循环）。

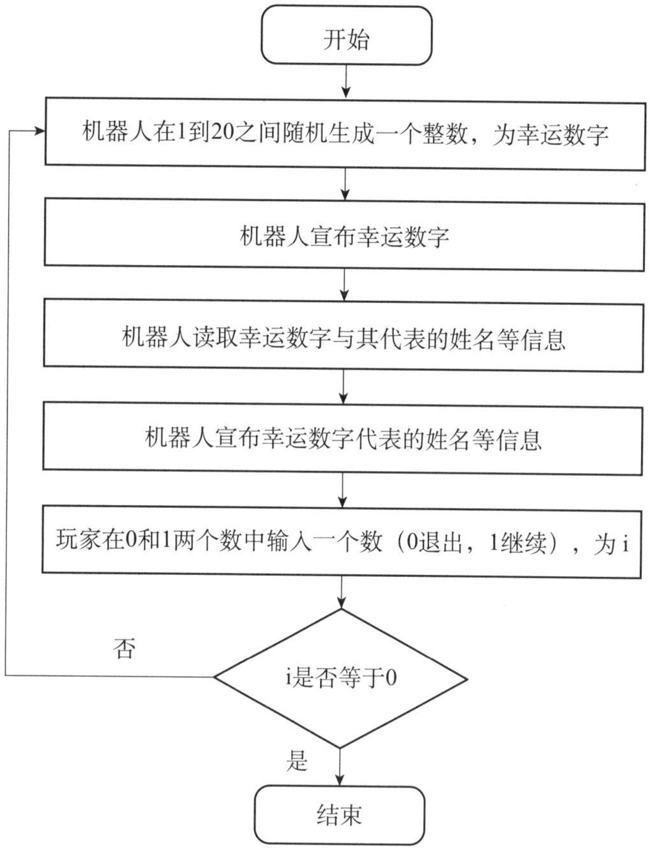

图 2-69 随机点名的流程图

二、循环内容

（1）机器人在 1 到 20 之间随机生成一个整数，为幸运数字；
（2）机器人宣布幸运数字；
（3）机器人读取幸运数字与其代表的姓名等信息；
（4）机器人宣布幸运数字代表的姓名等信息；
（5）玩家在 0 和 1 两个数中输入一个数（0 退出，1 继续），为 i。

任务实施

点名机器人制作

（一）操作准备

首先，提前退出 360 安全卫士等杀毒软件（避免对使用过程的干扰），打开 UiPath

Studio 软件并在开始界面的新建项目处点击“流程”，如图 2－70 所示；在弹出来的新建空白流程对话框中更改“名称”和“位置”信息（名称改为随机点名机器人，位置改为 C：\ 猜数机器人），点击“创建”，如图 2－71 所示。

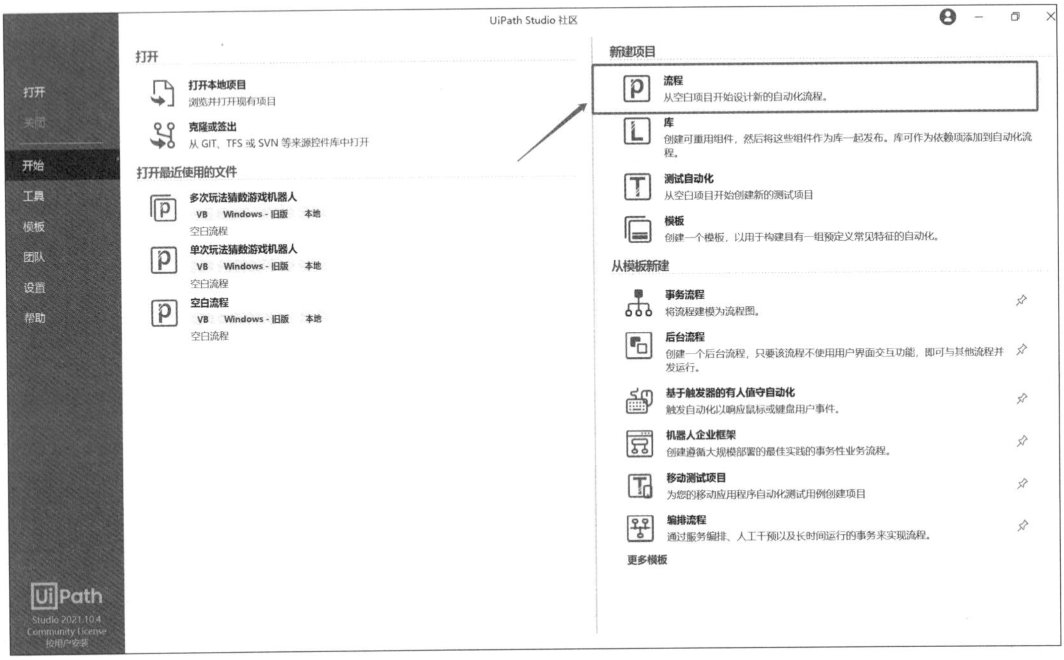

图 2－70　在 UiPath Studio 开始界面点击“流程”

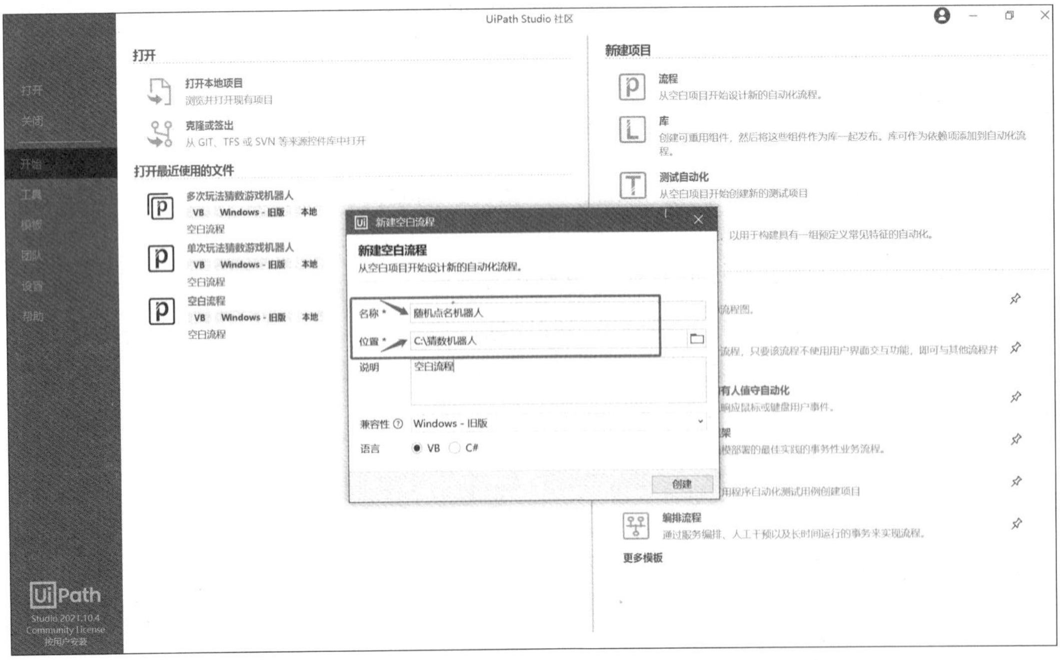

图 2－71　创建一个空白流程并更改“名称”和“位置”信息

其次，待加载依赖项相关过程完成，新的流程就创建成功了，如图 2－72 所示；点击“打开主工作流”，进入该流程的工作流，界面的各功能区域如图 2－73 所示。

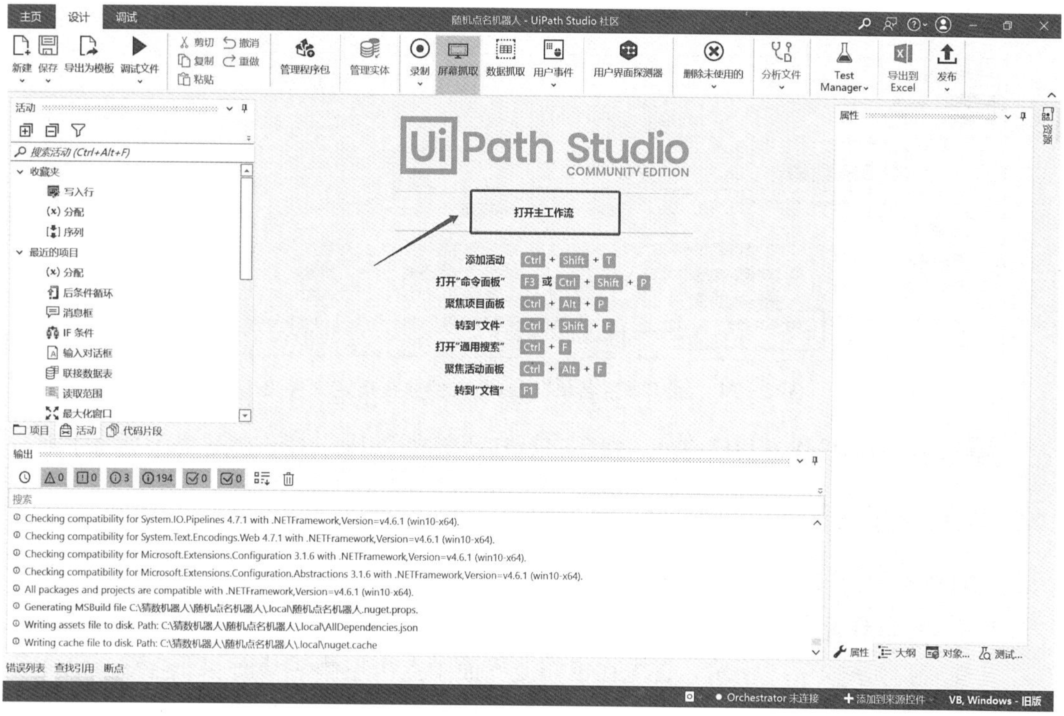

图 2－72　新的流程创建成功并打开主工作流

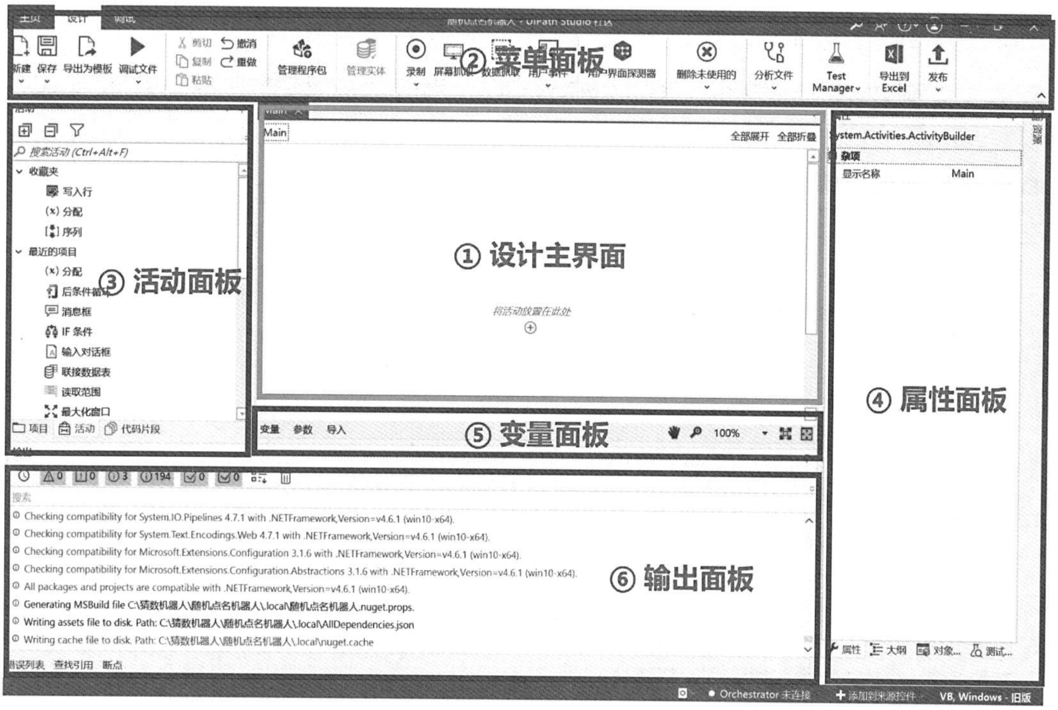

图 2－73　进入工作流界面

最后，为了让 UiPath 后续能够读取到幸运数字代表的姓名等信息，我们还需要将

“图 2-68 学生名单”所示的 Excel 文件放在指定文件夹（本例文件夹路径为“C：\猜数机器人”），如图 2-74 所示。

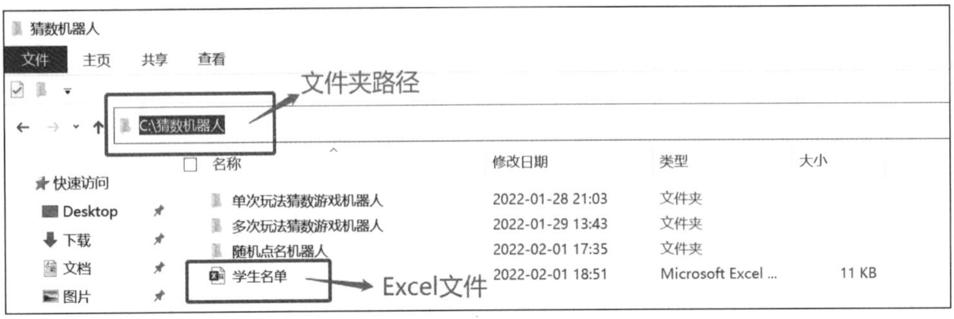

图 2-74 将“学生名单”Excel 文件放在指定文件夹

至此，我们的操作准备已完成，接下来就让我们在 UiPath 工作流界面大展身手吧！

（二）程序制作

随机点名机器人制作运行解析

对照流程图，程序制作可以分为 2 个过程。

过程 1：循环及条件设置

步骤一：如图 2-75 所示，首先在工作流界面中点击左侧活动面板的“活动”（标记 1），然后在上方搜索活动框中输入后条件循环（标记 2），然后用鼠标左键按住控件【后条件循环】拖拽到设计主界面的“⊕”处（标记 3）。

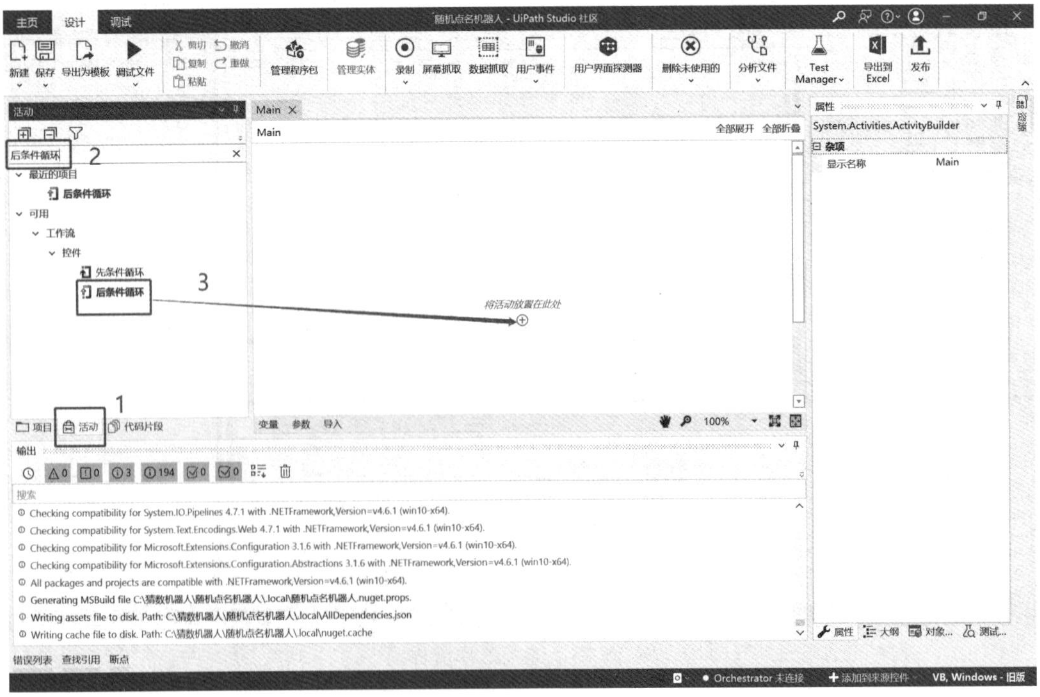

图 2-75 在设计主界面中加入一个【后条件循环】活动

步骤二：在随后出现的图 2－76 界面中，首先在【后条件循环】活动的“条件”处输入i<>0（标记 1），然后在右侧属性面板可以看到同步出填写的内容（标记 2），然后点击变量面板中的“变量”（标记 3），展开变量编辑区域。

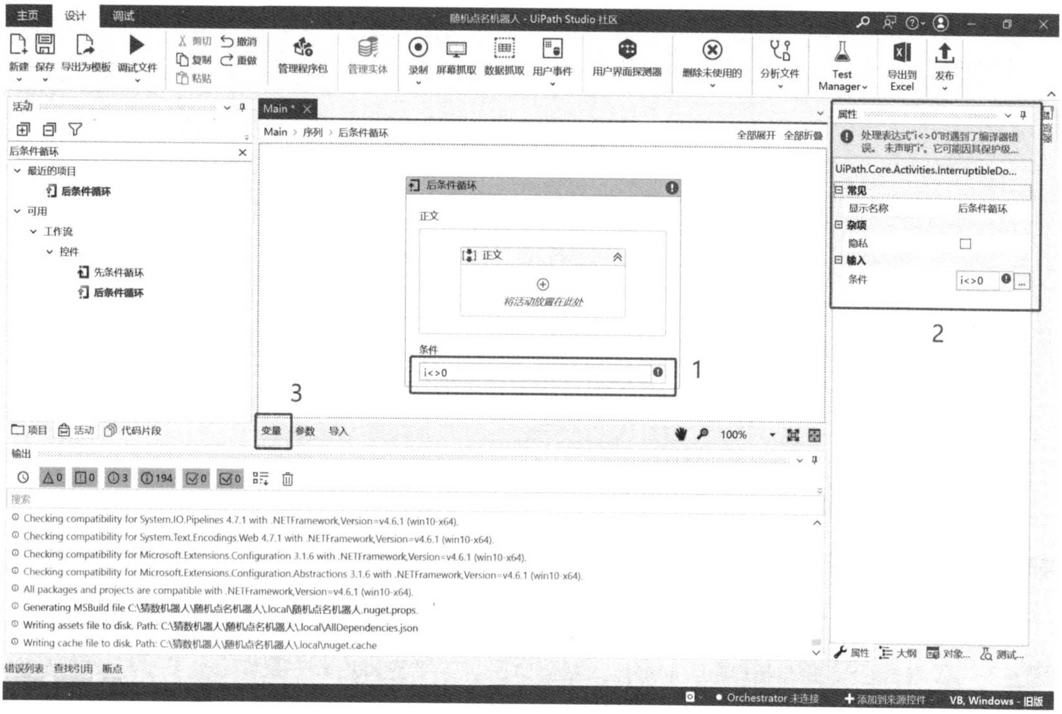

图 2－76　在【后条件循环】活动中填写条件内容并点击“变量”

步骤三：在随后出现的图 2－77 界面中，首先点击变量编辑区域的“创建变量”处，在“名称”列输入i（标记 1），然后在“变量类型”列下拉选择Int32（标记 2），然后在“范围”列下拉选择序列（标记 3），然后在“默认值”列保持默认空着（标记 4），然后在属性面板处可以看到同步出填写的内容（标记 5），最后点击变量面板处的“变量”（标记 6），收回变量编辑区域。

过程 2：循环内容编制

循环的正文部分由于涉及流程图中的多个内容，实际上需要嵌套多个活动。如图 2－78 所示，用鼠标左键双击进入正文，随后将依次完成 5 个流程活动。

（1）机器人在 1 到 20 之间随机生成一个整数，为幸运数字。

步骤一：如图 2－79 所示，首先在工作流界面中点击左侧活动面板的“活动”（标记 1），然后在上方搜索活动框中输入分配（标记 2），然后用鼠标左键按住控件【分配】拖拽到设计主界面的“⊕”处（标记 3）。

步骤二：在随后出现的图 2－80 界面中，首先在【分配】活动左侧输入幸运数字（标记 1），然后在【分配】活动右侧输入New Random().Next(1,20)（标记 2），然后在右侧属性面板可以看到同步出填写的内容（标记 3），然后点击变量面板中的“变量”（标记 4），展开变量编辑区域。

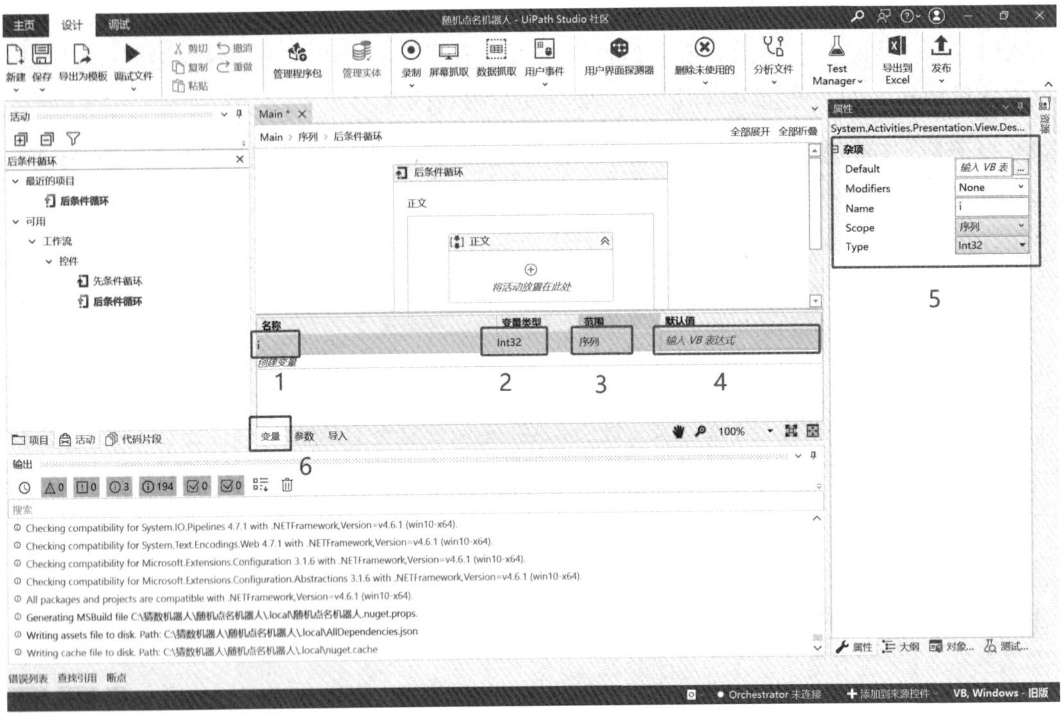

图 2－77　在变量编辑区域创建一个变量“i”

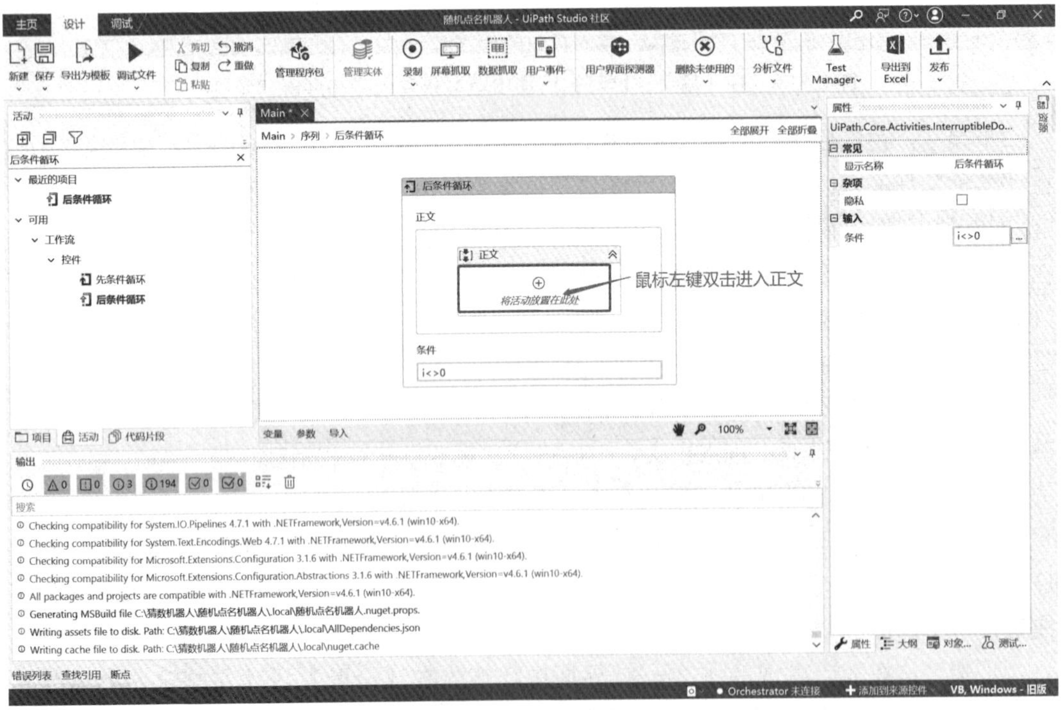

图 2－78　双击进入【后条件循环】活动的“正文”

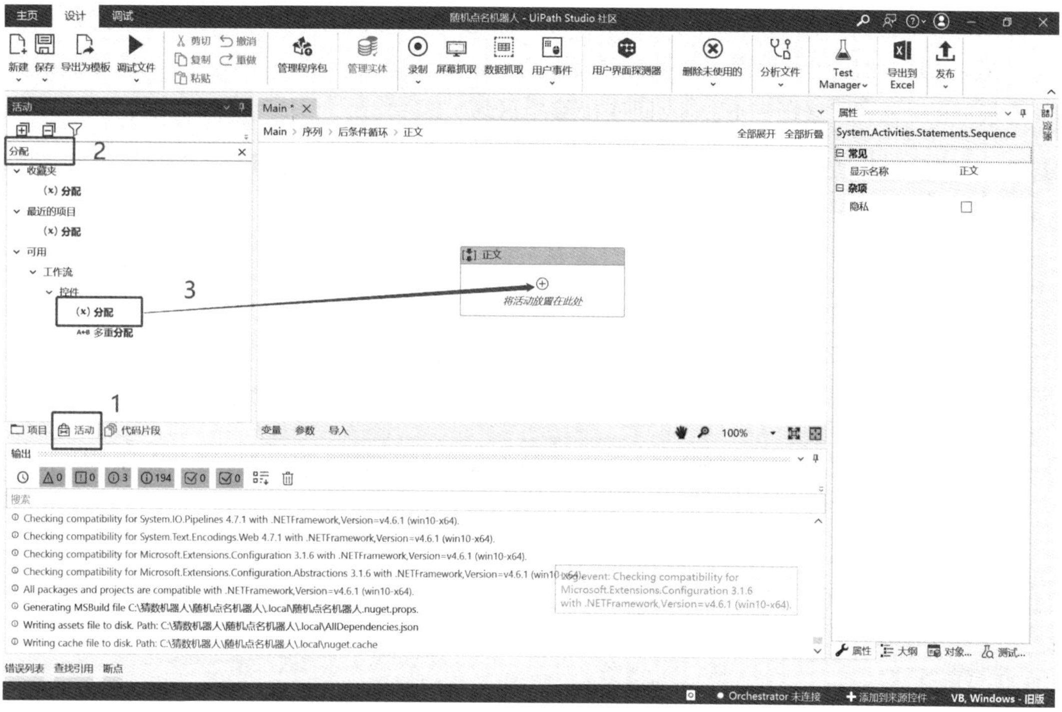

图 2-79　在设计主界面中加入一个【分配】活动

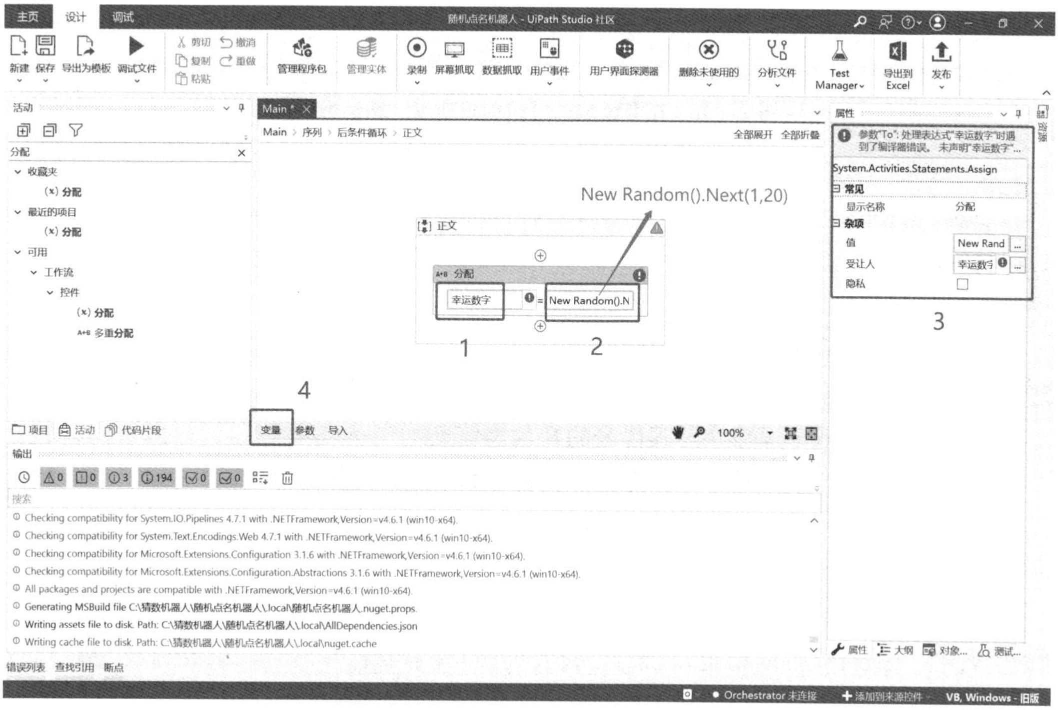

图 2-80　在【分配】活动中填写相关内容

步骤三：在随后出现的图 2-81 所示的界面中，首先点击变量编辑区域的“创建变量”处，在“名称”列输入幸运数字（标记 1），然后在“变量类型”列下拉选择Int32

（标记 2），然后在“范围”列下拉选择序列（标记 3），然后在“默认值”列保持默认空着（标记 4），然后在属性面板处可以看到同步显示出填写的内容（标记 5），最后点击变量面板处的“变量”（标记 6），收回变量编辑区域。

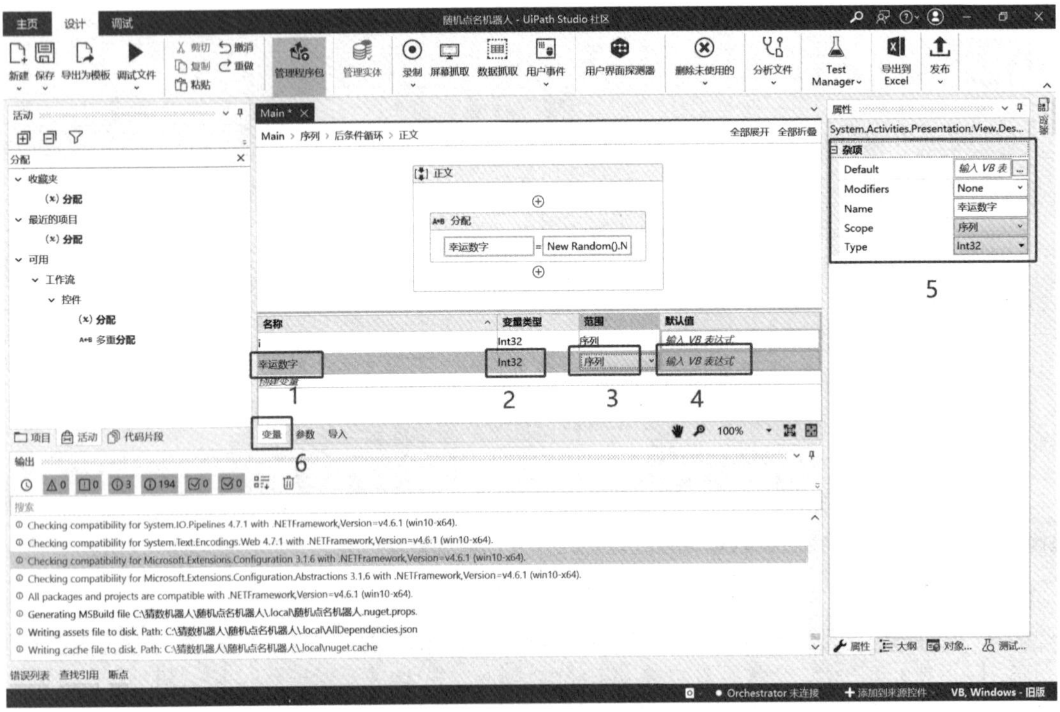

图 2－81　在变量编辑区域创建变量“幸运数字”

（2）机器人宣布幸运数字。

步骤一：如图 2－82 所示，首先在工作流界面中点击左侧活动面板的“活动”（标记 1），然后在上方搜索活动框中输入消息框（标记 2），然后用鼠标左键按住控件【消息框】拖拽到设计主界面的“⊕”处（标记 3）。

步骤二：在随后出现的图 2－83 界面中，在【消息框】活动中输入"本次抽中的幸运数字是："＋幸运数字．ToString。

（3）机器人读取幸运数字与其代表的姓名等信息。

步骤一：如图 2－84 所示，首先在工作流界面中点击左侧的“活动”（标记 1），然后在上方搜索活动框中输入Excel 应用程序范围（标记 2），然后用鼠标左键按住控件【Excel 应用程序范围】拖拽到设计主界面的“⊕”处（标记 3）。

步骤二：在随后出现的图 2－85 界面中，首先在【Excel 应用程序范围】路径处输入“学生名单”Excel 文件的指定路径C：\猜数机器人\学生名单．xlsx（标记 1），然后可以通过设计主界面右方和下方的按钮来调整界面（标记 2）。

步骤三：如图 2－86 所示，首先在工作流界面中点击左侧活动面板的“活动”（标记 1），然后在上方搜索活动框中输入分配（标记 2），然后用鼠标左键按住控件【分配】拖拽到设计主界面的“⊕”处（标记 3）。

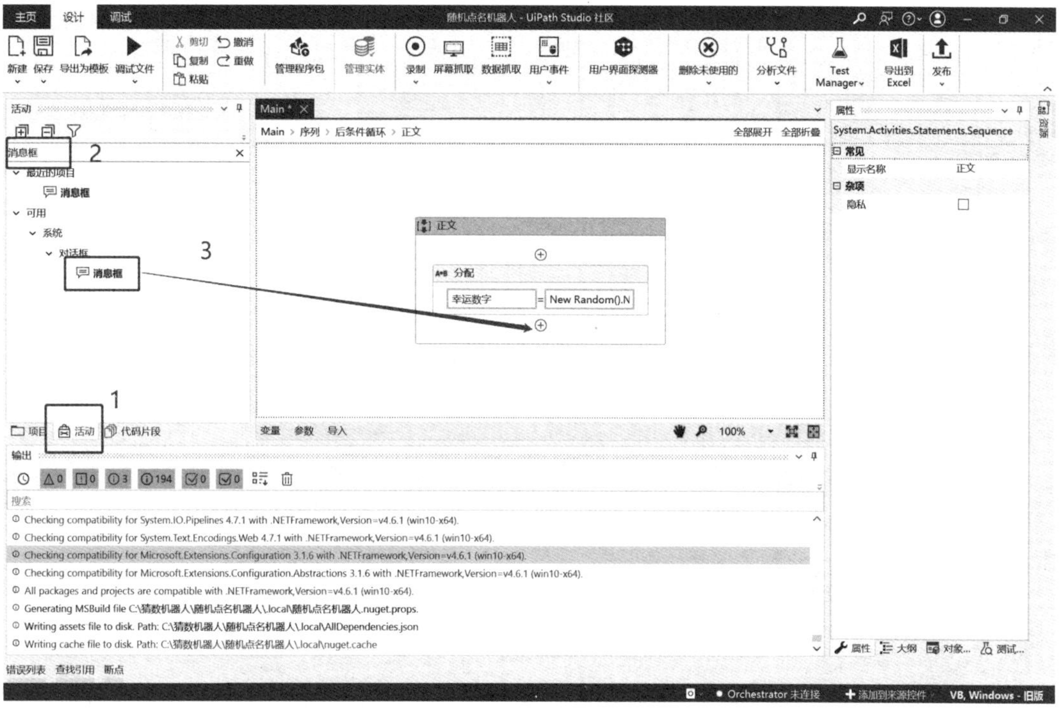

图 2-82 在设计主界面中加入一个【消息框】活动

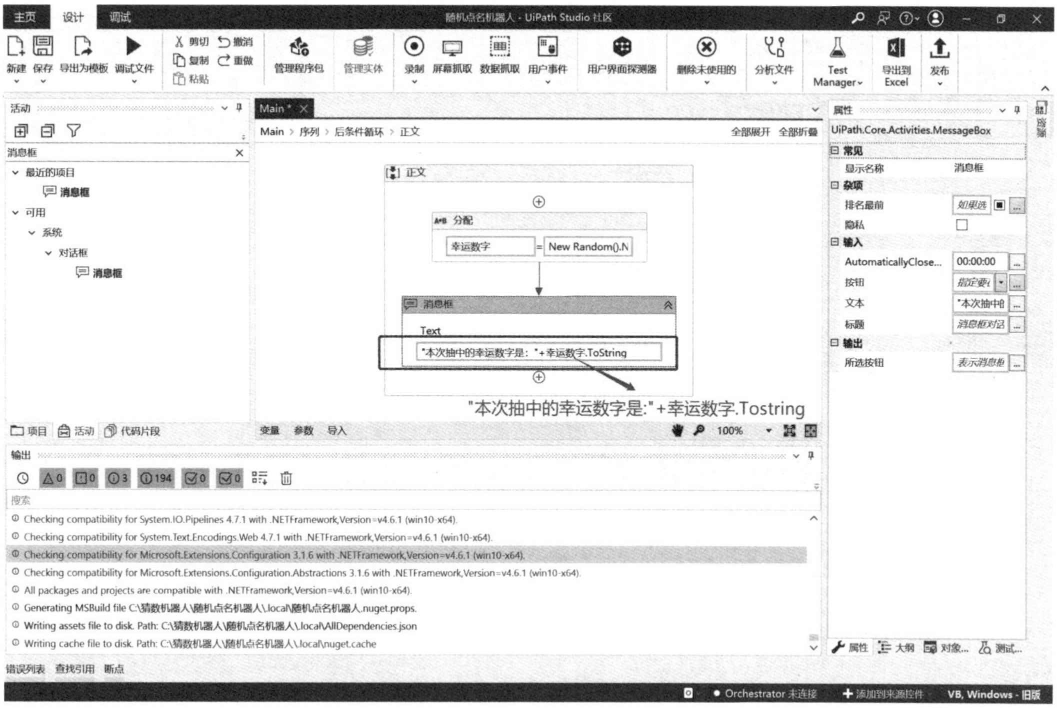

图 2-83 在【消息框】填写相关内容

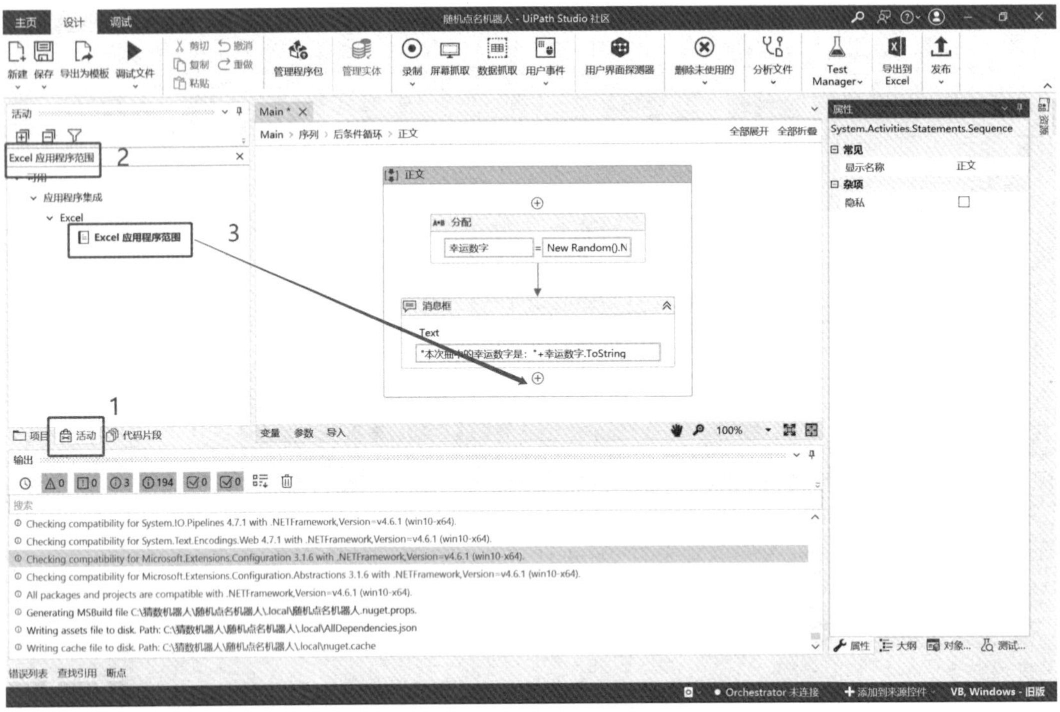

图 2－84 在设计主界面中加入一个【Excel 应用程序范围】活动

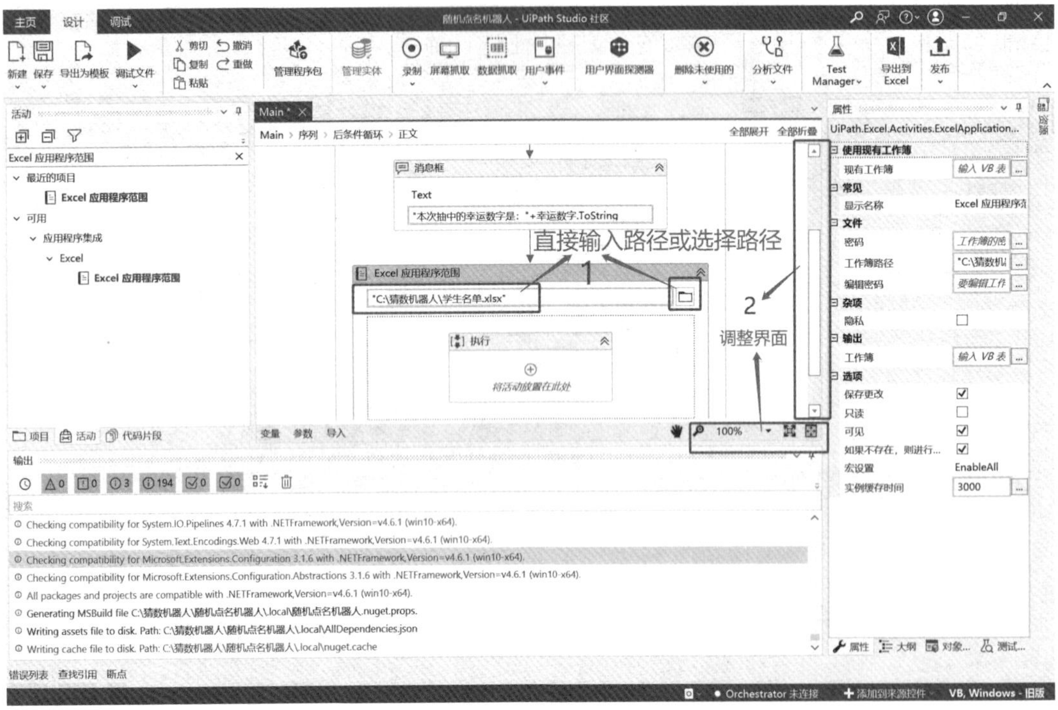

图 2－85 在【Excel 应用程序范围】中填写 Excel 文件路径

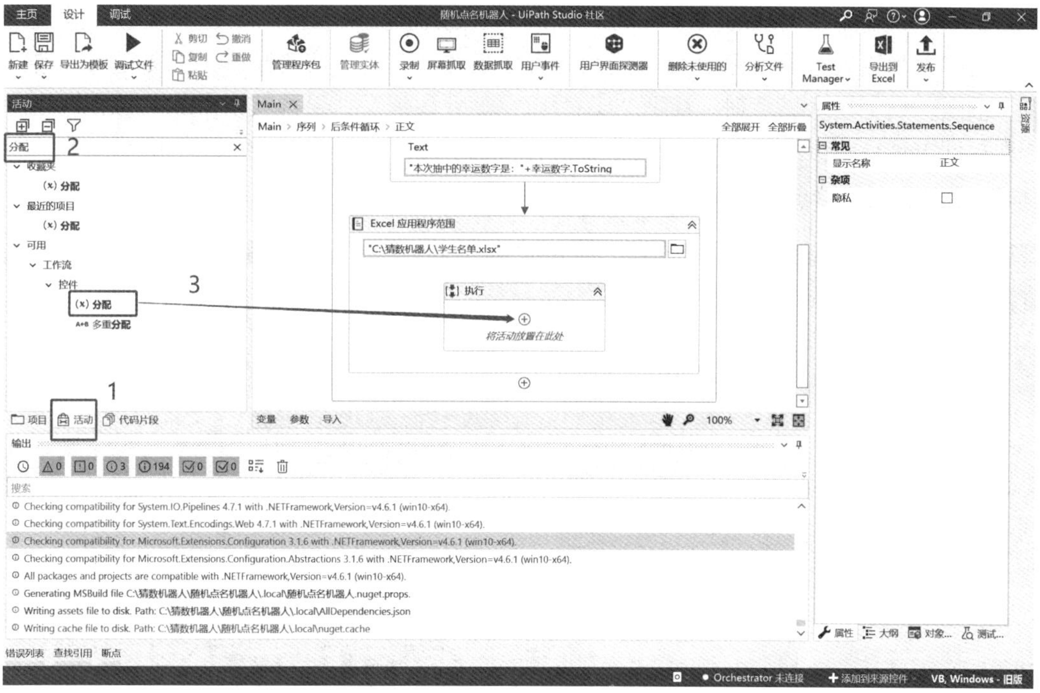

图 2-86　在设计主界面中再加入一个【分配】活动

步骤四：在随后出现的图 2-87 界面中，首先在【分配】活动左侧输入行数（标记 1），然后在【分配】活动右侧输入幸运数字+1（标记 2），然后在右侧属性面板可以看到同步出填写的内容（标记 3），然后点击变量面板中的“变量”（标记 4），展开变量编辑区域。

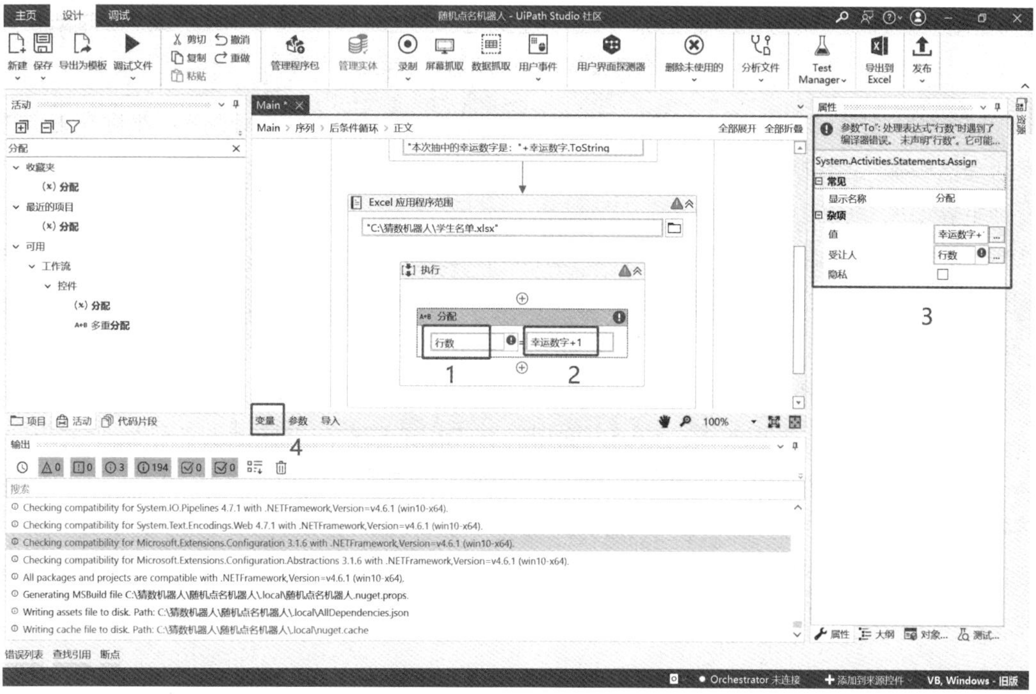

图 2-87　在【分配】活动中填写相关内容

步骤五：在随后出现的图 2－88 界面中，首先点击变量编辑区域的“创建变量”处，在“名称”列输入行数（标记 1），然后在“变量类型”列下拉选择Int32（标记 2），然后在“范围”列下拉选择序列（标记 3），然后在“默认值”列保持默认空着（标记 4），然后在属性面板处可以看到同步出填写的内容（标记 5），最后点击变量面板中的“变量”（标记 6），收回变量编辑区域。

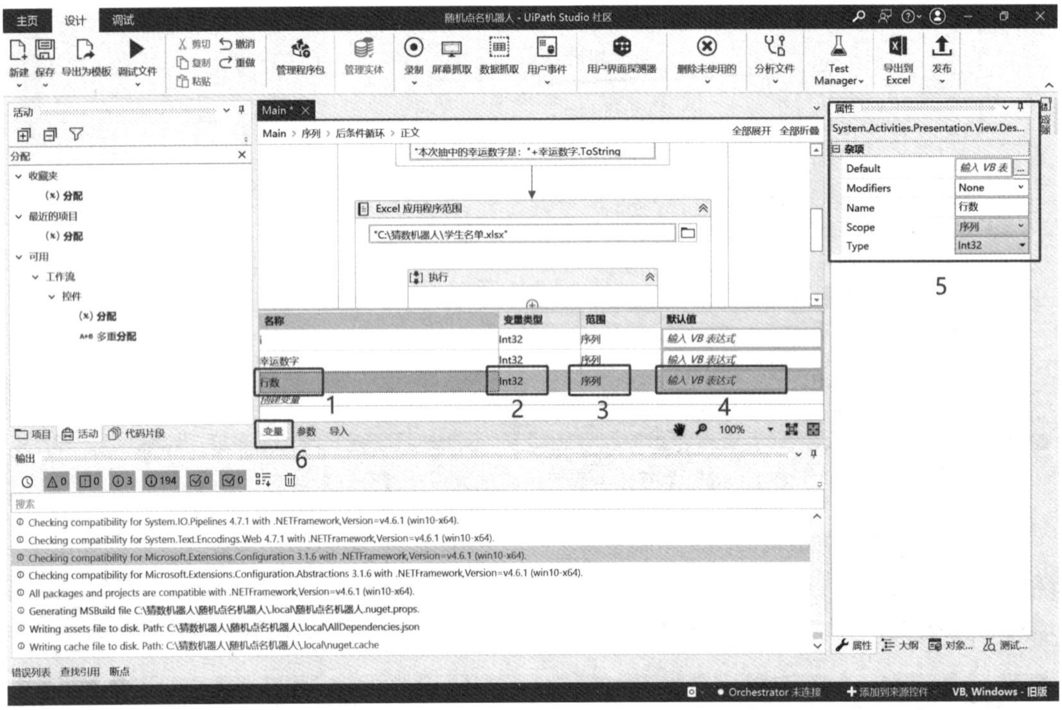

图 2－88　在变量编辑区域增加一个变量“行数”

步骤六：如图 2－89 所示，首先点击主界面左侧的“活动”（标记 1），然后在上方搜索活动框中输入读取单元格（标记 2），然后用鼠标左键按住控件【读取单元格】拖拽到设计主界面的“⊕”处（标记 3）。

步骤七：在随后出现的图 2－90 界面中，首先在【读取单元格】活动中左侧默认为"Sheet1"（标记 1），然后在【读取单元格】活动中右侧输入"B"＋行数．ToString（标记 2），然后在右侧属性面板的“结果”处输入幸运姓名（标记 3），然后点击变量面板中的“变量”（标记 4），展开变量编辑区域。

步骤八：在随后出现的图 2－91 界面中，首先点击变量编辑区域的“创建变量”处，在“名称”列输入幸运姓名（标记 1），然后在“变量类型”列下拉选择String（标记 2），然后在“范围”列下拉选择序列（标记 3），然后在“默认值”列保持默认空着（标记 4），然后在属性面板处可以看到同步显示出填写的内容（标记 5），最后点击变量面板中的“变量”（标记 6），收回变量编辑区域。

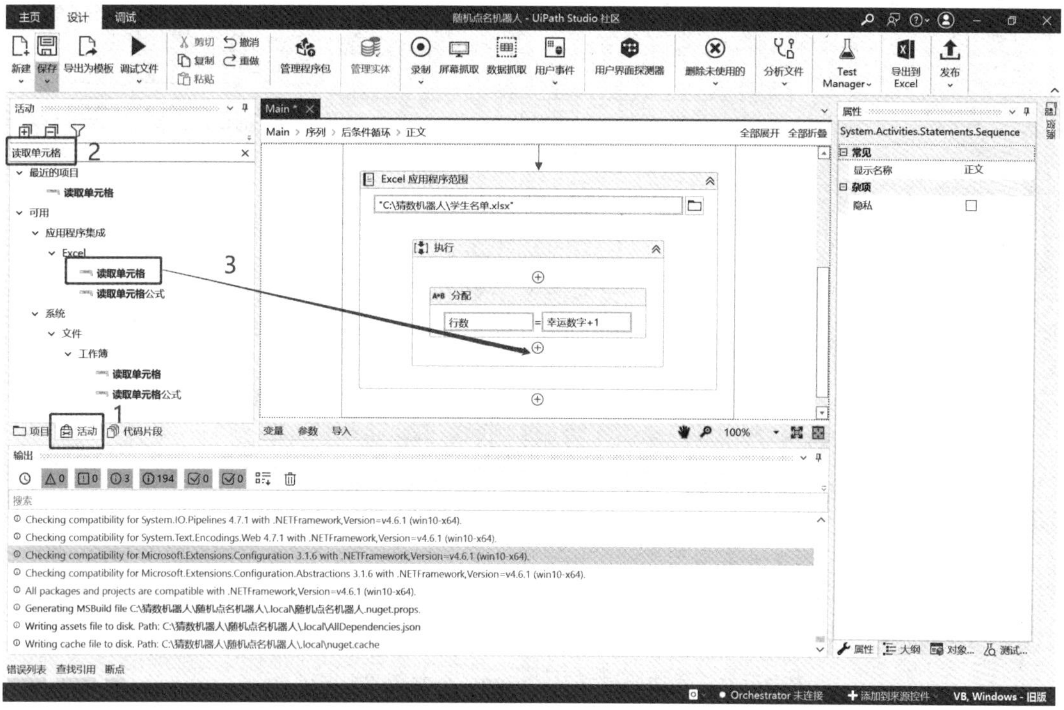

图 2－89 在设计主界面加入一个【读取单元格】活动

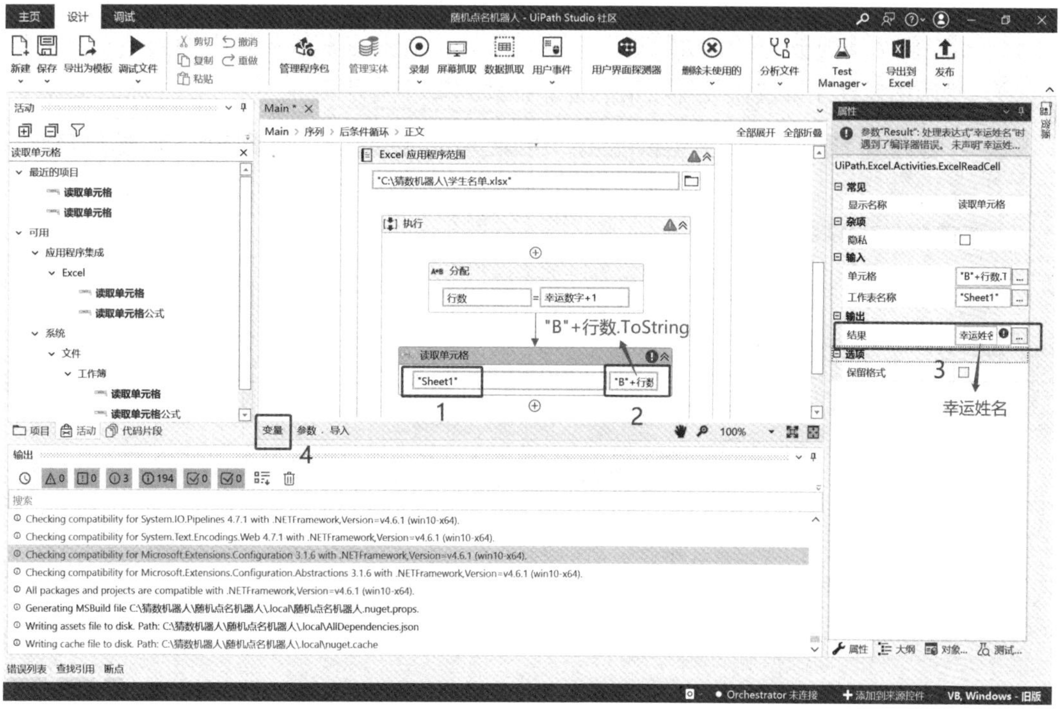

图 2－90 在【读取单元格】活动中填写相关内容

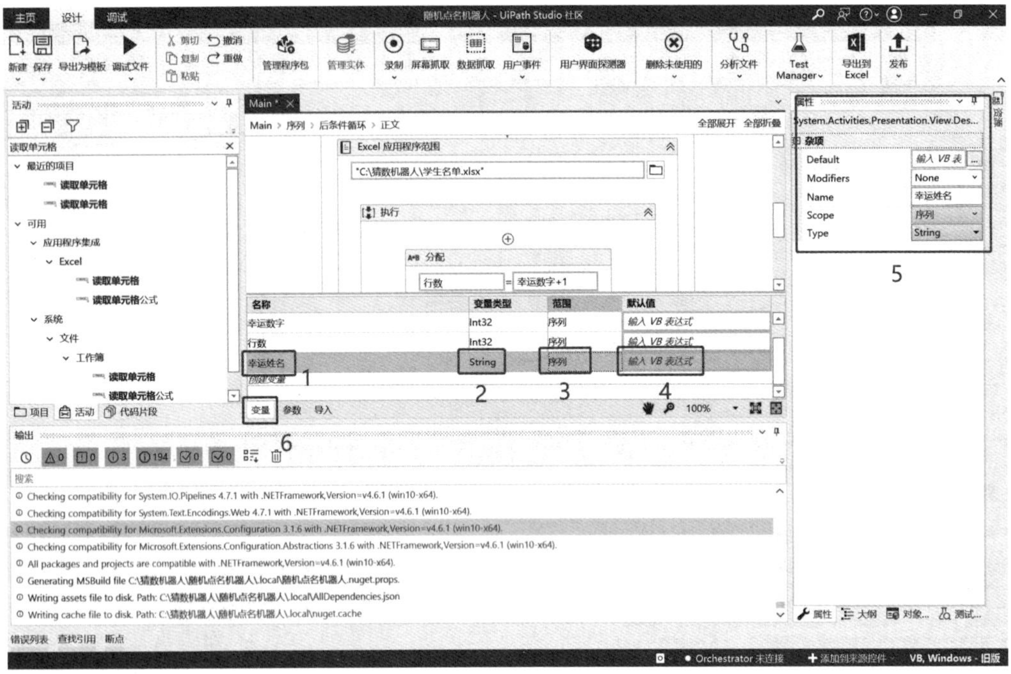

图 2-91　在变量编辑区域增加一个变量“幸运姓名”

（4）机器人宣布幸运数字代表的姓名等信息。

步骤一：如图 2-92 所示，首先将设计主界面右侧滑动条下拉到最下方（标记 1），然后点击左侧活动面板的“活动”（标记 2），然后在上方搜索活动框中输入消息框（标记 3），然后用鼠标左键按住控件【消息框】拖拽到设计主界面的“⊕”处（标记 4）。

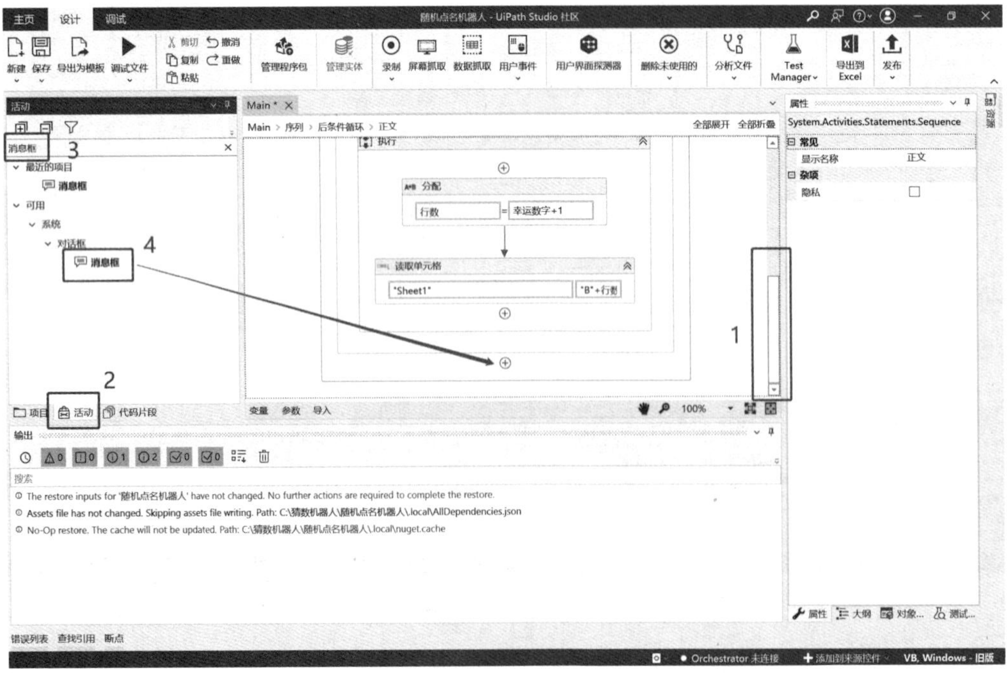

图 2-92　在设计主界面加入一个【消息框】活动

步骤二：如图 2-93 所示，在【消息框】活动中输入幸运数字. ToString+"号幸运同学的姓名是:"+幸运姓名. ToString（标记 1），然后在属性面板处可以看到同步出填写的内容（标记 2）。

图 2-93 在【消息框】活动中填写相关内容

（5）玩家在 0 和 1 两个数中输入一个数（0 退出，1 继续），为 i。

步骤一：如图 2-94 所示，首先将设计主界面右方的滑动条下拉到最底端（标记 1），然后在工作流界面中点击左侧活动面板的“活动”（标记 2），然后在上方搜索活动框中填写输入对话框（标记 3），然后用鼠标左键按住控件【输入对话框】拖拽到设计主界面的“⊕”处（标记 4）。

步骤二：如图 2-95 所示，点击【输入对话框】后，首先在“对话框标题”处输入"请问是否需要继续点名?"（标记 1），然后在“输入标签”处输入"请在 0 和 1 两个数中输入一个数（0 代表结束，1 代表继续）:"（标记 2），然后在“已输入的值”处输入i（标记 3），然后在属性面板可以看到同步出填写的内容（标记 4），最后点击设计主界面左上方的“序列”（标记 5），回到序列层。

至此，已制作完成全部流程，如图 2-96 所示，可以通过设计主界面左上方（标记 1）、右上方（标记 2）、右方（标记 4）、下方（标记 5）以及各个活动右上角（标记 3）等相关按钮来切换各层级内容或调整视图显示。

（三）程序运行

首先，如图 2-97 所示，点击工作流界面左上角的“调试文件”按钮，并点击出现的“运行文件”按钮，运行程序文件。

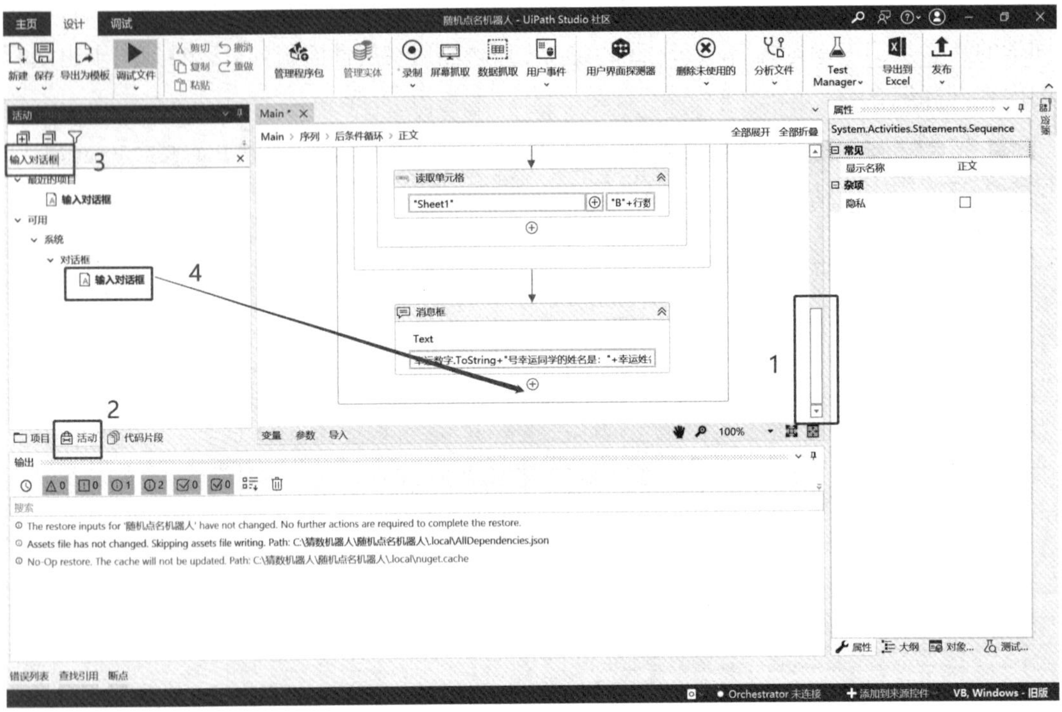

图 2-94　在设计主界面加入一个【输入对话框】活动

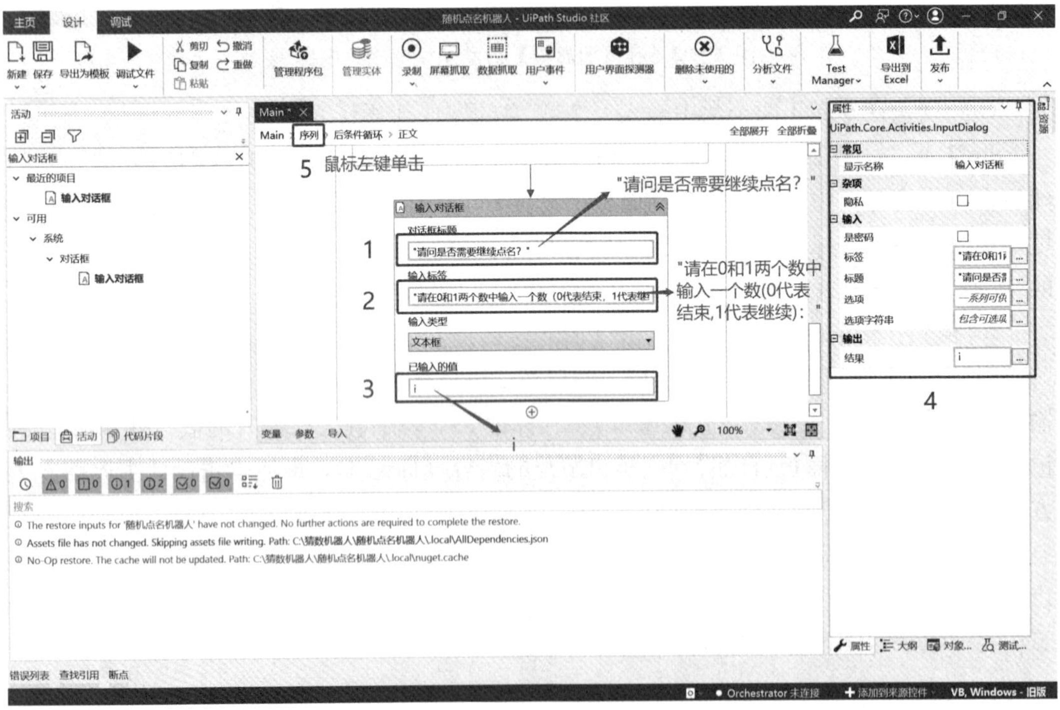

图 2-95　在【输入对话框】活动中填写相关内容

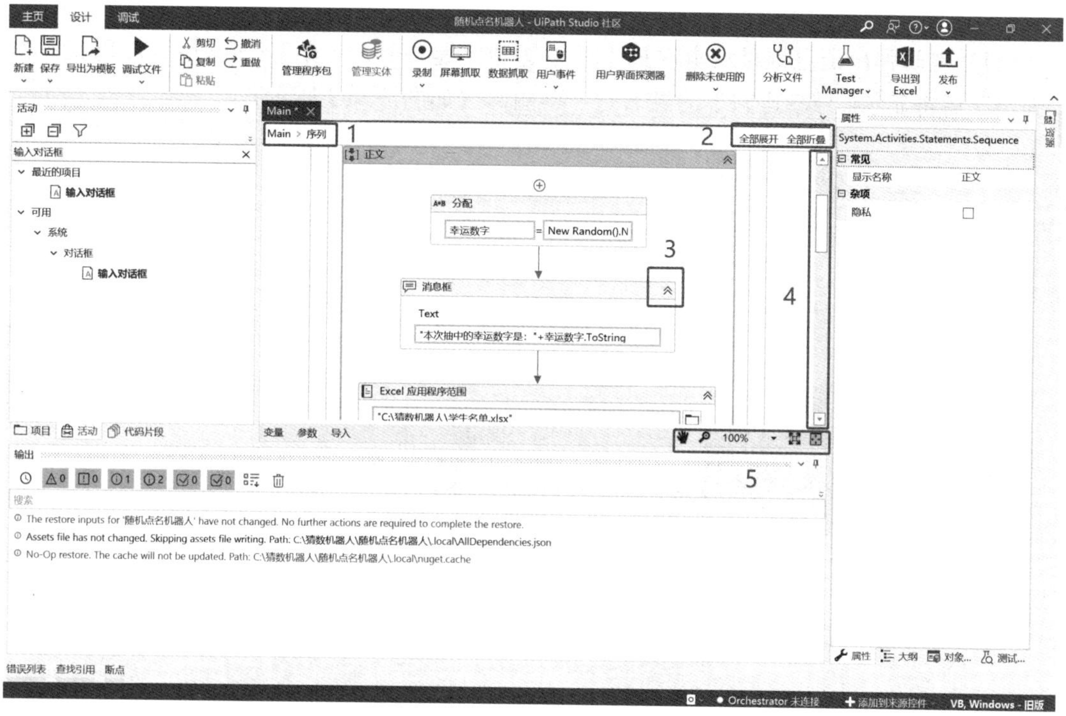

图 2－96　在设计主界面有很多地方可以切换各层级内容及视图显示

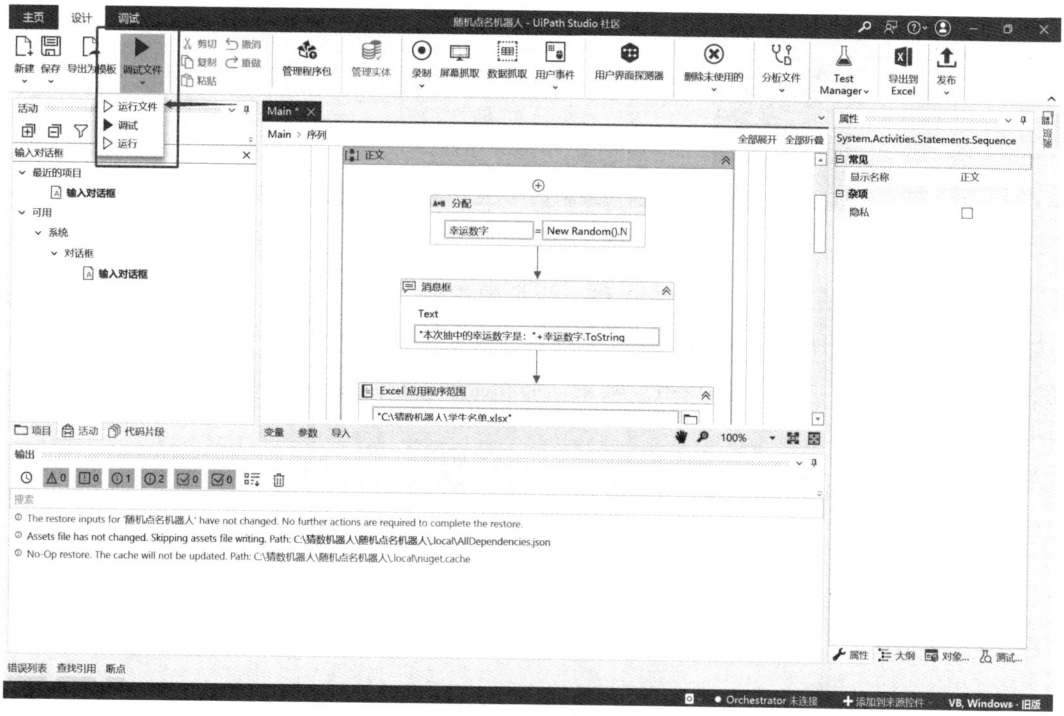

图 2－97　在菜单面板中点击“运行文件”

然后，由于幸运数字是机器人随机生成的且需要玩家确定是否继续点名，因此后续需要与电脑进行人机互动。每次运行的结果有多种可能性，下面将演示其中一种游戏过程。

(1) 电脑弹出消息框显示本次抽中的幸运数字是：4（如图 2－98 所示），玩家点击“确定”后将显示4 号幸运同学的姓名是：蔡丽婷（如图 2－99 所示）。

图 2－98　消息框提示幸运数字

图 2－99　消息框提示幸运姓名

(2) 电脑弹出消息框显示请在 0 和 1 两个数中输入一个数（0 代表结束，1 代表继续）：（如图 2－100 所示）；玩家输入1 并点击“确定”后将显示本次抽中的幸运数字是：2；（如图 2－101 所示）；玩家点击“确定”后将显示2 号幸运同学的姓名是：张伟强（如图 2－102 所示）。

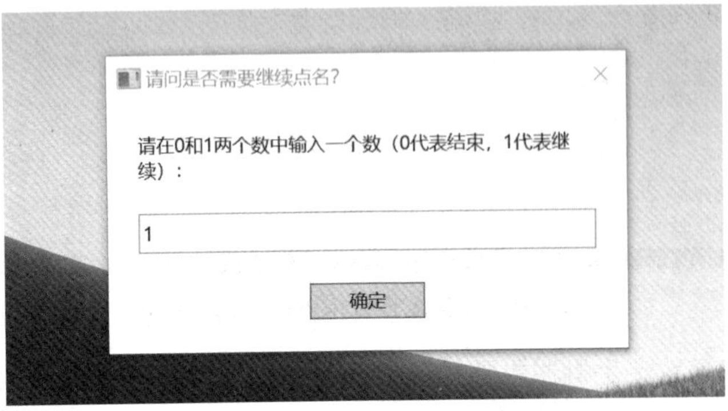

图 2－100　消息框提示是否需要继续点名

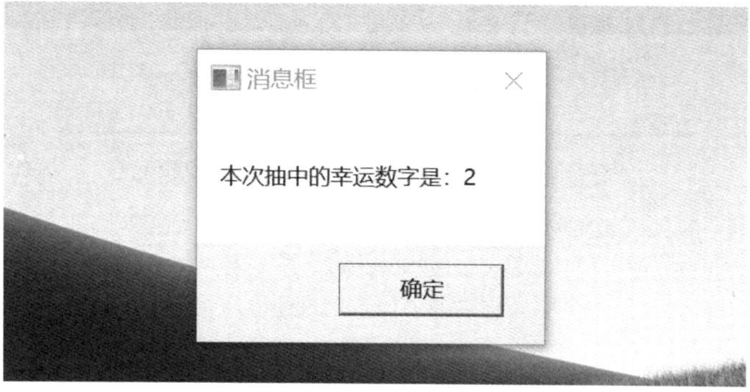

图 2-101 消息框第二次提示幸运数字

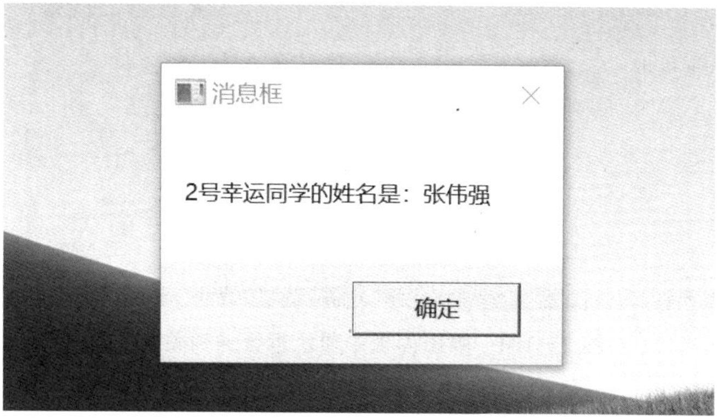

图 2-102 消息框第二次提示幸运姓名

（3）电脑弹出消息框显示请在 0 和 1 两个数中输入一个数（0 代表结束，1 代表继续）：（如图 2-103 所示）；玩家输入 0 并点击“确定”后，机器人回到工作流界面，在左下方出现了程序运行的相关信息（如图 2-104 所示）。

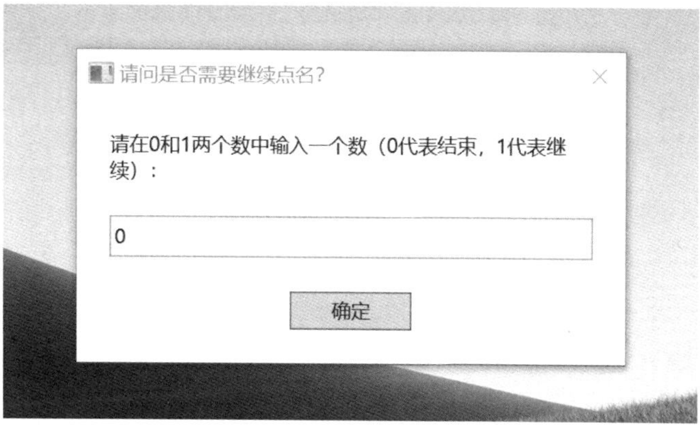

图 2-103 消息框提示是否需要继续点名

（四）文件保存

如图 2-105 所示，鼠标左键点击工作流界面左上角的“保存”按钮，并点击出现的

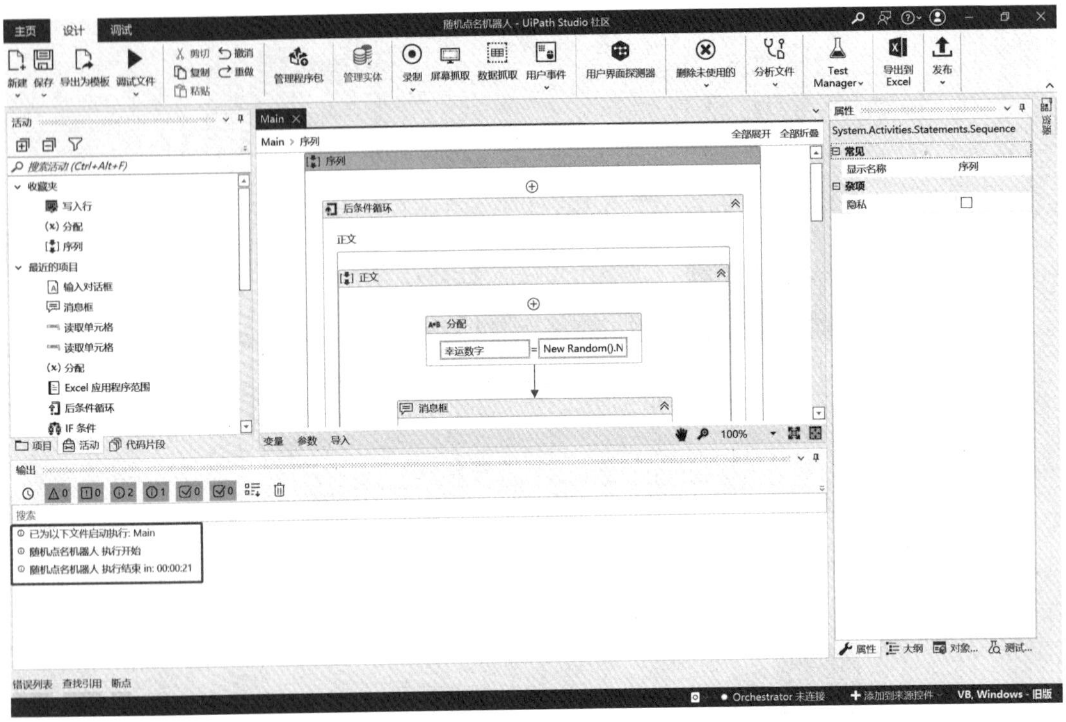

图 2 - 104　输出面板中显示运行的相关信息

“全部保存”按钮。最后保存的文件在哪儿呢？这与我们在“图 2 - 71　创建一个空白流程并更改‘名称’和‘位置’信息”的操作密切相关，如图 2 - 106 所示。

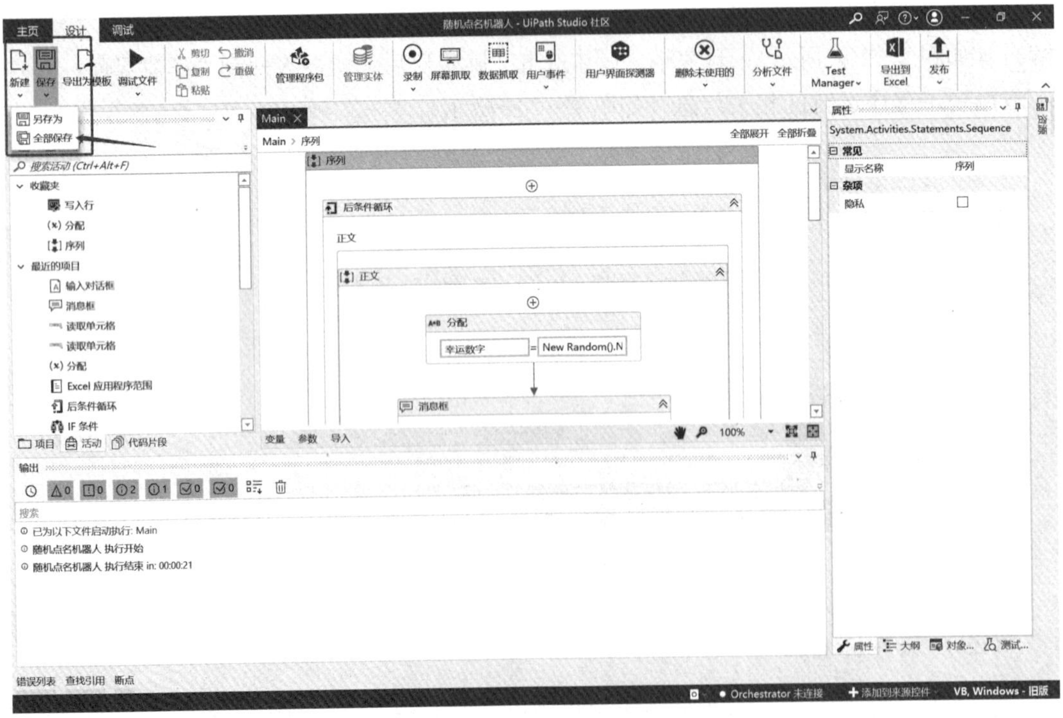

图 2 - 105　点击“全部保存”

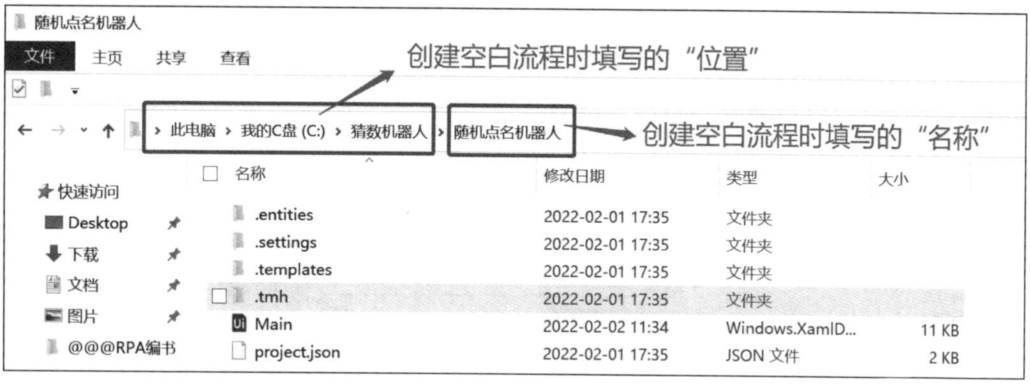

图 2-106　程序文件所在的位置及内容

如果我们在图 2-105 中点击了“另存为”按钮，会有什么不一样呢？点击后的“另存为”界面如图 2-107 所示，这时候保存下来的实际上只是 Main 这个工作流文件，并非图 2-106 中所有的程序文件。如果想要另存为图 2-106 中那样的程序文件，可以点击“导出为模板”按钮，其导出界面如图 2-108 所示。

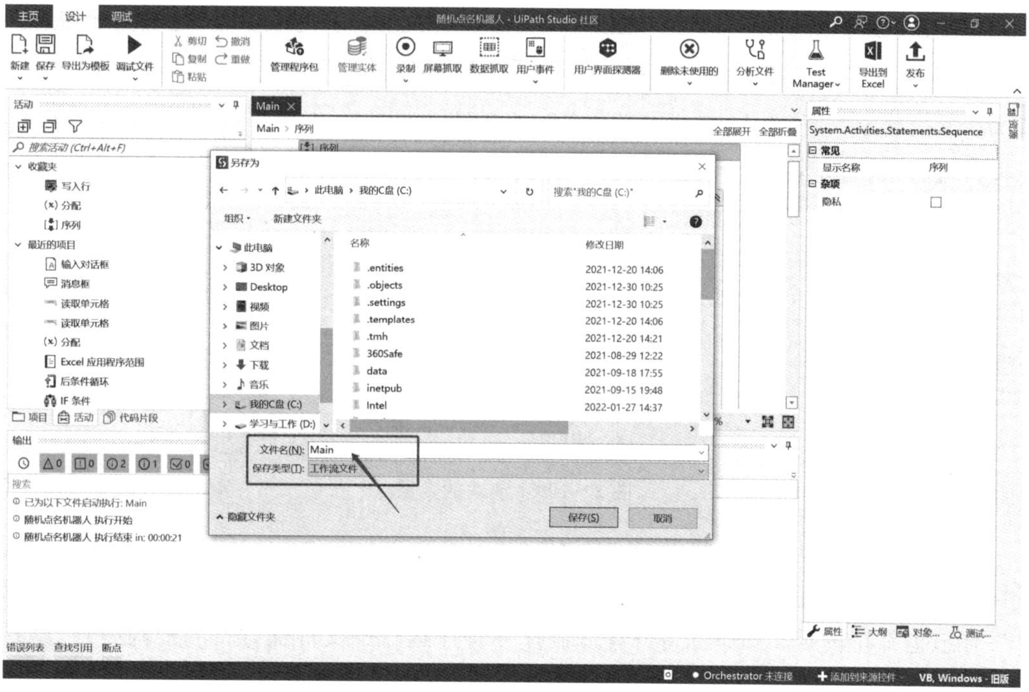

图 2-107　点击“另存为”的界面

任务小结

通过本任务的学习，大家是不是学会在 UiPath 中制作随机点名机器人了？在这个模块里，我们再次见识了“项目”“活动”“变量”等重要的概念，重温了“顺序”“选择”“循环”等逻辑方法。其中，我们在操作准备时新建了“流程”，在程序制作时创建了名

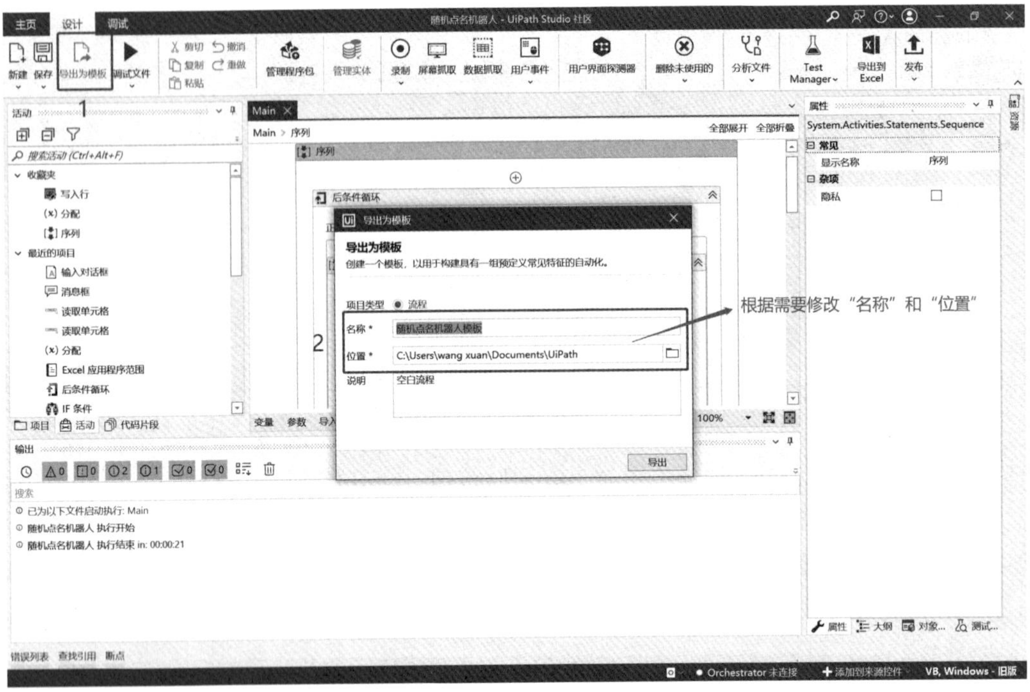

图 2-108　点击“导出为模板”的界面

称为“幸运数字”“行数”“i”“幸运姓名”的变量（如图 2-109 所示），不仅用到了【消息框】、【后条件循环】、【分配】、【输入对话框】等熟悉的活动，还应用了【Excel 应用程序范围】、【读取单元格】等新的活动。

名称	变量类型	范围	默认值
i	Int32	序列	输入 VB 表达式
行数	Int32	序列	输入 VB 表达式
幸运数字	Int32	序列	输入 VB 表达式
幸运姓名	String	序列	输入 VB 表达式

图 2-109　创建的变量

在后面的项目里，我们将沿着“任务导入→任务分析与设计→任务实施→任务小结”的路线带着大家走近不同场景下的 RPA 机器人，而我们在任务实施时关键的“机器人制作”环节也都将按照“操作准备→程序制作→程序运行→文件保存”的架构展开。如果还想了解更多的话，那就跟着我们的节奏继续探索新的项目吧！

项目练习

1. 猜一猜别人今年多少岁，通过 UiPath 制作一个猜年龄游戏机器人。
2. 获取一份参与抽奖的名单，通过 UiPath 制作一个随机抽奖机器人。

项目三

Web 场景应用——数据抓取机器人

【知识目标】

了解 RPA 在 Web 场景中的应用；掌握在 UiPath 中制作股票数据抓取机器人的设计原理和操作流程；掌握在 UiPath 中制作文献信息抓取机器人的设计原理和操作流程。

【能力目标】

能够利用 UiPath Studio 软件设计并制作运行股票数据抓取机器人；能够利用 UiPath Studio 软件设计并制作运行文献信息抓取机器人。

【素养目标】

满足数字经济时代对新型复合型高素质人才的培养需求，促进对信息技术前沿知识和核心素养的认同与追求，通过股票数据抓取机器人和文献信息抓取机器人两个案例展示 RPA 在 Web 场景中的应用，引导举一反三、灵活应用的独立思考和主动探究能力，提升利用 RPA 等新技术解决现实问题的综合能力，培养爱岗敬业的专业素养和勇于创新的职业精神。

在上一个项目中，我们在 UiPath 中新建“流程”并动手制作了猜数游戏机器人和随机点名机器人，你是否体验到了人机互动游戏的快乐呢？在本项目中，我们将目光投向大家经常使用的 Web 场景。Web（World Wide Web）即全球广域网，也称为万维网，它是一种基于超文本和 HTTP 的、全球性的、动态交互的、跨平台的分布式图形信息系统，是建立在 Internet 上的一种网络服务，为浏览者在 Internet 上查找和浏览信息提供了图形化的、易于访问的直观界面，其中的文档及超级链接将 Internet 上的信息节点组织成一个互为关联的网状结构。接下来，让我们通过股票数据抓取机器人和文献信息抓取机器人，一起体验 RPA 在 Web 场景中的应用吧！

任务 1
股票数据抓取机器人

任务导入

2021 年 11 月 15 日，北京证券交易所正式揭牌开市，自此中国大陆资本市场形成了上海证券交易所、深圳证券交易所、北京证券交易所“三足鼎立”之势，其中沪市和科创板在上海交易所上市，深市和创业板在深圳交易所上市，新三板在北京证券交易所上市……看到这样的消息，你不禁在想：现在北京证券交易所已经上市了多少家公司了？当前交易行情又是怎样呢？

这时有人向你推荐了一个网站，说在这个东方财富网的行情中心里可以查到信息（网址：http://quote.eastmoney.com/center/gridlist.html#bj_a_board）。你打开网站看到了如图 3-1 所示的内容，发现已有 84 家公司在北京证券交易所上市了（截至 2022 年 2 月 4 日）。另外，你还浏览发现在上海证券交易所上市的已有 2 124 家公司，在深圳证券交易所上市的已有 2 668 家公司。

与此同时，你还发现这个网站页面有每家上市公司股票的最新价、今开、昨收等股票信息，你很想将网页的这些内容保存到一个 Excel 文件中，可惜这么多家公司，靠人工复制粘贴真的很辛苦，不仅费时费力，还容易出错。类似这样从网页上复制粘贴大量数据的场景还挺多，有没有可能设计一个程序实现上述过程呢？那么，让我们利用 UiPath 做个“股票数据抓取机器人”来帮忙吧！

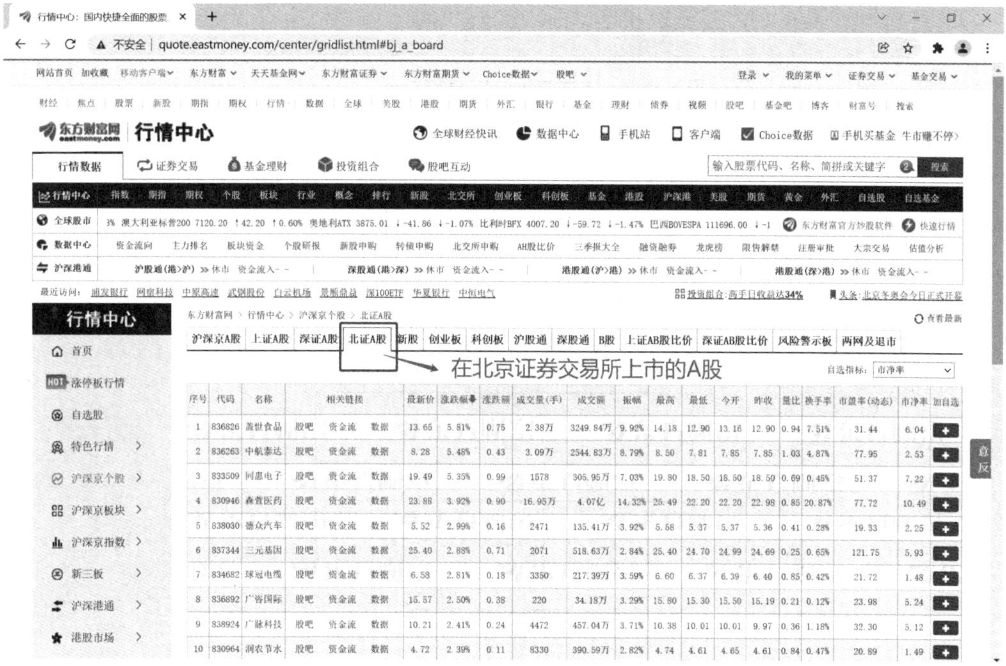

图 3-1　东方财富网上的相关股票信息

任务分析与设计

我们继续借助流程图来分析这个案例，这个案例的逻辑方法很简单，只涉及“顺序”，从开始到结束的整个过程都由机器人自动完成，主要过程依次为：

（1）机器人打开股票数据网站；

（2）机器人抓取股票数据；

（3）机器人保存股票数据至指定文件；

（4）机器人关闭股票数据网站。

具体如图 3-2 所示。

任务实施

股票数据抓取机器人制作

（一）操作准备

在 UiPath 中新建库。首先，提前退出 360 安全卫士等杀毒软件（避免对使用过程的干扰），打开 UiPath Studio 软件并在开始界面的新建项目处点击“库”，如图 3-3 所示；在弹出来的新建空白库对话框中更改“名称”和“位置”信息（名称改为股票数据抓取机器人，位置改为C：\数据抓取机器人），点击“创建”，如图 3－4 所示。

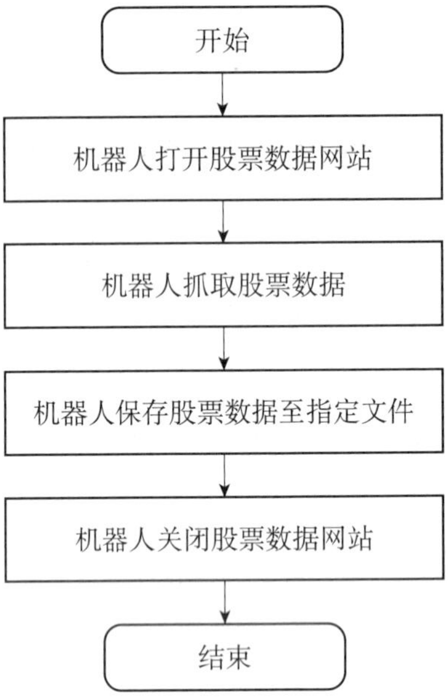

图 3－2　股票数据抓取的流程图

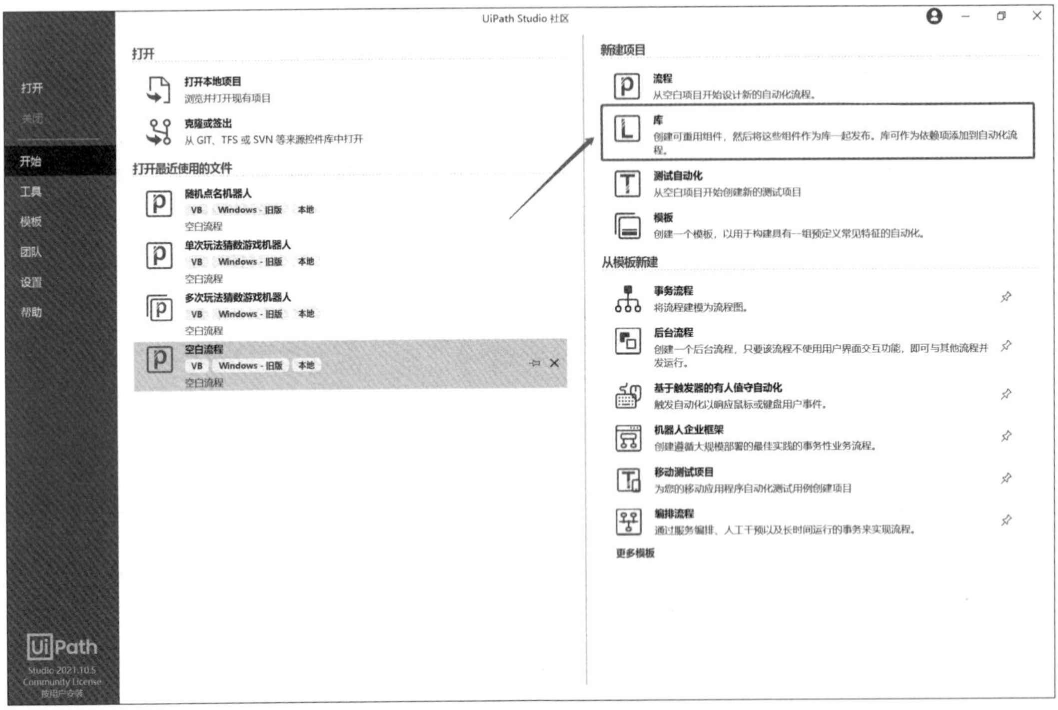

图 3－3　在 UiPath Studio 开始界面点击“库”

其次，待加载依赖项相关过程完成，新的库就创建成功了，如图 3－5 所示，我们可以看到和以前创建的流程界面不一样，界面上没有“打开主工作流”的入口了，这时我们点击左下侧活动面板中“项目”。

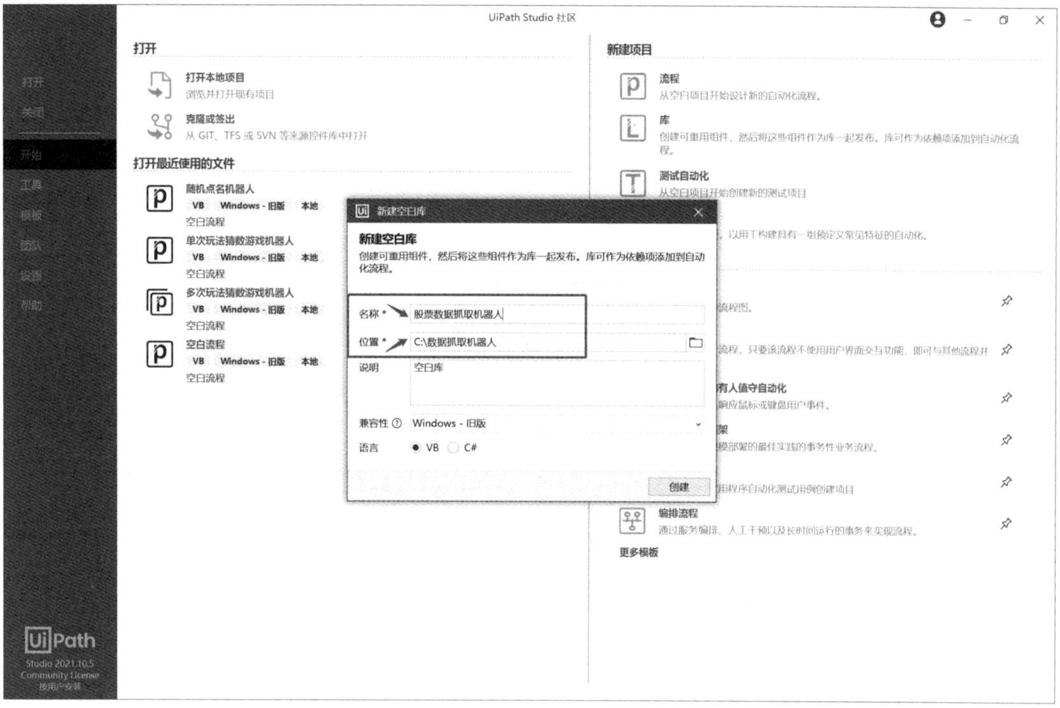

图 3-4　创建一个空白库并更改“名称”和“位置”信息

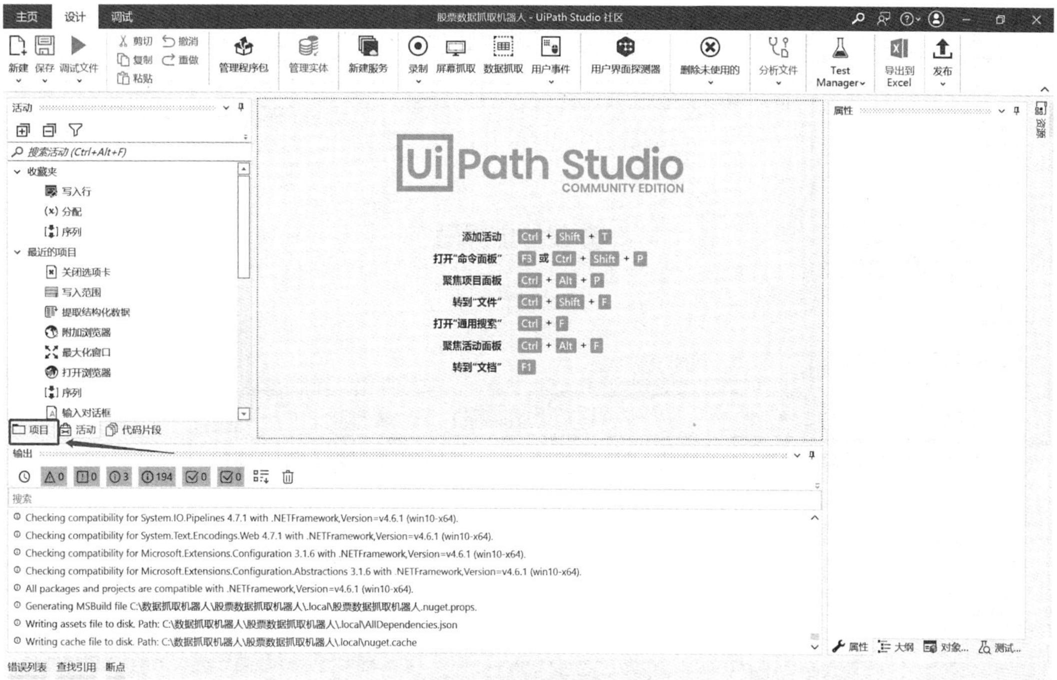

图 3-5　新的库创建成功并点击项目

最后，在随后出现的图 3-6 界面中用鼠标左键双击“NewActivity. xaml”，就能进入我们熟悉的工作流界面了，界面的各功能区域如图 3-7 所示。

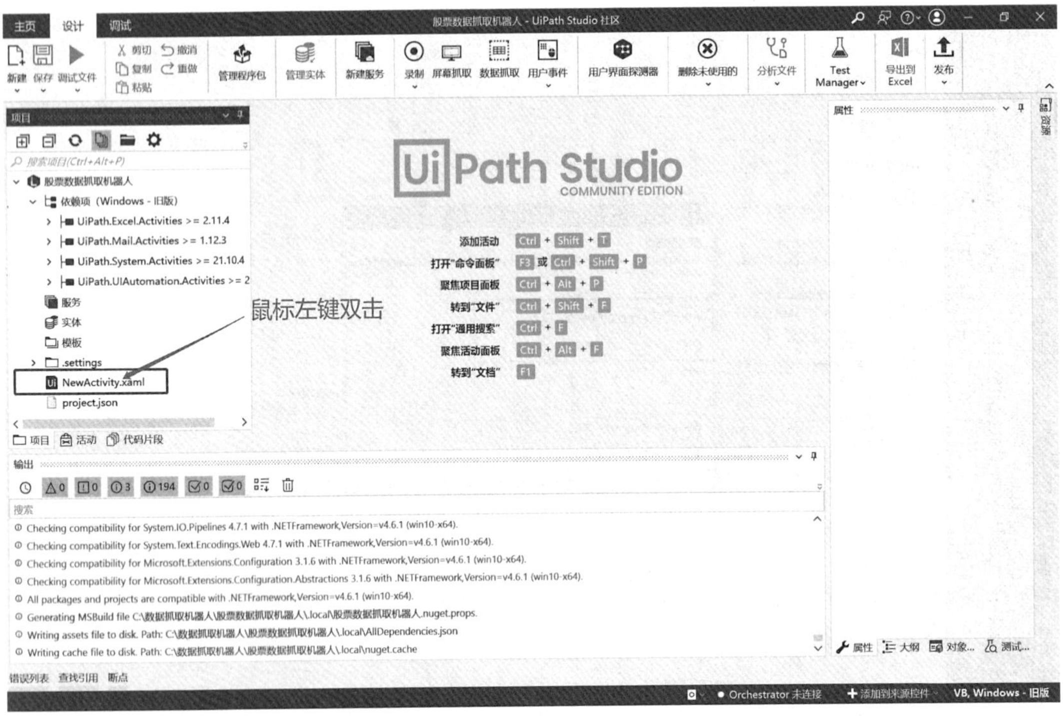

图 3-6　用鼠标左键双击“NewActivity. xaml”进入工作流界面

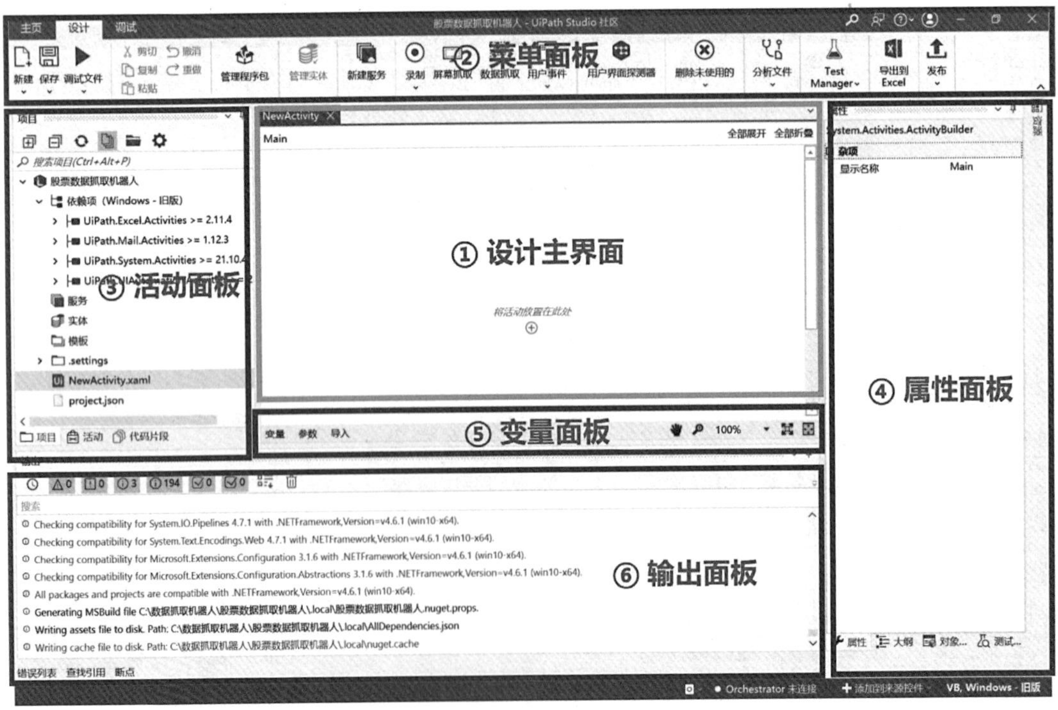

图 3-7　工作流界面示意图

在 UiPath 和浏览器中互设拓展程序。此外，为了让 UiPath 能与浏览器兼容抓取数据，还需要先后在 UiPath 和浏览器中进行拓展程序的设置，我们以谷歌浏览器 Chrome

为例展示这个过程如下。

（1）在 UiPath 中设置拓展程序。

首先在图 3－8 所示的界面中点击最左上角的“主页”，回到开始界面。

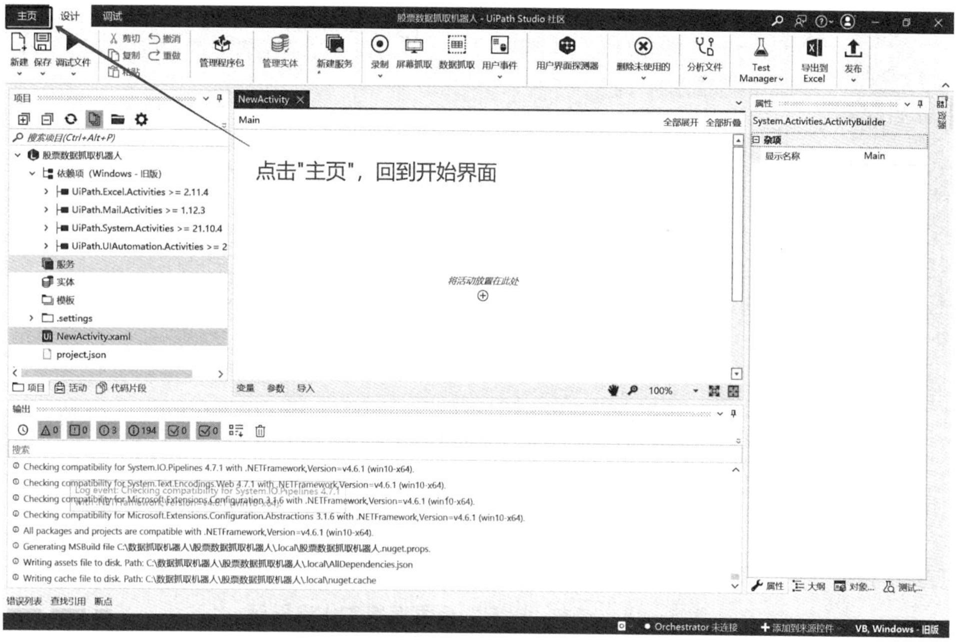

图 3－8　点击工作流界面“主页”回到开始界面

然后，在随后出现的图 3－9 中点击左侧的“工具”（标记 1），再点击“Chrome”（标记 2）。

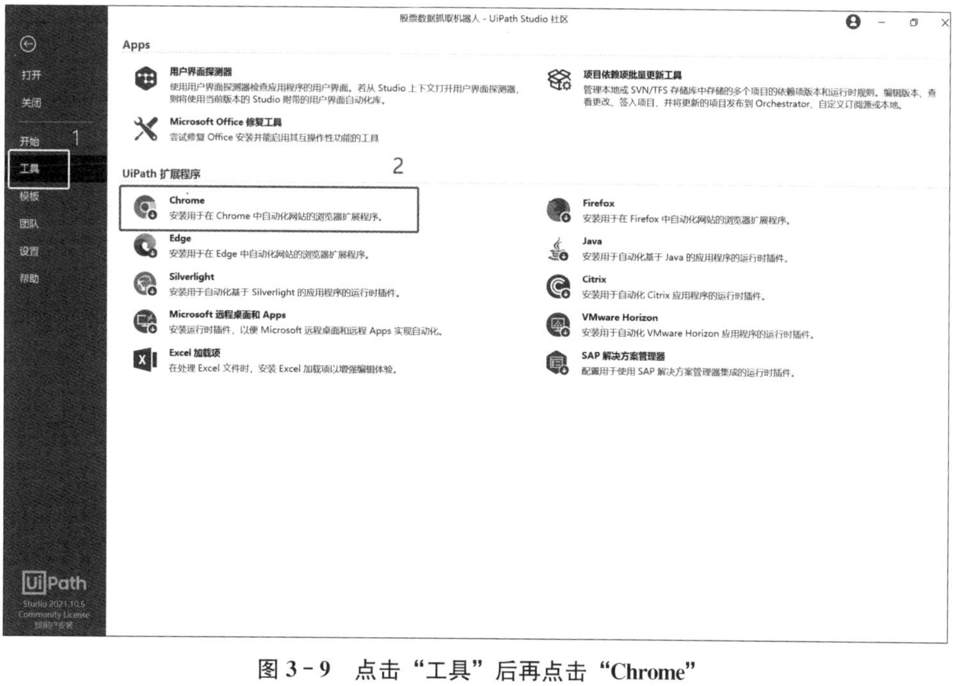

图 3－9　点击“工具”后再点击“Chrome”

最后，在随后出现的图 3-10 中点击弹框中的“确定”（标记 1），再点击左上角的左箭头“←”（标记 2），回到图 3-8 所示的工作流界面。

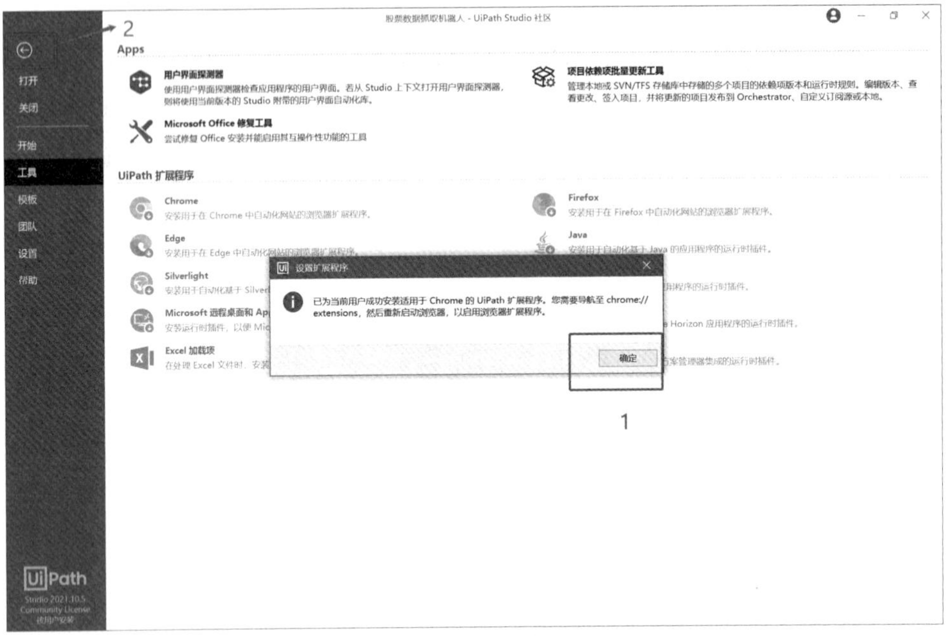

图 3-10 点击“确定”后再返回工作流界面

（2）在谷歌浏览器中设置拓展程序。

打开谷歌浏览器后，在图 3-11 所示的界面中，点击最右上侧的“⋮”（标记 1），然后点击“更多工具”（标记 2），再点击“扩展程序”（标记 3）。

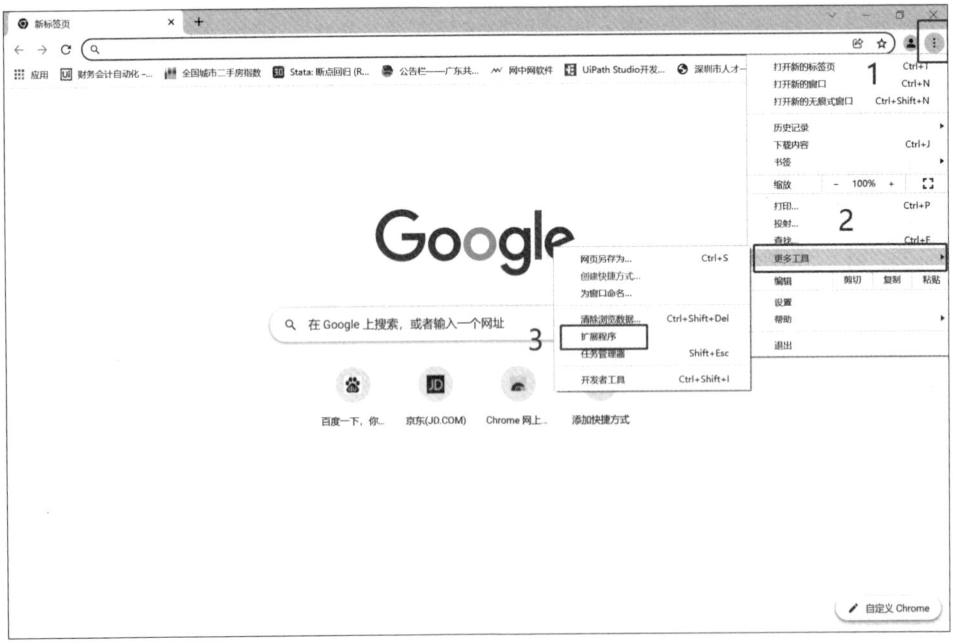

图 3-11 点击到“扩展程序”界面

然后，在出现的图 3－12 界面中，将 UiPath 扩展程序勾选上（标记 1），再关闭谷歌浏览器（标记 2）。

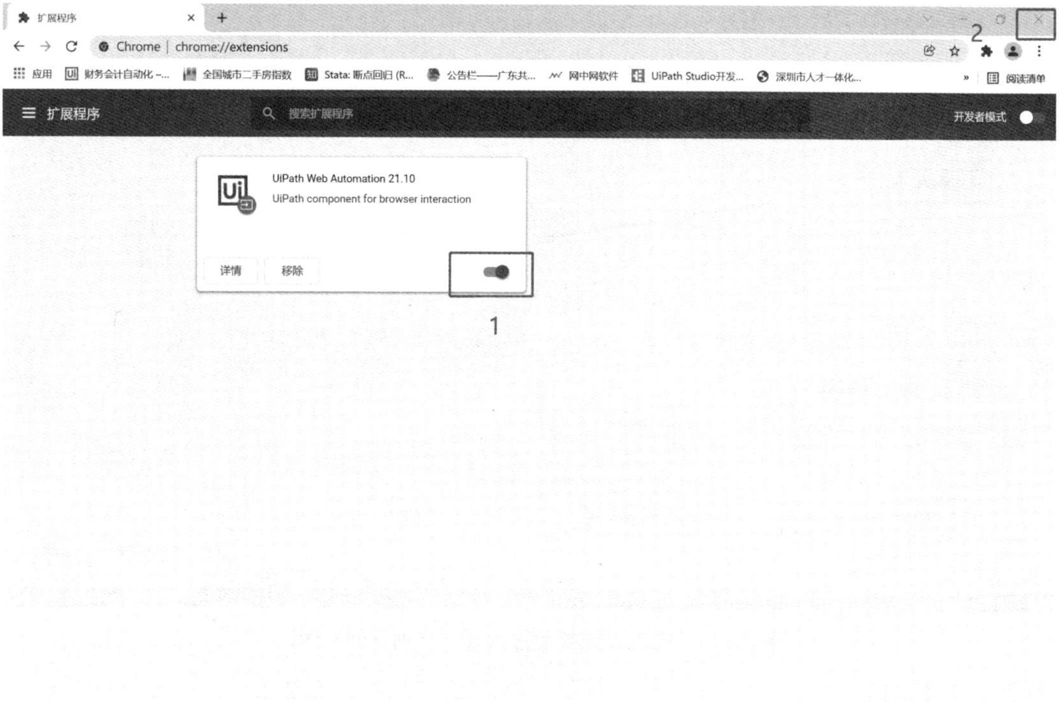

图 3－12　勾选上 UiPath 扩展程序

至此，我们的操作准备已完成，接下来就让我们在 UiPath 工作流界面大展身手吧！

（二）程序制作

股票数据抓取机器人制作运行解析

对照流程图，程序制作可以分为 4 个过程。

过程 1：机器人打开股票数据网站

步骤一：如图 3－13 所示，首先在工作流界面中点击左侧活动面板的“活动”（标记 1），然后在上方搜索活动框中输入打开浏览器（标记 2），然后用鼠标左键按住控件【打开浏览器】拖拽到设计主界面的“⊕”处（标记 3）。

步骤二：在随后出现的图 3－14 界面中，首先在【打开浏览器】活动左侧输入网址"http://quote.eastmoney.com/center/gridlist.html#bj_a_board"（标记 1），然后在右侧属性面板可以看到同步出填写的内容并在“浏览器类型”中下拉选择谷歌浏览器“Chrome”（标记 2），然后在属性面板输出“用户界面浏览器”中输入网站（标记 3），然后点击变量面板中的“变量”（标记 4），展开变量编辑区域。

步骤三：在随后出现的图 3－15 界面中，首先点击变量编辑区域的“创建变量”处，在“名称”列输入网站（标记 1），然后在“范围”列下拉选择序列（标记 2），然后在“默认值”列保持默认空着（标记 3），然后在“变量类型”列下拉选择浏览类型...（标记 4）。

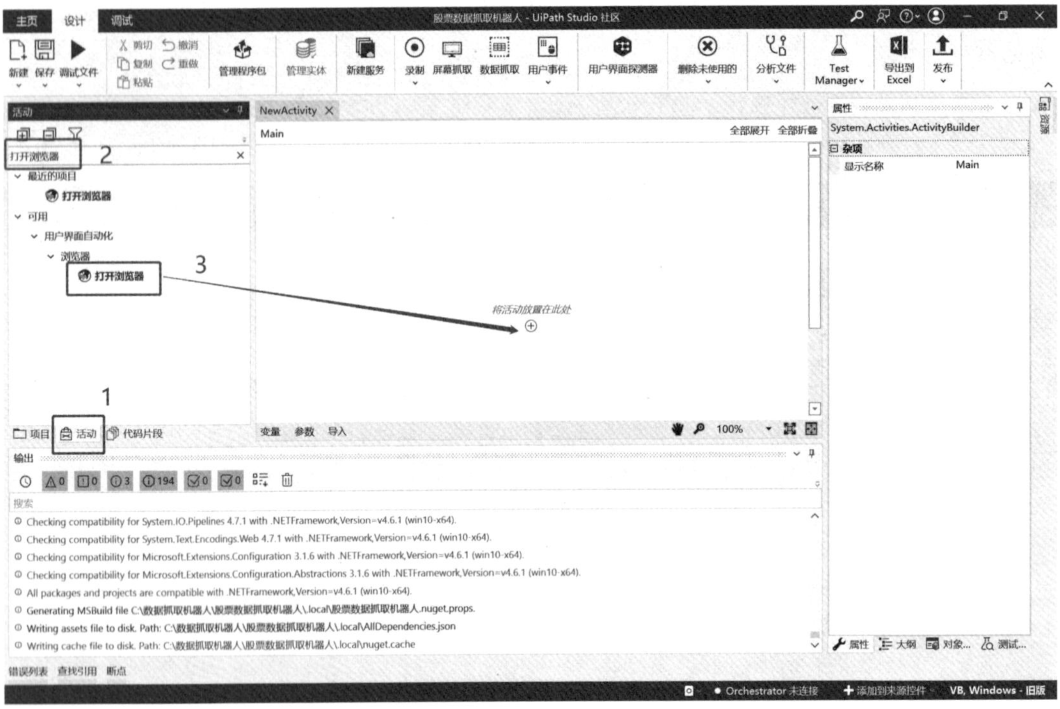

图 3-13 在工作流界面加入【打开浏览器】活动

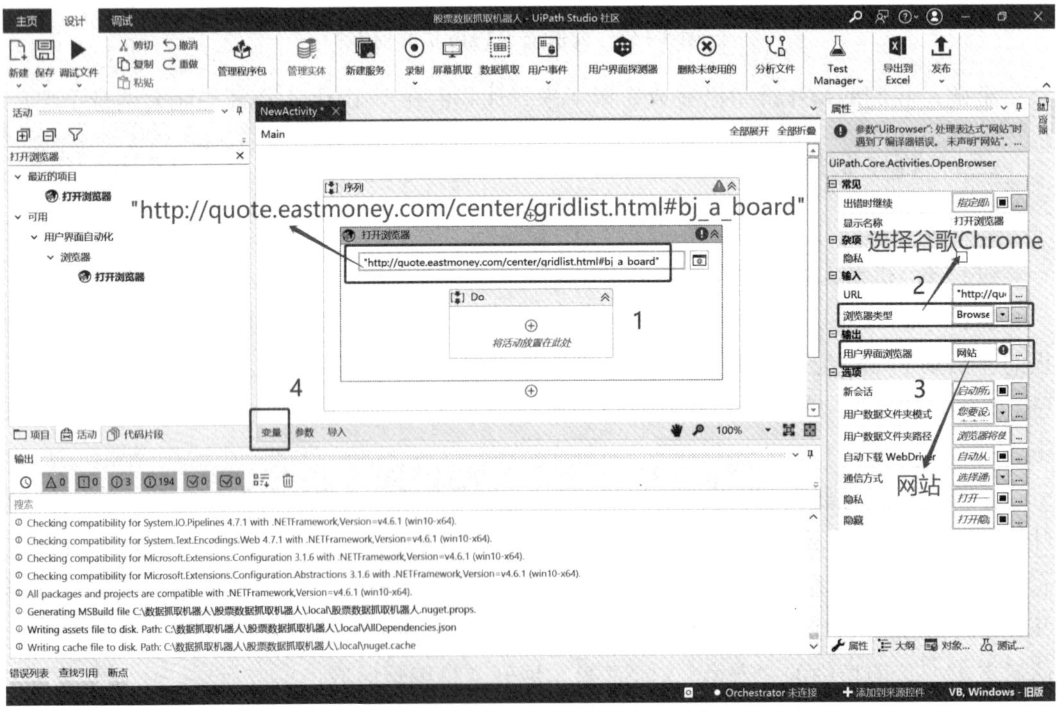

图 3-14 在【打开浏览器】活动中输入相关内容

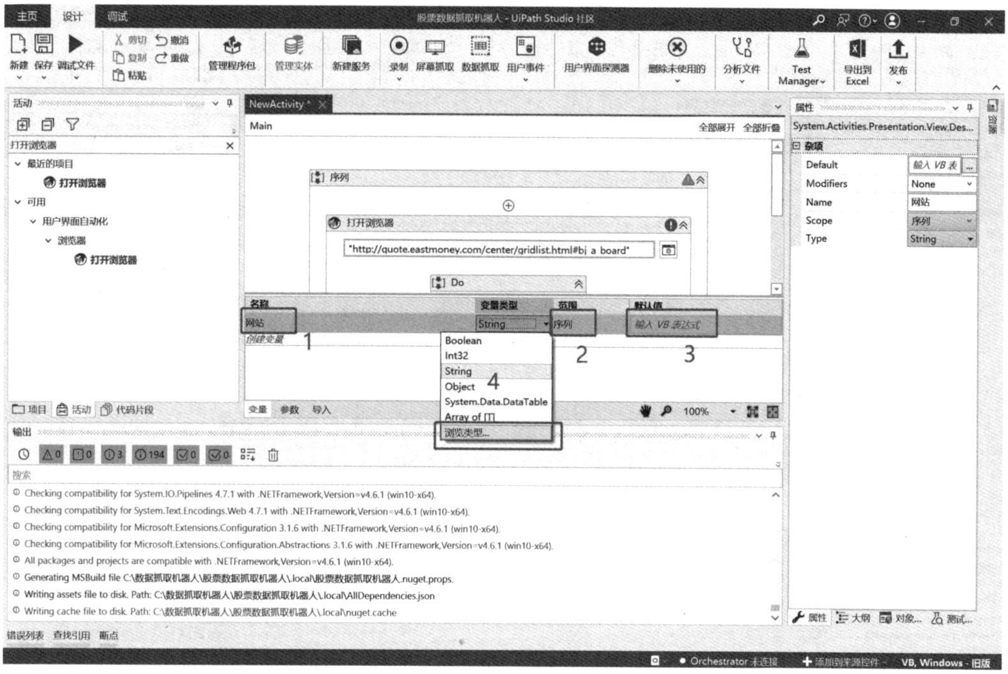

图 3-15 在变量编辑区域创建一个“网站”变量

步骤四：在随后出现的图 3-16 界面中，在“类型名称”中输入browser 搜索（标记 1），然后点击 UiPath Core 下的“Browser”（标记 2），然后点击“确定”（标记 3）；在接下来的图 3-17 界面，变量面板中“变量类型”为UiPath. Core. Browser，简称为浏览器类型Browser（标记 1），然后点击变量面板的“变量”（标记 2），收回变量编辑区域。

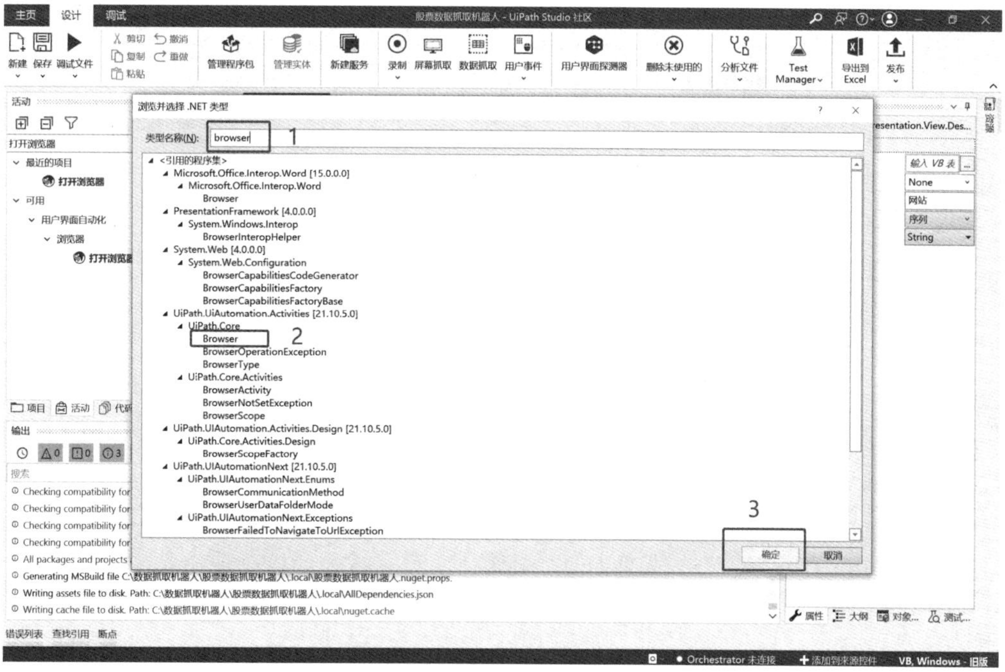

图 3-16 在浏览类型中输入“browser”查找类型

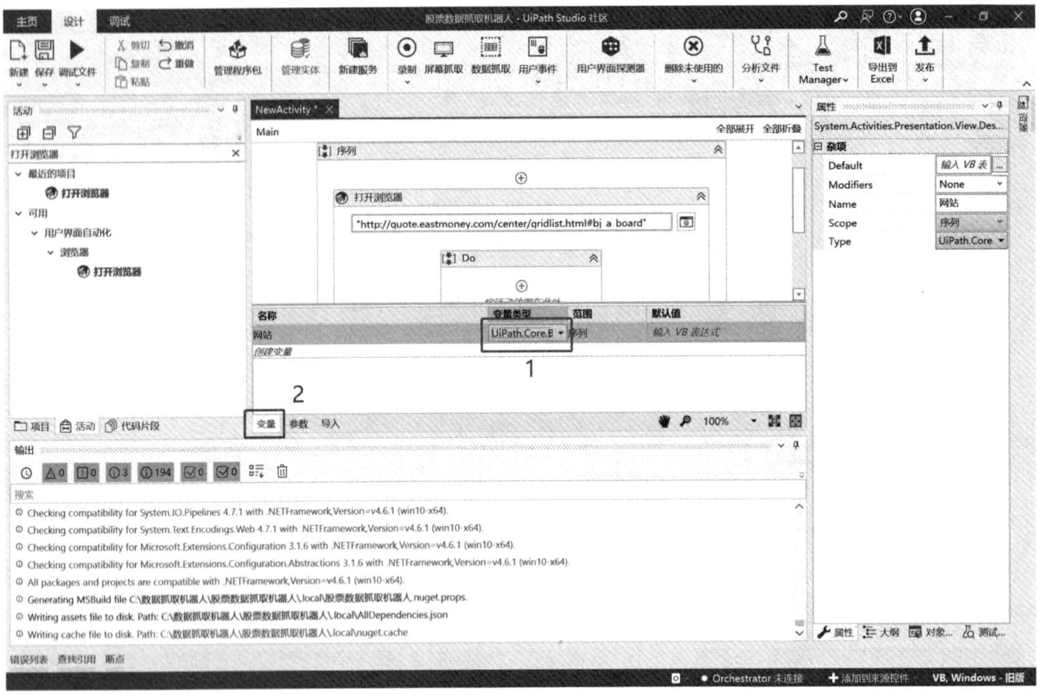

图 3 - 17　确定“browser”类型后返回

步骤五：在随后出现的图 3 - 18 界面中，点击工作流界面左上角的“调试文件”按钮，并点击出现的“运行文件”按钮。这时电脑将自动在谷歌浏览器中打开网站 http://quote. eastmoney. com/center/gridlist. html＃bj _ a _ board，并将回到 UiPath 工作流界面。

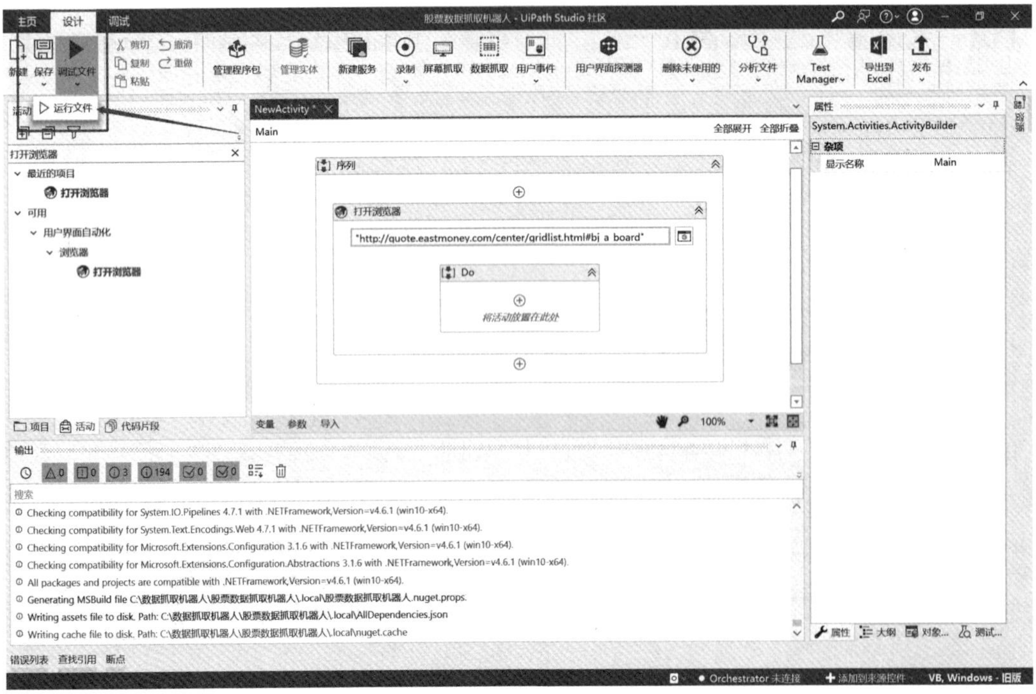

图 3 - 18　运行文件将打开股票网址

过程 2：机器人抓取股票数据

步骤一：如图 3－19 所示，在谷歌浏览器中调整右侧的滑动条（标记 1），以便看到网站页面的“下一页”（标记 2）。

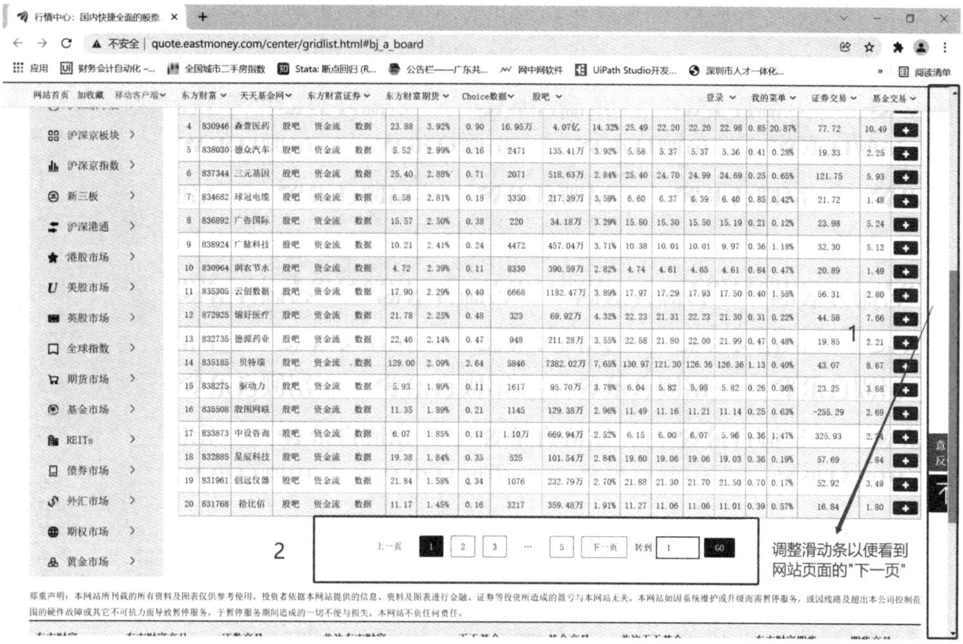

图 3－19　在浏览器中将打开的网站调整到合适位置

步骤二：如图 3－20 所示，在 UiPath 工作流界面中，首先用鼠标左键点击【打开浏览器】活动（标记 1），然后在上方菜单面板中点击“数据抓取”（标记 2）。

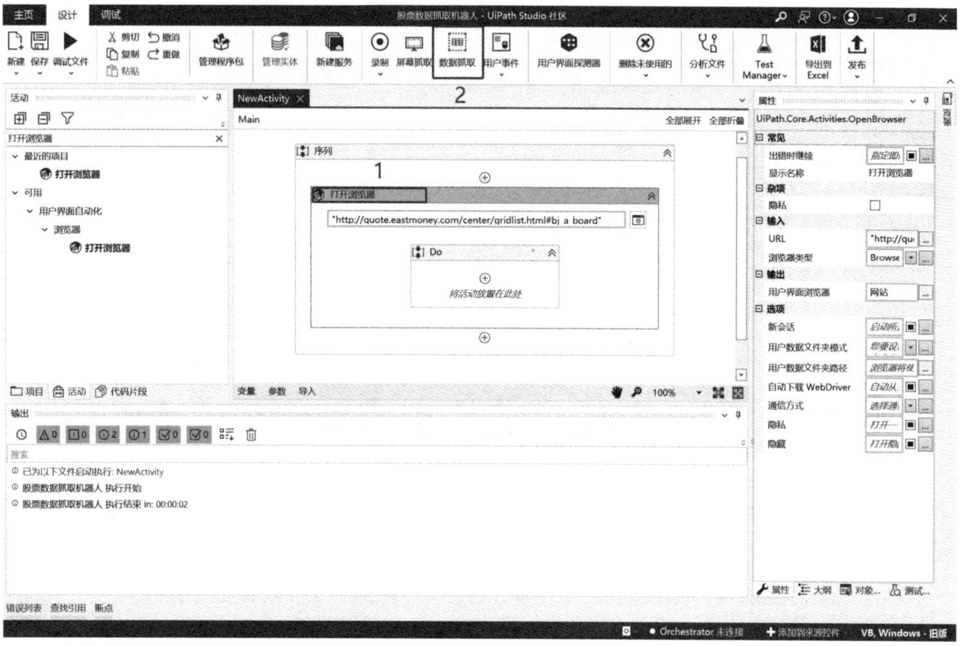

图 3－20　在工作流界面中点击“数据抓取”

步骤三：如图 3－21 所示，在随后的“提取向导”弹框里点击“下一步”；然后在谷歌浏览器页面数据范围内任意位置用鼠标左键单击，如图 3－22 所示；然后在随后的“提取表”弹框里点击“是”，如图 3－23 所示；然后如图 3－24 所示，在随后的“提取向导”弹框里将最大结果数修改为要抓取的结果条数，本例为 84（标记 1），然后点击“完成”（标记 2）。

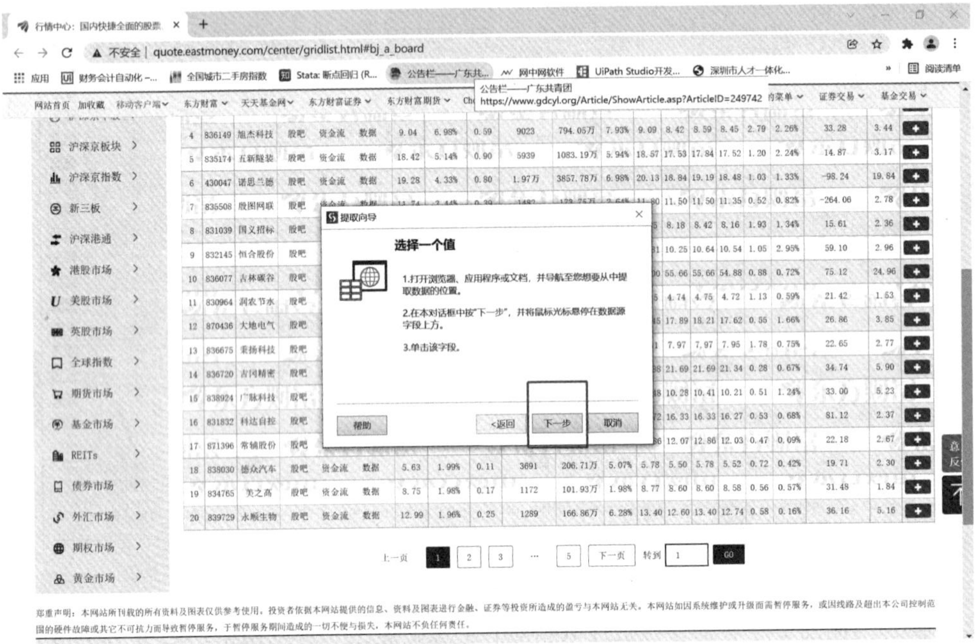

图 3－21　在弹出的方框中选择“下一步”

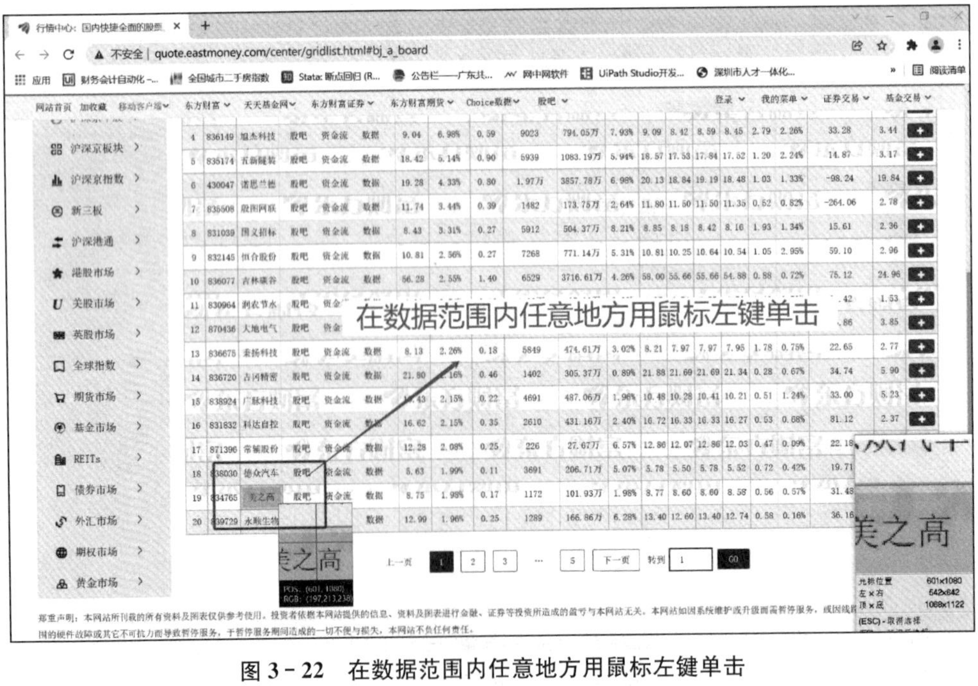

图 3－22　在数据范围内任意地方用鼠标左键单击

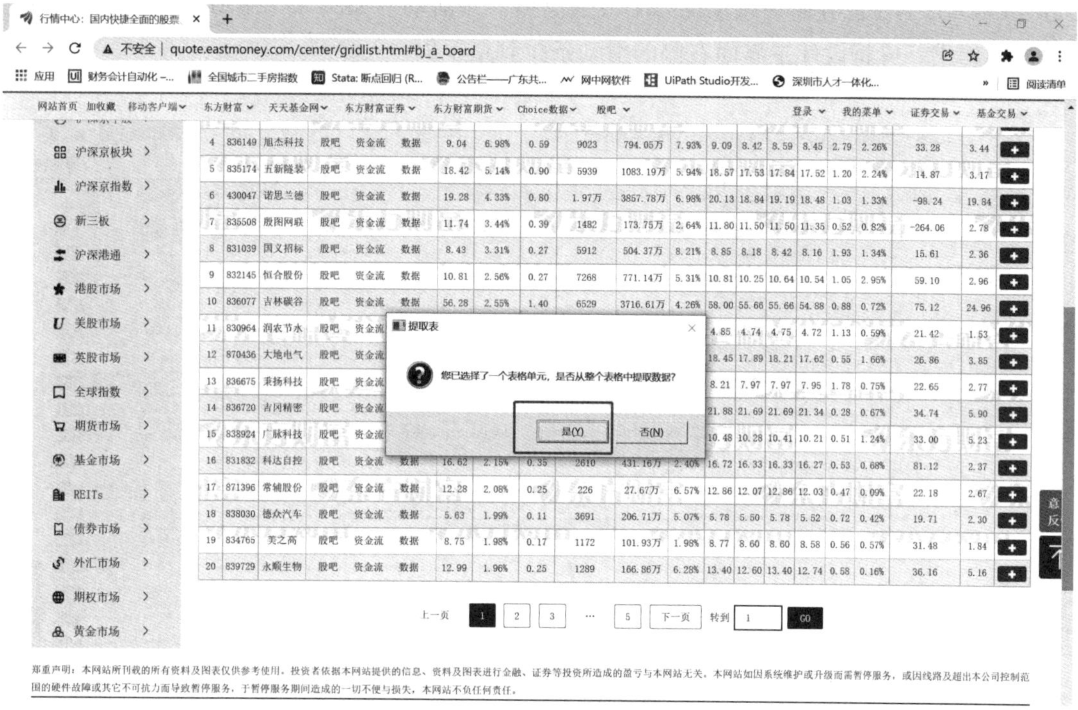

图 3-23　从整个表格中抓取数据

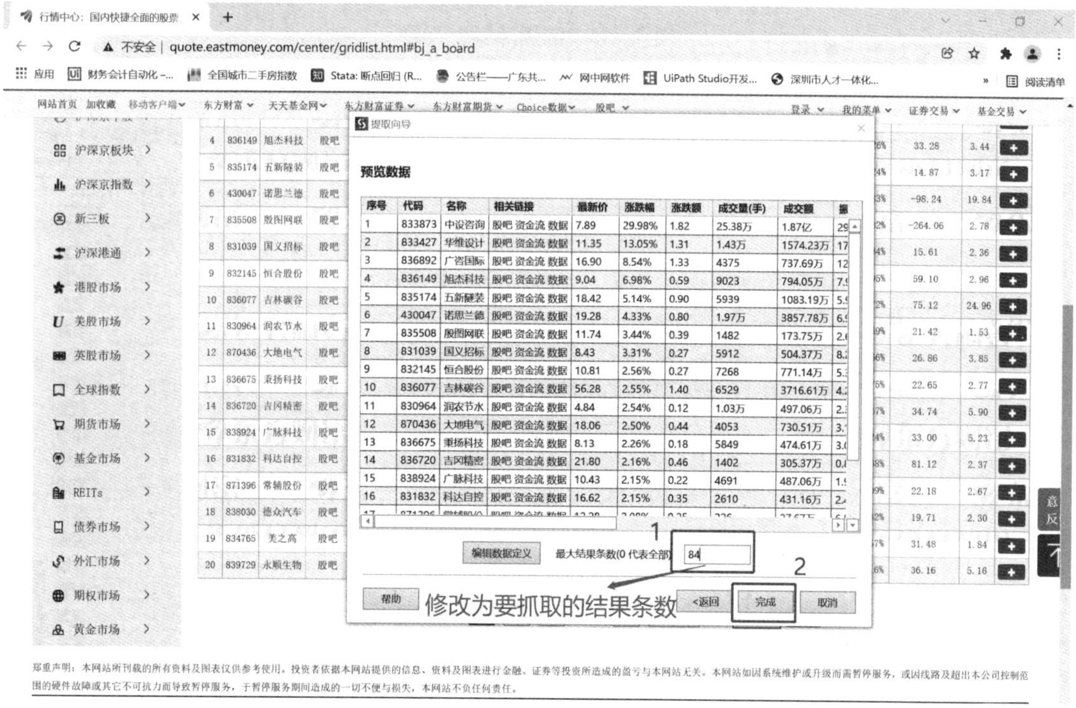

图 3-24　预览数据中修改最大结果条数

步骤四：如图 3-25 所示，在随后的“指出下一个链接”弹框里点击“是”；然后在随后如图 3-26 所示的页面中用鼠标左键点击“下一页”，此时完成了数据抓取的交互过程。UiPath 工作流界面中将增加一个“数据抓取”活动，如图 3－27 所示，为了看到最里面的构成，可将设计主界面右侧的滑动条拉到最下面。

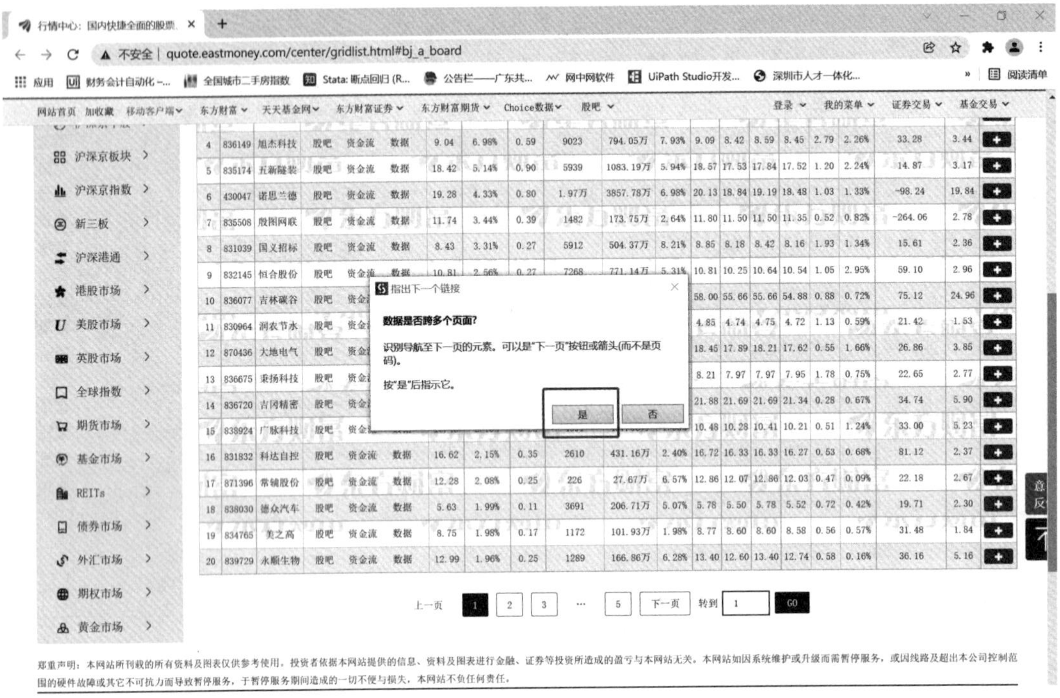

图 3－25　选择跨多个页面

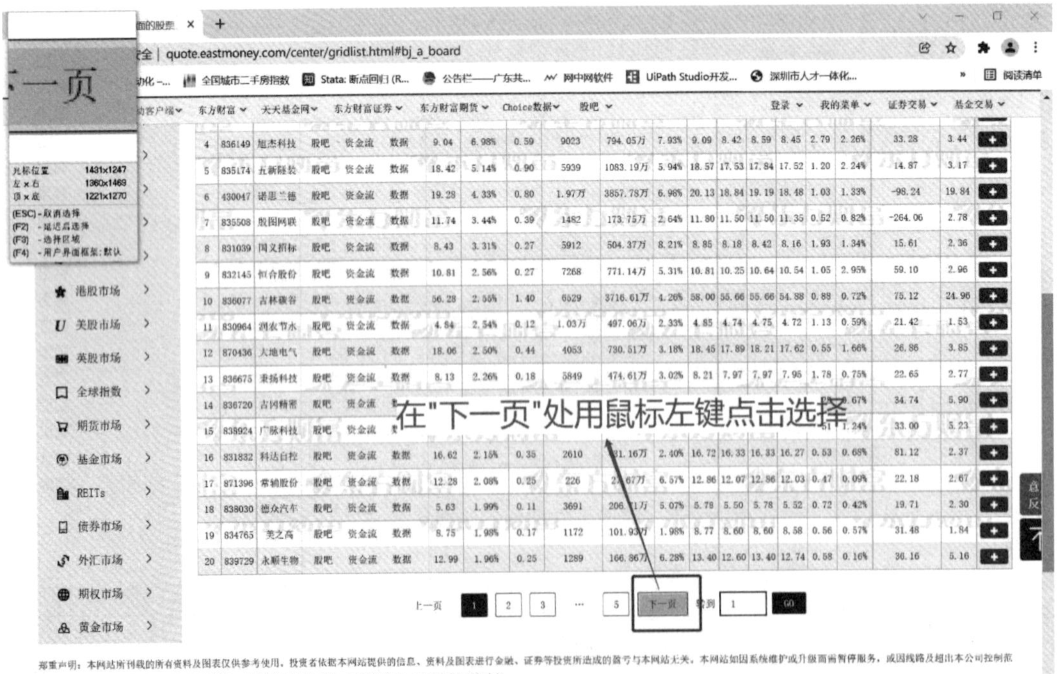

图 3－26　在“下一页”处用鼠标左键点击选择

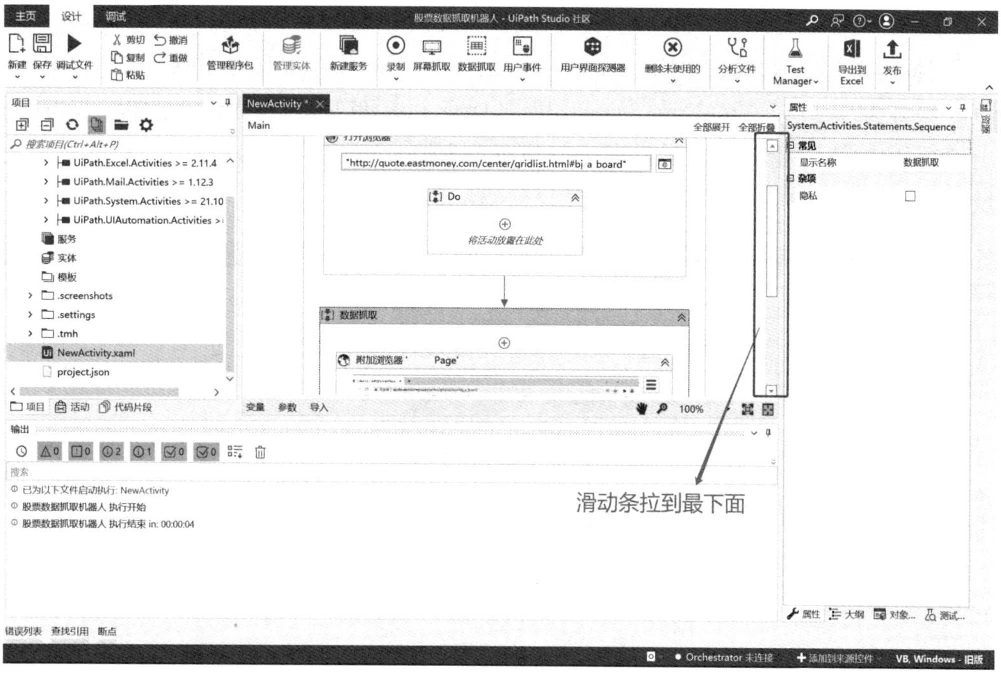

图 3－27　将滑动条拉到最下面

步骤五：在随后出现的图 3－28 界面中，在设计主界面中点击内嵌的【提取结构化数据】活动（标记 1），然后可以看到属性中输出的“数据表”默认为ExtractDataTable（标记 2），这实际是一个数据表变量。我们接下来点击变量面板中的“变量”查看并编辑其属性（标记 3）。

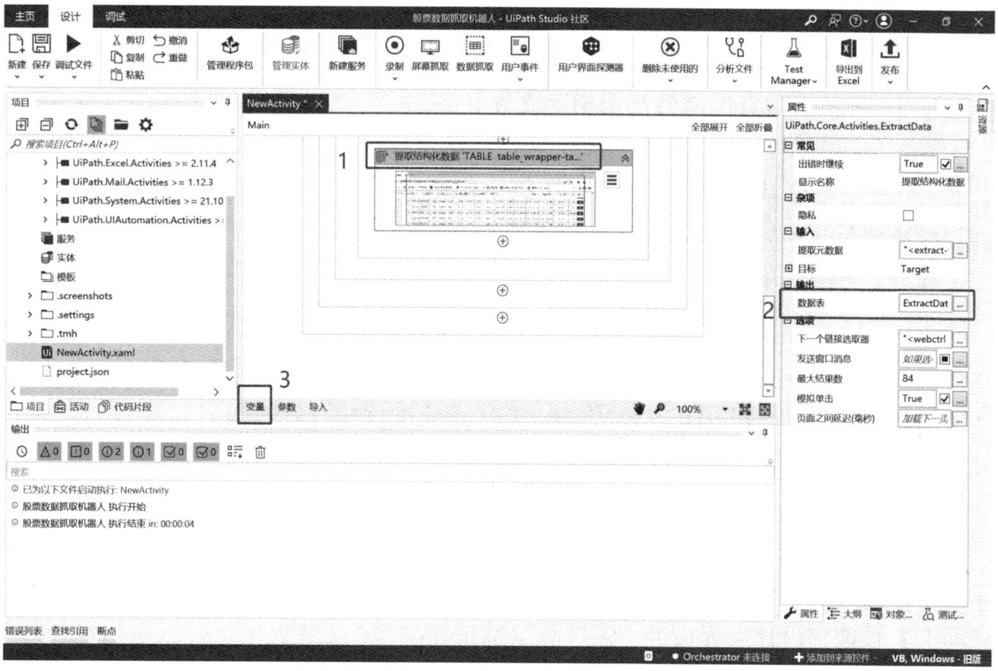

图 3－28　抓取的数据输出到一个默认的数据表变量“ExtractDataTable”

步骤六：在随后出现的图3-29界面中，我们看到变量为ExtractDataTable（标记1），“变量类型”保持默认为DataTable（标记2），“范围”修改为序列（标记3），“默认值”保持为New System. Data. DataTable（标记4），然后在右侧属性面板可以看到同步出填写的内容（标记5），最后点击变量面板处的“变量”（标记6），收回变量编辑区域。

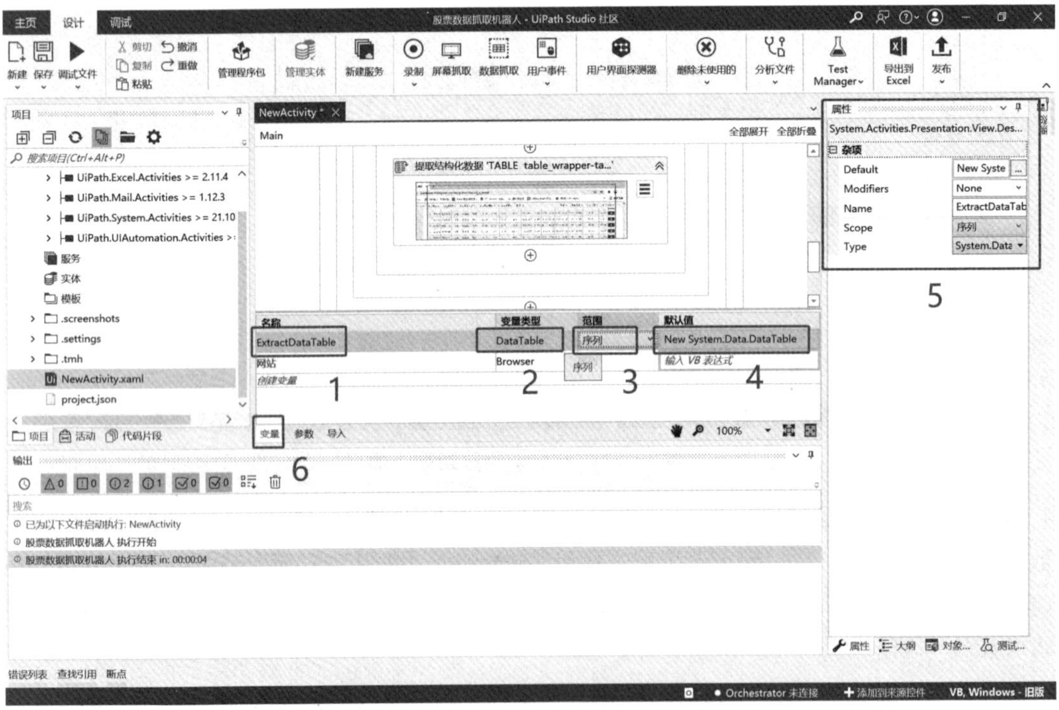

图3-29 修改“ExtractDataTable”变量的范围

过程3：机器人保存股票数据至指定文件

步骤一：如图3-30所示，首先在工作流界面中点击左侧活动面板的“活动”（标记1），然后在上方搜索活动框中输入写入范围（标记2），然后用鼠标左键按住控件【写入范围】拖拽到设计主界面的“⊕”处（标记3）。

步骤二：在随后出现的图3-31界面中，首先在【写入范围】活动中输入写入的Excel文件路径"C:\数据抓取机器人\股票数据抓取机器人\股票数据.xlsx"（标记1），然后在数据表输入ExtractDataTable（标记2），然后在属性面板中保持工作表名称和起始单元格默认为"Sheet1"和"A1"（标记3），并将“添加标头”处勾选上（标记4），最后将设计主界面右侧的滑动条下拉到最下方（标记5）。

过程4：机器人关闭股票数据网站

步骤一：如图3-32所示，首先在工作流界面中点击左侧活动面板的“活动”（标记1），然后在上方搜索活动框中输入关闭选项卡（标记2），然后用鼠标左键按住控件【关闭选项卡】拖拽到设计主界面的“⊕”处（标记3）。

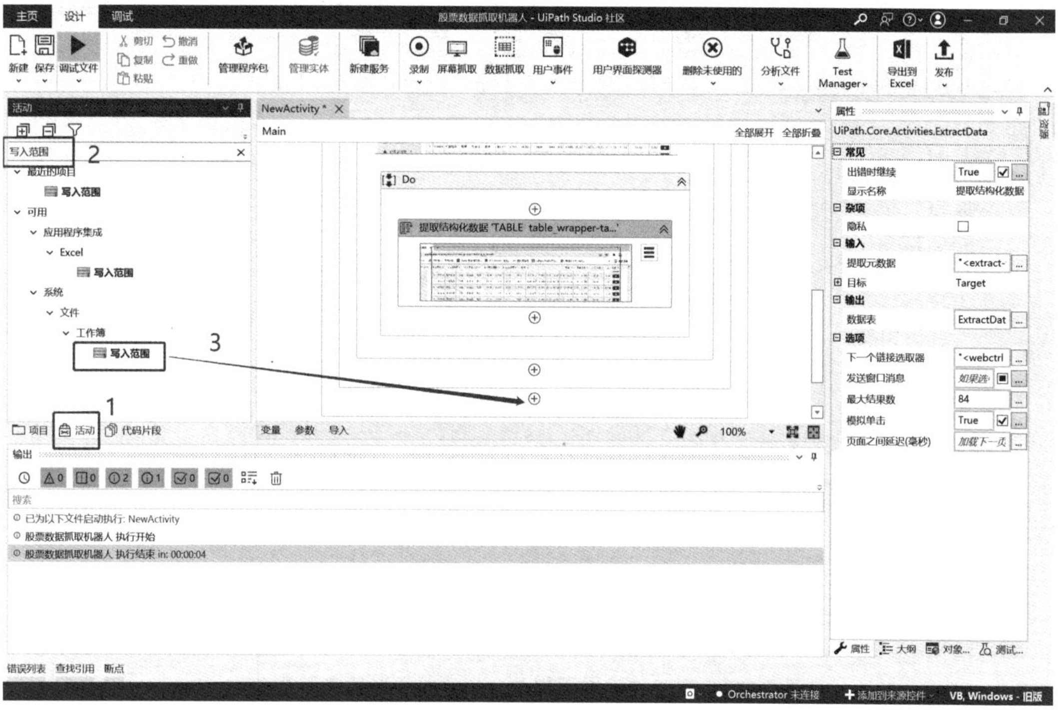

图 3-30　在工作流界面中加入一个【写入范围】活动

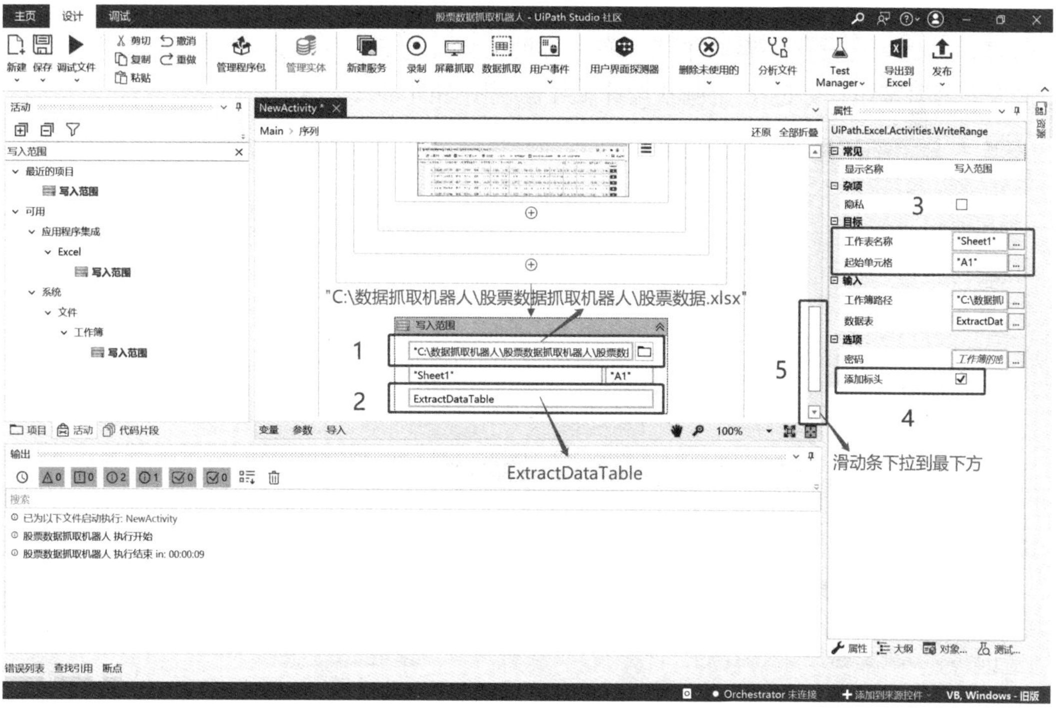

图 3-31　在【写入范围】活动中填写相关内容

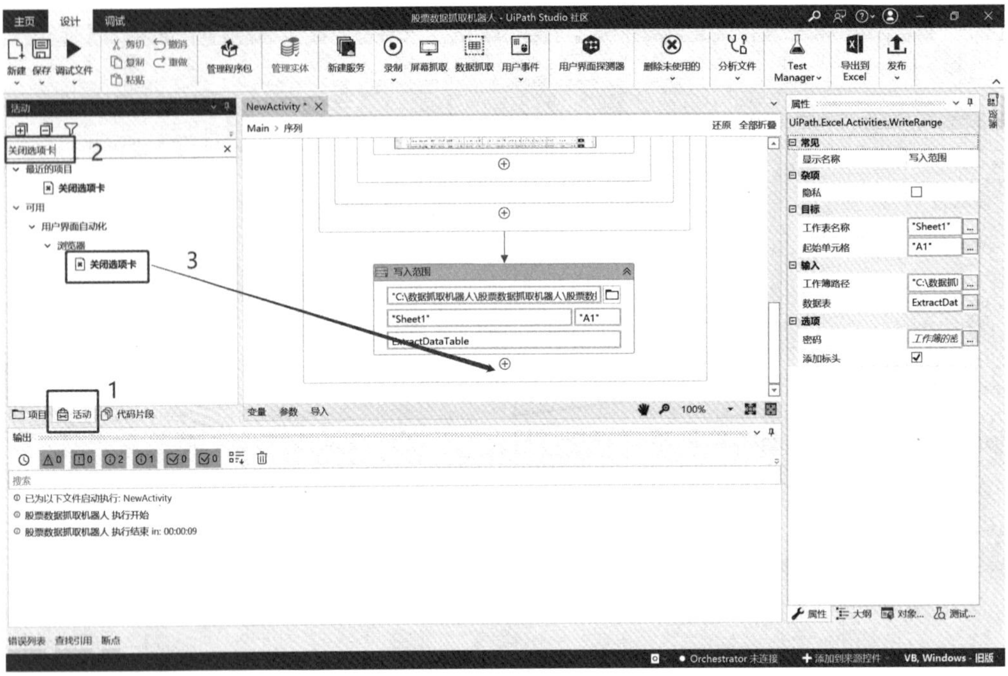

图 3-32　在工作流界面加入一个【关闭选项卡】活动

步骤二：在随后出现的图 3-33 界面中，首先用鼠标左键点击【关闭选项卡】活动（标记 1），然后在右侧属性面板输入“浏览器”处输入我们之前创建的变量名称网站（标记 2），然后在设计主界面中点击右上方的“全部折叠”（标记 3），并点击右下方的“适应屏幕”按钮（标记 4），调整设计主界面视图如图 3-34 所示。

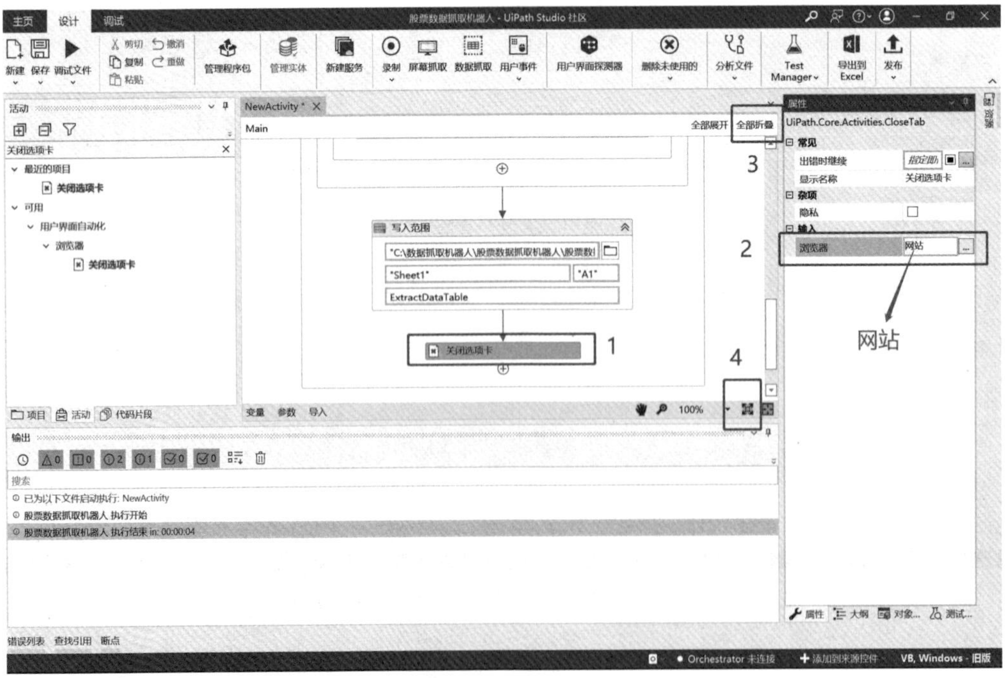

图 3-33　在【关闭选项卡】活动中输入相关内容

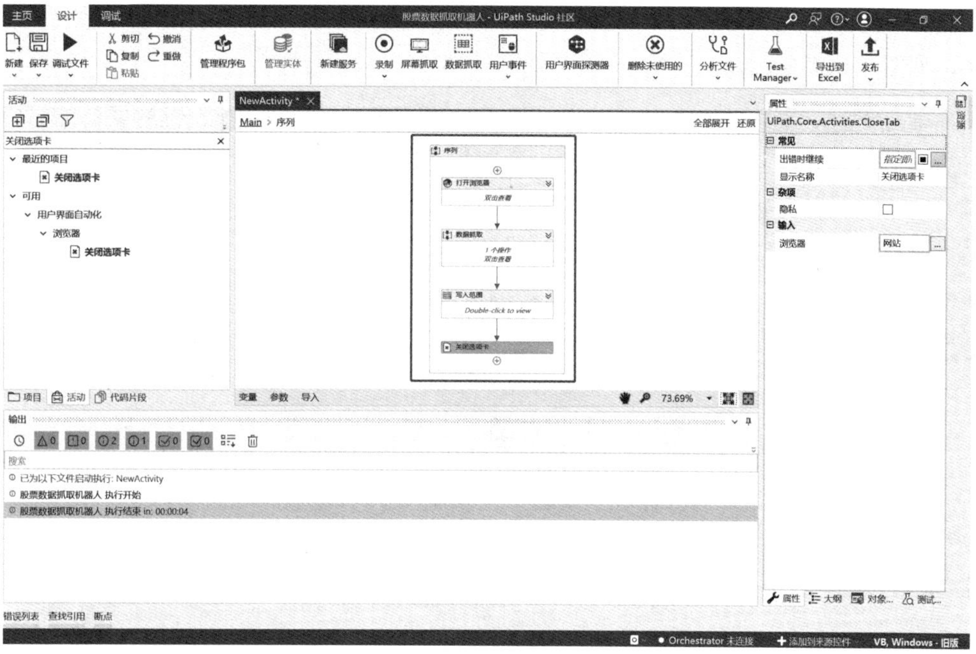

图 3-34　完整程序及主要活动一览图

（三）程序运行

至此，我们完成了所有程序，下面让我们运行一下看看效果吧！首先，如图 3-35 所示，点击工作流界面左上角的“调试文件”按钮，并点击出现的“运行文件”按钮，运行程序文件。

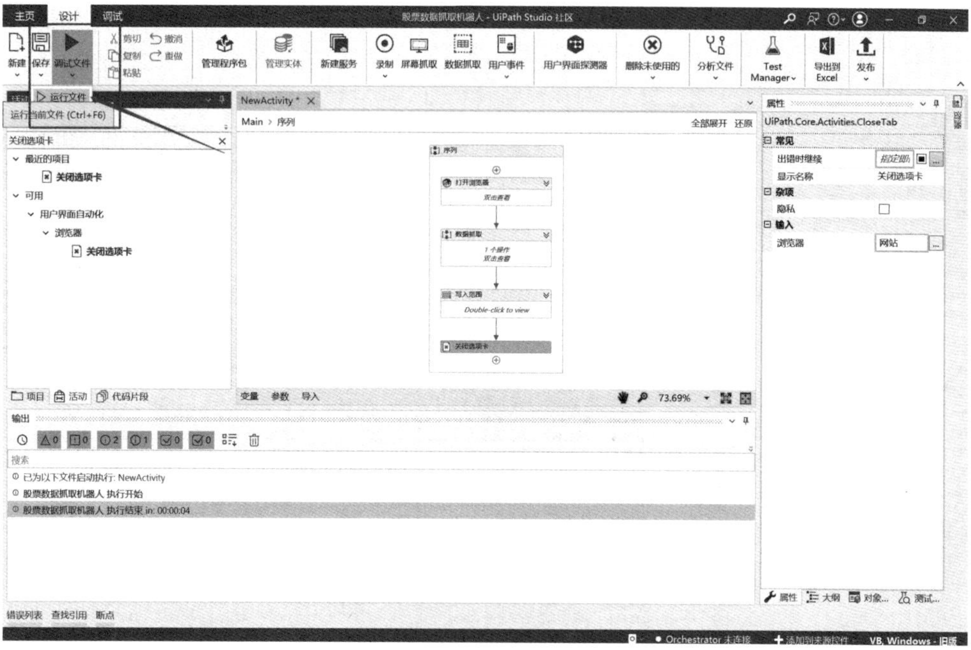

图 3-35　点击“运行文件”

然后，经过自动化运行，UiPath 回到工作流界面，在左下方出现了程序运行的相关信息，如图 3－36 所示。

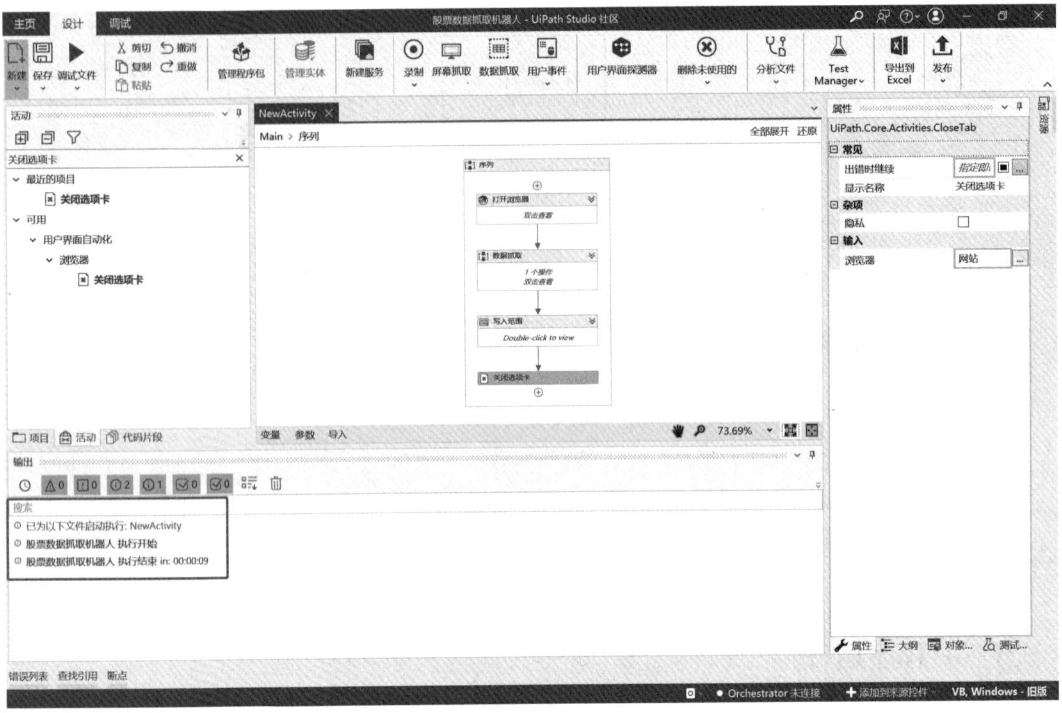

图 3－36　运行结束界面

最后，如图 3－37 所示，我们在电脑路径中（标记 1）可以看到自动生成的一个 Excel 文件（标记 2），其内容即为我们在股票数据网站上抓取的 84 条数据信息（标记 3）。

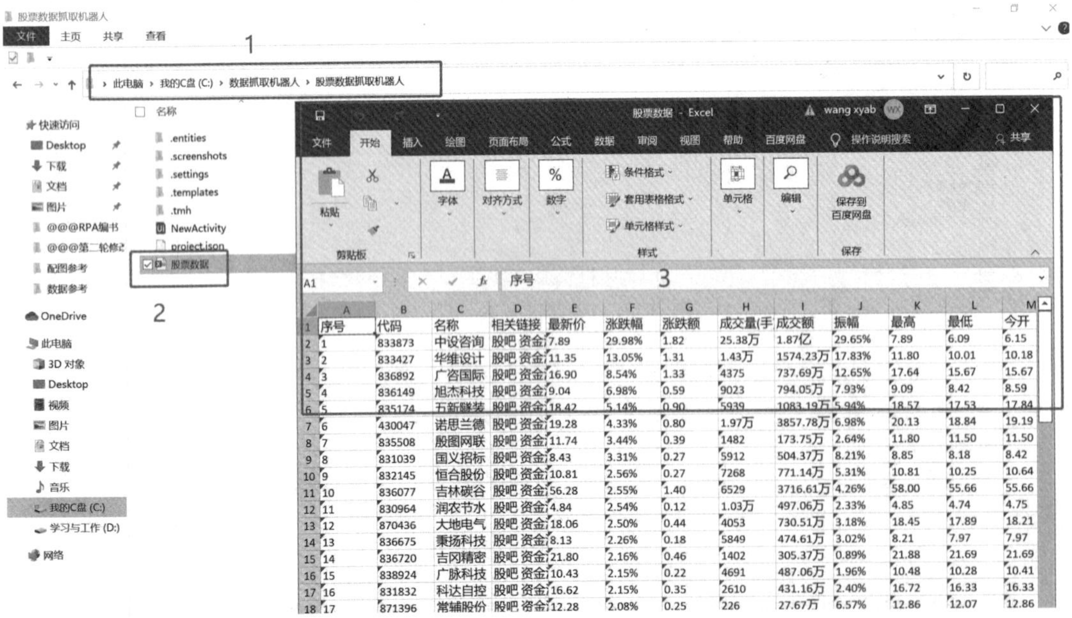

图 3－37　生成的 Excel 文件及内容

（四）文件保存

如图 3－38 所示，用鼠标左键点击工作流界面左上角的“保存”按钮，并点击出现的“全部保存”按钮。最后保存的文件在哪儿呢？这与我们在“图 3－4　创建一个空白库并更改‘名称’和‘位置’信息”的操作密切相关，如图 3－39 所示。

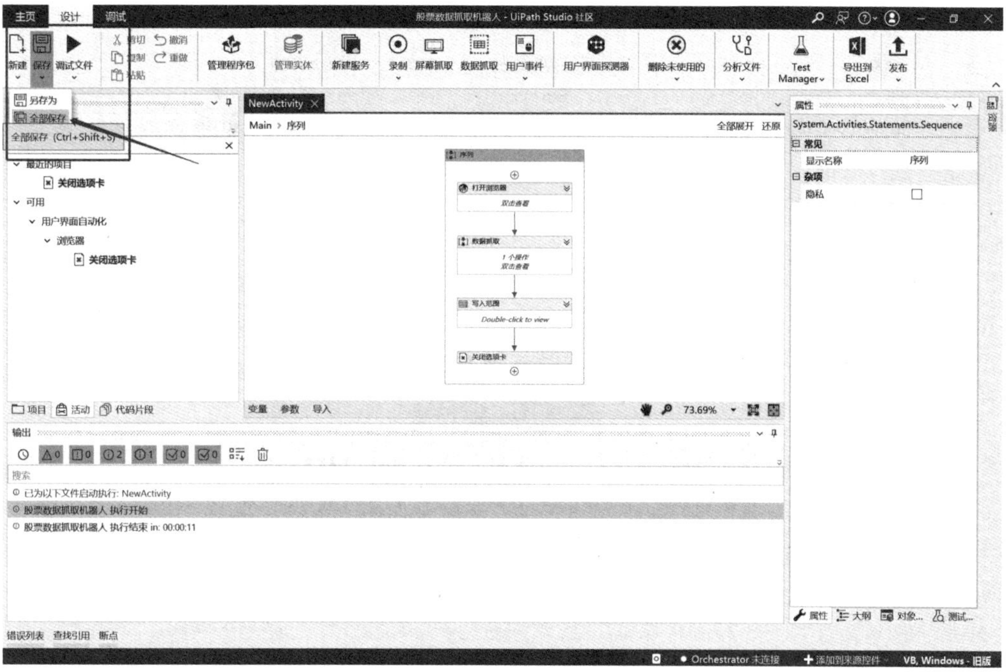

图 3－38　点击“全部保存”

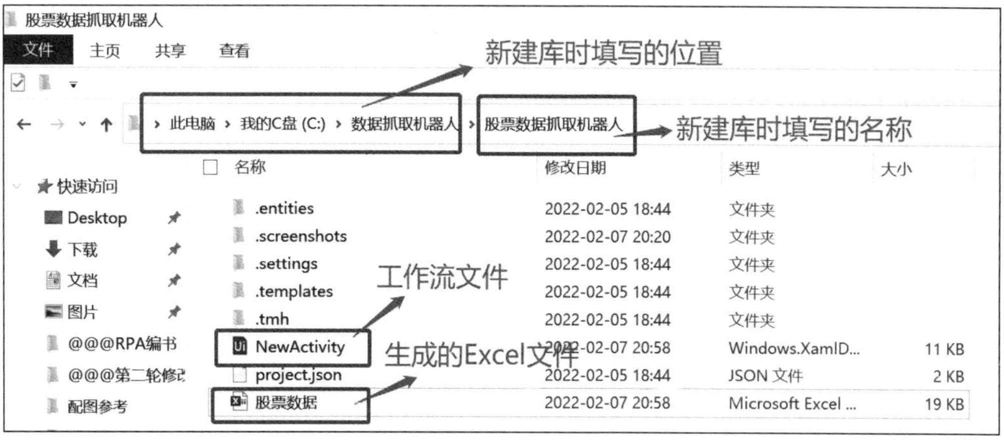

图 3－39　程序文件所在的位置及内容

任务小结

通过本任务的学习，大家是不是学会在 UiPath 中制作股票数据抓取机器人了呢？在这个任务里，我们首次见识了 UiPath 在 Web 场景中的应用，动手制作程序并成功实现了机器人自动化抓取股票数据的过程。其中，我们在操作准备时新建了“库”（大家可以比较下“库”与“流程”的异同），并在 UiPath 和浏览器中互设扩展程序；在程序制作时创建了名称为“网站”“ExtractDataTable”的变量（如图 3－40 所示），并应用了【打开浏览器】、【提取结构化数据】、【写入范围】、【关闭选项卡】等新的活动。如果还意犹未尽的话，那么就跟着我们的节奏继续探索下一个任务吧！

名称	变量类型	范围	默认值
网站	Browser	序列	输入 VB 表达式
ExtractDataTable	DataTable	序列	New System.Data.DataTable

图 3－40　创建的变量

任务 2
文献信息抓取机器人

任务导入

经过前几个项目的学习，你对 RPA 财务机器人似乎有所了解但又有所疑惑，为扩大视野、增强认识，此时你想着要搜集并阅读更多关于财务机器人的文献。这时有人向你推荐了一个文献搜索网站——中国知网（https://www.cnki.net/）。

中国知网是什么呢？这个问题曾让头顶“博士”光环的演员翟天临翻车了。2019 年 2 月，已获北京电影学院博士学位的演员翟天临在直播中回答网友问题时，表示自己并不知道“知网”是什么，随后引发网友热议并直接牵出了“翟天临学术不端事件”，最终其博士学位被撤销并因学术造假被列为“劣迹艺人”。事实上，中国知网起源于 1999 年 6 月，由清华大学、清华同方共同发起，是我国最有效的知识传播与数字化学习平台，目前已成为我国最大的论文文献搜索网站，曾取得博士学位的翟天临竟然说不知道“知网”，确实有悖逻辑。

那我们应如何在中国知网中搜索关于财务机器人的文献呢？如图 3－41 所示，我们首先打开中国知网的主页（标记 1），然后在搜索框里搜索主题“财务机器人”（标记 2），然后点击搜索（标记 3）就可以跳转到文献信息页面了。从图 3－42 可以看出，本次搜索财务机器人主题相关的文献有 800 条结果（如果我们在浏览器中直接打开这个页面的网址 https://kns.cnki.net/kns8/defaultresult/index，结果是显示不出上述搜索结果的）。

由于时间有限，我们能否先将这 800 条文献信息复制到一个 Excel 文件中留存呢？类似这样从搜索出的网页上复制粘贴大量数据的场景还挺多，有没有可能设计一个程序实现上述过程呢？那么，让我们利用 UiPath 做个“文献信息抓取机器人”来帮忙吧！

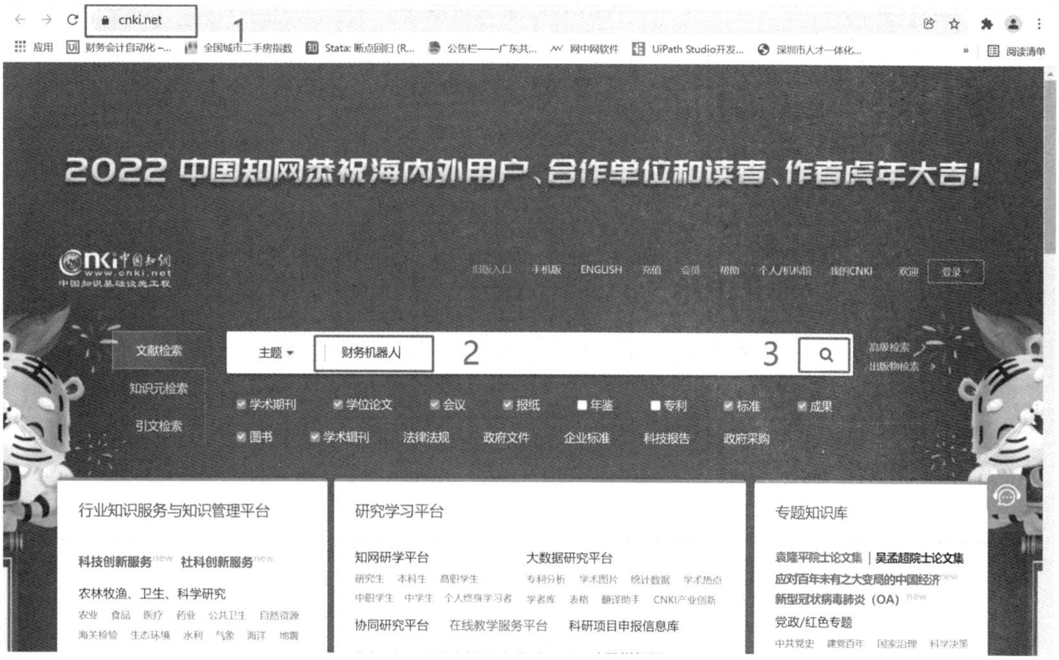

图 3-41　中国知网的文献检索页面

图 3-42　财务机器人主题的相关文献页面

任务分析与设计

我们继续借助流程图来分析这个案例，这个案例的逻辑方法依然很简单，只涉及“顺序”，从开始到结束的整个过程都由机器人自动完成，与上一任务“股票数据抓取机器人”相比，打开网站后增加了在主页搜索栏中输入内容并跳转到子页面的过程，具体如图 3－43 所示。

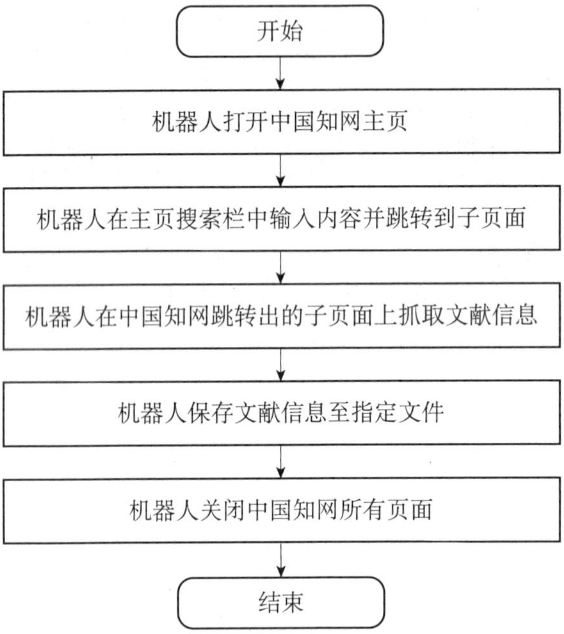

图 3－43　文献信息抓取的流程图

该流程图的主要过程依次为：

（1）机器人打开中国知网主页；

（2）机器人在主页搜索栏中输入内容并跳转到子页面；

（3）机器人在中国知网跳转出的子页面上抓取文献信息；

（4）机器人保存文献信息至指定文件；

（5）机器人关闭中国知网所有页面。

任务实施

文献信息抓取机器人制作

（一）操作准备

在 UiPath 中新建库。首先，提前退出 360 安全卫士等杀毒软件（避免对使用过程的干扰），如图3-44所示，打开UiPath Studio软件并在开始界面的新建项目处点击“库”（标记1）；在弹出来的“新建空白库”对话框中更改“名称”和“位置”信息（名称改为文献信息抓取机器人，位置改为C：\数据抓取机器人），点击“创建”（标记2）。

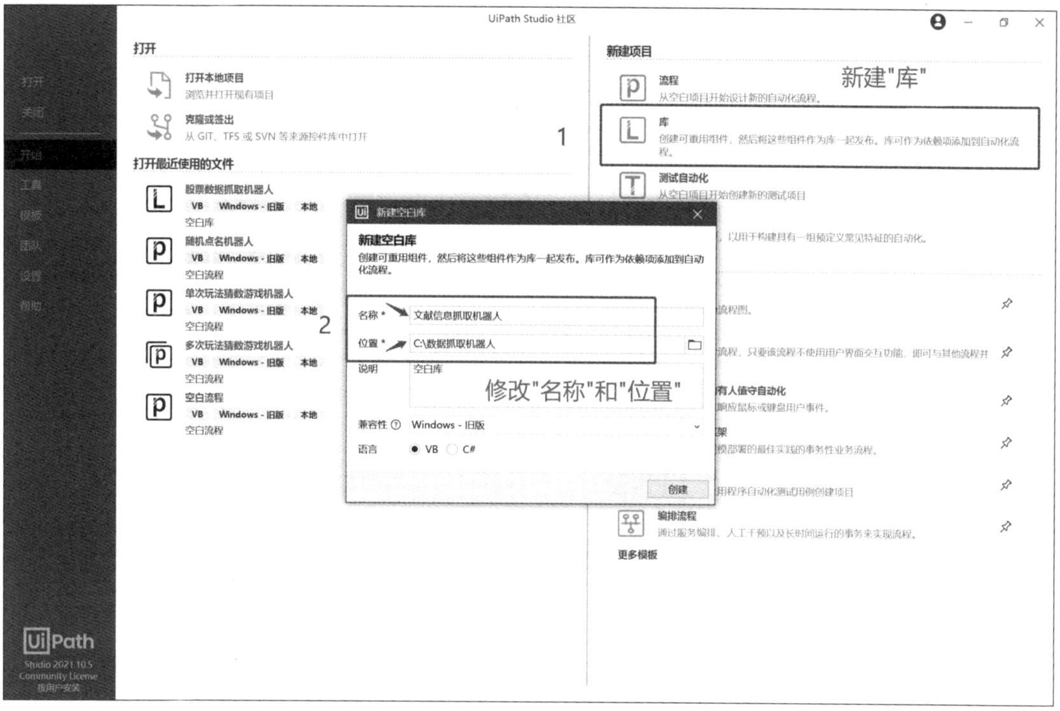

图3-44　创建一个空白库并更改“名称”和“位置”信息

其次，待加载依赖项相关过程完成，新的库就创建成功了，如图3-45所示，我们可以看到和以前创建的流程界面不一样，界面上没有“打开主工作流”的入口了，这时我们点击左下侧活动面板中“项目”（标记1），随后用鼠标左键双击“NewActivity.xaml”（标记2），就能进入我们熟悉的工作流界面了，界面的各功能区域如图3-46所示。

最后，在UiPath和浏览器中互设扩展程序。此外，为了让UiPath能与浏览器兼容抓取数据，还需要先后在UiPath和浏览器中进行扩展程序的设置。以谷歌浏览器Chrome为例，如果之前设置过了，我们还可以重复下面的过程检查一下扩展程序的设置。

（1）在UiPath中检查扩展程序的设置。

首先，在图3-47所示的界面中点击最左上角的“主页”，回到开始界面。

其次，在随后出现的图3-48中点击左侧的“工具”（标记1），再点击“Chrome”（标记2）。

最后，在随后出现的图3-49中点击弹框中的“确定”（标记1），再点击左上角的左箭头“←”（标记2），回到图3-47所示的工作流界面。

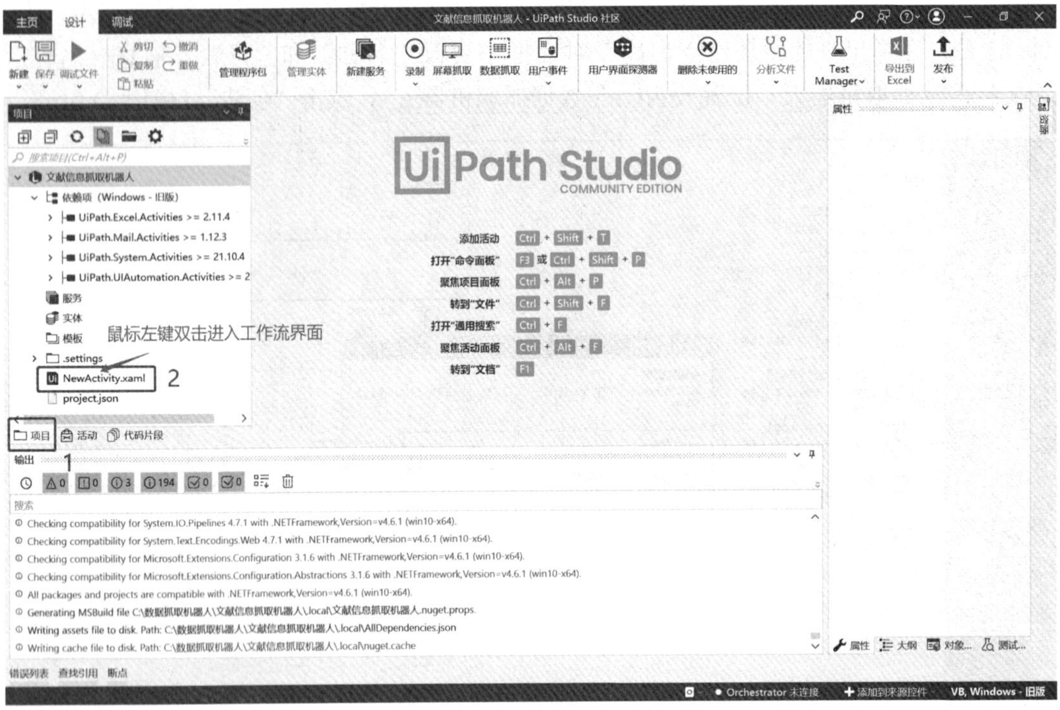

图 3-45　鼠标左键双击"NewActivity. xaml"进入工作流界面

图 3-46　工作流界面示意图

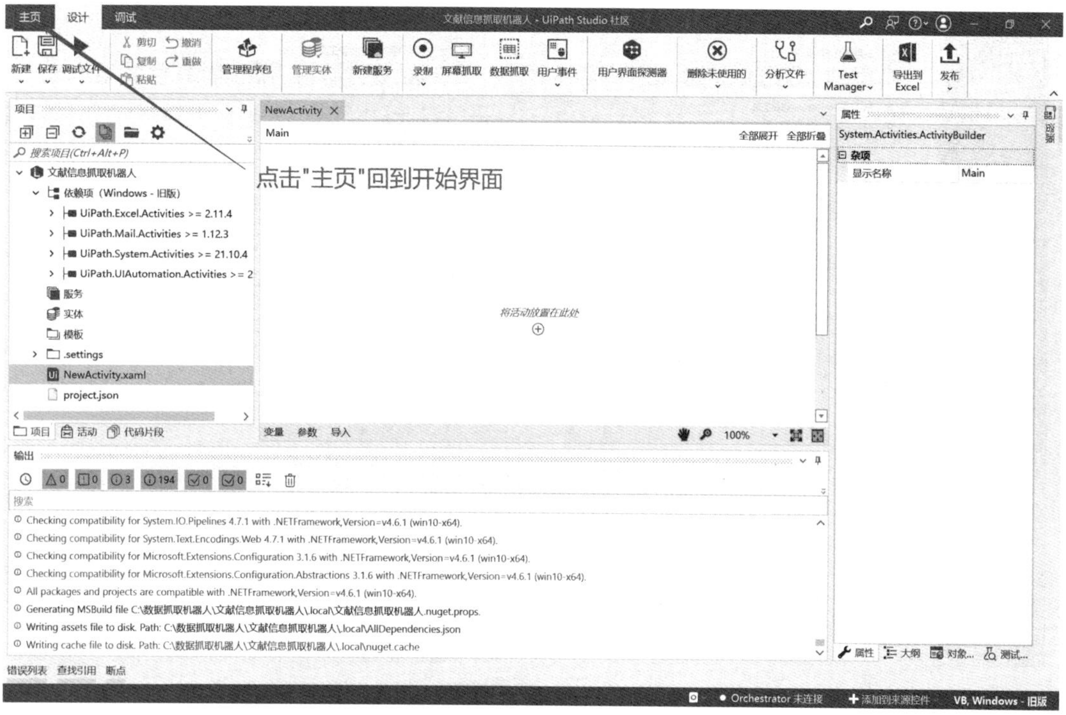

图 3-47　点击工作流界面“主页”回到开始界面

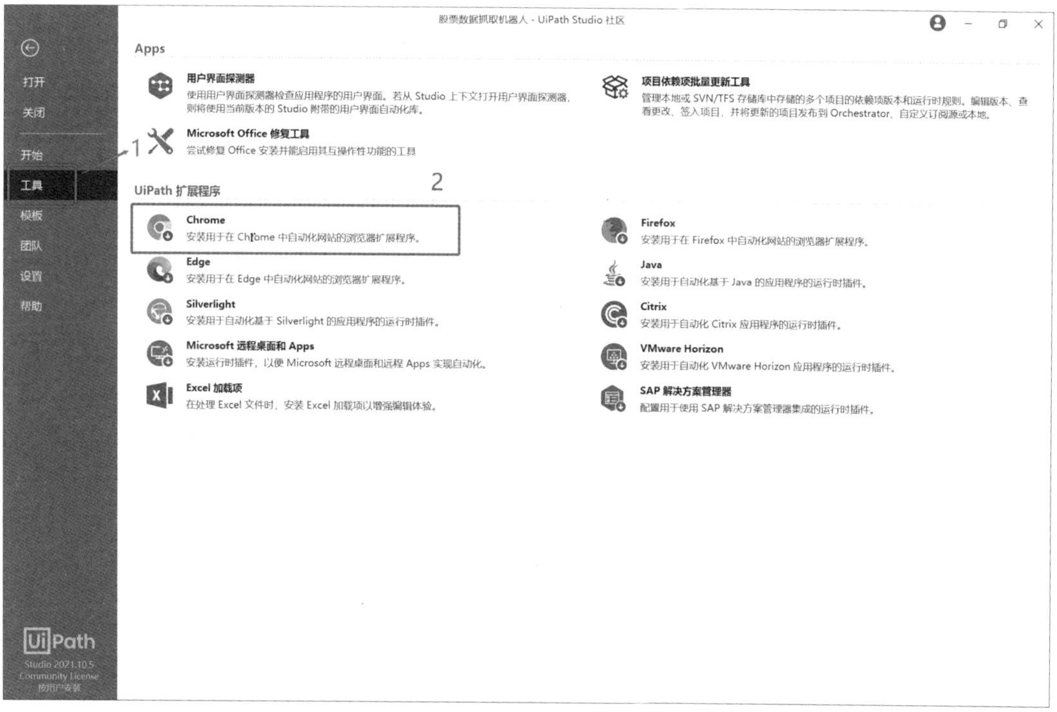

图 3-48　点击“工具”后再点击“Chrome”

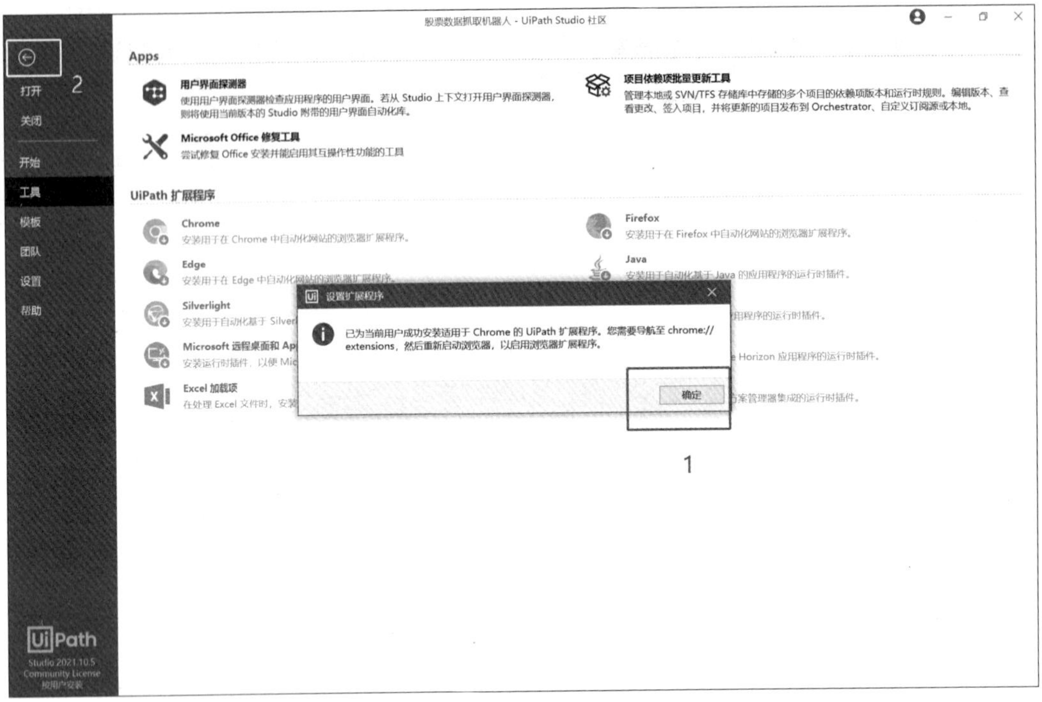

图 3-49 点击“确定”后再返回工作流界面

（2）在谷歌浏览器中检查扩展程序的设置。

首先，打开谷歌浏览器后，在图 3-50 所示的界面中，点击最右上侧的“⋮”（标记 1），然后点击“更多工具”（标记 2），再点击“扩展程序”（标记 3）。

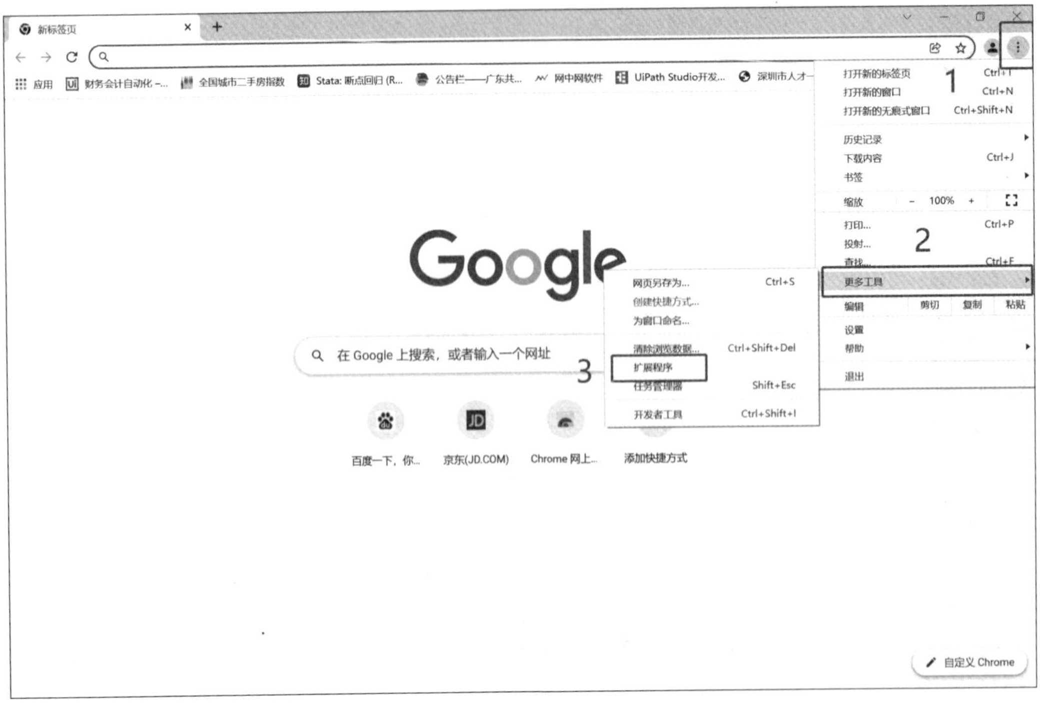

图 3-50 点击到“扩展程序”界面

然后，在出现的图 3 - 51 界面中，将 UiPath 扩展程序勾选上（标记 1），再关闭谷歌浏览器（标记 2）。

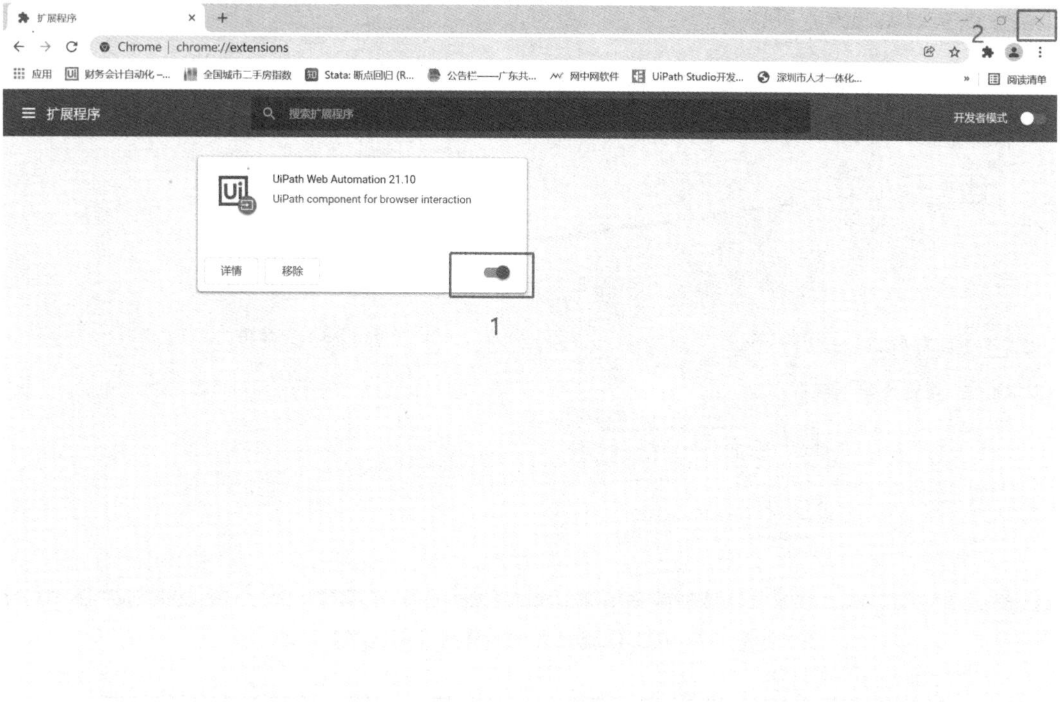

图 3 - 51　勾选上 UiPath 扩展程序

至此，我们的操作准备已完成，接下来就让我们在 UiPath 工作流界面大展身手吧！

（二）程序制作

文献信息抓取机器人制作运行解析

对照流程图，程序制作可以分为 5 个过程。

过程 1：机器人打开中国知网主页

步骤一：如图 3 - 52 所示，首先在工作流界面中点击左侧活动面板的“活动”（标记 1），然后在上方搜索活动框中输入打开浏览器（标记 2），然后用鼠标左键按住控件【打开浏览器】拖拽到设计主界面的“⊕”处（标记 3）。

步骤二：在随后出现的图 3 - 53 界面中，首先在【打开浏览器】活动左侧输入网址"https://www.cnki.net/"（标记 1），然后在右侧属性面板“浏览器类型”中下拉选择“Chrome”（标记 2），然后在属性面板输出“用户界面浏览器”中输入网站（标记 3），然后点击变量面板中的“变量”（标记 4），展开变量编辑区域。

步骤三：在随后出现的图 3 - 54 界面中，首先点击变量编辑区域的“创建变量”处，在“名称”列输入网站（标记 1），然后在“范围”列下拉选择序列（标记 2），然后在“默认值”列保持默认空着（标记 3），然后在“变量类型”列下拉选择浏览类型...（标记 4）。

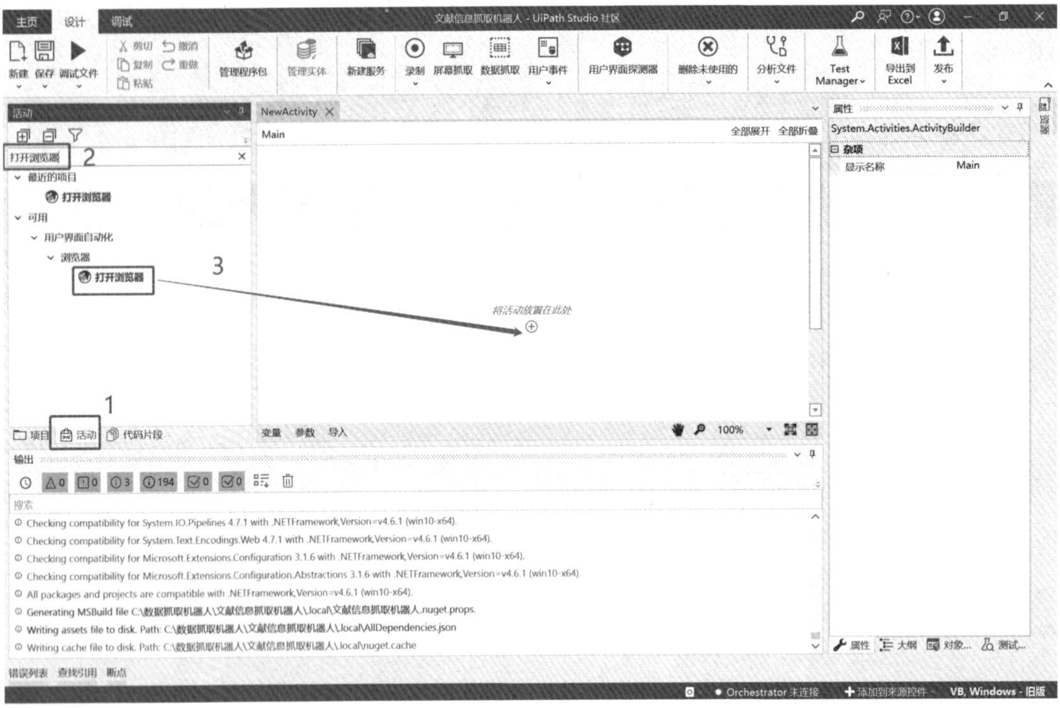

图 3-52　在工作流界面加入【打开浏览器】活动

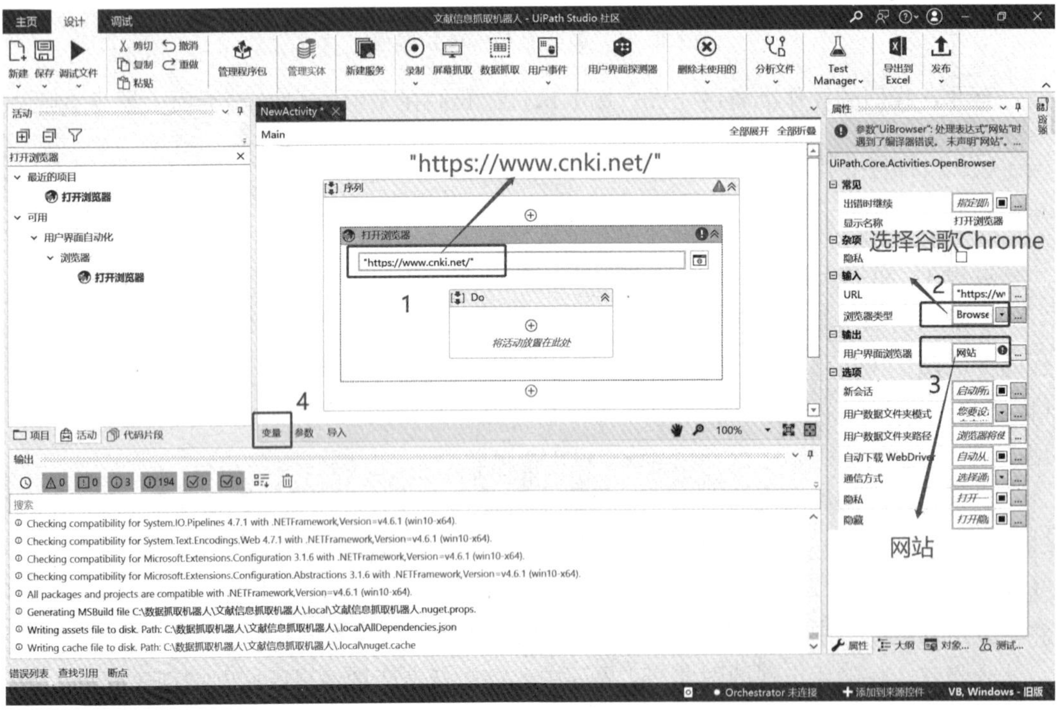

图 3-53　在【打开浏览器】活动中输入相关内容

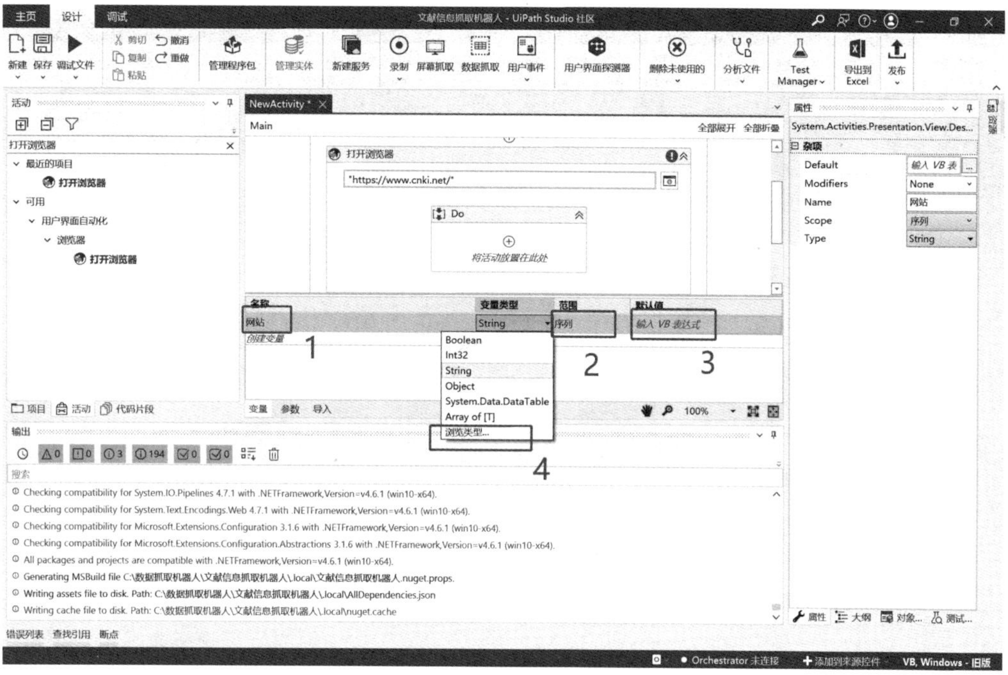

图 3-54 在变量编辑区域创建一个"网站"变量

步骤四：在随后出现的图 3-55 界面中，在"类型名称"中输入browser（标记 1），然后点击 UiPath Core 下的"Browser"（标记 2），然后点击"确定"（标记 3）；在接下来的图 3-56 界面，变量面板中"变量类型"为UiPath. Core. Browser，简称为浏览器类型Browser（标记 1），然后点击变量面板的"变量"（标记 2），收回变量编辑区域。

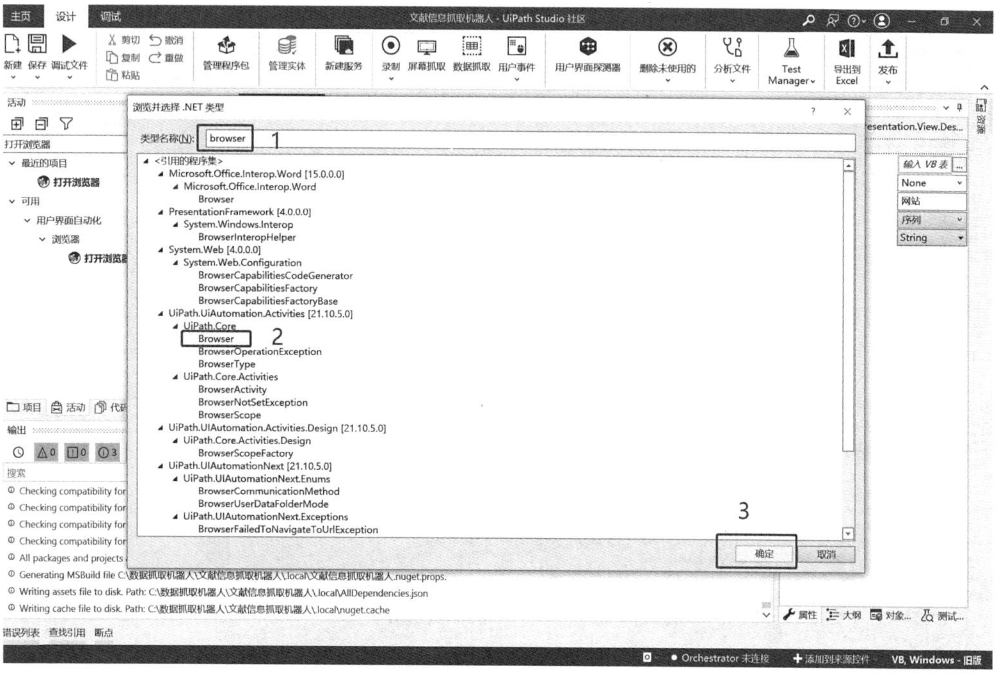

图 3-55 在浏览类型中输入"browser"查找类型

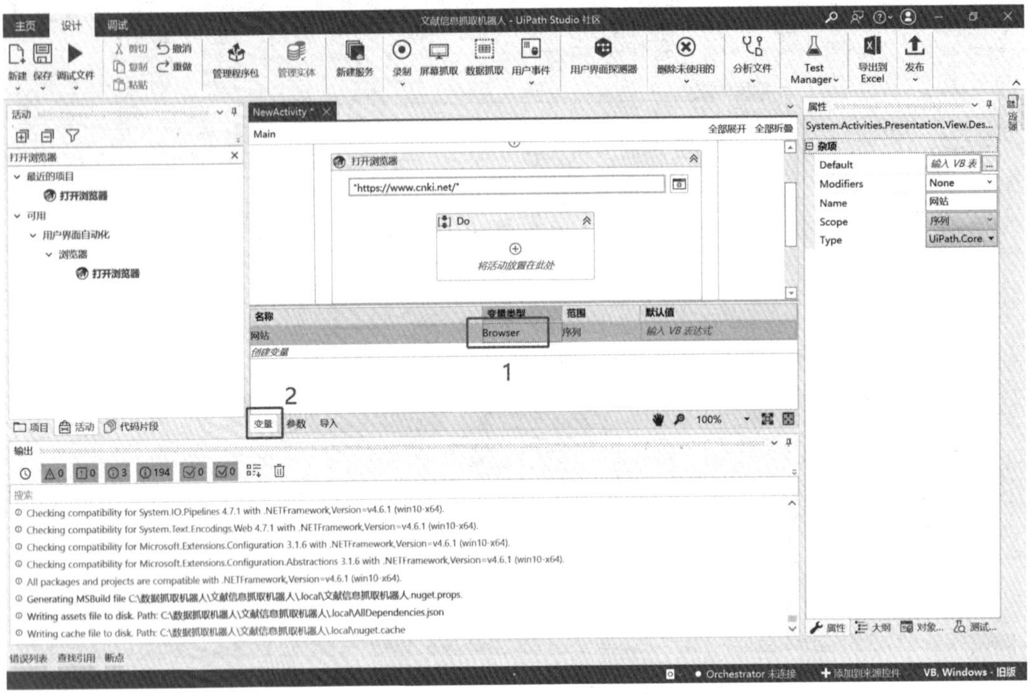

图 3-56　确定“browser”类型后返回

步骤五：在随后出现的图 3-57 界面中，首先在工作流界面中点击左侧活动面板的“活动”（标记 1），然后在上方搜索活动框中输入最大化窗口（标记 2），然后用鼠标左键按住控件【最大化窗口】拖拽到设计主界面【打开浏览器】活动的“⊕”处（标记 3）。

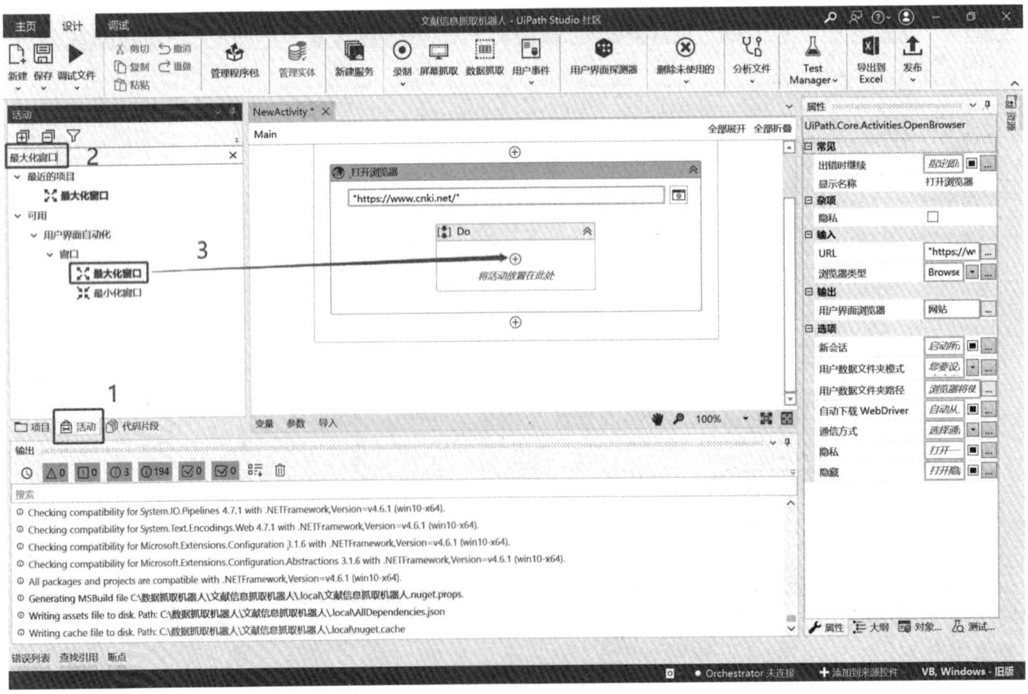

图 3-57　在工作流界面中加入【最大化窗口】活动

步骤六：在随后出现的图 3－58 界面中，点击工作流界面左上角的“调试文件”按钮，并点击出现的“运行文件”按钮。这时电脑将自动在谷歌浏览器中以最大化窗口的方式打开中国知网网站 https://www.cnki.net/（如图 3－59 所示），并将回到 UiPath 工作流界面。

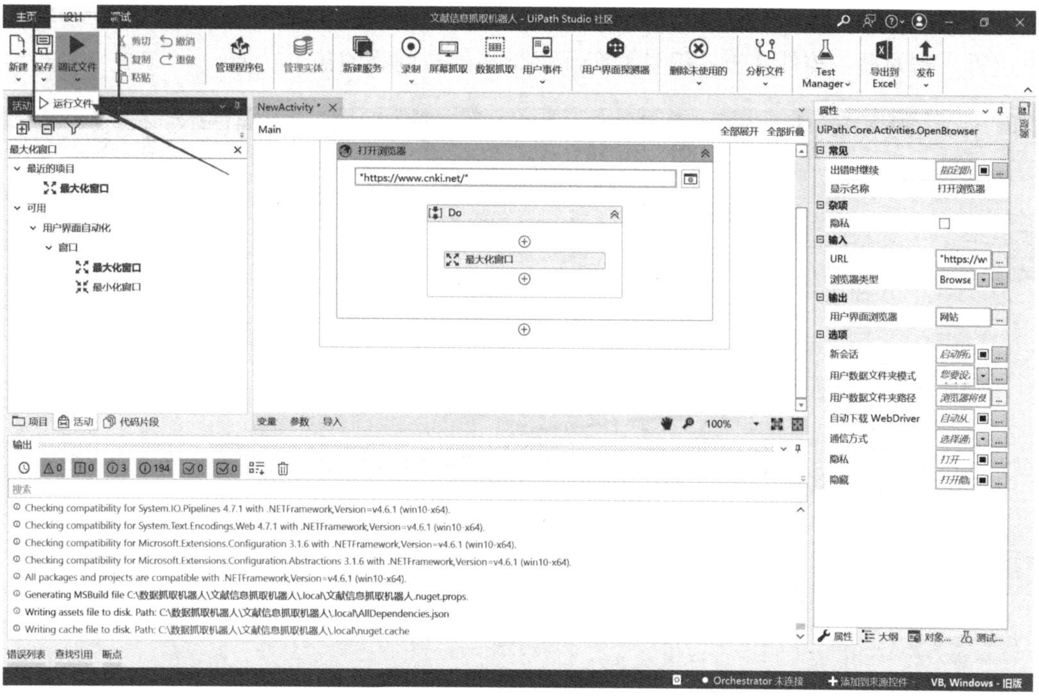

图 3－58　点击“运行文件”

图 3－59　打开的中国知网主页

过程 2：机器人在主页搜索栏中输入内容并跳转到子页面

步骤一：如图 3－60 所示，首先在 UiPath 工作流界面中点击左侧活动面板的“活动”（标记 1），然后在上方搜索活动框中填写输入信息（标记 2），然后用鼠标左键按住控件【输入信息】拖拽到设计主界面【最大化窗口】活动下面的“⊕”处（标记 3）。这里值得一提的是，控件【输入信息】实际上是在模拟键盘的输入功能。

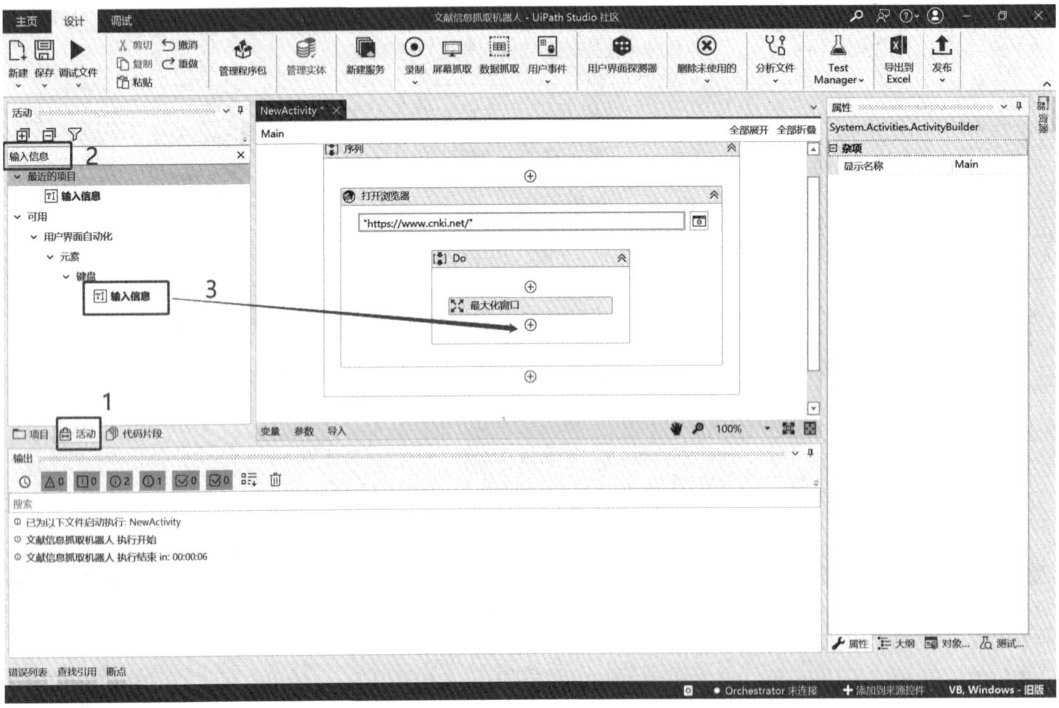

图 3－60　在设计主界面【最大化窗口】活动后加入一个【输入信息】活动

步骤二：在随后出现的图 3－61 界面中，首先在 UiPath 工作流界面的【输入信息】活动中输入"财务机器人"（标记 1），接着先点击中国知网页面的浏览器，然后回到 UiPath 界面用鼠标点击“指出浏览器中的元素”（标记 2），此时会切换到如图 3－62 所示的浏览器界面并在灰色的搜索框处单击鼠标，然后会回到如图 3－63 所示的 UiPath 界面，此时会看到已完成的【输入信息】活动（标记 1），同时为了调整设计主界面的视图，将右侧的滑动条拉到最下方（标记 2）。

步骤三：在随后出现的图 3－64 界面中，首先在 UiPath 工作流界面中点击左侧活动面板的“活动”（标记 1），然后在上方搜索活动框中输入单击（标记 2），然后通过调节活动面板的滑动条显示出“元素-鼠标-单击”（标记 3），然后用鼠标左键按住控件【单击】拖拽到设计主界面【输入信息】活动下面的“⊕”处（标记 4）。这里值得一提的是，控件【单击】实际上是在模拟键盘的点击功能。

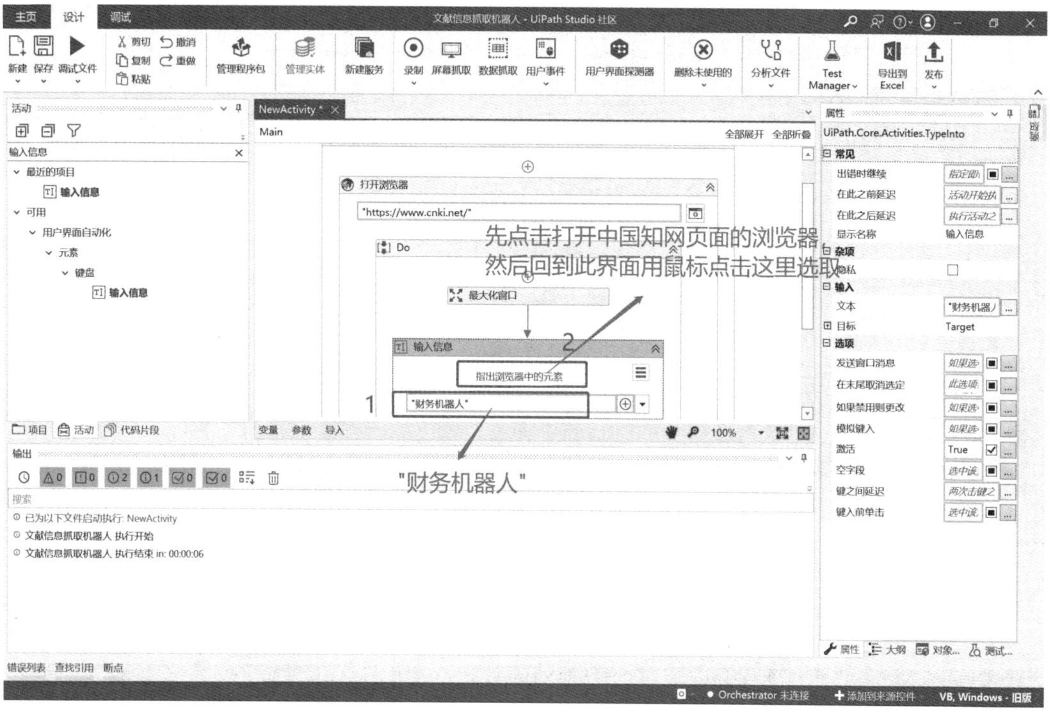

图 3-61　在【输入信息】活动中填写相关内容

图 3-62　选取浏览器屏幕中搜索框的位置

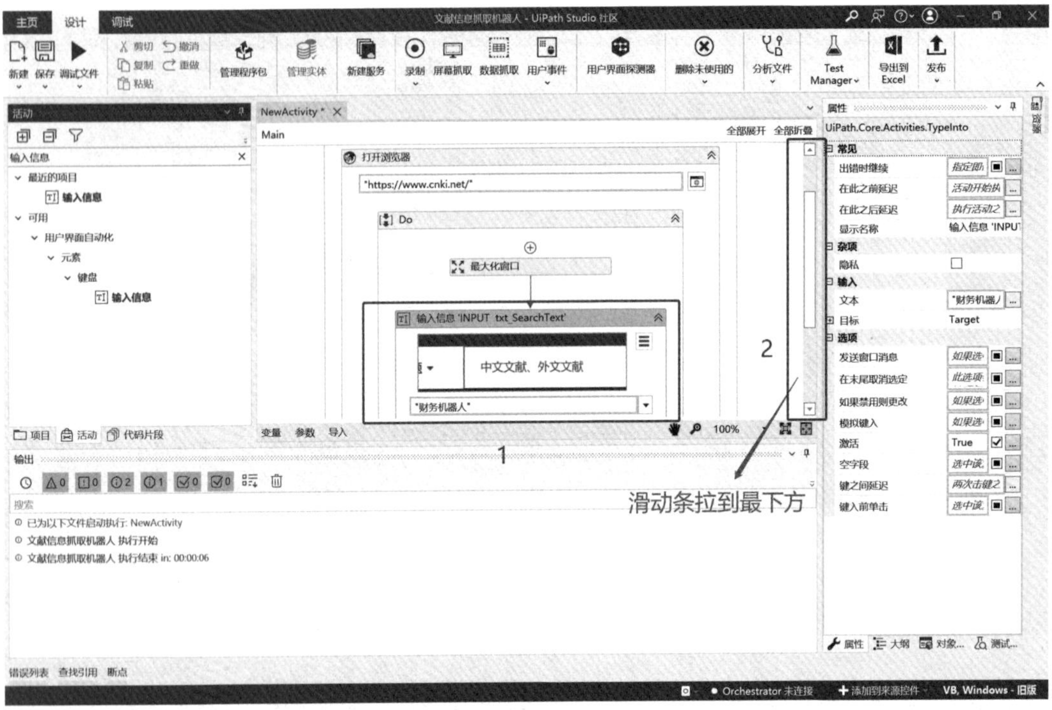

图 3-63　完成的【输入信息】活动

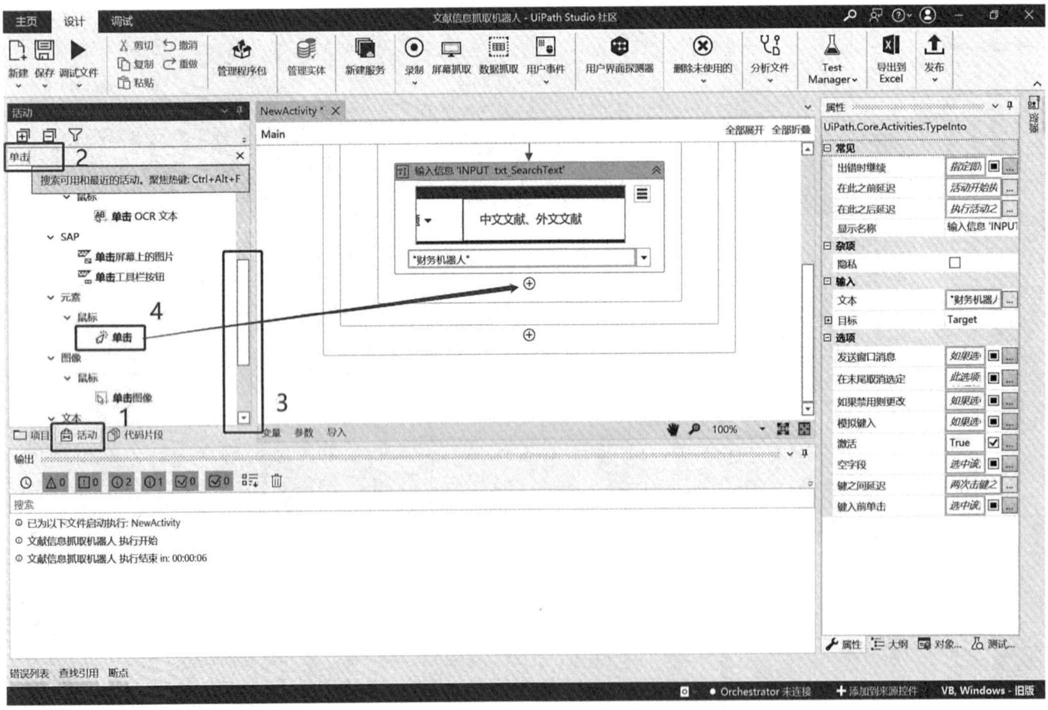

图 3-64　在设计主界面【输入信息】活动后加入一个【单击】活动

步骤四：在随后出现的图 3-65 界面中，在【单击】活动右侧属性面板中保持默认属性不变（标记 1），接下来再点击中国知网页面的浏览器，然后回到 UiPath 界面用鼠标点击“指出浏览器中的元素”（标记 2），此时会切换到如图 3－66 所示的浏览器界面并在灰色的搜索图标处单击鼠标，然后会回到如图 3－67 所示的 UiPath 界面，此时会看到已完成的【单击】活动。

图 3－65　在【单击】活动中填写相关内容

图 3－66　选取浏览器屏幕中搜索图标的位置

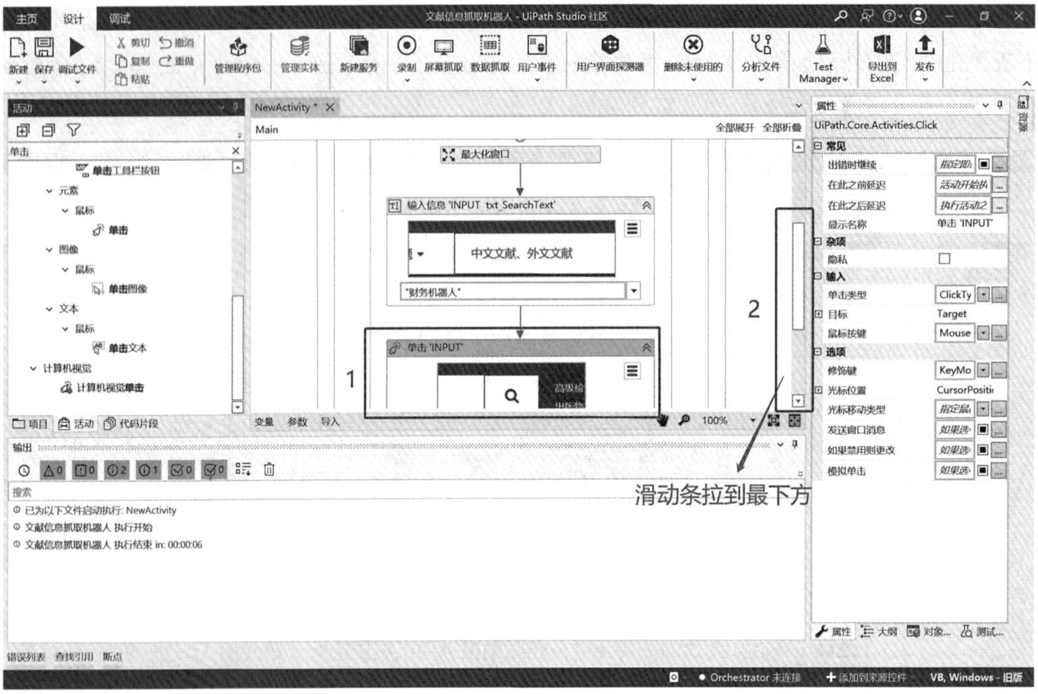

图 3-67　完成的【单击】活动

步骤五：在随后出现的图 3-68 界面中，点击工作流界面左上角的“调试文件”按钮，并点击出现的“运行文件”按钮。这时电脑将自动打开中国知网主页，然后在主页搜索栏中输入财务机器人并跳转到子页面（如图 3-69 所示），然后将回到 UiPath 工作流界面。

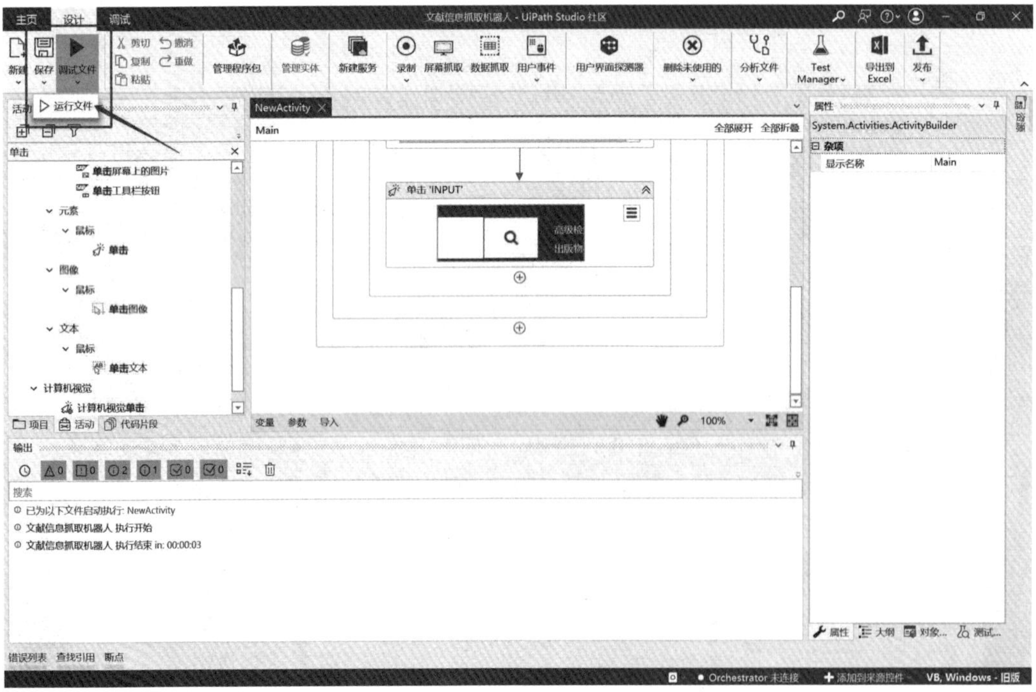

图 3-68　点击“运行文件”

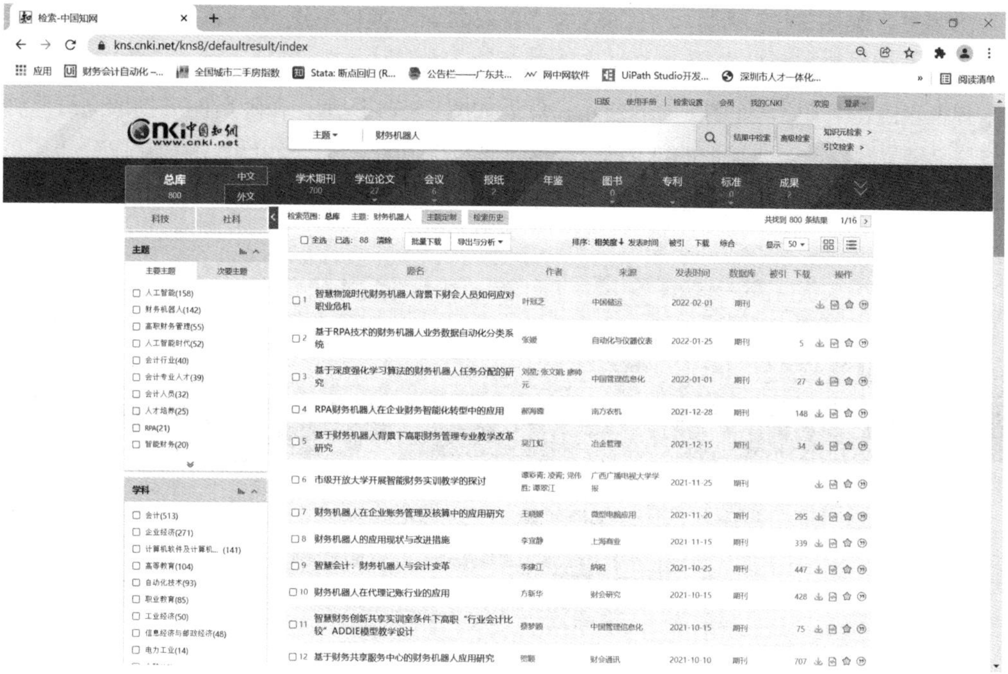

图 3-69 打开的中国知网子页面

过程 3：机器人在中国知网跳转出的子页面上抓取文献信息

步骤一：点击打开了中国知网子页面的浏览器，然后在如图 3-70 所示的 UiPath 工作流界面中，用鼠标左键点击最外层的序列（标记 1），然后在上方菜单面板中点击“数据抓取”（标记 2）。

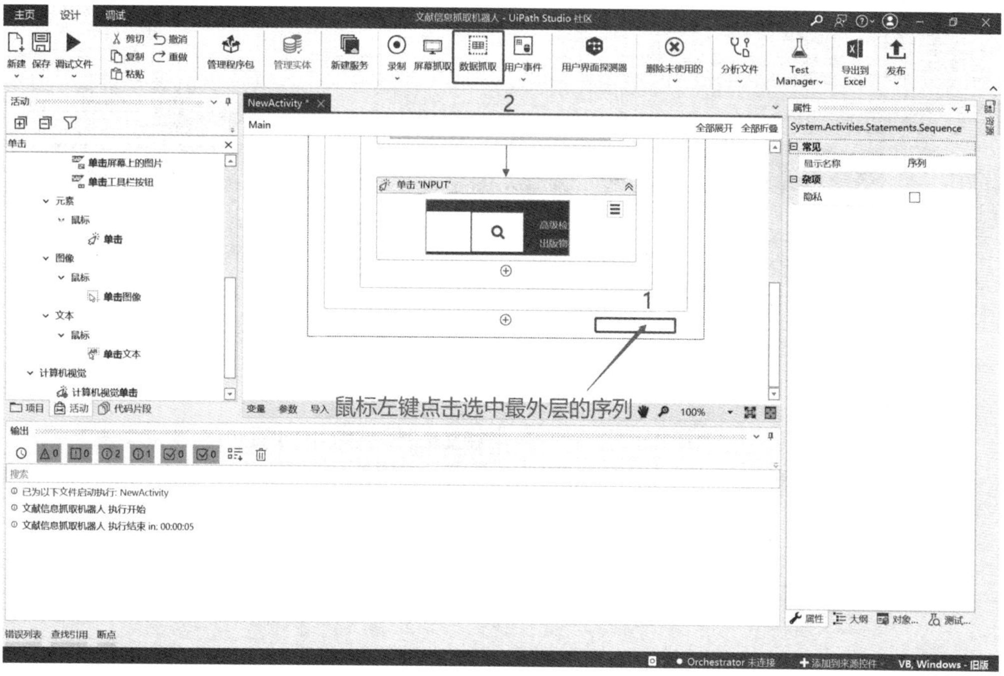

图 3-70 在工作流界面中点击“数据抓取”

步骤二：如图 3－71 所示，在随后的“提取向导”弹框里点击“下一步”；然后在谷歌浏览器页面数据范围内任意位置用鼠标左键单击，如图 3－72 所示；然后在随后的“提取表”弹框里点击“是”，如图 3－73 所示；然后如图 3－74 所示，在随后的“提取向导”弹框里将最大结果数修改为要抓取的结果条数，本例为 800（标记 1），然后点击“完成”（标记 2）。

图 3－71　在弹出的方框中选择“下一步”

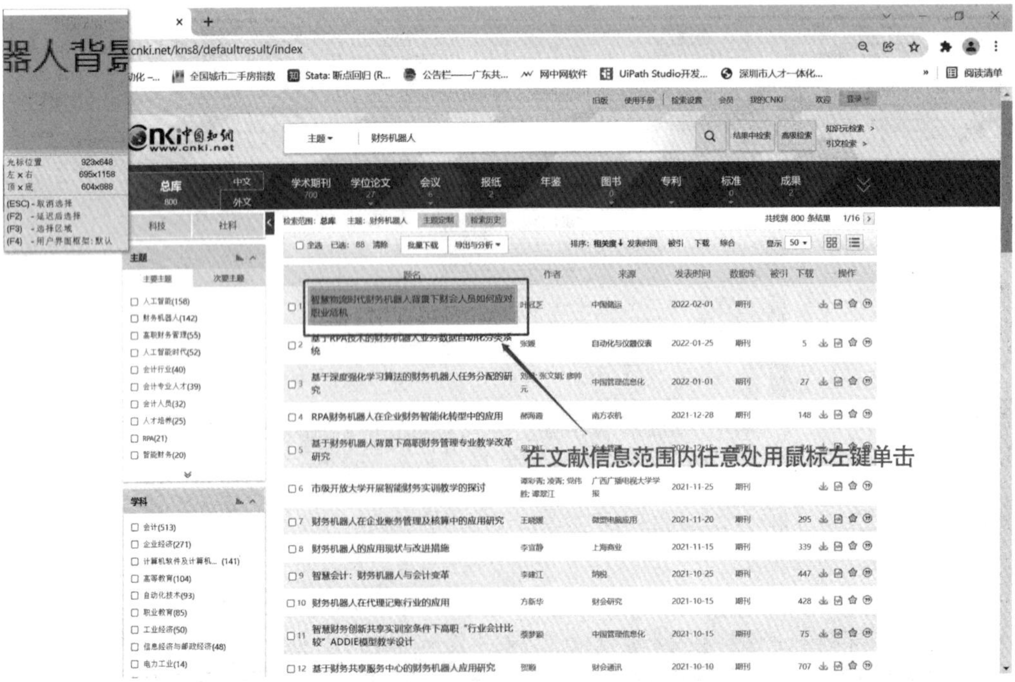

图 3－72　在文献信息范围内任意位置用鼠标左键单击

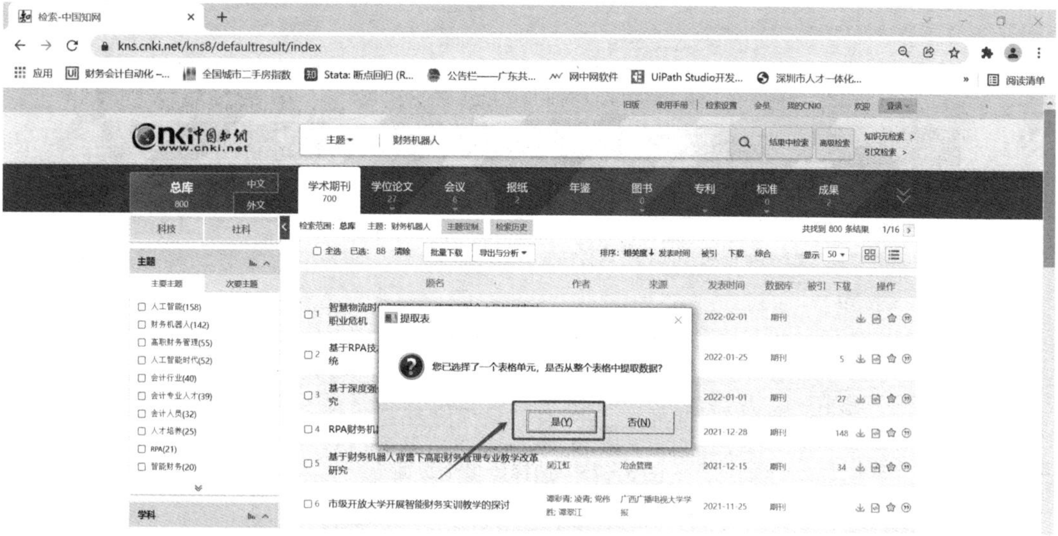

图 3－73　从整个表格中抓取数据

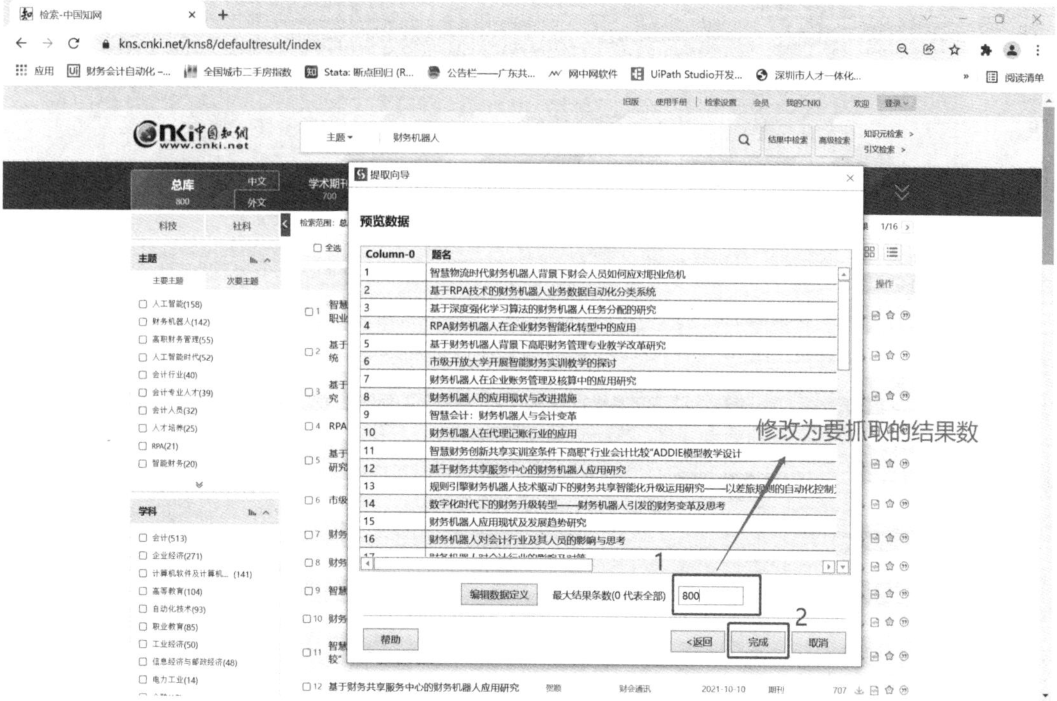

图 3－74　预览数据中修改最大结果条数

步骤三：如图 3－75 所示，在随后的“指出下一个链接”弹框里点击“是”；然后在随后如图 3－76 所示的页面中用鼠标左键点击下一页的图标，此时完成了数据抓取的交互过程，UiPath 工作流界面中将增加一个“数据抓取”活动，如图 3－77 所示，为了看到最里面的构成，可将设计主界面右侧的滑动条拉到最下面。

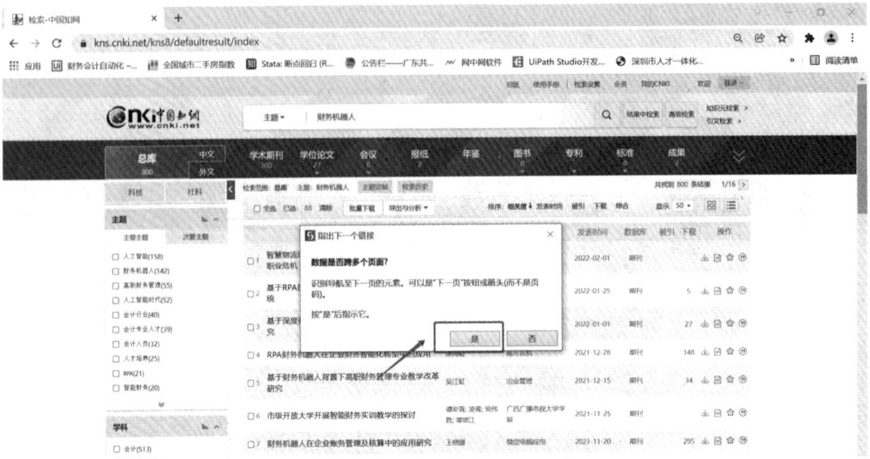

图 3－75　选择跨多个页面

图 3－76　在下一页图标处用鼠标左键点击选择

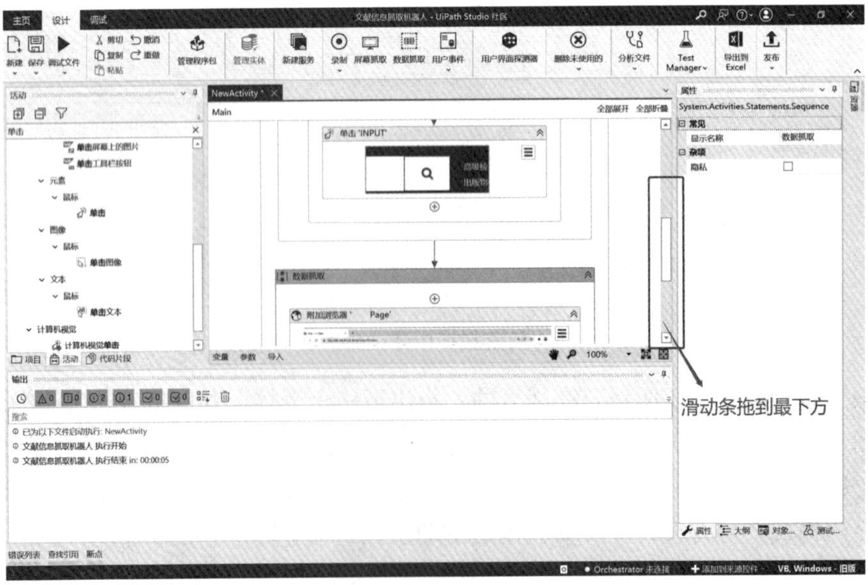

图 3－77　将滑动条拉到最下面

步骤四：在随后出现的图 3－78 界面中，在设计主界面中点击内嵌的【提取结构化数据】活动（标记 1）；然后可以看到属性中输出的“数据表”默认为ExtractDataTable（标记 2），这实际是一个数据表变量，我们接下来点击变量面板中的“变量”查看并编辑其属性（标记 3）。

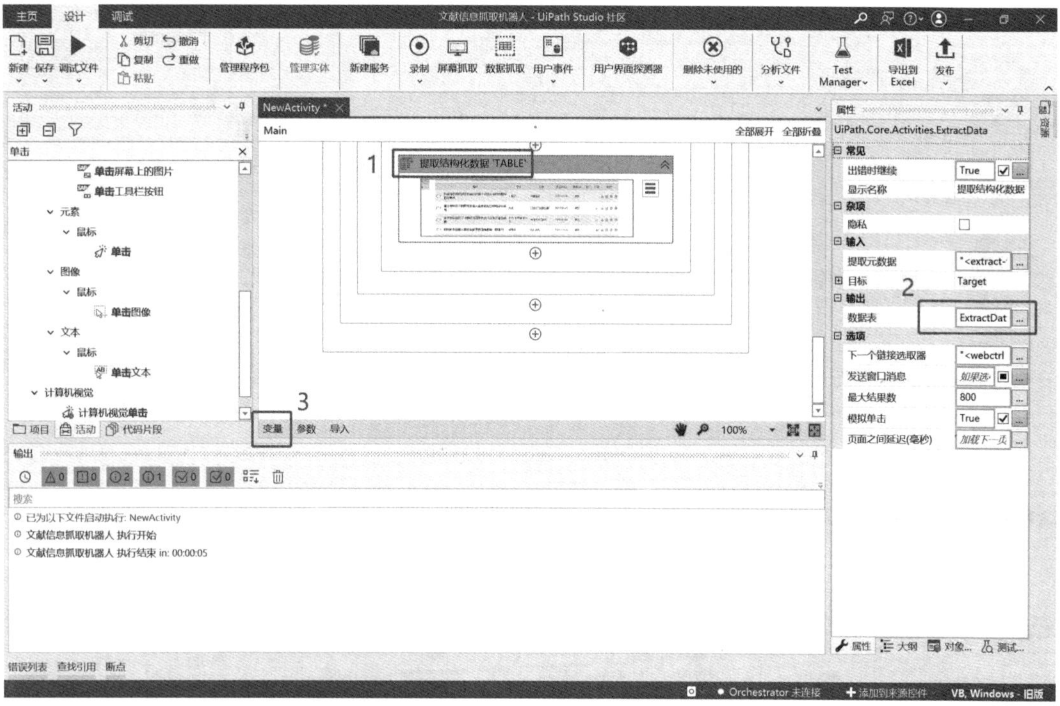

图 3－78　抓取的数据输出到一个默认的数据表变量“ExtractDataTable”

步骤五：在随后出现的图 3－79 界面中，我们看到变量为ExtractDataTable（标记 1），“变量类型”保持默认为DataTable（标记 2），“范围”修改为序列（标记 3），“默认值”保持为New System. Data. DataTable（标记 4），然后在右侧属性面板可以看到同步出填写的内容（标记 5），最后点击变量面板处的“变量”（标记 6），收回变量编辑区域。

过程 4：机器人保存文献信息至指定文件

步骤一：如图 3－80 所示，首先在工作流界面中点击左侧活动面板的“活动”（标记 1），然后在上方搜索活动框中输入写入范围（标记 2），然后用鼠标左键按住控件【写入范围】拖拽到设计主界面最下面那个“⊕”处（标记 3）。

步骤二：在随后出现的图 3－81 界面中，首先在【写入范围】活动中输入写入的 Excel 文件路径"C：\ 数据抓取机器人\ 文献信息抓取机器人\ 文献信息. xlsx"（标记 1），然后在数据表输入ExtractDataTable（标记 2），然后在属性面板中保持工作表名称和起始单元格默认为"Sheet1"和"A1"（标记 3），并将“添加标头”处勾选上（标记 4），最后将设计主界面右侧的滑动条下拉到最下方（标记 5）。

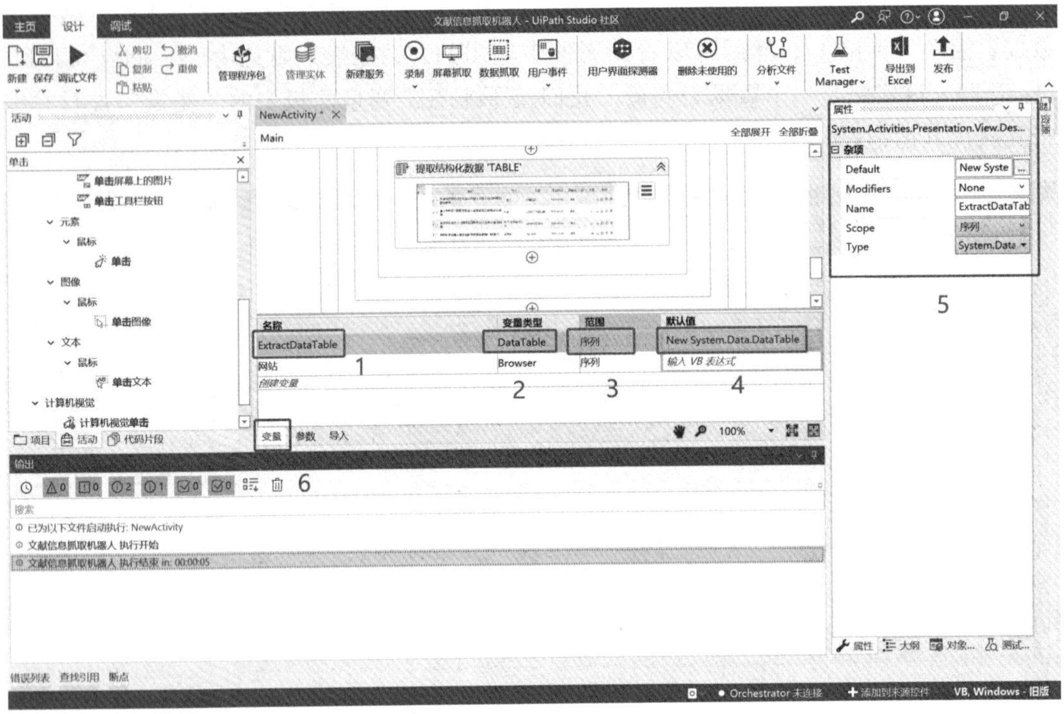

图 3-79 修改“ExtractDataTable”变量的范围

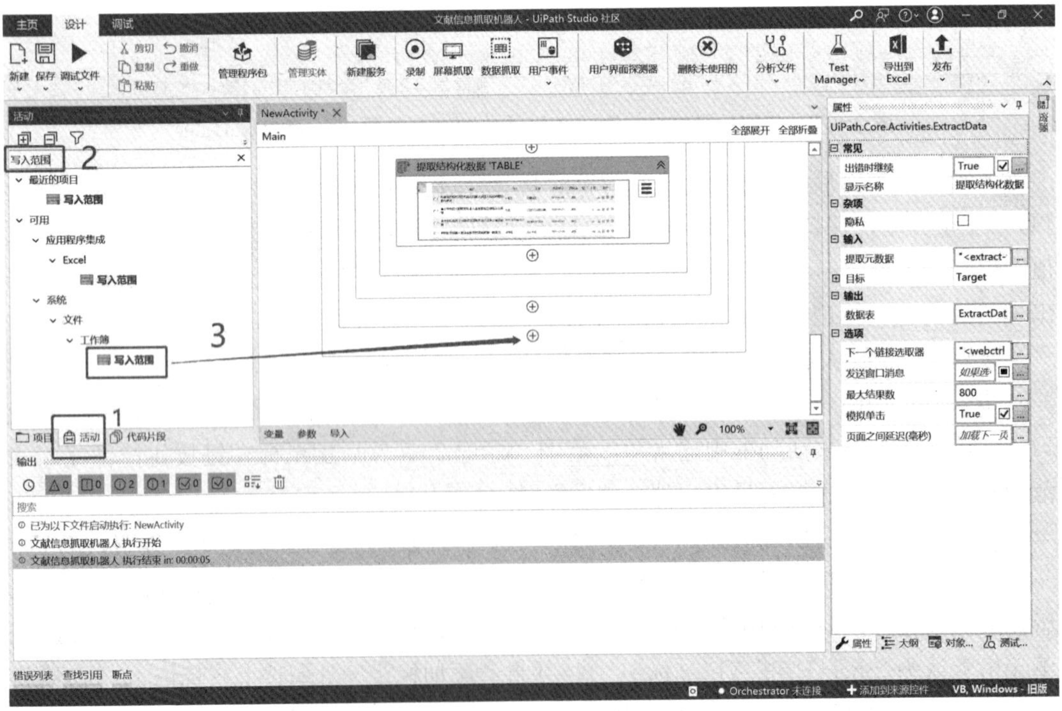

图 3-80 在工作流界面中加入一个【写入范围】活动

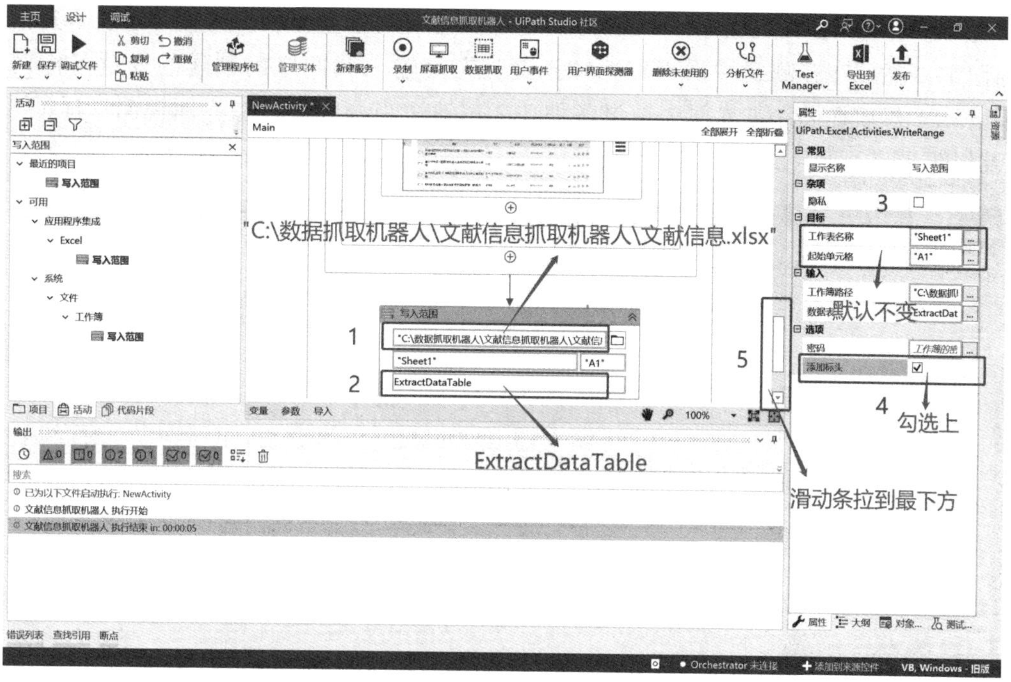

图 3-81　在【写入范围】活动中填写相关内容

过程 5：机器人关闭中国知网所有页面

步骤一：如图 3-82 所示，首先在工作流界面中点击左侧活动面板的“活动”（标记 1），然后在上方搜索活动框中输入关闭选项卡（标记 2），然后用鼠标左键按住控件【关闭选项卡】拖拽到设计主界面的“⊕”处（标记 3）。

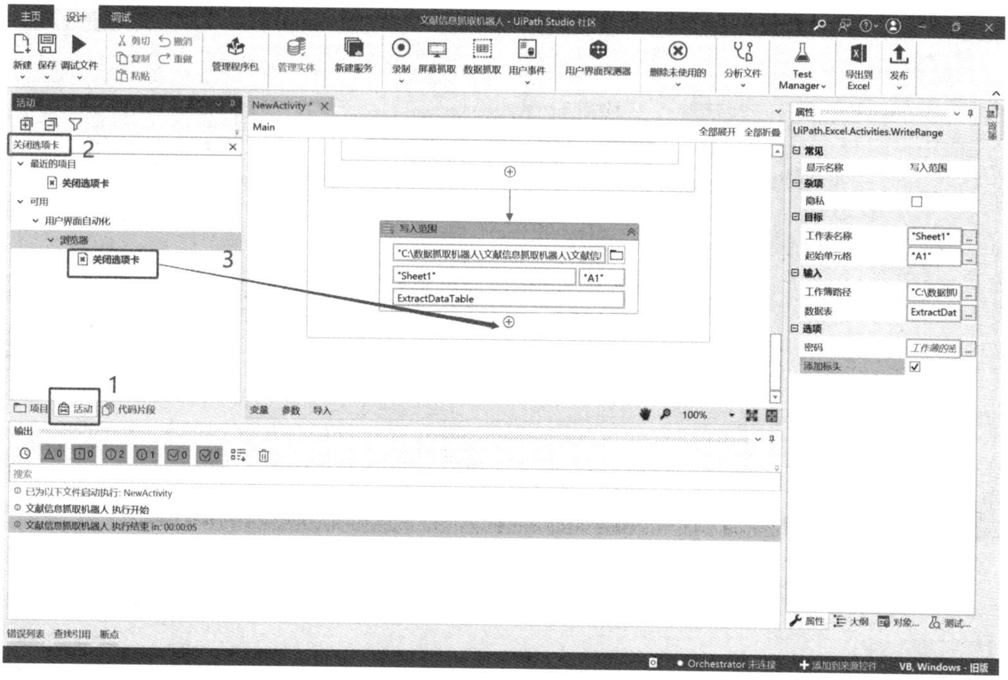

图 3-82　在工作流界面加入一个【关闭选项卡】活动

步骤二：在随后出现的图 3－83 界面中，首先用鼠标左键点击【关闭选项卡】活动（标记 1），然后在右侧属性面板输入“浏览器”处输入我们之前创建的变量名称网站（标记 2），然后在设计主界面中通过各种功能按钮适当调整设计主界面视图（标记 3），结果如图 3－84 所示。

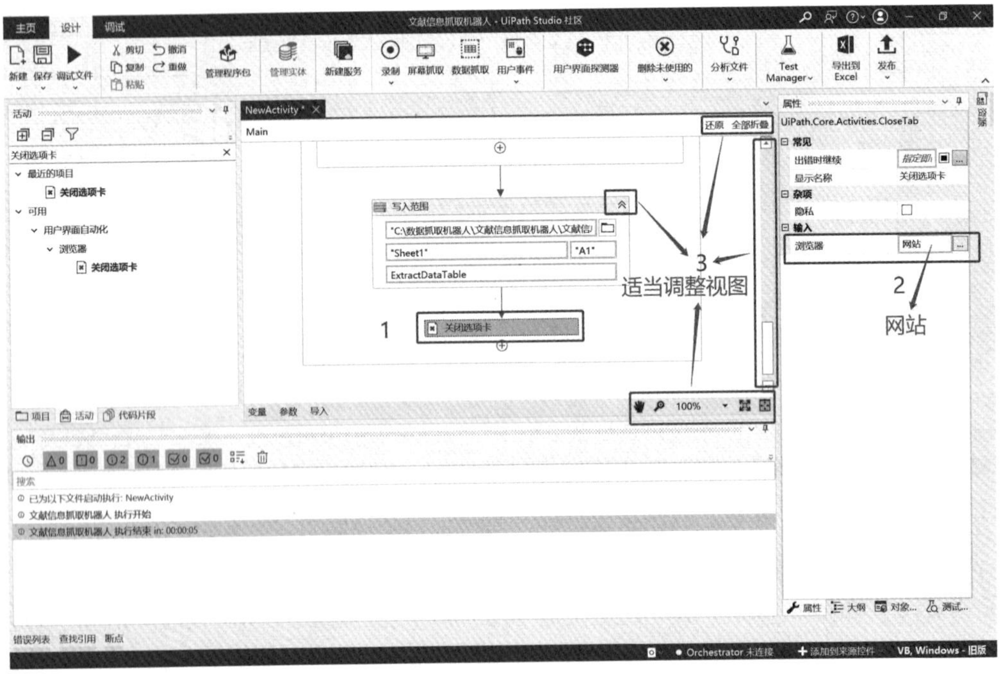

图 3－83　在【关闭选项卡】活动中输入相关内容

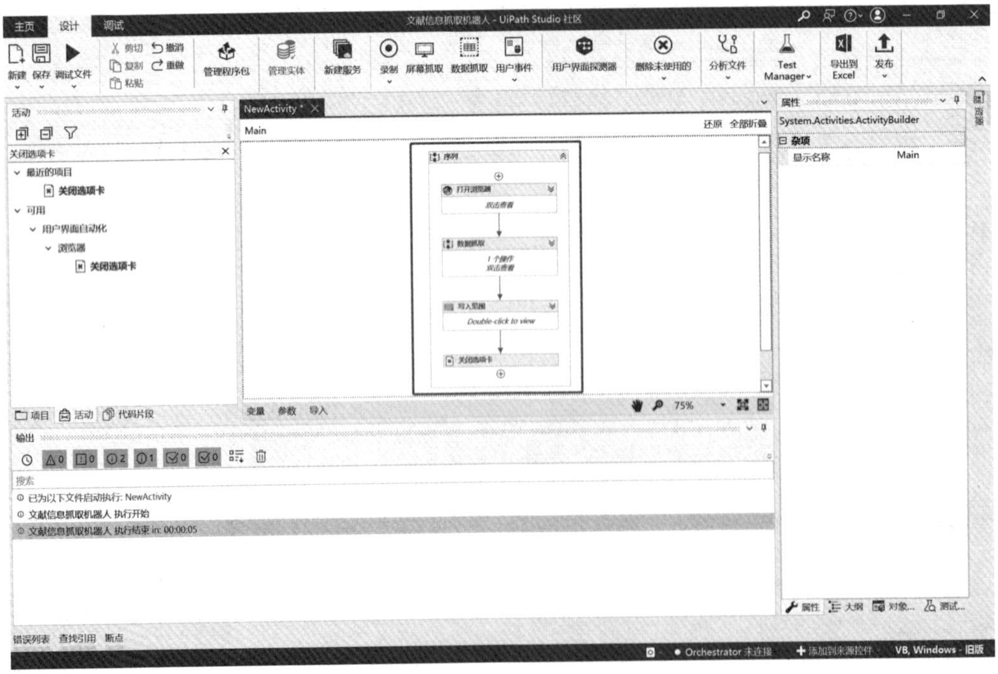

图 3－84　完整程序及主要活动一览图

（三）程序运行

至此，我们完成了所有程序，下面让我们运行一下看看效果吧！首先，如图 3－85 所示，点击工作流界面左上角的“调试文件”按钮，并点击出现的“运行文件”按钮，运行程序文件。

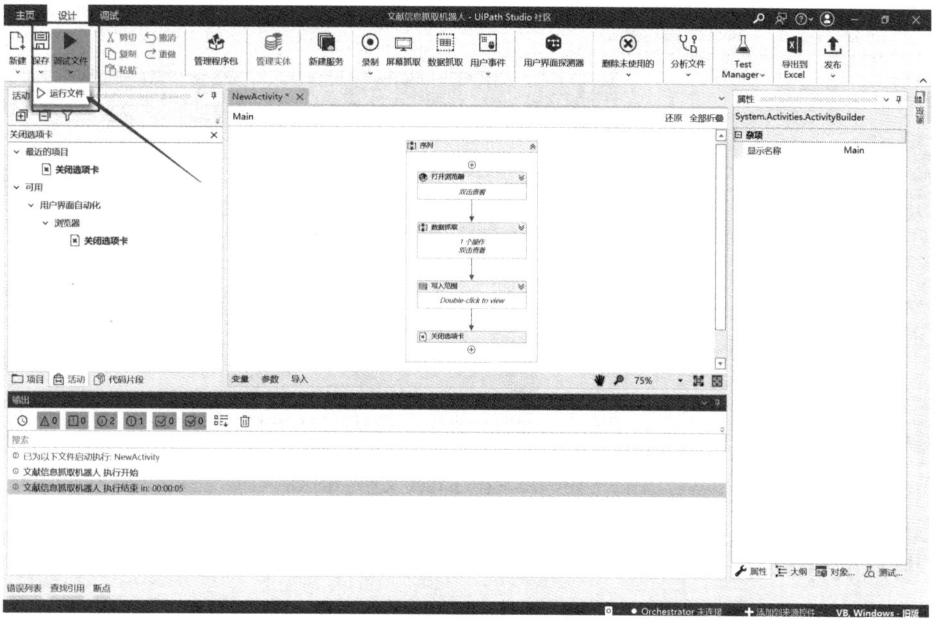

图 3－85　点击“运行文件”

然后，经过自动化运行，UiPath 回到工作流界面，在左下方出现了程序运行的相关信息，如图 3－86 所示。

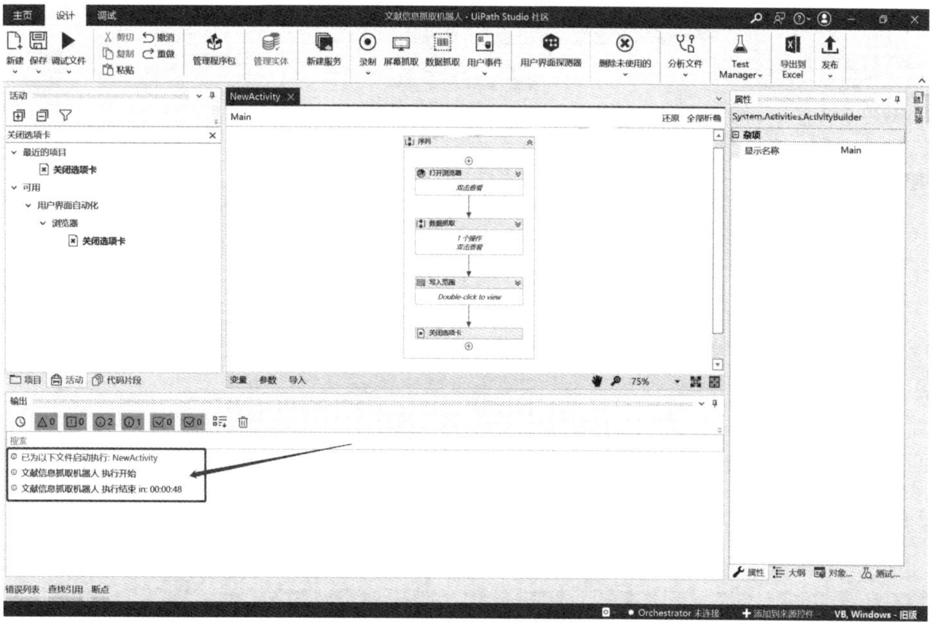

图 3－86　运行结束界面

最后，如图 3－87 所示，我们在电脑路径中（标记 1）可以看到自动生成的一个 Excel 文件（标记 2），其内容即为我们在中国知网跳转的子网页上抓取的 800 条文献信息（标记 3）。

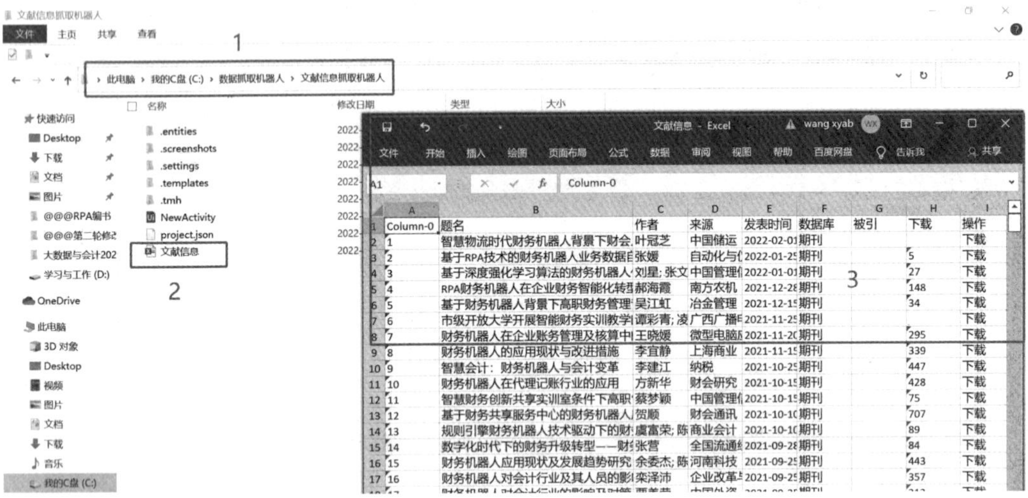

图 3－87　生成的 Excel 文件及内容

（四）文件保存

如图 3－88 所示，用鼠标左键点击工作流界面左上角的“保存”按钮，并点击出现的“全部保存”按钮。

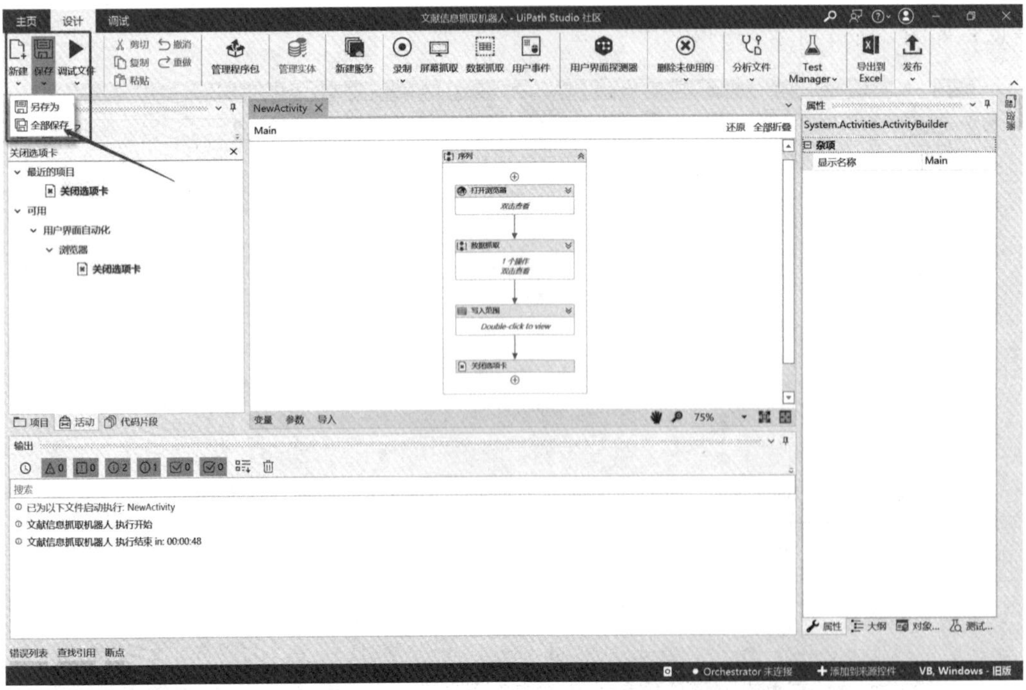

图 3－88　点击“全部保存”

最后保存的文件在哪儿呢？这与我们在“图 3－44 创建一个空白库并更改‘名称’和‘位置’信息”的操作密切相关，如图 3－89 所示。

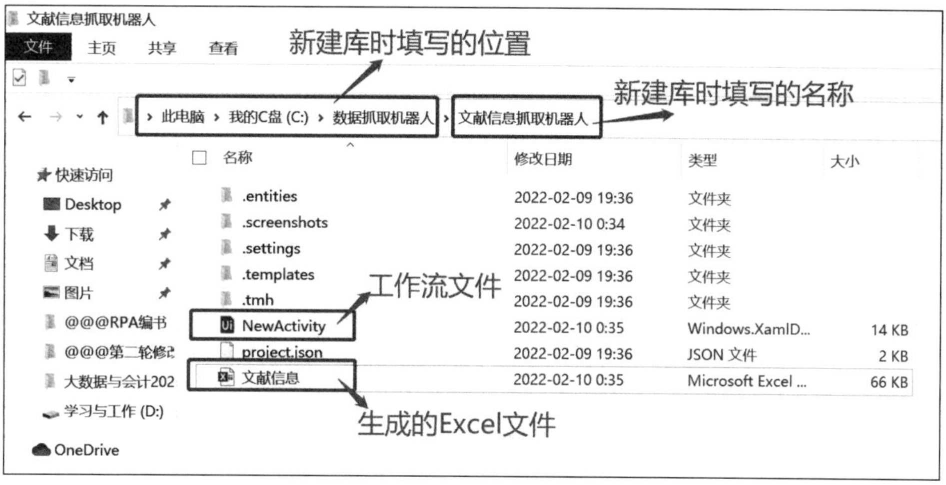

图 3－89 程序文件所在的位置及内容

任务小结

通过本任务的学习，大家是不是学会在 UiPath 中制作文献信息抓取机器人了呢？在这个任务里，我们再次见识了 UiPath 在 Web 场景中的应用，动手制作程序并成功实现了机器人自动化抓取文献信息的过程。其中，我们在操作准备时新建了“库”并在 UiPath 和浏览器中互设扩展程序；在程序制作时创建了名称为“网站”“ExtractDataTable”的变量（如图 3－90 所示），不仅用到了【打开浏览器】、【提取结构化数据】、【写入范围】、【关闭选项卡】等熟悉的活动，还应用了【最大化窗口】、【输入信息】、【单击】等新的活动。如果还想了解更多的话，那就跟着我们的节奏继续探索新的项目吧！

名称	变量类型	范围	默认值
网站	Browser	序列	输入 VB 表达式
ExtractDataTable	DataTable	序列	New System.Data.DataTable

图 3－90 创建的变量

项目练习

1. 通过 UiPath 制作一个股票数据抓取机器人，获取在上海证券交易所上市的股票数据。

2. 通过 UiPath 制作一个文献信息抓取机器人，获取主题为“RPA”的中国知网文献信息。

项目四

Excel 场景应用——数据处理机器人

【知识目标】

了解 RPA 在 Excel 场景中的应用；掌握在 UiPath 中制作银行对账机器人的设计原理和操作流程；掌握在 UiPath 中制作数据查找机器人的设计原理和操作流程。

【能力目标】

能够利用 UiPath Studio 软件设计并制作运行银行对账机器人；能够利用 UiPath Studio 软件设计并制作运行数据查找机器人。

【素养目标】

满足数字经济时代对新型复合型高素质人才的培养需求，促进对信息技术前沿知识和核心素养的认同与追求，通过银行对账机器人和数据查找机器人两个案例展示 RPA 在 Excel 场景中的应用，引导举一反三、灵活应用的独立思考和主动探究能力，提升利用 RPA 等新技术解决现实问题的综合能力，培养爱岗敬业的专业素养和勇于创新的职业精神。

在上一个项目中，我们在 UiPath 中新建“库”并动手制作了股票数据抓取机器人和文献信息抓取机器人，是否体验到了 RPA 在 Web 场景中的妙用呢？在本项目中，我们将目光投向大家经常使用的 Excel 场景。UiPath 中的 Excel 及数据表的功能模块能帮助用户对 Excel 数据实现自动化处理，可以从 Excel 单元格、列、行或范围中读取数据，向其他电子表格或工作簿写入数据，可以执行筛选、联接、排序等数据表操作。接下来，让我们通过银行对账机器人和数据查找机器人，一起体验 RPA 在 Excel 场景中的应用吧！

任务 1
银行对账机器人

任务导入

有一天，你在一家公司的财务部实习，财务部主管发给你一份 Excel 文件，原来这份文件是公司上个月的日记账单（如图 4-1 所示）和银行账单（如图 4-2 所示），主管已经发现这两个账单的月末余额不一致，所以想让你把每笔收支记录不一致的地方给挑选出来。

2022年1月子虚乌有公司日记账单

序号	日期	摘要	交易方	交易账号	借方金额	贷方金额	余额	流水号	备注
1	20220101	支付广告费	XX市仇巾广告有限公司	XXXXXX4274325942191		500000.00	99500000.00	5113244460101135	新品广告费用
2	20220101	收到货款	XX市营煤投资有限公司	XXXXXX5718524176171	370233.66		99870233.66	5113152670101867	收到货款
3	20220102	支付货款	XX市胡吉信息科技股份有限公司	XXXXXX7989493658012		357749.28	99512484.38	5118147900102287	支付货款
4	20220102	收到货款	XX市贾氏投资集团	XXXXXX8126811896461	63876.74		99576361.12	5117825560102959	收到货款
5	20220103	收到货款	XX市钟辅信息科技有限公司	XXXXXX9787503118141	486940.80		100063301.92	5114762070103519	收到货款
6	20220103	收到预付款	XX市蒋嶂信息科技股份有限公司	XXXXXX8962343189341	685578.62		100748880.54	5117632050103575	
7	20220104	收到退回垫付款	XX市荣资食品股份有限公司	XXXXXX6076862111962	819319.30		101568199.84	5118481320104437	
8	20220104	采购办公设备	XX市宣紧房地产有限公司	XXXXXX1297697018111		240960.28	101327239.56	5112833370104837	电脑及其配件等
9	20220104	支付货款	XX市季儿食品股份有限公司	XXXXXX3021028081002		349422.47	100977817.09	5116783850104295	支付货款
10	20220104	收到退款	XX市卫竹投资有限公司	XXXXXX8329347654502	857957.89		101835774.98	5116933190104835	汇款退回
11	20220104	支付广告费	XX市药系教育科技有限公司	XXXXXX6212655470961		480327.71	101355447.27	5117838750104196	新品广告费用
12	20220105	采购办公设备	XX市祖通物流有限公司	XXXXXX8869814678082		737359.38	100618087.89	5111115150105572	电脑及其配件等
13	20220105	支付货款	XX市嵇驾物流股份有限公司	XXXXXX9103748352852		992580.36	99625507.53	5116259270105961	支付货款
14	20220106	支付货款	XX市丁渔保险集团	XXXXXX3894155210331		603378.89	99022128.64	5111039360106730	支付货款
15	20220106	支付货款	XX市俞助教育科技有限公司	XXXXXX5369662685262		199424.32	98822704.32	5113781460106421	支付货款
16	20220106	支付货款	XX市双均投资有限公司	XXXXXX7801622954572		828194.92	97994509.40	5118952160106711	支付货款
17	20220107	支付货款	XX市习杭信息科技股份有限公司	XXXXXX1899752450821		509863.62	97484645.78	5117612530107814	支付货款
18	20220108	支付货款	XX市全叫信息科技集团	XXXXXX3222395318061		34668.31	97449977.47	5111181520108421	支付货款
19	20220108	收到货款	XX市黎吉房地产有限公司	XXXXXX6681466691601	469750.93		97919728.40	5116317010108944	收到货款
20	20220108	支付货款	XX市诸璋医药有限公司	XXXXXX9547113510422		961217.93	96958510.47	5115352730108186	支付货款
21	20220109	收到货款	XX市钮更贸易股份有限公司	XXXXXX9673933557871	558750.91		97517261.38	5112844920109365	收到货款
22	20220109	支付货款	XX市翟儿医药有限公司	XXXXXX2806421307591		415544.16	97101717.22	5114346700109793	支付货款
23	20220109	收到货款	XX市甘泳食品股份有限公司	XXXXXX5702529305082	847179.46		97948896.68	5113516640109722	收到货款
24	20220109	收到货款	XX市宗宙教育科技集团	XXXXXX4352541240002	696354.22		98645250.90	5116369930109813	收到货款
25	20220110	采购办公用品	XX市郁荥教育科技股份有限公司	XXXXXX2074098301261		889352.25	97755898.65	5118029240110872	文具等办公用具
26	20220110	收到货款	XX市师占投资有限公司	XXXXXX1178081105372	478859.46		98234758.11	5119780060110803	收到货款
27	20220111	收到货款	XX市蒋行物流股份有限公司	XXXXXX9342926727652	442119.24		98676877.35	5114692970111737	收到货款
28	20220112	收到货款	XX市左王信息科技集团	XXXXXX9733834437692	930118.65		99606996.00	5114057270112692	收到货款
29	20220112	支付货款	XX市郑企信息科技集团	XXXXXX8158596862602		201599.74	99405396.26	5114343140112167	支付货款
30	20220112	收到货款	XX市嵇咸贸易集团	XXXXXX8222518563272	351984.27		99757380.53	5119777140112480	收到货款
31	20220113	支付货款	XX市麻兵广告集团	XXXXXX1492087043312		72174.41	99685206.12	5113316140113335	支付货款
32	20220113	收到货款	XX市狄官保险集团	XXXXXX5947452364822	322944.66		100008150.78	5111769790113455	收到货款

图 4-1 日记账单

2022年1月子虚乌有公司银行账单

序号	记账日	交易日	摘要	交易方	交易账号	借方金额	贷方金额	余额	流水号	备注
1	2022-01-01	2022-01-01	支付广告费	XX市仇巾广告有限公司	XXXXXX4274325942191	500000.00		99500000.00	5113244460101135	新品广告费用
2	2022-01-01	2022-01-01	收到货款	XX市营煤投资有限公司	XXXXXX5718524176171		370233.66	99870233.66	5113152670101867	收到货款
3	2022-01-01	2022-01-01	收到货款	XX市巫圳房地产有限公司	XXXXXX6509786107601		158216.73	100028450.39	5111199150101211	收到货款
4	2022-01-02	2022-01-02	支付货款	XX市胡吉信息科技股份有限公司	XXXXXX7989493658012	357749.28		99670701.11	5118147900102287	支付货款
5	2022-01-02	2022-01-02	收到货款	XX市贾氏投资集团	XXXXXX8126811896461		63876.74	99734577.85	5117825560102959	收到货款
6	2022-01-03	2022-01-03	收到货款	XX市钟辅信息科技有限公司	XXXXXX9787503118141		486940.80	100221518.65	5114762070103519	收到货款
7	2022-01-03	2022-01-03	支付货款	XX市满帝投资股份有限公司	XXXXXX2539675564232	620855.40		99600663.25	5113282010103872	支付货款
8	2022-01-03	2022-01-03	收到预付款	XX市蒋蟑信息科技股份有限公司	XXXXXX8962343189341		685578.62	100286241.87	5117632050103575	
9	2022-01-04	2022-01-04	收到退回垫付款	XX市荣资食品股份有限公司	XXXXXX6076862111962		819319.30	101105561.17	5118481320104437	
10	2022-01-04	2022-01-04	收到货款	XX市宗奇保险有限公司	XXXXXX9837229422022		449955.81	101555516.98	5113625960104249	收到货款
11	2022-01-04	2022-01-04	支付货款	XX市季儿食品股份有限公司	XXXXXX3021028081002	349422.47		101206094.51	5116783850104295	支付货款
12	2022-01-05	2022-01-05	采购办公设备	XX市祖通物流有限公司	XXXXXX8869814678082	737359.38		100468735.13	5111115150105572	电脑及其配件
13	2022-01-05	2022-01-05	支付货款	XX市稽驾物流股份有限公司	XXXXXX9103748352852	992580.36		99476154.77	5116259270105961	支付货款
14	2022-01-06	2022-01-06	支付货款	XX市俞助教育科技有限公司	XXXXXX5369662685262	199424.32		99276730.45	5113781460106421	支付货款
15	2022-01-06	2022-01-06	支付货款	XX市双均投资有限公司	XXXXXX7801622954572	828194.92		98448535.53	5118952160106711	支付货款
16	2022-01-07	2022-01-07	支付货款	XX市习杭信息科技股份有限公司	XXXXXX1899752450821	509863.62		97938671.91	5117612530107814	支付货款
17	2022-01-08	2022-01-08	支付货款	XX市全叫信息科技集团	XXXXXX3222395318061	34668.31		97904003.60	5111181520108421	支付货款
18	2022-01-08	2022-01-08	收到货款	XX市黎吉房地产有限公司	XXXXXX6681466691601		469750.93	98373754.53	5116317010108944	收到货款
19	2022-01-09	2022-01-09	支付货款	XX市翟儿医药有限公司	XXXXXX2806421307591	415544.16		97958210.37	5114346700109793	支付货款
20	2022-01-09	2022-01-09	收到货款	XX市梅欲药业集团	XXXXXX1457588593992		714334.50	98672544.87	5116249990109434	收到货款
21	2022-01-09	2022-01-09	收到货款	XX市宗宙教育科技集团	XXXXXX4352541240002		696354.22	99368899.09	5116369930109813	收到货款
22	2022-01-10	2022-01-10	采购办公用品	XX市郁荣教育科技股份有限公司	XXXXXX2074098301261	889352.25		98479546.84	5118029240110872	文具等办公用
23	2022-01-10	2022-01-10	收到退回保证金	XX市井叮广告集团	XXXXXX6065563044781		679815.75	99159362.59	5118502500110159	其他应收款
24	2022-01-10	2022-01-10	收到货款	XX市师占投资有限公司	XXXXXX1178081105372		478859.46	99638222.05	5119780060110803	收到货款
25	2022-01-11	2022-01-11	收到货款	XX市蒋行物流股份有限公司	XXXXXX9342926727652		442119.24	100080341.29	5114692970111737	收到货款
26	2022-01-12	2022-01-12	收到货款	XX市左王信息科技集团	XXXXXX9733834437692		930118.65	101010459.94	5114057270112692	收到货款
27	2022-01-12	2022-01-12	支付货款	XX市郑企信息科技集团	XXXXXX8158596862602	201599.74		100808860.20	5114343140112167	支付货款
28	2022-01-12	2022-01-12	收到货款	XX市嵇咸贸易集团	XXXXXX8222518563272		351984.27	101160844.47	5119777140112480	收到货款
29	2022-01-13	2022-01-13	支付货款	XX市麻兵广告集团	XXXXXX1492087043312	72174.41		101088670.06	5113316140113335	支付货款
30	2022-01-13	2022-01-13	收到货款	XX市狄官保险集团	XXXXXX5947452364822		322944.66	101411614.72	5111769790113455	收到货款
31	2022-01-13	2022-01-13	收到货款	XX市黄六信息科技集团	XXXXXX6863043413171		905506.66	102317121.38	5112947370113243	收到货款
32	2022-01-13	2022-01-13	报销行政费用	XX市闻半广告股份有限公司	XXXXXX2587168562622	39624.10		102277497.28	5118214390113706	停车费、差旅

图 4-2　银行账单

银行对账是企业出纳人员最基本的工作之一，其作用在于通过将企业银行存款日记账记录与开户银行提供的银行对账单记录进行核对，找出所有的未达账项，并通过编制余额调节表使得调节后的银行存款日记账余额与调节后的银行对账单余额相符。银行对账的关键点在于找出日记账单与银行账单不一致的地方，这种数据不一致存在两种可能性，一种是日记账单存在而银行账单不存在的数据，另一种是日记账单不存在而银行账单存在的数据。

类似银行对账的场景还挺多，有没有可能设计一个程序实现上述过程呢？那么，让我们利用 UiPath 做个“银行对账机器人”来帮忙吧！

任务分析与设计

我们借助流程图来分析这个案例，这个案例的逻辑方法其实很简单，只涉及“顺序”，从开始到结束的整个过程都由机器人自动完成，主要过程如图 4-3 所示，依次为：

（1）机器人读取日记账单；

（2）机器人读取银行账单；

（3）机器人关联日记账单和银行账单；

（4）机器人筛选出差异化数据；

（5）机器人保存数据至指定文件。

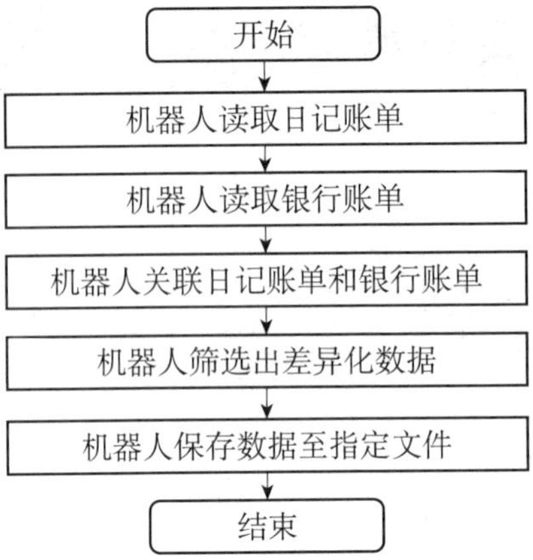

图 4-3 银行对账的流程图

任务实施

银行对账机器人制作

(一) 操作准备

首先，提前退出 360 安全卫士等杀毒软件（避免对使用过程的干扰），如图 4-4 所示，打开 UiPath Studio 软件并在开始界面的新建项目处点击“库”（标记 1）；在弹出来的“新建空白库”对话框中更改“名称”和“位置”信息（名称改为银行对账机器人，位置改为C:\数据处理机器人），点击“创建”（标记 2）。

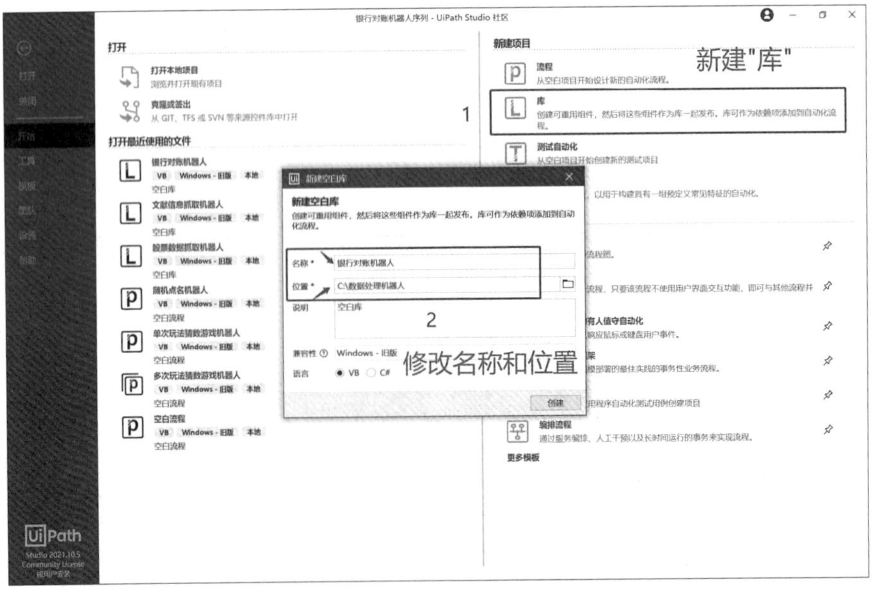

图 4-4 创建一个空白库并更改“名称”和“位置”信息

其次，待加载依赖项相关过程完成，新的库就创建成功了，如图 4－5 所示，我们可以看到和以前创建的流程界面不一样，界面上没有“打开主工作流”的入口了，这时我们点击左下侧活动面板中“项目”（标记 1），随后用鼠标左键双击“NewActivity. xaml”（标记 2），就能进入我们熟悉的工作流界面了，界面的各功能区域如图 4－6 所示。

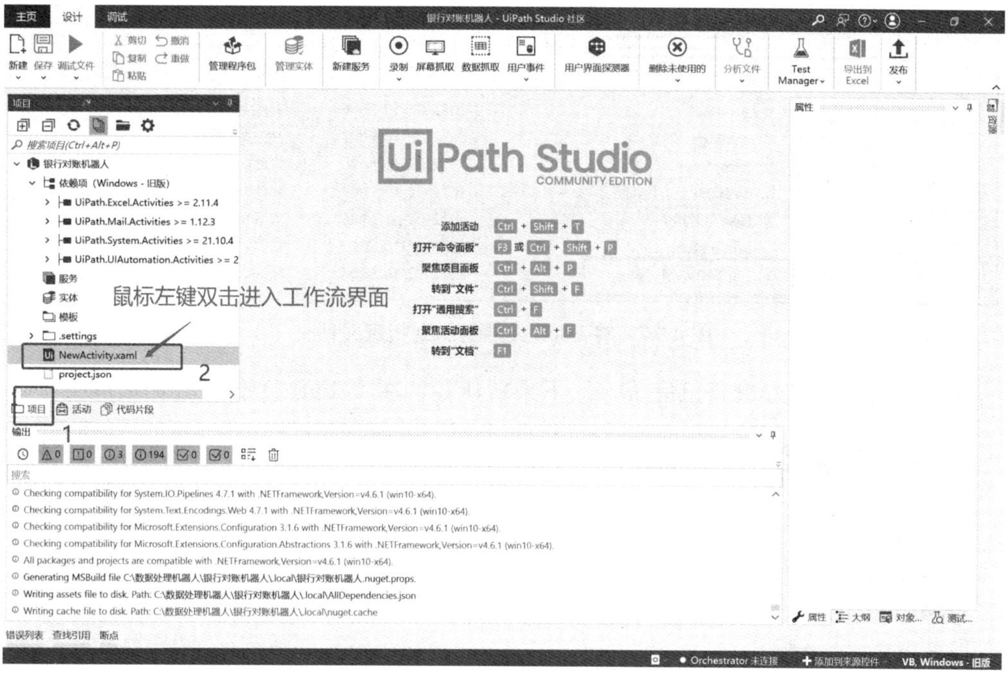

图 4－5　用鼠标左键双击“NewActivity. xaml”进入工作流界面

图 4－6　工作流界面示意图

最后，如图 4－7 所示，打开新建库所在的路径C：\数据处理机器人\银行对账机器人（标记 1），将名称为“日记账单与银行账单”的 Excel 文件复制进来（标记 2）。

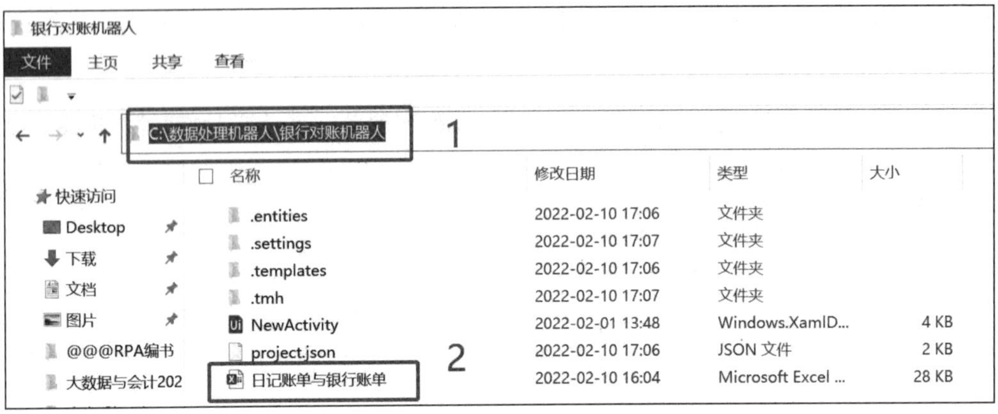

图 4－7　将 Excel 文件复制到指定文件夹

至此，我们的操作准备已完成，接下来就让我们在 UiPath 工作流界面大展身手吧！

（二）程序制作

银行对账机器人制作运行解析

对照流程图，程序制作可以分为 5 个过程。

过程 1：机器人读取日记账单

步骤一：如图 4－8 所示，首先在工作流界面中点击左侧活动面板的“活动”（标记 1），然后在上方搜索活动框中输入读取范围（标记 2），然后用鼠标左键按住控件【读取范围】拖拽到设计主界面的“⊕”处（标记 3）。

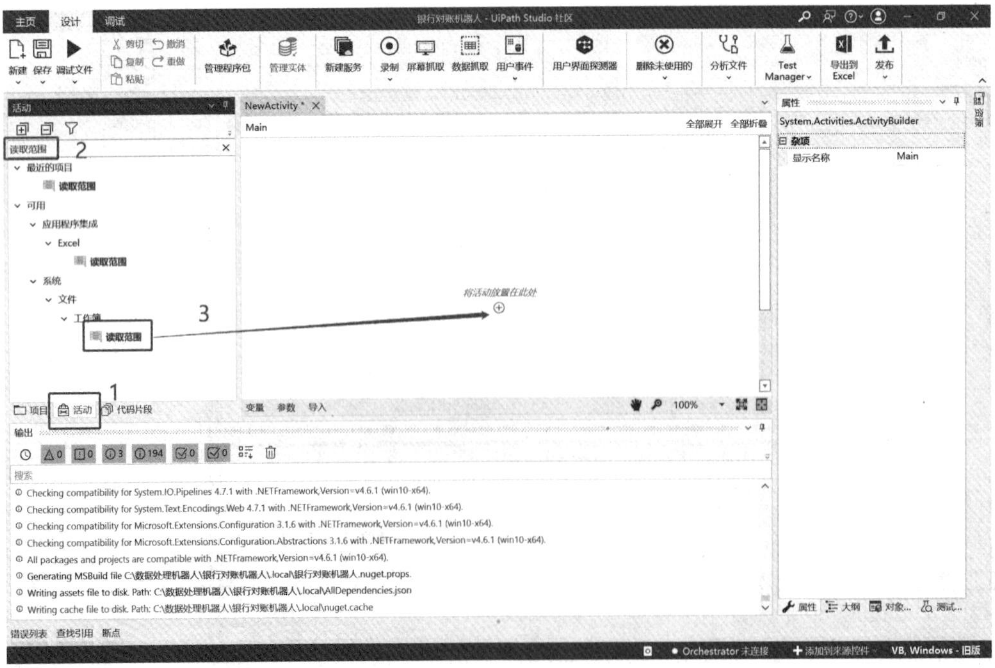

图 4－8　在工作流界面加入一个【读取范围】活动

步骤二：在随后出现的图 4-9 界面，首先在工作流界面【读取范围】活动中填写工作簿路径"C：\数据处理机器人\银行对账机器人\日记账单与银行账单.xlsx"（标记 1），然后填写日记账单工作表名称"日记账单"（标记 2），然后在右侧属性面板中填写输入范围"A2"（标记 3），然后在右侧属性面板输出“数据表”处填写"日记账单"（标记 4），然后将右侧属性面板“添加标头”处勾选上（标记 5），然后点击变量面板处的“变量”（标记 6），展开变量编辑区域。

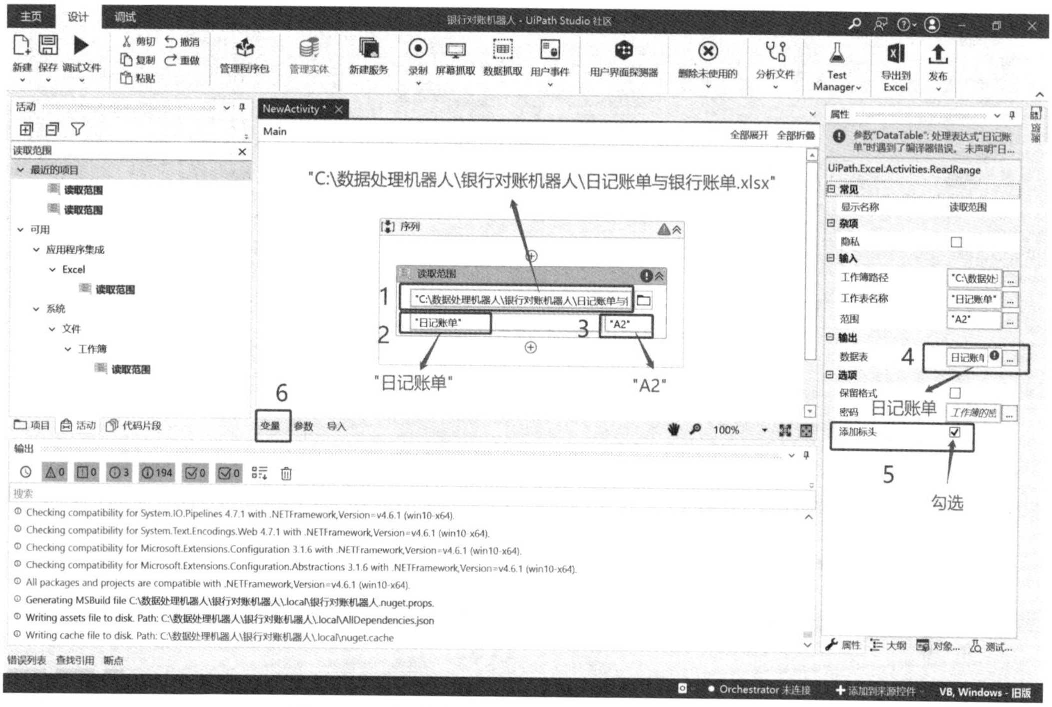

图 4-9 在【读取范围】活动中填写相关内容

步骤三：在随后出现的图 4-10 界面中，首先点击变量编辑区域的“创建变量”处，在“名称”列输入日记账单（标记 1），然后在“变量类型”列下拉选择DataTable（标记 2），然后在“范围”列下拉选择序列（标记 3），然后在“默认值”列保持默认空着（标记 4），然后在属性面板处可以看到同步出填写的内容（标记 5），最后点击变量面板处的“变量”（标记 6），收回变量编辑区域。

过程 2：机器人读取银行账单

步骤一：如图 4-11 所示，首先在工作流界面中点击左侧活动面板的“活动”（标记 1），然后在上方搜索活动框中输入读取范围（标记 2），然后用鼠标左键按住控件【读取范围】拖拽到设计主界面的“⊕”处（标记 3）。

步骤二：在随后出现的图 4-12 界面，首先在工作流界面【读取范围】活动中填写工作簿路径"C：\数据处理机器人\银行对账机器人\日记账单与银行账单.xlsx"（标记 1），然后填写银行账单工作表名称"银行账单"（标记 2），然后在右侧属性面板中填写输入范围"A2"（标记 3），然后在右侧属性面板输出“数据表”处填写银行账单（标记 4），然后将右侧属性面板“添加标头”处勾选上（标记5），然后点击变量面板处的“变量”（标记6），展开变量编辑区域。

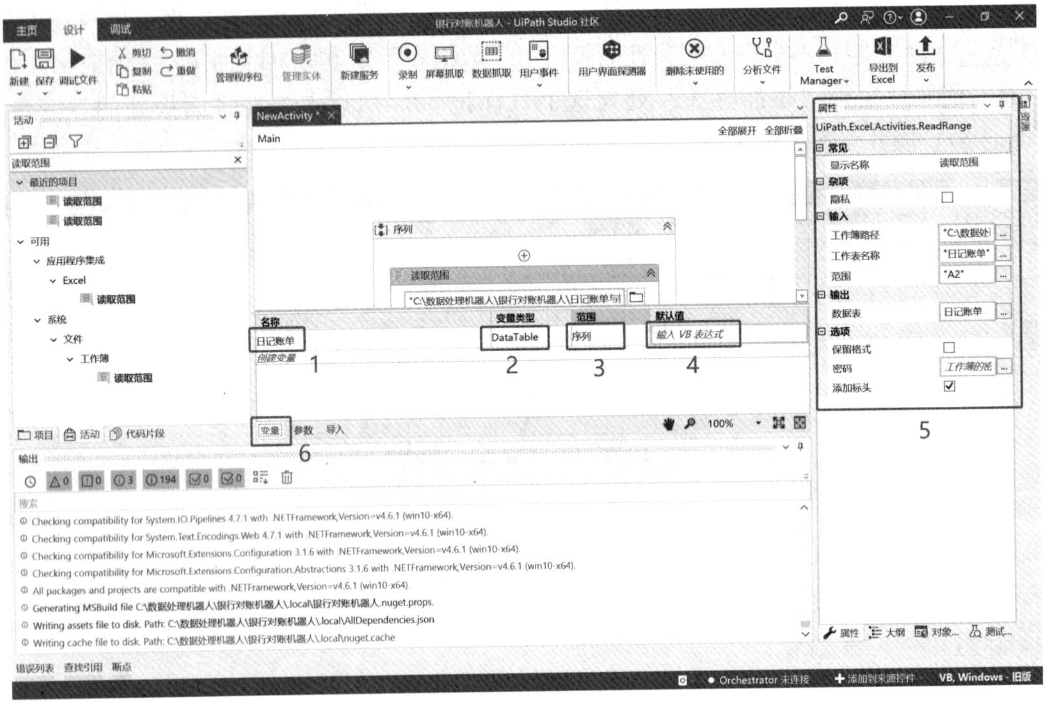

图4-10 在变量编辑区域创建一个“日记账单”变量

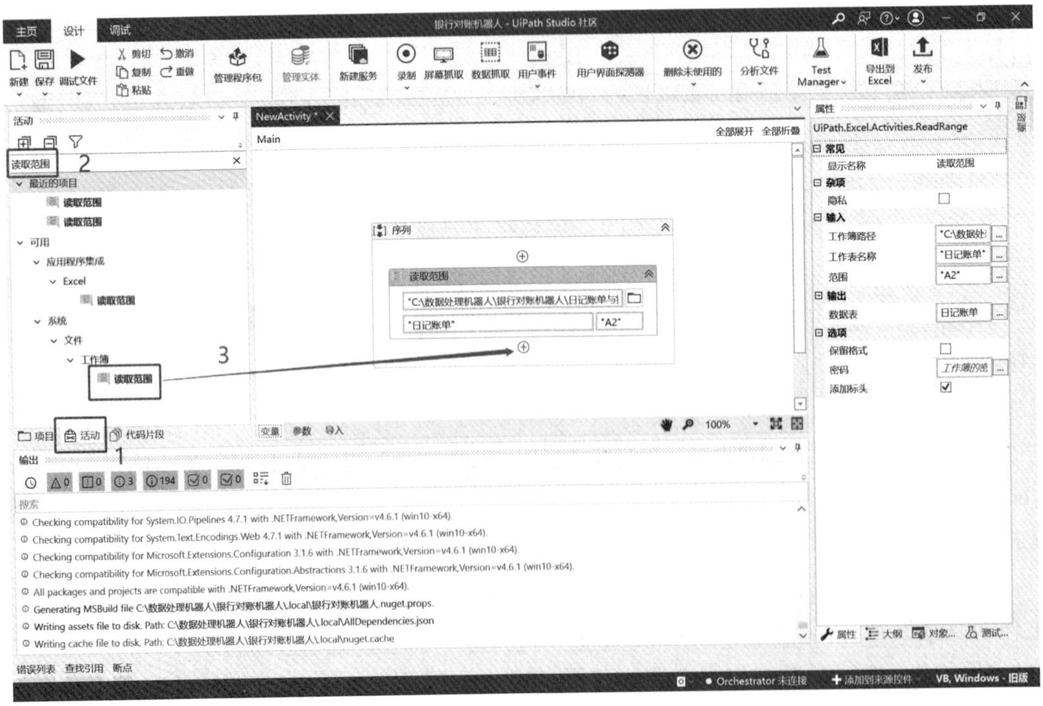

图4-11 在工作流界面再加入一个【读取范围】活动

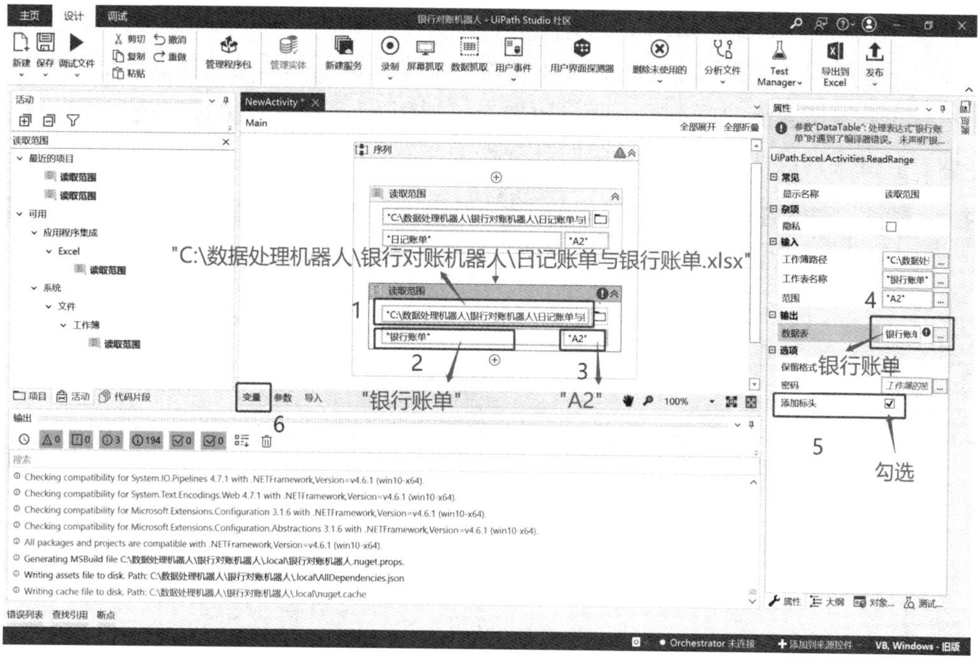

图 4-12　在【读取范围】活动中填写相关内容

步骤三：在随后出现的图 4-13 界面中，首先点击变量编辑区域的“创建变量”处，在“名称”列输入银行账单（标记 1），然后在“变量类型”列下拉选择DataTable（标记 2），然后在“范围”列下拉选择序列（标记 3），然后在“默认值”列保持默认空着（标记 4），然后在属性面板处可以看到同步出填写的内容（标记 5），最后点击变量面板处的“变量”（标记 6），收回变量编辑区域。

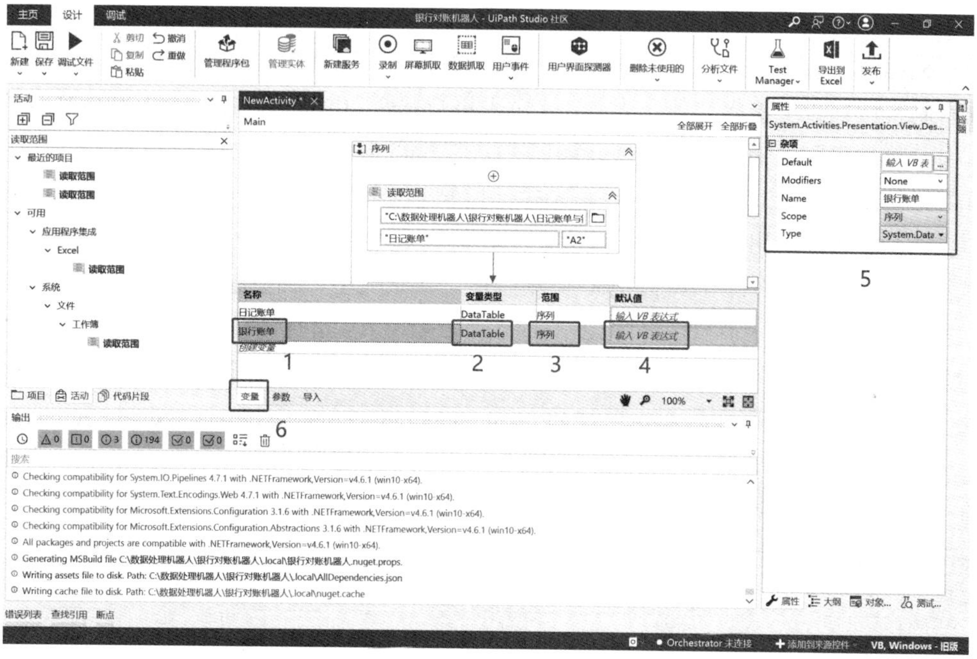

图 4-13　在变量编辑区域创建一个“银行账单”变量

过程3：机器人关联日记账单和银行账单

步骤一：如图4-14所示，首先在工作流界面中点击左侧活动面板的“活动”（标记1），然后在上方搜索活动框中输入联接数据表（标记2），然后用鼠标左键按住控件【联接数据表】拖拽到设计主界面的“⊕”处（标记3）。

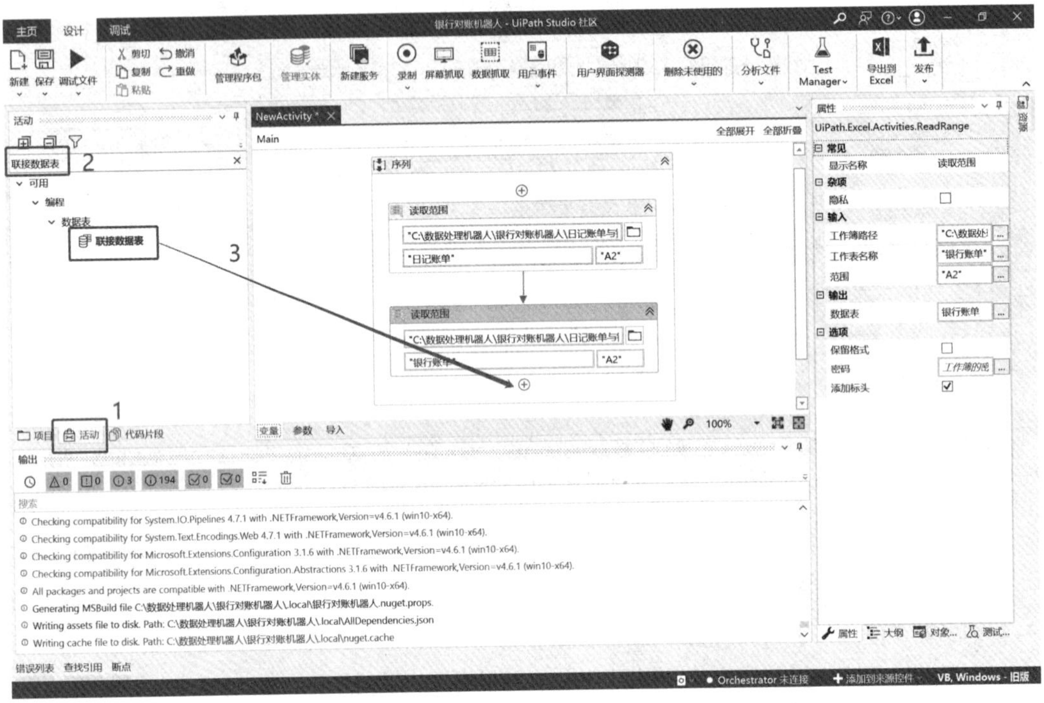

图4-14　在工作流界面加入一个【联接数据表】活动

步骤二：在随后出现的图4-15界面中，首先在工作流界面中点击【联接数据表】活动（标记1），然后在右侧属性面板中输入“数据表1”处输入日记账单（标记2），然后在右侧属性面板中输入“数据表2”处输入银行账单（标记3），然后在右侧属性面板中输出“数据表”处输入关联结果（标记4），然后点击变量面板处的“变量”（标记5），展开变量编辑区域。

步骤三：在随后出现的图4-16界面中，首先点击变量编辑区域的“创建变量”处，在“名称”列输入关联结果（标记1），然后在“变量类型”列下拉选择DataTable（标记2），然后在“范围”列下拉选择序列（标记3），然后在“默认值”列保持默认空着（标记4），然后在属性面板处可以看到同步出填写的内容（标记5），最后点击变量面板处的“变量”（标记6），收回变量编辑区域。

步骤四：在随后出现的图4-17界面中，首先点击设计主界面【联接数据表】活动中的“联接向导”进入，然后在如图4-18所示的“联接向导”弹框中将“联接类型”选为Full（标记1），然后设置一系列联接条件为"交易方"="交易方"、"交易账号"="交易账号"、"借方金额"="贷方金额"、"贷方金额"="借方金额"、"流水号"="流水号"（标记2），然后点击“确定”（标记3），回到设计主界面。

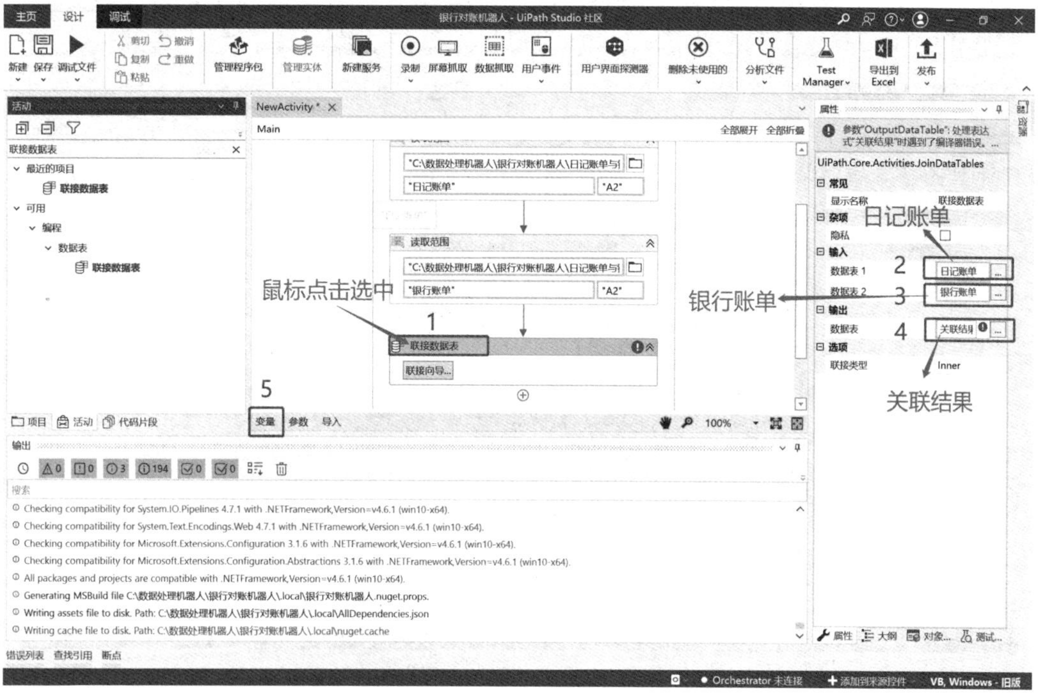

图 4 - 15　在【联接数据表】活动中填写相关内容

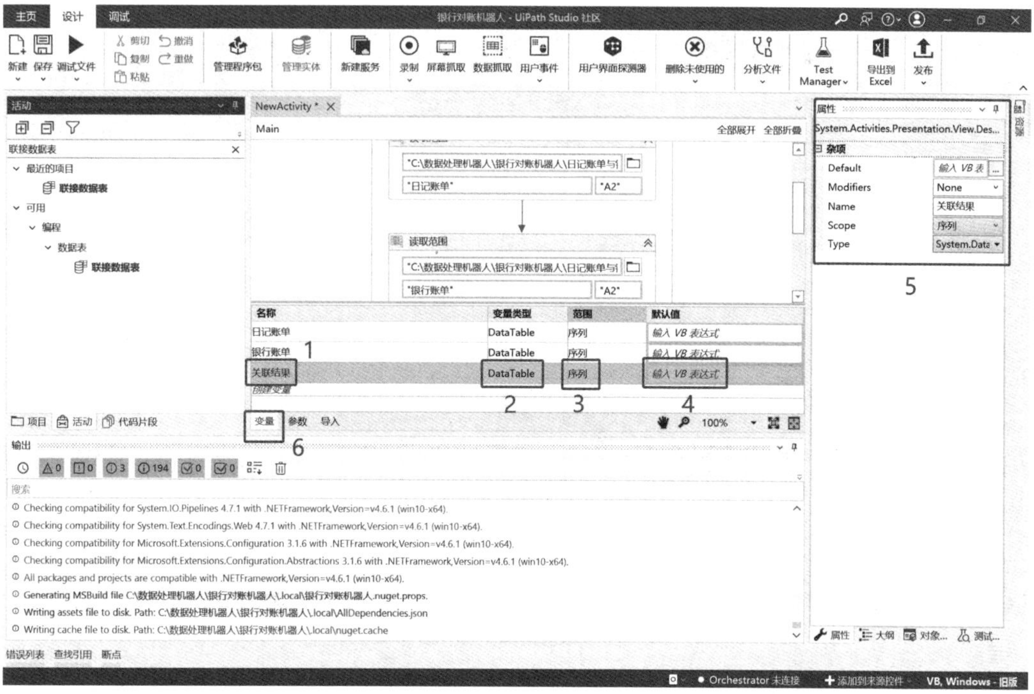

图 4 - 16　在变量编辑区域创建一个“关联结果”变量

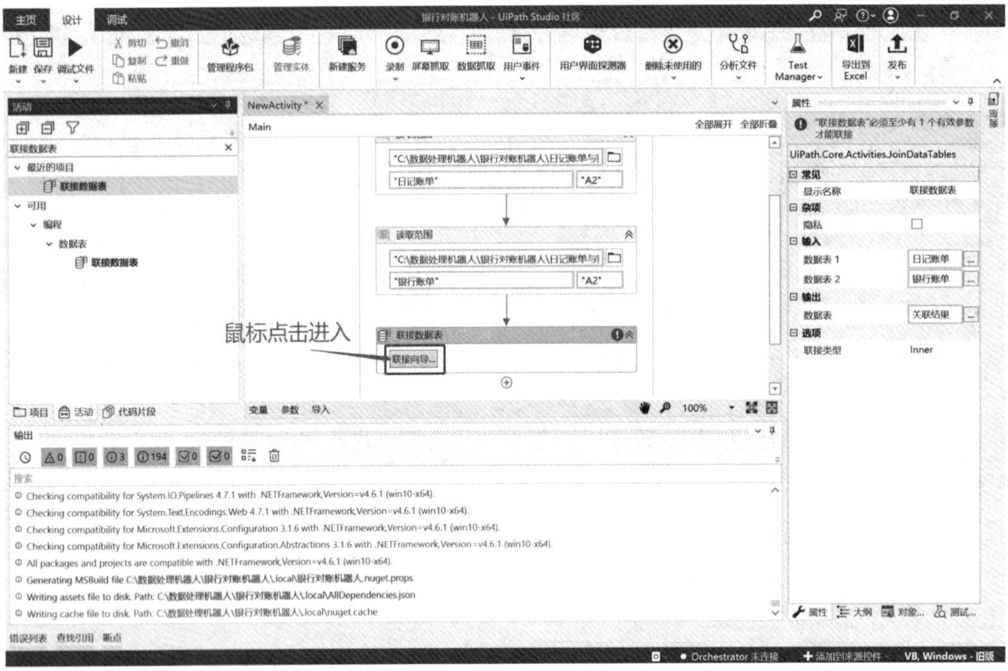

图 4-17　点击“联接向导”进入

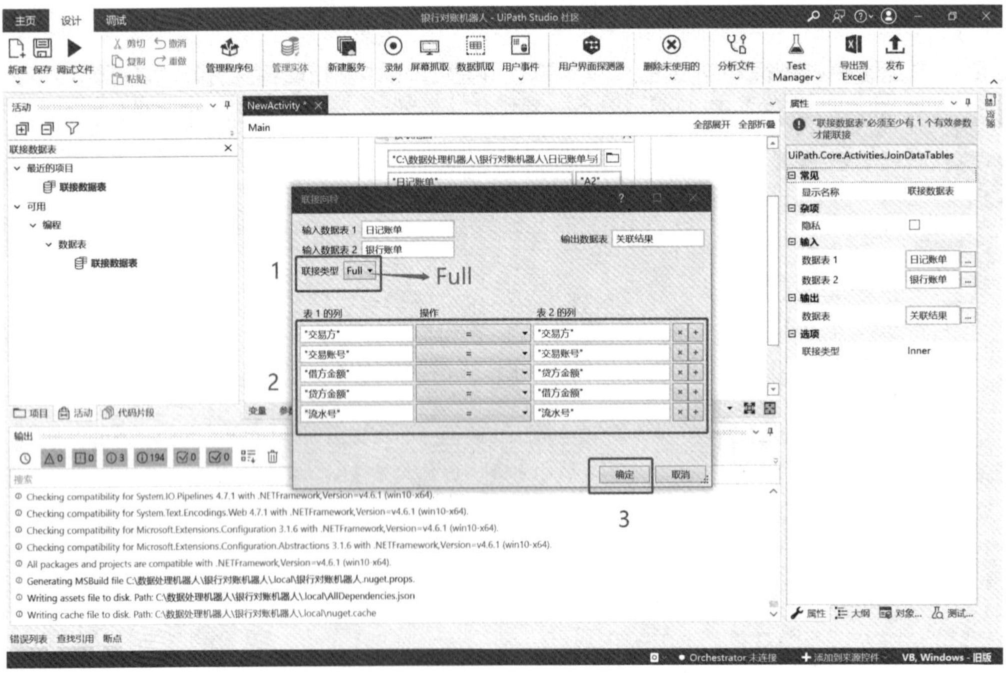

图 4-18　在“联接向导”中填写相关内容

过程 4：机器人筛选两个账单差异化数据

步骤一：如图 4-19 所示，首先在工作流界面中点击左侧活动面板的“活动”（标记 1），然后在上方搜索活动框中输入筛选数据表（标记 2），然后用鼠标左键按住控件【筛选数据表】拖拽到设计主界面的“⊕”处（标记 3）。

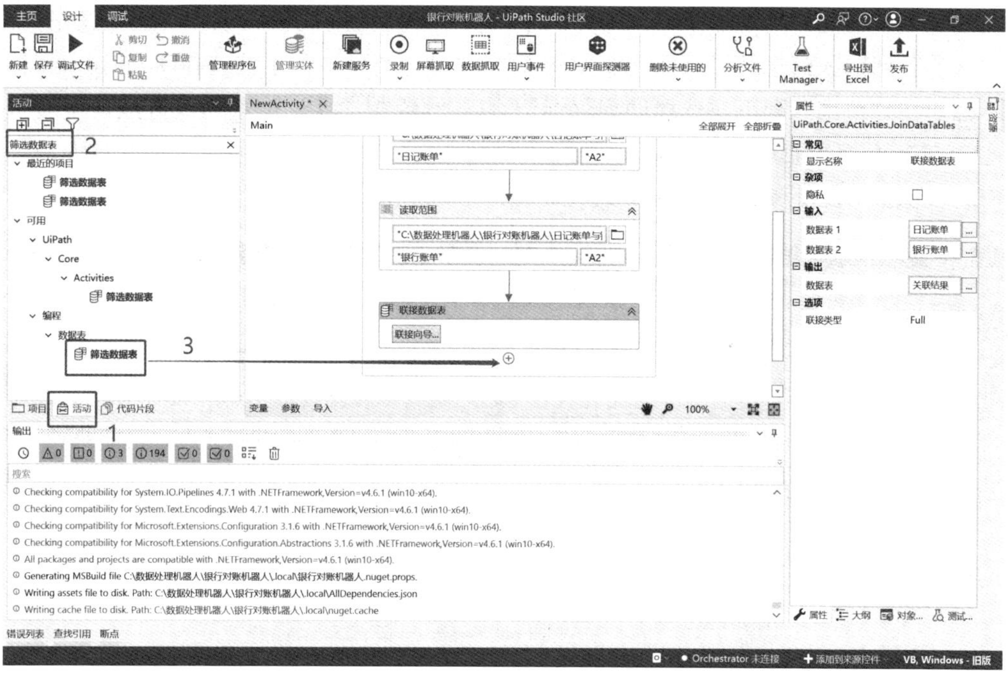

图 4-19 在工作流界面加入一个【筛选数据表】活动

步骤二：在随后出现的图 4-20 界面中，首先在工作流界面“筛选数据表”活动中“数据表”处输入关联结果（标记 1），然后在“筛选过的数据表”处输入筛选结果（标记 2），然后在右侧属性面板中可以同步看到输入的内容（标记 3），然后点击变量面板处的“变量”（标记 4），展开变量编辑区域。

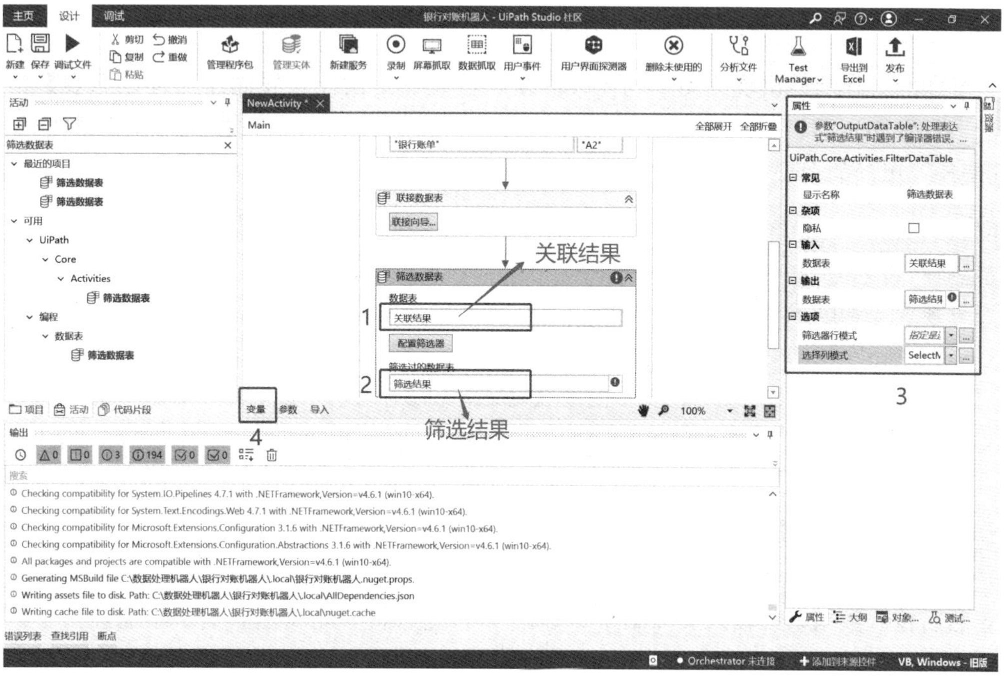

图 4-20 在【筛选数据表】活动中填写相关内容

步骤三：在随后出现的图 4－21 界面中，首先点击变量编辑区域的“创建变量”处，在“名称”列输入筛选结果（标记 1），然后在“变量类型”列下拉选择DataTable（标记 2），然后在“范围”列下拉选择序列（标记 3），然后在“默认值”列保持默认空着（标记 4），然后在属性面板处可以看到同步出填写的内容（标记 5），最后点击变量面板处的“变量”（标记 6），收回变量编辑区域。

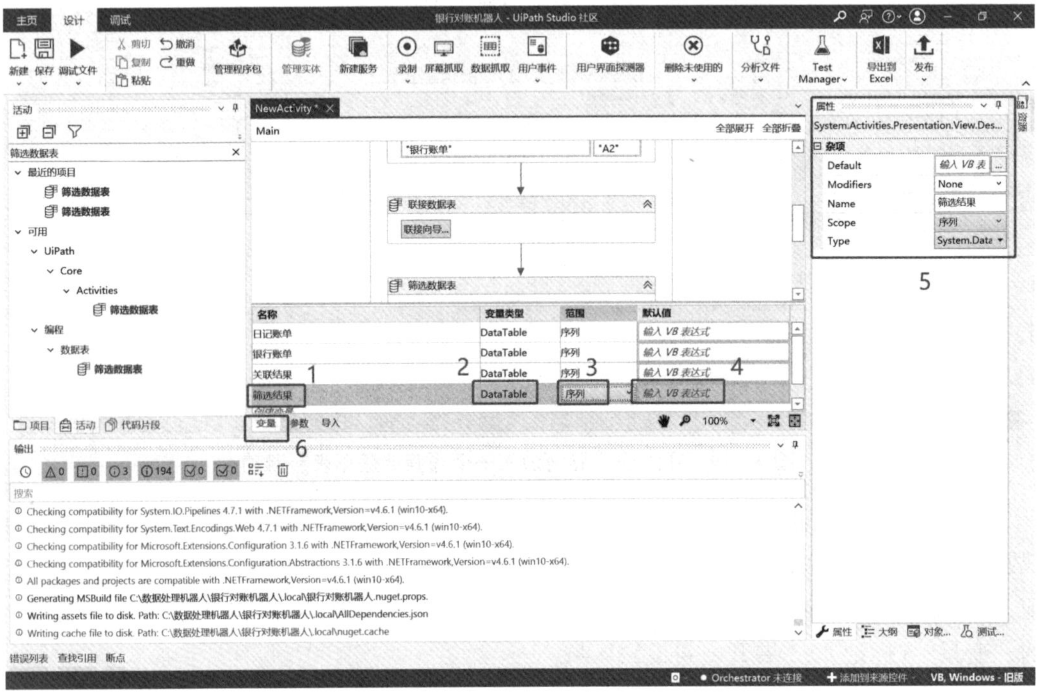

图 4－21　在变量编辑区域创建“筛选结果”变量

步骤四：在随后出现的图 4－22 界面中，首先点击设计主界面【筛选数据表】活动中的“配置筛选器”进入向导，然后在如图 4－23 所示的“筛选器向导”弹框中勾选“筛选行”里面的“保留”（标记 1），然后设置一系列筛选条件为"交易方" Is Empty Or"交易方＿1" Is Empty（标记 2），然后点击“确定”（标记 3），回到设计主界面。

过程 5：机器人保存数据至指定文件

步骤一：如图 4－24 所示，首先在设计主界面中将右侧的滑动条拉到最下方（标记 1），然后点击左侧活动面板的“活动”（标记 2），然后在上方搜索活动框中输入写入范围（标记 3），然后用鼠标左键按住控件【写入范围】拖拽到设计主界面的“⊕”处（标记 4）。

步骤二：在随后出现的图 4－25 界面，首先在工作流界面【写入范围】活动中输入工作簿路径"C：\数据处理机器人\银行对账机器人\日记账单与银行账单.xlsx"（标记 1），然后目标工作表名称输入"关联结果"（标记 2），然后起始单元格输入"A1"（标记 3），然后输入数据表处输入关联结果（标记 4），然后将右侧属性面板“添加标头”处勾选上（标记 5）。

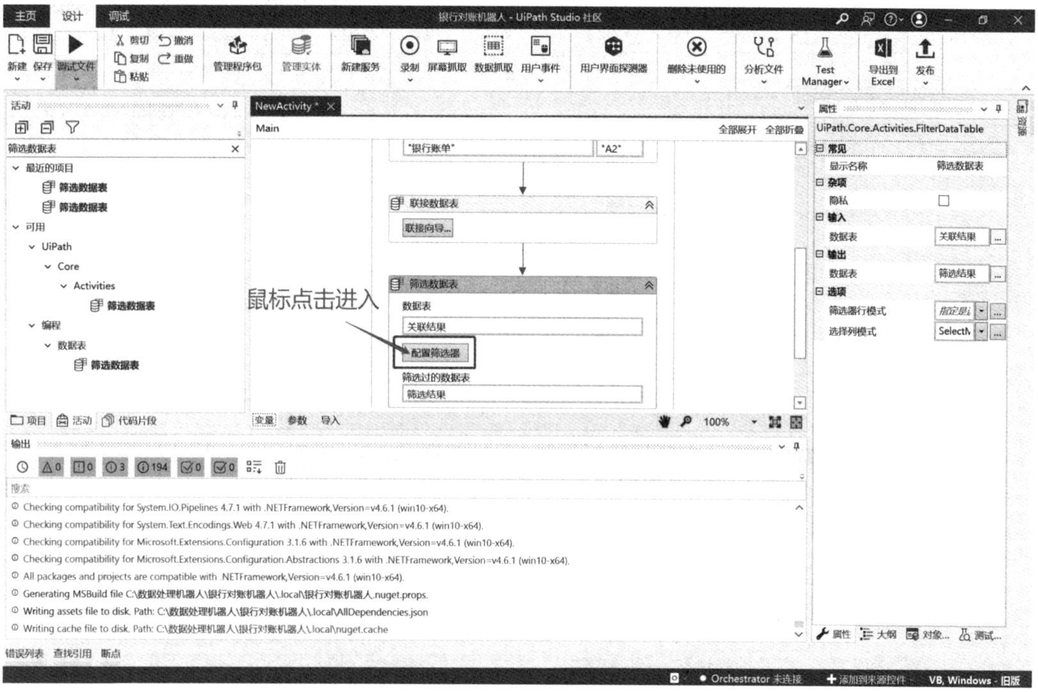

图 4－22　点击“配置筛选器”进入向导

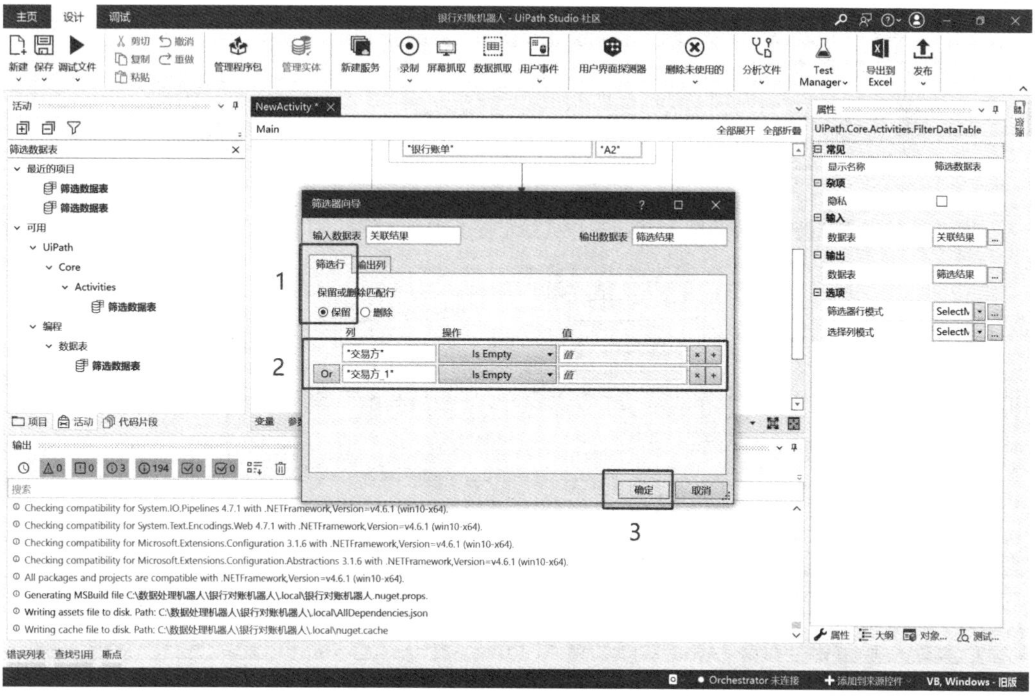

图 4－23　在“筛选器向导”中填写相关内容

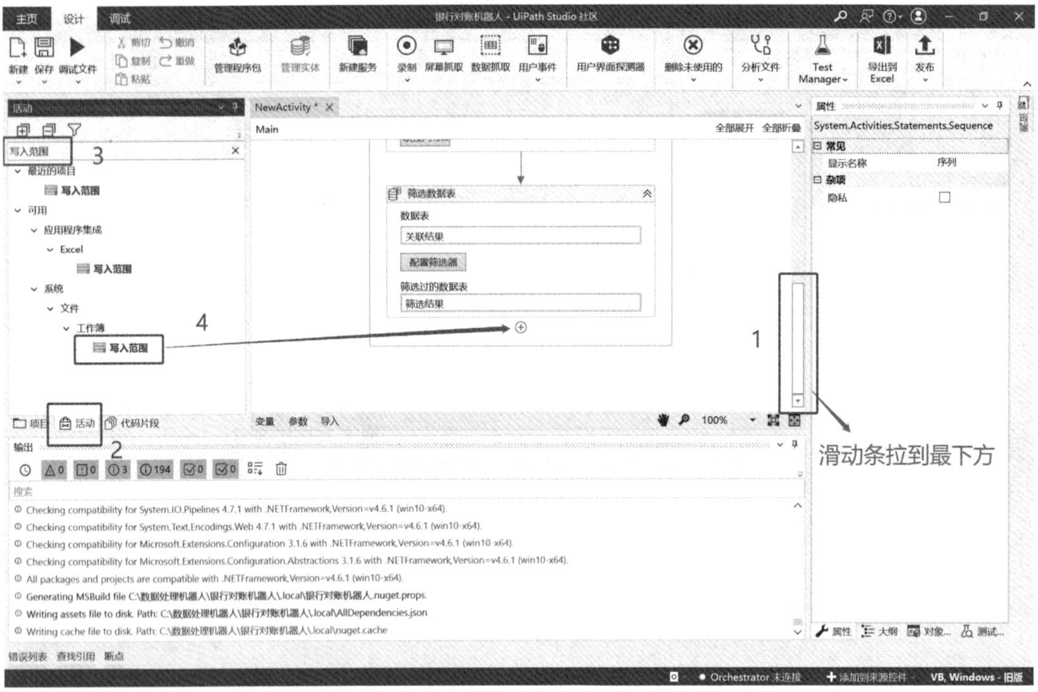

图 4-24　在工作流界面加入一个【写入范围】活动

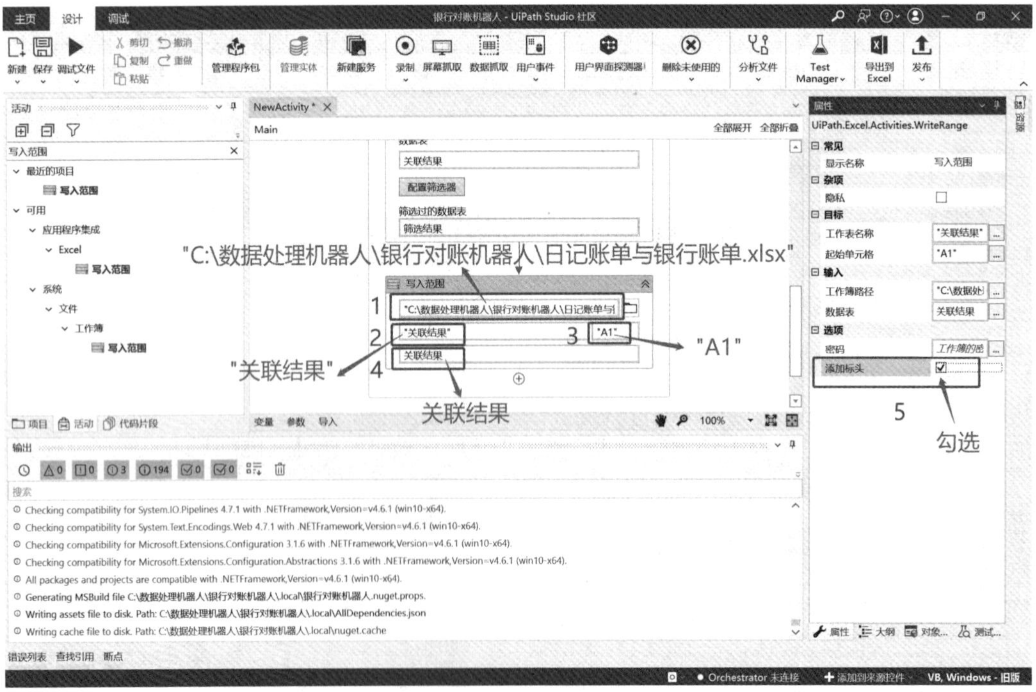

图 4-25　在【写入范围】活动中填写相关内容

步骤三：如图 4-26 所示，首先在工作流界面中点击左侧活动面板的“活动”（标记 1），然后在上方搜索活动框中输入写入范围（标记 2），然后用鼠标左键按住控件【写入范围】拖拽到设计主界面的“⊕”处（标记 3）。

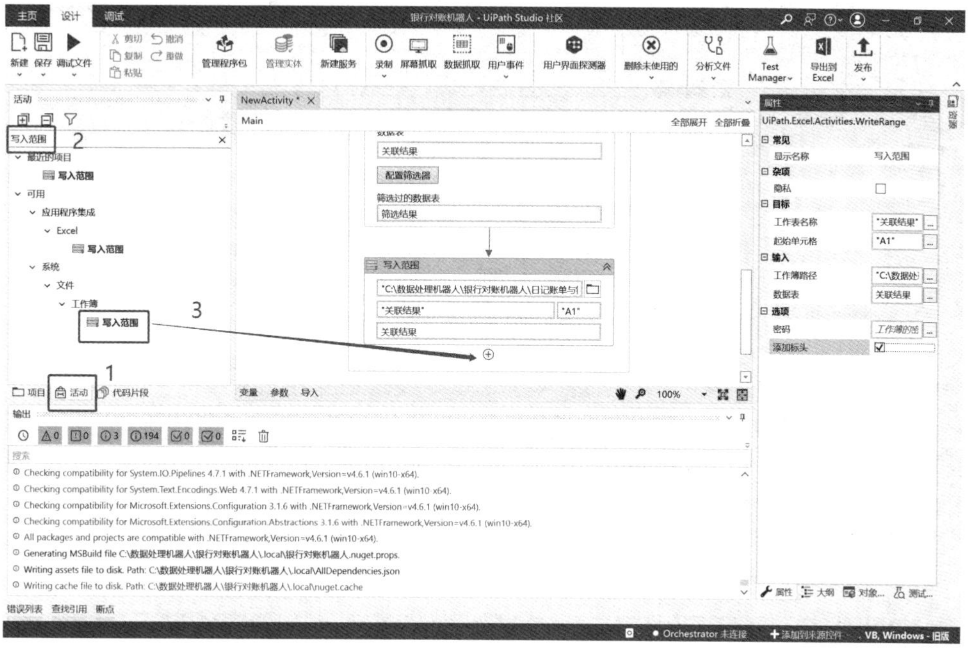

图 4－26　在工作流界面再加入一个【写入范围】活动

步骤四：在随后出现的图 4－27 界面，首先在工作流界面【写入范围】活动中输入工作簿路径"C:\数据处理机器人\银行对账机器人\日记账单与银行账单.xlsx"（标记 1），然后目标工作表名称输入"筛选结果"（标记 2），然后起始单元格输入"A1"（标记 3），然后输入数据表处输入筛选结果（标记 4），然后将右侧属性面板“添加标头”处勾选上（标记 5），最后，在设计主界面中通过各种功能按钮适当调整设计主界面视图，结果如图 4－28 所示。

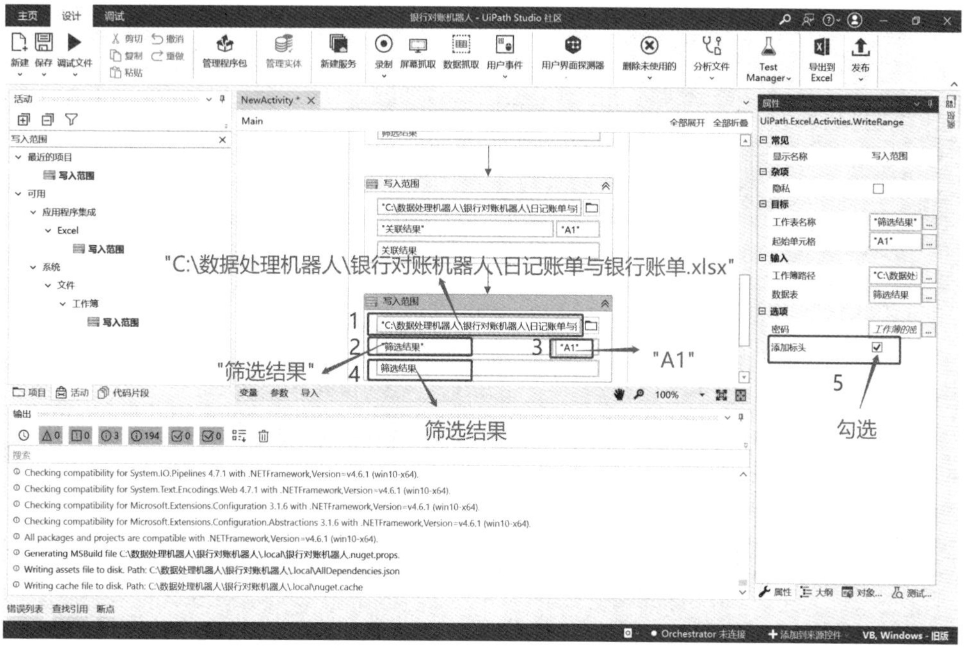

图 4－27　在【写入范围】活动中填写相关内容

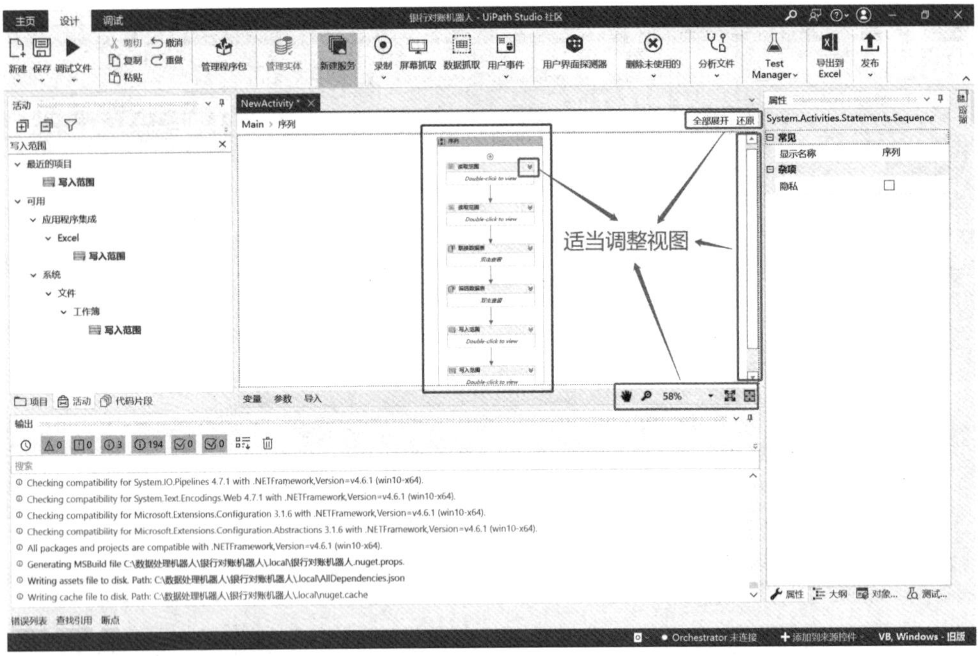

图 4-28　完整程序及主要活动一览图

（三）程序运行

至此，我们完成了所有程序，下面让我们运行一下看看效果吧！

首先，如图 4-29 所示，点击工作流界面左上角的“调试文件”按钮，并点击出现的“运行文件”按钮，运行程序文件。

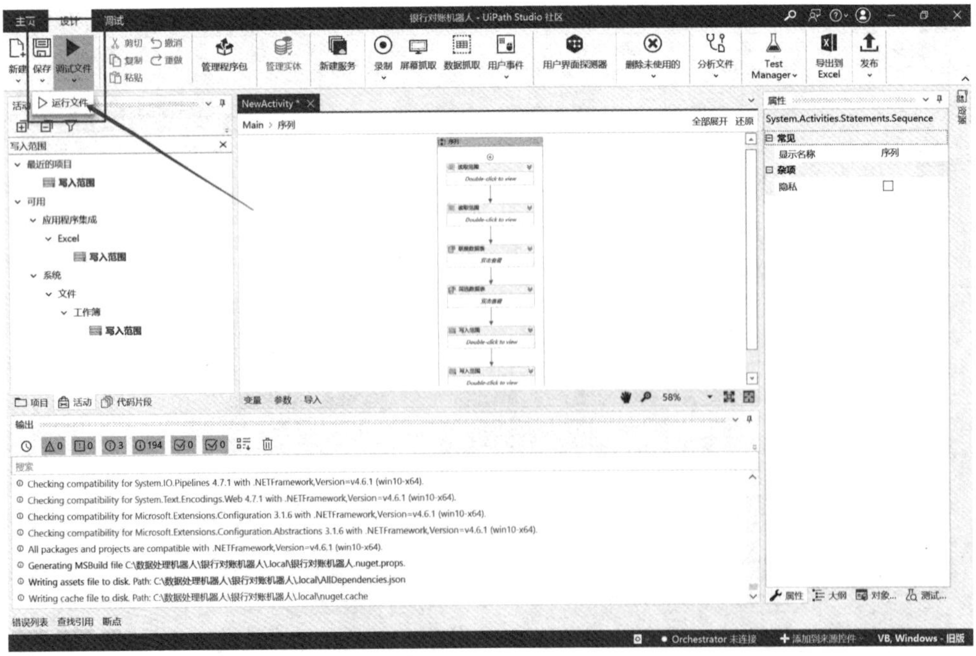

图 4-29　点击“运行文件”

然后，经过自动化运行，UiPath 回到工作流界面，在左下方出现了程序运行的相关信息，本例运行时间快到一秒搞定，如图 4－30 所示。

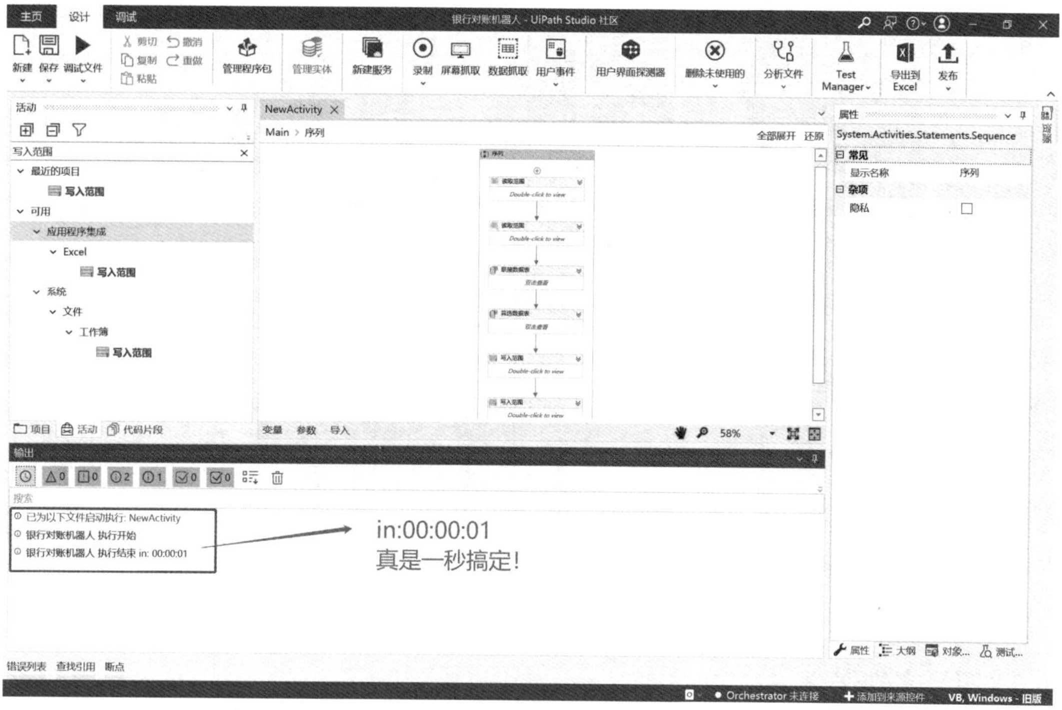

图 4－30　运行结束界面

最后，如图 4－31 所示，我们在电脑路径中（标记 1）可以看到原来的 Excel 文件中（标记 2）增加了“关联结果”和“筛选结果”两个表格（标记 3），而筛选结果中的内容即为日记账单和银行账单中存在差异的数据信息，如图 4－32 所示。

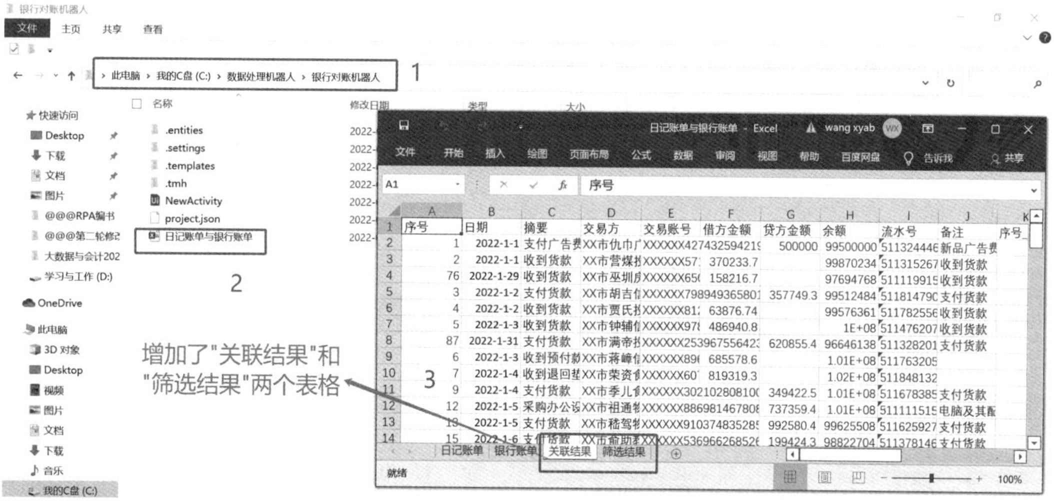

图 4－31　生成的 Excel 文件及内容

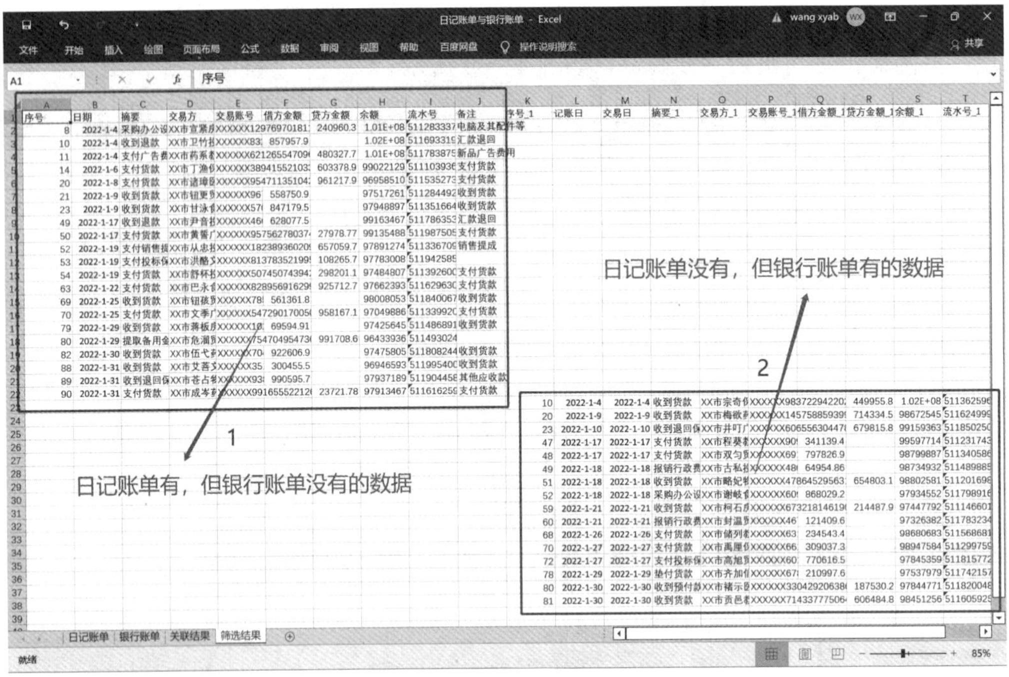

图 4-32　筛选结果内容

（四）文件保存

如图 4-33 所示，用鼠标左键点击工作流界面左上角的“保存”按钮，并点击出现的“全部保存”按钮。

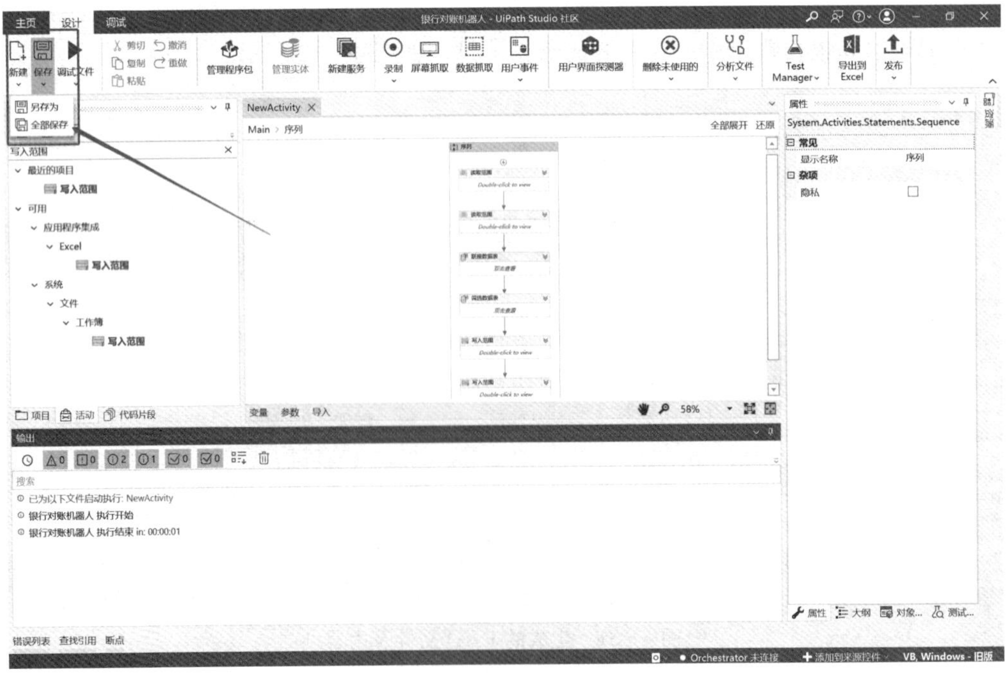

图 4-33　点击“全部保存”

最后保存的文件在哪儿呢？这与我们在“图 4-4　创建一个空白库并更改‘名称’和‘位置’信息”的操作密切相关，如图 4-34 所示。

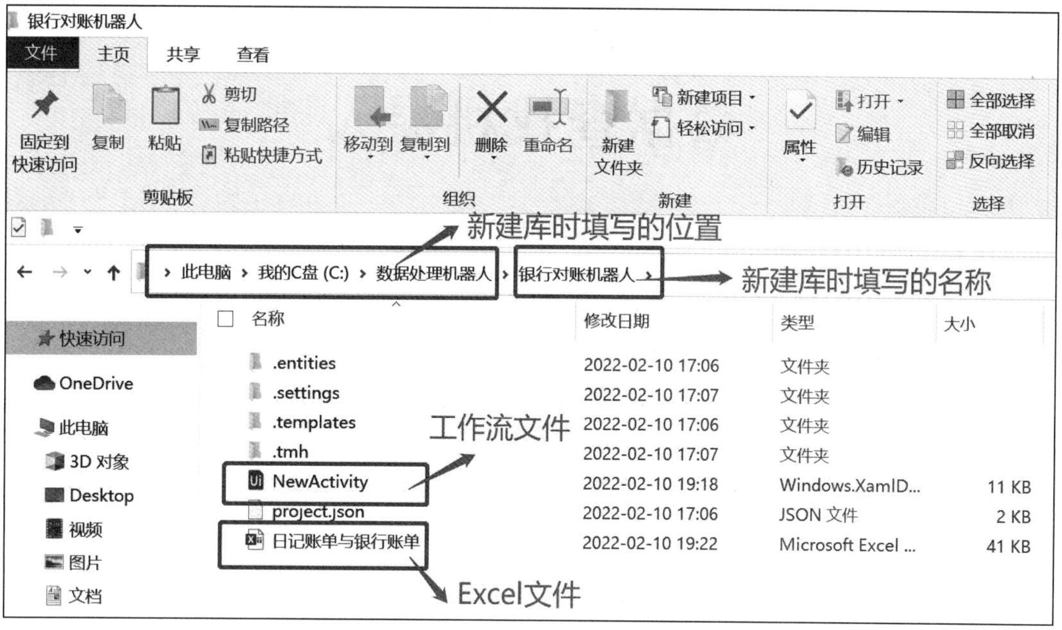

图 4-34　程序文件所在的位置及内容

任务小结

通过本任务的学习，大家是不是学会在 UiPath 中制作银行对账机器人了呢？在这个任务里，我们见识了 UiPath 在 Excel 场景中的应用，动手制作程序并成功实现了机器人自动化开展银行对账的过程。我们在 UiPath 中新建了“库”并进入工作流界面，在程序制作时创建了名称为“日记账单”“银行账单”“关联结果”“筛选结果”的变量（如图 4-35 所示），应用了【读取范围】、【联接数据表】、【筛选数据表】、【写入范围】等活动。如果还意犹未尽的话，那么就跟着我们的节奏继续探索下一个任务吧！

名称	变量类型	范围	默认值
日记账单	DataTable	序列	*输入 VB 表达式*
银行账单	DataTable	序列	*输入 VB 表达式*
关联结果	DataTable	序列	*输入 VB 表达式*
筛选结果	DataTable	序列	*输入 VB 表达式*

图 4-35　创建的变量

任务2 数据查找机器人

任务导入

有一天，你和朋友们在闲聊毕业后会去哪个城市发展，聊着聊着就聊起了我国的“长三角”和“珠三角”。

众所周知，“长三角”和“珠三角”是我国两大经济区，代表着我国经济发展的最高水平，近年来中共中央、国务院印发的《长江三角洲区域一体化发展规划纲要》和《粤港澳大湾区发展规划纲要》更是推动这两大城市群的发展更上一层楼。根据《长江三角洲区域一体化发展规划纲要》，规划范围包括上海市、江苏省、浙江省、安徽省全域（面积35.8万平方公里），以上海市，江苏省南京、无锡、常州、苏州、南通、扬州、镇江、盐城、泰州，浙江省杭州、宁波、温州、湖州、嘉兴、绍兴、金华、舟山、台州，安徽省合肥、芜湖、马鞍山、铜陵、安庆、滁州、池州、宣城27个城市为中心区（面积22.5万平方公里），辐射带动长三角地区高质量发展。而根据《粤港澳大湾区发展规划纲要》，粤港澳大湾区包括香港特别行政区、澳门特别行政区和广东省广州市、深圳市、珠海市、佛山市、惠州市、东莞市、中山市、江门市、肇庆市（以下简称珠三角九市），总面积5.6万平方公里，是我国开放程度最高、经济活力最强的区域之一，在国家发展大局中具有重要战略地位，将建设为富有活力和国际竞争力的一流湾区和世界级城市群，打造高质量发展的典范。

聊完以后，你忍不住想进一步了解“长三角”和“珠三角”主要城市的更多情况，比如城市面积、经济总量、人均发展水平等。这时有人告诉你在2021年发布的《中国城市统计年鉴2020》中详细记载了全国297个地级以上城市的相关情况，你只需要从中查找相关城市的具体数据即可。果然，你在《中国城市统计年鉴2020》找到了上一年度全国297个地级以上城市的土地面积、地区生产总值等数据（图4-36和图4-37），然后你想查找的是其中36个城市（包括长三角27个中心区城市和珠三角九市）的土地面积、GDP、人均GDP数据（图4-38）。现在该怎么办呢，真的要靠人工一个一个地去查吗，或者再查找下Excel等工具书看看有没有更方便的办法？类似数据查找的场景还挺多，有没有可能设计一个程序实现上述过程呢？那么，让我们利用UiPath做个“数据查找机器人”来帮忙吧！

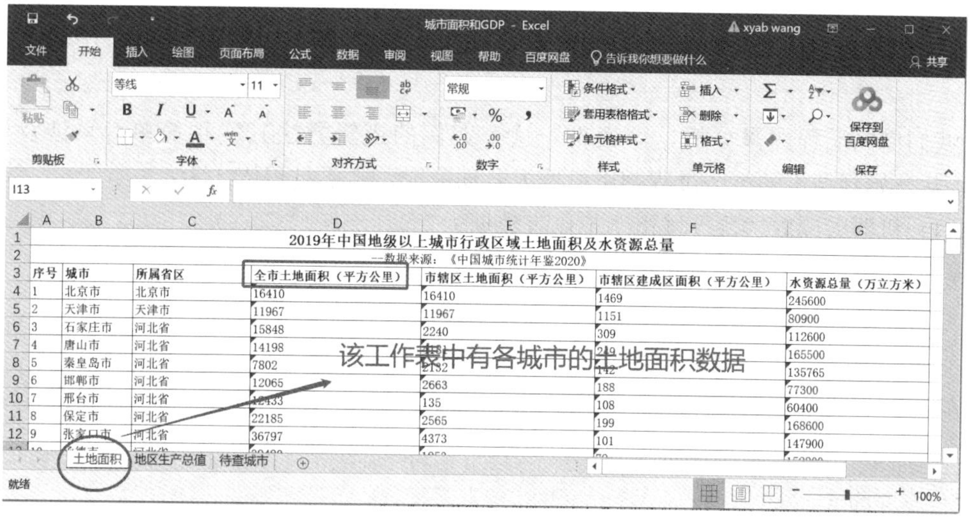

图 4-36 土地面积表格内容

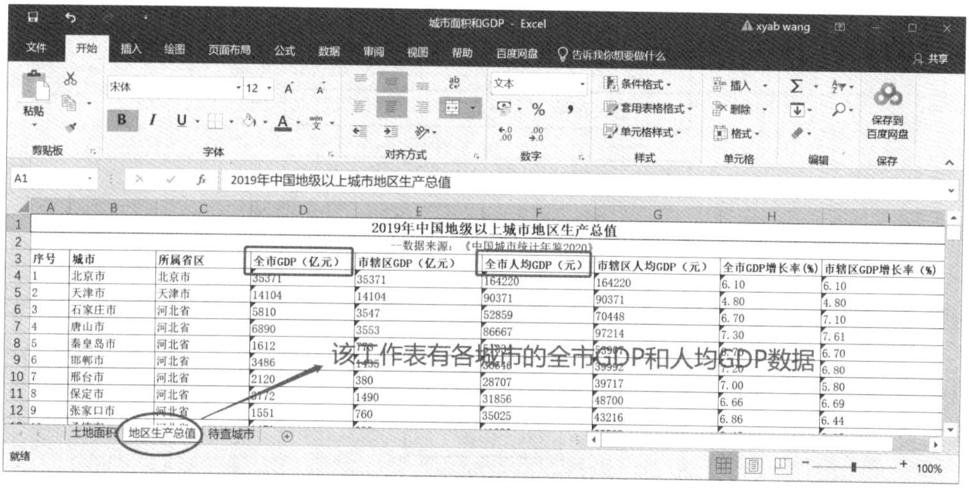

图 4-37 地区生产总值表格内容

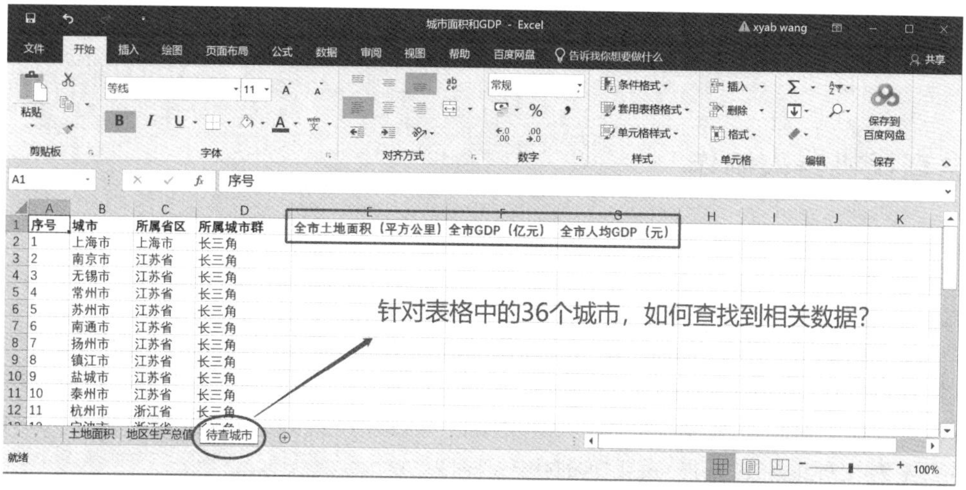

图 4-38 待查城市表格内容

任务分析与设计

我们借助流程图来分析这个案例，这个案例的逻辑方法其实很简单，只涉及“顺序”，从开始到结束的整个过程都由机器人自动完成，主要过程依次为：

（1）机器人读取“待查城市”工作表数据；

（2）机器人读取“土地面积”工作表数据；

（3）机器人读取“地区生产总值”工作表数据；

（4）机器人关联各个工作表数据；

（5）机器人筛选和排序查找结果；

（6）机器人保存数据至指定文件。

具体如图 4－39 所示。

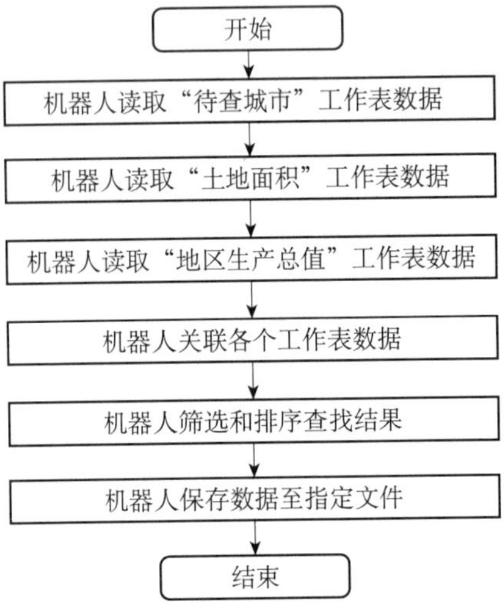

图 4－39　数据查找的流程图

任务实施

数据查找机器人制作

（一）操作准备

首先，提前退出 360 安全卫士等杀毒软件（避免对使用过程的干扰），如图 4－40 所示，打开 UiPath Studio 软件并在开始界面的新建项目处点击“库”（标记 1）；在弹出来的新建空白库对话框中更改“名称”和“位置”信息（名称改为数据查找机器人，位置改为C：\数据处理机器人），点击“创建”（标记 2）。

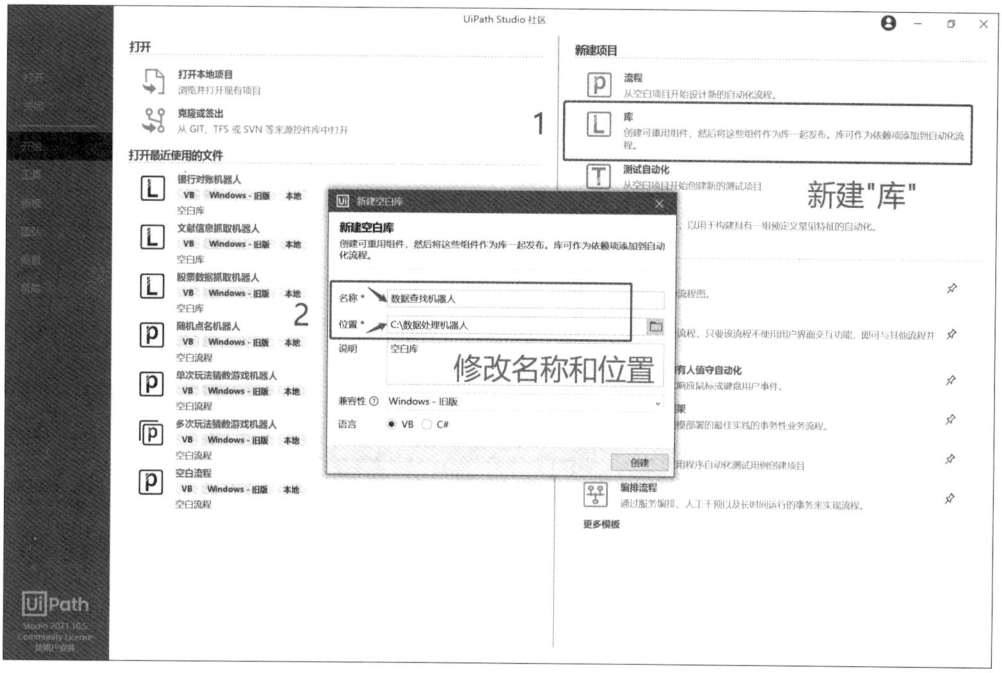

图 4-40 创建一个空白库并更改“名称”和“位置”信息

其次，待加载依赖项相关过程完成，新的库就创建成功了，如图 4-41 所示，我们可以看到和以前创建的流程界面不一样，界面上没有“打开主工作流”的入口了，这时我们点击左下侧活动面板中“项目”（标记 1），随后用鼠标左键双击“NewActivity. xaml”（标记 2），就能进入我们熟悉的工作流界面了，界面的各功能区域如图 4-42 所示。

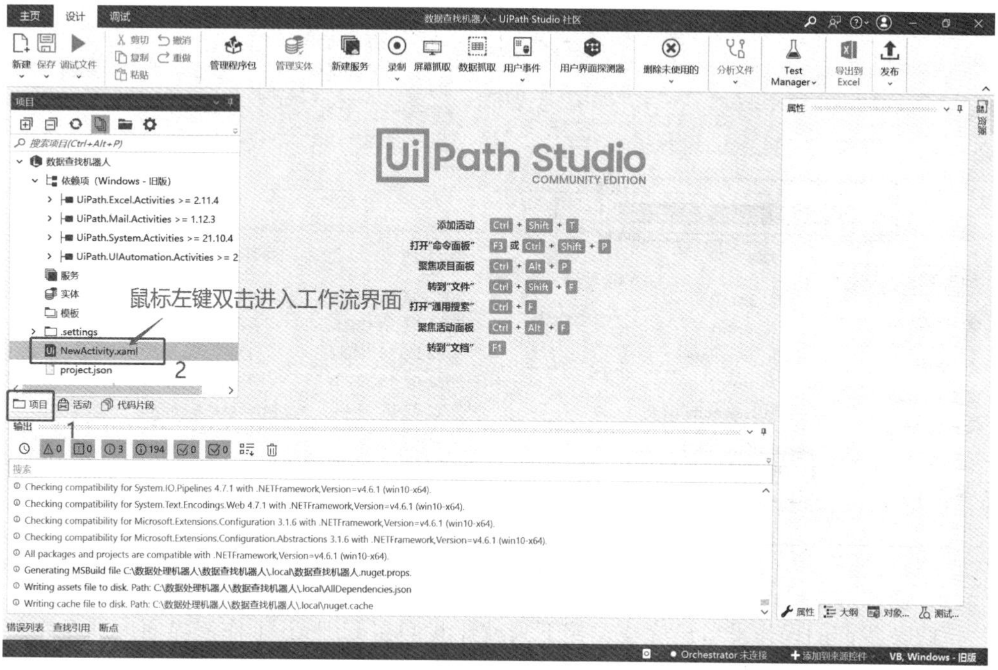

图 4-41 鼠标左键双击“NewActivity. xaml”进入工作流界面

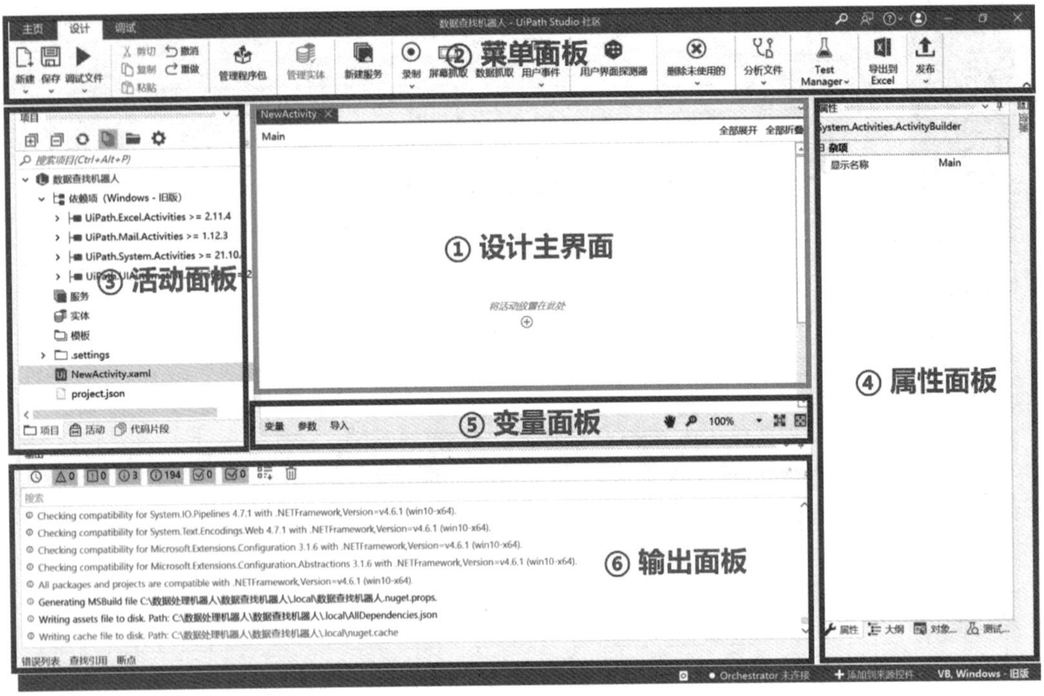

图 4-42　工作流界面示意图

最后，如图 4-43 所示，打开新建库所在的路径 C:\数据处理机器人\数据查找机器人（标记 1），将名称为“城市面积和 GDP”的 Excel 文件复制进来（标记 2）。

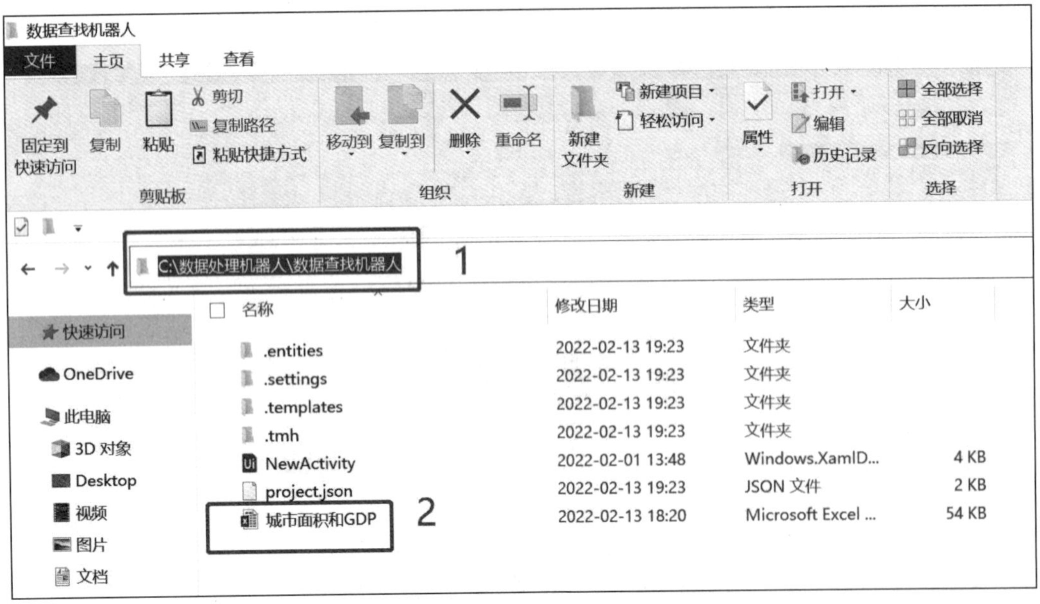

图 4-43　将 Excel 文件复制到指定文件夹

至此，我们的操作准备已完成，接下来就让我们在 UiPath 工作流界面大展身手吧！

（二）程序制作

数据查找机器人
制作运行解析

对照流程图，程序制作可以分为 6 个过程。

过程 1：机器人读取“待查城市”工作表数据

步骤一：如图 4－44 所示，首先在工作流界面中点击左侧活动面板的“活动”（标记 1），然后在上方搜索活动框中输入“读取范围”（标记 2），然后用鼠标左键按住控件【读取范围】拖拽到设计主界面的“⊕”处（标记 3）。

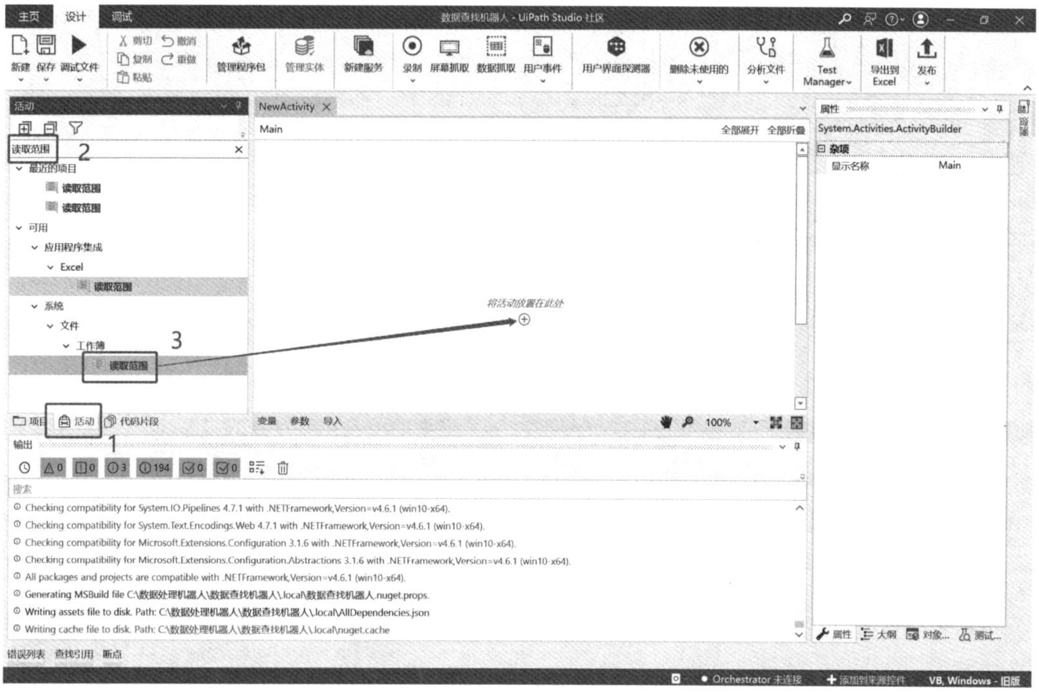

图 4－44 在工作流界面加入一个【读取范围】活动

步骤二：在随后出现的图 4－45 界面，首先在工作流界面【读取范围】活动中填写工作簿路径"C:\数据处理机器人\数据查找机器人\城市面积和 GDP.xlsx"（标记 1），然后填写日记账单工作表名称"待查城市"（标记 2），然后在右侧属性面板中填写输入范围"A1"（标记 3），然后在右侧属性面板输出“数据表”处填写待查城市（标记 4），然后将右侧属性面板“添加标头”处勾选上（标记 5），然后点击变量面板处的“变量”（标记 6），展开变量编辑区域。

步骤三：在随后出现的图 4－46 界面中，首先点击变量编辑区域的“创建变量”处，在“名称”列输入待查城市（标记 1），然后在“变量类型”列下拉选择DataTable（标记 2），然后在“范围”列下拉选择序列（标记 3），然后在“默认值”列保持默认空着（标记 4），然后在属性面板处可以看到同步出填写的内容（标记 5），最后点击变量面板处的“变量”（标记 6），收回变量编辑区域。

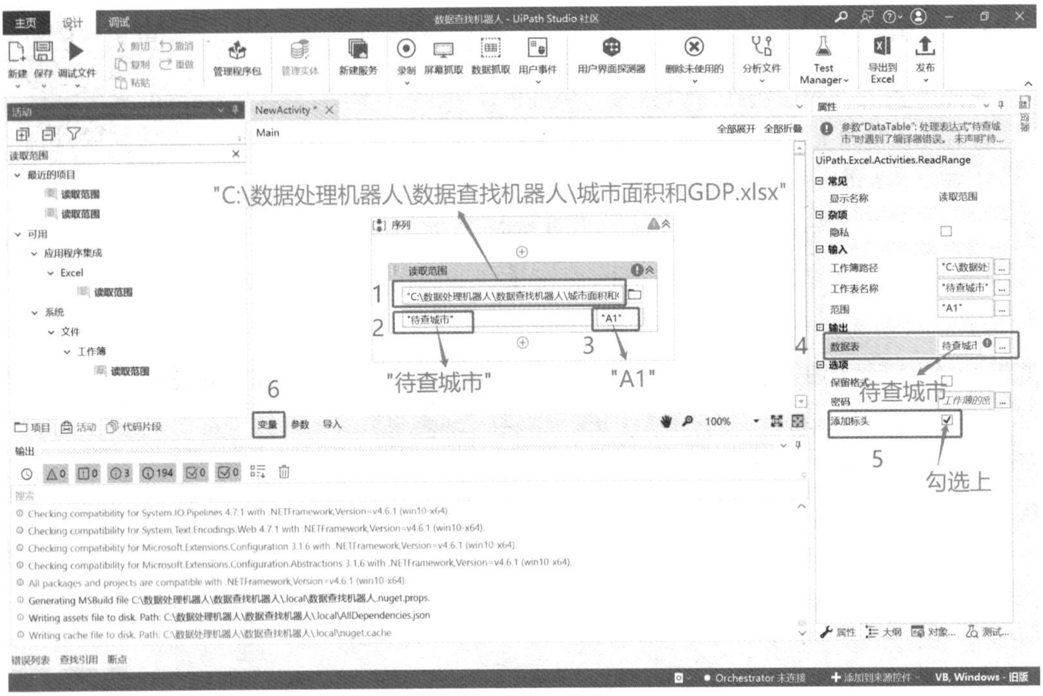

图 4－45　在【读取范围】活动中填写相关内容

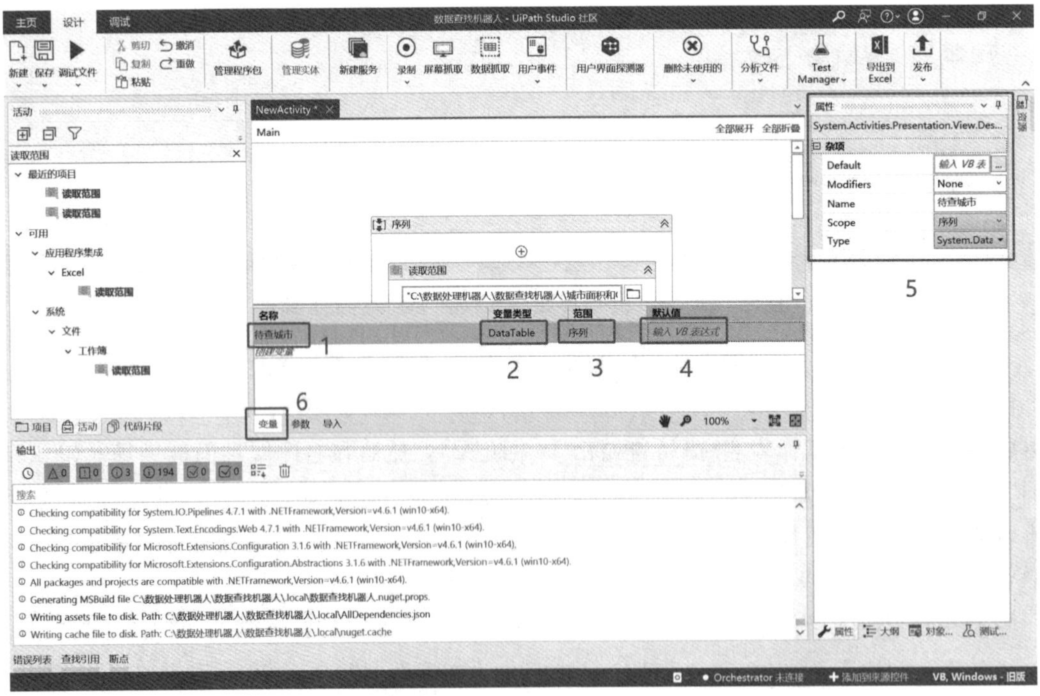

图 4－46　在变量编辑区域创建一个“待查城市”变量

过程 2：机器人读取“土地面积”工作表数据

步骤一：如图 4－47 所示，首先在工作流界面中点击左侧活动面板的“活动”（标记

1)，然后在上方搜索活动框中输入读取范围（标记 2），然后用鼠标左键按住控件【读取范围】拖拽到设计主界面的“⊕”处（标记 3）。

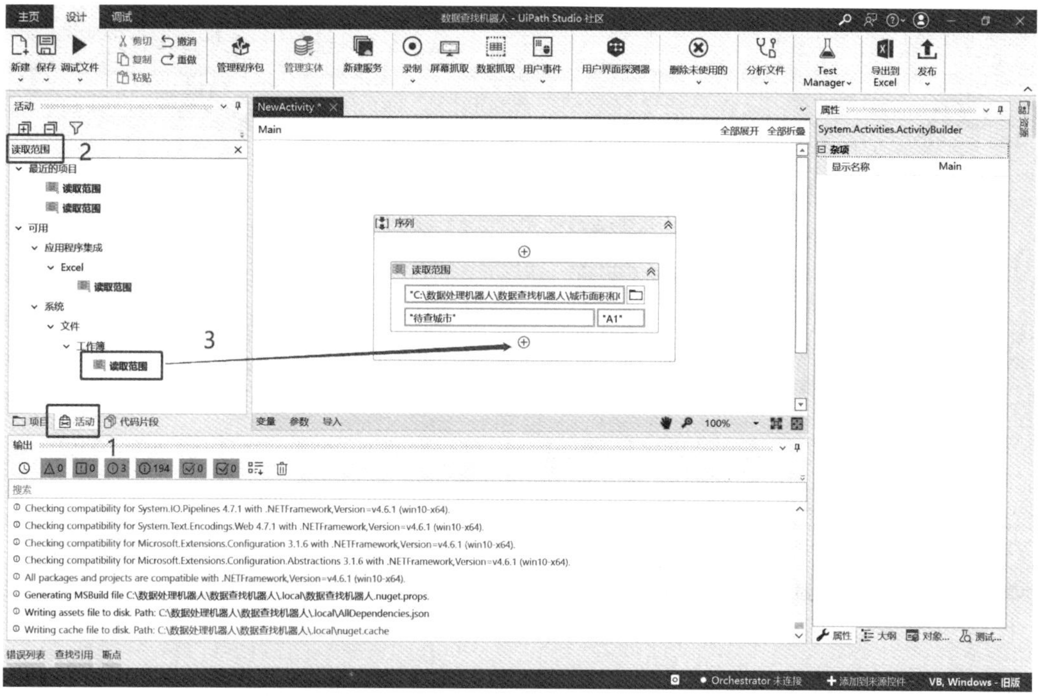

图 4-47 在工作流界面继续加入一个【读取范围】活动

步骤二：在随后出现的图 4-48 界面中，首先在工作流界面【读取范围】活动中填写工作簿路径"C：\数据处理机器人\数据查找机器人\城市面积和 GDP. xlsx"（标记 1），然后填写日记账单工作表名称"土地面积"（标记 2），然后在右侧属性面板中填写输入范围"A3"（标记 3），然后在右侧属性面板输出“数据表”处填写土地面积（标记 4），然后将右侧属性面板“添加标头”处勾选上（标记 5），然后点击变量面板处的“变量”（标记 6），展开变量编辑区域。

步骤三：在随后出现的图 4-49 界面中，首先点击变量编辑区域的“创建变量”处，在“名称”列输入土地面积（标记 1），然后在“变量类型”列下拉选择DataTable（标记 2），然后在“范围”列下拉选择序列（标记 3），然后在“默认值”列保持默认空着（标记 4），然后在属性面板处可以看到同步出填写的内容（标记 5），最后点击变量面板处的“变量”（标记 6），收回变量编辑区域。

过程 3：机器人读取“地区生产总值”工作表数据

步骤一：如图 4-50 所示，首先在工作流界面中点击左侧活动面板的“活动”（标记 1），然后在上方搜索活动框中输入读取范围（标记 2），然后用鼠标左键按住控件【读取范围】拖拽到设计主界面的“⊕”处（标记 3）。

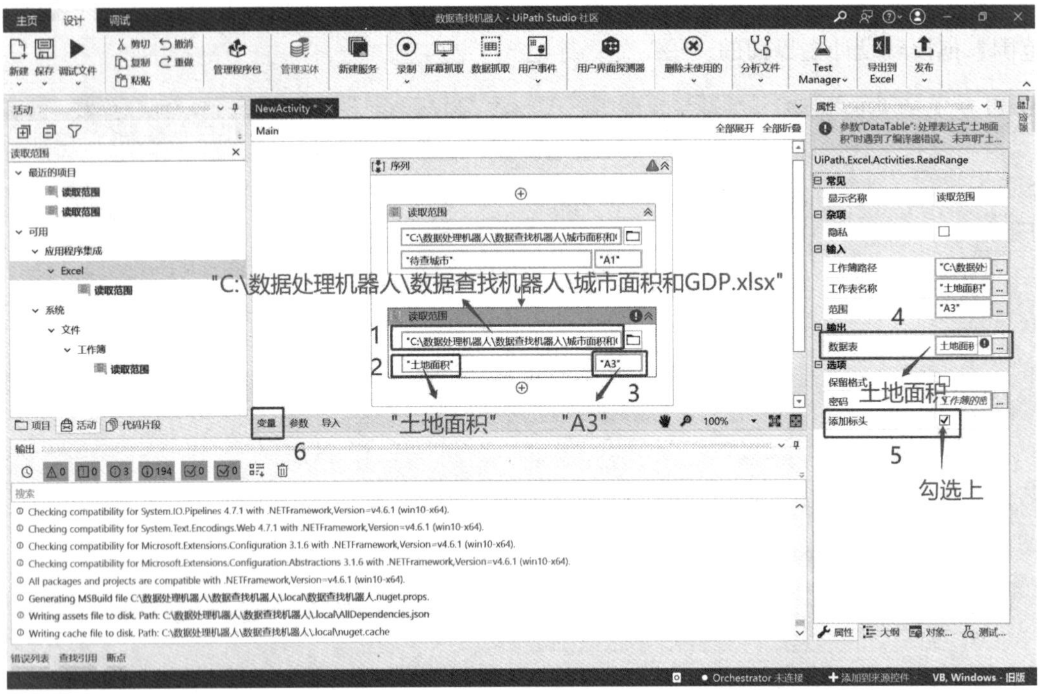

图 4－48　在【读取范围】活动中填写相关内容

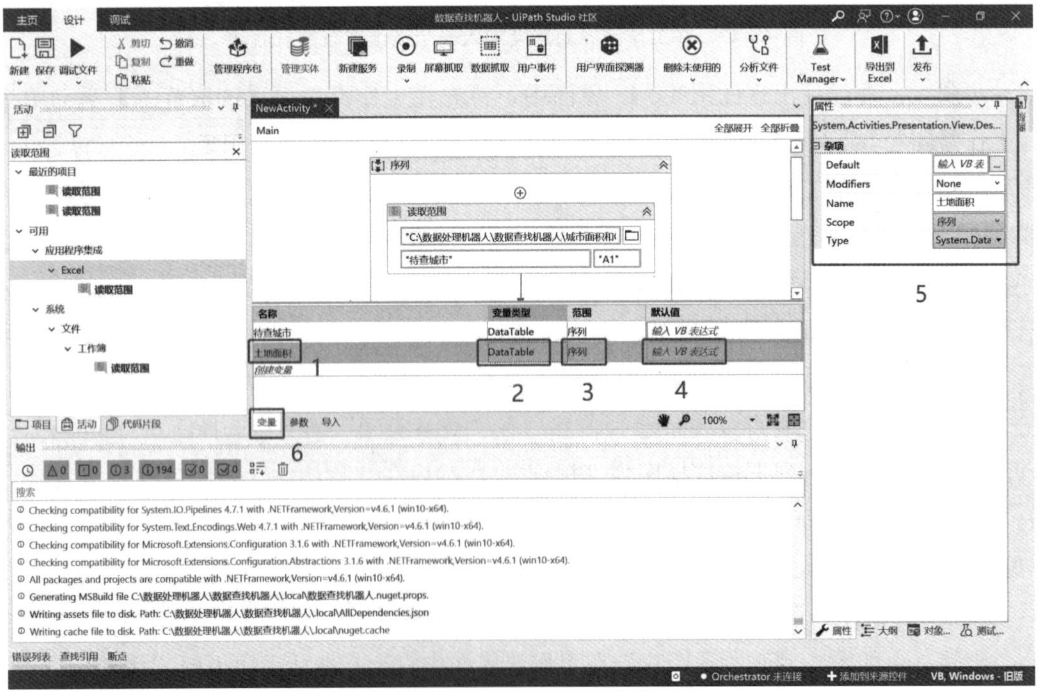

图 4－49　在变量编辑区域创建一个“土地面积”变量

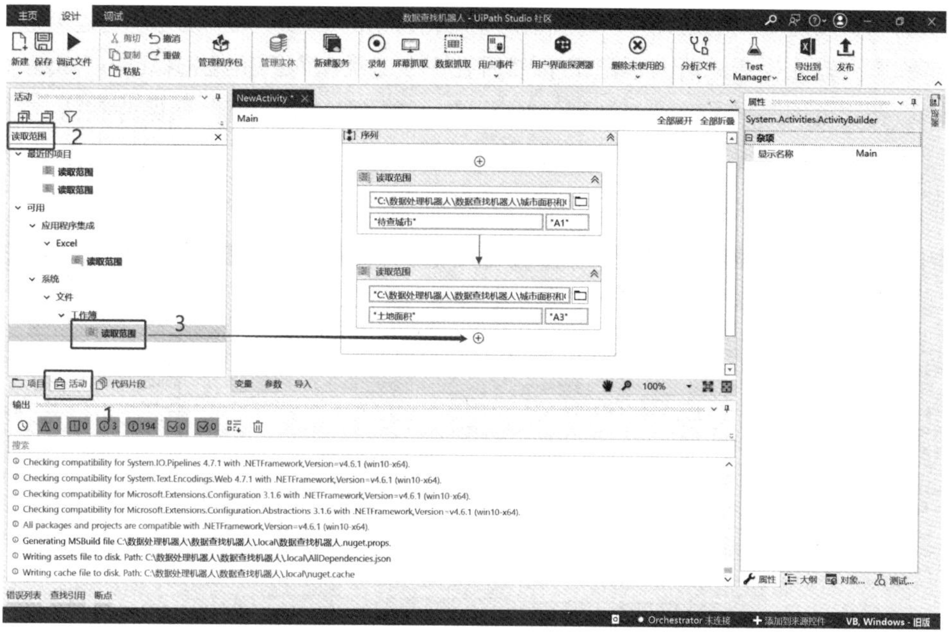

图 4－50 在工作流界面继续加入一个【读取范围】活动

步骤二：在随后出现的图 4－51 界面中，首先在工作流界面【读取范围】活动中填写工作簿路径"C:\数据处理机器人\数据查找机器人\城市面积和 GDP. xlsx"（标记 1），然后填写日记账单工作表名称"地区生产总值"（标记 2），然后在右侧属性面板中填写输入范围"A3"（标记 3），然后在右侧属性面板输出“数据表”处填写生产总值（标记 4），然后将右侧属性面板中“添加标头”处勾选上（标记 5），然后点击变量面板处的“变量”（标记 6），展开变量编辑区域。

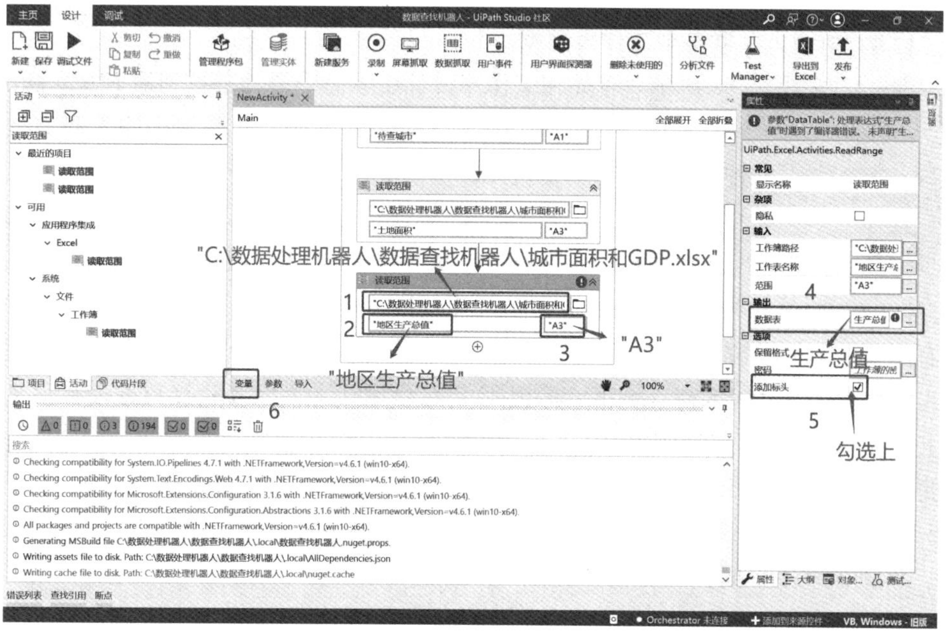

图 4－51 在【读取范围】活动中填写相关内容

步骤三：在随后出现的图 4－52 界面中，首先点击变量编辑区域的“创建变量”处，在“名称”列输入生产总值（标记 1），然后在“变量类型”列下拉选择DataTable（标记 2），然后在“范围”列下拉选择序列（标记 3），然后在“默认值”列保持默认空着（标记 4），然后在属性面板处可以看到同步出填写的内容（标记 5），最后点击变量面板处的“变量”（标记 6），收回变量编辑区域。

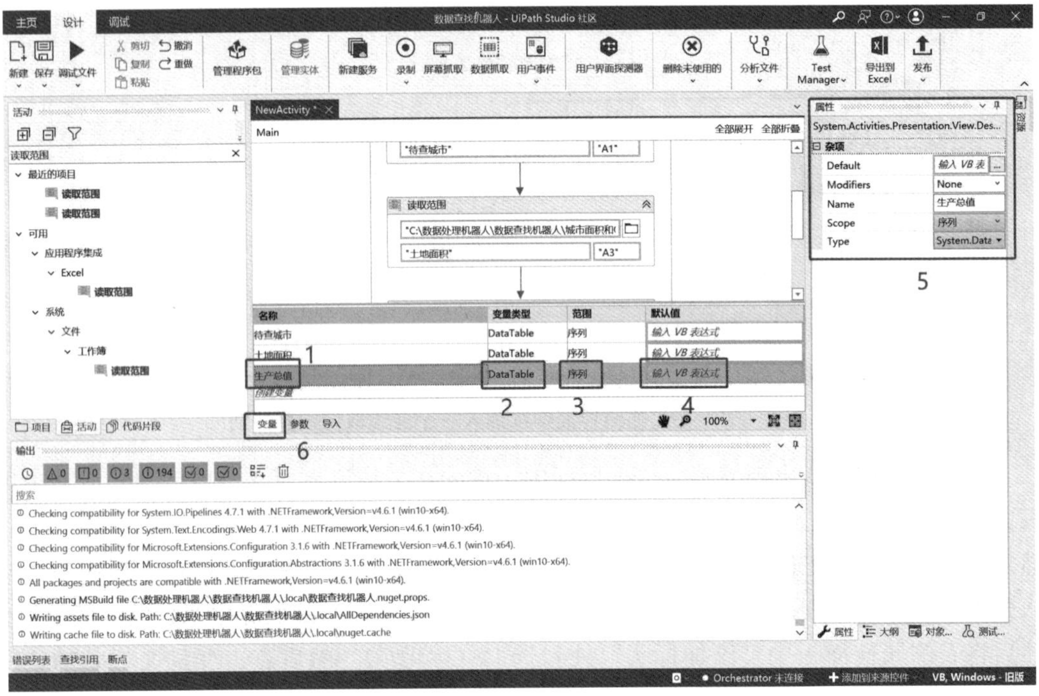

图 4－52　在变量编辑区域创建一个“生产总值”变量

过程 4：机器人关联各个工作表数据

步骤一：如图 4－53 所示，首先在工作流设计主界面将滑动条拉到最下方（标记 1），然后点击左侧活动面板的“活动”（标记 2），然后在上方搜索活动框中输入联接数据表（标记 3），然后用鼠标左键按住控件【联接数据表】拖拽到设计主界面的“⊕”处（标记 4）。

步骤二：在随后出现的图 4－54 界面中，首先在工作流界面中点击【联接数据表】活动（标记 1），然后在右侧属性面板中输入“数据表 1”处输入待查城市（标记 2），然后在右侧属性面板中输入“数据表 2”处输入土地面积（标记 3），然后在右侧属性面板中输出“数据表”处输入待查城市（标记 4），然后设计主界面【联接数据表】活动中的“联接向导”（标记 5），进入联接向导。

步骤三：在随后出现的图 4－55 所示的“联接向导”弹框中将“联接类型”选为Left（标记 1），然后设置一系列联接条件为"城市"＝"城市"（标记 2），然后点击“确定”（标记 3），回到设计主界面。

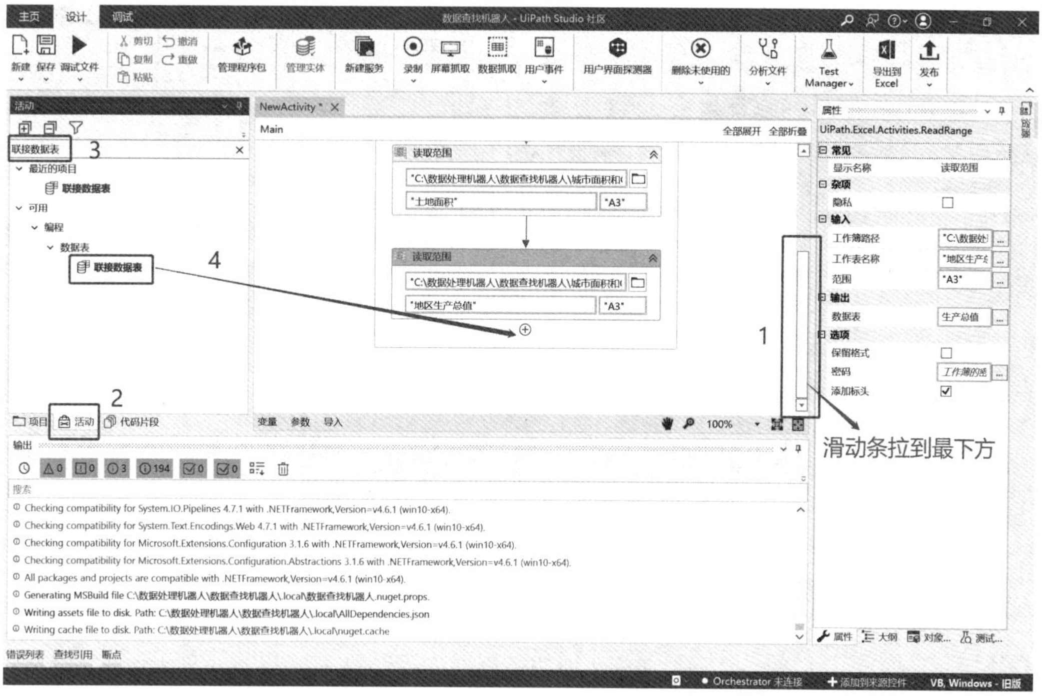

图 4-53　在工作流界面加入一个【联接数据表】活动

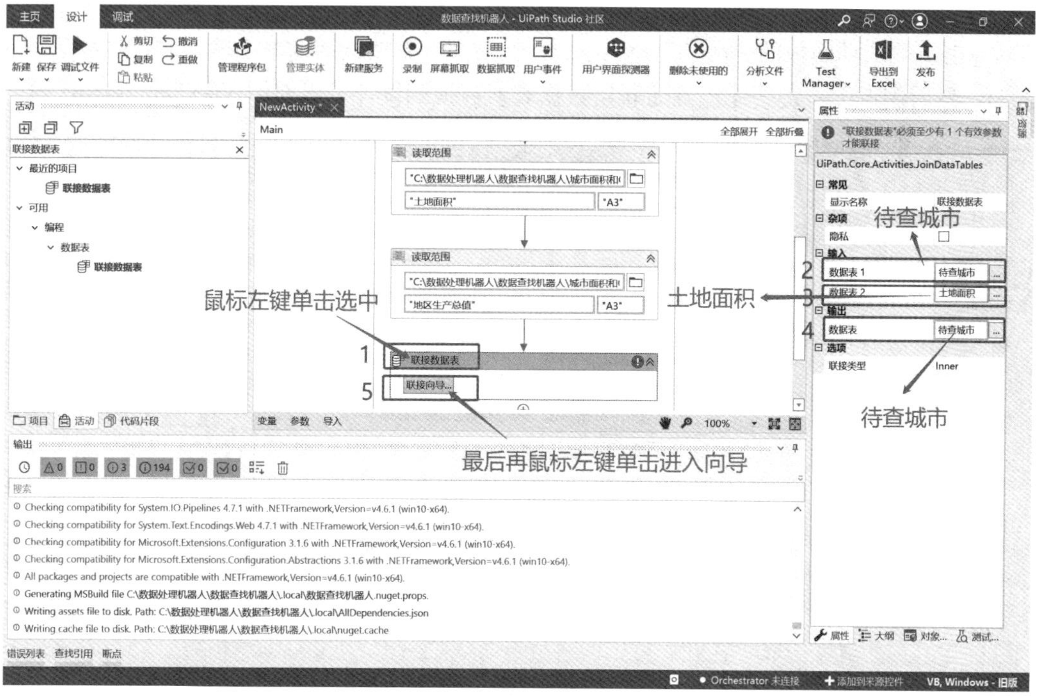

图 4-54　在【联接数据表】活动中填写相关内容

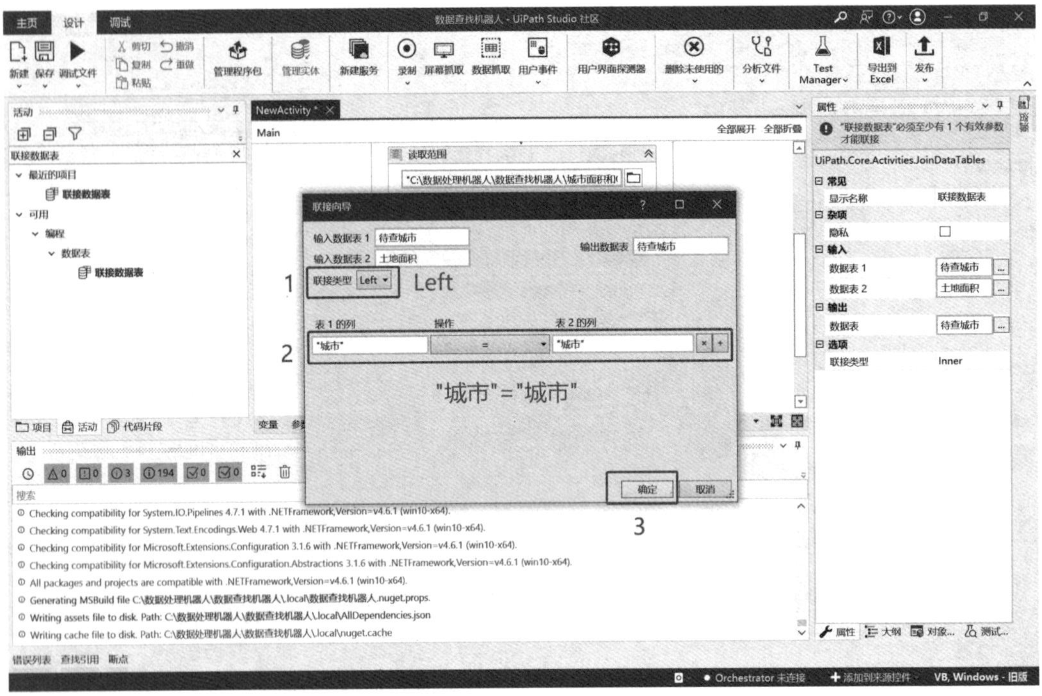

图 4-55 在“联接向导”中填写相关内容

步骤四：如图 4-56 所示，首先在工作流设计主界面将滑动条拉到最下方（标记 1），然后点击左侧活动面板的“活动”（标记 2），然后在上方搜索活动框中输入联接数据表（标记 3），然后用鼠标左键按住控件【联接数据表】拖拽到设计主界面的“⊕”处（标记 4）。

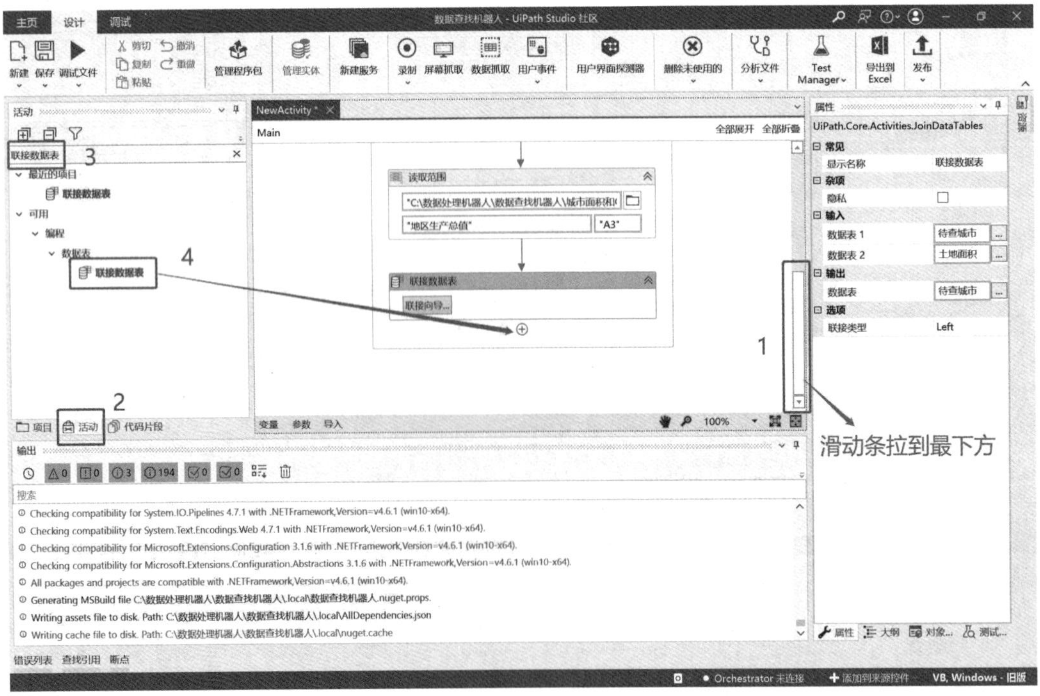

图 4-56 在工作流界面加入一个【联接数据表】活动

步骤五：在随后出现的图 4－57 界面中，首先在工作流界面中点击【联接数据表】活动（标记 1），然后在右侧属性面板中输入“数据表 1”处输入待查城市（标记 2），然后在右侧属性面板中输入“数据表 2”处输入生产总值（标记 3），然后在右侧属性面板中输出“数据表”处输入待查城市（标记 4），然后设计主界面“联接数据表”活动中的“联接向导”（标记 5），进入联接向导。

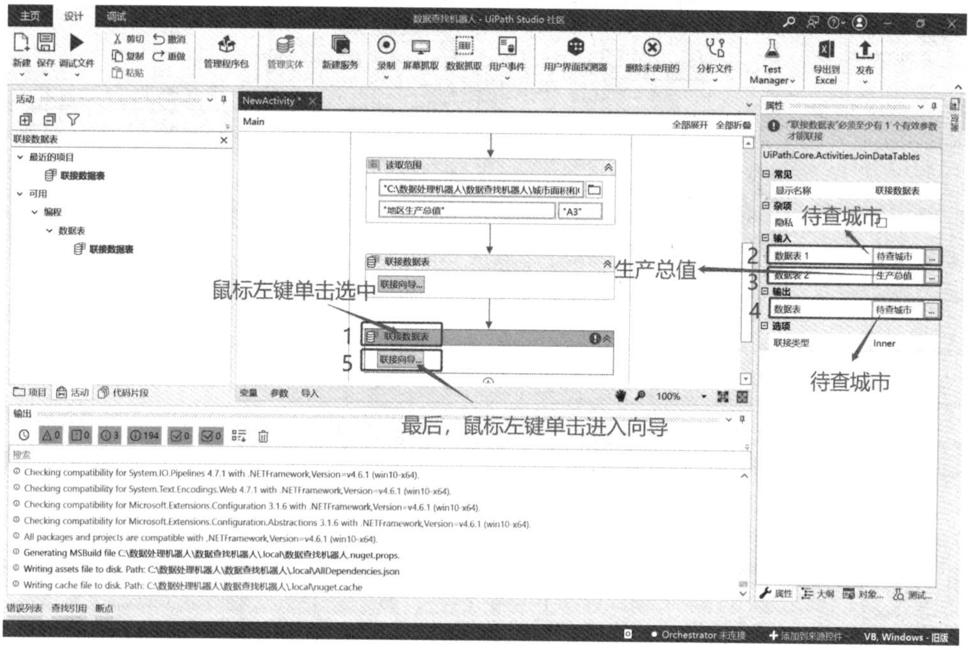

图 4－57 在【联接数据表】活动中填写相关内容

步骤六：在随后出现的图 4－58 所示的“联接向导”弹框中将“联接类型”选为Left（标记 1），然后设置一系列联接条件为"城市"＝"城市"（标记 2），然后点击“确定”（标记 3），回到设计主界面。

过程 5：机器人筛选和排序查找结果

步骤一：如图 4－59 所示，首先在工作流设计主界面将滑动条拉到最下方（标记 1），然后点击左侧活动面板的“活动”（标记 2），然后在上方搜索活动框中输入筛选数据表（标记 3），然后用鼠标左键按住控件【筛选数据表】拖拽到设计主界面的“⊕”处（标记 4）。

步骤二：在随后出现的图 4－60 界面中，首先在工作流界面【筛选数据表】活动中“数据表”处输入关联结果（标记 1），然后在“筛选过的数据表”处输入筛选结果（标记 2），然后在右侧属性面板中可以同步看到输入的内容（标记 3），然后点击变量面板处的“变量”（标记 4），展开变量编辑区域。

步骤三：在随后出现的图 4－61 界面中，首先点击变量编辑区域的“创建变量”处，在“名称”列输入查找结果（标记 1），然后在“变量类型”列下拉选择DataTable（标记 2），然后在“范围”列下拉选择序列（标记 3），然后在“默认值”列保持默认空着（标记 4），然后在属性面板处可以看到同步出填写的内容（标记 5），最后点击变量面板处的“变量”（标记 6），收回变量编辑区域。

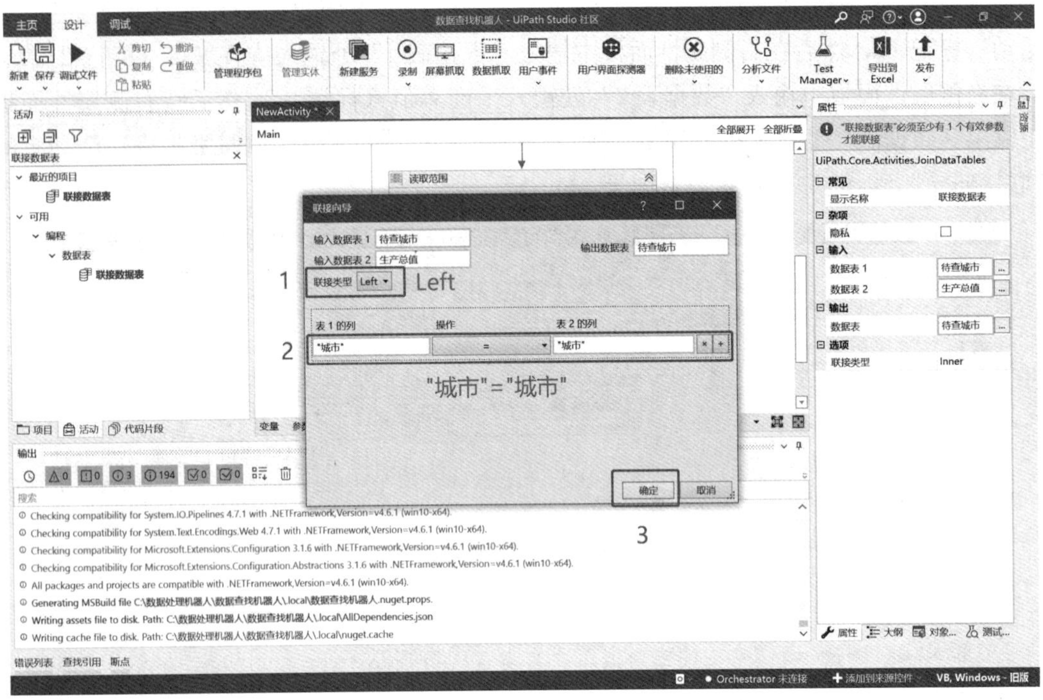

图 4－58　在“联接向导”中填写相关内容

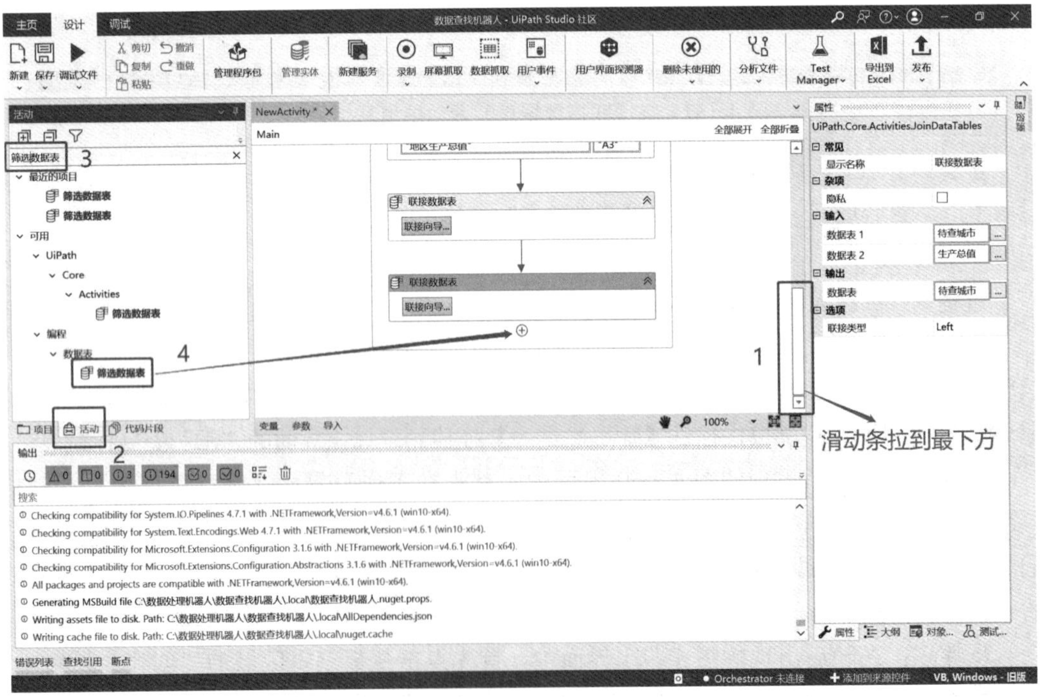

图 4－59　在工作流界面加入一个【筛选数据表】活动

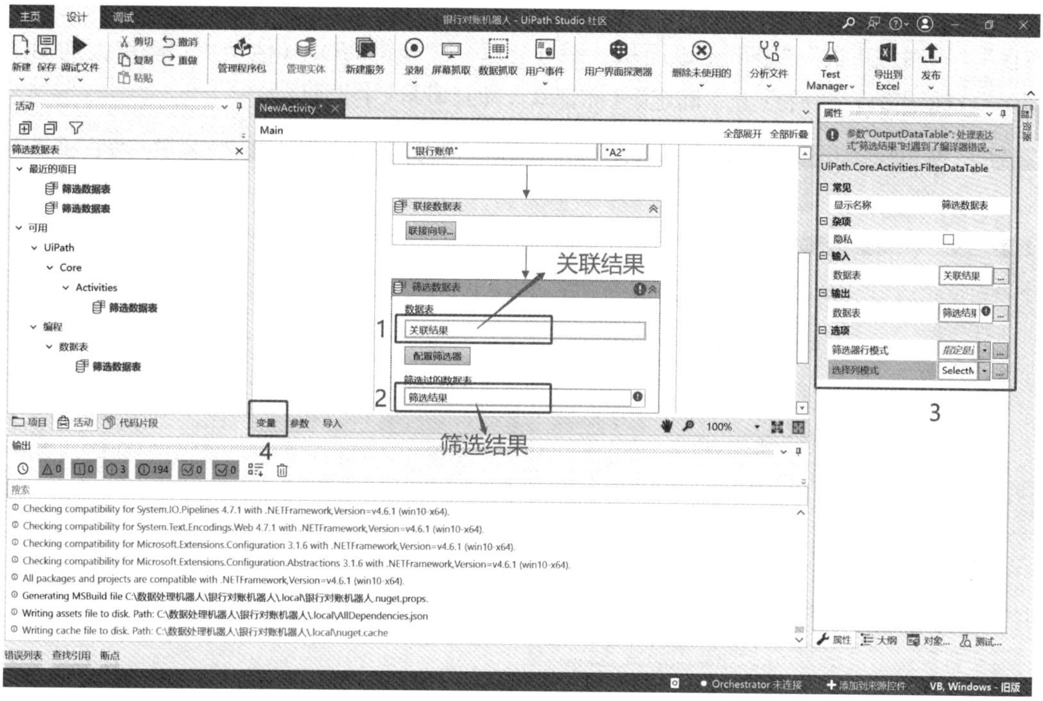

图 4-60　在【筛选数据表】活动中填写相关内容

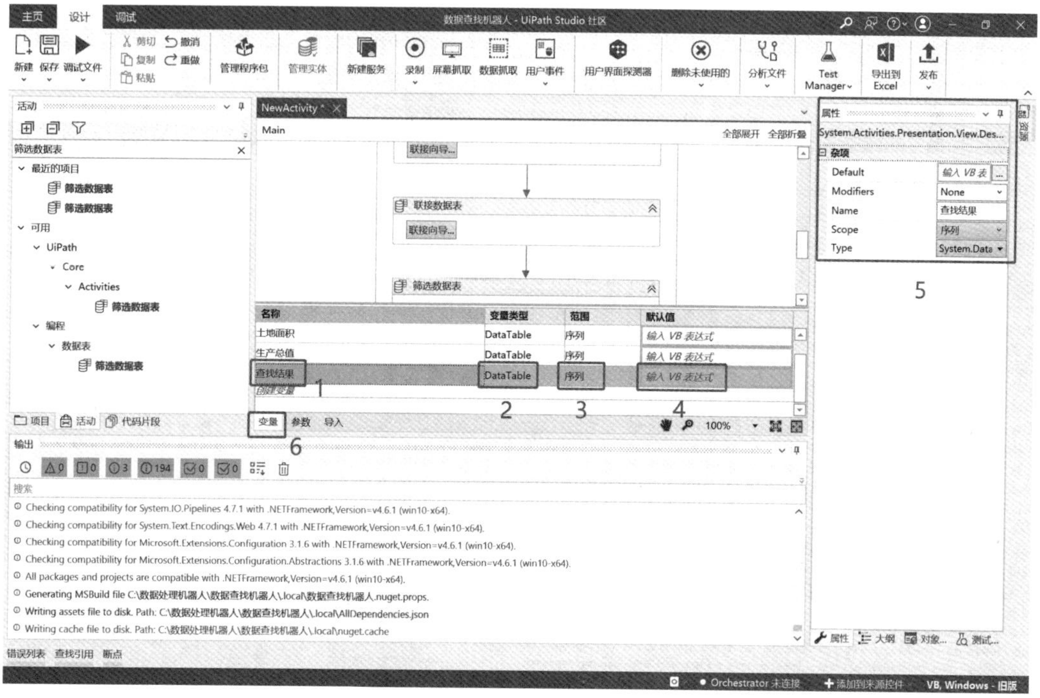

图 4-61　在变量编辑区域创建“查找结果”变量

步骤四：在随后出现的图 4-62 界面中，首先点击设计主界面【筛选数据表】活动中的“配置筛选器”进入向导，然后在如图 4-63 所示的“筛选器向导”弹框中勾选

“输出列”里面的“保留”（标记 1），然后设置一系列保留条件为“序号”“城市”“所属省区”“所属城市群”“全市土地面积（平方公里）”“全市 GDP（亿元）”“全市人均 GDP（元）”（标记 2），然后点击“确定”（标记 3），回到设计主界面。

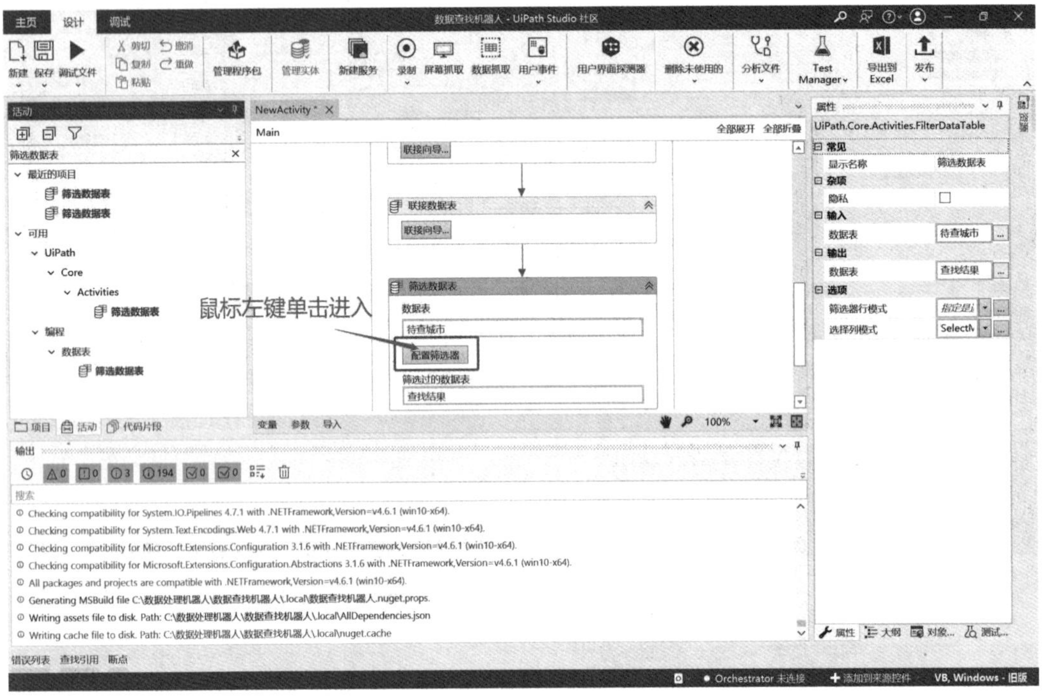

图 4-62　点击“配置筛选器”进入向导

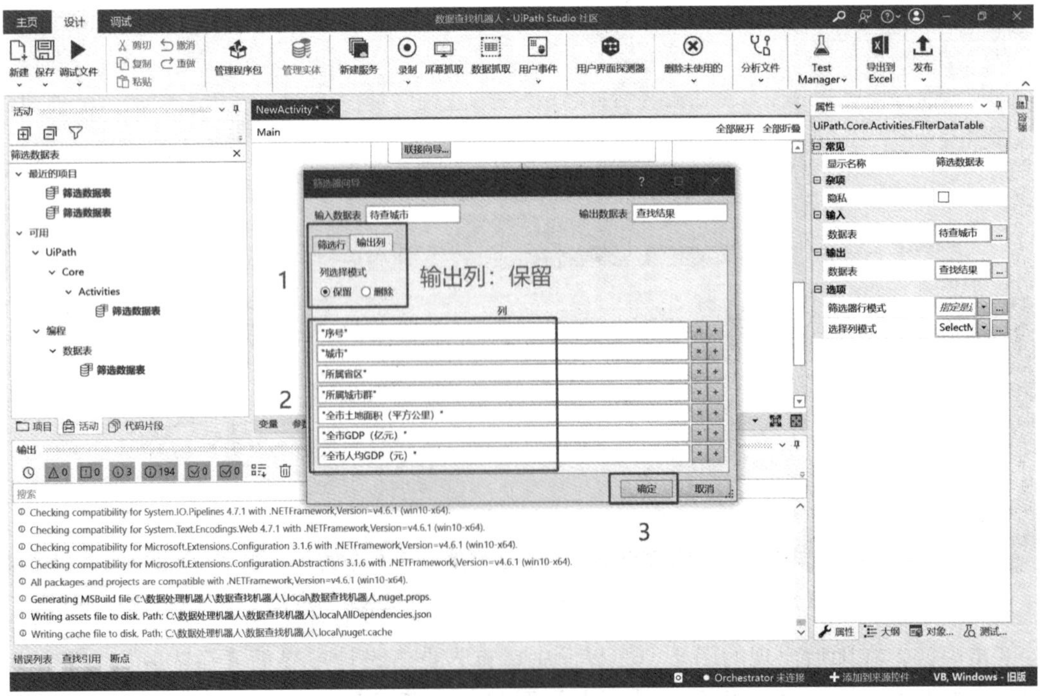

图 4-63　在“筛选器向导”中填写相关内容

步骤五：如图 4－64 所示，首先在设计主界面中将右侧的滑动条拉到最下方（标记 1），然后点击左侧活动面板的“活动”（标记 2），然后在上方搜索活动框中输入排序数据表（标记 3），然后用鼠标左键按住控件【排序数据表】拖拽到设计主界面的“⊕”处（标记 4）。

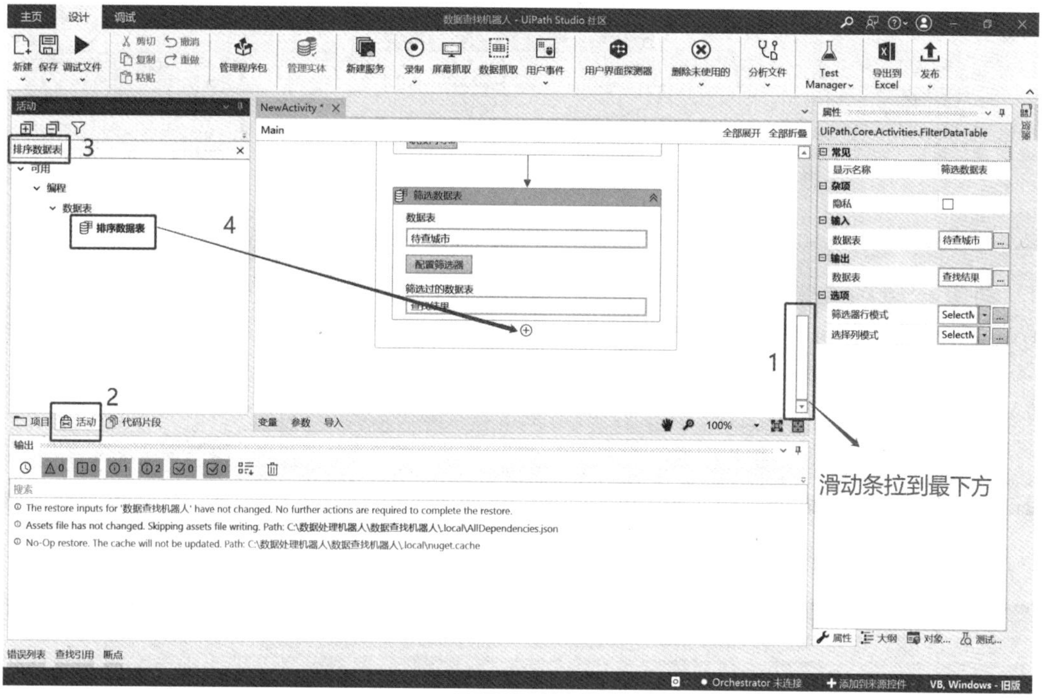

图 4－64　在工作流界面加入一个【排序数据表】活动

步骤六：在随后出现的图 4－65 界面中，首先在工作流界面【排序数据表】活动中“名称”处输入"序号"（标记 1），然后在“数据表”处输入查找结果（标记 2），然后在右侧属性面板输出“数据表”处输入查找结果（标记 3）。

过程 6：机器人保存数据至指定文件

步骤一：如图 4－66 所示，首先在设计主界面中将右侧的滑动条拉到最下方（标记 1），然后点击左侧活动面板的“活动”（标记 2），然后在上方搜索活动框中输入写入范围（标记 3），然后用鼠标左键按住控件【写入范围】拖拽到设计主界面的“⊕”处（标记 4）。

步骤二：在随后出现的图 4－67 界面中，首先在工作流界面【写入范围】活动中输入工作簿路径"C：\数据处理机器人\数据查找机器人\城市面积和 GDP. xlsx"（标记 1），然后目标工作表名称输入"查找结果"（标记 2），然后起始单元格输入"A1"（标记 3），然后输入数据表处输入"查找结果"（标记 4），然后将右侧属性面板“添加标头”处勾选上（标记 5）。最后，在设计主界面中通过各种功能按钮适当调整设计主界面视图，结果如图 4－68 所示。

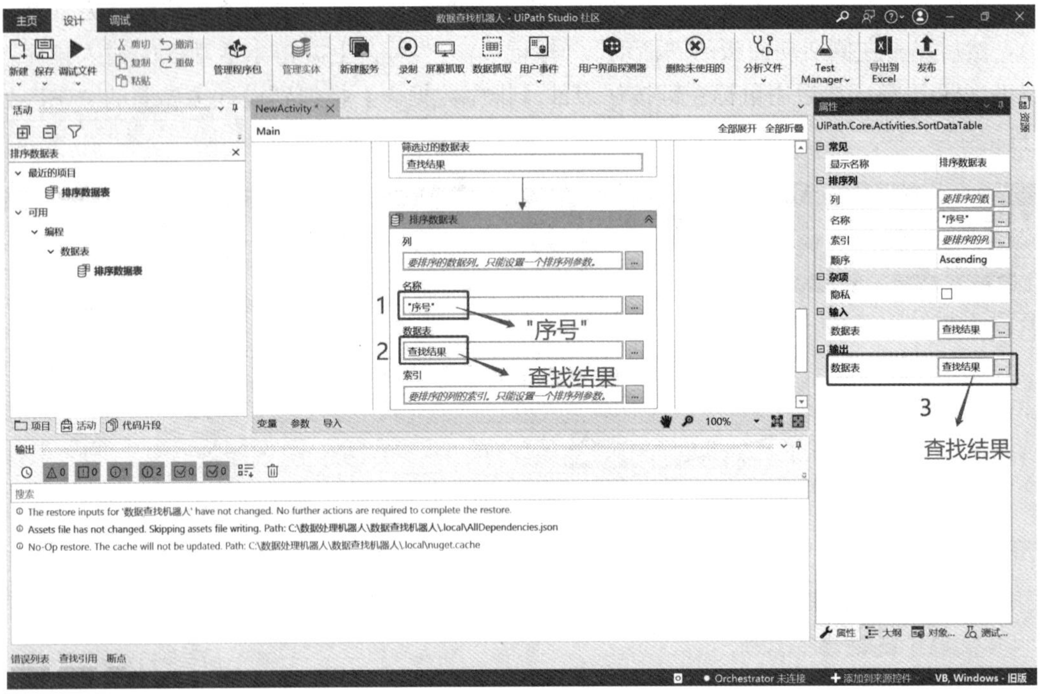

图 4-65　在【排序数据表】活动中填写相关内容

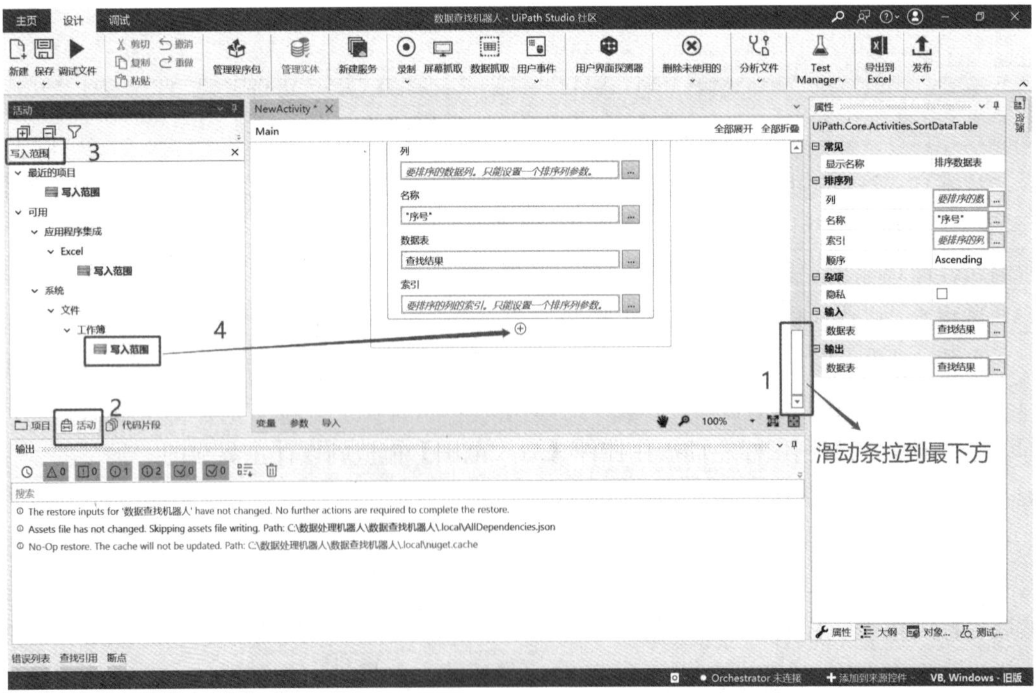

图 4-66　在工作流界面加入一个【写入范围】活动

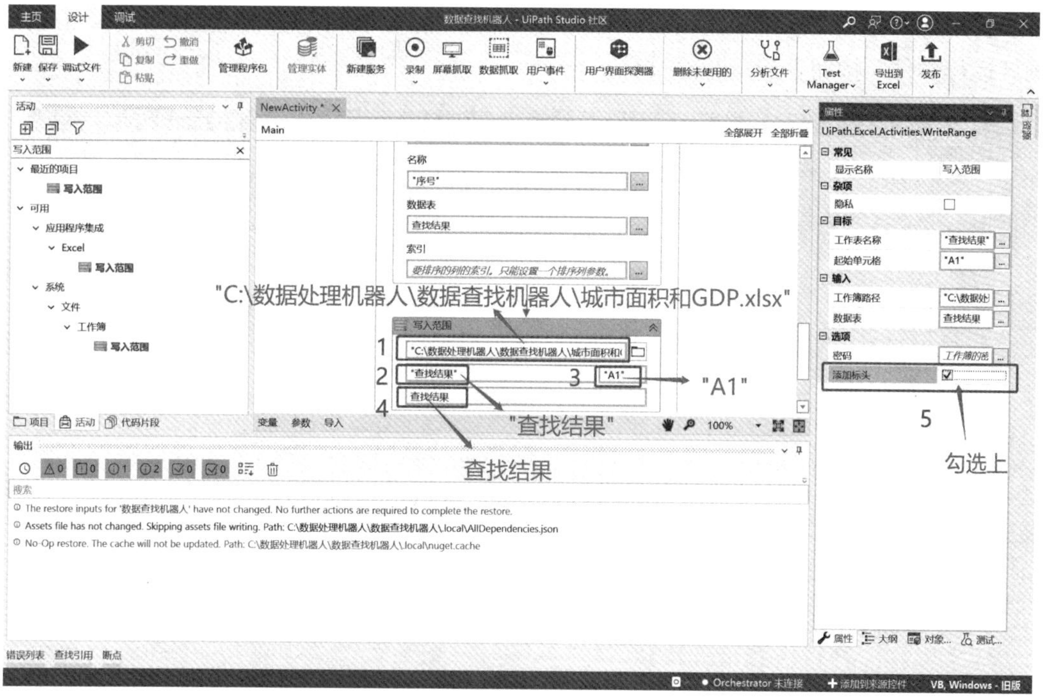

图 4－67　在【写入范围】活动中填写相关内容

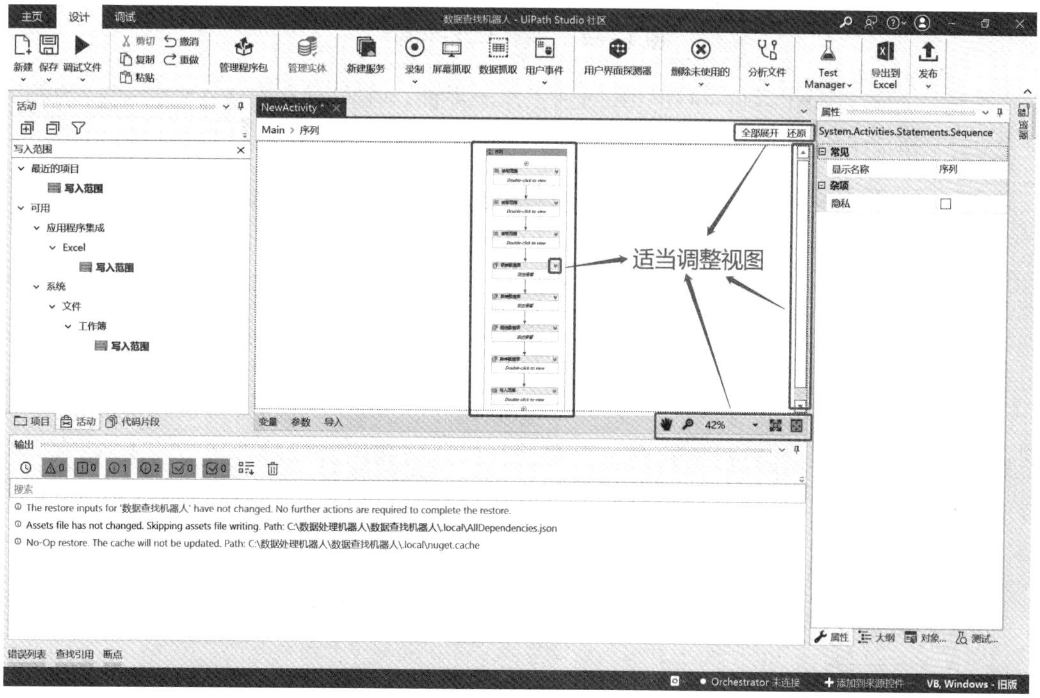

图 4－68　完整程序及主要活动一览图

（三）程序运行

至此，我们完成了所有程序，下面让我们运行一下看看效果吧！

首先，如图 4-69 所示，点击工作流界面左上角的“调试文件”按钮，并点击出现的“运行文件”按钮，运行程序文件。

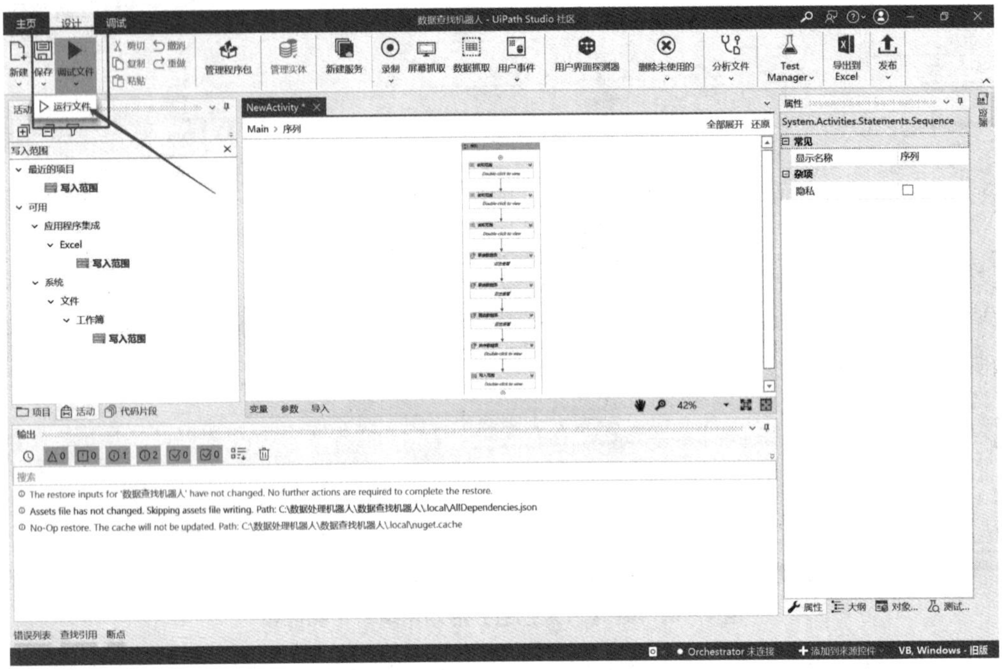

图 4-69　点击“运行文件”

然后，经过自动化运行，UiPath 回到工作流界面，在左下方出现了程序运行的相关信息，本例运行时间快到一秒搞定，如图 4-70 所示。

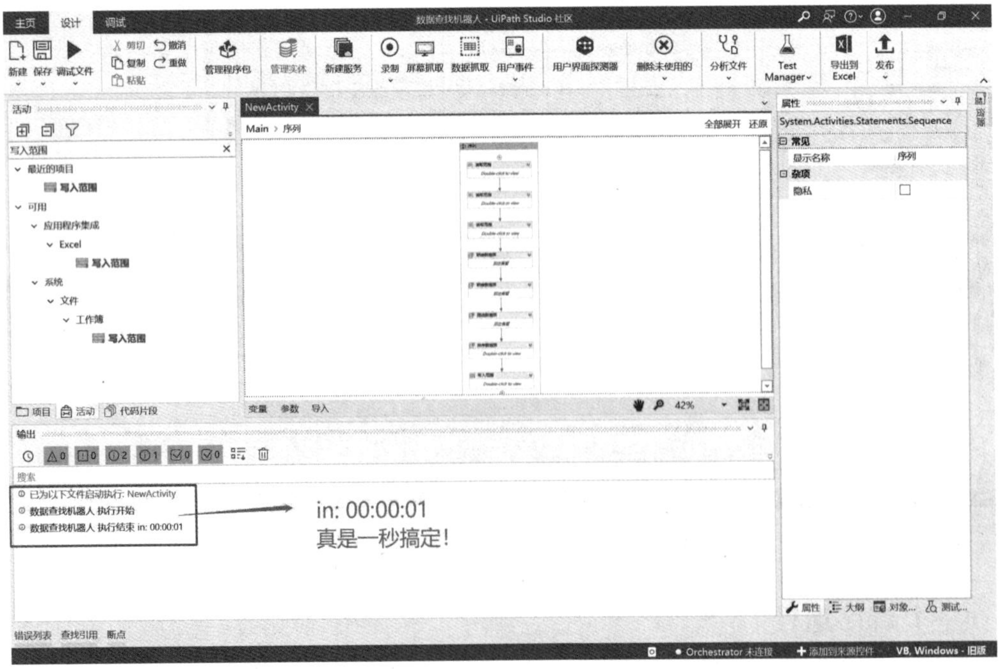

图 4-70　运行结束界面

最后，如图 4－71 所示，我们在电脑路径中（标记 1）可以看到原来的 Excel 文件中（标记 2）增加了“查找结果”表格（标记 3），而表中的内容即为需要查找的相关数据。

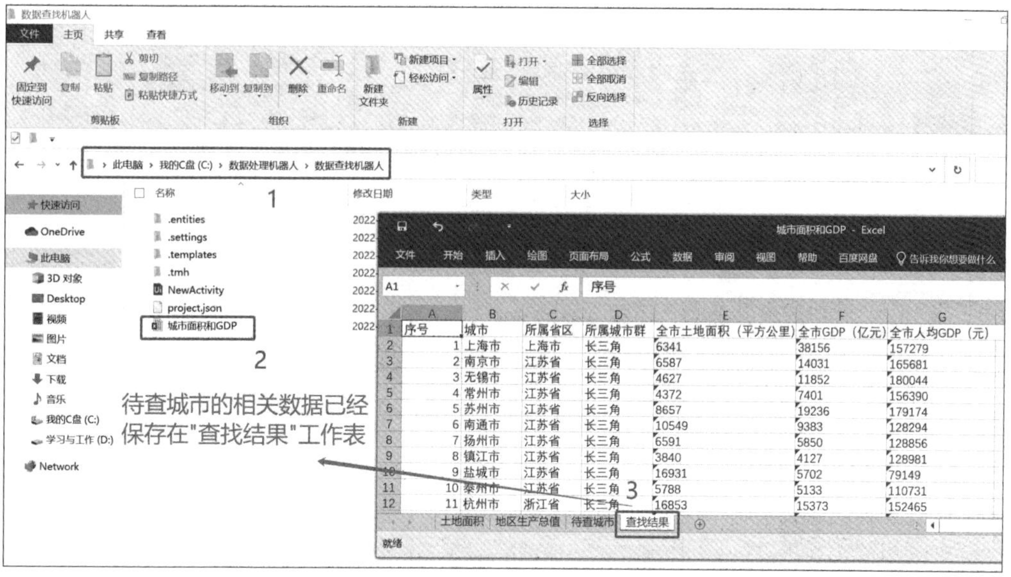

图 4－71 生成的 Excel 文件及内容

（四）文件保存

如图 4－72 所示，用鼠标左键点击工作流界面左上角的“保存”按钮，并点击出现的“全部保存”按钮。

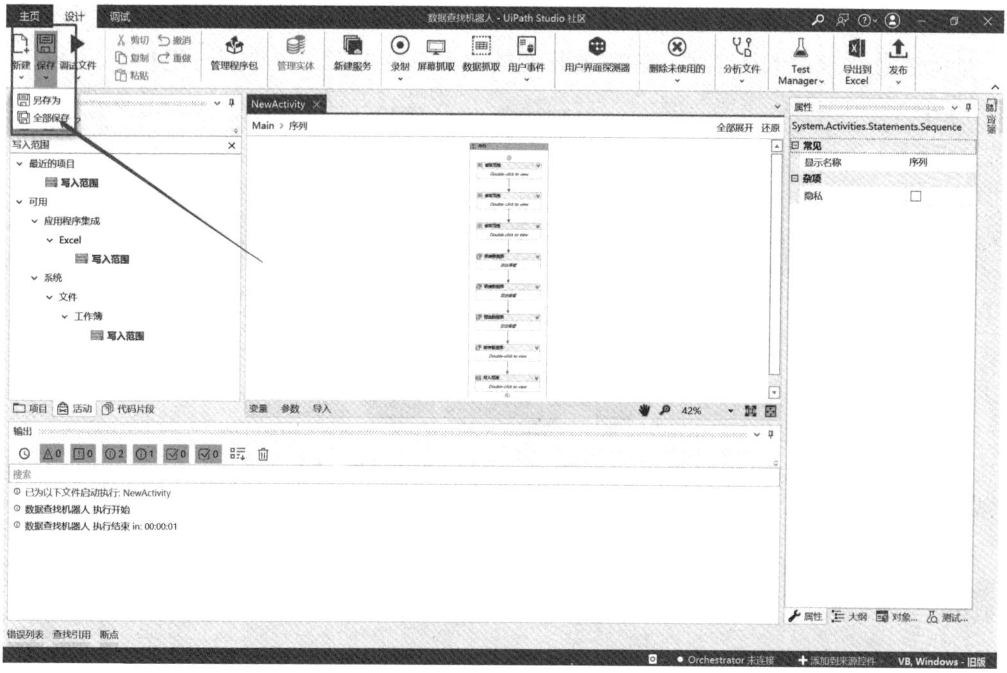

图 4－72 点击“全部保存”

最后保存的文件在哪儿呢？这与我们在“图 4-40　创建一个空白库并更改‘名称’和‘位置’信息”的操作密切相关，如图 4-73 所示。

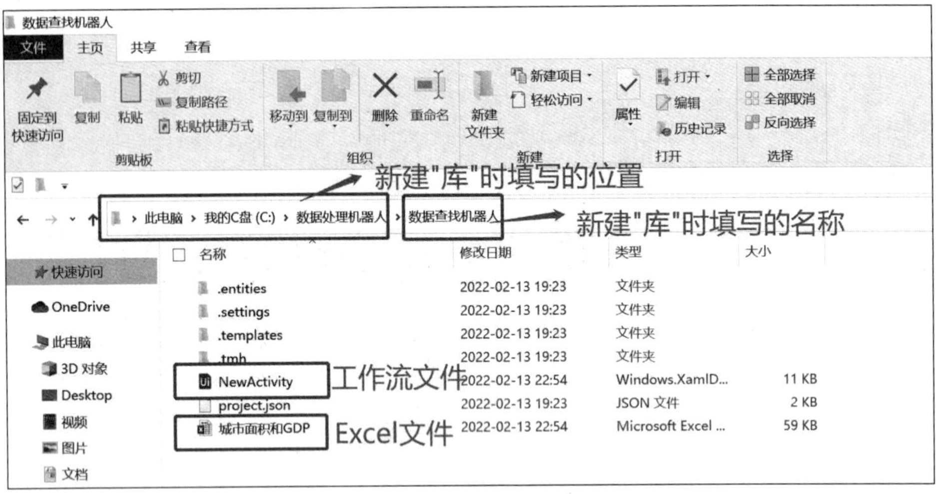

图 4-73　程序文件所在的位置及内容

任务小结

通过本任务的学习，大家是不是学会在 UiPath 中制作数据查找机器人了呢？在这个任务里，我们见识了 UiPath 在 Excel 场景中的应用，动手制作程序并成功实现了机器人自动化进行数据查找的过程。我们在 UiPath 中新建了“库”并进入工作流界面，在程序制作时创建了名称为“待查城市”“土地面积”“生产总值”“查找结果”的变量（如图 4-74 所示），应用了【读取范围】、【联接数据表】、【筛选数据表】、【写入范围】等活动。如果还意犹未尽的话，那么就跟着我们的节奏继续探索下一个任务吧！

名称	变量类型	范围	默认值
待查城市	DataTable	序列	输入 VB 表达式
土地面积	DataTable	序列	输入 VB 表达式
生产总值	DataTable	序列	输入 VB 表达式
查找结果	DataTable	序列	输入 VB 表达式

图 4-74　创建的变量

项目练习

1. 获取两份数据不完全相同的通讯录，利用 UiPath 制作一个数据比对机器人来找出不同。

2. 获取一份载有班级成绩的数据表格，利用 UiPath 制作一个成绩查询机器人来查找成绩。

项目五

PDF 场景应用——识别分析机器人

【知识目标】

了解 RPA 在 PDF 场景中的应用；掌握在 UiPath 中制作电子发票识别机器人的设计原理和操作流程；掌握在 UiPath 中制作财务报告分析机器人的设计原理和操作流程。

【能力目标】

能够利用 UiPath Studio 软件设计并制作运行电子发票识别机器人；能够利用 UiPath Studio 软件设计并制作运行财务报告分析机器人。

【素养目标】

满足数字经济时代对新型复合型高素质人才的培养需求，促进对信息技术前沿知识和核心素养的认同与追求，通过电子发票识别机器人和财务报告分析机器人两个案例展示 RPA 在 PDF 场景中的应用，引导举一反三、灵活应用的独立思考和主动探究能力，提升利用 RPA 等新技术解决现实问题的综合能力，培养爱岗敬业的专业素养和勇于创新的职业精神。

在上一个项目中，我们在 UiPath 中新建“库”并动手制作了银行对账机器人和数据查找机器人，你是否体验到了 RPA 在 Excel 场景中的妙用呢？在本项目中，我们将目光投向大家经常使用的 PDF 场景。PDF（Portable Document Format）是一种国际通用并流行的文件交换格式，广泛用于公文、商务等领域。UiPath 可以通过 PDF 功能模块帮助用户从 PDF 文档中提取数据，可以开展读取 PDF 文本、提取图像、获取页数、管理密码等自动化操作。接下来，让我们通过电子发票识别机器人和财务报告分析机器人，一起体验 RPA 在 PDF 场景中的应用吧！

任务1 电子发票识别机器人

任务导入

有一天，你被公司安排帮助整理下发票，需要将发票中的发票号码、发票金额、开票日期等信息填写到电子表格中。当你接过任务仔细一看，原来都是司机小王发过来的增值税电子普通发票。你随手打开一张电子发票，内容如图 5－1 所示，心想发票号码、发票金额、开票日期等信息可以直接从这张电子发票上复制出来。可是，当你想到仅司机小王一人就提交了如图 5－2 所示的十几张发票，公司有这么多人、这么多业务，若是以后都让你来整理发票，那何年是个头啊！怎么办呢？那么，让我们利用 UiPath 做个“发票识别机器人”来帮忙吧！

任务分析与设计

一、单张发票识别

我们借助流程图来分析这个案例，这个案例的逻辑方法很简单，只涉及“顺序”，从开始到结束的整个过程都由机器人自动完成，主要过程依次为：

（1）机器人创建 Excel 表格（列名为发票号码、发票金额、开票日期）；

（2）机器人读取指定的电子发票 PDF 文件；

（3）机器人识别电子发票中的关键信息（发票号码、发票金额、开票日期）；

（4）机器人保存电子发票中的关键信息（发票号码、发票金额、开票日期）。

具体如图 5－3 所示。

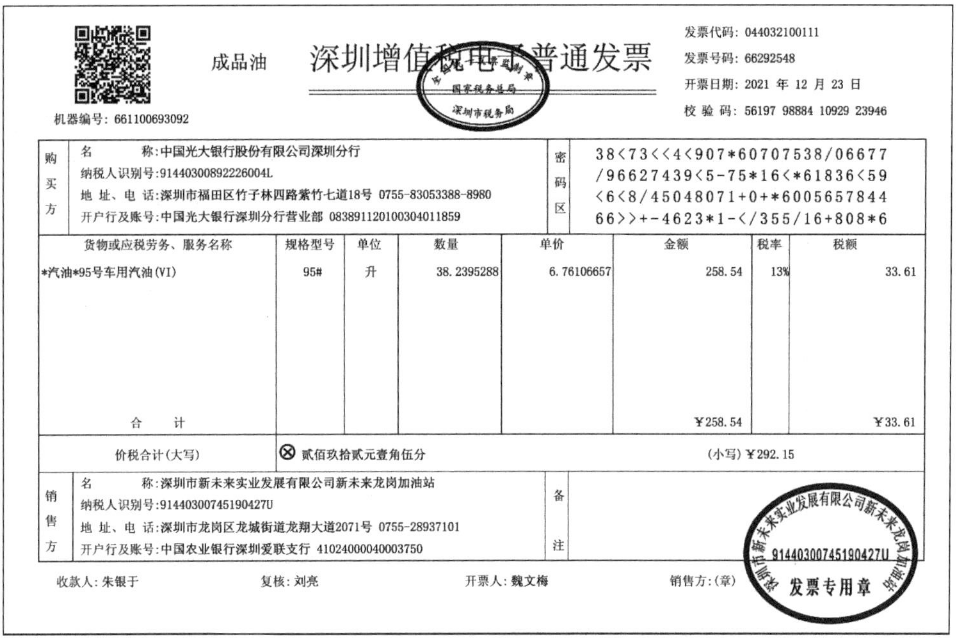

成品油　深圳增值税电子普通发票

发票代码：044032100111
发票号码：66292548
开票日期：2021 年 12 月 23 日
校 验 码：56197 98884 10929 23946

机器编号：661100693092

购买方	名称：中国光大银行股份有限公司深圳分行 纳税人识别号：91440300892226004L 地址、电话：深圳市福田区竹子林四路紫竹七道18号 0755-83053388-8980 开户行及账号：中国光大银行深圳分行营业部 083891120100304011859	密码区	38<73<<4<907*60707538/06677 /96627439<5-75*16<*61836<59 <6<8/45048071+0+*6005657844 66>>+-4623*1-</355/16+808*6

货物或应税劳务、服务名称	规格型号	单位	数量	单价	金额	税率	税额
*汽油*95号车用汽油(VI)	95#	升	38.2395288	6.76106657	258.54	13%	33.61
合　计					￥258.54		￥33.61
价税合计(大写)	⊗贰佰玖拾贰元壹角伍分				(小写)￥292.15		

销售方	名称：深圳市新未来实业发展有限公司新未来龙岗加油站 纳税人识别号：91440300745190427U 地址、电话：深圳市龙岗区龙城街道龙翔大道2071号 0755-28937101 开户行及账号：中国农业银行深圳爱联支行 41024000040003750	备注	

收款人：朱银于　复核：刘亮　开票人：魏文梅　销售方：(章)

图 5-1　单张发票示意图

图 5-2　多张发票示意图

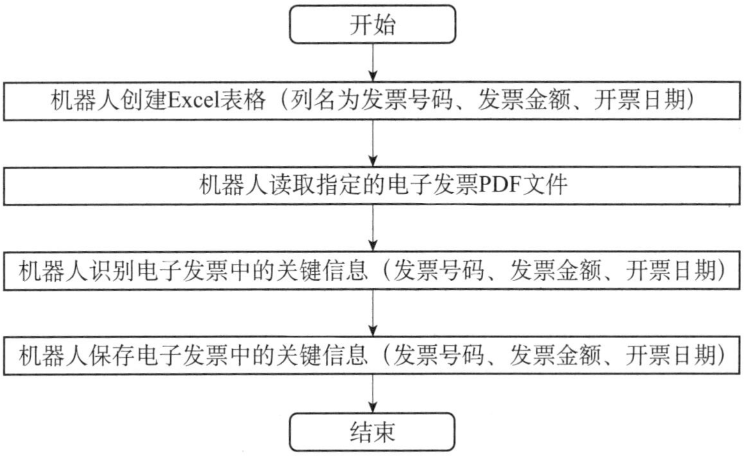

图 5-3　单张发票识别的流程图

二、多张发票识别

多张发票识别的流程图如图 5-4 所示，在“顺序”逻辑方法的基础上还增加了“选择”和“循环”，在单张发票识别的流程中增加了“机器人遍历循环文件夹”的相关过程，从开始到结束的整个过程依然是由机器人自动完成的，主要过程依次为：

（1）机器人创建 Excel 表格（列名为发票号码、发票金额、开票日期）；

（2）机器人获取文件夹路径；

（3）机器人遍历循环文件夹；

（4）机器人设定遍历循环条件；

（5）机器人读取指定的电子发票 PDF 文件；

（6）机器人识别电子发票中的关键信息（发票号码、发票金额、开票日期）；

（7）机器人保存电子发票中的关键信息（发票号码、发票金额、开票日期）。

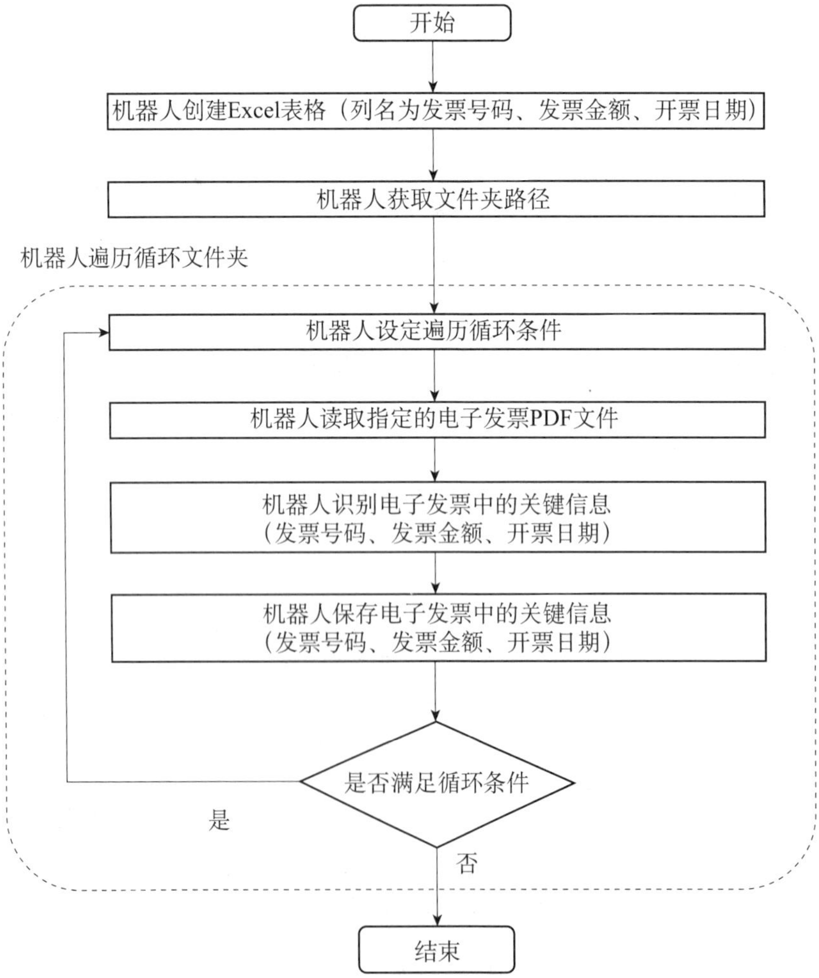

图 5-4　多张发票识别的流程图

任务实施

一、单张发票识别机器人制作

（一）操作准备

首先在 UiPath 中新建流程。提前退出 360 安全卫士等杀毒软件（避免对使用过程的干扰），如图 5－5 所示，打开 UiPath Studio 软件并在开始界面的新建项目处点击“流程”（标记 1）；在弹出来的新建空白流程对话框中更改“名称”和“位置”信息（名称改为单张发票识别机器人，位置改为C：\ 识别分析机器人），点击“创建”（标记 2）。

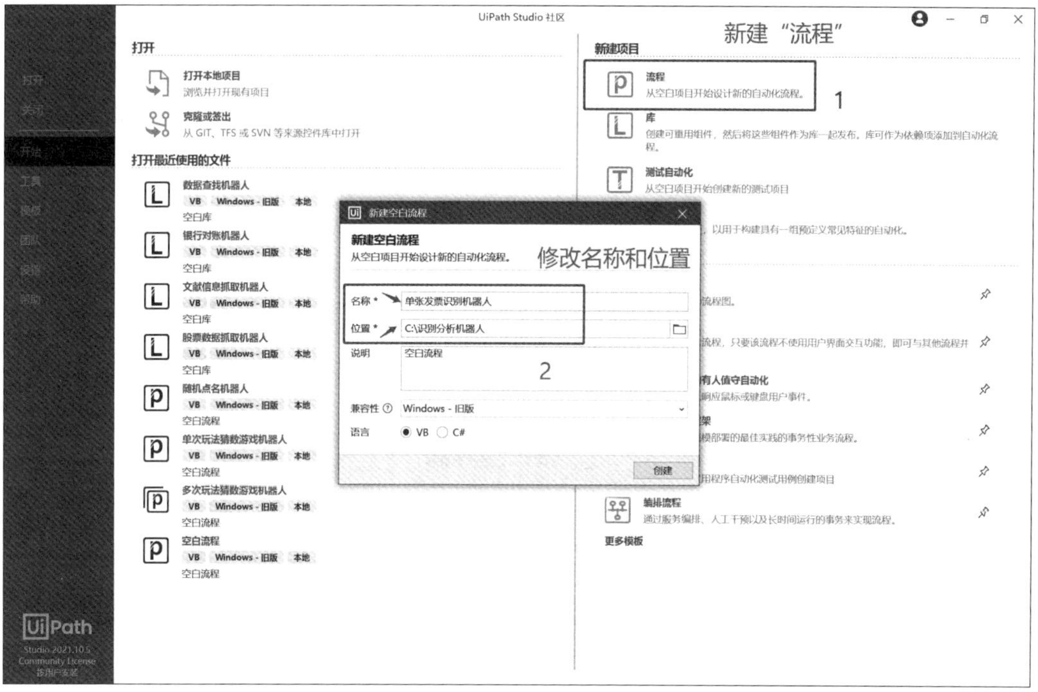

图 5－5 创建一个空白流程并更改“名称”和“位置”信息

其次，待加载依赖项相关过程完成，新的流程就创建成功了，如图 5－6 所示，然后点击“打开主工作流”，进入该流程的工作流，界面的各功能区域如图 5－7 所示。

最后，如图 5－8 所示，打开新建流程所在的路径C：\ 识别分析机器人\ 单张发票识别机器人（标记 1），将含有电子发票 PDF 文件的文件夹“发票文件夹”复制进来（标记 2）。

此外，为了让 UiPath 能识别出 PDF 文件内容，还需要在 UiPath 中下载安装 PDF 插件。

首先，保证电脑能够正常访问互联网，在 UiPath 工作流界面中，用鼠标左键点击菜单面板中的“管理程序包”，如图 5－9 所示。

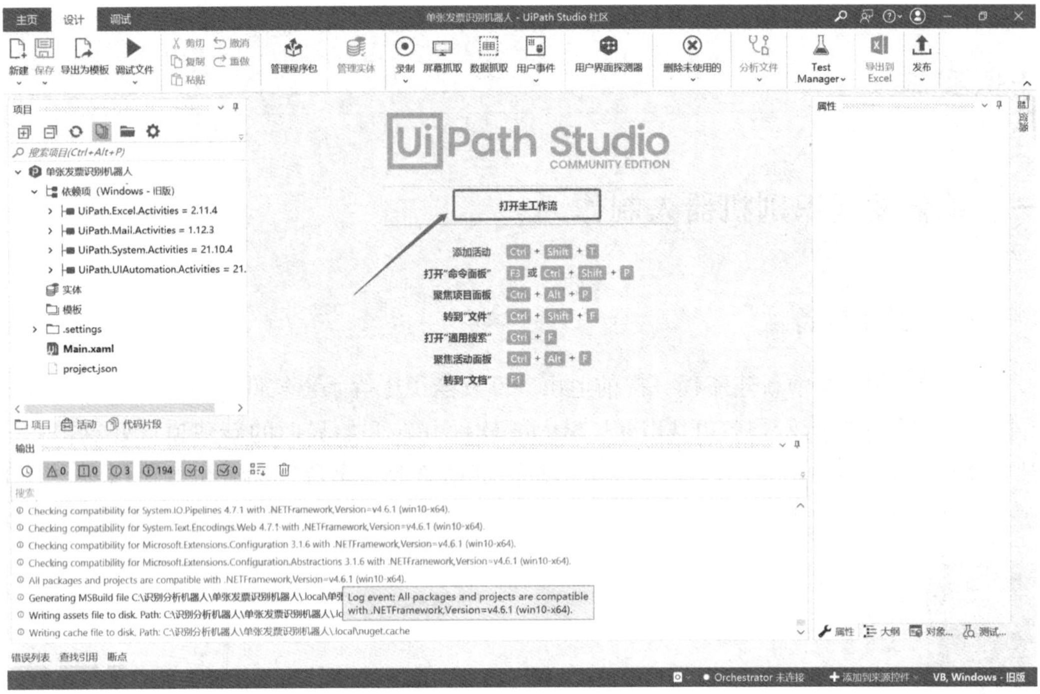

图 5-6　鼠标左键单击“打开主工作流”进入工作流界面

图 5-7　工作流界面示意图

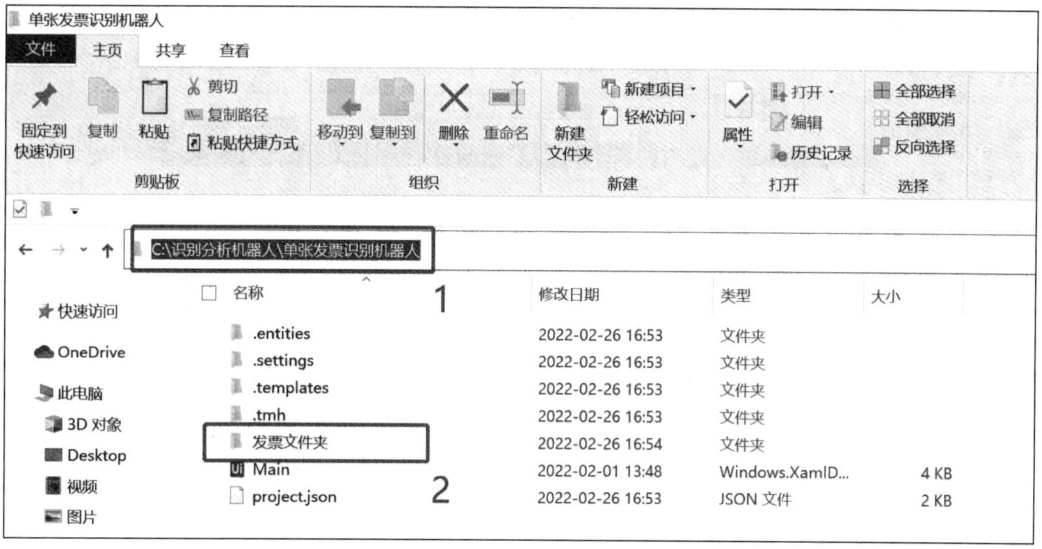

图 5-8　将“发票文件夹”复制到指定路径

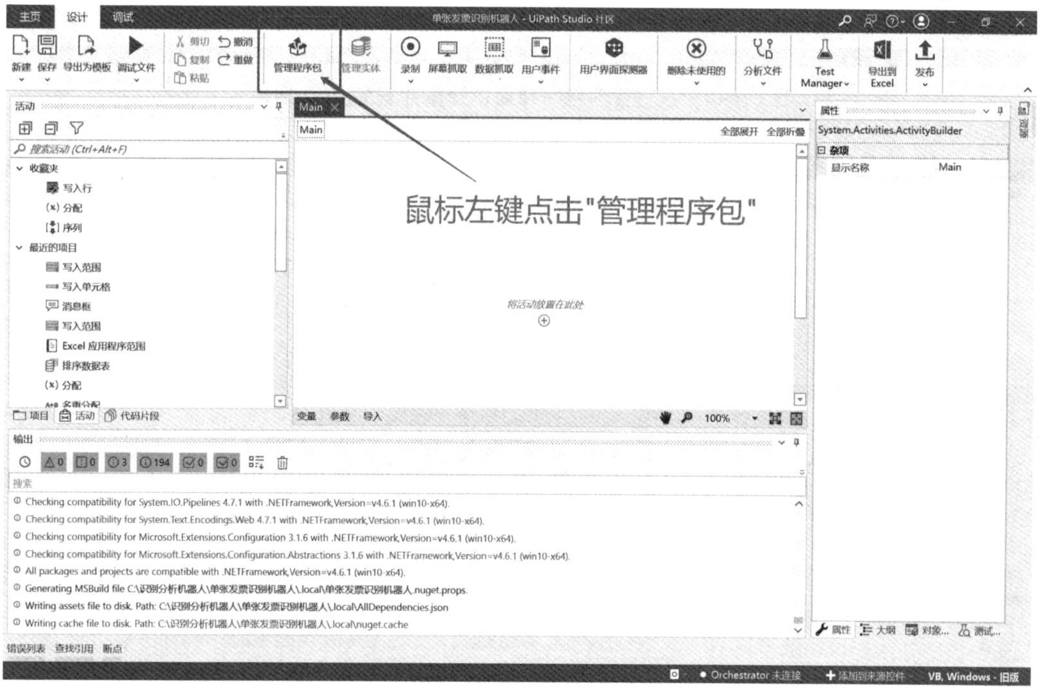

图 5-9　鼠标左键点击菜单面板中的“管理程序包”

接着，在弹出的如图 5-10 所示的“管理包”窗口中，先点击“正式”（标记 1），然后搜索关键词PDF（标记 2），然后选择“UiPath. PDF. Activities”（标记 3），然后选择合适的版本（标记 4），然后点击“安装”（标记 5），然后点击“保存”（标记 6），等待 PDF 插件加载安装完毕，最后如图 5-11 所示，在活动面板的“依赖项”中可以看到安装好的 PDF 插件。

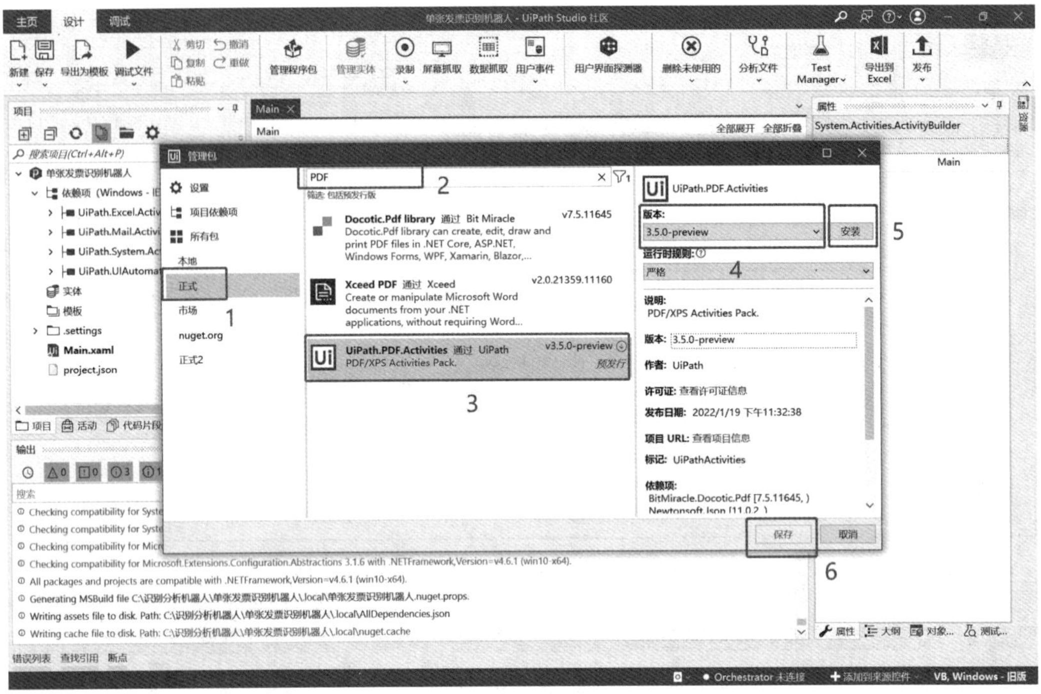

图 5-10　在“管理包”弹窗中搜索并安装 PDF 插件

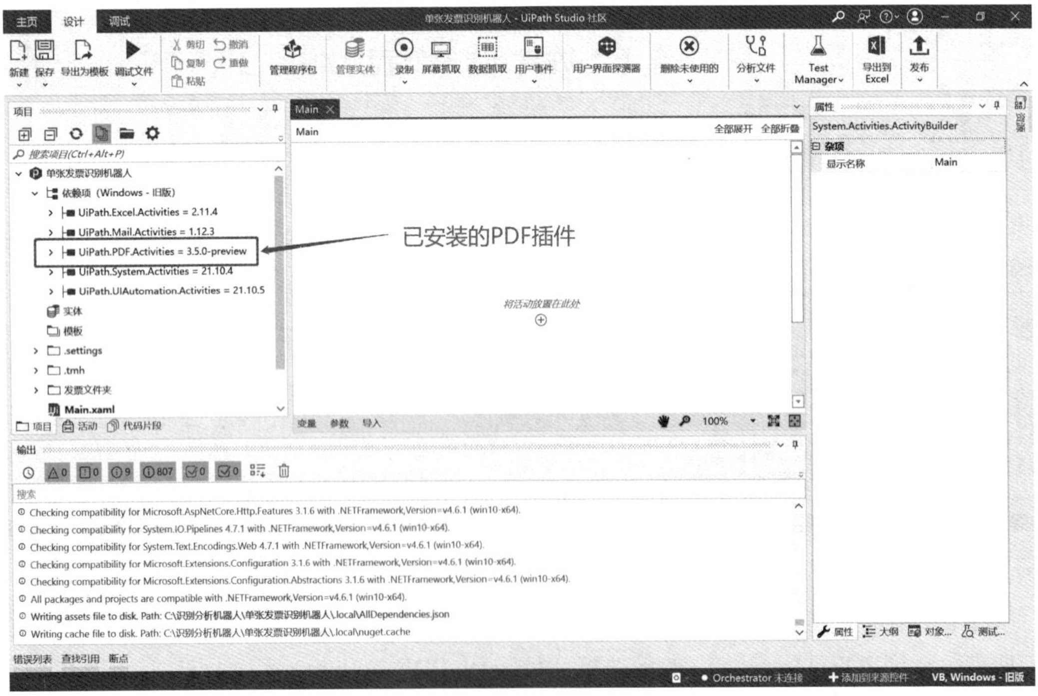

图 5-11　在活动面板“依赖项”中可以看到安装好的 PDF 插件

至此，我们的操作准备已完成，接下来就让我们在 UiPath 工作流界面大展身手吧！

（二）程序制作

单张发票识别机器人制作运行解析

对照流程图，程序制作可以分为 4 个过程。

过程 1：机器人创建 Excel 表格

步骤一：如图 5－12 所示，首先在工作流界面中点击左侧活动面板的“活动”（标记 1），然后在上方搜索活动框中输入Excel 应用程序范围（标记 2），然后用鼠标左键按住控件【Excel 应用程序范围】拖拽到设计主界面的“⊕”处（标记 3）。

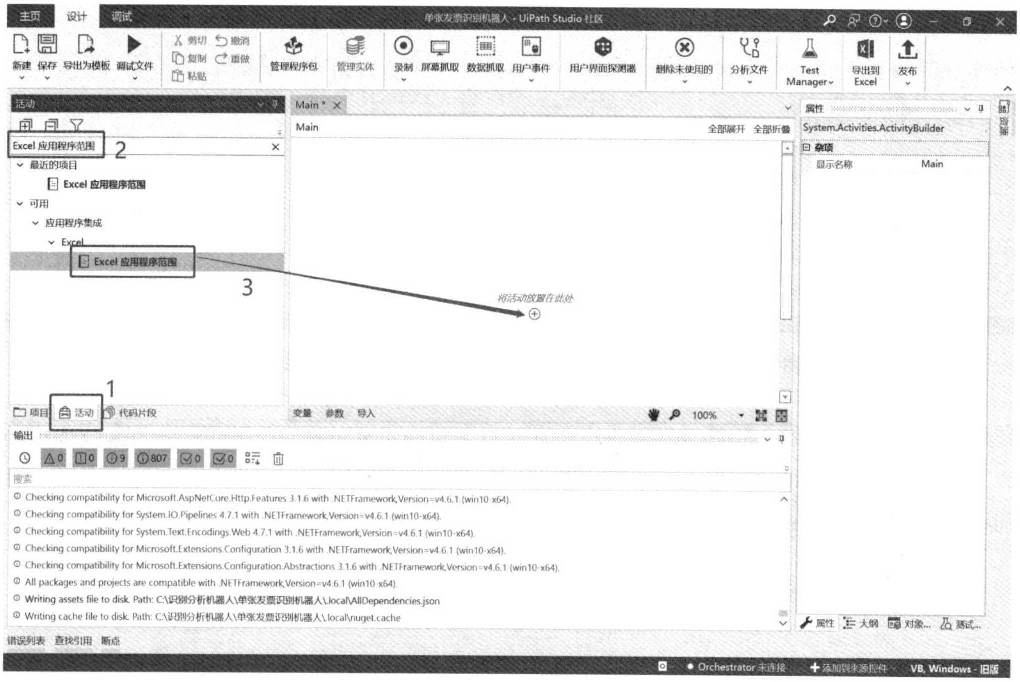

图 5－12　在工作流界面加入【Excel 应用程序范围】活动

步骤二：在随后出现的图 5－13 界面中，首先在【Excel 应用程序范围】活动中输入路径"C:\识别分析机器人\单张发票识别机器人\发票信息.xlsx"（标记 1），然后点击左侧活动面板的“活动”（标记 2），然后在上方搜索活动框中输入写入单元格（标记 3），然后用鼠标左键按住控件【写入单元格】拖拽到设计主界面的“⊕”处（标记 4）。

步骤三：在随后出现的图 5－14 界面中，首先点击【写入单元格】活动，在其右侧属性面板的输入“值”处填写"发票号码"（标记 1），然后在左侧活动面板中用鼠标左键按住控件【写入单元格】拖拽到设计主界面的“⊕”处（标记 2），添加第二个【写入单元格】活动。

步骤四：在随后出现的图 5－15 界面中，首先点击第二个【写入单元格】活动，在其右侧属性面板的目标“范围”处填写"B1"（标记 1），在输入“值”处填写"发票金额"（标记 2），然后在左侧活动面板中用鼠标左键按住控件【写入单元格】拖拽到设计主界面的“⊕”处（标记 3），添加第三个【写入单元格】活动。

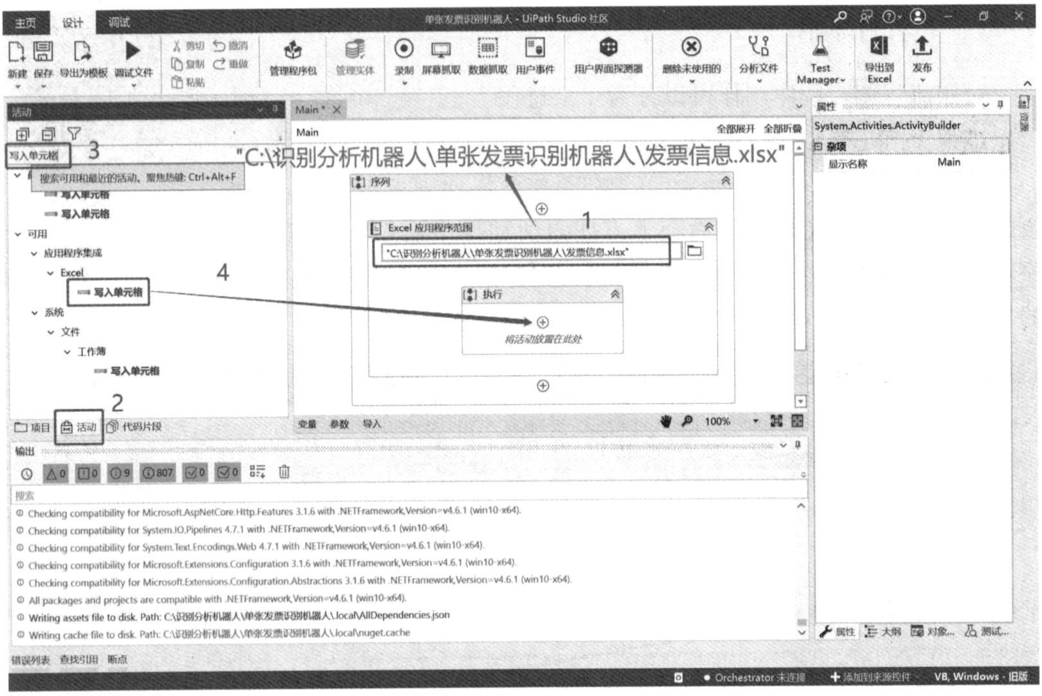

图 5-13　在【Excel 应用程序范围】活动中输入相关内容

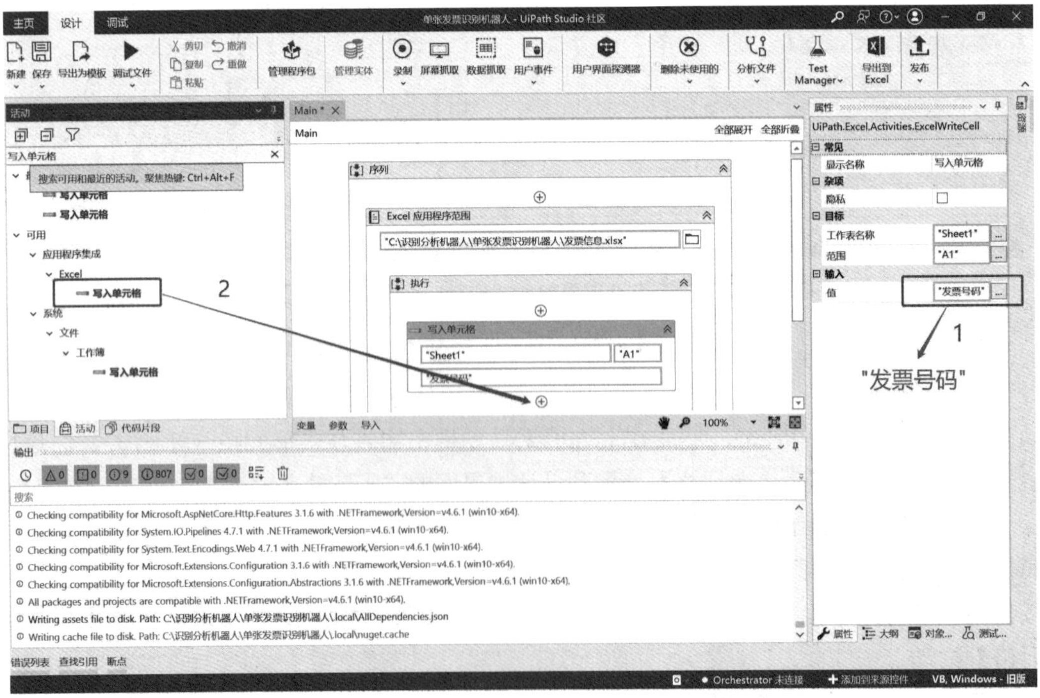

图 5-14　在【写入单元格】活动中填写相关内容

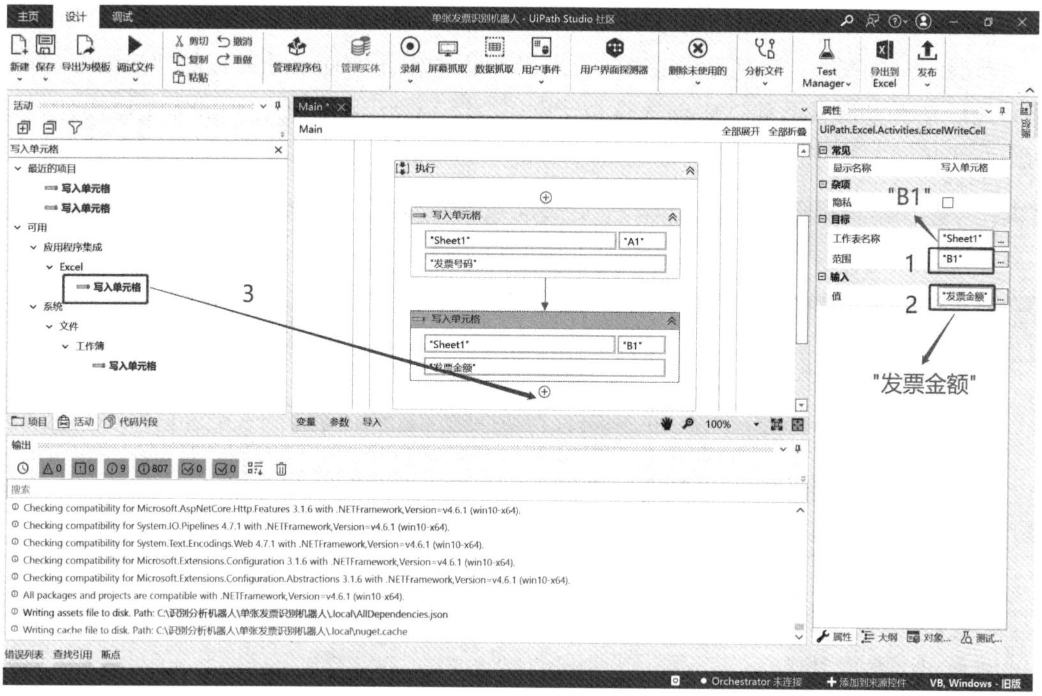

图 5-15　在第二个【写入单元格】活动中填写相关内容

步骤五：在随后出现的图 5-16 界面中，首先点击第三个【写入单元格】活动，在其右侧属性面板中的目标“范围”处填写"C1"（标记 1），在输入“值”处填写"发票日期"（标记 2），然后将设计主界面右侧的滑动条拉到最下方（标记 3）。

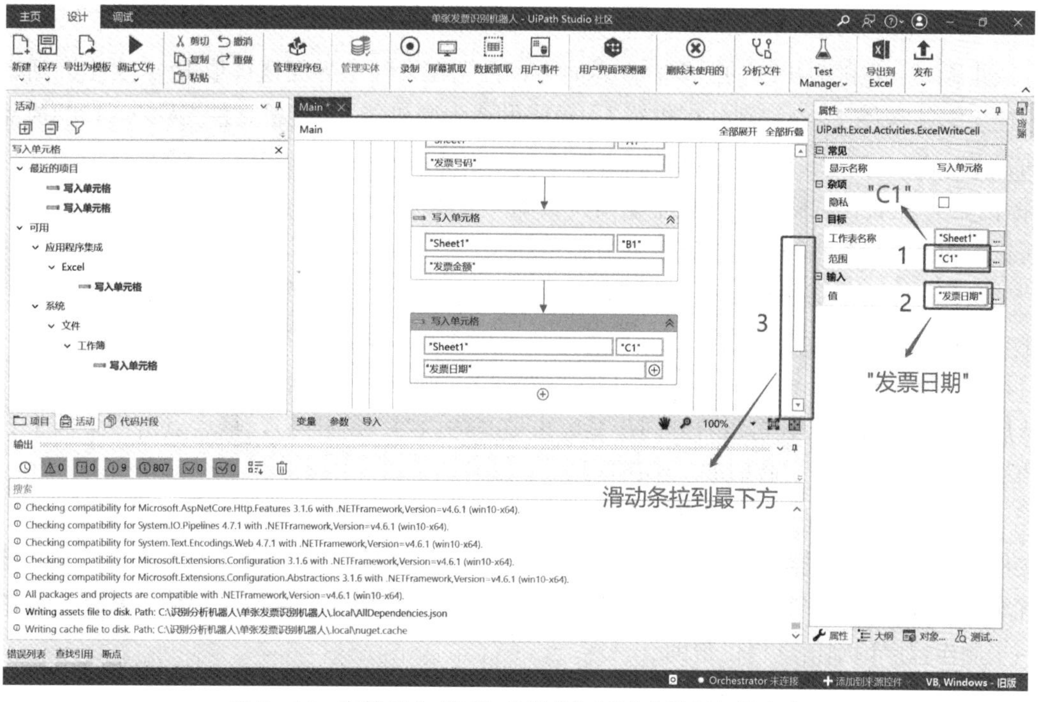

图 5-16　在第三个【写入单元格】活动中填写相关内容

过程 2：机器人读取指定的电子发票 PDF 文件

步骤一：如图 5－17 所示，首先在工作流界面中点击左侧活动面板的“活动”（标记 1），然后在上方搜索活动框中输入读取 PDF 文本（标记 2），然后用鼠标左键按住控件【读取 PDF 文本】拖拽到设计主界面最下方的“⊕”处（标记 3）。

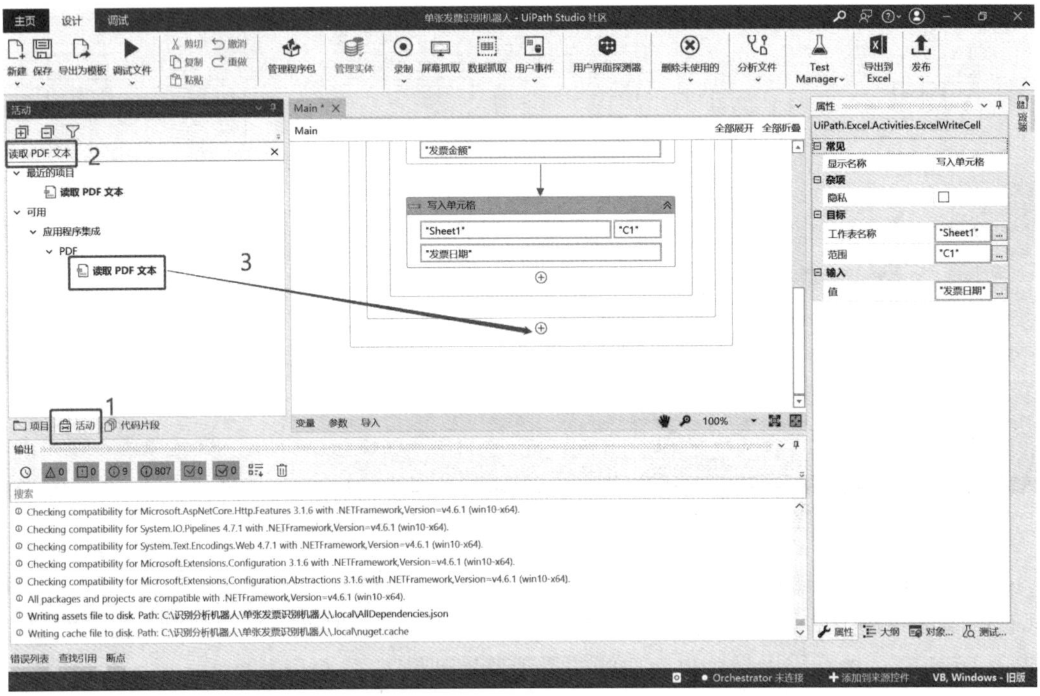

图 5－17　在工作流界面加入【读取 PDF 文本】活动

步骤二：在随后出现的图 5－18 界面中，首先在设计主界面【读取 PDF 文本】活动中输入文件路径"C:\识别分析机器人\单张发票识别机器人\发票文件夹\20211223成品油发票.pdf"（标记 1），另外还可以直接点击旁边的文件夹图标从中选择需要读取的文件（标记 2），然后在右侧属性面板中输出“文本”处填写"发票"（标记 3），然后点击变量面板中的“变量”（标记 4），展开变量编辑区域。

步骤三：在随后出现的图 5－19 界面中，首先点击变量编辑区域的“创建变量”处，在“名称”列输入发票（标记 1），然后在“变量类型”列下拉选择String（标记 2），然后在“范围”列下拉选择序列（标记 3），然后在“默认值”列保持默认空着（标记 4），然后在右侧属性面板处可以看到同步显示出填写的内容（标记 5），最后点击变量面板处的“变量”（标记 6），收回变量编辑区域。

如果你想看看保存到“发票”变量里的完整内容，我们还可以添加一个【写入文本文件】的活动将“发票”变量的内容保存到一个文本文件中，具体过程如步骤四和步骤五所示。这样有助于我们了解机器人读取到的 PDF 文件信息，从而为我们分析数据并进一步制作程序识别信息提供帮助。

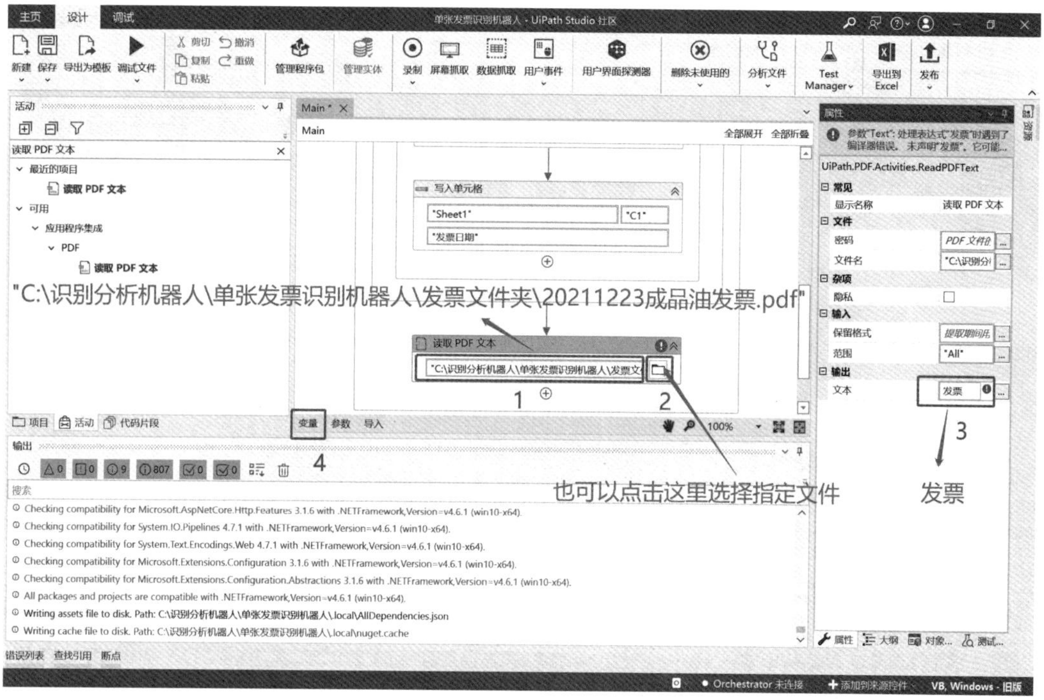

图 5－18　在【读取 PDF 文本】活动中填写相关内容

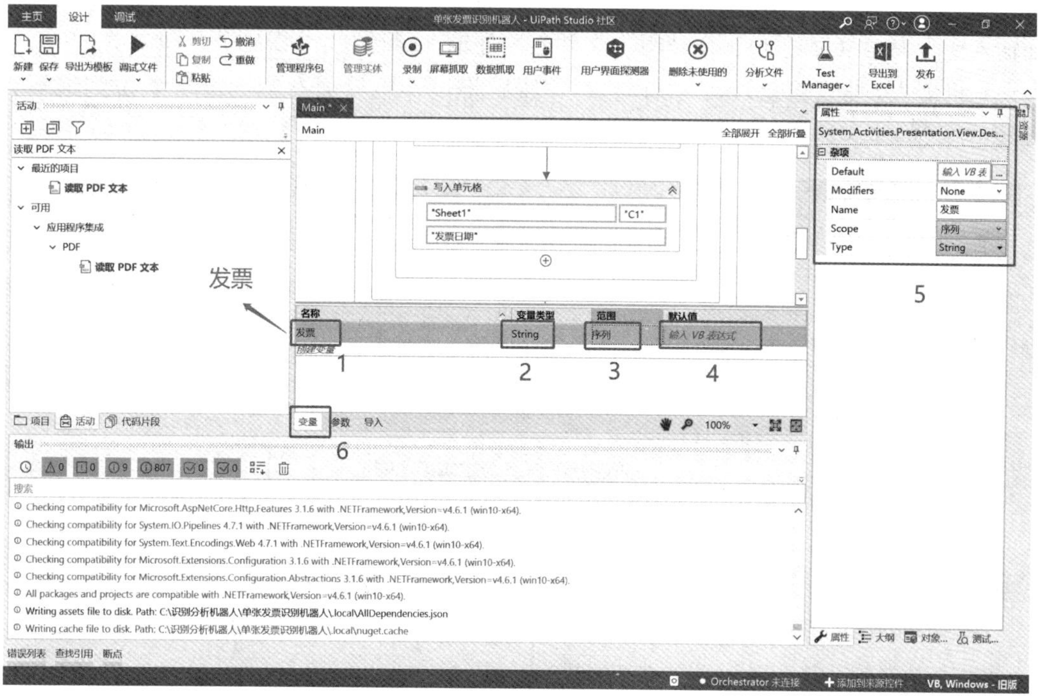

图 5－19　在变量编辑区域创建一个“发票”变量

步骤四：如图 5－20 所示，首先在工作流界面中点击左侧活动面板的“活动”（标记 1），然后在上方搜索活动框中输入写入文本文件（标记 2），然后用鼠标左键按住控件【写入文本文件】拖拽到设计主界面的“⊕”处（标记 3）。

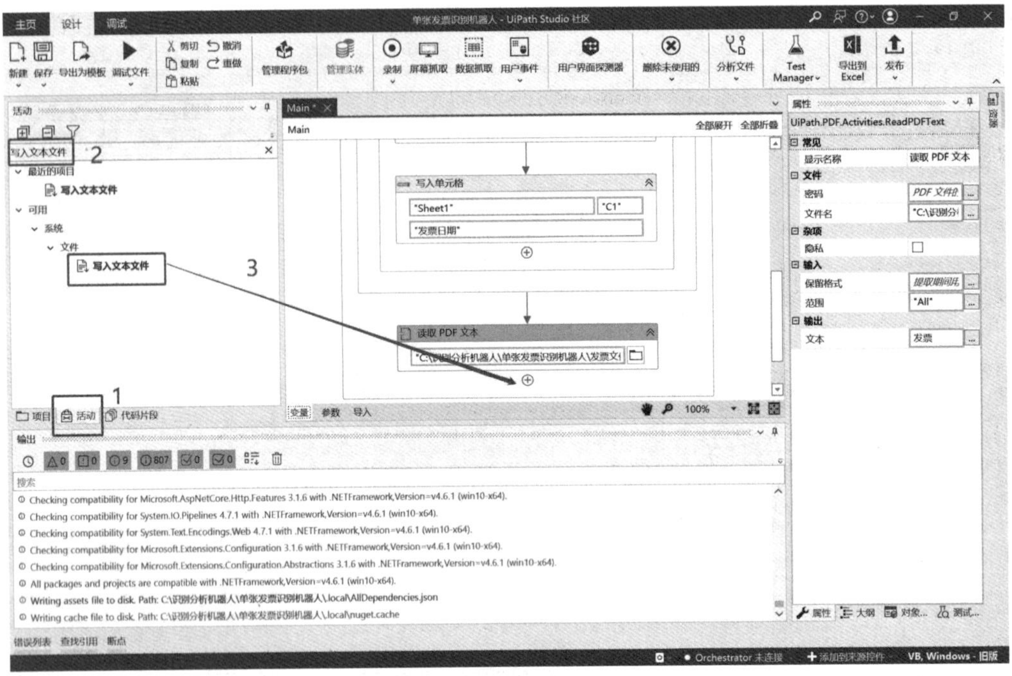

图 5-20　在工作流界面加入【写入文本文件】活动

步骤五：在随后出现的图 5-21 界面中，首先在【写入文本文件】活动中"文本"处输入变量发票（标记 1）、在"写入文件名"处输入路径"C:\识别分析机器人\单张发票识别机器人\发票信息.txt"（标记 2），然后将设计主界面右侧的滑动条拉到最下方（标记 3）。

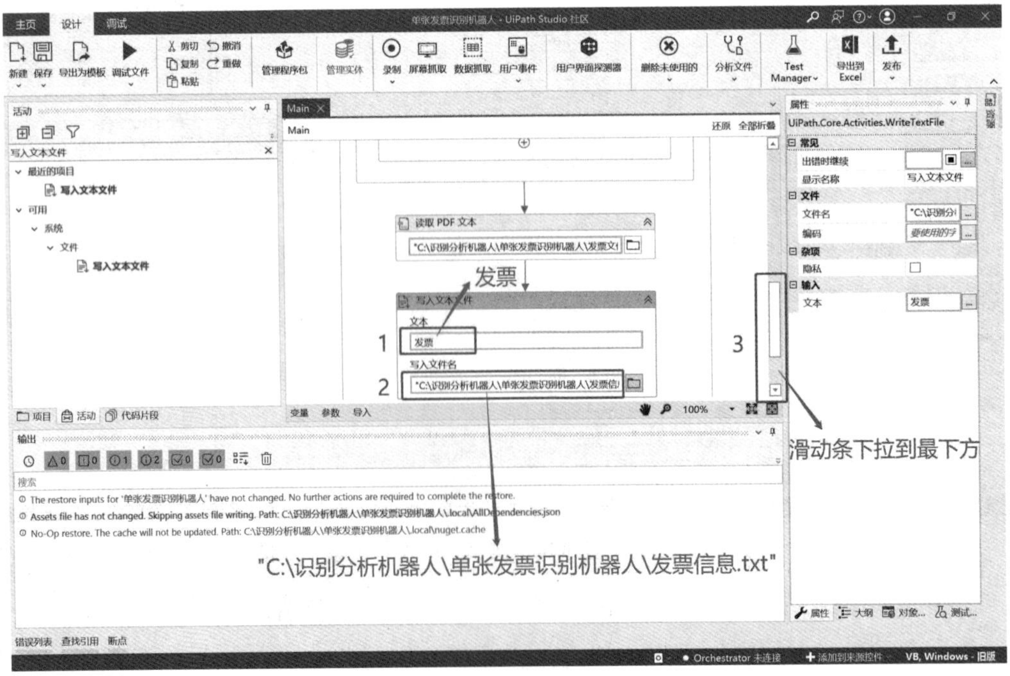

图 5-21　在【写入文本文件】活动中输入相关内容

过程 3：机器人识别电子发票中的关键信息

步骤一：如图 5－22 所示，首先在工作流界面中点击左侧活动面板的“活动”（标记 1），然后在上方搜索活动框中输入多重分配（标记 2），然后用鼠标左键按住控件【多重分配】拖拽到设计主界面最下方的“⊕”处（标记 3）。

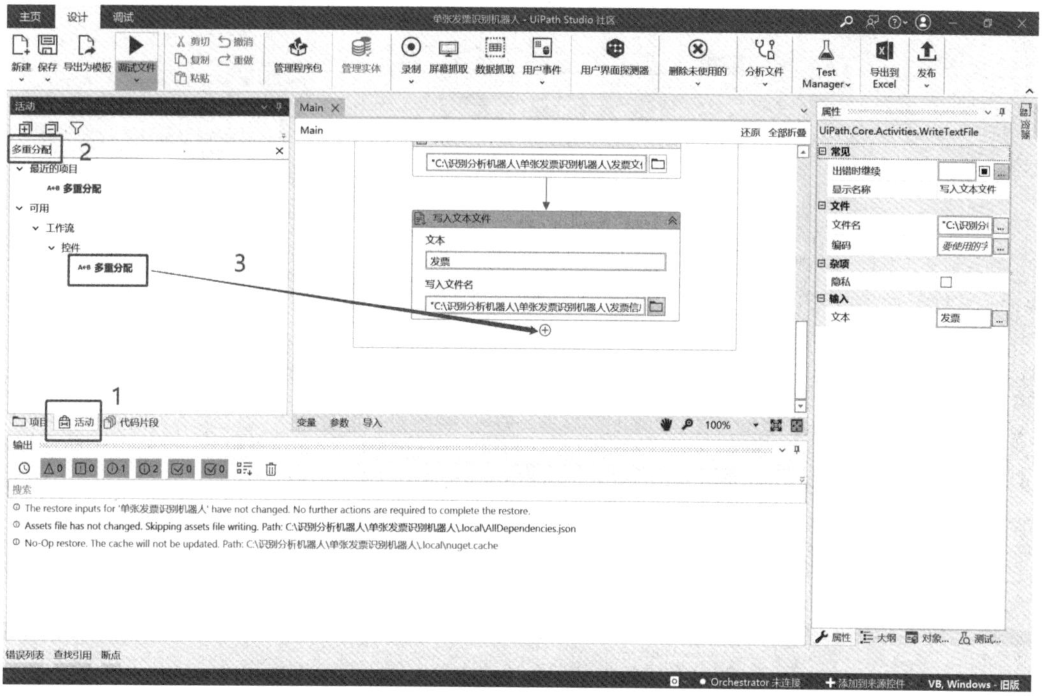

图 5－22　在工作流界面加入【多重分配】活动

步骤二：在随后出现的图 5－23 界面中，首先在【多重分配】活动“＝”号左侧输入框填写准备创建的变量发票号码（标记 1），然后在“＝”号右侧输入框填写 split (split（发票,"发票号码:"）(1),"国统一发票监制"）(0).Trim（标记 2），然后点击下方的“添加”（标记 3），继续增加第二个“＝”号。

步骤三：在随后出现的图 5－24 界面中，首先在【多重分配】活动第二个“＝”号左侧输入准备创建的变量发票金额（标记 1），然后在第二个“＝”号右侧输入 split (split（发票,"（小写）"）(1),"名")(0).Trim（标记 2），然后点击下方的“添加”（标记 3），继续增加第三个“＝”号。

步骤四：在随后出现的图 5－25 界面中，首先在【多重分配】活动第三个“＝”号左侧输入准备创建的变量发票日期（标记 1），然后在第三个“＝”号右侧输入 split (split（发票,"开票日期:"）(1),"国家税务总局")(0).Trim（标记 2），然后将设计主界面右侧的滑动条拉到最下方（标记 3），然后点击变量面板处的“变量”（标记 4），展开变量编辑区域。

步骤五：在随后出现的图 5－26 界面中，首先点击变量编辑区域的“创建变量”处，依次创建三个变量，在“名称”列输入发票号码、发票金额、发票日期（标记 1），然后在

“变量类型”列都下拉选择String（标记2），然后在“范围”列都下拉选择序列（标记3），然后在“默认值”列都保持默认空着（标记4），然后在右侧属性面板处可以看到同步显示出填写的内容（标记5），最后点击变量面板处的“变量”（标记6），收回变量编辑区域。

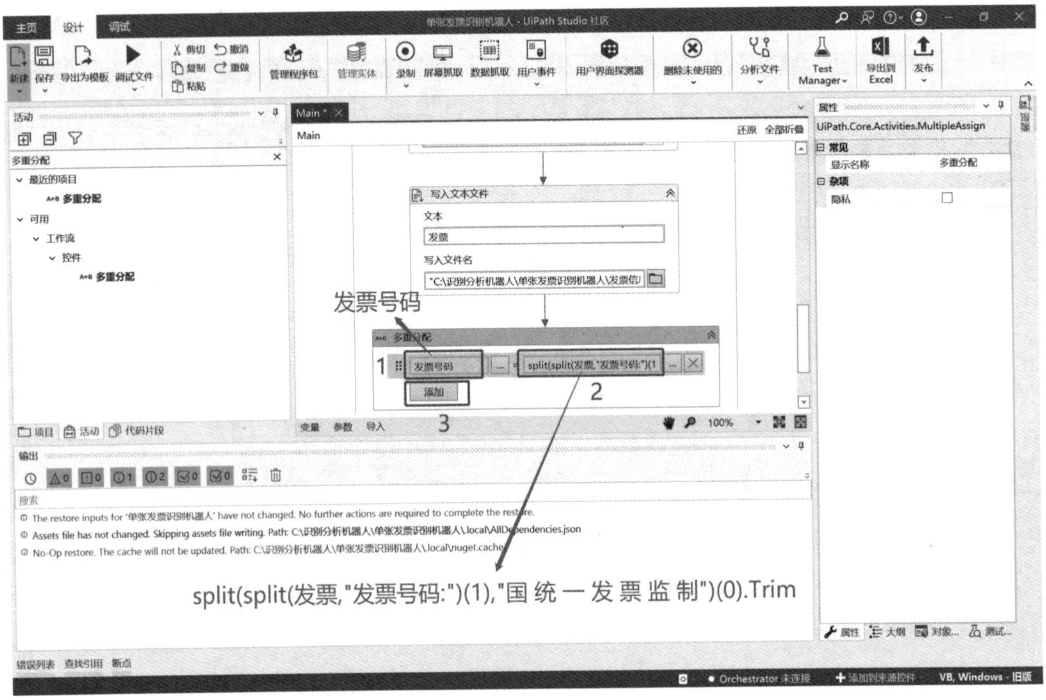

图5-23　在【多重分配】活动中填写第一个分配内容

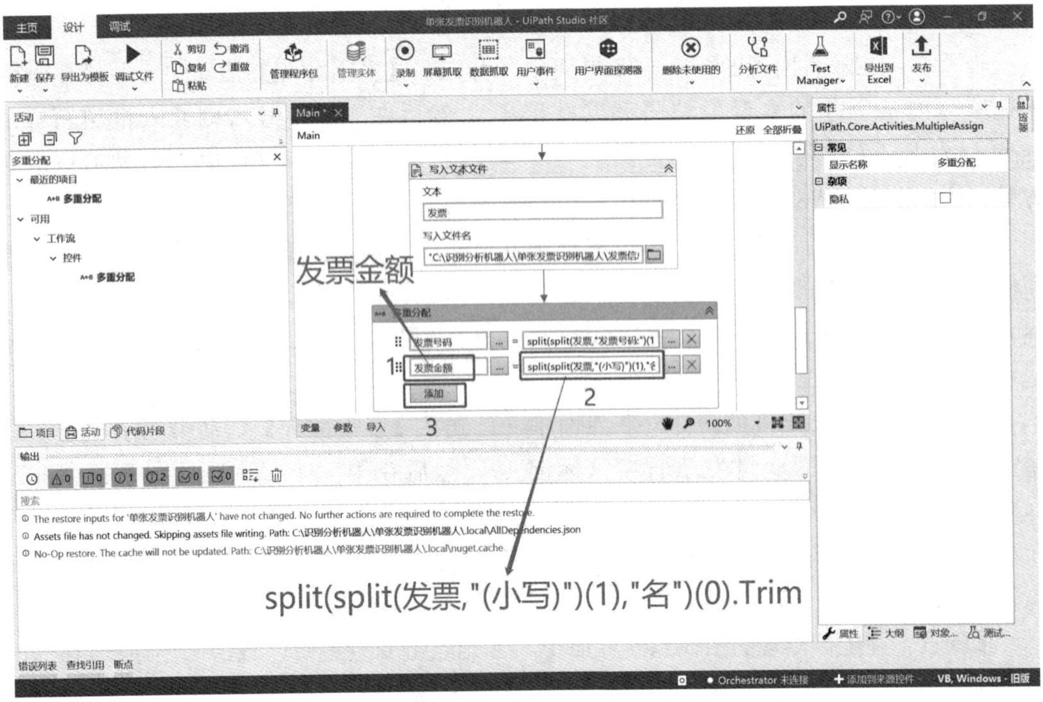

图5-24　在【多重分配】活动中填写第二个分配内容

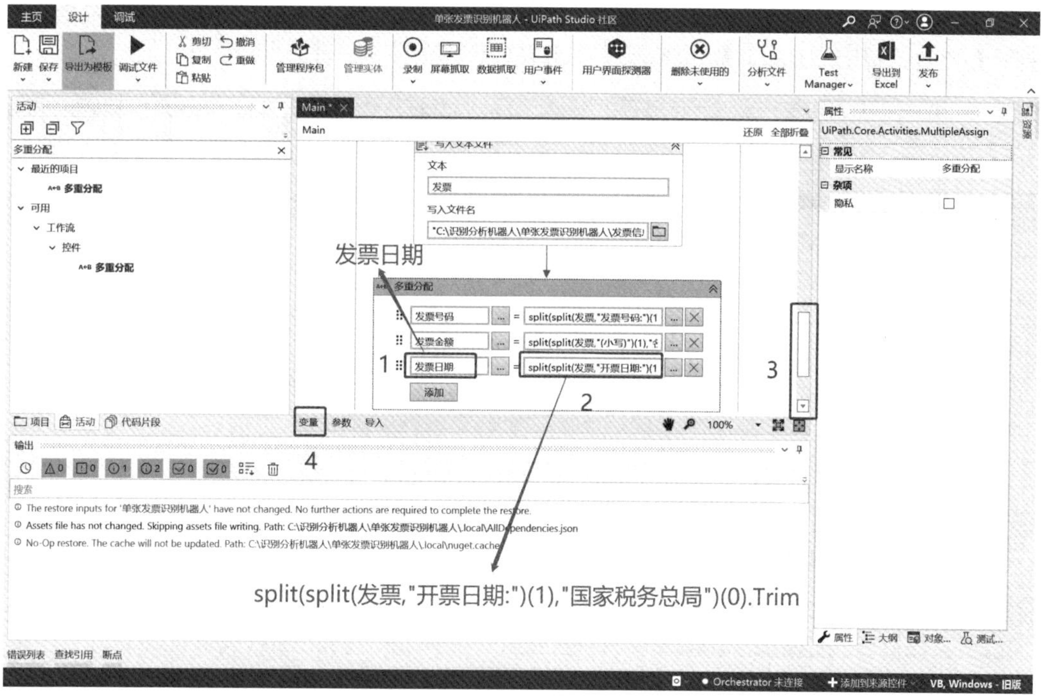

图 5 - 25 在【多重分配】活动中填写第三个分配内容

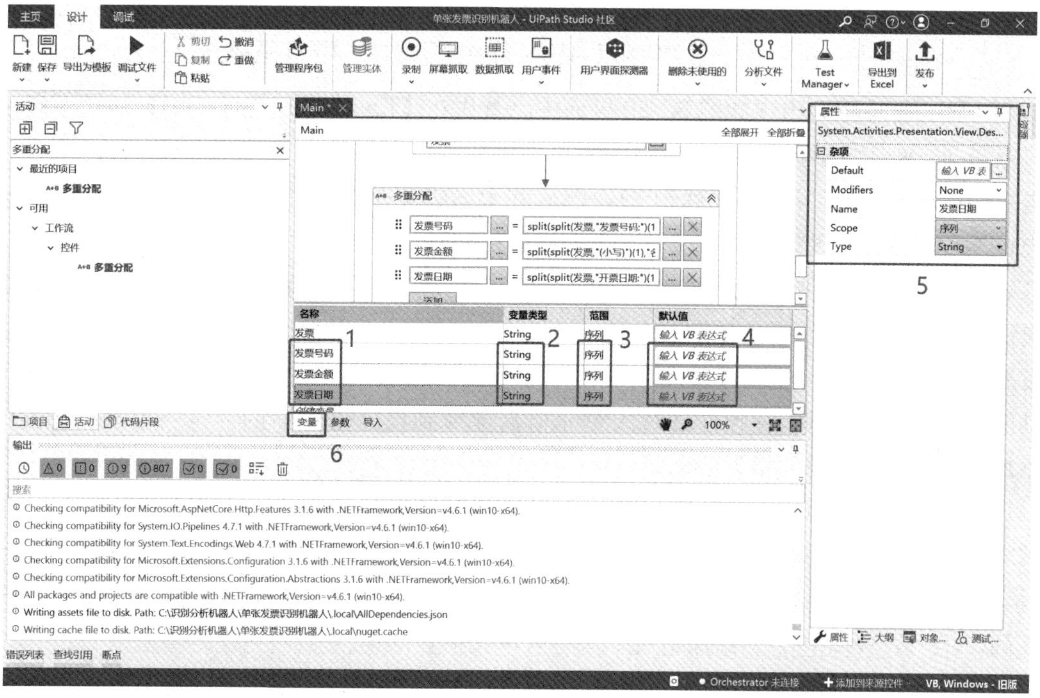

图 5 - 26 依次创建“发票号码”“发票金额”“发票日期”变量

过程 4：机器人保存电子发票中的关键信息

步骤一：如图 5 - 27 所示，首先在工作流界面中点击左侧活动面板的“活动”（标记

1)，然后在上方搜索活动框中输入Excel 应用程序范围（标记 2)，然后用鼠标左键按住控件【Excel 应用程序范围】拖拽到设计主界面的“⊕”处（标记 3)。

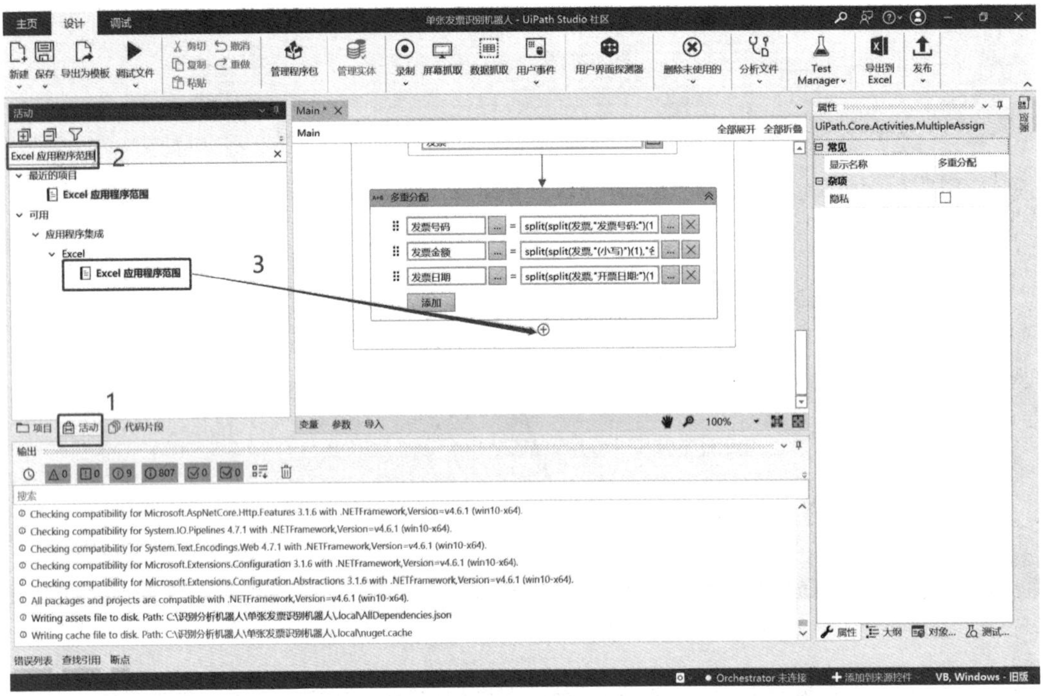

图 5－27　在工作流界面加入【Excel 应用程序范围】活动

步骤二：在随后出现的图 5－28 界面中，首先在【Excel 应用程序范围】活动左侧输入路径"C:\识别分析机器人\单张发票识别机器人\发票信息.xlsx"（标记 1)，然后点击左侧活动面板的“活动”（标记 2)，然后在上方搜索活动框中输入写入单元格（标记 3)，然后用鼠标左键按住控件【写入单元格】拖拽到设计主界面的“⊕”处（标记 4)。

步骤三：在随后出现的图 5－29 界面中，首先点击【写入单元格】活动，在其右侧属性面板的目标“范围”处填写"A2"（标记 1)，在其右侧属性面板的输入“值”处填写发票号码（标记 2)，然后将设计主界面右侧滑动条拉到最下方（标记 3)，然后在左侧活动面板中用鼠标左键按住控件【写入单元格】拖拽到设计主界面的“⊕”处（标记 4)，添加第二个【写入单元格】活动。

步骤四：在随后出现的图 5－30 界面中，首先点击第二个【写入单元格】活动，在其右侧属性面板的目标“范围”处填写"B2"（标记 1)，在输入“值”处填写发票金额（标记 2)，然后在左侧活动面板中用鼠标左键按住控件【写入单元格】拖拽到设计主界面的“⊕”处（标记 3)，添加第三个【写入单元格】活动。

步骤五：在随后出现的图 5－31 界面中，首先点击第三个【写入单元格】活动，在其右侧属性面板的目标“范围”处填写"C2"（标记 1)，在输入“值”处填写发票日期（标记 2)，最后，在设计主界面中通过各种功能按钮适当调整设计主界面视图（标记 3)，结果如图 5－32 所示。

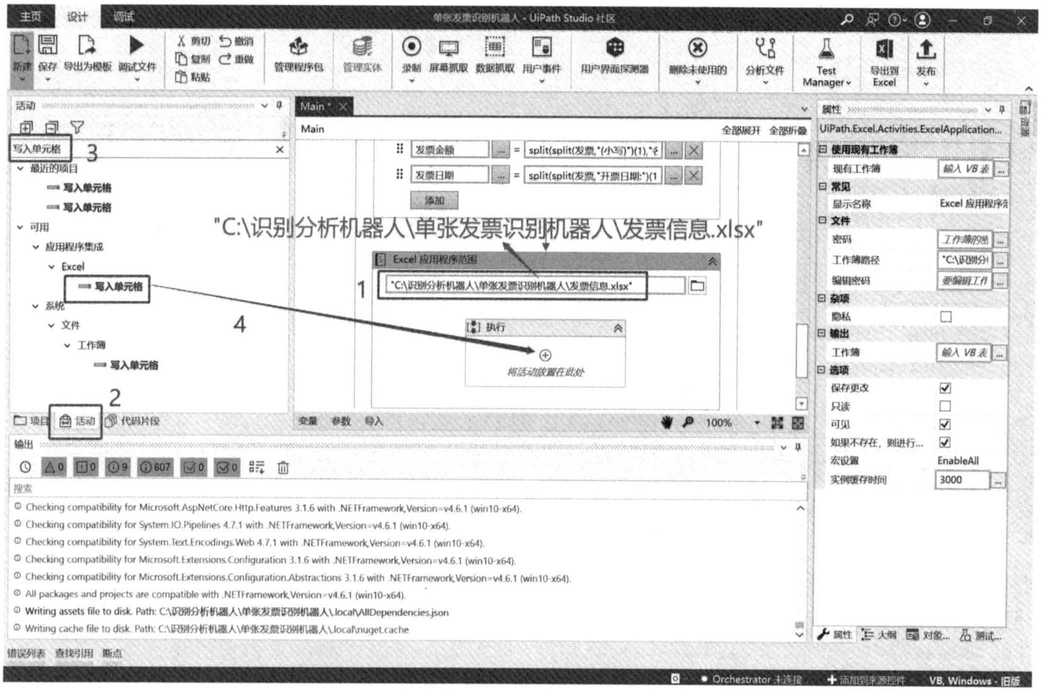

图 5-28　在【Excel 应用程序范围】活动中输入相关内容

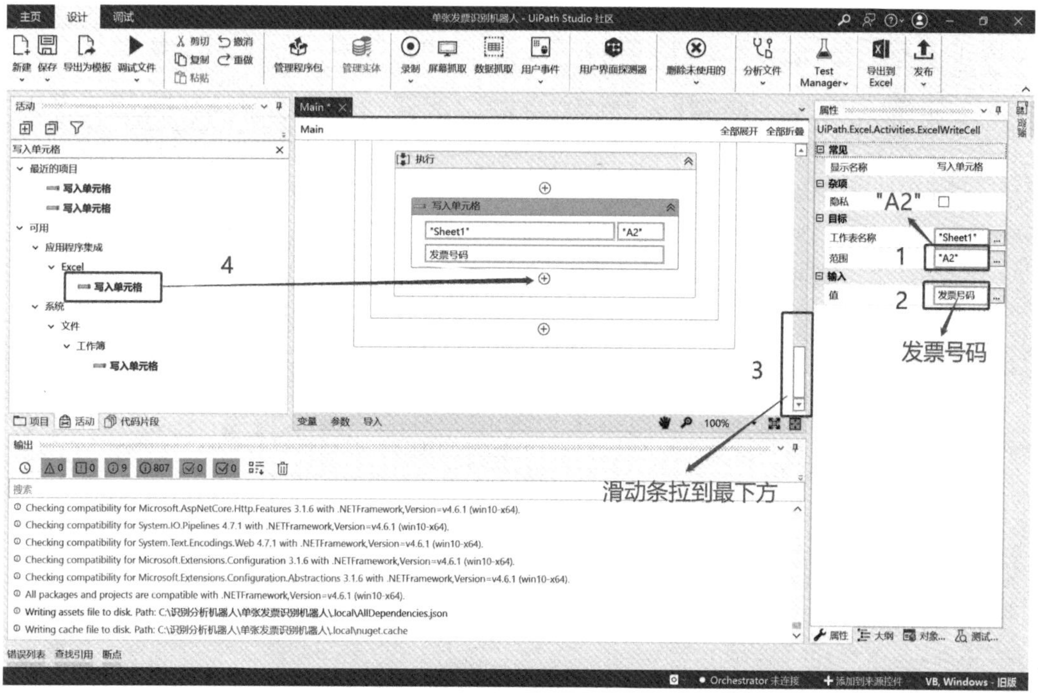

图 5-29　在【写入单元格】活动中填写相关内容

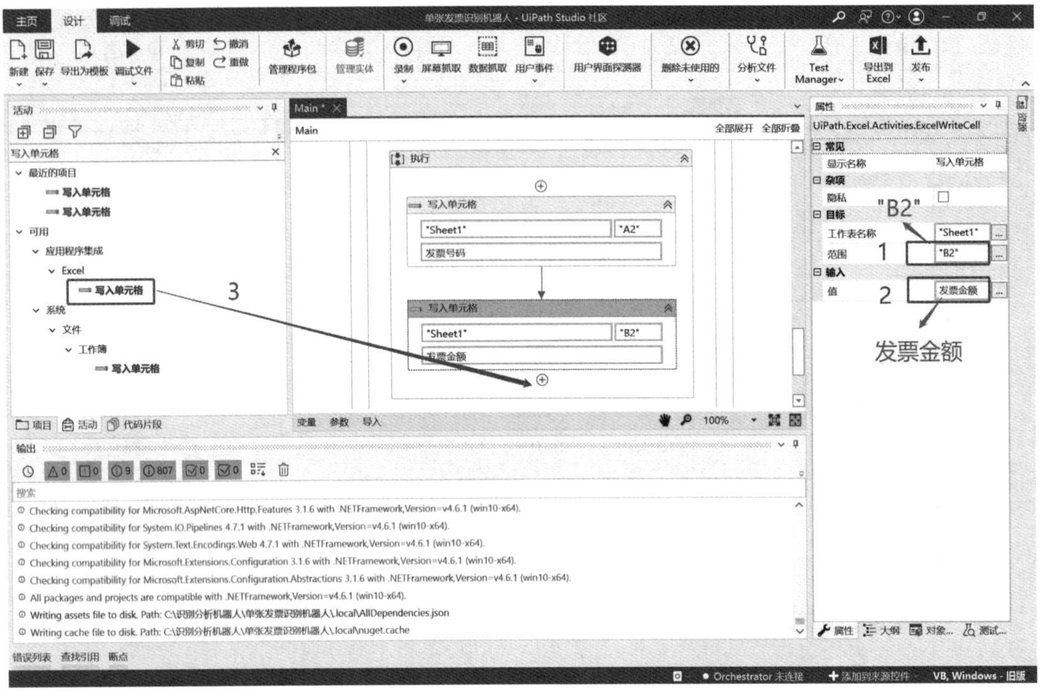

图 5-30　在第二个【写入单元格】活动中填写相关内容

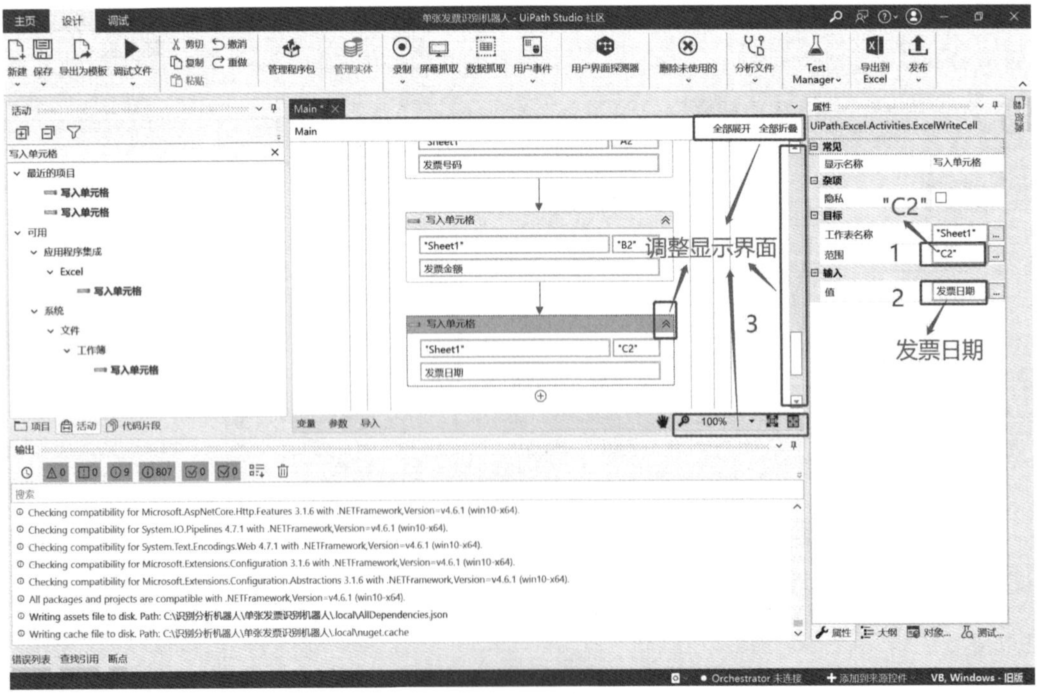

图 5-31　在第三个【写入单元格】活动中填写相关内容

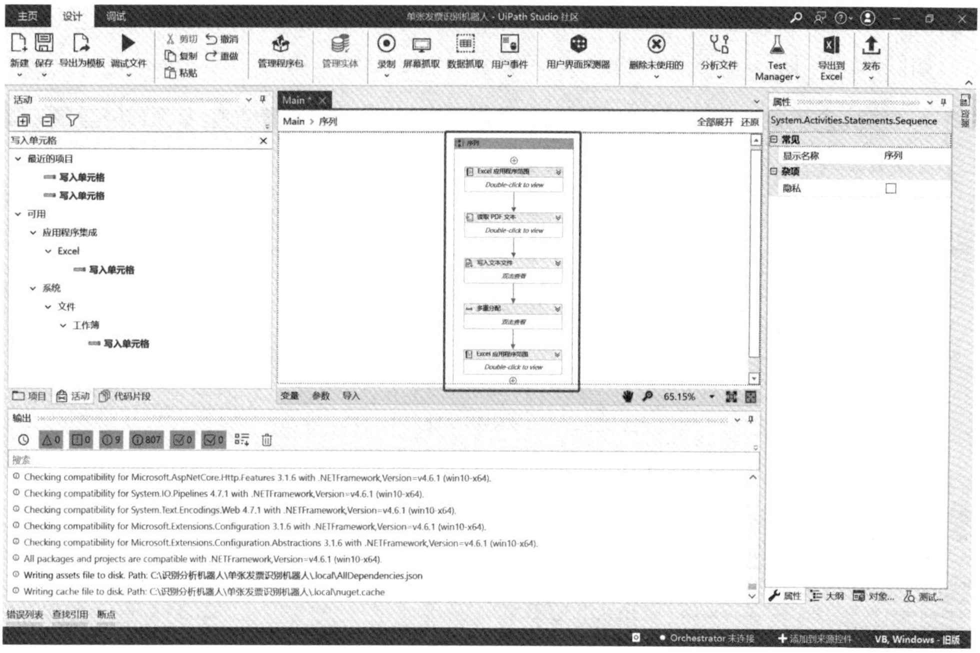

图 5－32　完整程序及主要活动一览图

（三）程序运行

至此，我们完成了所有程序，下面让我们运行一下看看效果吧！

首先，如图 5－33 所示，点击工作流界面左上角的“调试文件”按钮，并点击出现的“运行文件”按钮，运行程序文件。

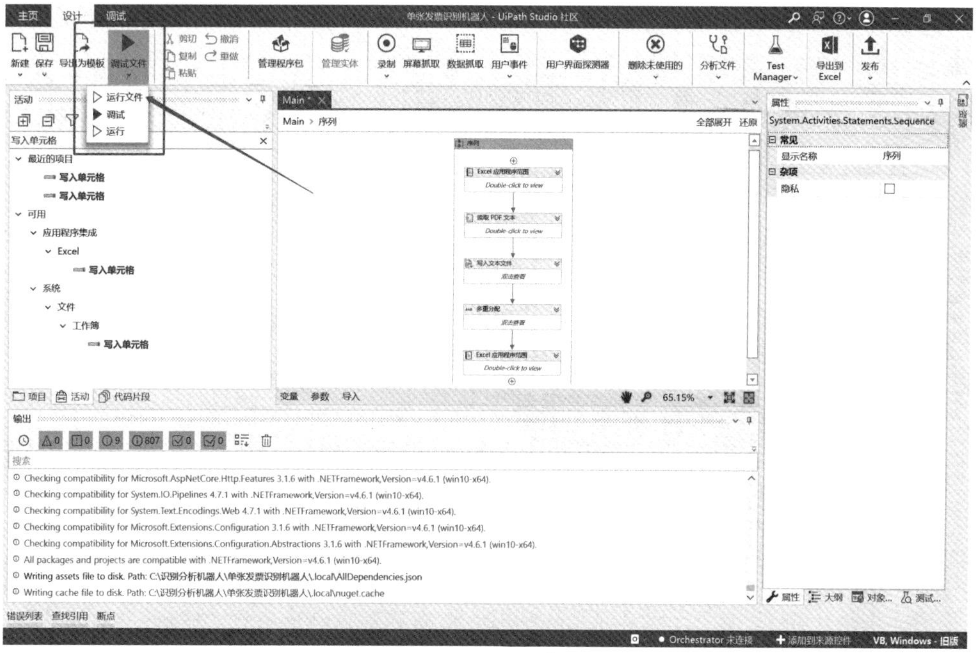

图 5－33　点击“运行文件”

然后，经过自动化运行，UiPath 回到工作流界面，在左下方出现了程序运行的相关信息，如图 5-34 所示。

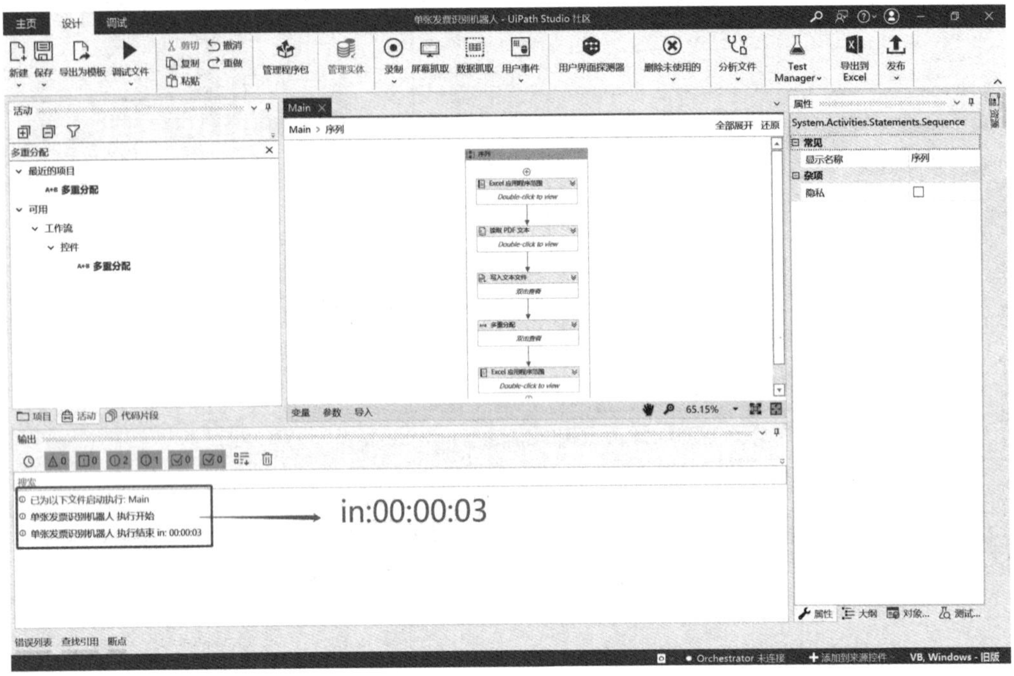

图 5-34 运行结束界面

最后，如图 5-35 所示，我们在电脑路径中（标记 1）可以看到自动生成的一个名为“发票信息”的文本文件（标记 2）和一个名为“发票信息”的 Excel 文件（标记 3），文件内容为读取保存的电子发票信息和从中识别出的关键信息。

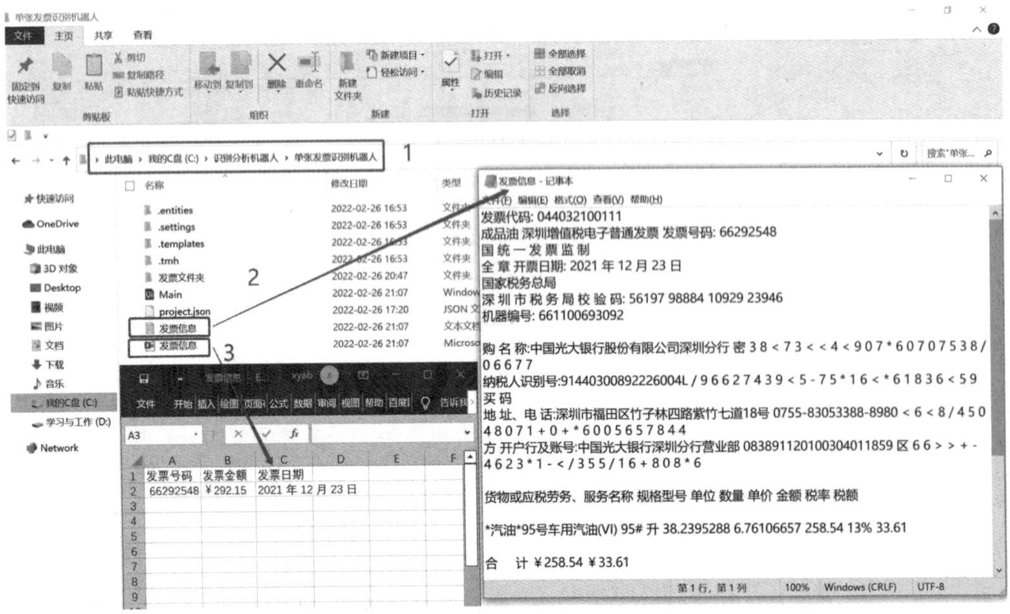

图 5-35 保存的文本文件及 Excel 文件内容

（四）文件保存

如图 5－36 所示，用鼠标左键点击工作流界面左上角的“保存”按钮，并点击出现的“全部保存”按钮。

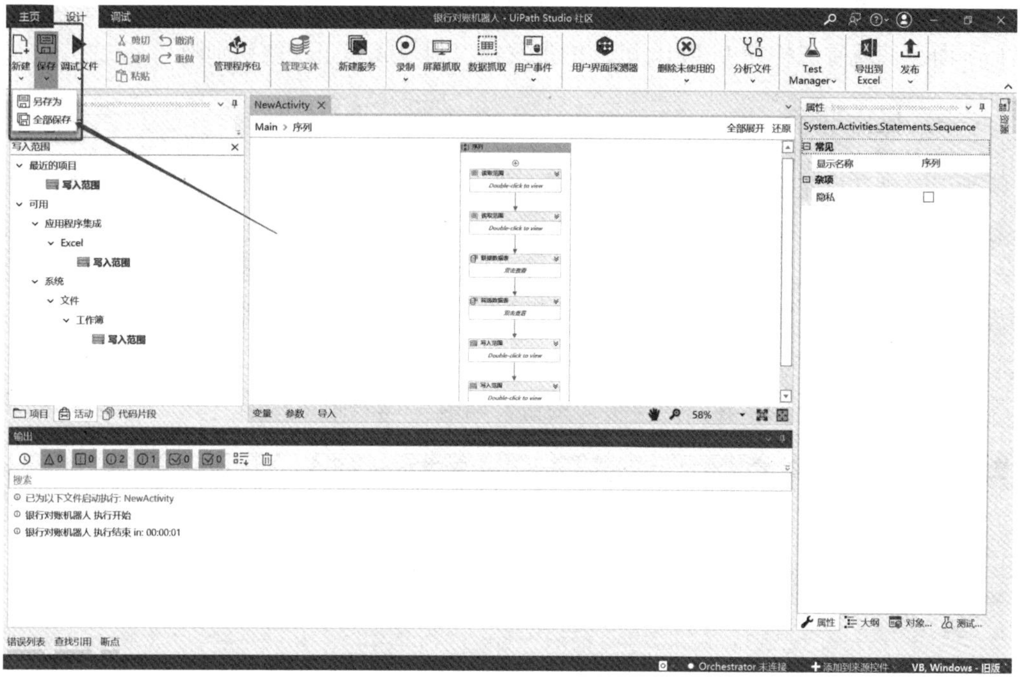

图 5－36　点击“全部保存”

最后保存的文件在哪儿呢？这与我们在“图 5－5　创建一个空白流程并更改‘名称’和‘位置’信息”的操作密切相关，如图 5－37 所示。

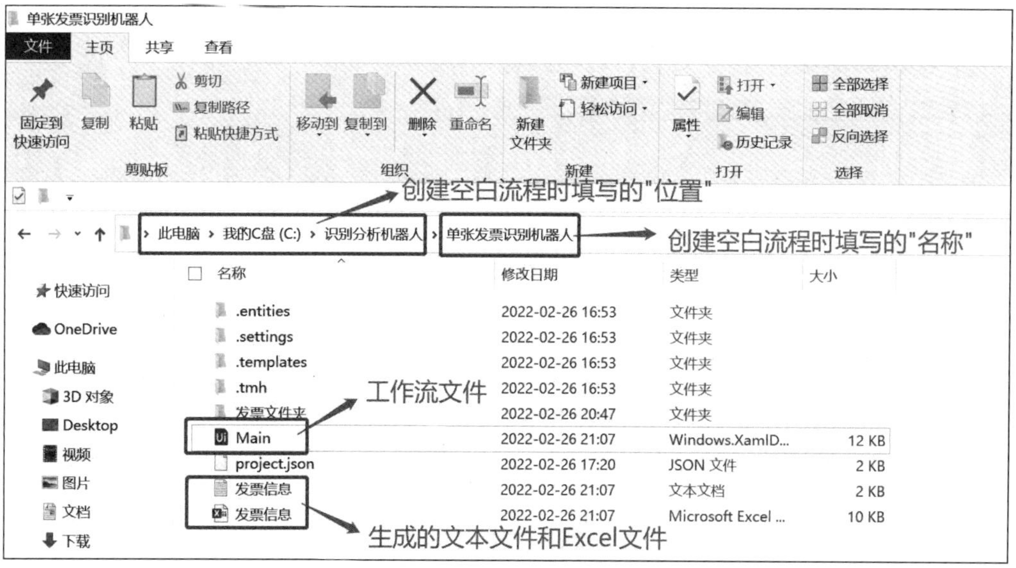

图 5－37　程序文件所在的位置及内容

二、多张发票识别机器人制作

多张发票识别在单张发票识别的基础上增加了循环功能，若要制作多张发票识别机器人，我们是不是可以在已完成的单张发票识别版本上直接进行修改呢？答案是当然可以！下面我们就看怎样在 UiPath 里让单张发票识别变成多张发票识别吧！

（一）操作准备

为了不破坏单张发票识别版本的程序文件，我们可以从单张发票识别版本中导出一个新的模板来进一步制作多次玩法版本。

首先，提前退出 360 安全卫士等杀毒软件（避免对使用过程的干扰），在保存的“单张发票识别机器人”文件夹中用鼠标左键双击“Main”工作流文件（同图 5－37 所示），这将直接在 UiPath Studio 软件中打开前面单张发票识别版本的程序文件，用鼠标左键点击工作流界面左上角的“导出为模板”按钮，如图 5－38 所示。

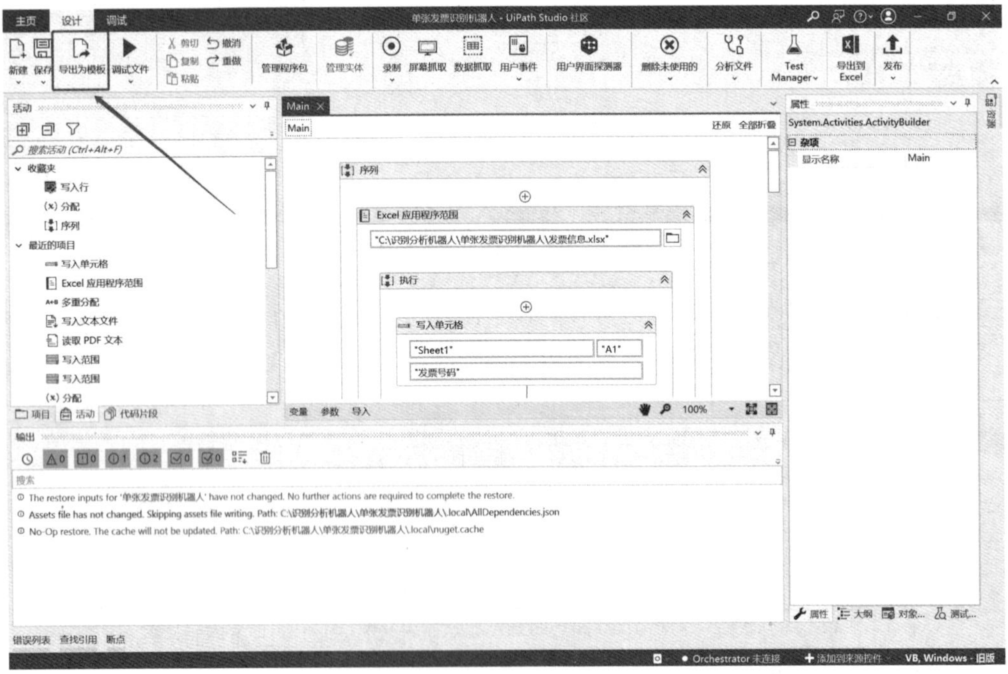

图 5－38　在单张发票识别界面中点击“导出为模板”

其次，在弹出来的“导出为模板”对话框中更改“名称”和“位置”信息（名称改为多张发票识别机器人，位置改为C：\识别分析机器人），点击“导出”，如图 5－39 所示；在弹出的“是否要打开已导出的项目”对话框中选择“是”，如图 5－40 所示。

最后，在出现如图 5－41 所示的界面后，我们可以看到标题已变为“多张发票识别机器人”（标记 1）；点击“打开主工作流”（标记 2），则进入如图 5－42 所示的工作流界面，在设计主界面的“序列”中，通过调节相关按钮查看已制作过的全部活动。

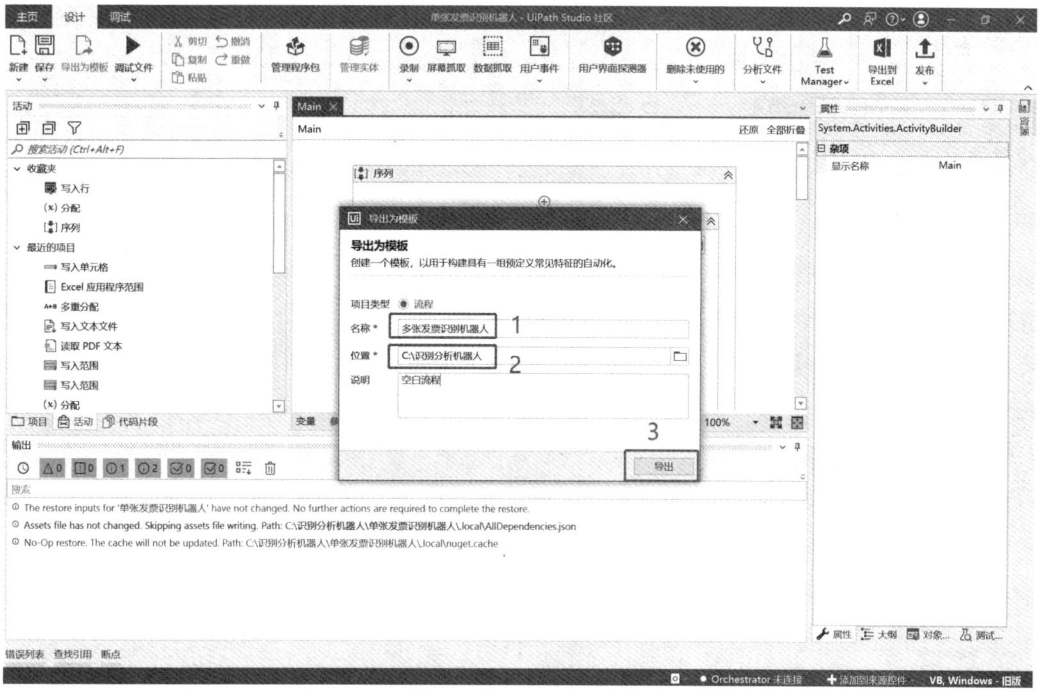

图 5-39 在“导出为模板”时修改“名称”和“位置”信息

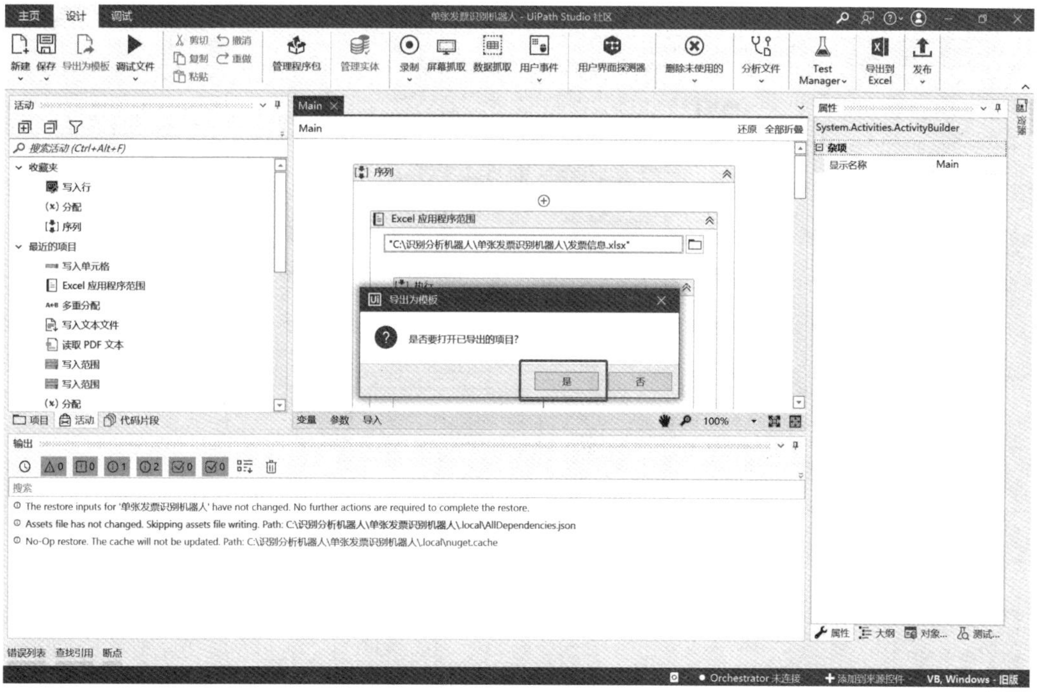

图 5-40 选择打开已导出的项目

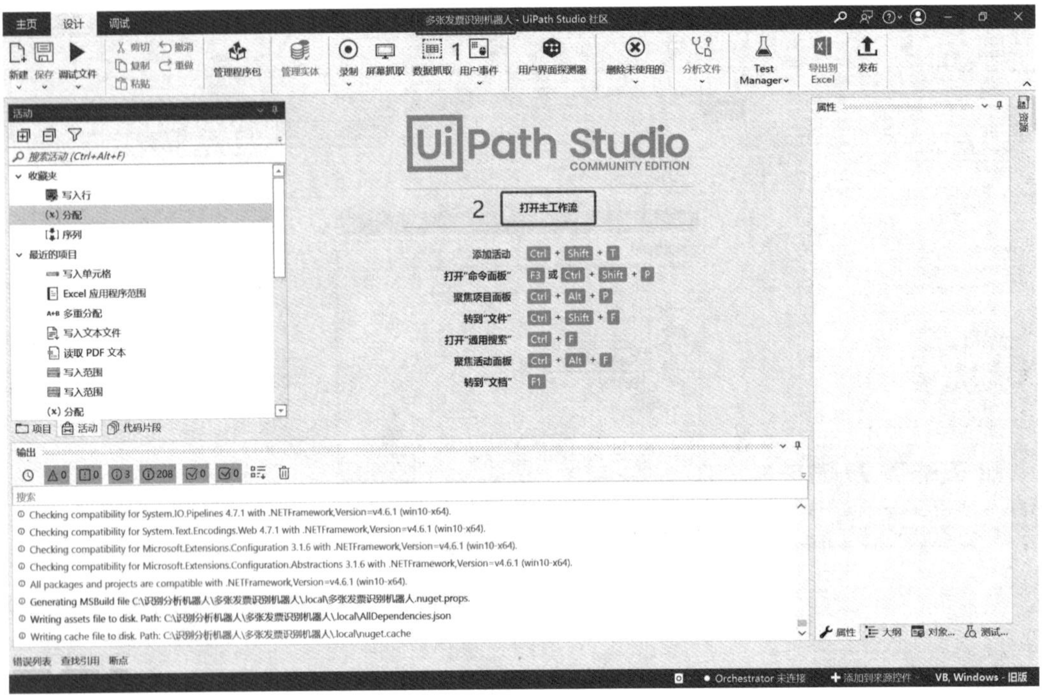

图 5-41　成功打开已导出的项目

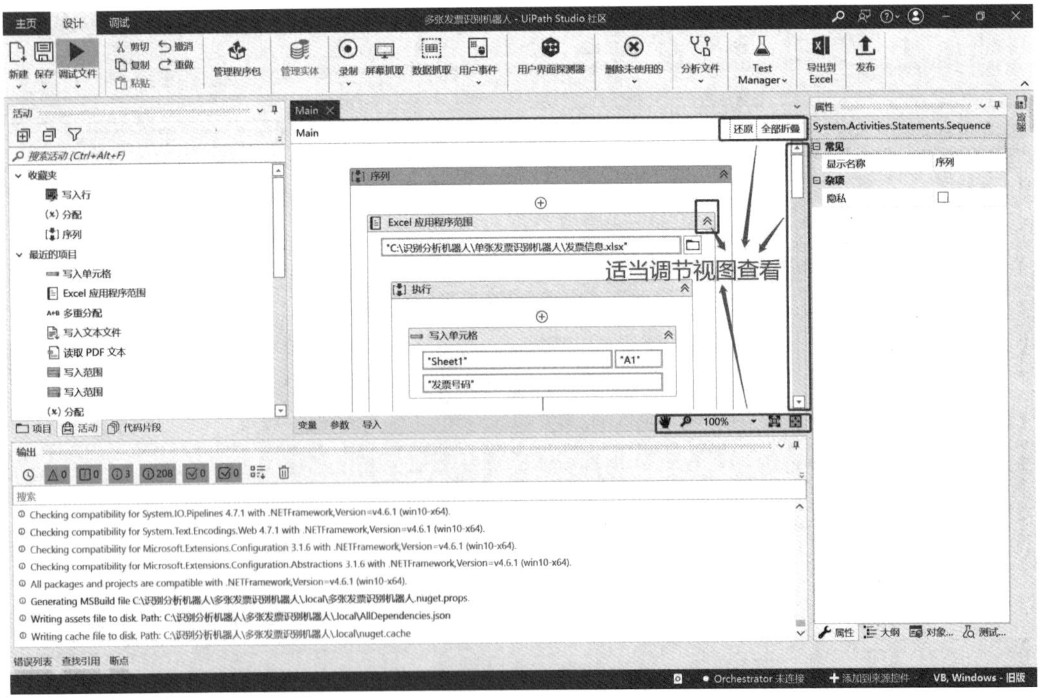

图 5-42　在设计主界面通过调节相关按钮查看具体内容

至此，我们的操作准备已完成，接下来就让我们在 UiPath 工作流界面大展身手吧！

（二）程序制作

多张发票识别机器人制作运行解析

对照流程图，程序制作可以分为 4 个过程。

过程 1：修改“机器人创建 Excel 表格”路径

如图 5 - 43 所示，在【Excel 应用程序范围】活动中将原路径"C：\ 识别分析机器人\ 单张发票识别机器人\ 发票信息. xlsx"修改为新路径"C：\ 识别分析机器人\ 多张发票识别机器人\ 发票信息. xlsx"（标记 1），然后将滑动条拉到下一个活动【读取 PDF 文件】（标记 2）。

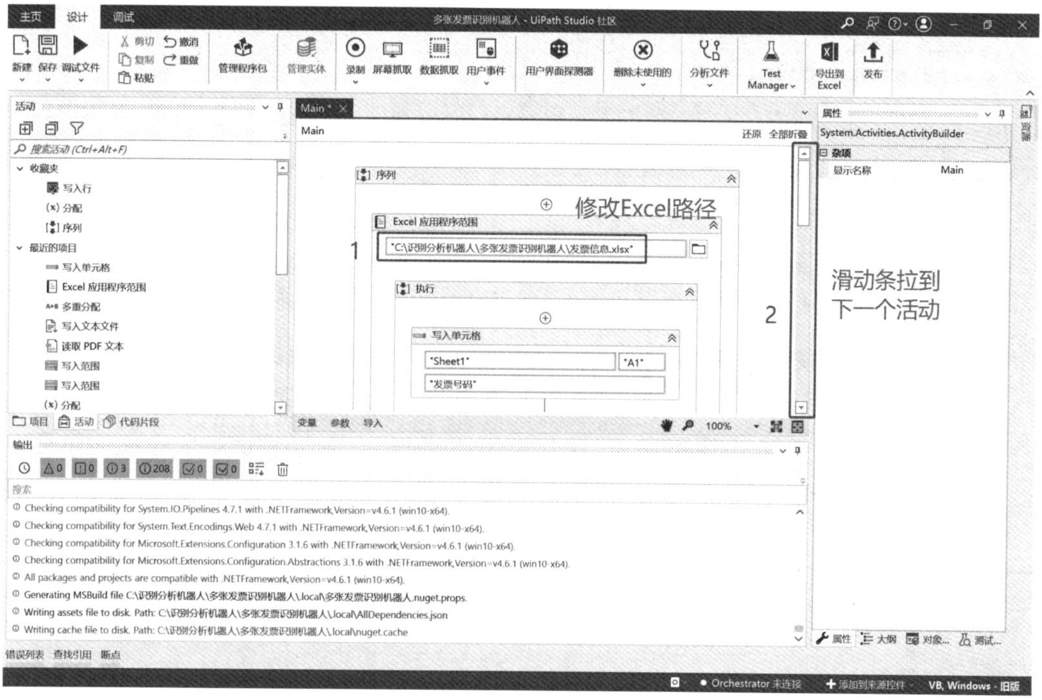

图 5 - 43　在【Excel 应用程序范围】中修改 Excel 文件路径

过程 2：增加“机器人获取文件夹路径”功能

步骤一：如图 5 - 44 所示，调节设计主界面右侧的滑动条（标记 1），然后在左侧活动面板点击“活动”（标记 2），然后在上方搜索活动框中输入分配（标记 3），然后用鼠标左键按住控件【分配】拖拽到设计主界面【读取 PDF 文本】活动前的箭头上的“⊕”处（标记 4）。

步骤二：在随后出现的图 5 - 45 界面中，首先在【分配】活动左侧输入发票文件夹（标记 1），然后在【分配】活动右侧输入Directory. Getfiles（"C：\ 识别分析机器人\ 多张发票识别机器人\ 发票文件夹"）（标记 2），然后在右侧属性面板可以看到同步出填写的内容（标记 3），然后点击变量面板中的“变量”（标记 4），展开变量编辑区域。

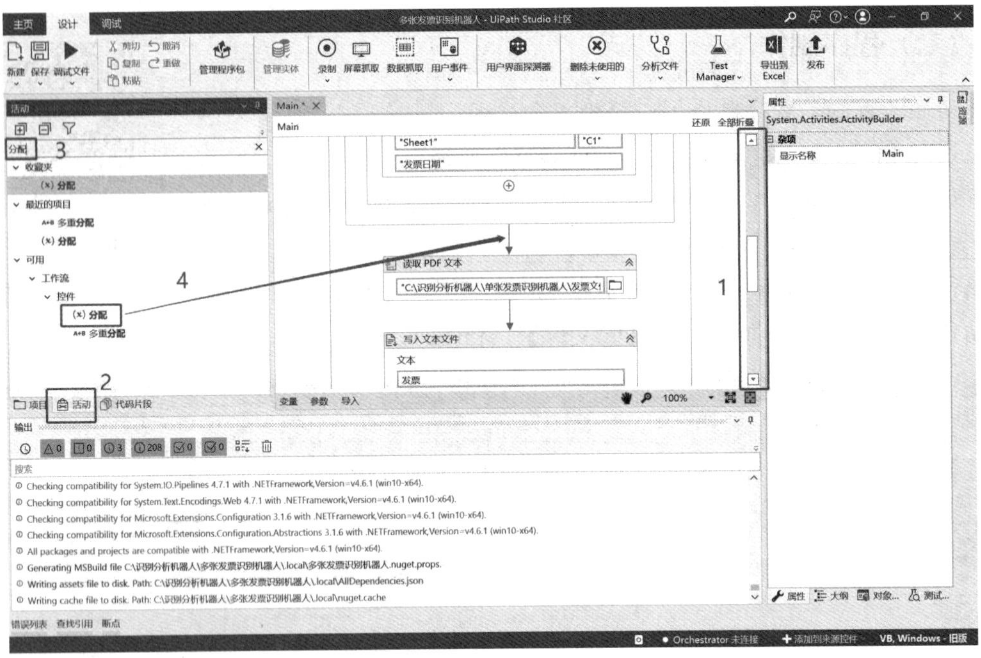

图 5-44　在【读取 PDF 文本】活动前加入一个【分配】活动

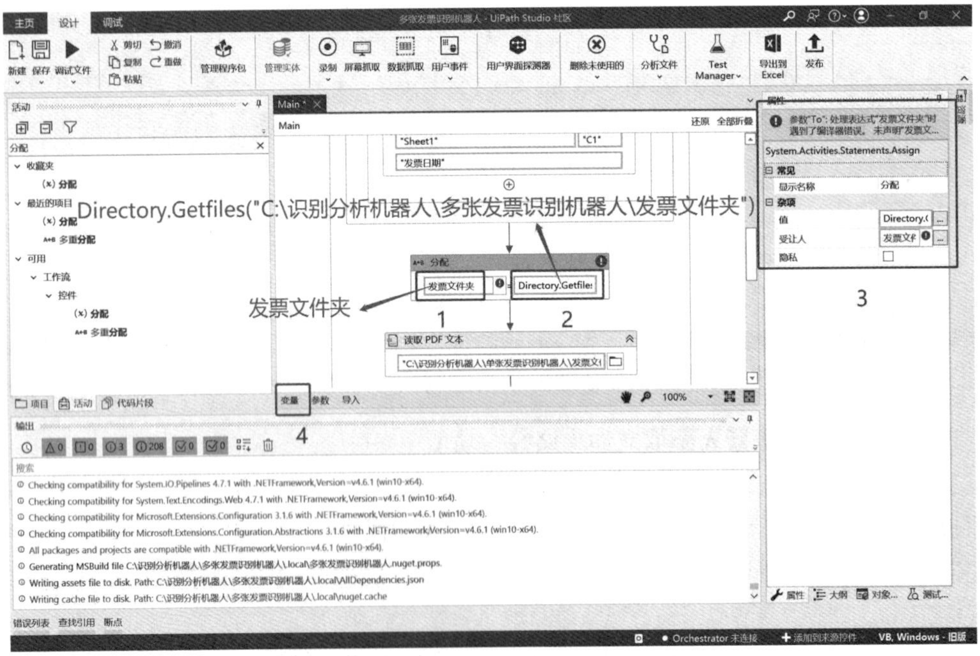

图 5-45　在【分配】活动中填写相关内容

步骤三：在随后出现的图 5-46 界面中，首先点击变量编辑区域的“创建变量”处，在“名称”列输入发票文件夹（标记 1），然后在“变量类型”列下拉选择Sting [] （标记 2，在 Array of [T] 中选择 String），然后在“范围”列下拉选择序列（标记 3），然后在“默认值”列保持默认空着（标记 4），然后在属性面板处可以看到同步显示出填写的内容（标记 5），最后点击变量面板处的“变量”（标记 6），收回变量编辑区域。

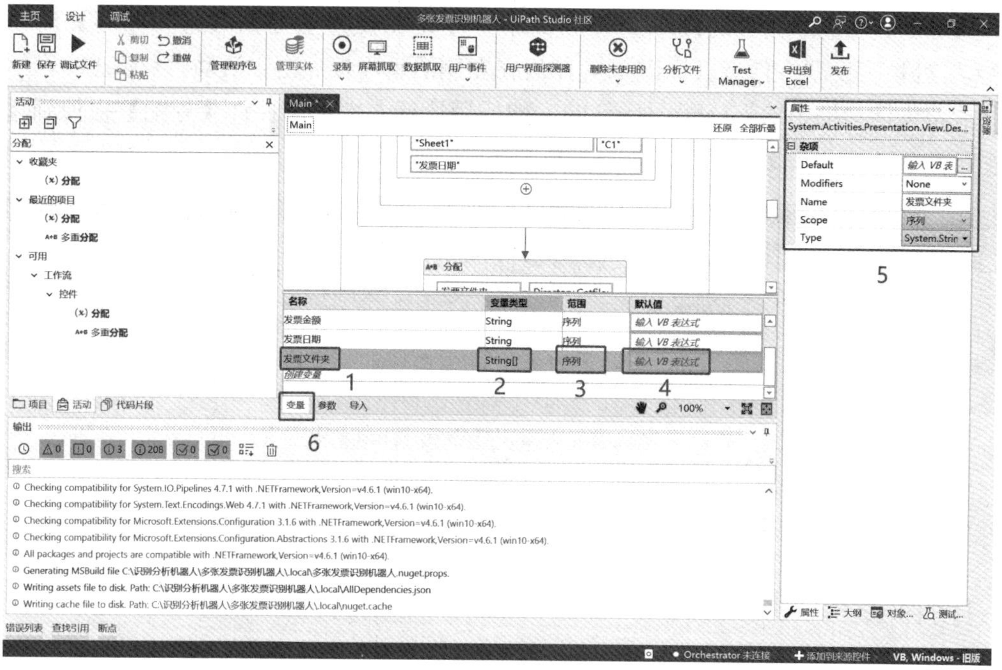

图 5-46　在变量编辑区域创建一个"发票文件夹"变量

过程 3：增加"机器人遍历循环文件夹"功能

步骤一：如图 5-47 所示，在左侧活动面板点击"活动"（标记 1），然后在上方搜索活动框中输入遍历循环（标记 2），然后用鼠标左键按住控件【遍历循环】拖拽到设计主界面【读取 PDF 文本】活动前的箭头上的"⊕"处（标记 3）。

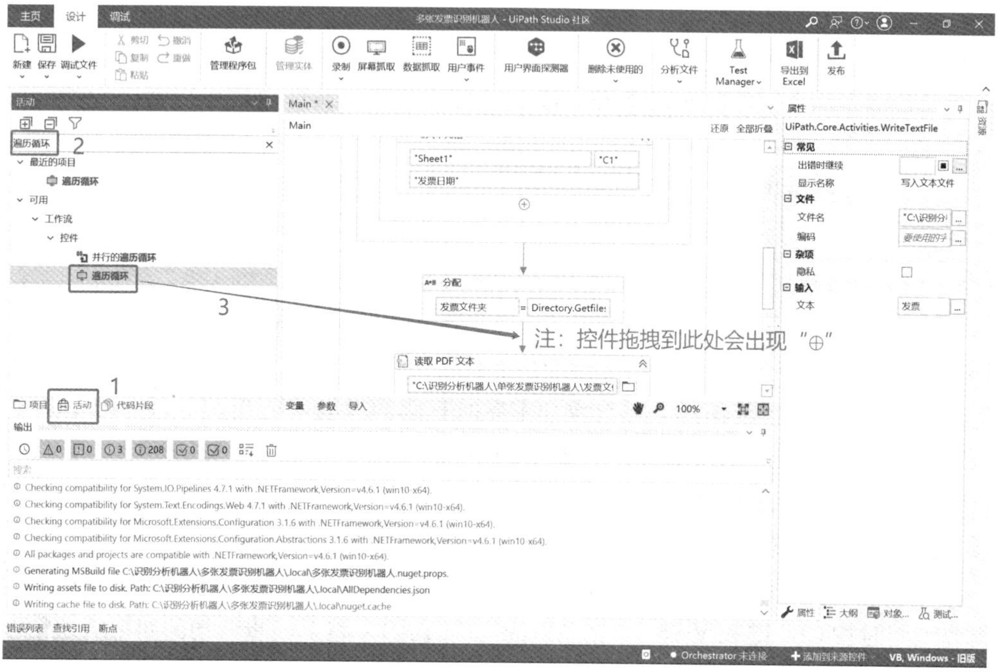

图 5-47　在【读取 PDF 文本】活动前加入一个【遍历循环】活动

步骤二：在随后出现的图 5－48 界面中，首先在设计主界面【遍历循环】活动的“输入”处填写发票文件夹（标记 1），然后在左侧活动面板点击“活动”（标记 2），然后在上方搜索活动框中输入分配（标记 3），然后用鼠标左键按住控件【分配】拖拽到【遍历循环】活动的“正文”中“⊕”处（标记 4）。

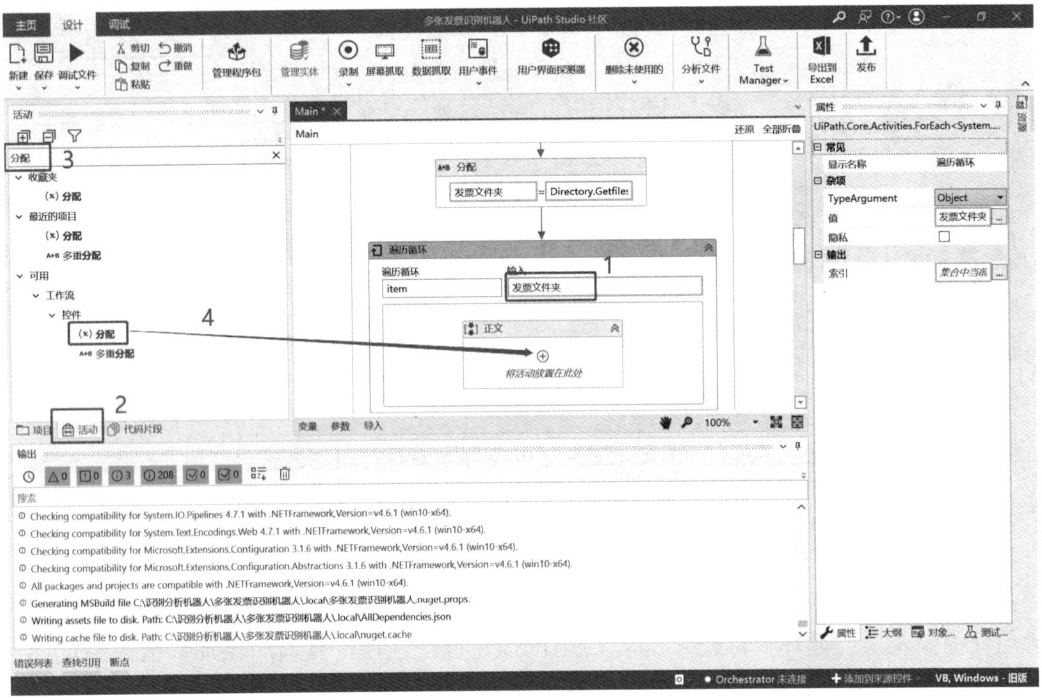

图 5－48　在【遍历循环】活动中填写内容并加入一个【分配】活动

步骤三：在随后出现的图 5－49 界面中，首先在【分配】活动左侧输入i（标记 1），然后在“分配”活动右侧输入i＋1（标记 2），然后在右侧属性面板可以看到同步出填写的内容（标记 3），然后点击变量面板中的“变量”（标记 4），展开变量编辑区域。

步骤四：在随后出现的图 5－50 界面中，首先点击变量编辑区域的“创建变量”处，在“名称”列输入i（标记 1），然后在“变量类型”列下拉选择int32（标记 2），然后在“范围”列下拉选择序列（标记 3），然后在“默认值”列填写1（标记 4），然后在属性面板处可以看到同步出填写的内容（标记 5），最后点击变量面板处的“变量”（标记 6），收回变量编辑区域。

步骤五：如图 5－51 所示，通过设计主界面右侧的滑动条适当调节（标记 1），然后长按键盘上的 Ctrl 键，依次单击选中【遍历循环】活动下面的【读取 PDF 文本】、【写入文本文件】、【多重分配】、【Excel 应用程序范围】四个活动（标记 2），然后在键盘上同时按 Ctrl 键和 X 键（“剪切”的快捷方式），将四个活动剪切下来。

步骤六：在随后出现的图 5－52 界面中，首先用鼠标左键选中【分配】活动，然后在键盘上同时按 Ctrl 键和 V 键（“粘贴”的快捷方式），将上一步剪切的四个活动粘贴进来，结果如图 5－53 所示。

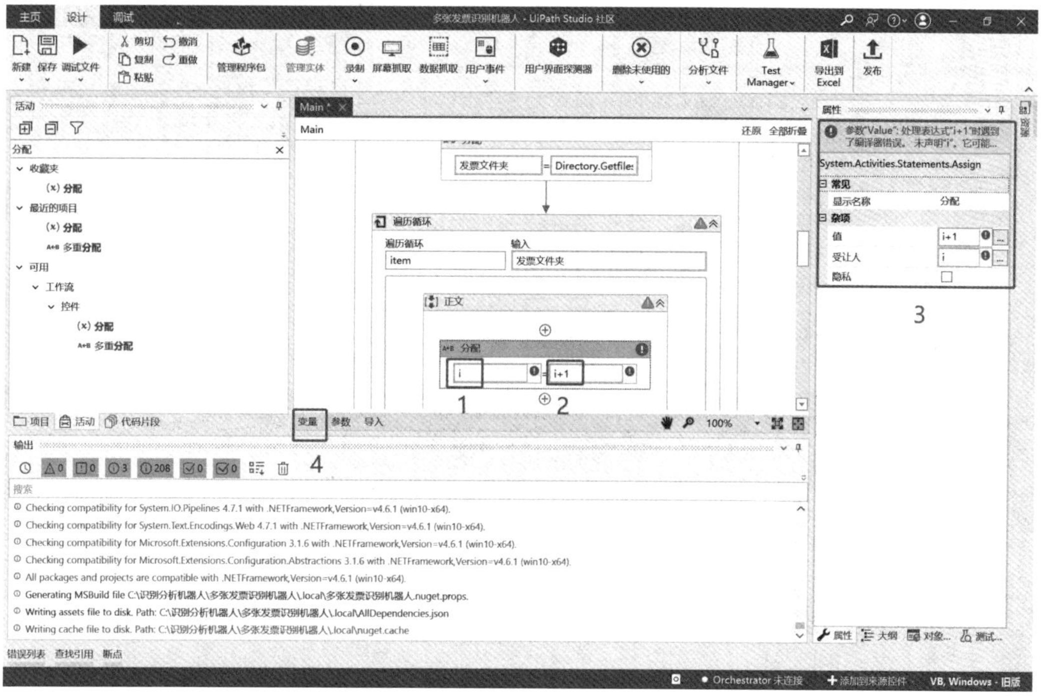

图 5-49　在【分配】活动中填写相关内容

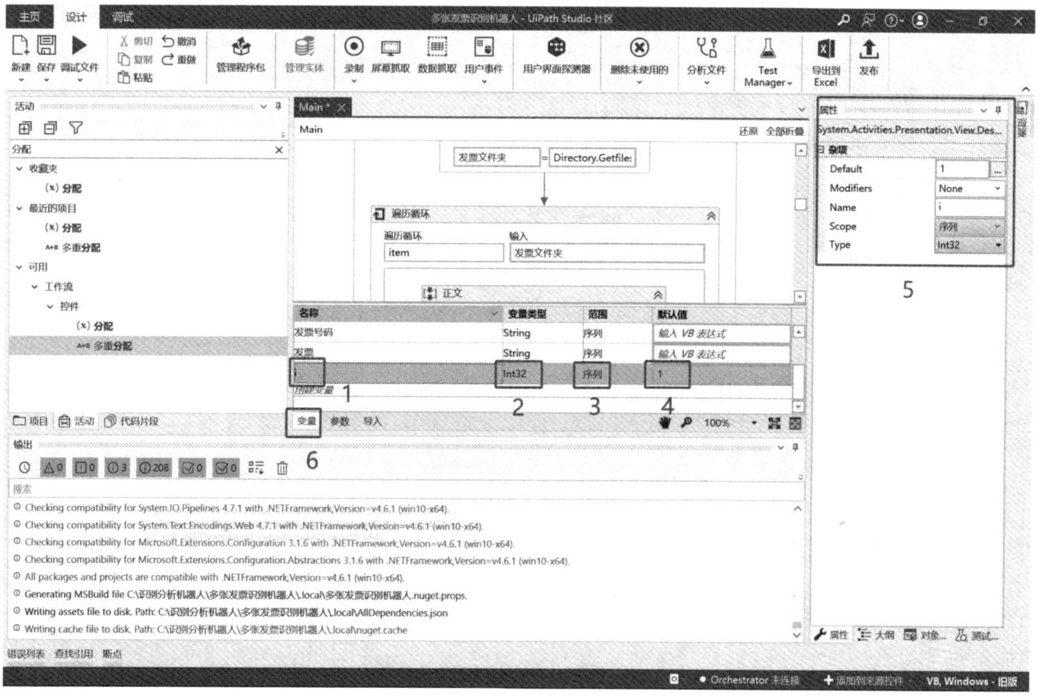

图 5-50　在变量编辑区域创建一个“i”变量

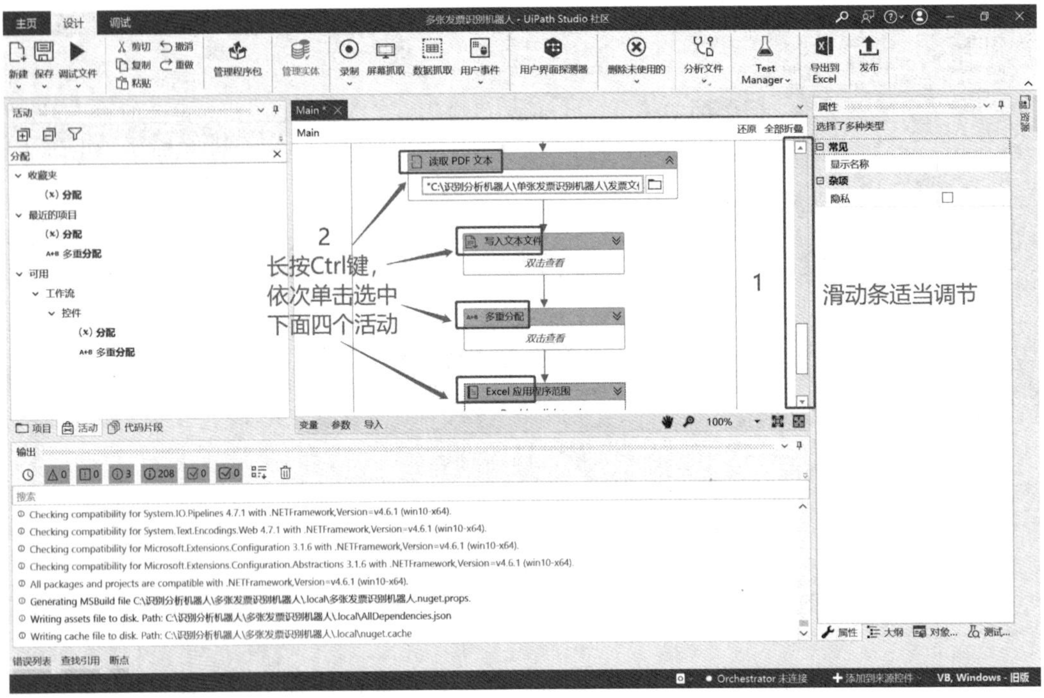

图 5-51　同时选中并剪切后面四个活动

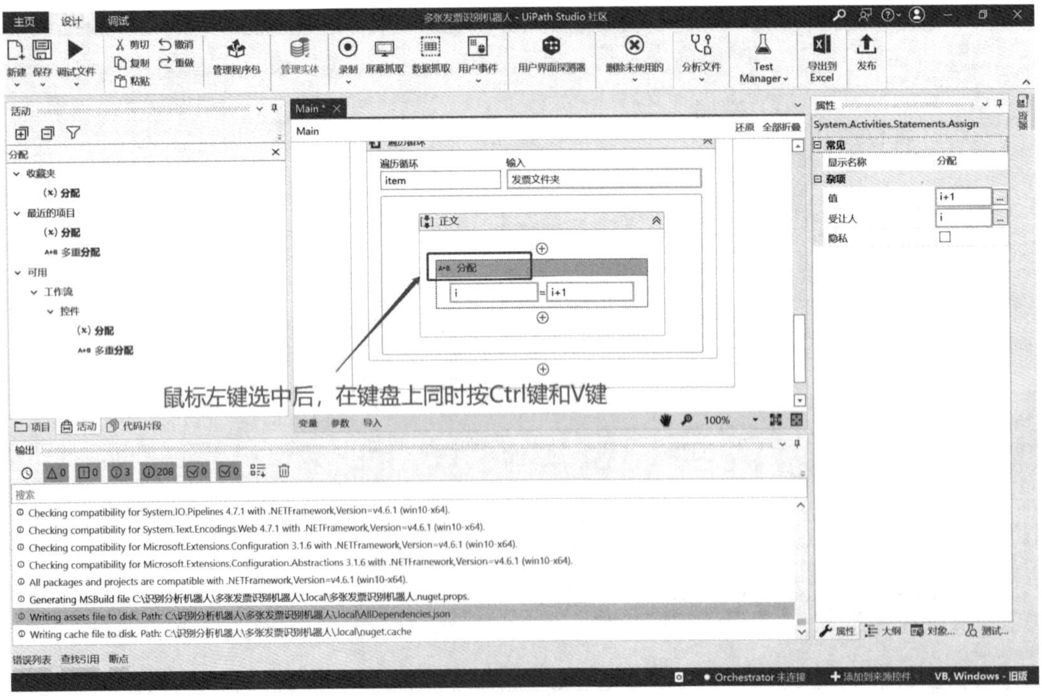

图 5-52　将剪切的四个活动粘贴到【分配】活动之后

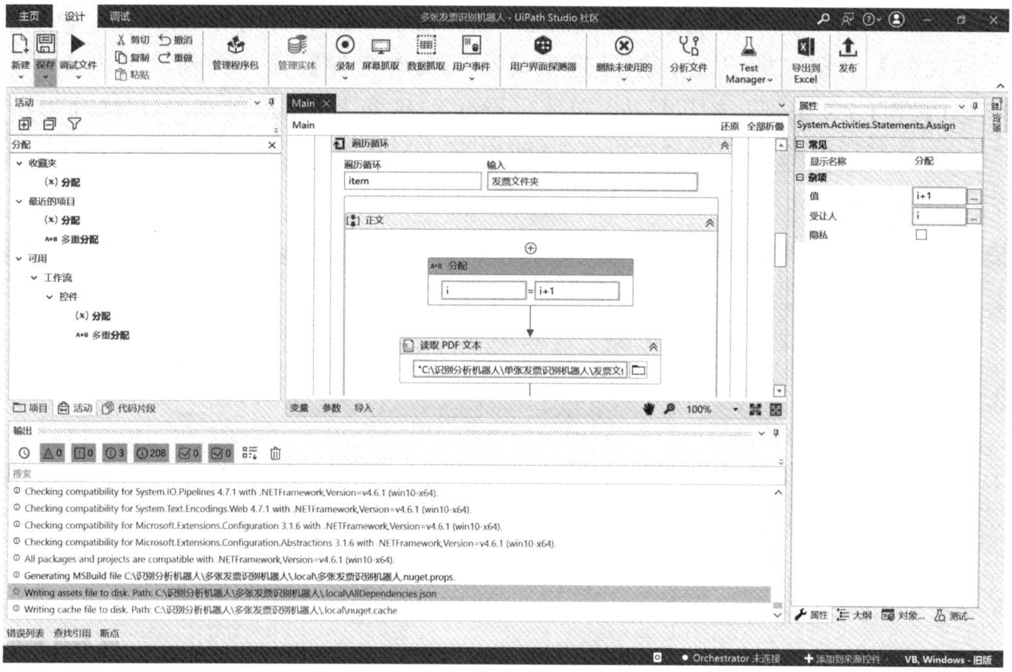

图 5 - 53　粘贴四个活动后的界面

过程 4：修改【读取 PDF 文本】、【写入文本文件】、【Excel 应用程序范围】活动内容

步骤一：如图 5 - 54 所示，鼠标左键点击【读取 PDF 文本】活动，将文件名原内容"C:\识别分析机器人\单张发票识别机器人\发票文件夹\20211223成品油发票.pdf"修改为新内容item.ToString。

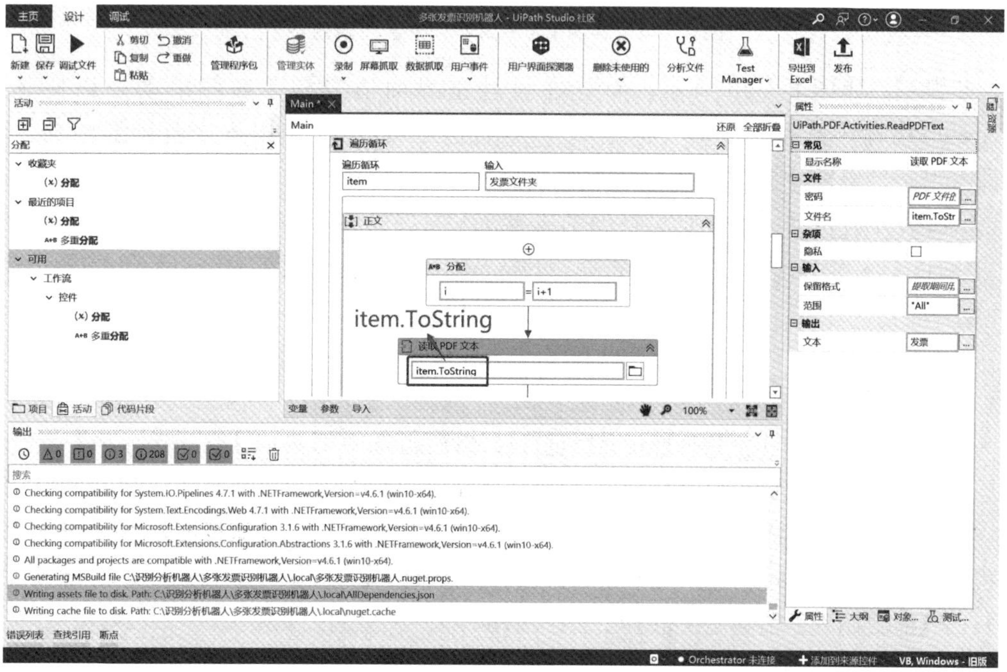

图 5 - 54　修改【读取 PDF 文本】活动内容

步骤二：如图 5－55 所示，首先在设计主界面适当调节右侧滑动条以便选中【写入文本文件】活动（标记 1），然后选中【写入文本文件】活动并在“写入文件名”处将原内容"C:\识别分析机器人\单张发票识别机器人\发票信息.txt"修改为新内容"C:\识别分析机器人\多张发票识别机器人\发票信息"＋i.ToString＋".txt"（标记 2）。

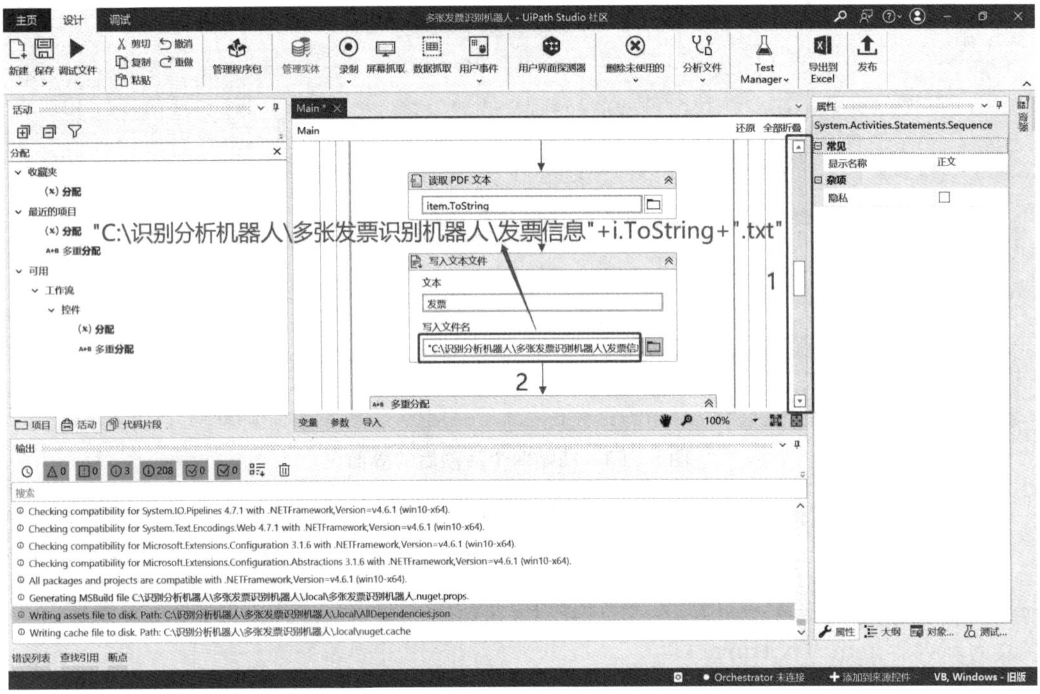

图 5－55　修改【写入文本文件】活动内容

步骤三：如图 5－56 所示，首先在设计主界面适当调节右侧滑动条以便选中【Excel 应用程序范围】活动（标记 1），然后选中【Excel 应用程序范围】活动并将原路径"C:\识别分析机器人\单张发票识别机器人\发票信息.xlsx"修改为新路径"C:\识别分析机器人\多张发票识别机器人\发票信息.xlsx"（标记 2），然后再选中第一个【写入单元格】活动并将原范围"A2" 修改为新范围"A"＋(i＋1).ToString（标记 3）。

步骤四：如图 5－57 所示，首先在设计主界面适当调节右侧滑动条以便选中下面的【写入单元格】活动（标记 1），然后选中第二个【写入单元格】活动并将原范围"B2" 修改为新范围"B"＋(i＋1).ToString（标记 2），然后再选中第三个【写入单元格】活动并将原范围"C2" 修改为新范围"C"＋(i＋1).ToString（标记 3）。

最后，在设计主界面中通过各种功能按钮适当调整设计主界面视图，本次制作的完整程序如图 5－58 所示，包括【Excel 应用程序范围】、【分配】、【遍历循环】三个主要活动，而【遍历循环】活动里又嵌套了多个活动。

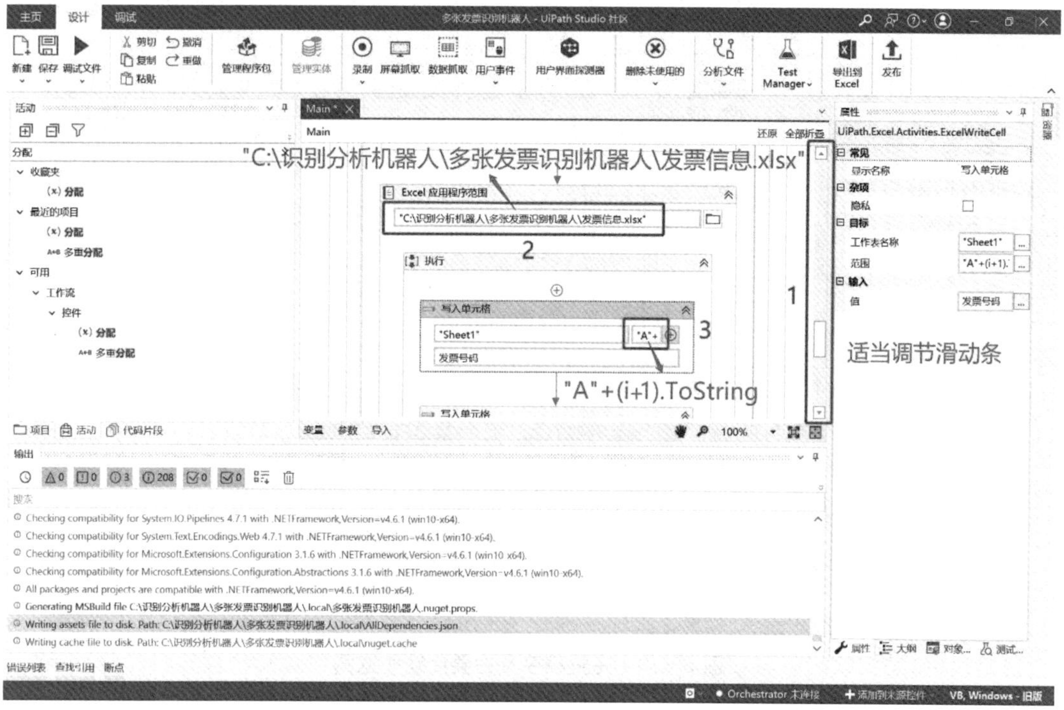

图 5－56 修改【Excel 应用程序范围】活动及内嵌的【写入单元格】活动内容

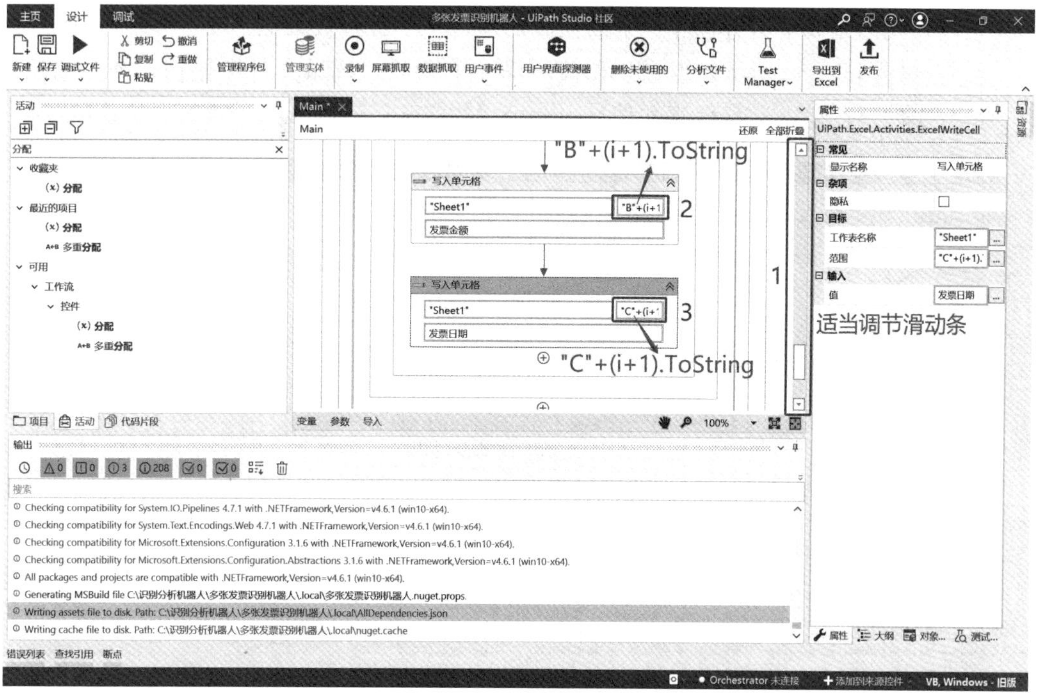

图 5－57 修改最后两个【写入单元格】活动内容

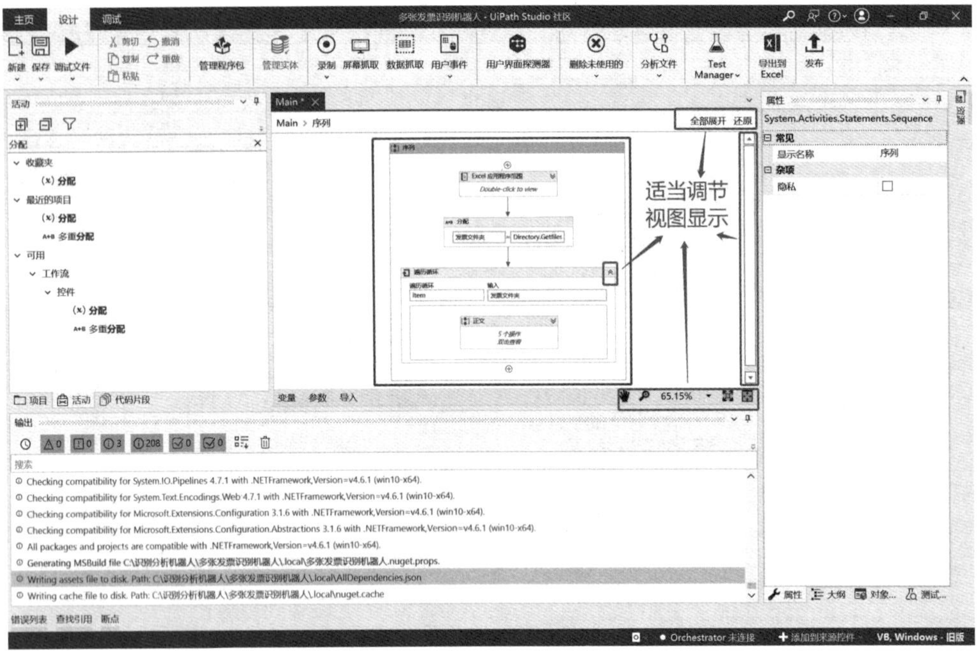

图 5-58　完整程序及主要活动一览图

（三）程序运行

至此，我们完成了所有程序，下面让我们运行一下看看效果吧！

首先，如图 5-59 所示，点击工作流界面左上角的“调试文件”按钮，并点击出现的“运行文件”按钮，运行程序文件。

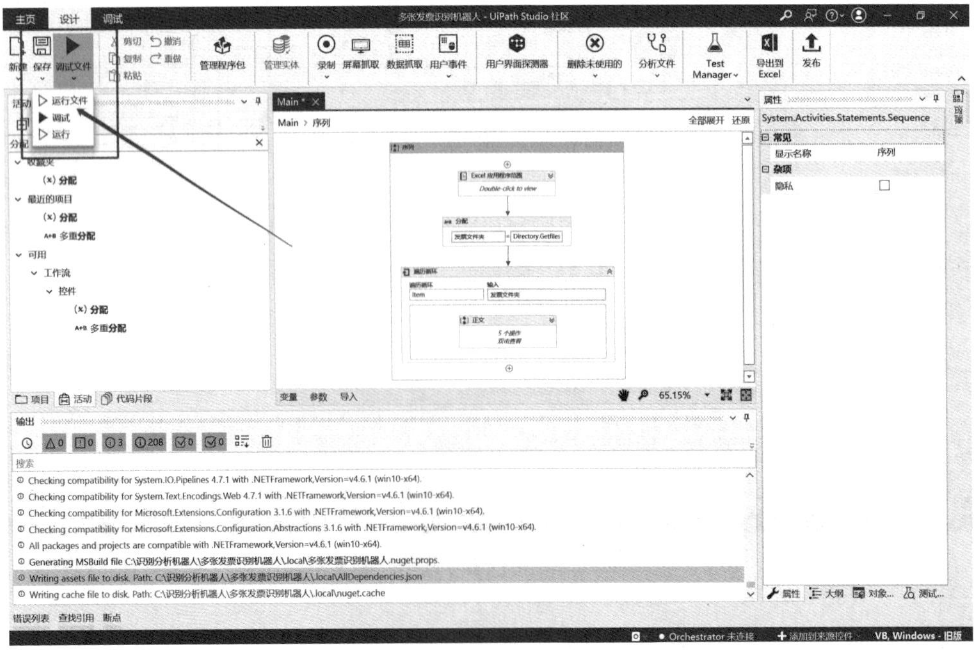

图 5-59　点击“运行文件”

然后，经过自动化运行，UiPath 回到工作流界面，在左下方出现了程序运行的相关信息，如图 5-60 所示。

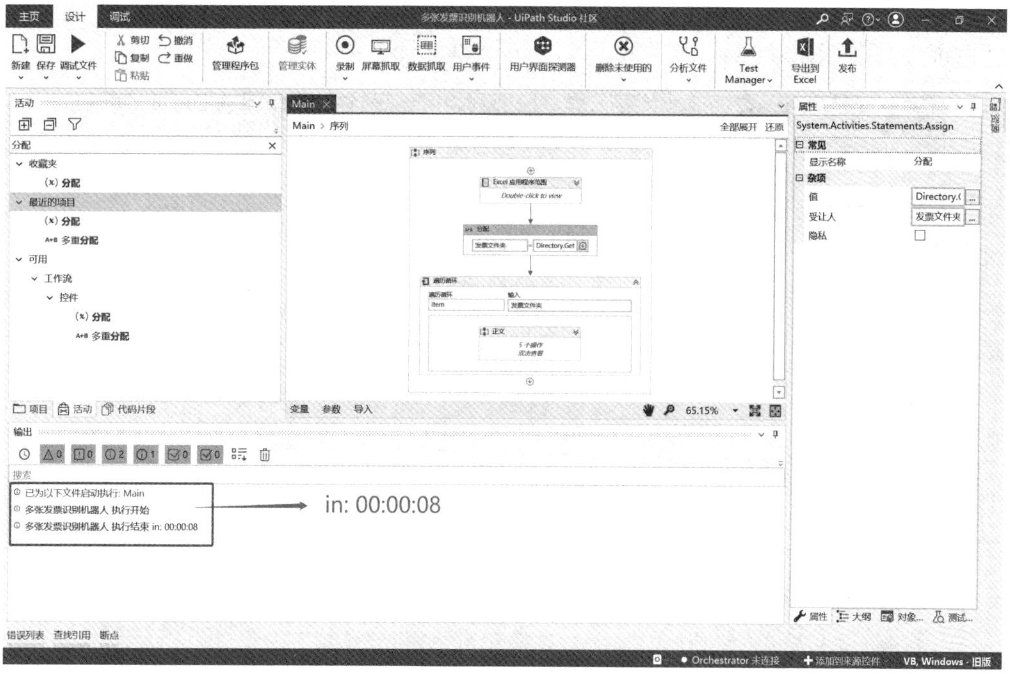

图 5-60 运行结束界面

最后，如图 5-61 所示，我们在电脑路径中（标记 1）可以看到自动生成的一个名为“发票信息”的 Excel 文件（标记 2）和名为“发票信息”—“发票信息 13”的文件（标记 3），文件内容为从每张发票中识别出的关键信息和读取保存的各电子发票信息。

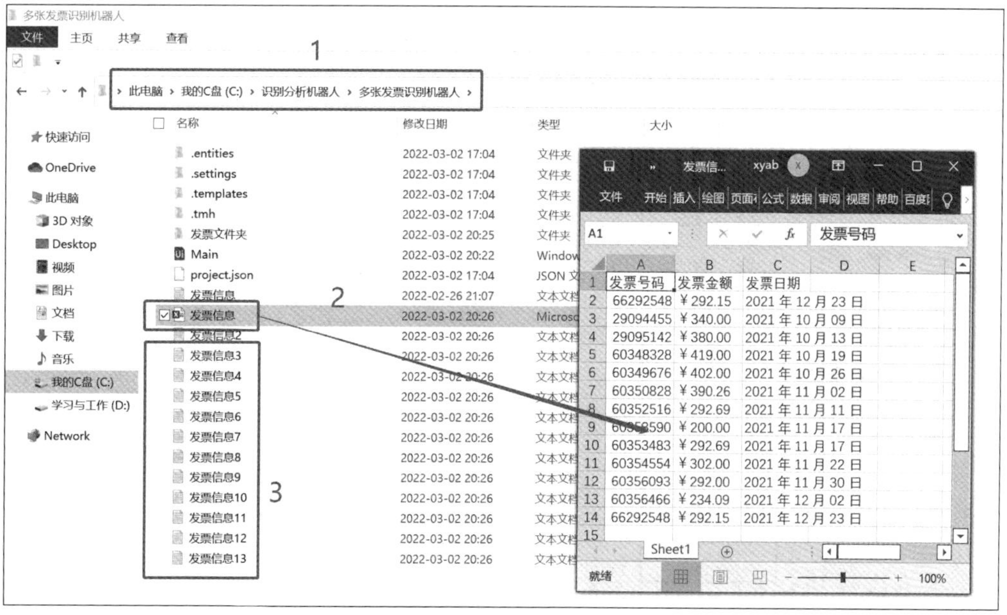

图 5-61 保存的文本文件及 Excel 文件内容

（四）文件保存

如图 5-62 所示，用鼠标左键点击工作流界面左上角的“保存”按钮，并点击出现的“全部保存”按钮。

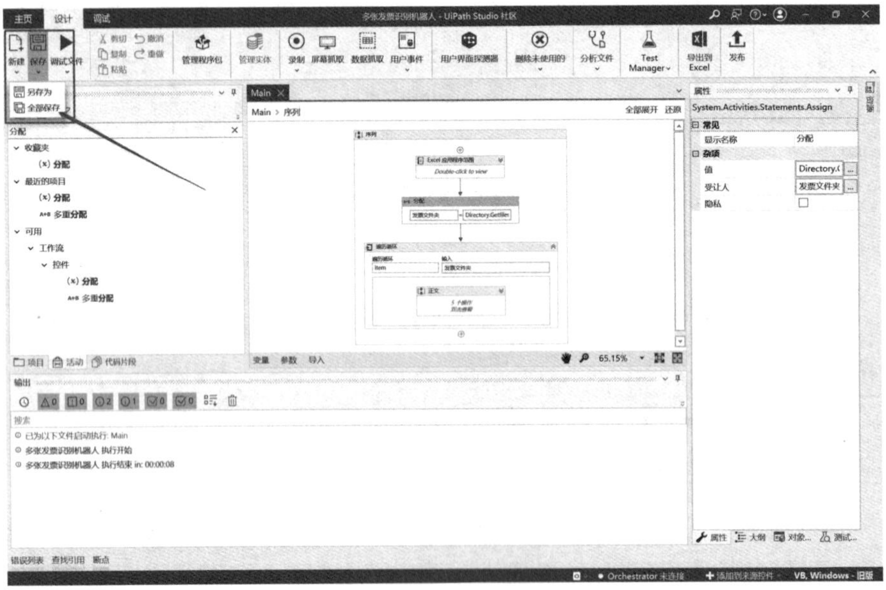

图 5-62　点击“全部保存”

最后保存的文件在哪儿呢？这与我们在“图 5-39　在‘导出为模板’时修改‘名称’和‘位置’信息”的操作密切相关，如图 5-63 所示。

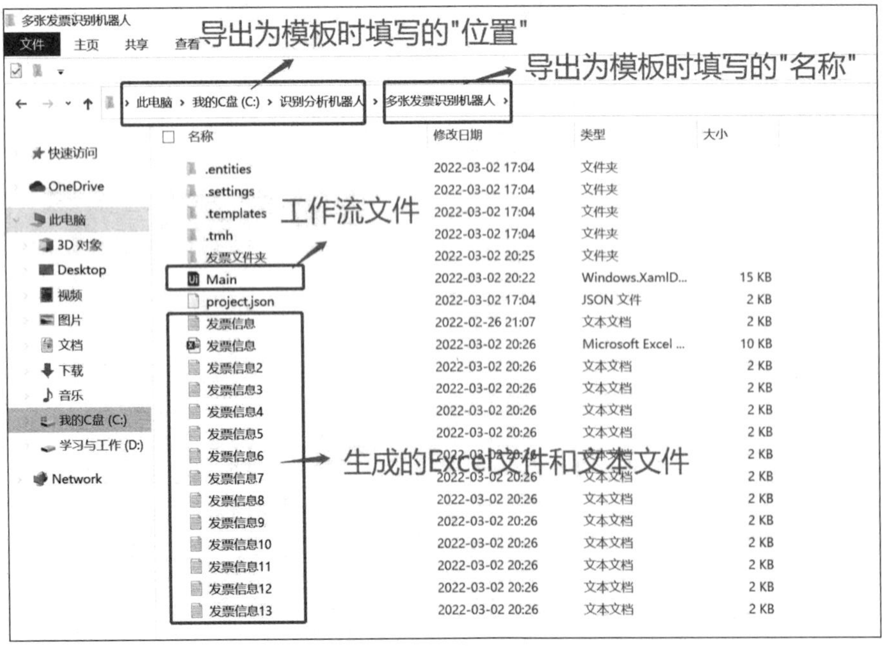

图 5-63　程序文件所在的位置及内容

任务小结

通过本任务的学习，大家是不是学会在 UiPath 中制作电子发票识别机器人了呢？在这个任务里，我们见识了 UiPath 在 PDF 场景中的应用，动手制作程序并成功实现了机器人自动化识别电子发票的过程。在操作准备时，我们在 UiPath 中新建了“流程”并在 UiPath 中下载安装了 PDF 插件；在程序制作时创建了名称为“发票”“发票文件夹”“发票号码”“发票金额”“发票日期”“i”的变量（如图 5－64 所示），应用了【Excel 应用程序范围】、【写入单元格】、【分配】、【遍历循环】、【读取 PDF 文本】、【写入文本文件】、【多重分配】等活动。如果还意犹未尽的话，那么就跟着我们的节奏继续探索下一个任务吧！

名称	变量类型	范围	默认值
发票文件夹	String[]	序列	输入 VB 表达式
发票	String	序列	输入 VB 表达式
发票号码	String	序列	输入 VB 表达式
发票金额	String	序列	输入 VB 表达式
发票日期	String	序列	输入 VB 表达式
i	Int32	序列	1

图 5－64 创建的变量

任务 2
财务报告分析机器人

任务导入

有一天，你和朋友们在谈论我国 2021 年的股票市场时，突然惊呼道我国 A 股市场市值最大的公司竟然是一家酒企——贵州茅台。是呀，在 2021 年最后一个交易日结束后，贵州茅台总市值达到 2.58 万亿元，继续稳坐 A 股市场“头把交椅”。贵州茅台为何这么厉害呢？朋友们告诉你可以去翻翻贵州茅台每年的年报，看看它每年的主营业务收入、主营业务支出、毛利率等财务指标就知道了。

说者无心，听者有意。你搜索相关信息，在贵州茅台的官方网站上找到并下载了它近几年的年度报告（网址：https://www.moutaichina.com/maotaigf/tzzgx/cwbg/index.html），如图 5-65 所示。可是，当你打开一份年度报告发现有上百页内容的时候，你开始犯难了：这么多年度报告和文字内容，该如何找出并分析朋友们提到的那些财务指标呢？那么，让我们利用 UiPath 做个“财务报告分析机器人”来帮忙吧！

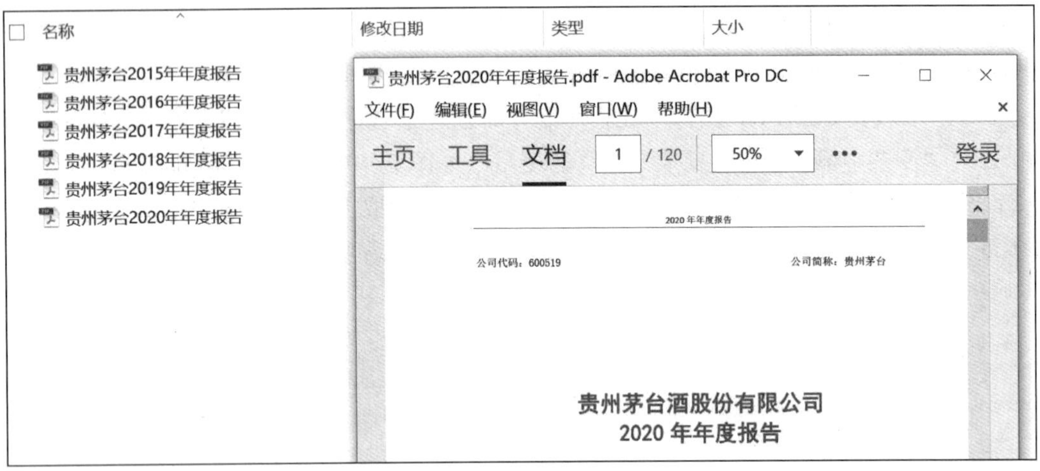

图 5-65　年度报告示意图

任务分析与设计

我们继续借助流程图来分析这个案例，案例过程实际应用了“顺序”“选择”“循环”等多种逻辑方法，从开始到结束的整个流程都由机器人自动完成，主要过程依次为：

（1）机器人创建 Excel 表格；

（2）机器人获取文件夹路径；

（3）机器人遍历循环文件夹；

（4）机器人设定遍历循环条件；

（5）机器人读取年报 PDF 文件；

（6）机器人识别计算关键信息；

（7）机器人保存关键信息。

具体如图 5-66 所示。

任务实施

财务报告分析机器人制作

（一）操作准备

在 UiPath 中新建流程。首先，提前退出 360 安全卫士等杀毒软件（避免对使用过程

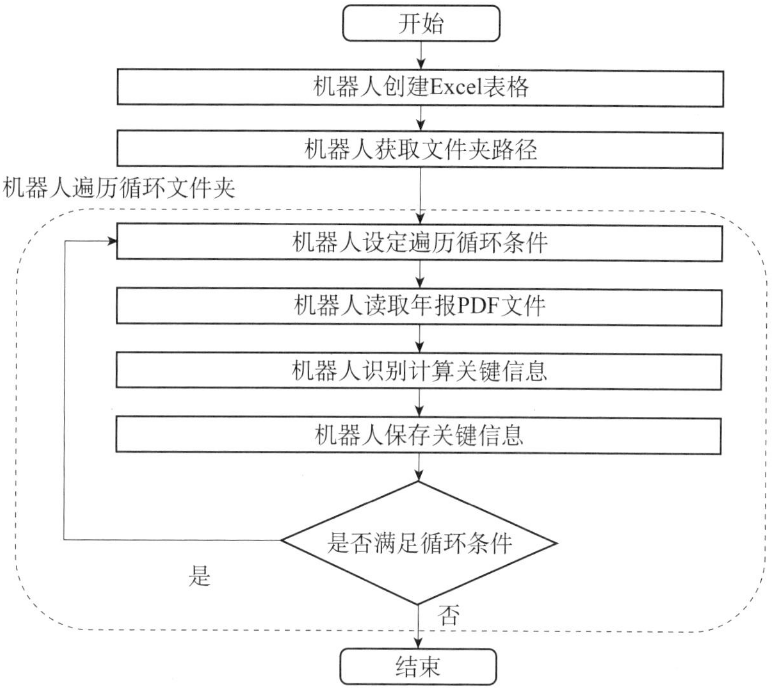

图 5－66　财务报告分析的流程图

的干扰），如图 5－67 所示，打开 UiPath Studio 软件并在开始界面的新建项目处点击“流程”（标记 1）；在弹出来的“新建空白流程”对话框中更改“名称”和“位置”信息（名称改为财务报告分析机器人，位置改为C：\识别分析机器人）（标记 2），点击“创建”。

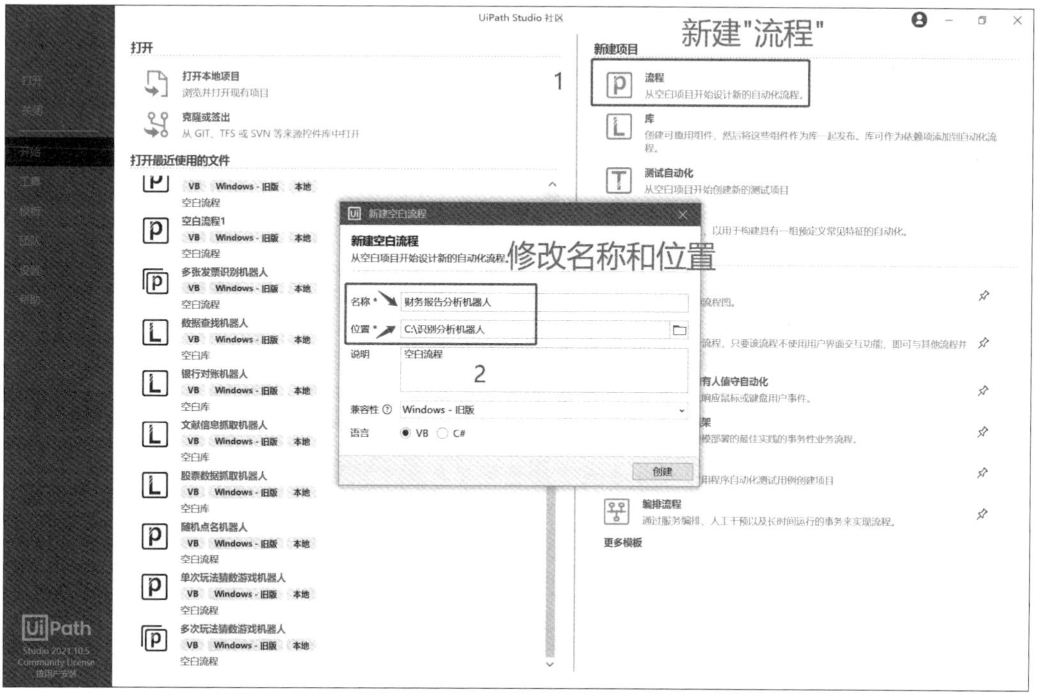

图 5－67　创建一个空白流程并更改“名称”和“位置”信息

其次，待加载依赖项相关过程完成，新的流程就创建成功了，如图 5－68 所示，然后点击“打开主工作流”，进入该流程的工作流，界面的各功能区域如图 5－69 所示。

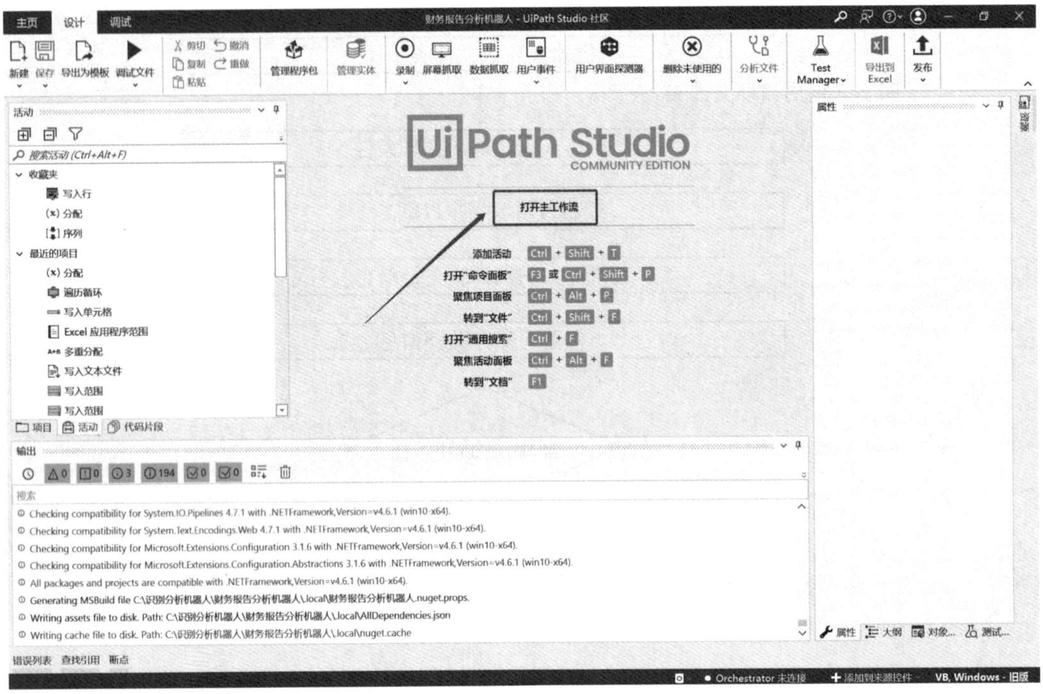

图 5－68　鼠标左键单击“打开主工作流”进入工作流界面

图 5－69　工作流界面示意图

最后，如图 5－70 所示，打开新建流程所在的路径C：\识别分析机器人\财务报告分析机器人（标记 1），将含有年度报告 PDF 文件的文件夹“年报文件夹”复制进来（标记 2）。

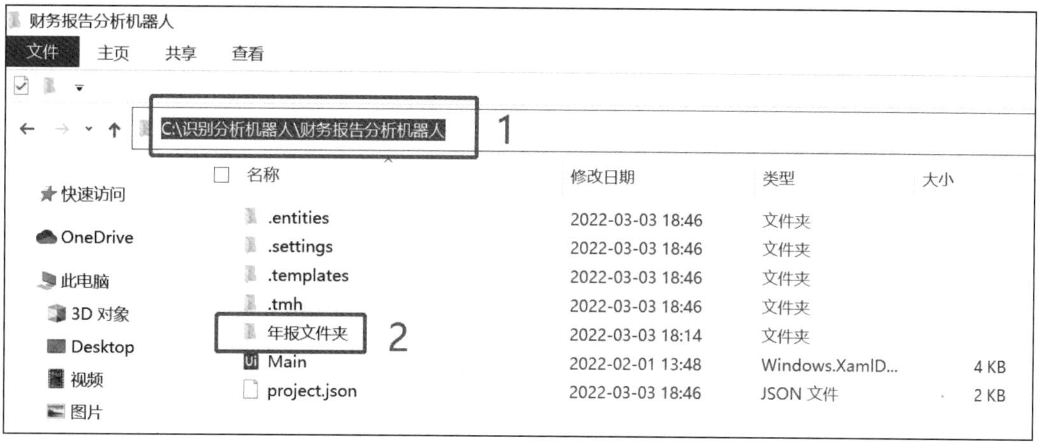

图 5－70 将“年报文件夹”复制到指定路径

此外，为了让 UiPath 能识别出 PDF 文件内容，还需要在 UiPath 中下载安装 PDF 插件。

首先，保证电脑能够正常访问互联网，在 UiPath 工作流界面中，用鼠标左键点击菜单面板中的“管理程序包”，如图 5－71 所示。

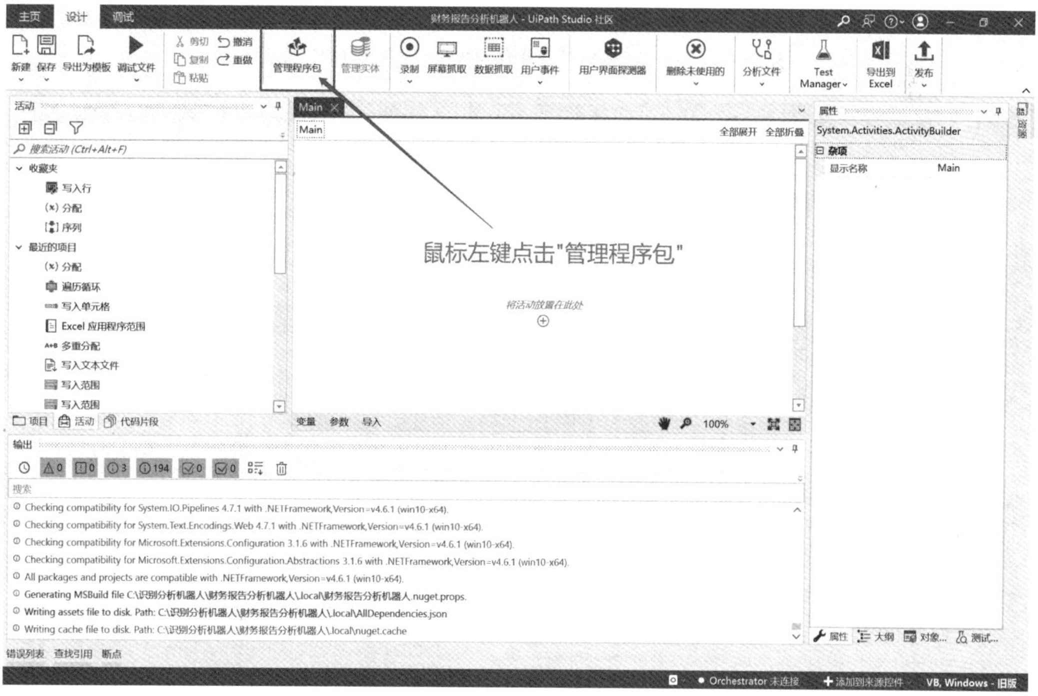

图 5－71 鼠标左键点击菜单面板中的“管理程序包”

接着，在弹出的如图 5－72 所示的“管理包”窗口中，先点击“正式”（标记 1），然后搜索关键词PDF（标记2），然后选择“UiPath. PDF. Activities”（标记3），然后选择合适的版本（标记4），然后点击“安装”（标记5），然后点击“保存”（标记6），等待PDF插件加载安装完毕，最后如图5－73所示，在活动面板中的“依赖项”中可以看到安装好的PDF插件。

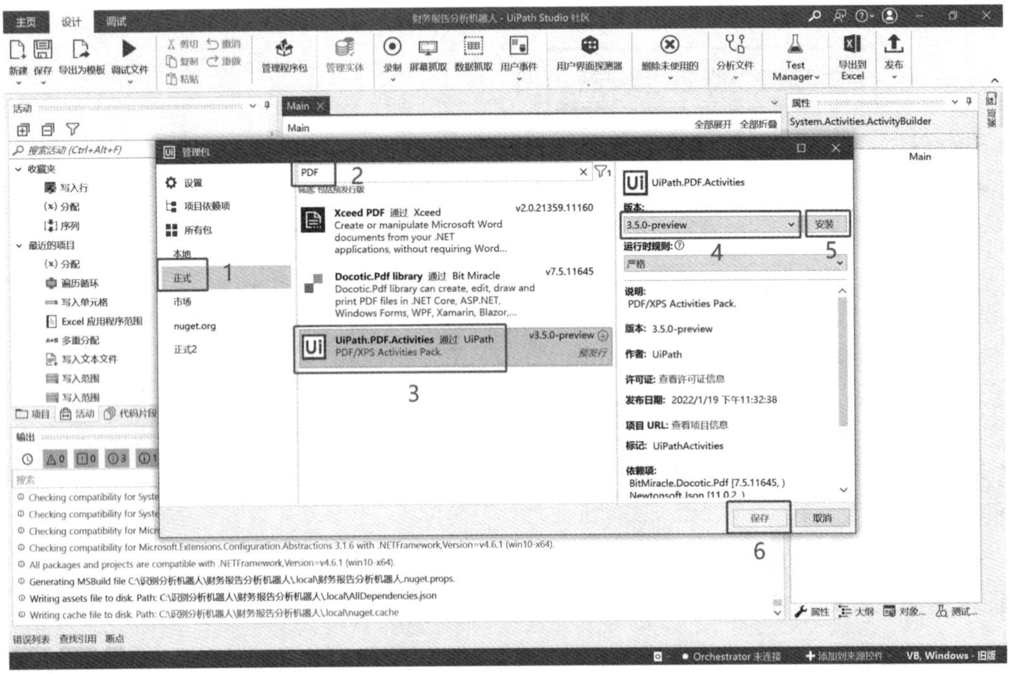

图5－72　在“管理包”弹窗中搜索并安装PDF插件

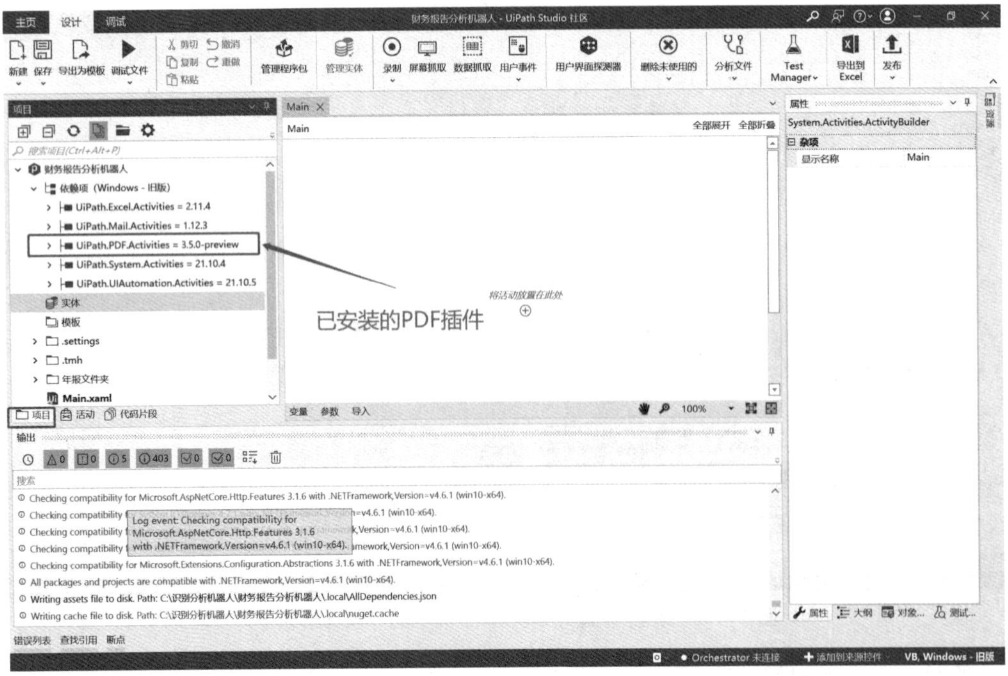

图5－73　在活动面板“依赖项”中可以看到安装好的PDF插件

至此，我们的操作准备已完成，接下来就让我们在 UiPath 工作流界面大展身手吧！

（二）程序制作

财务报告分析机器人制作运行解析

对照流程图，程序制作可以分为 3 个过程。

过程 1：机器人创建 Excel 表格

步骤一：如图 5-74 所示，首先在工作流界面中点击左侧活动面板的“活动”（标记 1），然后在上方搜索活动框中输入Excel 应用程序范围（标记 2），然后用鼠标左键按住控件【Excel 应用程序范围】拖拽到设计主界面的“⊕”处（标记 3）。

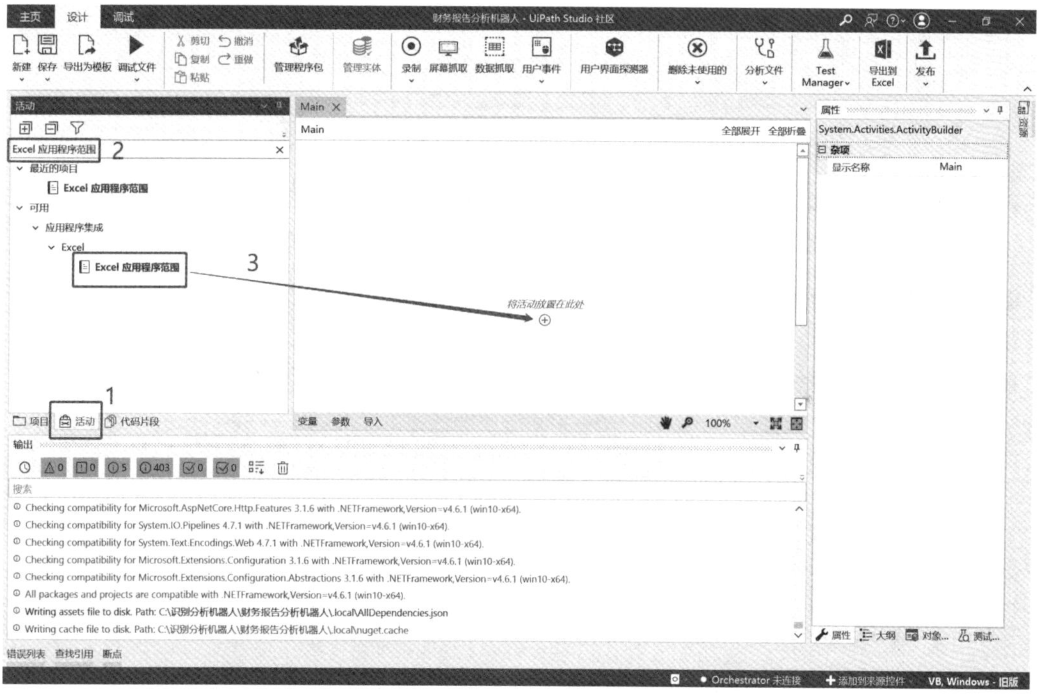

图 5-74 在工作流界面加入【Excel 应用程序范围】活动

步骤二：在随后出现的图 5-75 界面中，首先在【Excel 应用程序范围】活动左侧输入路径"C:\识别分析机器人\财务报告分析机器人\报告分析.xlsx"（标记 1），然后点击左侧活动面板的“活动”(标记 2)，然后在上方搜索活动框中输入写入单元格（标记 3），然后用鼠标左键按住控件【写入单元格】拖拽到设计主界面的“⊕”处（标记 4）。

步骤三：在随后出现的图 5-76 界面中，首先点击【写入单元格】活动，在其右侧属性面板中的输入“值”处填写"报告年度"（标记 1），然后在左侧活动面板中用鼠标左键按住控件【写入单元格】拖拽到设计主界面的“⊕”处（标记 2），添加第二个【写入单元格】活动。

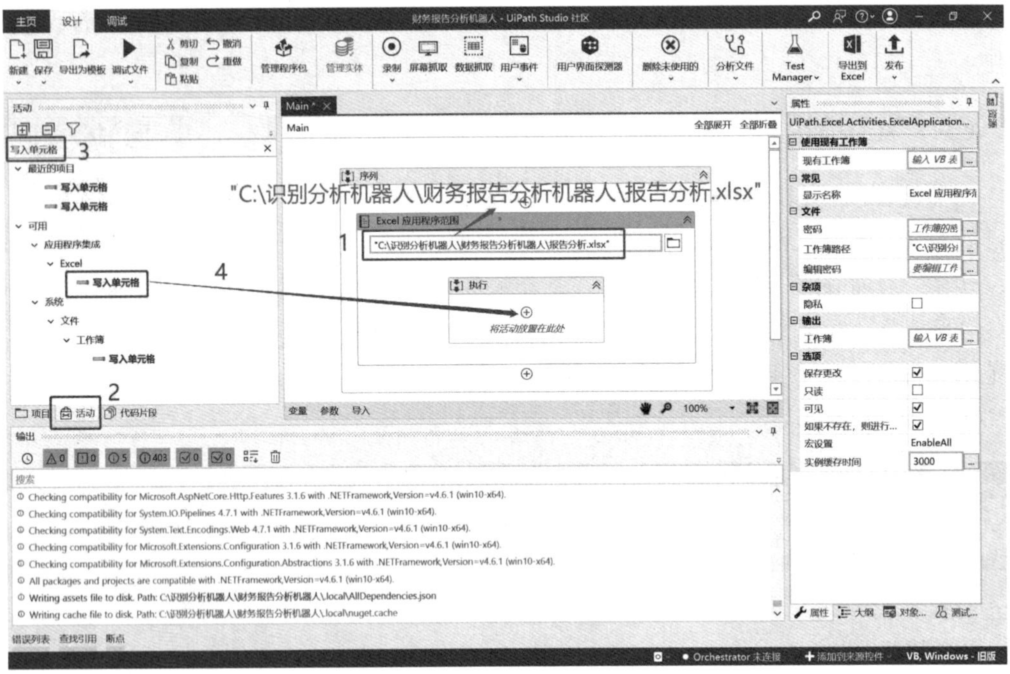

图 5-75 在【Excel 应用程序范围】活动中输入相关内容

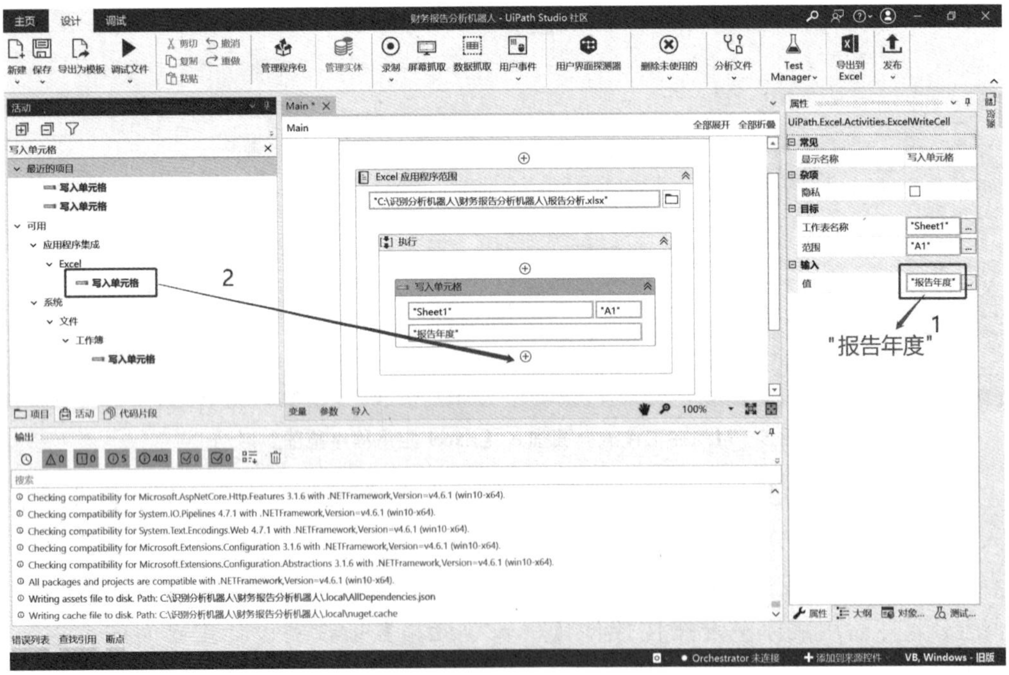

图 5-76 在【写入单元格】活动中填写相关内容

步骤四：在随后出现的图 5-77 界面中，首先点击第二个【写入单元格】活动，在其右侧属性面板中的目标“范围”处填写"B1"（标记 1），在输入“值”处填写"主营业务收入"（标记 2），然后在左侧活动面板中用鼠标左键按住控件【写入单元格】拖拽到设计主界面的“⊕”处（标记 3），添加第三个【写入单元格】活动。

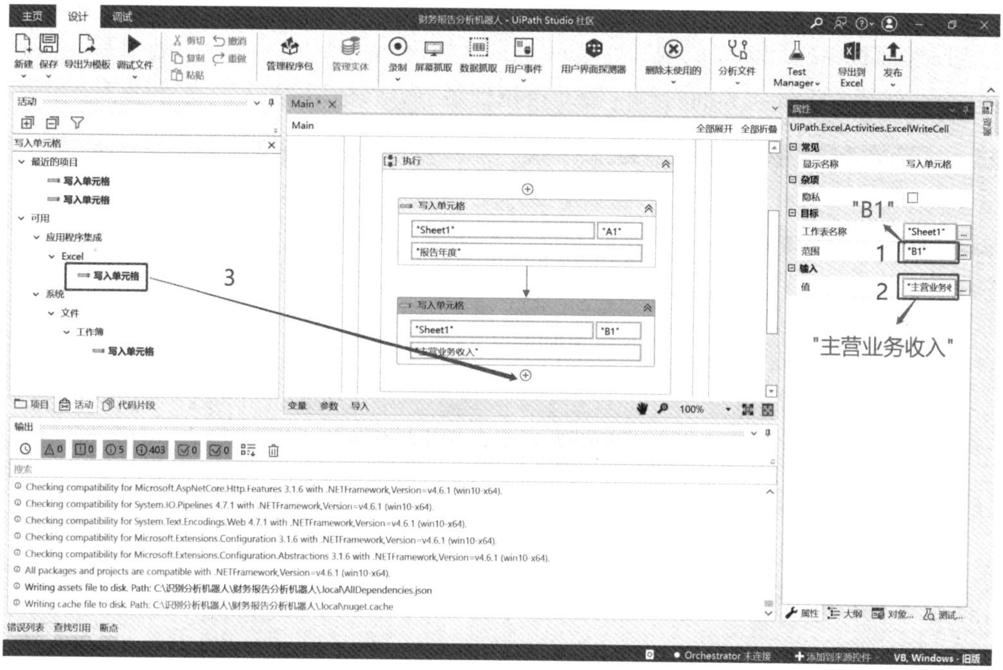

图 5-77　在第二个【写入单元格】活动中填写相关内容

步骤五：在随后出现的图 5-78 界面中，首先点击第三个【写入单元格】活动，在其右侧属性面板中的目标“范围”处填写<u>"C1"</u>（标记 1），在输入“值”处填写<u>"主营业务成本"</u>（标记 2），然后在左侧活动面板中用鼠标左键按住控件【写入单元格】拖拽到设计主界面的“⊕”处（标记 3），添加第四个【写入单元格】活动。

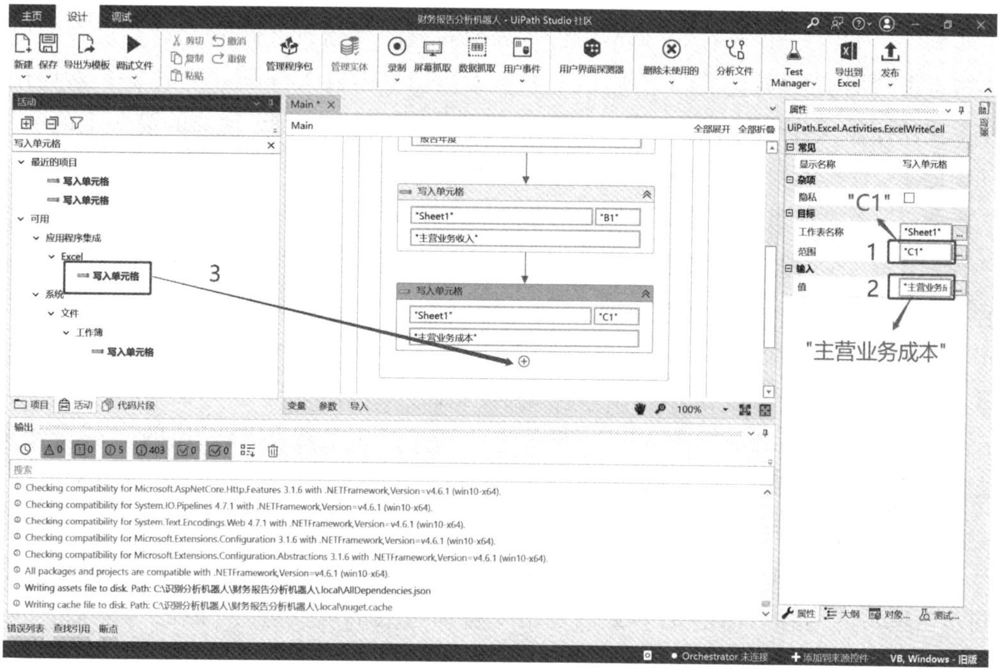

图 5-78　在第三个【写入单元格】活动中填写相关内容

步骤六：在随后出现的图 5－79 界面中，首先点击第四个【写入单元格】活动，在其右侧属性面板中的目标“范围”处填写"D1"（标记 1），在输入“值”处填写"毛利率"（标记 2），然后将设计主界面右侧的滑动条拉到最下方（标记 3）。

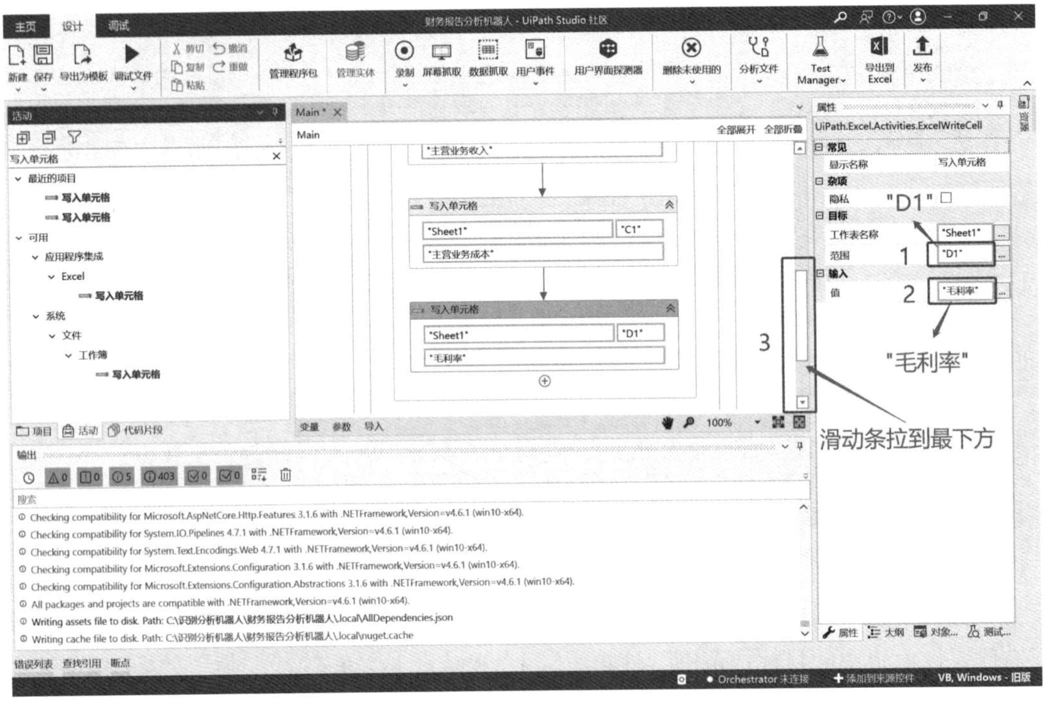

图 5－79　在第四个【写入单元格】活动中填写相关内容

过程 2：机器人获取文件夹路径

步骤一：如图 5－80 所示，调节设计主界面右侧的滑动条（标记 1），然后在左侧活动面板点击“活动”（标记 2），然后在上方搜索活动框中输入分配（标记 3），然后用鼠标左键按住控件【分配】拖拽到设计主界面【读取 PDF 文本】活动前的箭头上的“⊕”处（标记 4）。

步骤二：在随后出现的图 5－81 界面中，首先在【分配】活动左侧输入年报文件夹（标记 1），然后在【分配】活动右侧输入Directory. Getfiles（"C：\识别分析机器人\财务报告分析机器人\年报文件夹"）（标记 2），然后在右侧属性面板可以看到同步出填写的内容（标记 3），然后点击变量面板中的“变量”（标记 4），展开变量编辑区域。

步骤三：在随后出现的图 5－82 界面中，首先点击变量编辑区域的“创建变量”处，在“名称”列输入年报文件夹（标记 1），然后在“变量类型”列下拉选择 String［］（标记 2，在 Array of［T］中选择 String），然后在“范围”列下拉选择序列（标记 3），然后在“默认值”列保持默认空着（标记 4），然后在属性面板处可以看到同步出填写的内容（标记 5），最后点击变量面板处的“变量”（标记 6），收回变量编辑区域。

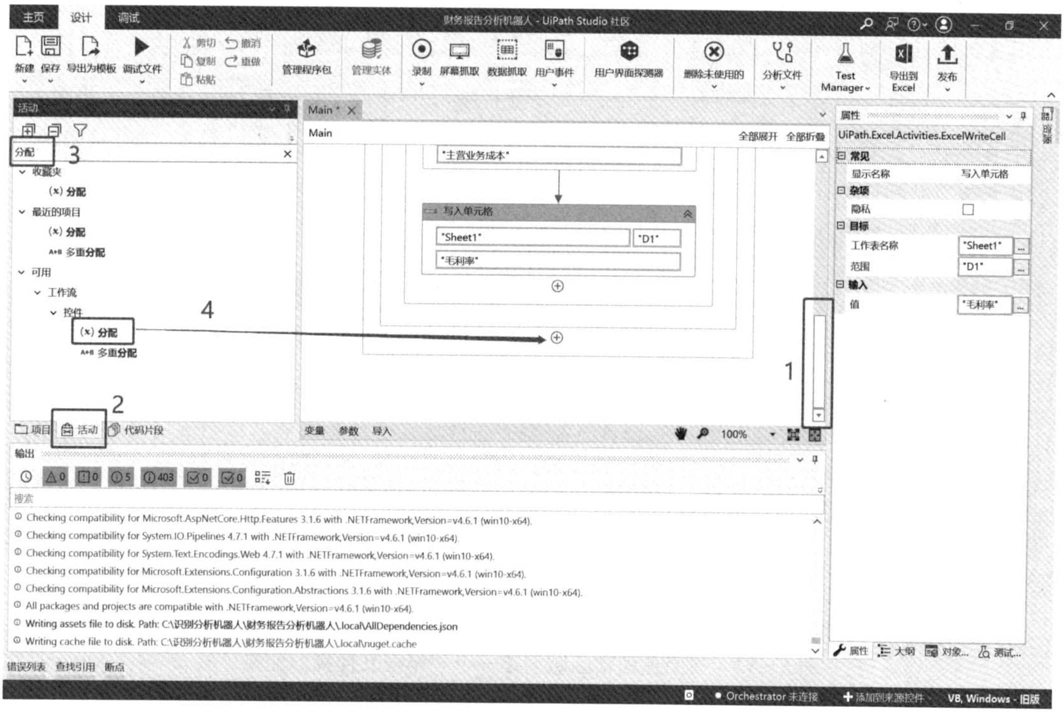

图 5-80 在【读取 PDF 文本】活动前加入一个【分配】活动

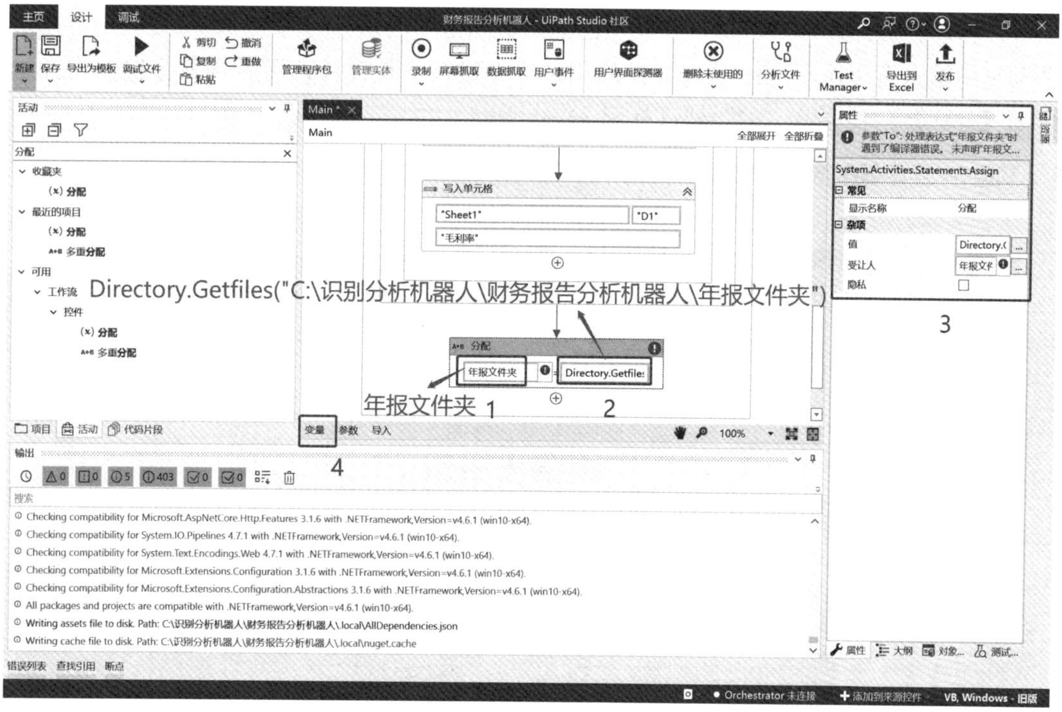

图 5-81 在【分配】活动中填写相关内容

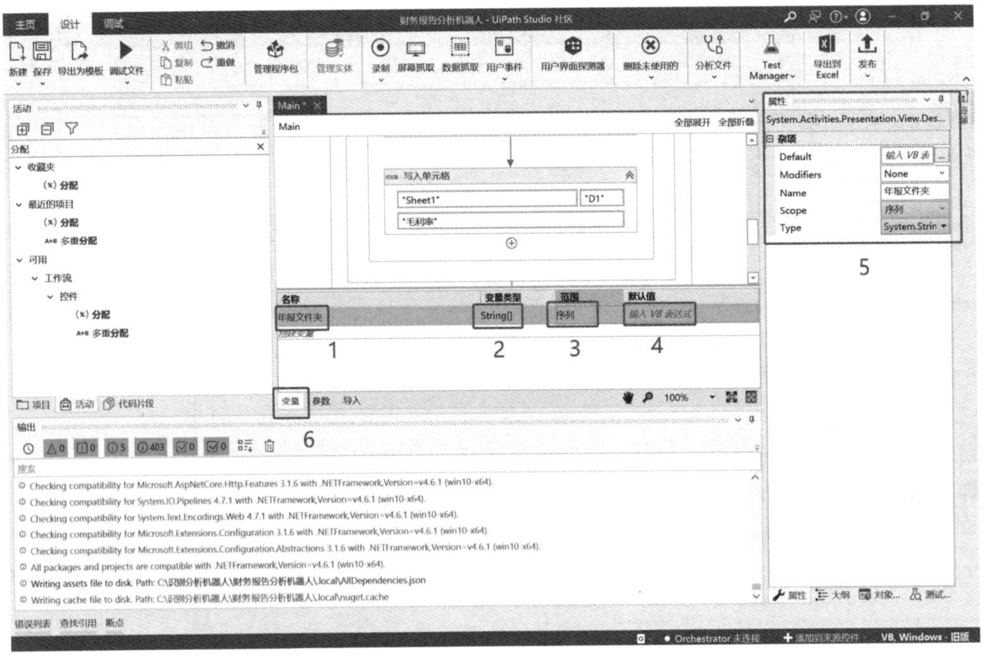

图 5-82　在变量编辑区域创建一个“年报文件夹”变量

过程 3：机器人遍历循环文件夹

（1）机器人设定遍历循环条件。

步骤一：如图 5-83 所示，在左侧活动面板点击“活动”（标记 1），然后在上方搜索活动框中输入遍历循环（标记 2），然后用鼠标左键按住控件【遍历循环】拖拽到设计主界面【分配】活动后的“⊕”处（标记 3）。

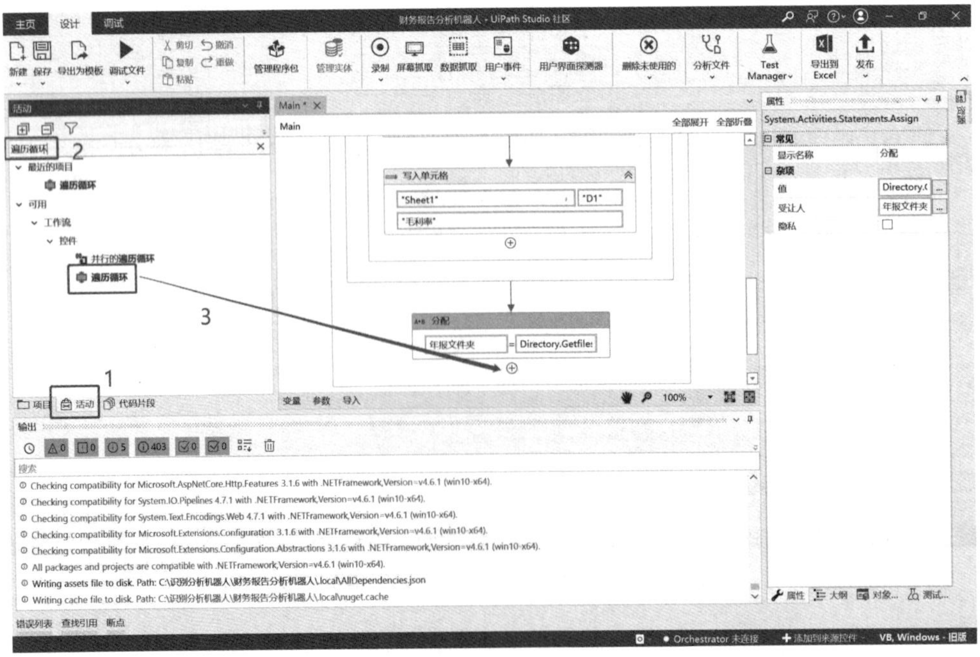

图 5-83　在【分配】活动后加入一个【遍历循环】活动

步骤二：在随后出现的图 5－84 界面中，首先在设计主界面【遍历循环】活动的“输入”处填写年报文件夹（标记 1），然后在左侧活动面板点击“活动”（标记 2），然后在上方搜索活动框中输入分配（标记 3），然后用鼠标左键按住控件【分配】拖拽到【遍历循环】活动的“正文”中“⊕”处（标记 4）。

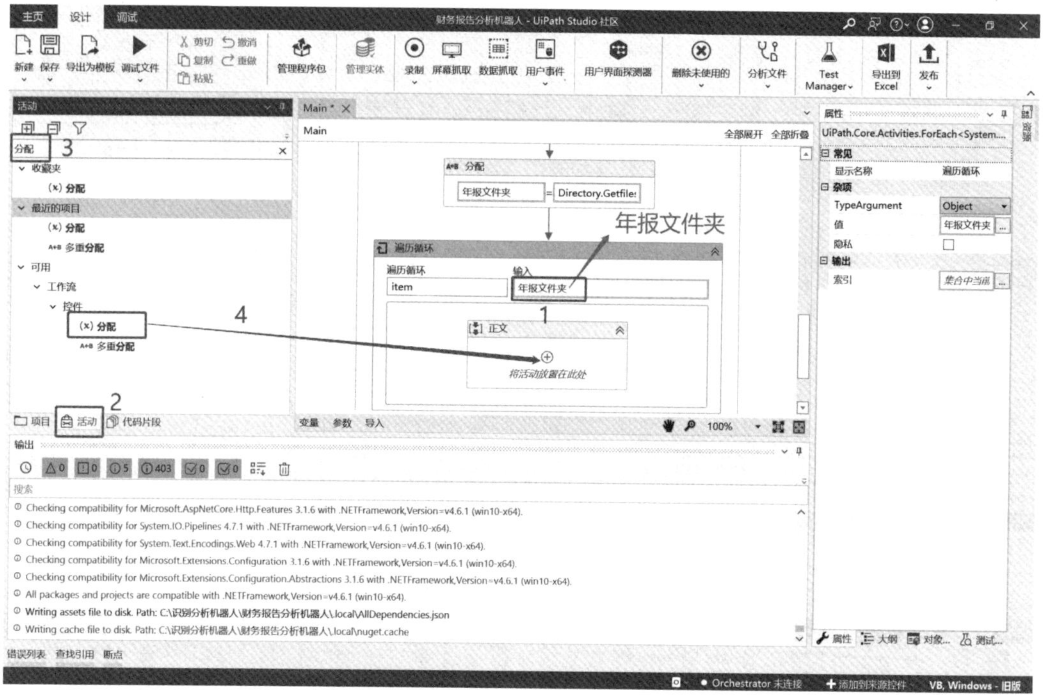

图 5－84　在【遍历循环】活动中填写内容并加入一个【分配】活动

步骤三：在随后出现的图 5－85 界面中，首先在【分配】活动左侧输入i（标记 1），然后在【分配】活动右侧输入i+1（标记 2），然后在右侧属性面板可以同步显示出填写的内容（标记 3），然后点击变量面板中的“变量”（标记 4），展开变量编辑区域。

步骤四：在随后出现的图 5－86 界面中，首先点击变量编辑区域的“创建变量”处，在“名称”列输入i（标记 1），然后在“变量类型”列下拉选择int32（标记 2），然后在“范围”列下拉选择序列（标记 3），然后在“默认值”列填写1（标记 4），然后在属性面板处可以看到同步出填写的内容（标记 5），最后点击变量面板处的“变量”（标记 6），收回变量编辑区域。

（2）机器人读取年报 PDF 文件。

步骤一：如图 5－87 所示，首先在工作流界面中点击左侧活动面板的“活动”（标记 1），然后在上方搜索活动框中输入读取 PDF 文本（标记 2），然后用鼠标左键按住控件【读取 PDF 文本】拖拽到设计主界面最下方的“⊕”处（标记 3）。

步骤二：在随后出现的图 5－88 界面中，首先在设计主界面【读取 PDF 文本】活动中输入item. ToString（标记 1），然后在右侧属性面板中输出“文本”处填写年报（标记 2），然后点击变量面板中的“变量”（标记 3），展开变量编辑区域。

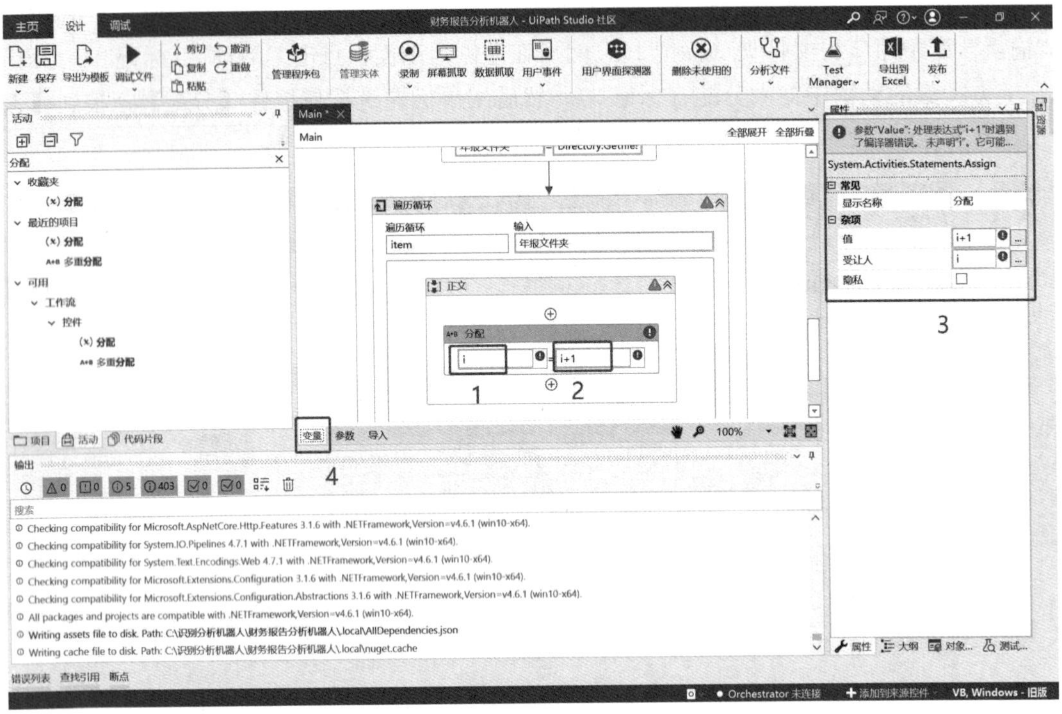

图 5-85　在【分配】活动中填写相关内容

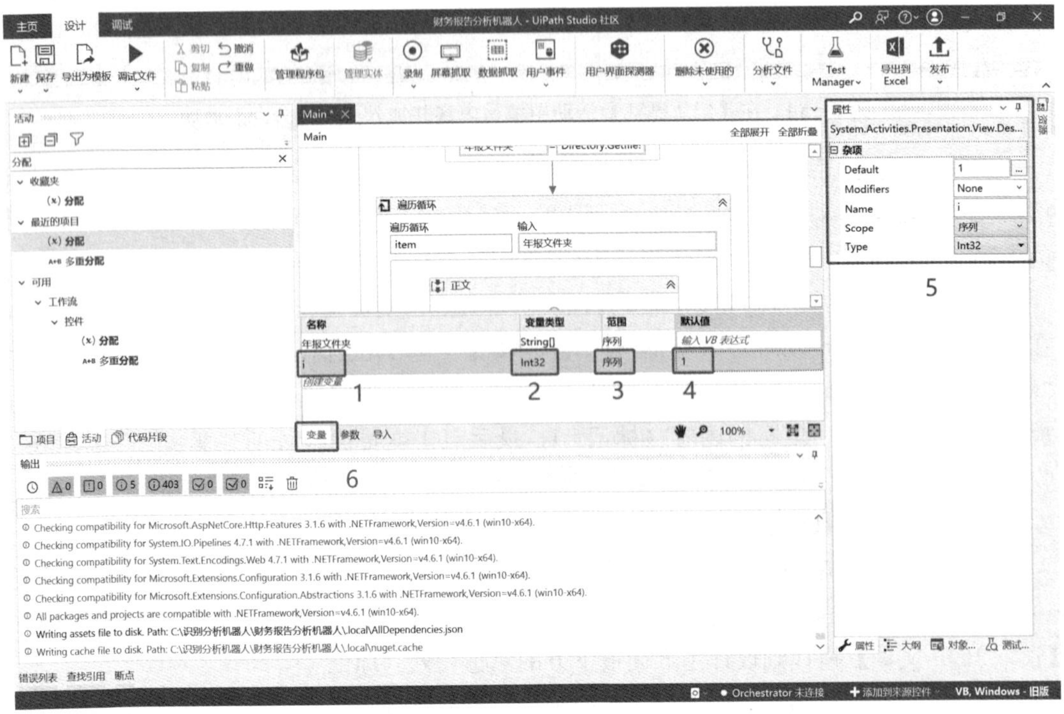

图 5-86　在变量编辑区域创建一个“i”变量

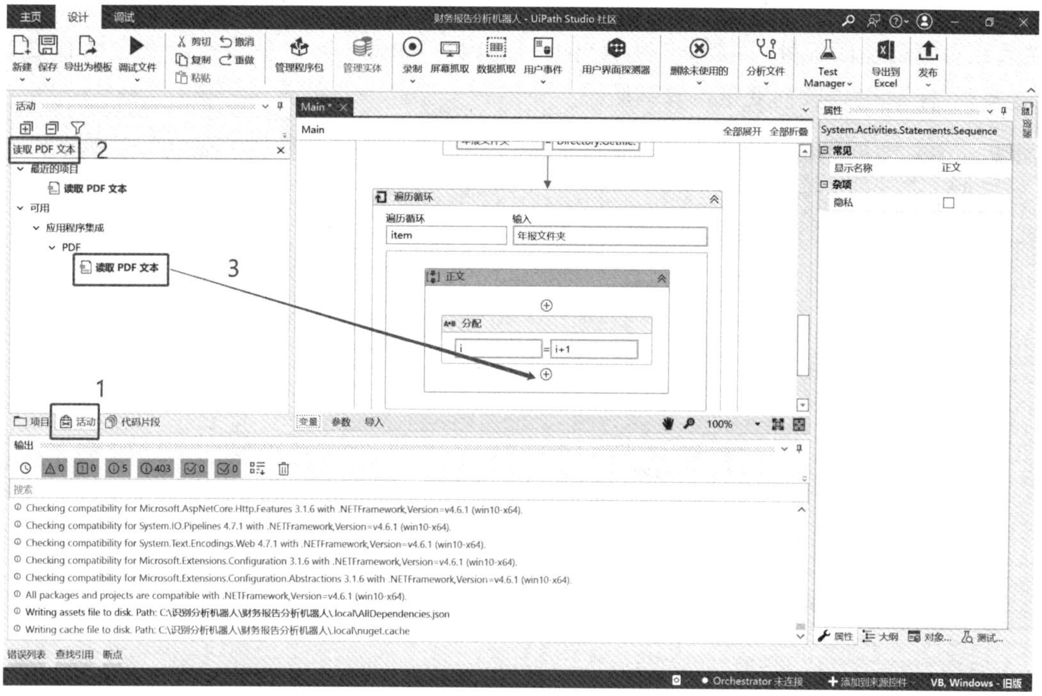

图 5-87　在工作流界面加入【读取 PDF 文本】活动

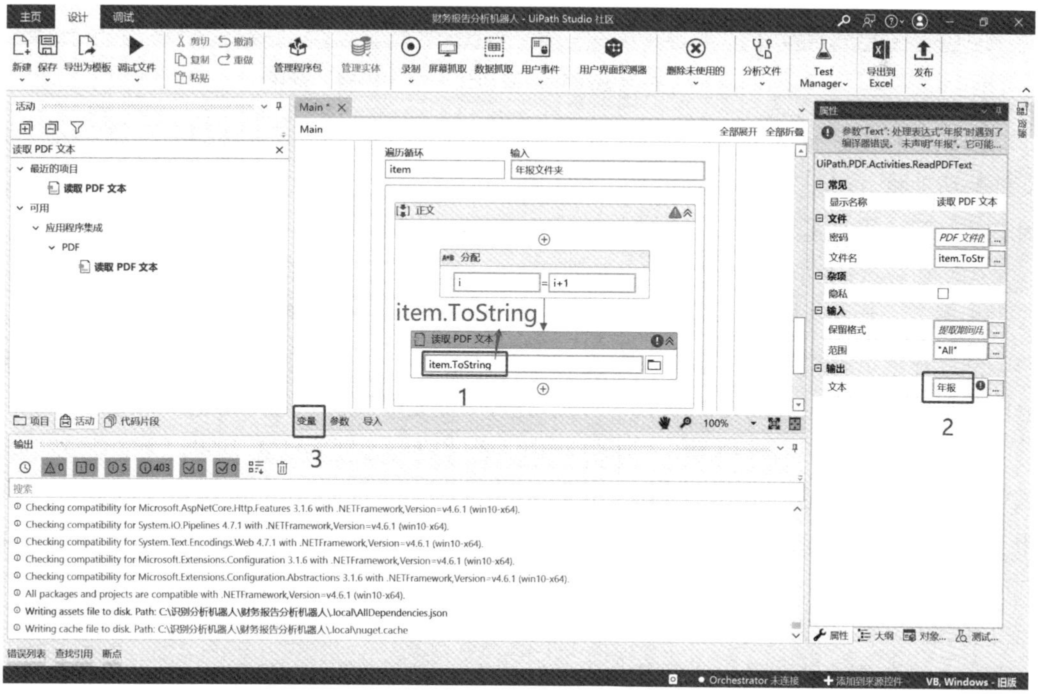

图 5-88　在【读取 PDF 文本】活动中填写相关内容

步骤三：在随后出现的图 5-89 界面中，首先点击变量编辑区域的“创建变量”处，在“名称”列输入年报（标记 1），然后在“变量类型”列下拉选择String（标记 2），然后在“范围”列下拉选择序列（标记 3），然后在“默认值”列保持默认空着（标记 4），然后在右侧属性面板处可以同步显示出填写的内容（标记 5），最后点击变量面板处的“变量”（标记 6），收回变量编辑区域。

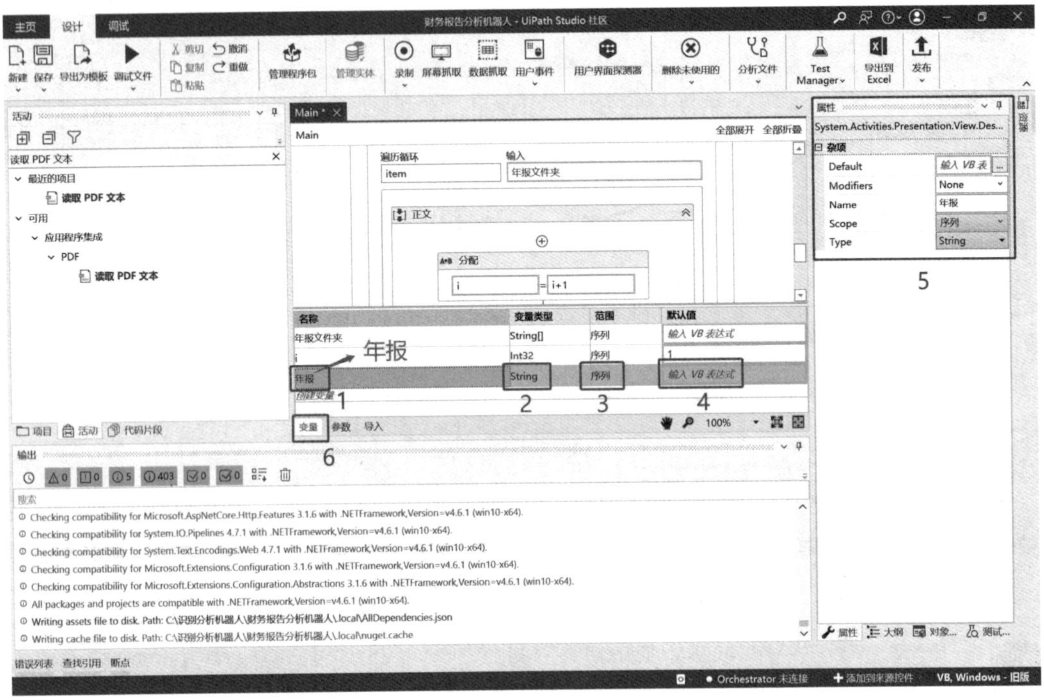

图 5-89　在变量编辑区域创建一个“年报”变量

如果你想看看保存到“年报”变量里的完整内容，我们还可以添加一个【写入文本文件】活动将“年报”变量的内容保存到一个文本文件中，但由于年报的内容通常很多，为节约时间、提高运行效率，本例中不再进行这一步的操作。

（3）机器人识别计算关键信息。

步骤一：如图 5-90 所示，首先在工作流界面中点击左侧活动面板的“活动”（标记 1），然后在上方搜索活动框中输入多重分配（标记 2），然后用鼠标左键按住控件【多重分配】拖拽到设计主界面【读取 PDF 文本】活动下面的“⊕”处（标记 3）。

步骤二：在随后出现的图 5-91 界面中，首先在【多重分配】活动“=”号左侧输入框填写准备创建的变量报告年度（标记 1），然后在“=”号右侧输入框填写split(年报,"年年度报告")(0).Trim（标记 2），然后点击下方的“添加”（标记 3），继续增加第二个“=”号。

步骤三：在随后出现的图 5-92 界面中，首先在【多重分配】活动第二个“=”号左侧输入准备创建的变量主营业务收入（标记 1），然后在第二个“=”号右侧输入split(split(年报,"营业收入")(1).Trim," ")(0)（标记 2），然后点击下方的“添加”（标记 3），继续增加第三个“=”号。

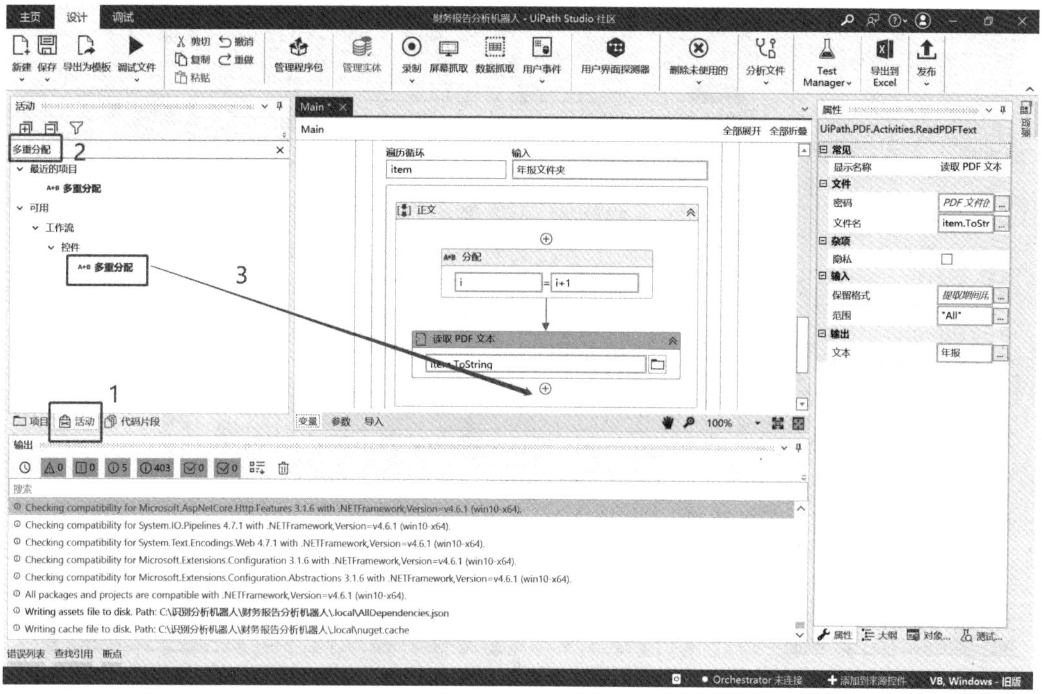

图 5-90 在工作流界面【读取 PDF 文本】活动下面加入【多重分配】活动

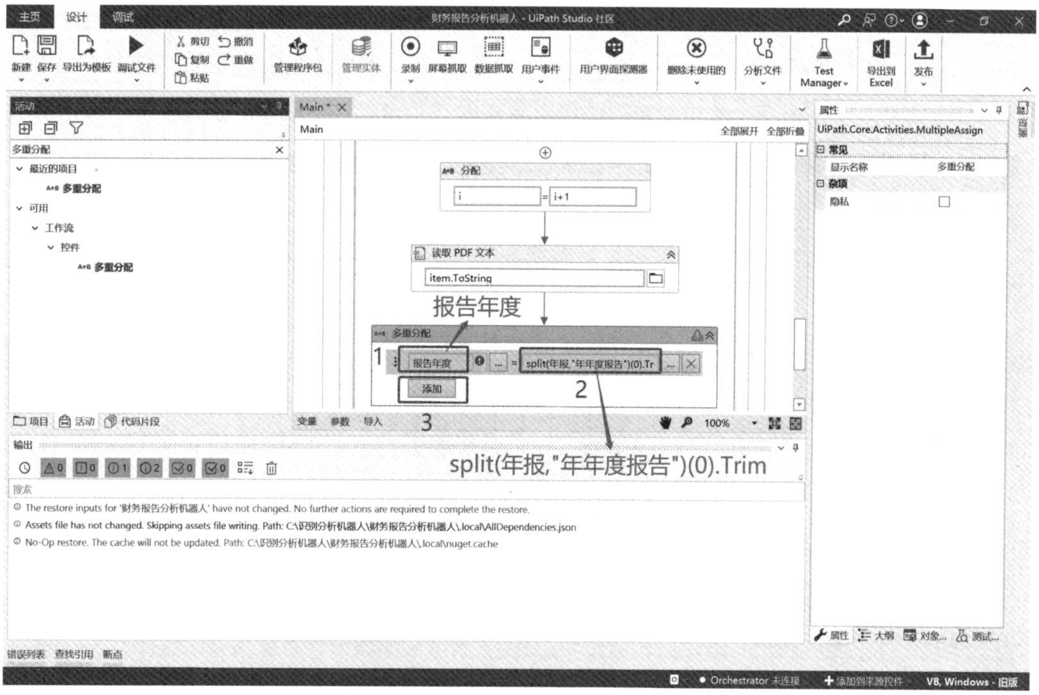

图 5-91 在【多重分配】活动中填写第一个分配内容

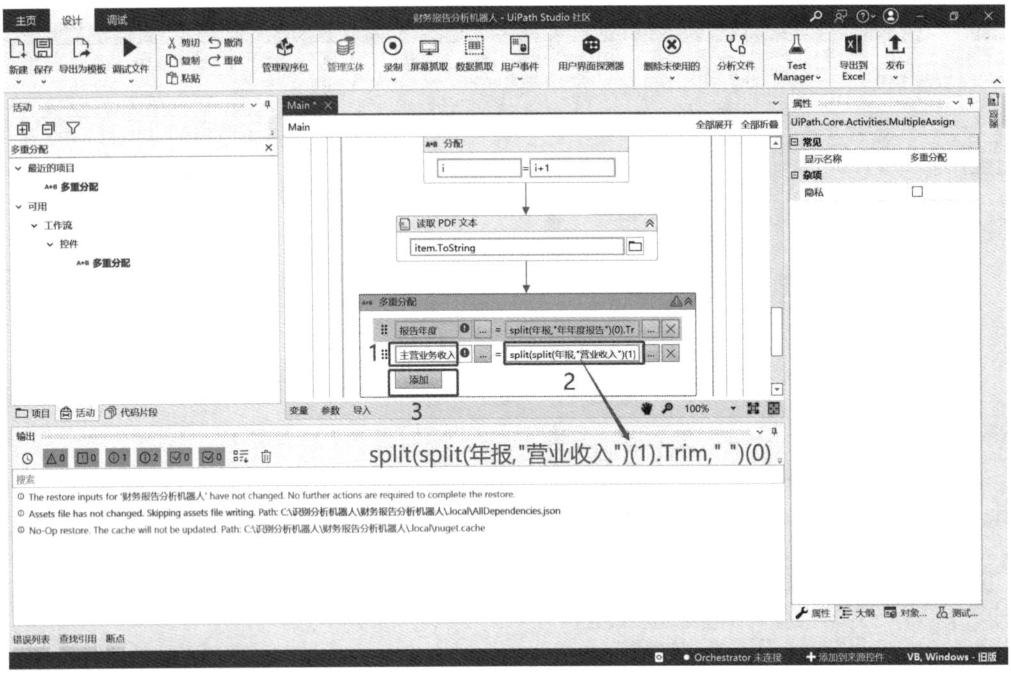

图 5-92 在【多重分配】活动中填写第二个分配内容

步骤四：在随后出现的图 5-93 界面中，首先在【多重分配】活动第三个“=”号左侧输入准备创建的变量主营业务成本（标记 1），然后在第三个“=”号右侧输入split(split(年报,"营业成本")(1).Trim," ")(0)（标记 2），然后点击下方的“添加”（标记 3），继续增加第四个“=”号。

图 5-93 在【多重分配】活动中填写第三个分配内容

步骤五：在随后出现的图 5-94 界面中，首先在【多重分配】活动第四个“=”号左侧输入准备创建的变量毛利率（标记 1），然后在第四个“=”号右侧输入(100*(1-double.parse(主营业务成本)/double.parse(主营业务收入))).ToString+"%"（标记 2），或者输入函数formatpercent(1- double.parse(主营业务成本)/double.parse(主营业务收入)).ToString（标记 2），然后将设计主界面右侧的滑动条拉到最下方（标记 3），然后点击变量面板处的“变量”（标记 4），展开变量编辑区域。

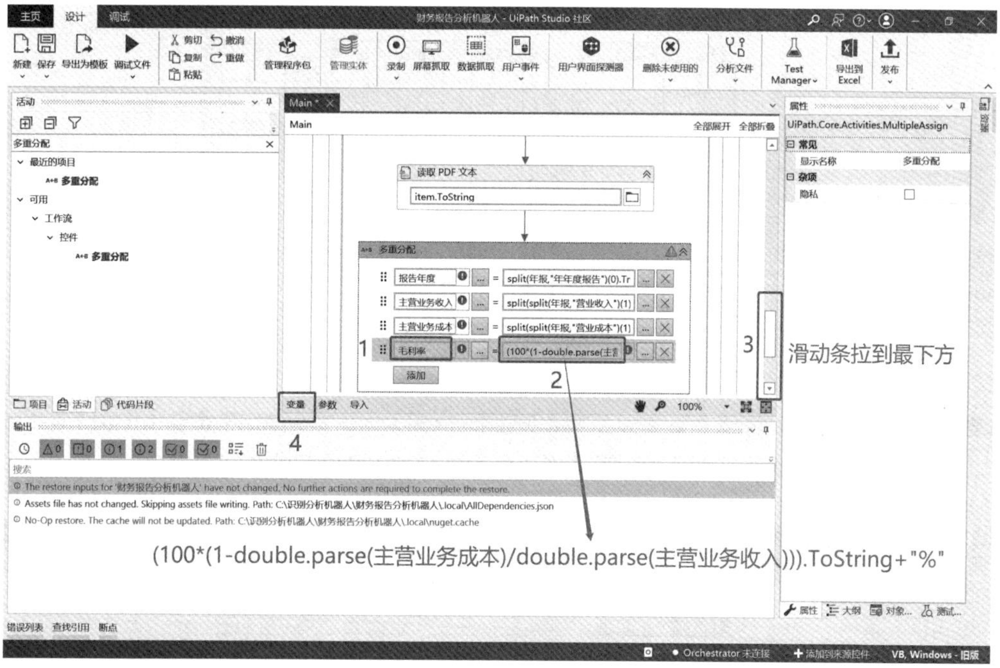

图 5-94　在【多重分配】活动中填写第四个分配内容

步骤六：在随后出现的图 5-95 界面中，首先点击“创建变量”处，依次创建四个变量，在“名称”列输入报告年度、主营业务收入、主营业务成本、毛利率（标记 1），然后在“变量类型”列下拉选择String（标记 2），然后在“范围”列下拉选择序列（标记 3），然后在“默认值”列都保持默认空着（标记 4），然后在右侧属性面板处可以同步显示出填写的内容（标记 5），最后点击变量面板处的“变量”（标记 6），收回变量编辑区域。

（4）机器人保存关键信息。

步骤一：如图 5-96 所示，首先在工作流界面中点击左侧活动面板的“活动”（标记 1），然后在上方搜索活动框中输入Excel 应用程序范围（标记 2），然后用鼠标左键按住控件【Excel 应用程序范围】拖拽到设计主界面的“⊕”处（标记 3）。

步骤二：在随后出现的图 5-97 界面中，首先在【Excel 应用程序范围】活动左侧输入路径"C:\识别分析机器人\财务报告分析机器人\报告分析.xlsx"（标记 1），然后点击左侧活动面板的“活动”（标记 2），然后在上方搜索活动框中输入写入单元格（标记 3），然后用鼠标左键按住控件【写入单元格】拖拽到设计主界面的“⊕”处（标记 4）。

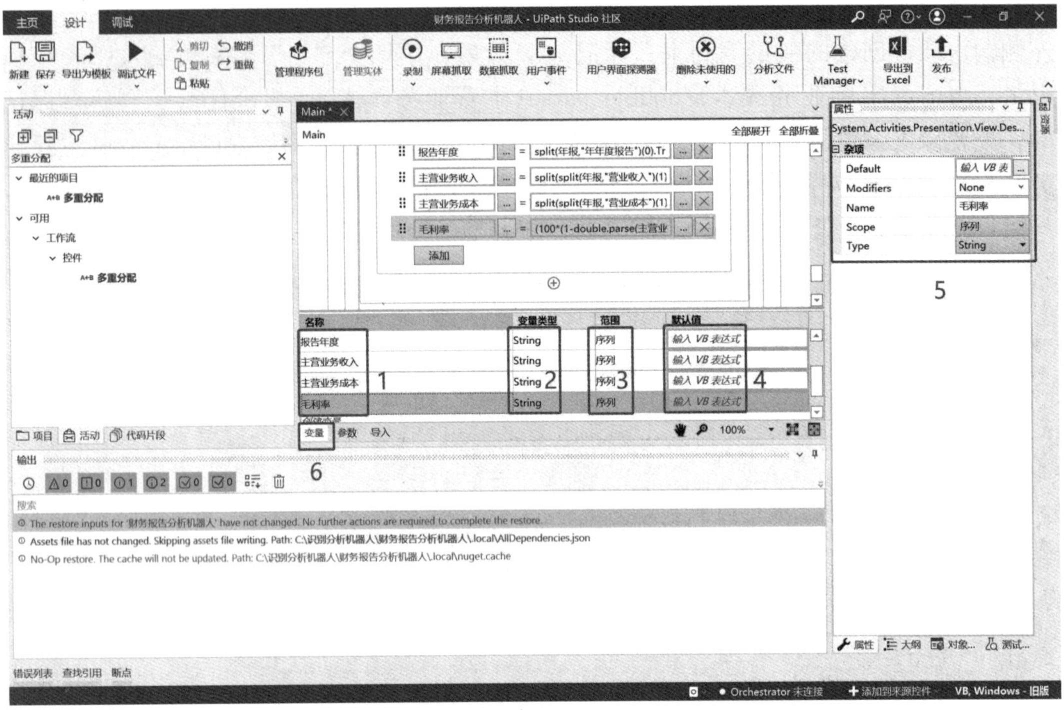

图 5-95　依次创建“报告年度”“主营业务收入”“主营业务成本”“毛利率”变量

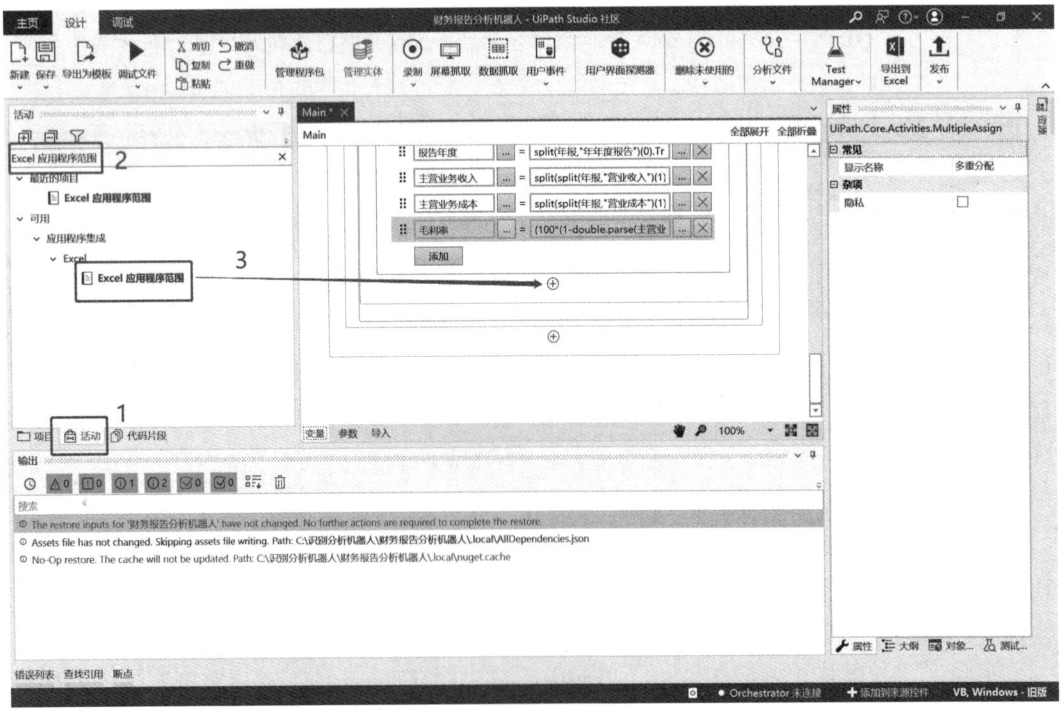

图 5-96　在工作流界面加入【Excel 应用程序范围】活动

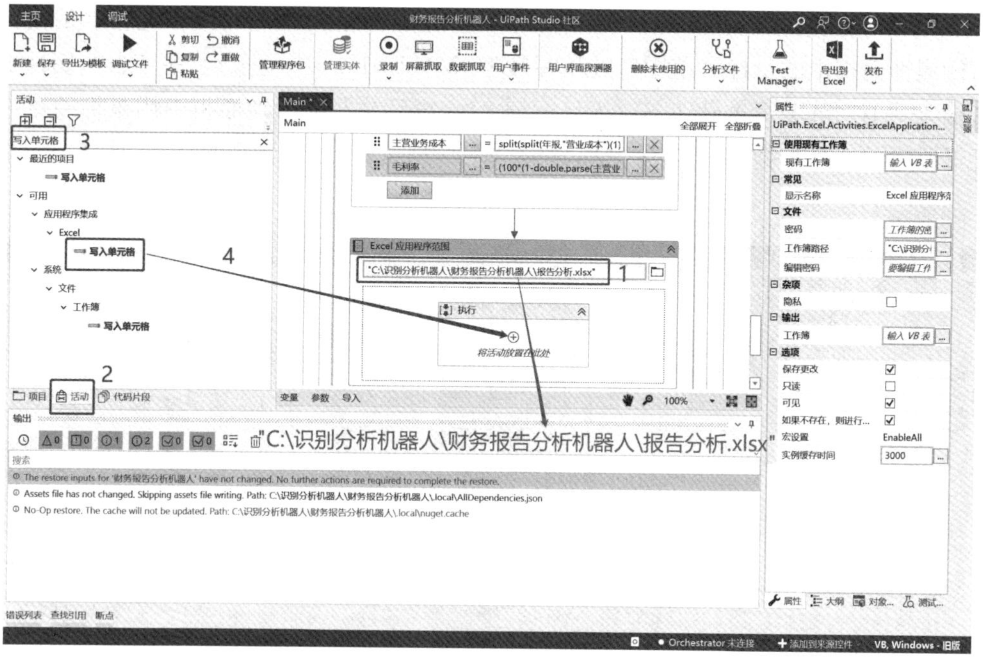

图 5－97　在【Excel 应用程序范围】活动中输入相关内容

步骤三：在随后出现的图 5－98 界面中，首先点击【写入单元格】活动，在其右侧属性面板中的目标“范围”处填写"A"+i. ToString（标记 1），在其右侧属性面板中的输入“值”处填写报告年度（标记 2），然后将设计主界面右侧滑动条拉到最下方（标记 3），然后在左侧活动面板中用鼠标左键按住控件【写入单元格】拖拽到设计主界面的“⊕”处（标记 4），添加第二个【写入单元格】活动。

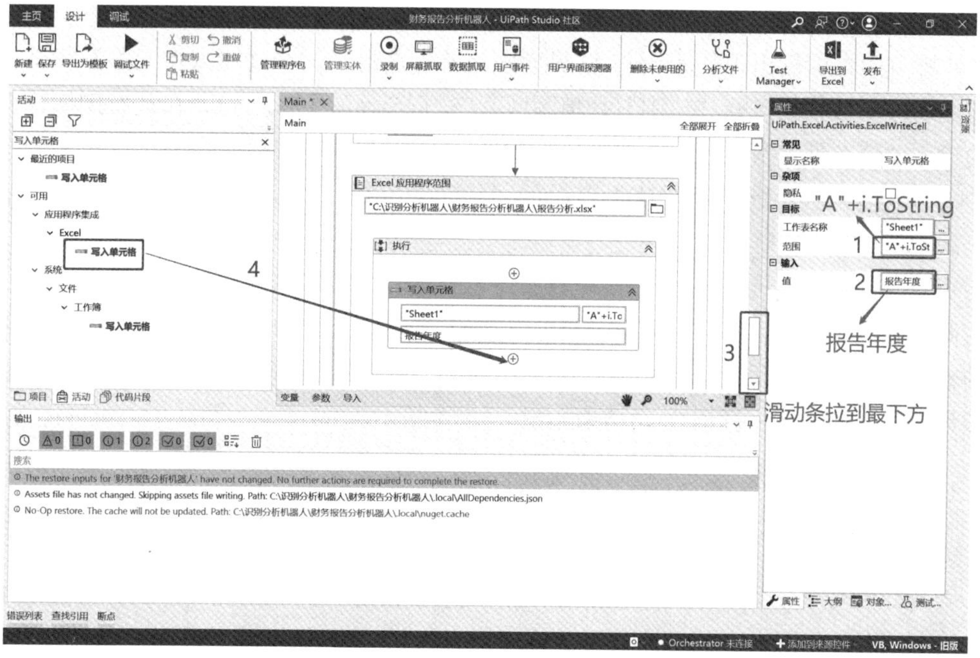

图 5－98　在【写入单元格】活动中填写相关内容

步骤四：在随后出现的图 5-99 界面中，首先点击第二个【写入单元格】活动，在其右侧属性面板中的目标“范围”处填写"B"+i. ToString（标记 1），在其右侧属性面板中的输入“值”处填写主营业务收入（标记 2），然后在左侧活动面板中用鼠标左键按住控件【写入单元格】拖拽到设计主界面的“⊕”处（标记 3），添加第三个“写入单元格”活动。

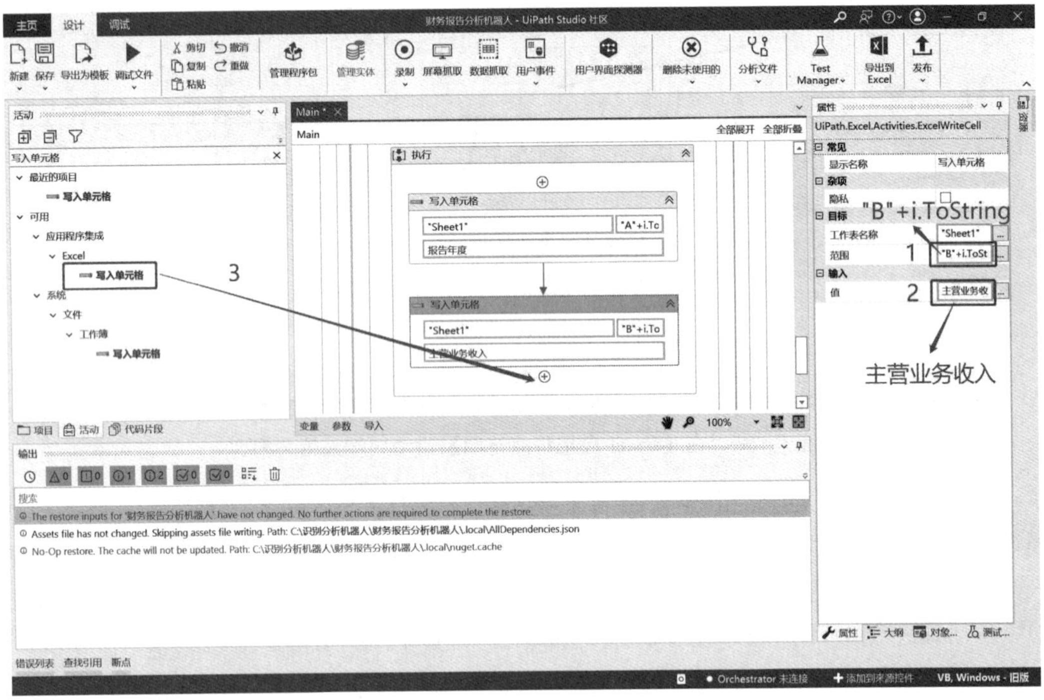

图 5-99 在第二个【写入单元格】活动中填写相关内容

步骤五：在随后出现的图 5-100 界面中，首先点击第三个【写入单元格】活动，在其右侧属性面板中的目标“范围”处填写"C"+i. ToString（标记 1），在其右侧属性面板中的输入“值”处填写主营业务成本（标记 2），然后在左侧活动面板中用鼠标左键按住控件【写入单元格】拖拽到设计主界面的“⊕”处（标记 3），添加第四个【写入单元格】活动。

步骤六：在随后出现的图 5-101 界面中，首先点击第四个【写入单元格】活动，在其右侧属性面板中的目标“范围”处填写"D"+i. ToString（标记 1），在其右侧属性面板中的输入“值”处填写毛利率（标记 2），最后，在设计主界面中通过各种功能按钮适当调整设计主界面视图（标记 3），结果如图 5-102 所示。

（三）程序运行

至此，我们完成了所有程序，下面让我们运行一下看看效果吧！

首先，如图 5-103 所示，点击工作流界面左上角的“调试文件”按钮，并点击出现的“运行文件”按钮，运行程序文件。

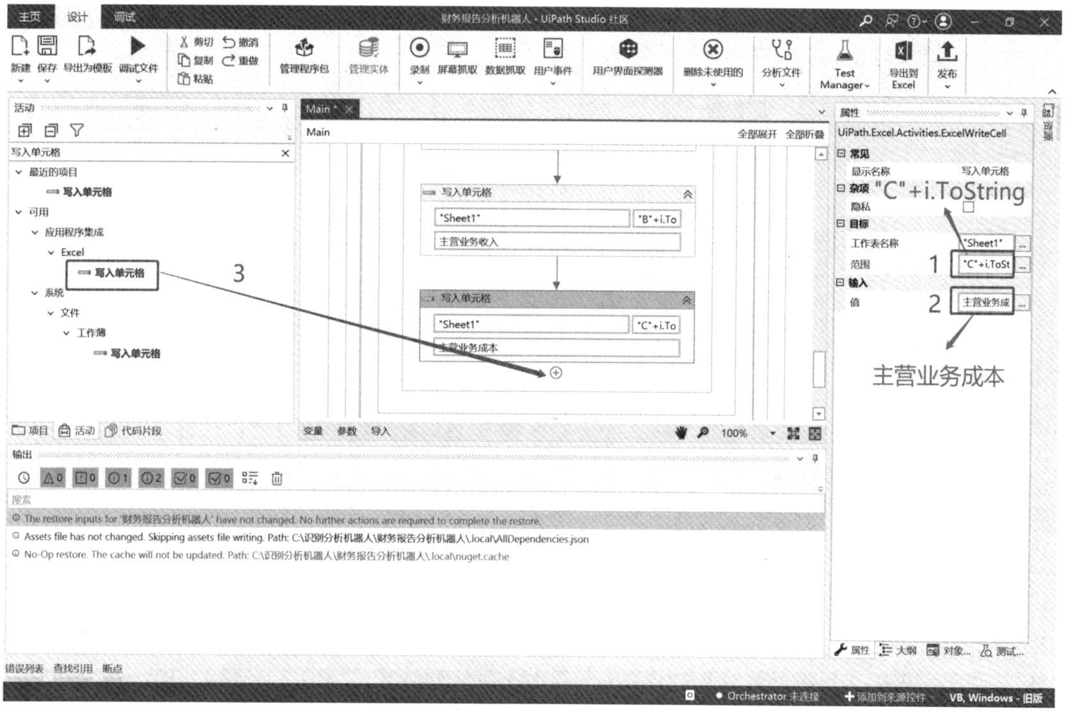

图 5-100 在第三个【写入单元格】活动中填写相关内容

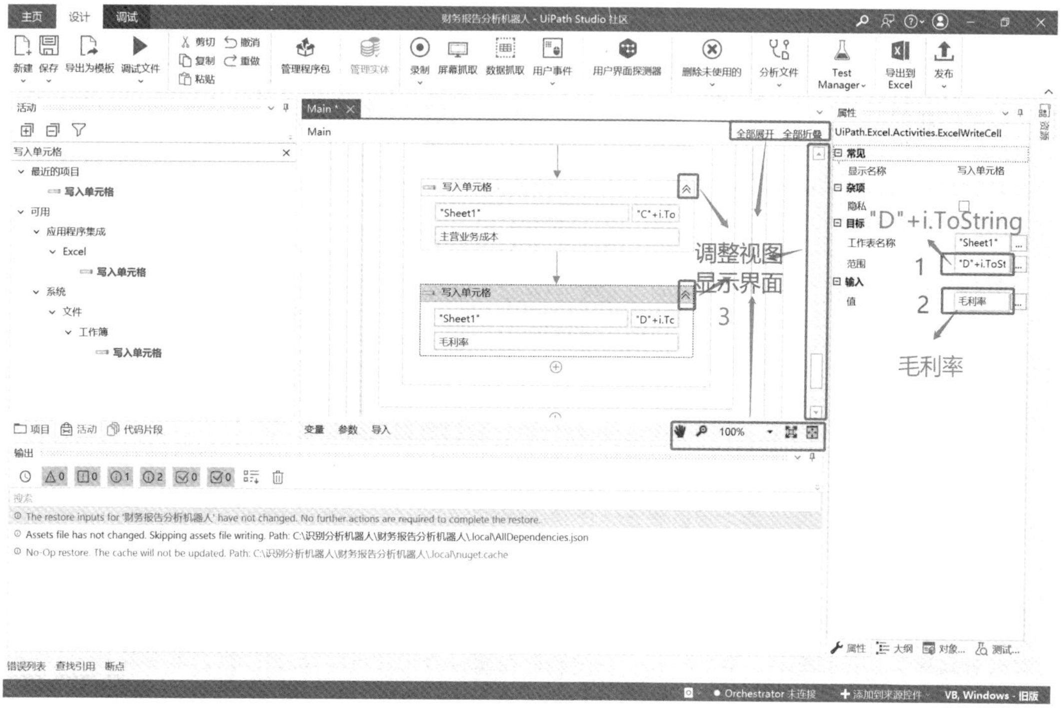

图 5-101 在第四个【写入单元格】活动中填写相关内容

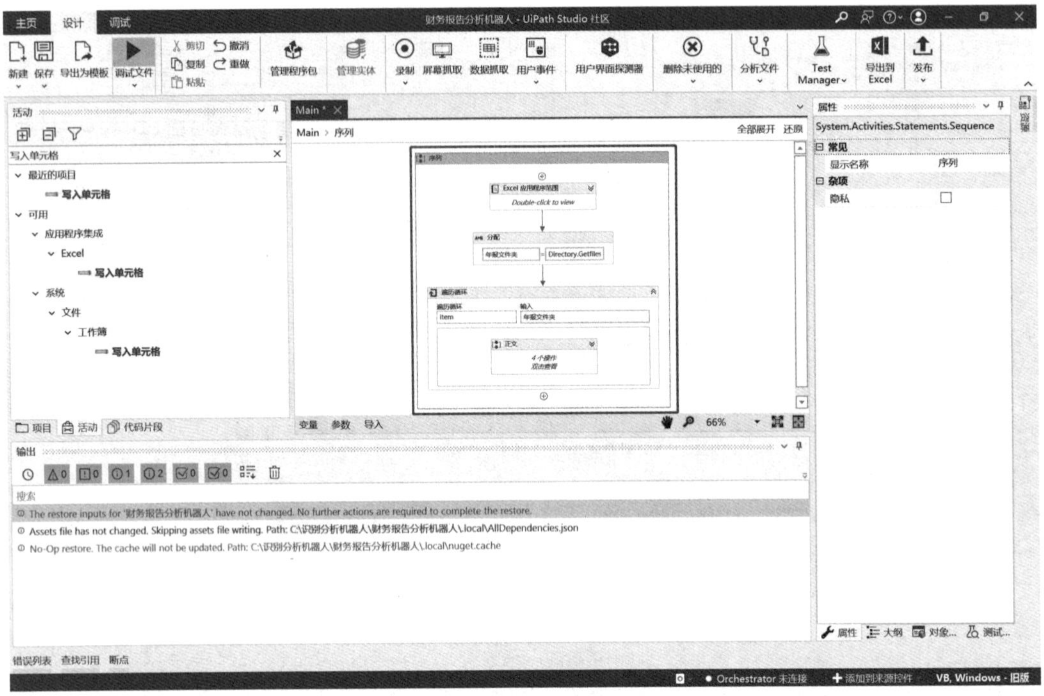

图 5 - 102　完整程序及主要活动一览图

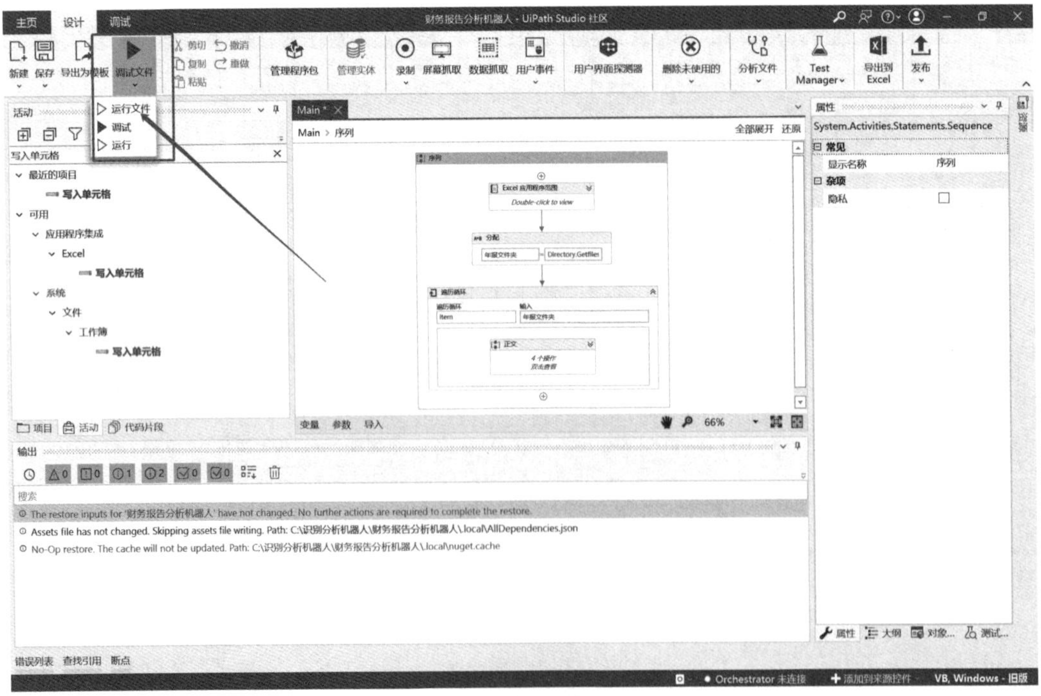

图 5 - 103　点击“运行文件”

然后，经过自动化运行，UiPath 回到工作流界面，在左下方出现了程序运行的相关信息，如图 5 - 104 所示。

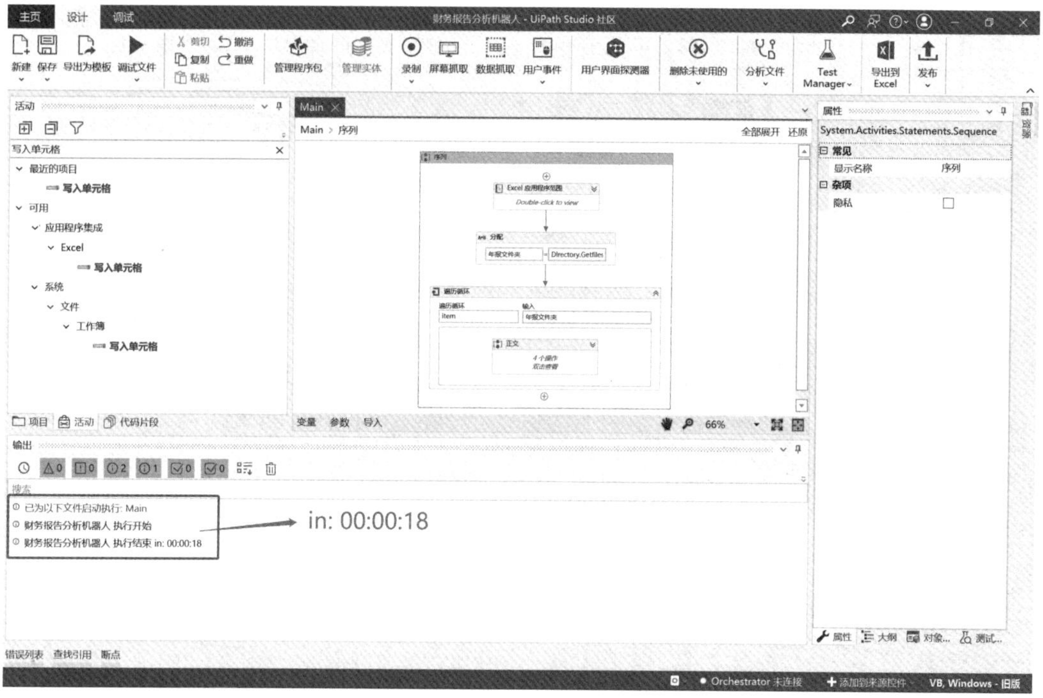

图 5 - 104 运行结束界面

最后，如图 5 - 105 所示，我们在电脑路径中（标记 1）可以看到自动生成的一个名为“报告分析”的 Excel 文件（标记 2），文件内容为从各年年报中识别计算出的关键信息。

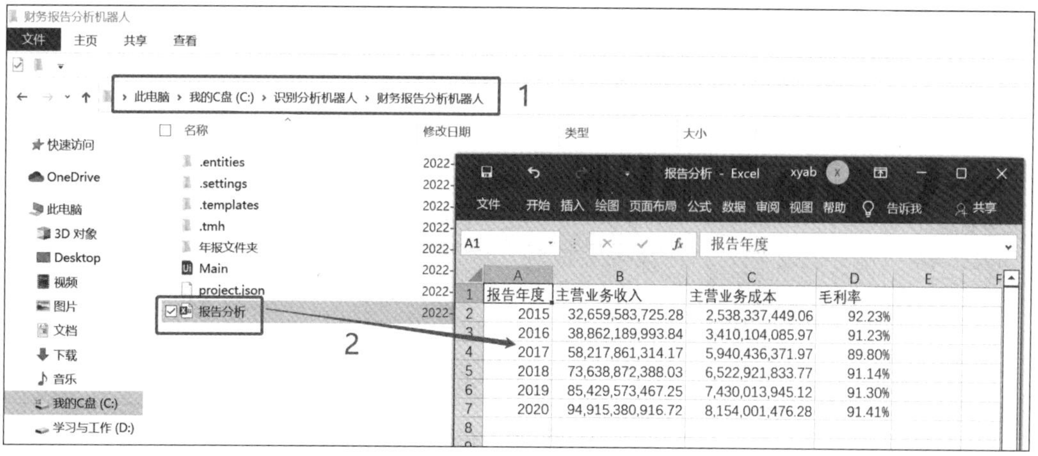

图 5 - 105 保存的 Excel 文件内容

（四）文件保存

如图 5 - 106 所示，用鼠标左键点击工作流界面左上角的“保存”按钮，并点击出现的“全部保存”按钮。

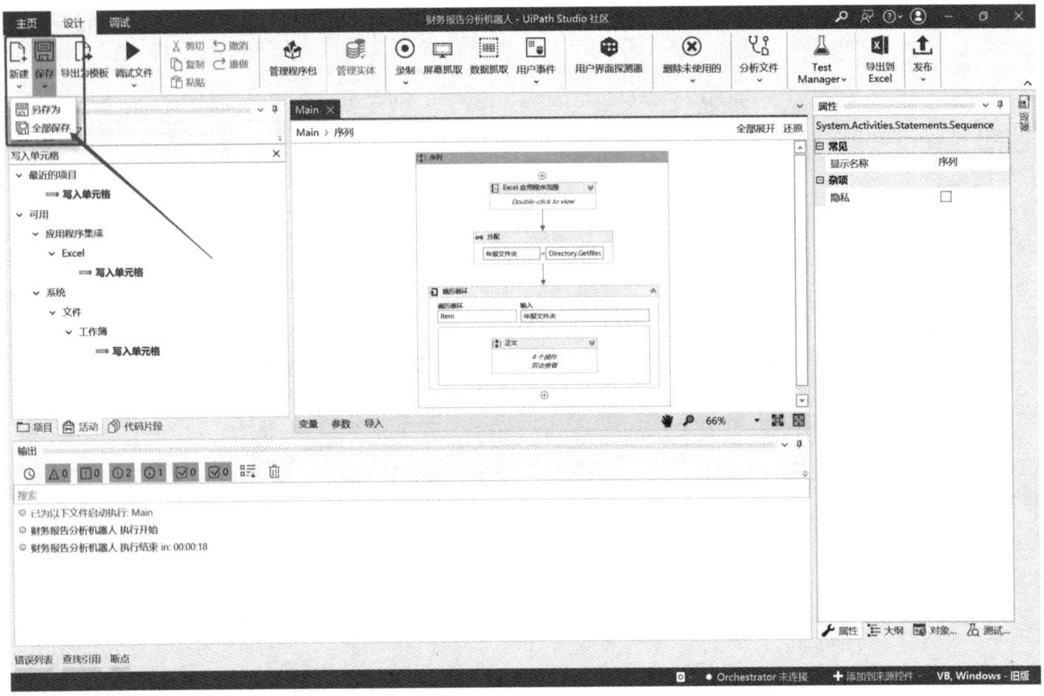

图 5-106　点击“全部保存”

最后保存的文件在哪儿呢？这与我们在“图 5-67　创建一个空白流程并更改‘名称’和‘位置’信息”的操作密切相关，如图 5-107 所示。

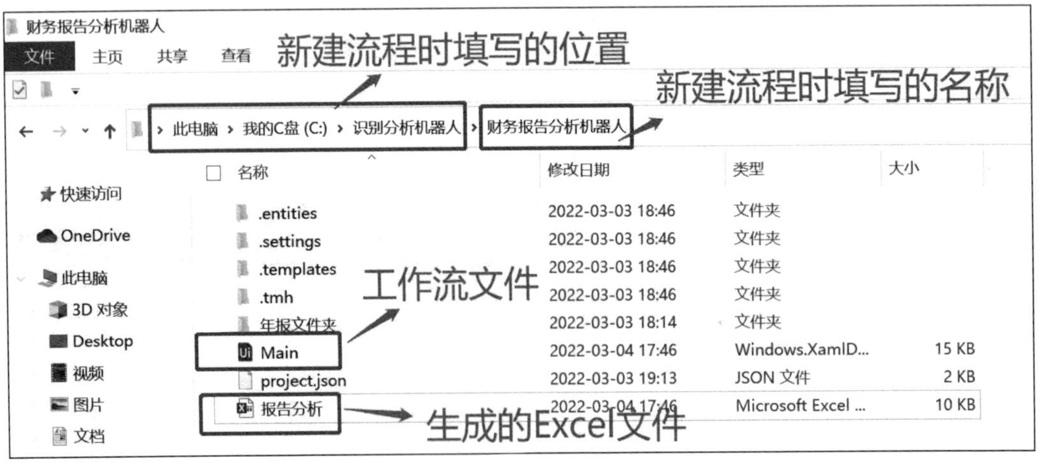

图 5-107　程序文件所在的位置及内容

任务小结

通过本任务的学习，大家是不是学会在 UiPath 中制作财务报告分析机器人了呢？在这个任务里，我们见识了 UiPath 在 PDF 场景中的应用，动手制作程序并成功实现了机器人自动化分析财务报告的过程。在操作准备时，我们在 UiPath 中新建了“流程”并在

UiPath 中下载安装了 PDF 插件；在程序制作时创建了名称为“年报”“年报文件夹”“报告年度”“主营业务收入”“主营业务成本”“毛利率”“i”的变量（如图 5-108 所示），应用了【Excel 应用程序范围】、【写入单元格】、【分配】、【遍历循环】、【读取 PDF 文本】、【写入文本文件】、【多重分配】等活动。如果还意犹未尽的话，那么就跟着我们的节奏继续探索下一个任务吧！

名称	变量类型	范围	默认值
年报文件夹	String[]	序列	输入 VB 表达式
报告年度	String	序列	输入 VB 表达式
毛利率	String	序列	输入 VB 表达式
年报	String	序列	输入 VB 表达式
主营业务成本	String	序列	输入 VB 表达式
主营业务收入	String	序列	输入 VB 表达式
i	Int32	序列	1

图 5-108 创建的变量

项目练习

1. 获取一张电子发票，通过 UiPath 制作一个电子发票识别机器人将发票内容识别出来。

2. 获取一家上市公司年报，通过 UiPath 制作一个财务报告分析机器人分析其营收情况。

项目六

课程综合实训与总结展望

【知识目标】

了解 RPA 在人机交互、Web、Excel、PDF 等场景中的综合应用；掌握在 UiPath 中制作课程综合实训机器人的设计原理和操作流程；了解 RPA 课程在“岗课赛证”等方面的学习前景。

【能力目标】

能够利用 UiPath Studio 软件设计并制作运行课程综合实训机器人；能够搜索并获取与 RPA 相关的更多学习资源。

【素养目标】

满足数字经济时代对新型复合型高素质人才的培养需求，促进对信息技术前沿知识和核心素养的认同与追求，通过课程综合实训机器人案例展示 RPA 在 Web、Excel、PDF 场景中的综合应用，引导举一反三、灵活应用的独立思考和主动探究能力，提升利用 RPA 等新技术解决现实问题的综合能力，培养爱岗敬业的专业素养和勇于创新的职业精神。

在前几个项目中，我们在 UiPath 中新建“流程”或新建“库”，动手制作了一个又一个机器人，你是否体验到了 RPA 在人机交互、Web、Excel、PDF 等各个场景中的妙用呢？事实上，RPA 及 UiPath 的应用远超于此，由于编者水平和篇幅的局限，本教材的内容也到了最后一个项目，为此我们设置了“课程综合实训”和“课程总结与展望”两个任务，一方面让我们一起体验 RPA 在 Web、Excel、PDF 场景中的综合应用，另一方面让我们对课程涉及的相关内容做个简要的总结与展望。接下来，就让我们继续深入 RPA 及 UiPath 的世界吧！

任务 1 课程综合实训

任务导入

有一天，正当你想更进一步学习 RPA 财务机器人的时候，你的朋友给你拍了一本参考书籍的封面给你，发过来的文件已经转换为 PDF 格式，如图 6-1 所示。你的朋友说这本书内容丰富、很适合继续学习，让你赶紧去京东等购物网站下单购买。这时你灵机一动，既然已经学习了 UiPath 在 Web、Excel、PDF 等场景中的应用，那能不能借此机会动手做个机器人自动前往京东网站搜索这本书并将商品名称、商品价格、商品链接等信息保存下来呢？心动不如行动，那就让我们一起来实现吧！

图 6-1 参考书籍 PDF 内容

任务分析与设计

我们借助流程图来分析这个案例，这个案例依然是“顺序”的逻辑，但涉及 PDF、Web、Excel 场景的综合应用，从开始到结束的整个过程都由机器人自动完成，主要过程依次为：

（1）PDF 场景应用——识别 PDF 文件并提取关键词。依次为：①机器人读取 PDF 文件内容；②机器人调整 PDF 文件读取内容；③机器人提取 PDF 文件关键词。

（2）Web 场景应用——打开京东网站并抓取商品信息。依次为：①机器人打开京东购物网站；②机器人在主页搜索栏中输入内容并跳转到子页面；③机器人在跳转出的京东子页面上抓取商品信息；④机器人保存商品信息至指定文件；⑤机器人关闭京东网站。

（3）Excel 场景应用——按价格排序并保存商品信息。依次为：①机器人添加数据列；②机器人修改数据列；③机器人排序数据列；④机器人保存商品信息。

具体如图 6－2 所示。

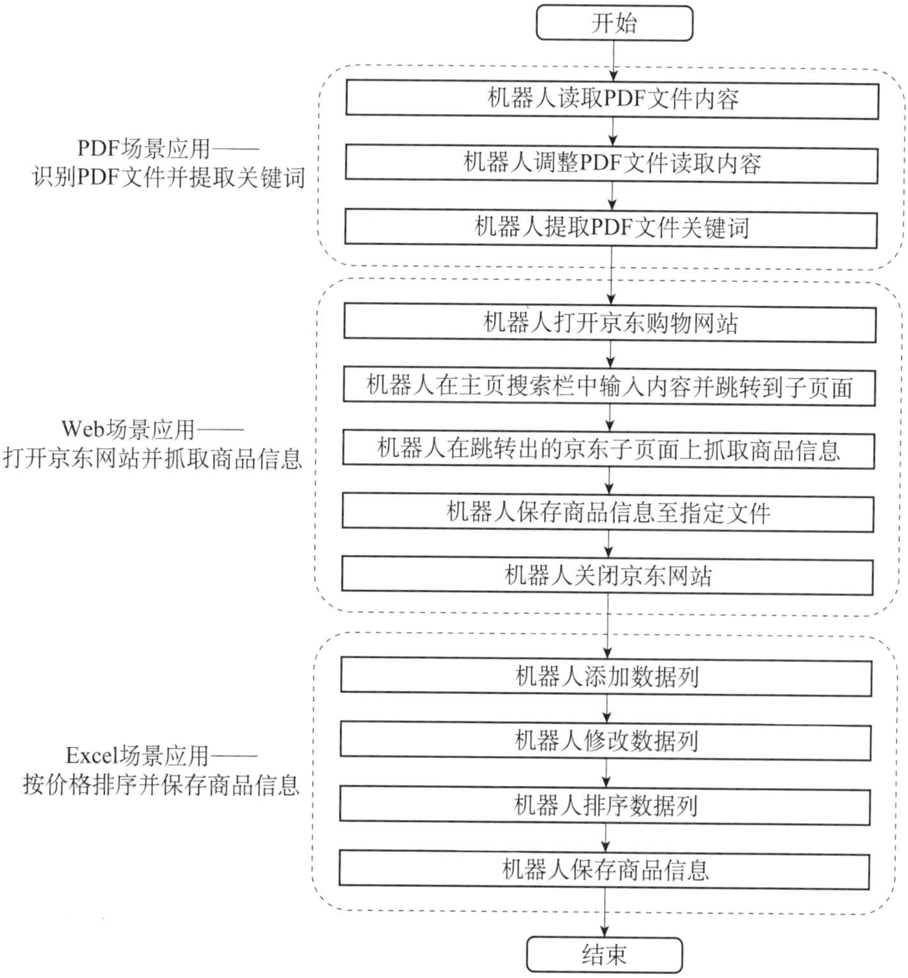

图 6－2　课程综合实训的流程图

任务实施

课程综合实训机器人制作

课程综合实训机器人操作准备

（一）操作准备

在 UiPath 中新建流程并复制相关准备文件。首先，提前退出 360 安全卫士等杀毒软件（避免对使用过程的干扰），如图 6－3 所示，打开 UiPath Studio 软件并在开始界面的新建项目处点击“流程”（标记 1）；在弹出来的“新建空白流程”对话框中更改“名称”和“位置”信息（名称改为课程综合实训机器人，位置改为C：\），点击“创建”（标记 2）。

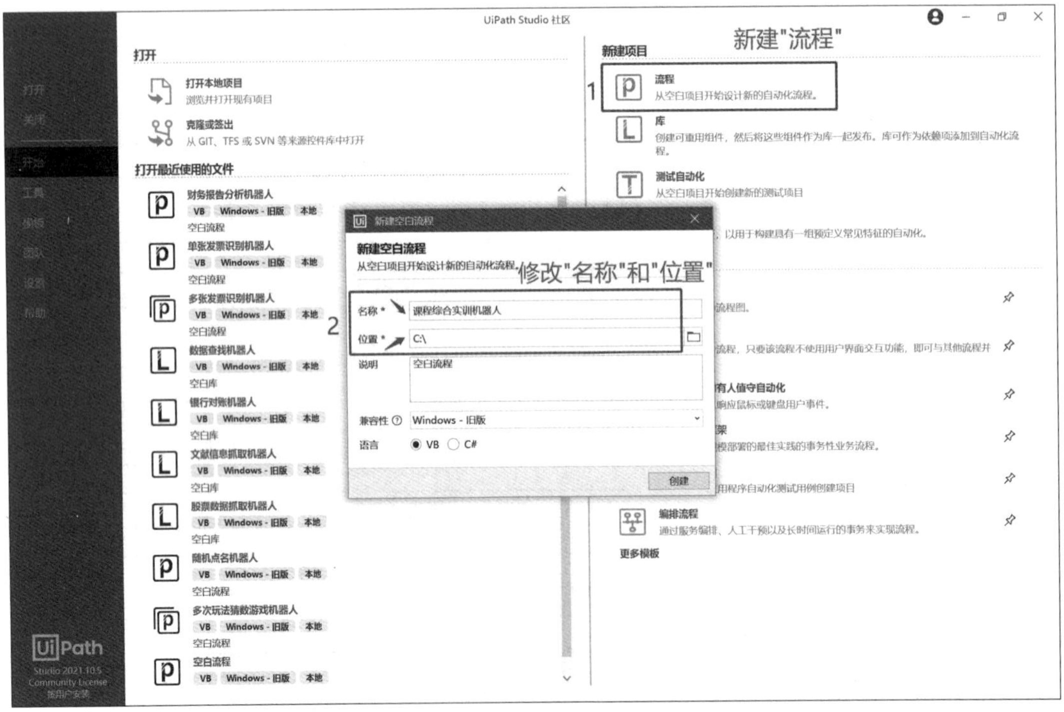

图 6－3　创建一个空白流程并更改“名称”和“位置”信息

其次，待加载依赖项相关过程完成，新的流程就创建成功了，如图 6－4 所示，然后点击“打开主工作流”，进入该流程的工作流，界面的各功能区域如图 6－5 所示。

最后，如图 6－6 所示，打开新建流程所在的路径C：\课程综合实训机器人（标记 1），将名为“参考书籍”的 PDF 复制进来（标记 2）。

为了让 UiPath 能识别出 PDF 文件内容，还需要在 UiPath 中下载安装 PDF 插件。

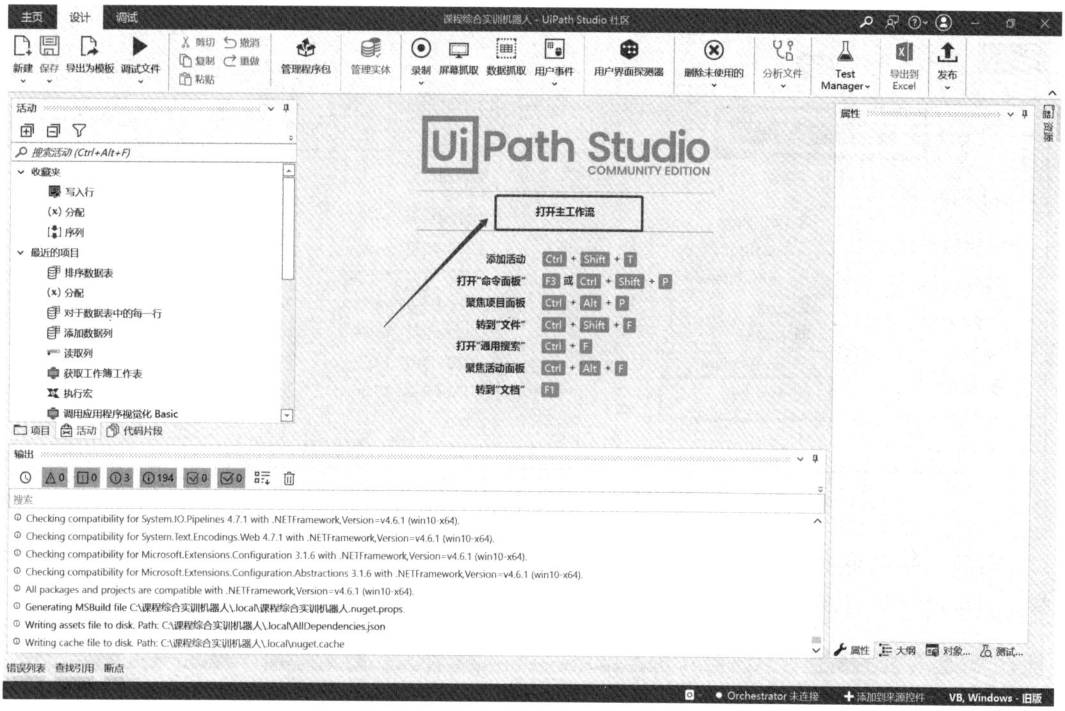

图 6－4　鼠标左键单击“打开主工作流”进入工作流界面

图 6－5　工作流界面示意图

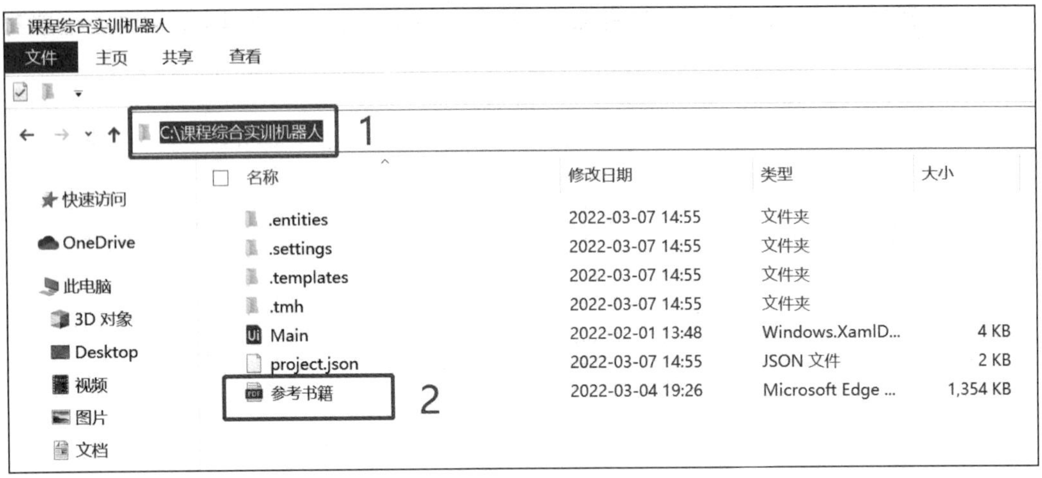

图 6-6 将“参考书籍”PDF 文件复制到指定路径

首先，保持电脑能够正常访问互联网，在 UiPath 工作流界面中，用鼠标左键点击菜单面板中的“管理程序包”，如图 6-7 所示。

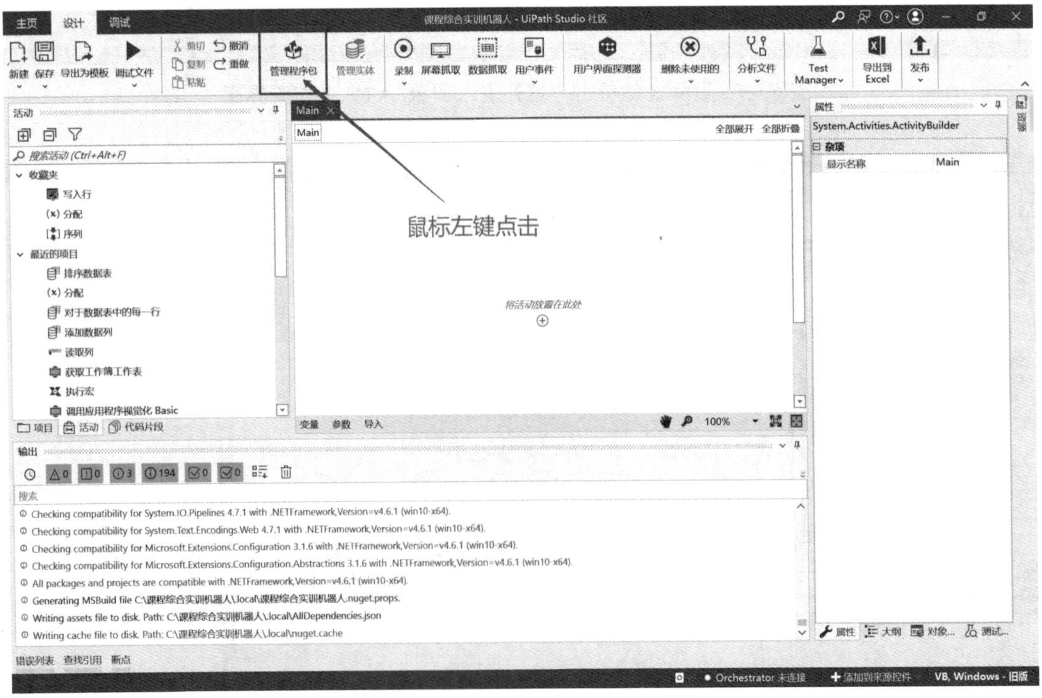

图 6-7 鼠标左键点击菜单面板中的“管理程序包”

接着，在弹出的如图 6-8 所示的“管理包”窗口中，先点击“正式”（标记 1），然后搜索关键词PDF（标记 2），然后选择“UiPath. PDF. Activities”（标记 3），然后选择合适的版本（标记 4），然后点击“安装”（标记 5），然后点击“保存”（标记 6），等待 PDF 插件加载安装完毕，最后如图 6-9 所示，在活动面板中的“依赖项”中可以看到安装好的 PDF 插件。

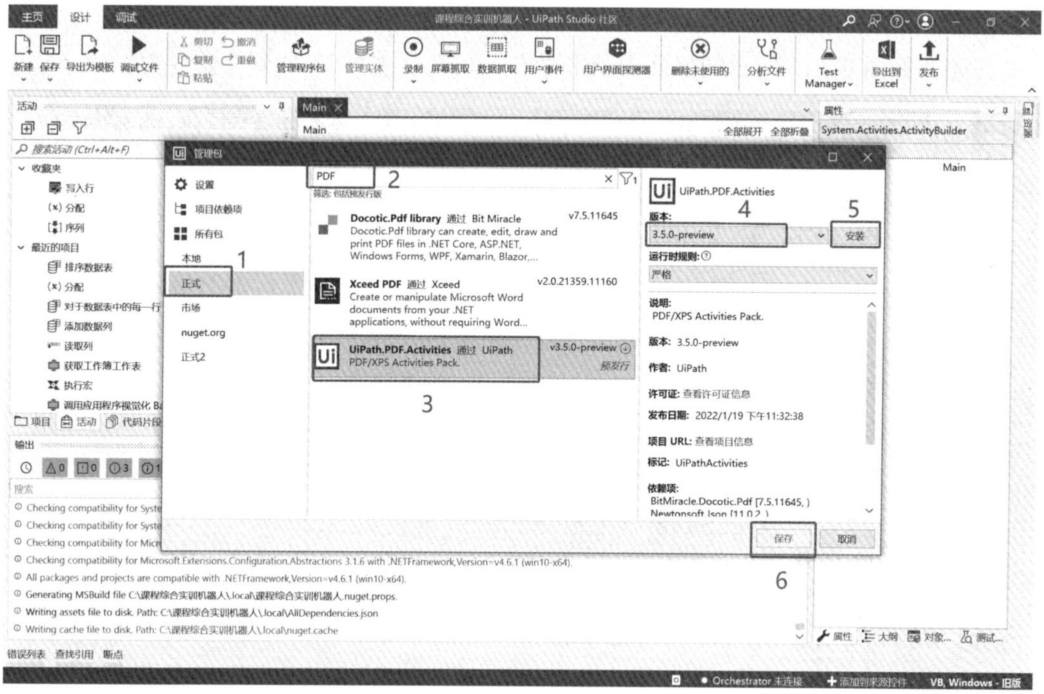

图 6-8　在“管理包”弹窗中搜索并安装 PDF 插件

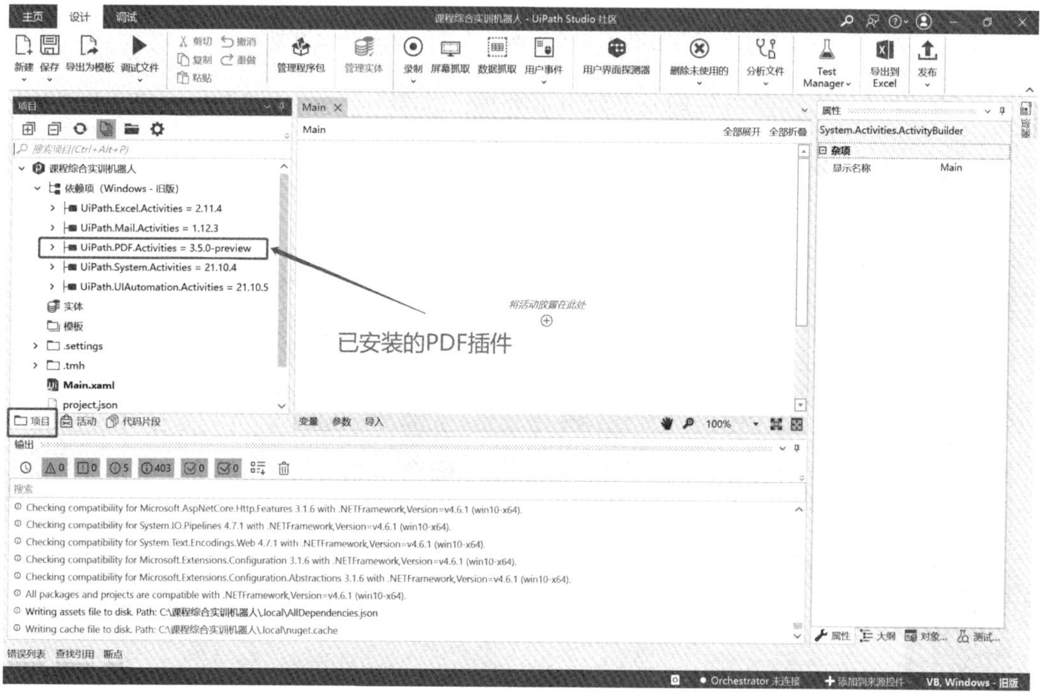

图 6-9　在活动面板“依赖项”中可以看到安装好的 PDF 插件

在 UiPath 和浏览器中互设扩展程序。为了让 UiPath 能与浏览器兼容抓取数据，还需要先后在 UiPath 和浏览器中进行扩展程序的设置，我们以谷歌浏览器 Chrome 为例展示这个过程如下。

过程 1：在 UiPath 中设置扩展程序

首先在如图 6－10 所示的界面中点击最左上角的“主页”，回到开始界面。

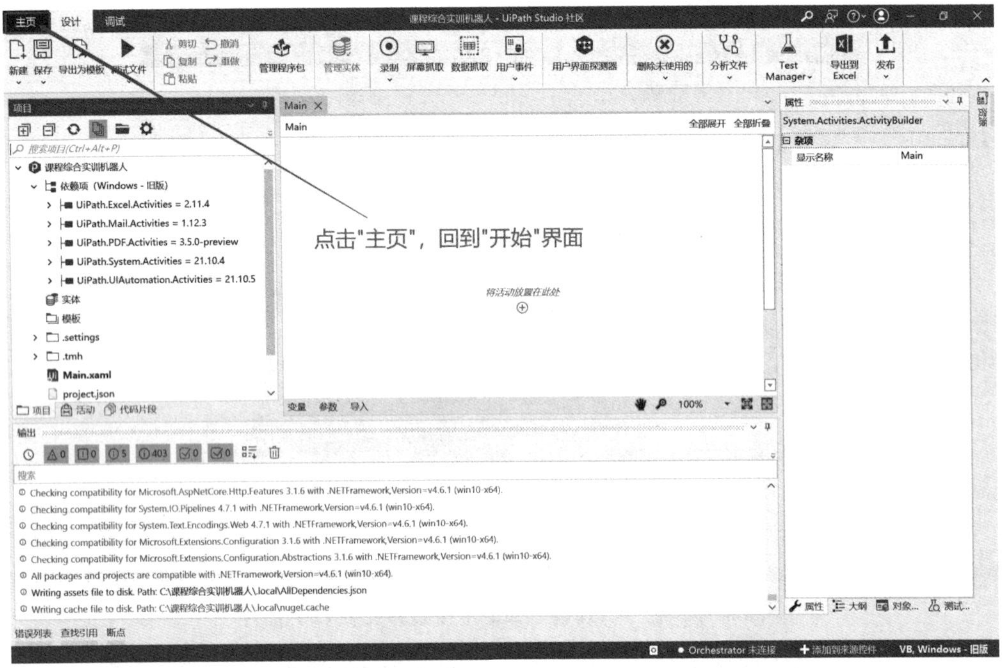

图 6－10　点击工作流界面“主页”回到开始界面

然后，在随后出现的图 6－11 中点击左侧的“工具”（标记 1），再点击“Chrome”（标记 2）。

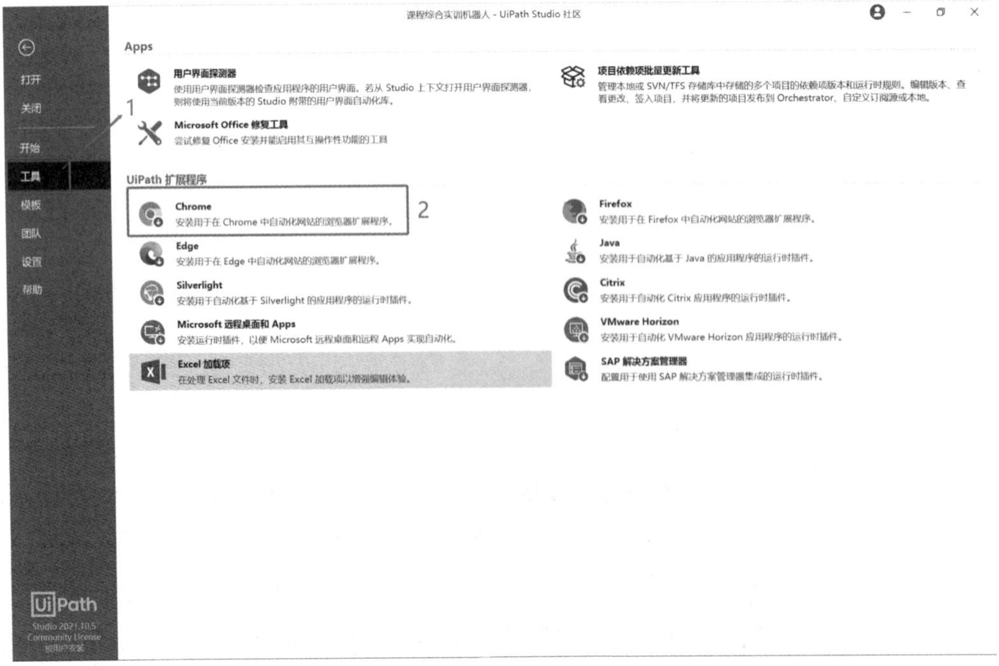

图 6－11　点击“工具”后再点击“Chrome”

最后，在随后出现的图 6－12 中点击弹框中的“确定”（标记 1），再点击左上角的左箭头“←”（标记 2），回到如图 6－10 所示的工作流界面。

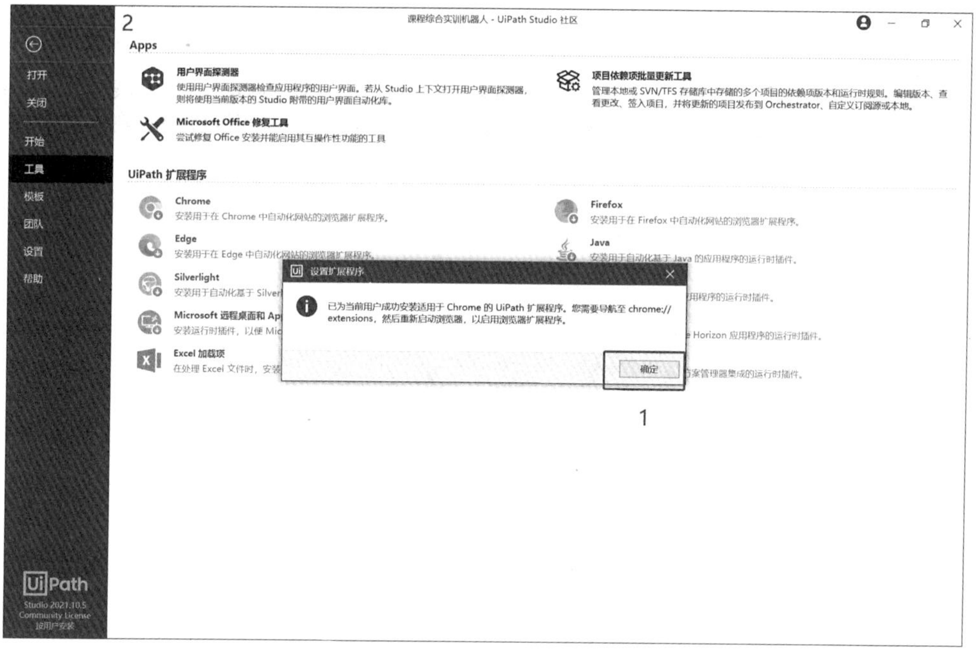

图 6－12　点击“确定”后再返回工作流界面

过程 2：在谷歌浏览器中设置扩展程序

打开谷歌浏览器后，在如图 6－13 所示的界面中，点击最右上侧的“⋮”（标记 1），然后点击“更多工具”（标记 2），然后点击“扩展程序”（标记 3）。

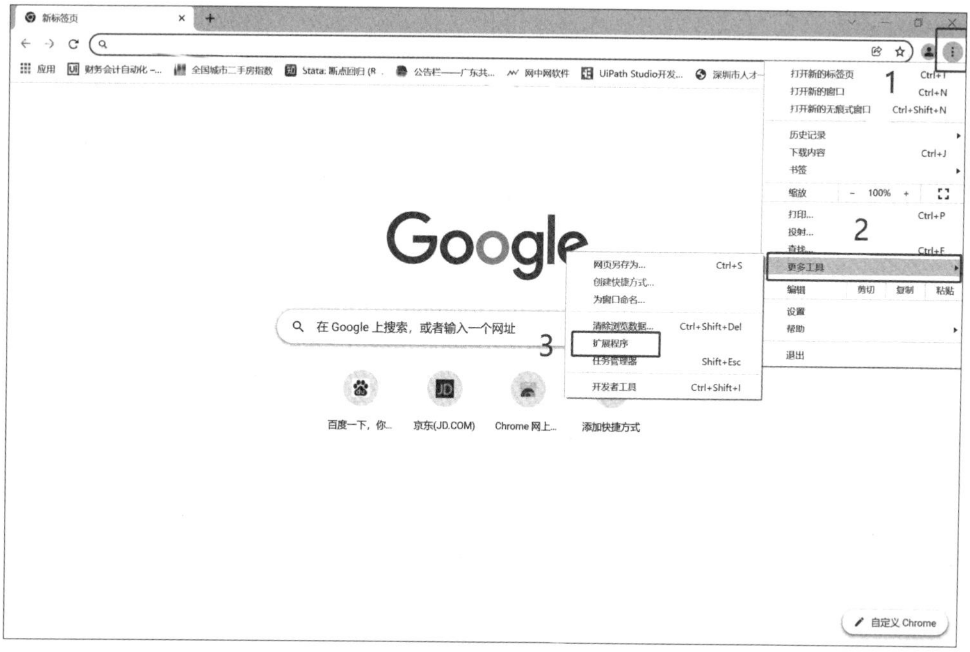

图 6－13　点击“扩展程序”界面

然后，在出现的图 6-14 界面中，将 UiPath 扩展程序勾选上（标记 1），再关闭谷歌浏览器（标记 2）。

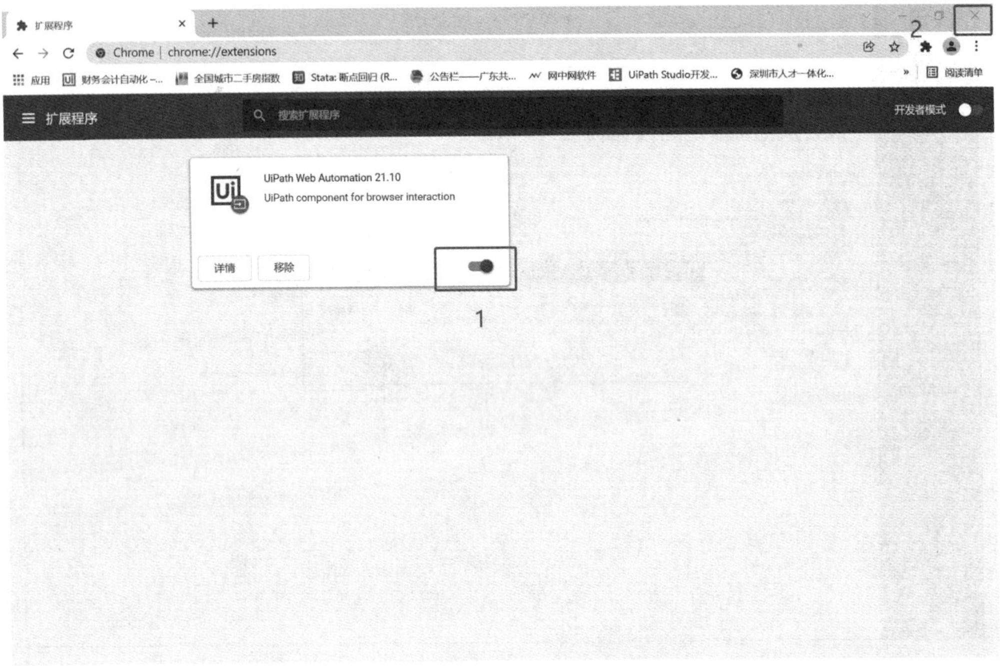

图 6-14　勾选上 UiPath 扩展程序

至此，我们的操作准备已完成，接下来就让我们在 UiPath 工作流界面大展身手吧！

（二）程序制作

课程综合实训机器人制作运行解析

对照流程图，程序制作可以分为 3 个过程。

过程 1：PDF 场景应用——识别 PDF 文件并提取关键词

（1）机器人读取 PDF 文件内容。

步骤一：如图 6-15 所示，首先在 UiPath 的工作流界面中点击左侧活动面板的“活动”（标记 1），然后在上方搜索活动框中输入读取 PDF（标记 2），然后用鼠标左键按住控件【使用 OCR 读取 PDF】拖拽到设计主界面最下方的“⊕”处（标记 3）。

步骤二：在随后出现的图 6-16 界面中，首先在设计主界面【使用 OCR 读取 PDF】活动中输入文件路径"C：\课程综合实训机器人\参考书籍.pdf"（标记 1），然后点击左侧活动面板的“活动”（标记 2），然后在上方搜索活动框中输入OCR（标记 3），然后适当调节滑动条以便看到 OCR 引擎（标记 4），然后用鼠标左键按住控件【Microsoft OCR】拖拽到设计主界面中“将 OCR 引擎活动放置在此处”的提示语处（标记 5）。

步骤三：在随后出现的图 6-17 界面中，在设计主界面中点击选中【Microsoft OCR】活动，在右侧属性面板输出“文本”处填写识别内容（标记 1），然后在选项“配置文件”处下拉选择Scan（标记 2），然后点击变量面板处的“变量”（标记 3），展开变量编辑区域。

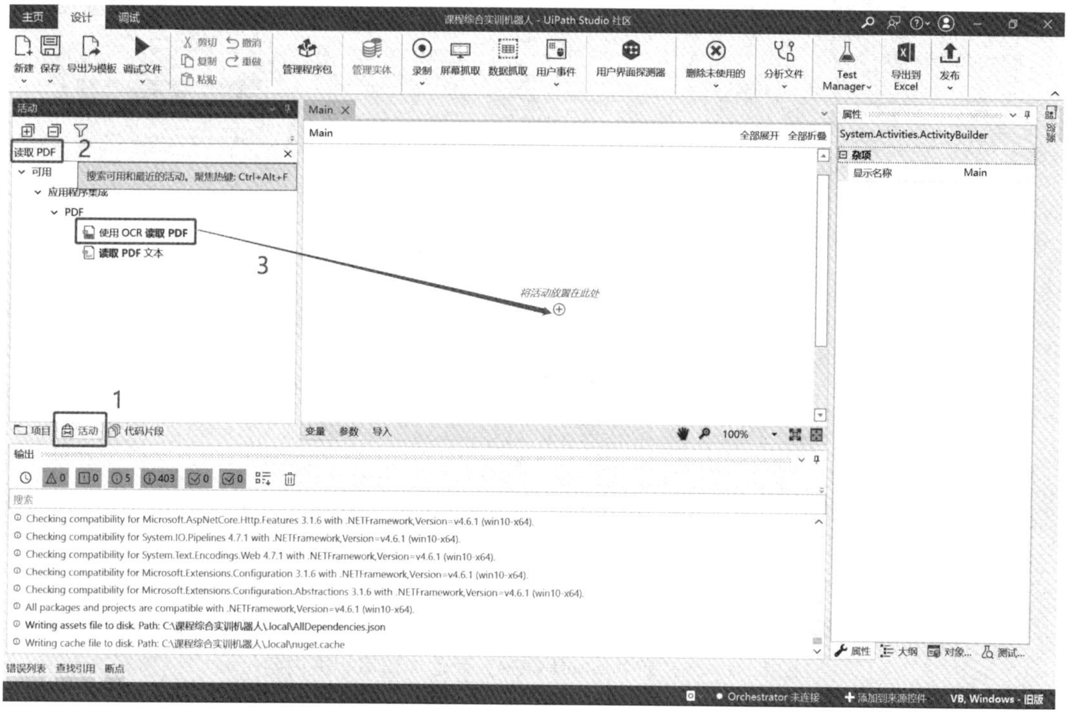

图 6－15　在工作流界面加入【使用 OCR 读取 PDF】活动

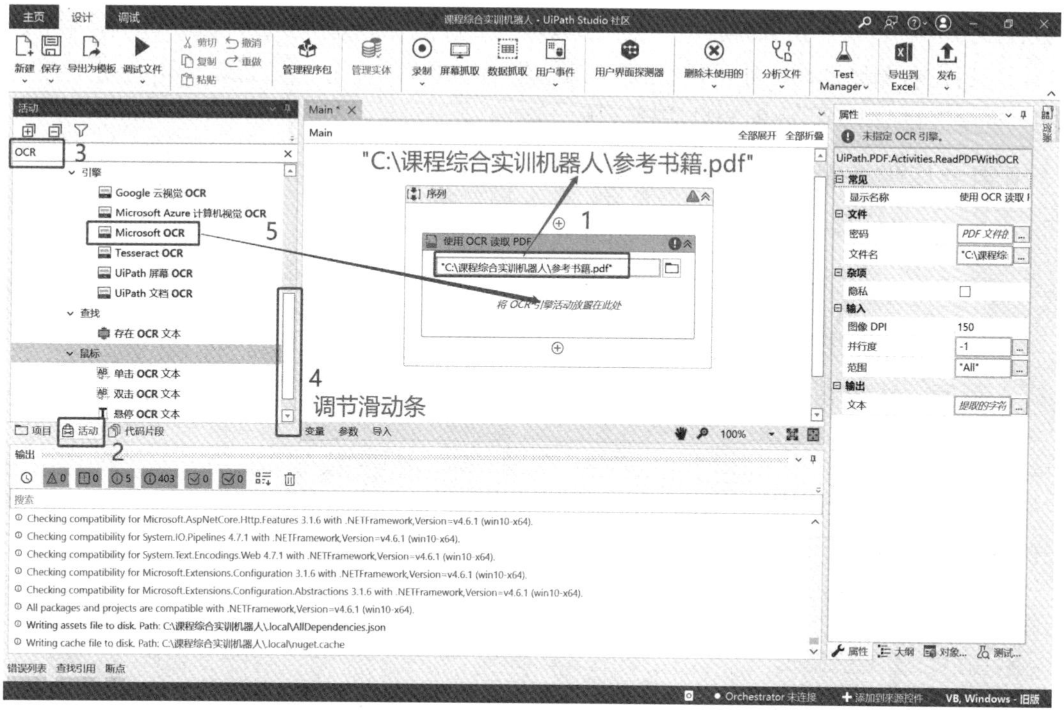

图 6－16　在【使用 OCR 读取 PDF】活动中填写相关内容

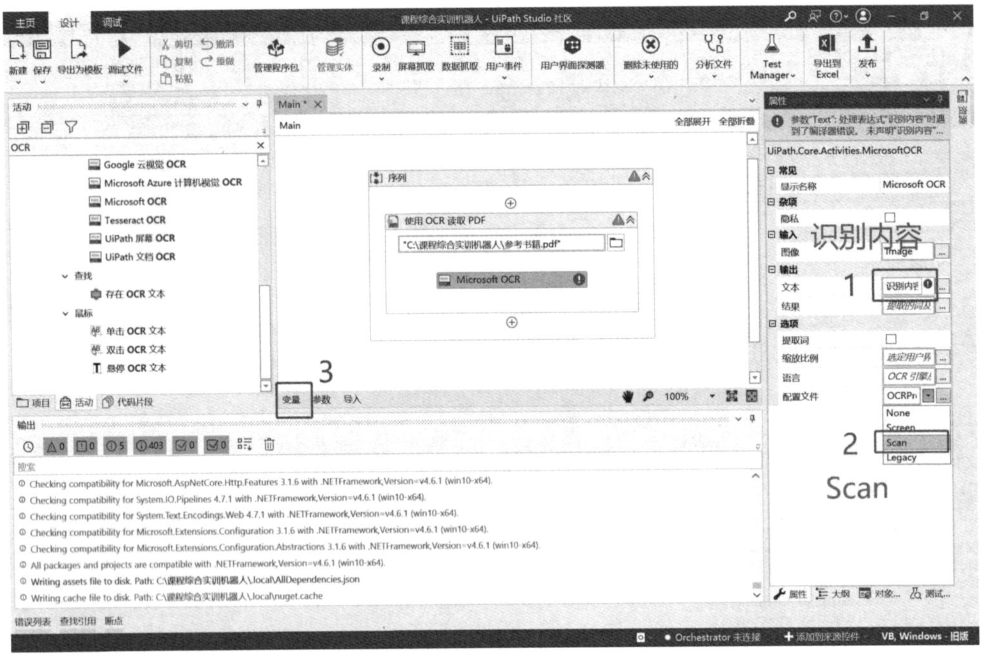

图 6 - 17　在【Microsoft OCR】活动中填写相关内容

步骤四：在随后出现的图 6 - 18 界面中，首先点击变量编辑区域的“创建变量”处，在“名称”列输入识别内容（标记 1），然后在“变量类型”列下拉选择String（标记 2），然后在“范围”列下拉选择序列（标记 3），然后在“默认值”列保持默认空着（标记 4），然后在右侧属性面板处可以看到同步出填写的内容（标记 5），最后点击变量面板处的“变量”（标记 6），收回变量编辑区域。

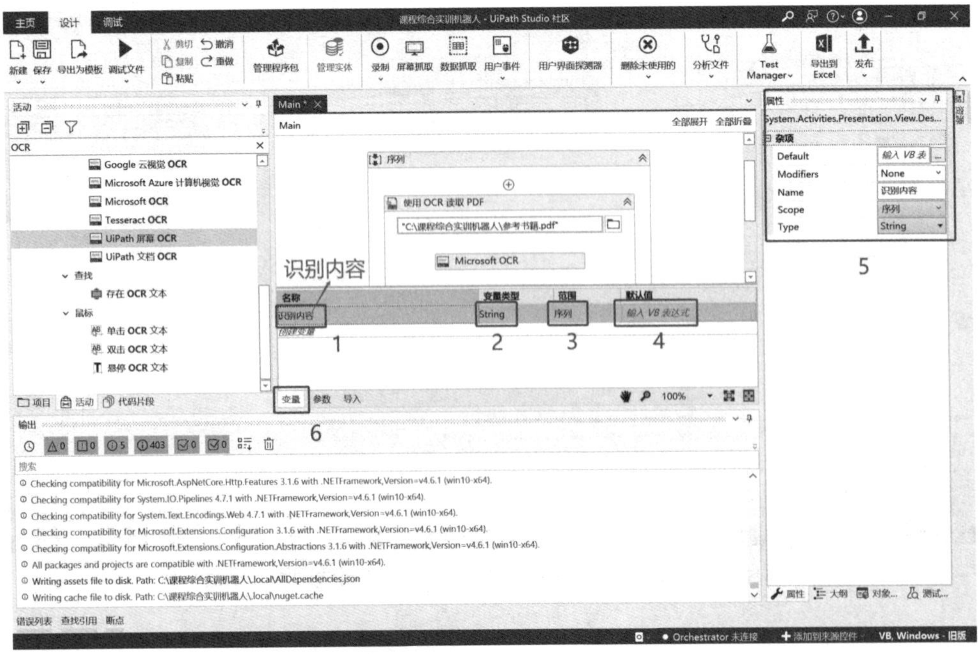

图 6 - 18　在变量编辑区域创建一个“识别内容”变量

如果你想看看保存到“识别内容”变量里的完整内容，我们还可以添加一个【写入文本文件】的活动，将“识别内容”变量的内容保存到一个文本文件中，具体过程如步骤五和步骤六所示。这样有助于我们了解机器人读取到的 PDF 文件信息，从而为我们分析数据并进一步制作程序识别信息提供帮助。

步骤五：如图 6－19 所示，首先在工作流界面中点击左侧活动面板的“活动”（标记 1），然后在上方搜索活动框中输入写入文本文件（标记 2），然后用鼠标左键按住控件【写入文本文件】拖拽到设计主界面的“⊕”处（标记 3）。

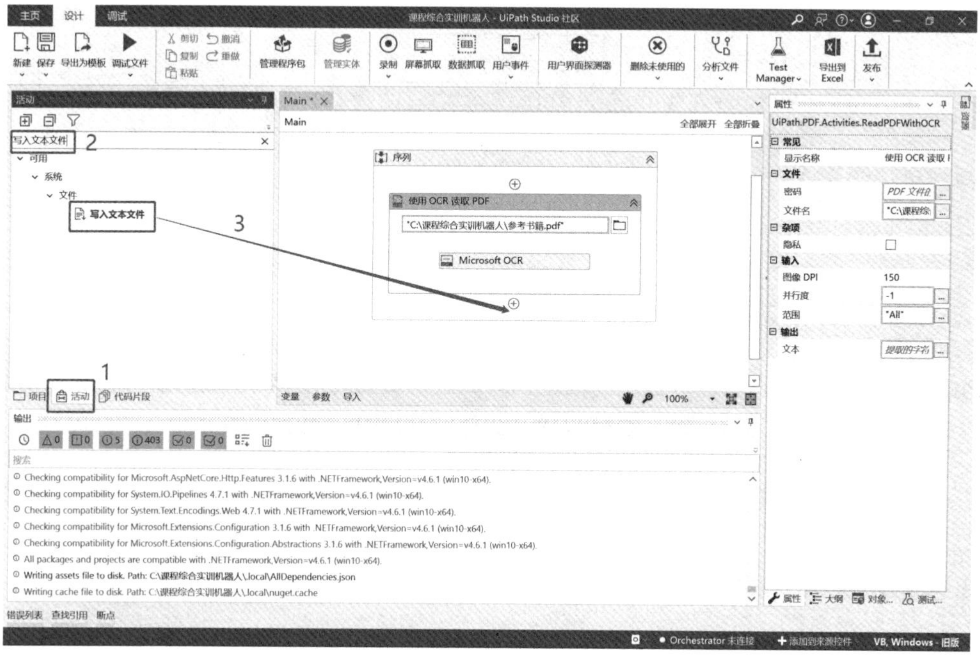

图 6－19 在工作流界面加入【写入文本文件】活动

步骤六：在随后出现的图 6－20 界面中，首先在【写入文本文件】活动中“文本”处输入变量识别内容（标记 1）、在“写入文件名”处输入路径"C:\课程综合实训机器人\识别内容.txt"（标记 2），然后将设计主界面右侧的滑动条拉到最下方（标记 3）。

（2）机器人调整 PDF 文件读取内容。

步骤一：如图 6－21 所示，首先在 UiPath 的工作流界面中点击左侧活动面板的“活动”（标记 1），然后在上方搜索活动框中输入分配（标记 2），然后用鼠标左键按住控件【分配】拖拽到设计主界面最下方的“⊕”处（标记 3）。

步骤二：在随后出现的图 6－22 界面中，首先在【分配】活动“＝”号左侧输入框填写识别内容（标记 1），然后在“＝”号右侧输入框填写识别内容.Replace(" ","").Replace(vbcrlf,"")（标记 2），然后将设计主界面右侧的滑动条拉到最下方（标记 3）。这一步的操作实际上是将变量“识别内容”的内容去掉空格和换行符。

如果你想看看此时“识别内容”变量调整后的完整内容，我们还可以添加一个【写入文本文件】的活动，将“识别内容”变量的内容保存到另一个文本文件中，具体过程如步骤三和步骤四所示。

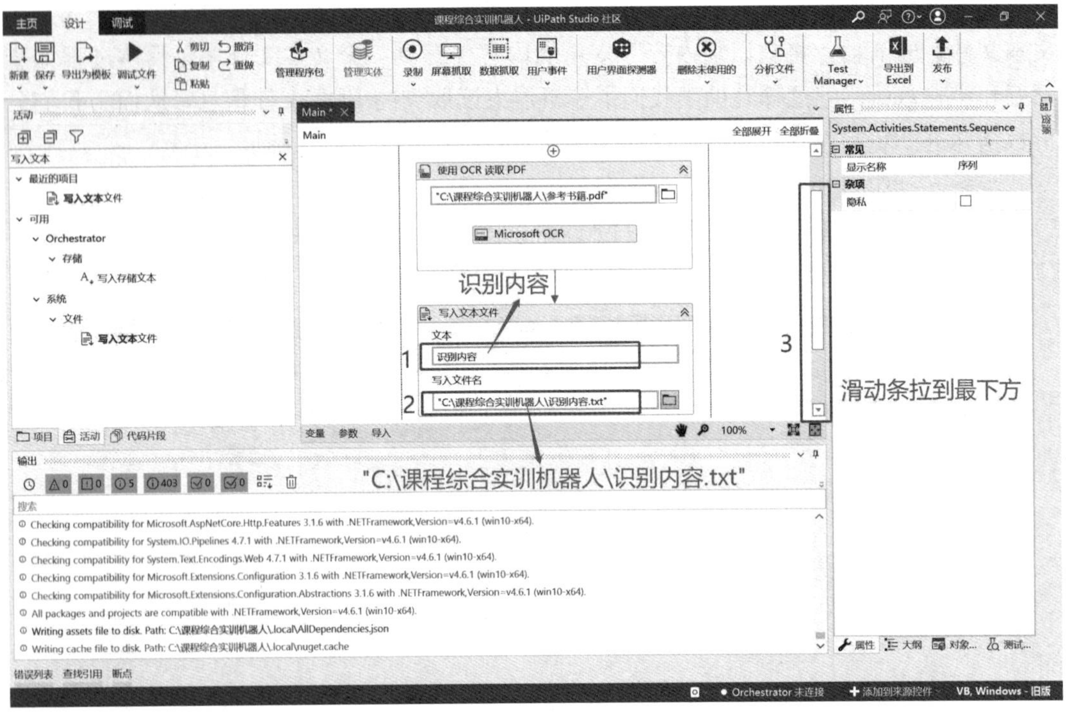

图 6-20　在【写入文本文件】活动中输入相关内容

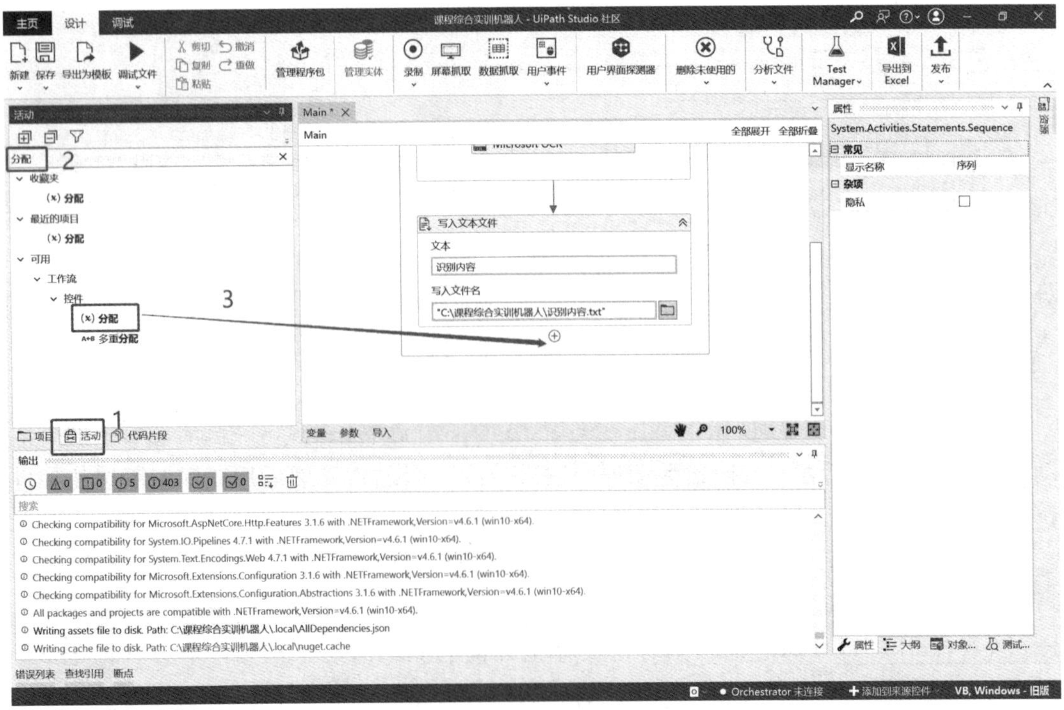

图 6-21　在工作流界面加入【分配】活动

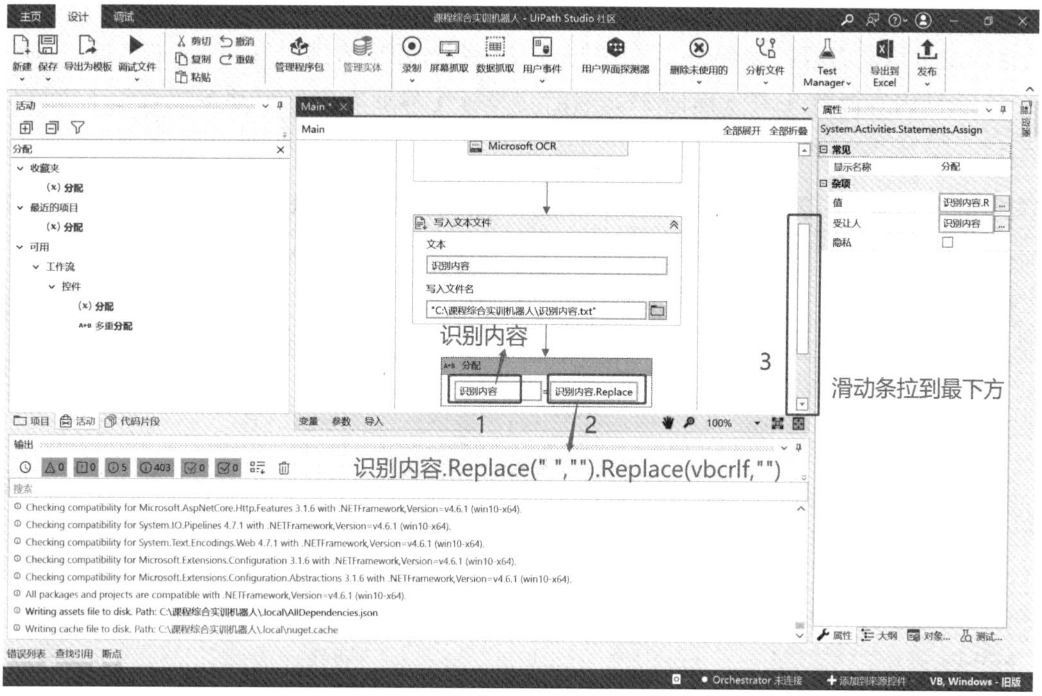

图 6－22　在【分配】活动中填写相关内容

步骤三：如图 6－23 所示，首先在工作流界面中点击左侧活动面板的“活动”(标记 1)，然后在上方搜索活动框中输入写入文本文件(标记 2)，然后用鼠标左键按住控件【写入文本文件】拖拽到设计主界面的“⊕”处(标记 3)。

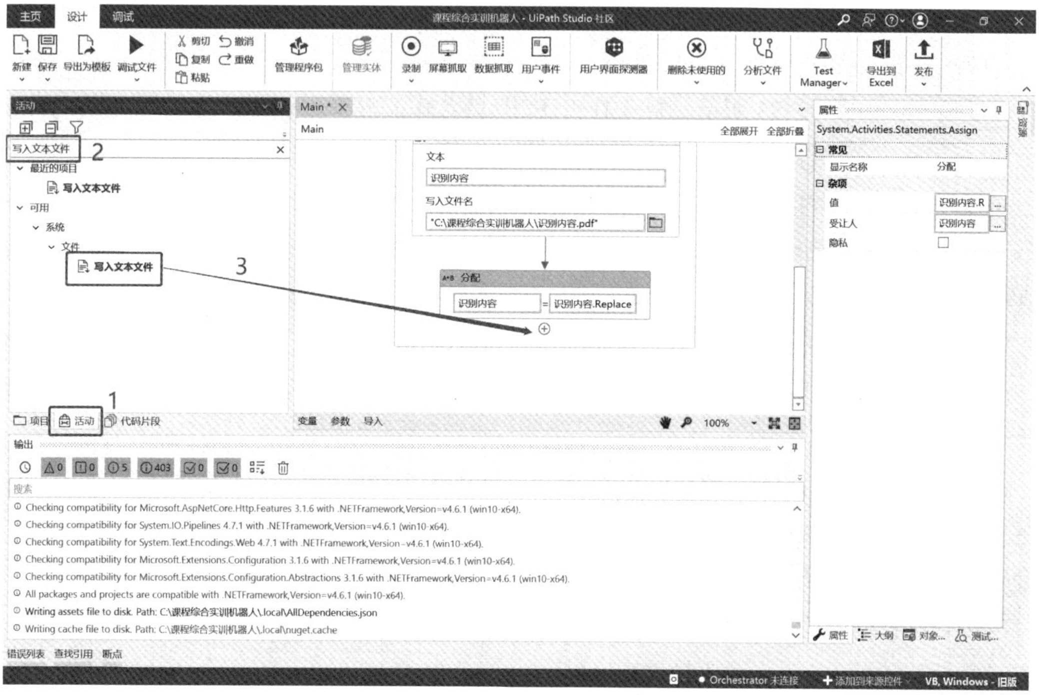

图 6－23　在工作流界面加入【写入文本文件】活动

步骤四：在随后出现的图 6－24 界面中，首先在【写入文本文件】活动中“文本”处输入变量识别内容（标记 1）、在“写入文件名”处输入路径"C:\课程综合实训机器人\识别内容调整.txt"（标记 2），然后将设计主界面右侧的滑动条拉到最下方（标记 3）。

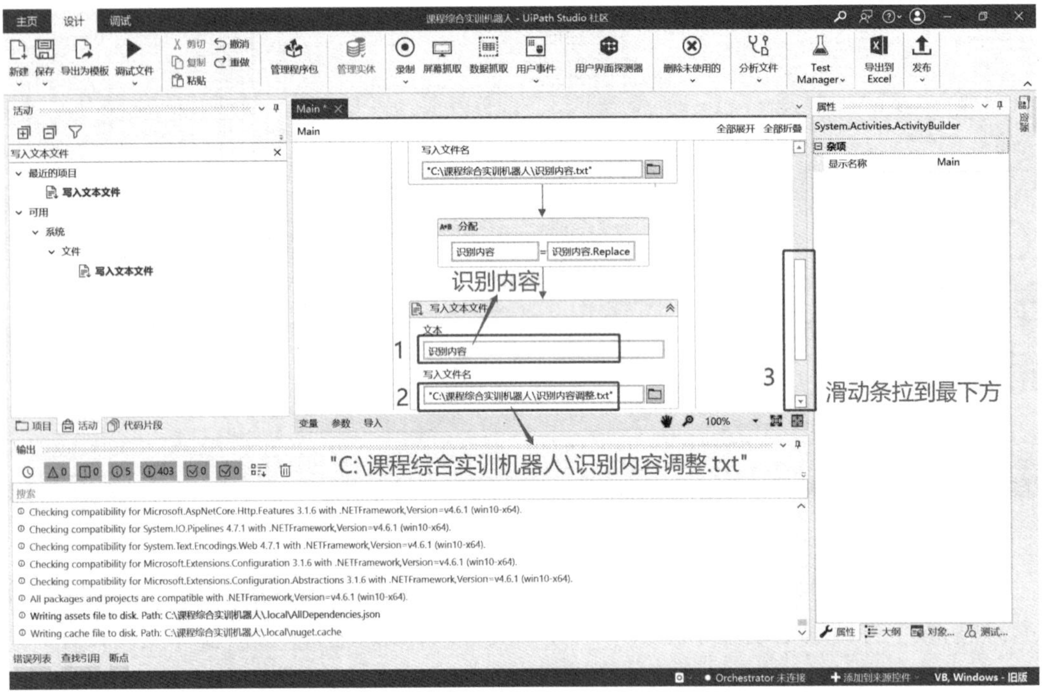

图 6－24 在【写入文本文件】活动中输入相关内容

（3）机器人提取 PDF 文件关键词。

步骤一：如图 6－25 所示，首先在 UiPath 的工作流界面中点击左侧活动面板的“活动”（标记 1），然后在上方搜索活动框中输入分配（标记 2），然后用鼠标左键按住控件【分配】拖拽到设计主界面最下方的“⊕”处（标记 3）。

步骤二：在随后出现的图 6－26 界面中，首先在【分配】活动“＝”号左侧输入框填写关键词（标记 1），然后在“＝”号右侧输入框填写split(split(识别内容,"公众号0")(1),"程平")(0)（标记 2），这一步的操作实际上是从变量“识别内容”中识别出位于“公众号 0”和“程平”之间的字符；然后点击变量面板处的“变量”（标记 3），展开变量编辑区域。

步骤三：在随后出现的图 6－27 界面中，首先点击变量编辑区域的“创建变量”处，在“名称”列输入关键词（标记 1），然后在“变量类型”列下拉选择String（标记 2），然后在“范围”列下拉选择序列（标记 3），然后在“默认值”列保持默认空着（标记 4），然后在右侧属性面板处可以看到同步出填写的内容（标记 5），最后点击变量面板处的“变量”（标记 6），收回变量编辑区域。

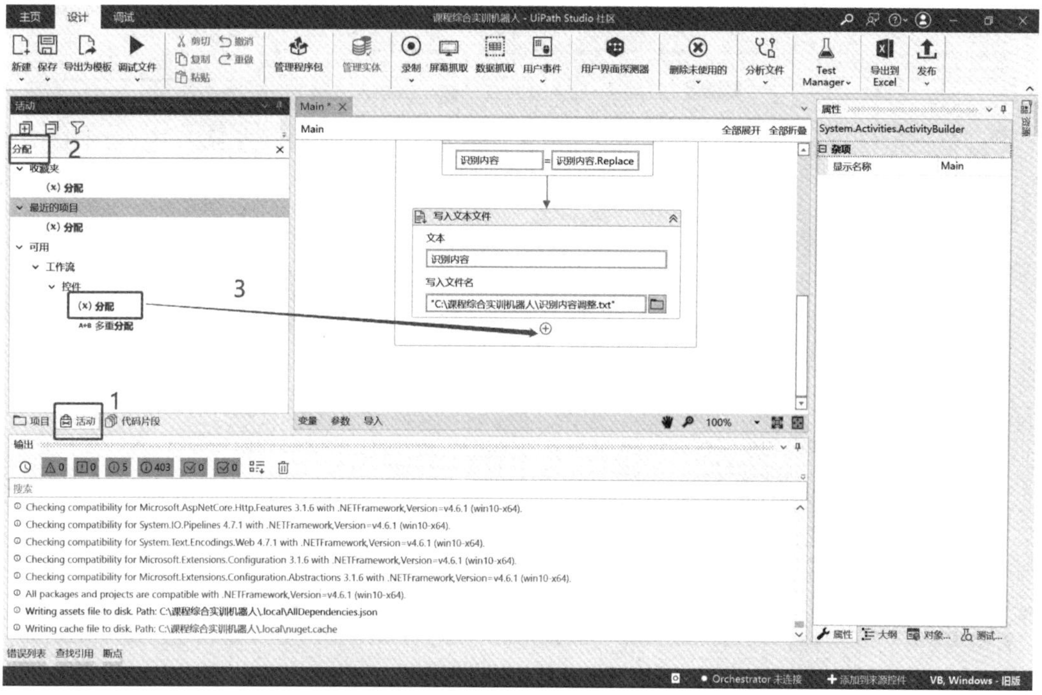

图 6－25　在工作流界面加入【分配】活动

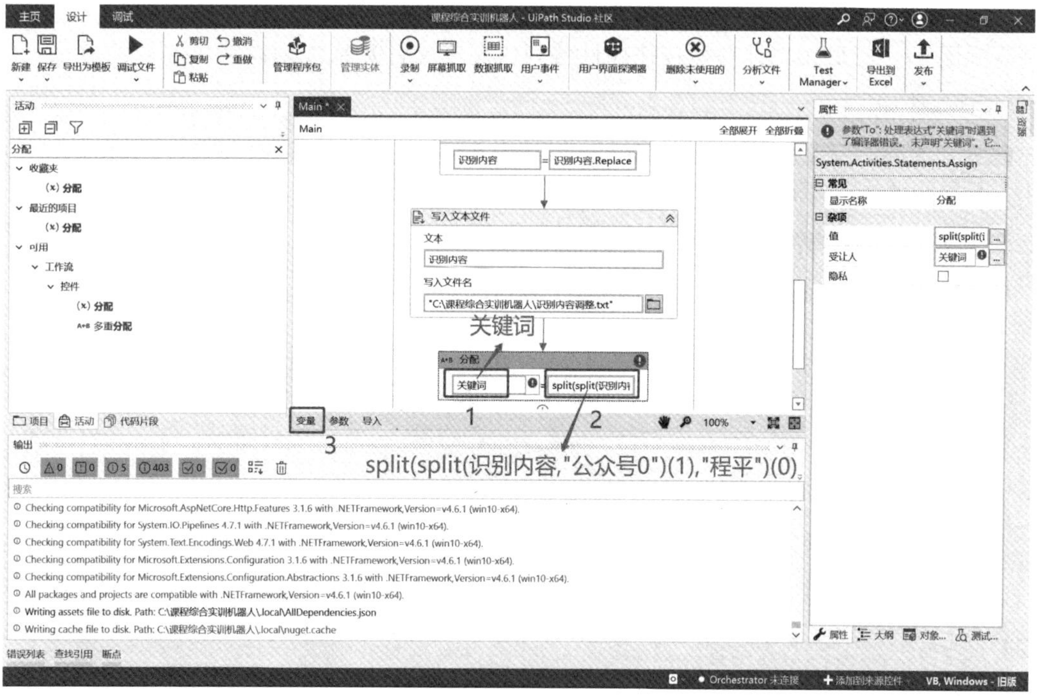

图 6－26　在【分配】活动中填写相关内容

如果你想看看此时“关键词”变量的完整内容，我们还可以添加一个【写入文本文件】的活动，将“关键词”变量的内容保存到一个文本文件中，具体过程如步骤四和步骤五所示。

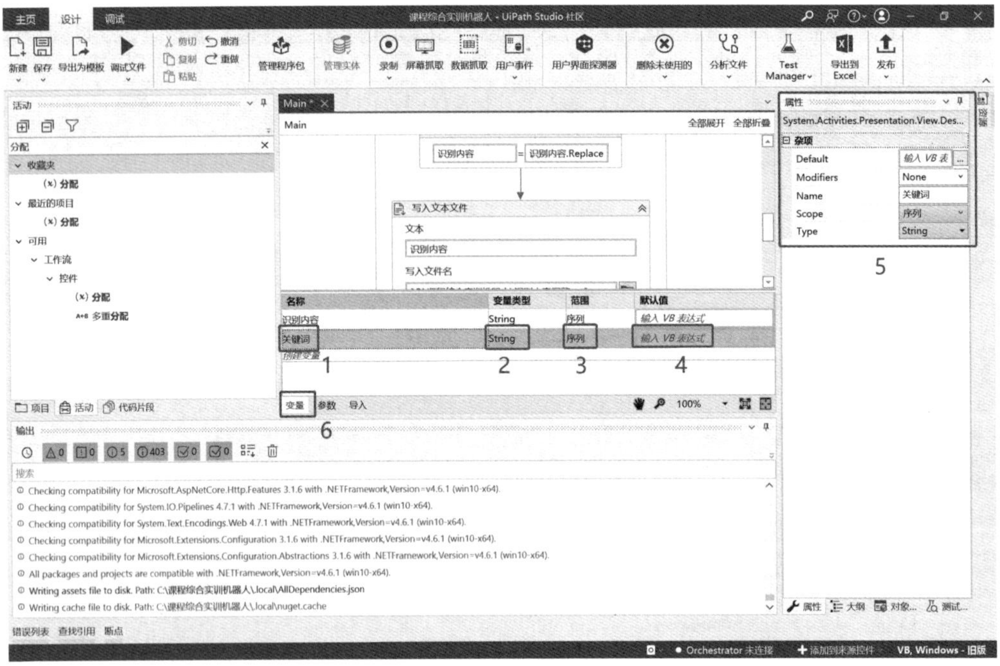

图 6-27　在变量编辑区域创建一个“关键词”变量

步骤四：如图 6-28 所示，首先在工作流界面中将右侧滑动条拉到最下方（标记 1），然后点击左侧活动面板的“活动”（标记 2），然后在上方搜索活动框中输入写入文本文件（标记 3），然后用鼠标左键按住控件【写入文本文件】拖拽到设计主界面的“⊕”处（标记 4）。

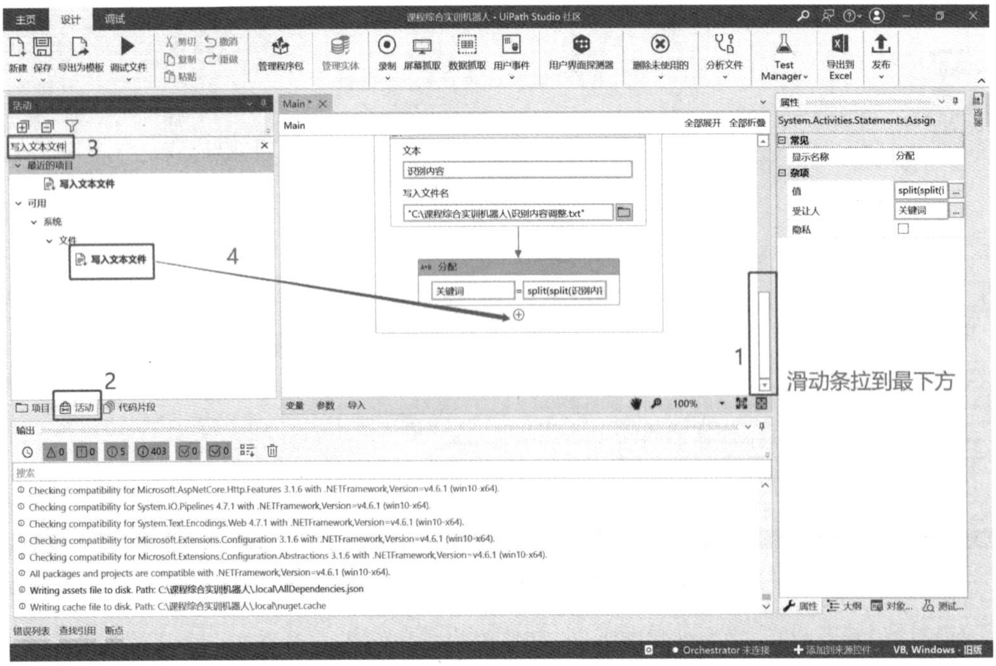

图 6-28　在工作流界面加入【写入文本文件】活动

步骤五：在随后出现的图 6－29 界面中，首先在【写入文本文件】活动中“文本”处输入变量关键词（标记 1）、在“写入文件名”处输入路径"C：\课程综合实训机器人\关键词.txt"（标记 2），然后将设计主界面右侧的滑动条拉到最下方（标记 3）。

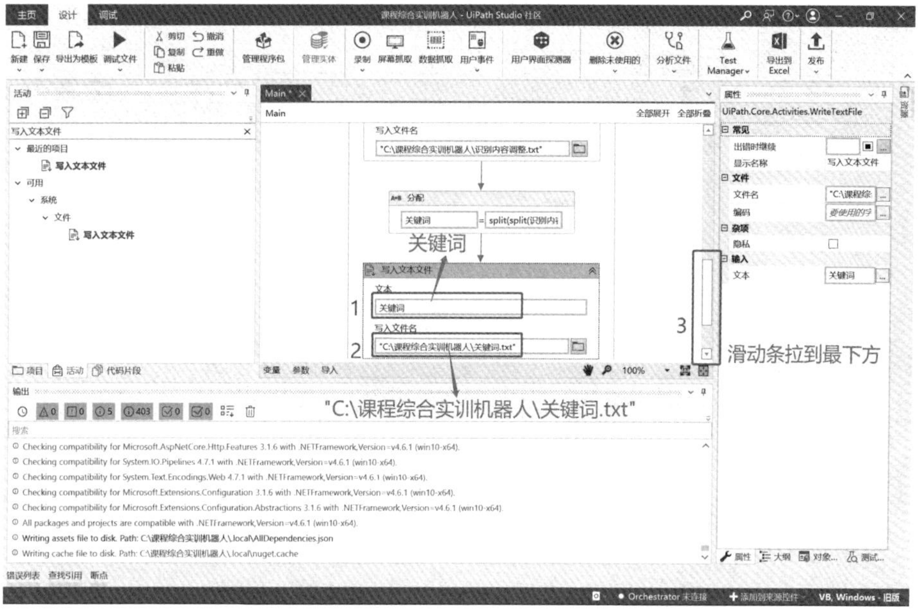

图 6－29　在【写入文本文件】活动中输入相关内容

至此，我们完成了“识别 PDF 文件并提取关键词”的操作，如果你想看看这个阶段完成得怎么样，可以先调试下看看效果。

首先，如图 6－30 所示，点击工作流界面左上角的“调试文件”按钮，并点击出现的“调试”按钮，运行程序文件。

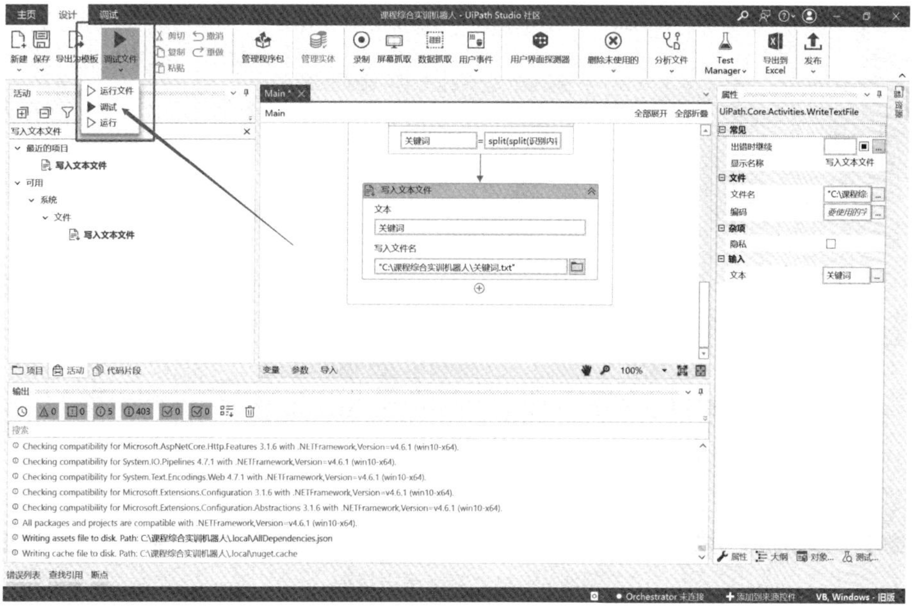

图 6－30　点击“调试”

然后，经过如图 6－31 所示的调试过程后，UiPath 最终回到工作流界面，在左下方出现了程序运行的相关信息，如图 6－32 所示。

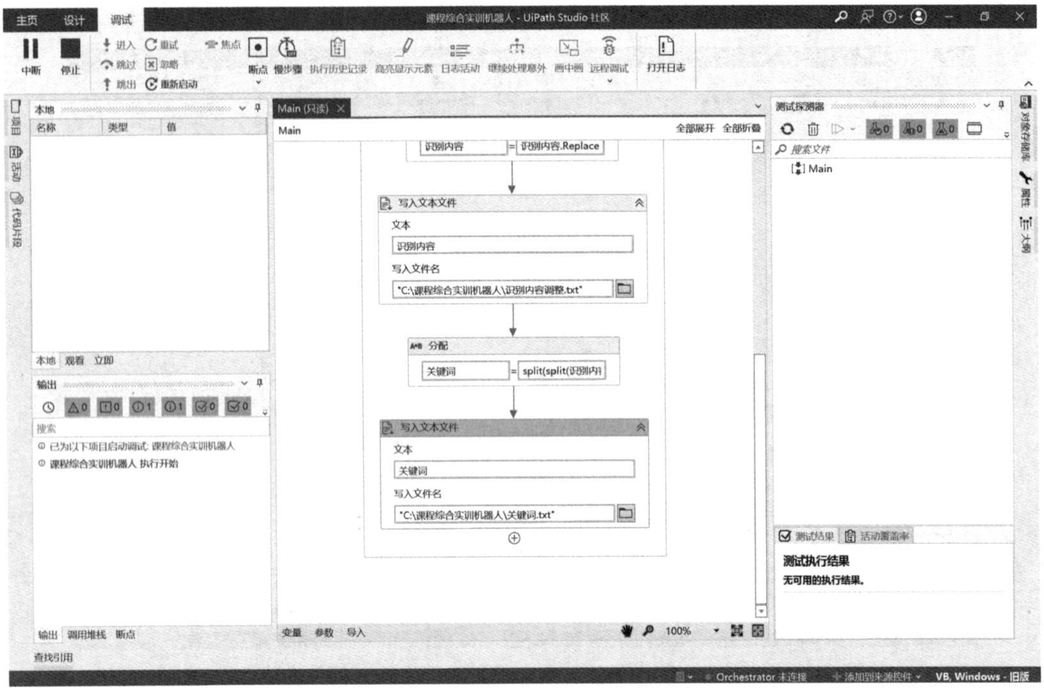

图 6－31　调试过程界面

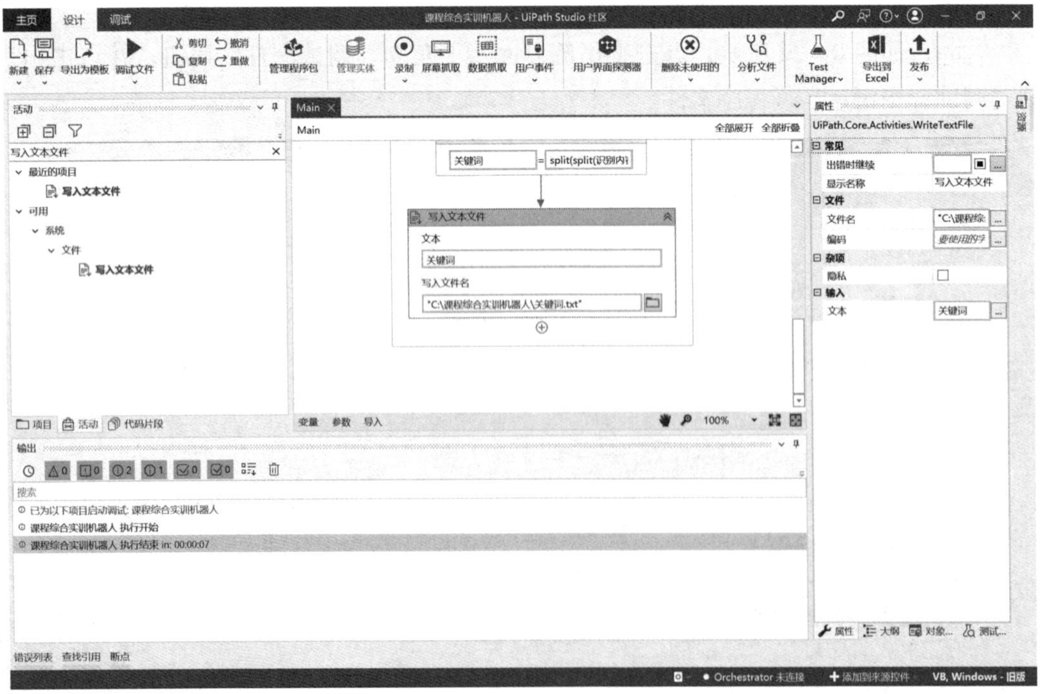

图 6－32　调试结束界面

最后，如图 6-33 所示，我们在电脑路径中（标记 1）可以看到自动生成的名称分别为“识别内容”“识别内容调整”“关键词”的文本文件（标记 2），文本文件的内容是从参考书籍 PDF 文件中识别出的内容及提取的关键词（标记 3）。

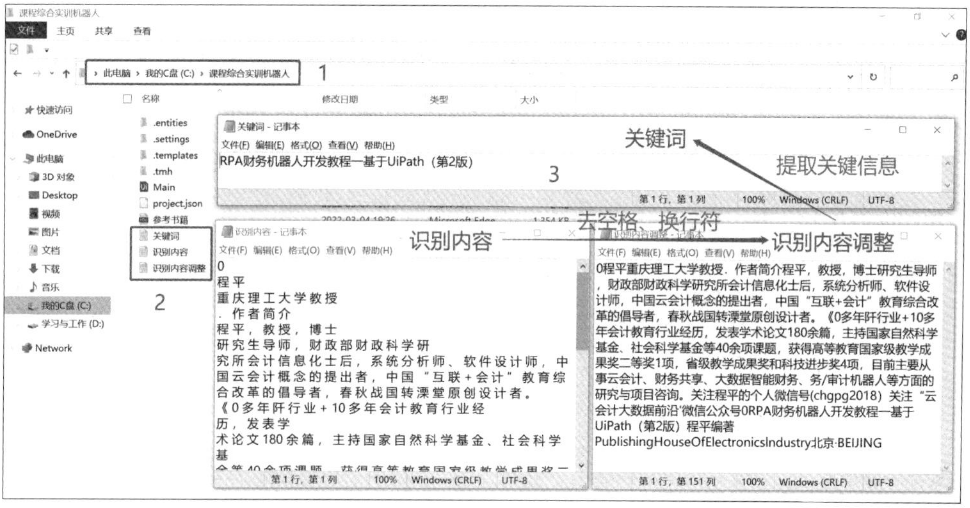

图 6-33　保存的各文本文件内容

过程 2：Web 场景应用——打开京东网站并抓取商品信息

（1）机器人打开京东购物网站。

步骤一：如图 6-34 所示，首先在工作流界面中点击左侧活动面板的“活动”（标记 1），然后在上方搜索活动框中输入打开浏览器（标记 2），然后用鼠标左键按住控件【打开浏览器】拖拽到设计主界面的“⊕”处（标记 3）。

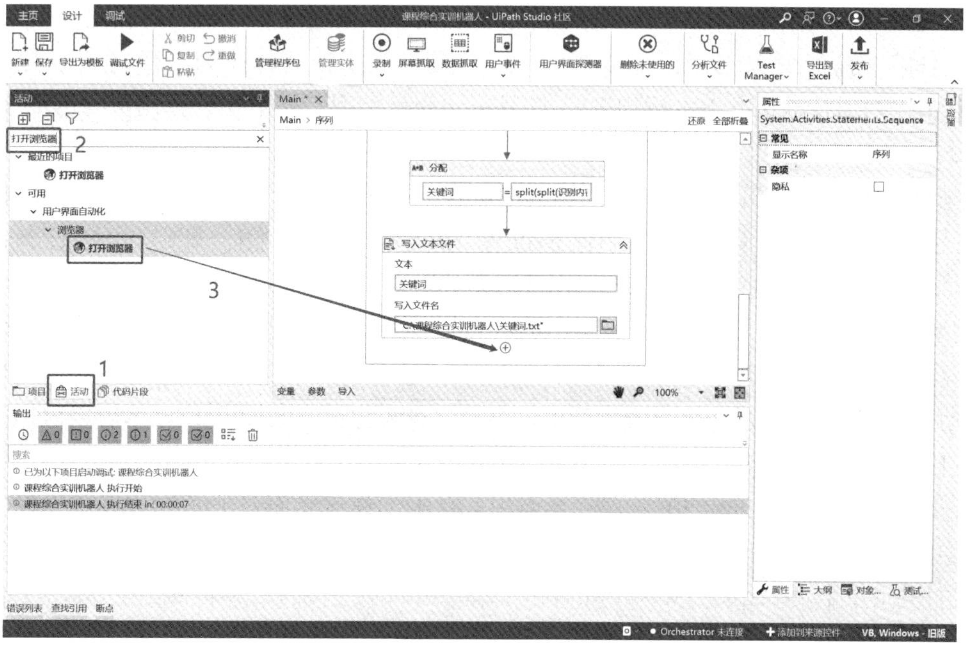

图 6-34　在工作流界面加入【打开浏览器】活动

步骤二：在随后出现的图 6－35 界面中，首先在【打开浏览器】活动左侧输入网址"https://www.jd.com/"（标记 1），然后在右侧属性面板“浏览器类型”中下拉选择“Chrome”（标记 2），然后在属性面板输出“用户界面浏览器”中输入网站（标记 3），然后点击变量面板中的“变量”（标记 4），展开变量编辑区域。

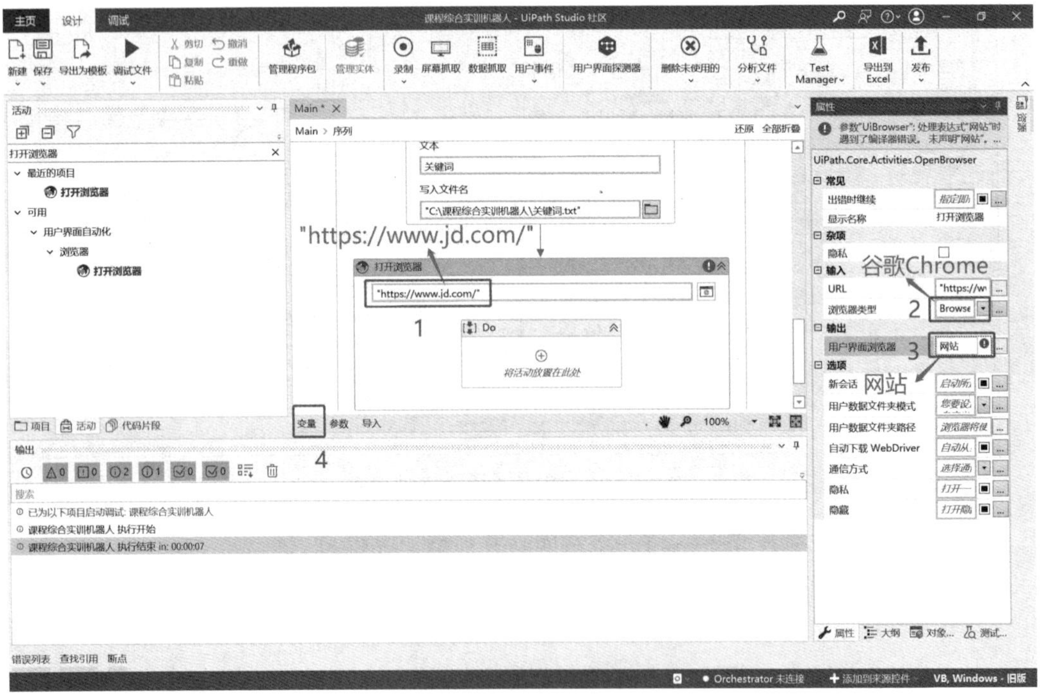

图 6－35　在【打开浏览器】活动中输入相关内容

步骤三：在随后出现的图 6－36 界面中，首先点击变量编辑区域的“创建变量”处，在“名称”列输入网站（标记 1），然后在“范围”列下拉选择序列（标记 2），然后在“默认值”列保持默认空着（标记 3），然后在“变量类型”列下拉选择浏览类型...（标记 4）。

步骤四：在随后出现的图 6－37 界面中，在“类型名称”中输入browser 搜索（标记 1），然后点击 UiPath Core 下的“Browser”（标记 2），然后点击“确定”（标记 3）；在接下来的图 6－38 界面，变量面板中“变量类型”为UiPath. Core. Browser，简称为浏览器类型Browser（标记 1），然后点击变量面板的“变量”（标记 2），收回变量编辑区域。

步骤五：在随后出现的图 6－39 界面中，首先在工作流界面中点击左侧活动面板的“活动”（标记 1），然后在上方搜索活动框中输入最大化窗口（标记 2），然后用鼠标左键按住控件【最大化窗口】拖拽到设计主界面【打开浏览器】活动的“⊕”处（标记 3）。

步骤六：在随后出现的图 6－40 界面中，点击工作流界面左上角的“调试文件”按钮，并点击出现的“运行文件”按钮。这时电脑将自动在谷歌浏览器中以最大化窗口的方式打开京东主页 https://www.jd.com/（如图 6－41 所示），并将回到 UiPath 工作流界面。

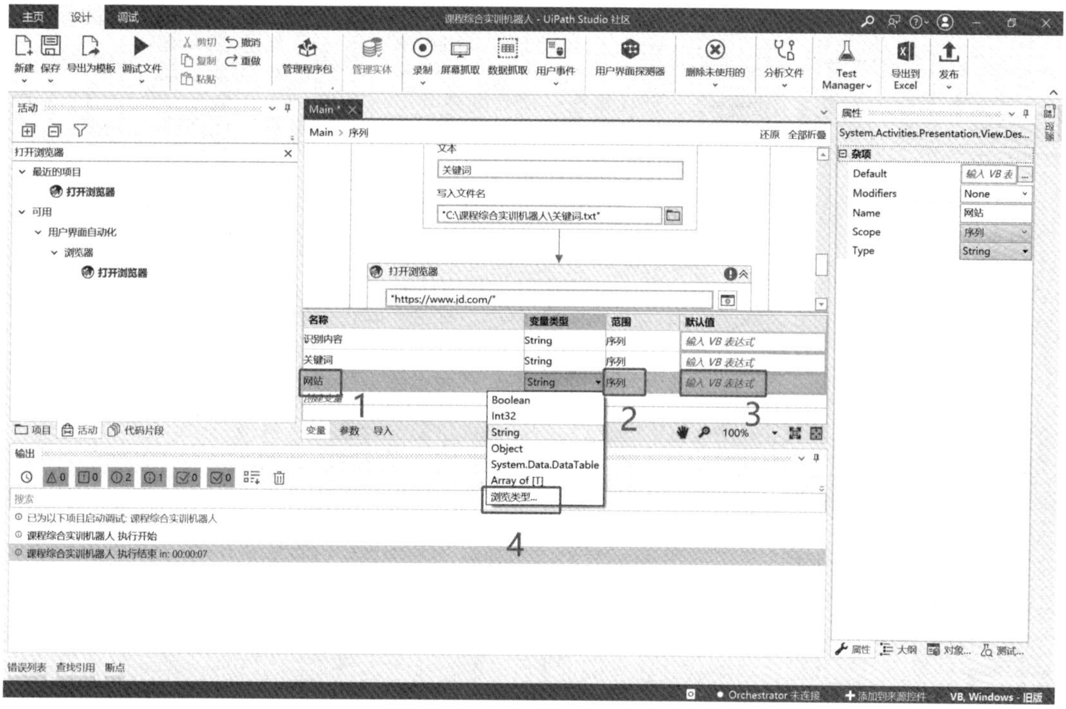

图 6 - 36 在变量编辑区域创建一个“网站”变量

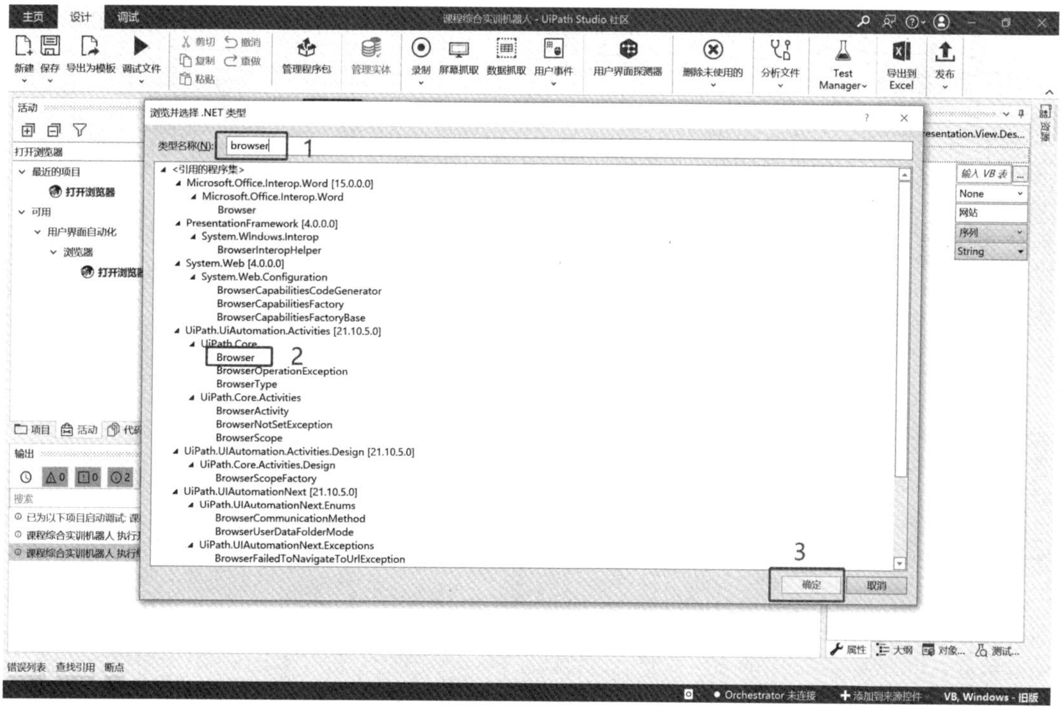

图 6 - 37 在浏览类型中输入“browser”查找类型

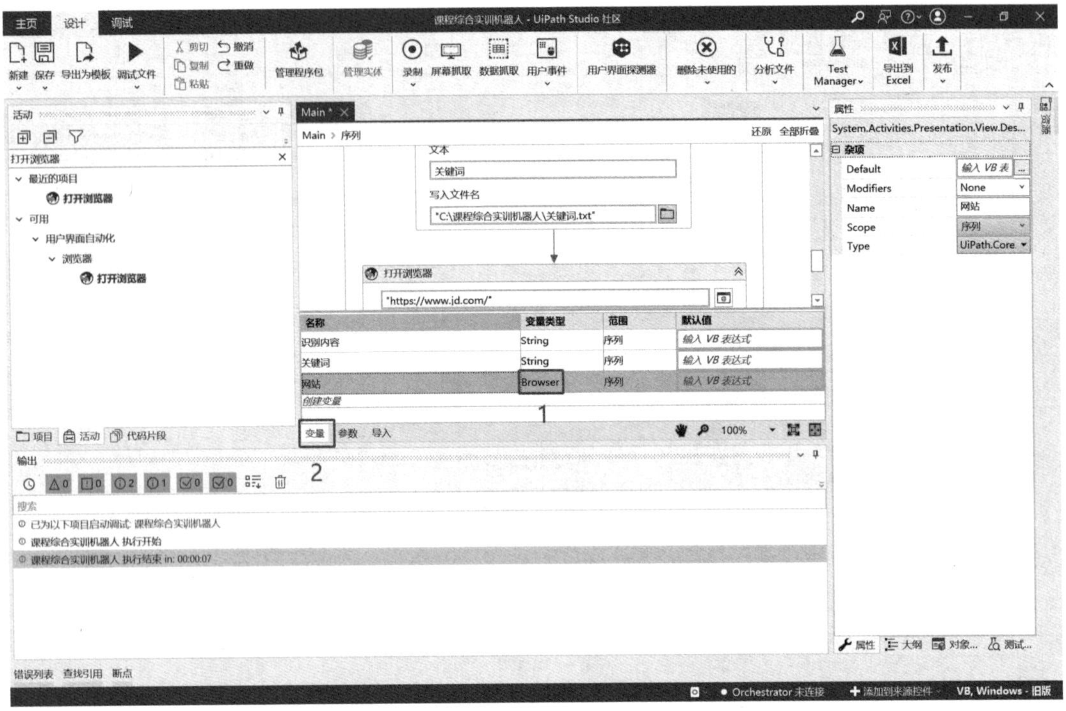

图 6-38　确定“Browser”类型后返回

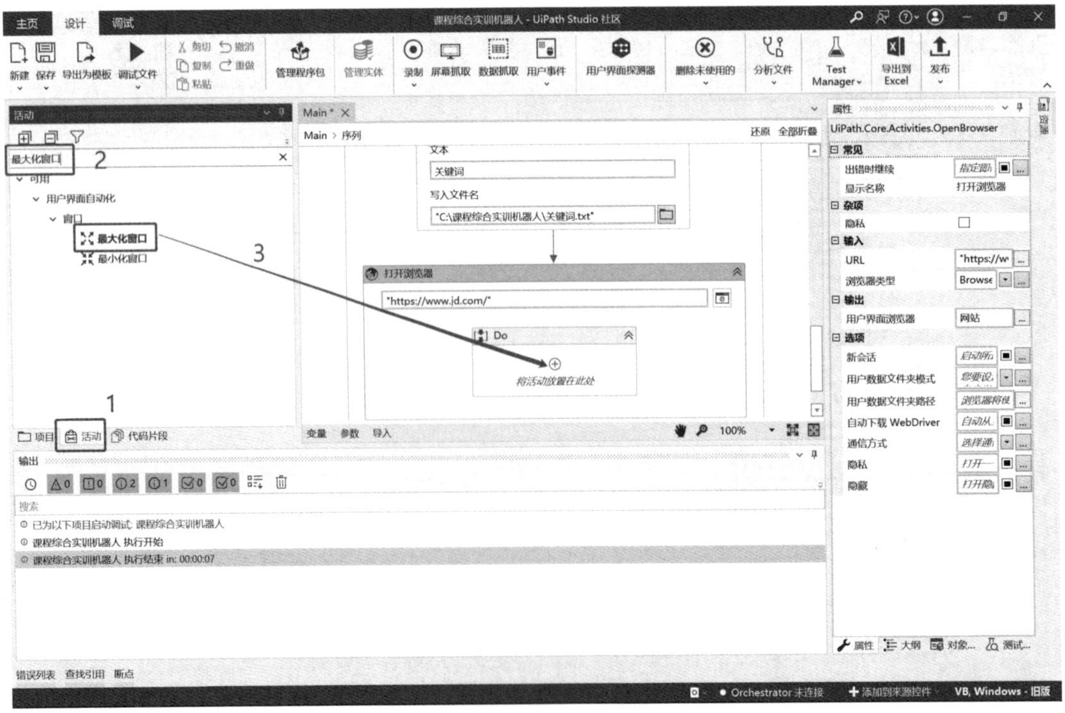

图 6-39　在工作流界面中加入【最大化窗口】活动

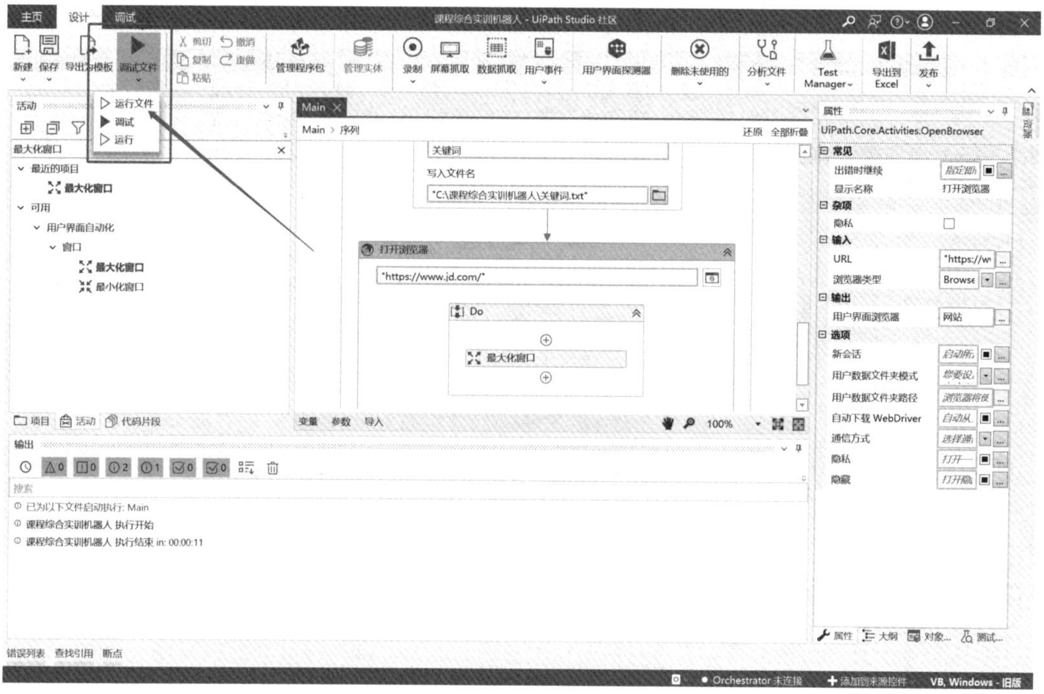

图 6－40　点击“运行文件”

图 6－41　打开的京东主页

（2）机器人在主页搜索栏中输入内容并跳转到子页面。

步骤一：如图 6－42 所示，首先在 UiPath 工作流界面中点击左侧活动面板的“活动”（标记 1），然后在上方搜索活动框中填写输入信息（标记 2），然后用鼠标左键按住控件【输入信息】拖拽到设计主界面【最大化窗口】活动下面的“⊕”处（标记 3）。这里值得一提的是，控件【输入信息】实际上是在模拟键盘的输入功能。

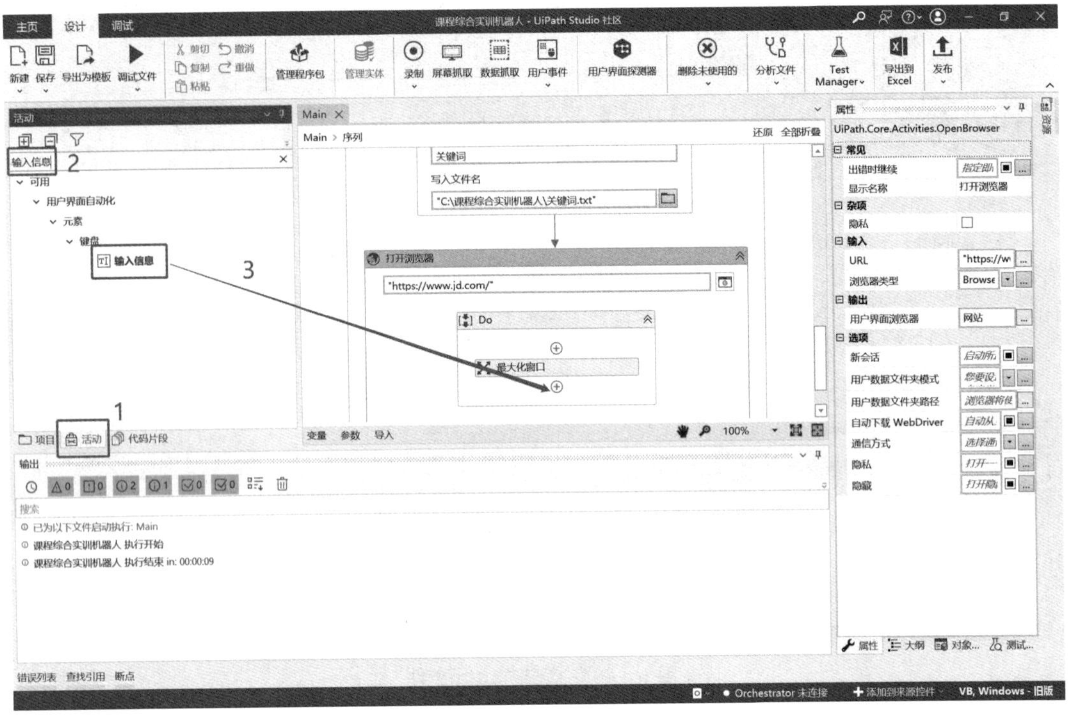

图 6-42　在设计主界面【最大化窗口】活动后加入一个【输入信息】活动

步骤二：在随后出现的图 6-43 界面中，首先在 UiPath 工作流界面的【输入信息】活动中输入关键词（标记 1），接着先点击打开京东页面的浏览器，然后回到 UiPath 界面用鼠标点击"指出浏览器中的元素"（标记 2），此时会切换到如图 6-44 所示的浏览器界面并在灰色的搜索框处单击鼠标，然后会回到如图 6-45 所示的 UiPath 界面，此时会看到已完成的【输入信息】活动（标记 1），在右侧属性面板中勾选"模拟键入""激活""空字段"（标记 2），同时为了调整设计主界面的视图，将右侧的滑动条拉到最下方（标记 3）。

步骤三：在随后出现的图 6-46 界面中，首先在 UiPath 工作流界面中点击左侧活动面板的"活动"（标记 1），然后在上方搜索活动框中输入单击（标记 2），然后通过调节活动面板的滑动条显示出"元素-鼠标-单击"（标记 3），然后用鼠标左键按住控件【单击】拖拽到设计主界面【输入信息】活动下面的"⊕"处（标记 4）。这里值得一提的是，控件【单击】实际上是在模拟键盘的点击功能。

步骤四：在随后出现的图 6-47 界面中，在【单击】活动右侧属性面板中保持默认属性不变（标记 1），接下来再点击打开京东页面的浏览器，然后回到 UiPath 界面用鼠标点击"指出浏览器中的元素"（标记 2），此时会切换到如图 6-48 所示的浏览器界面并在灰色的搜索图标处单击鼠标，然后会回到如图 6-49 所示的 UiPath 界面，此时会看到已完成的【单击】活动。

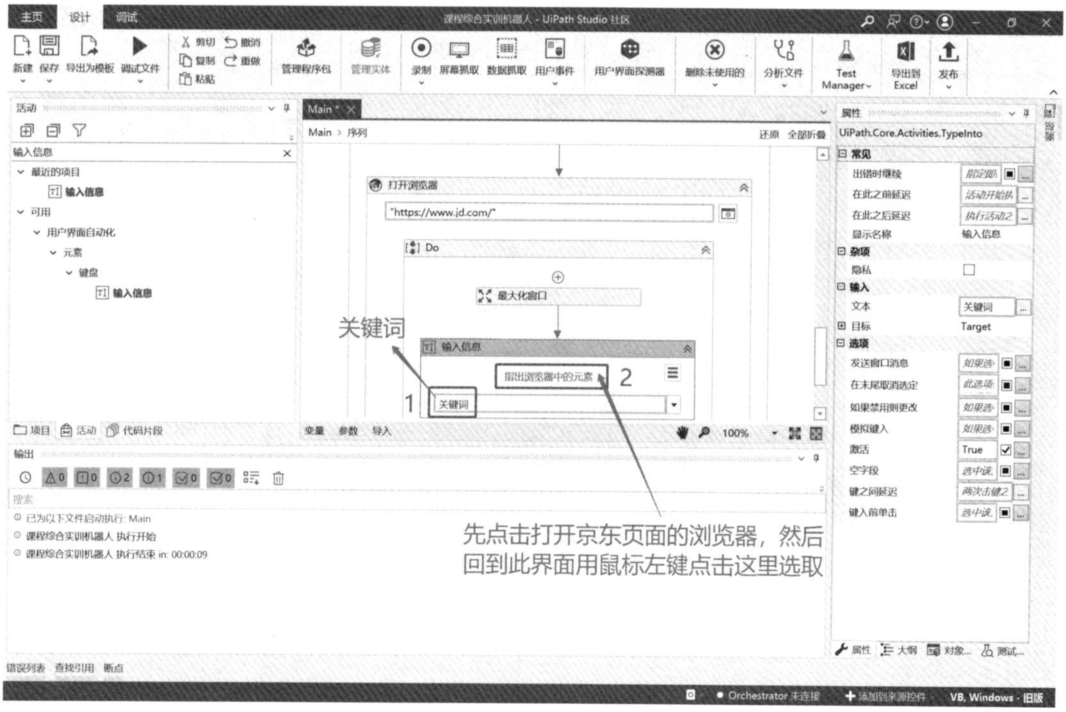

图 6－43　在【输入信息】活动中填写相关内容

图 6－44　选取浏览器屏幕中搜索框的位置

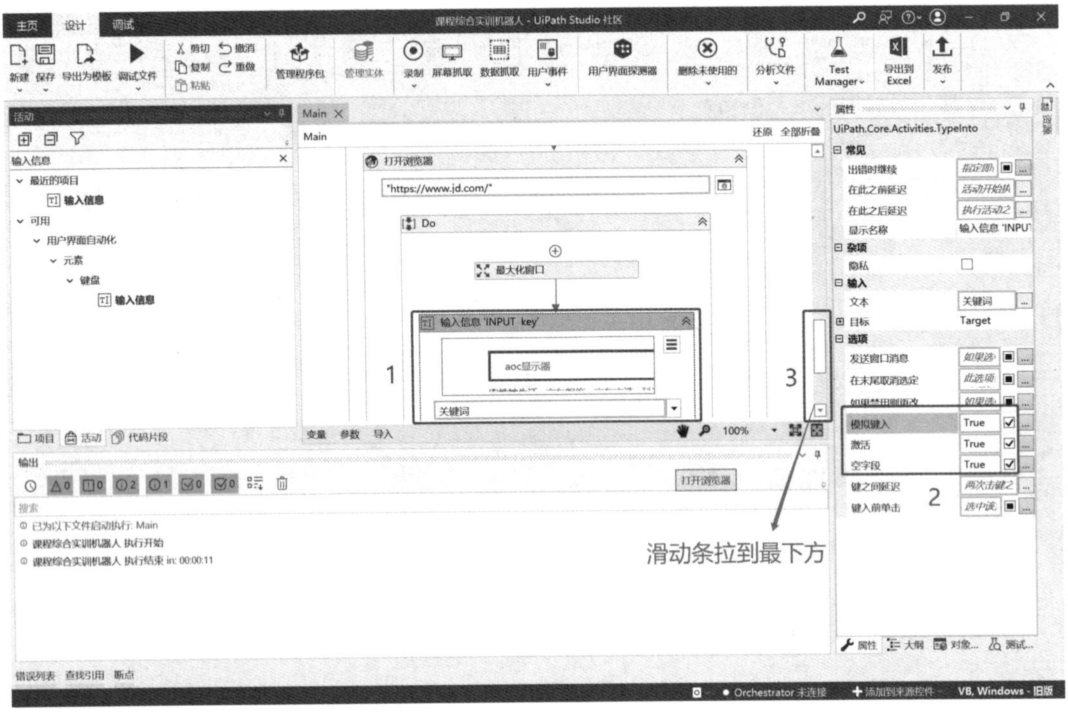

图 6-45 完成的【输入信息】活动

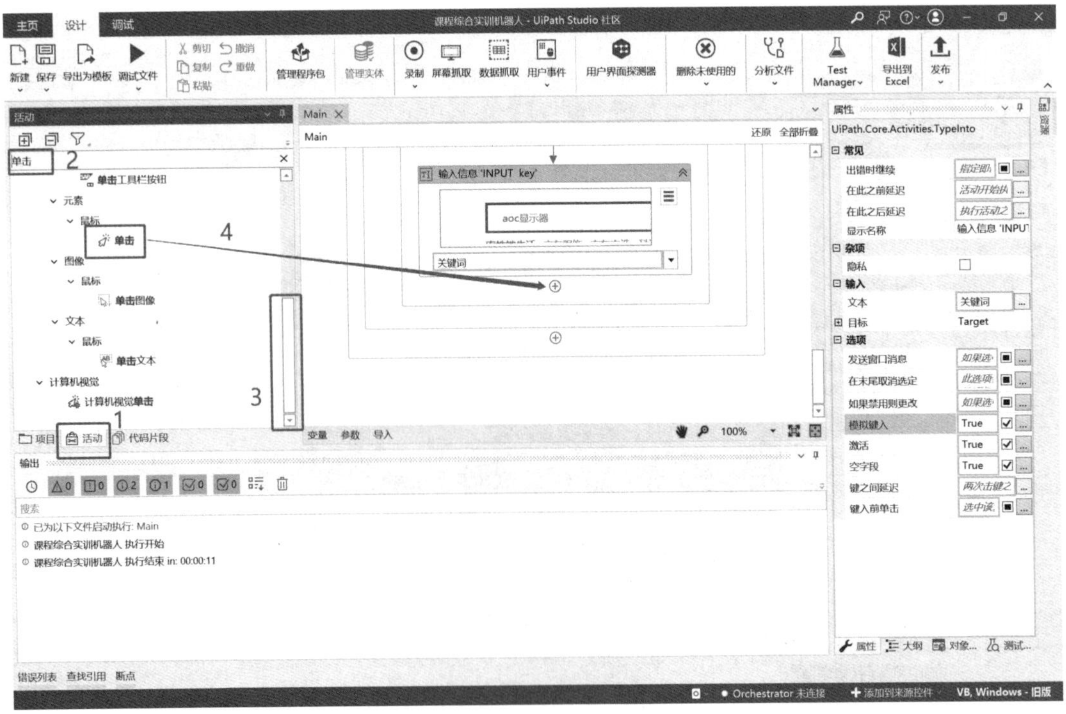

图 6-46 在设计主界面【输入信息】活动后加入一个【单击】活动

图 6-47　在【单击】活动中填写相关内容

图 6-48　选取浏览器屏幕中搜索图标的位置

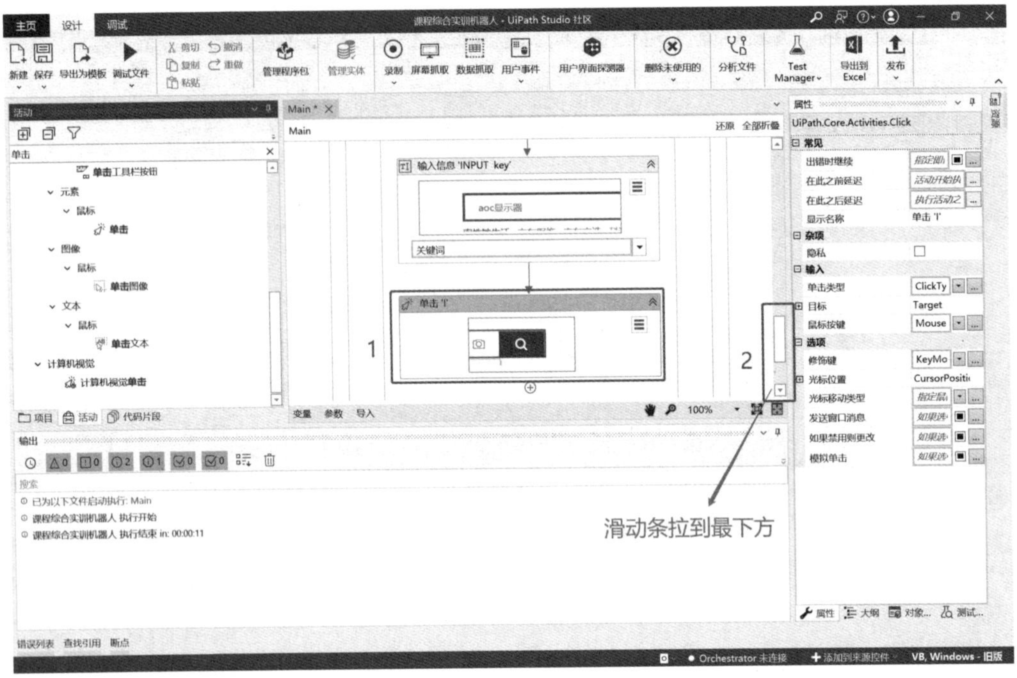

图 6-49　完成的【单击】活动

步骤五：在随后出现的图 6-50 界面中，点击工作流界面左上角的“调试文件”按钮，并点击出现的“运行文件”按钮。这时电脑将自动打开京东主页，然后在主页搜索栏中输入变量“关键词”的内容RPA 财务机器人开发教程—基于 UiPath（第 2 版）并跳转到子页面（如图 6-51 所示），然后将回到 UiPath 工作流界面。

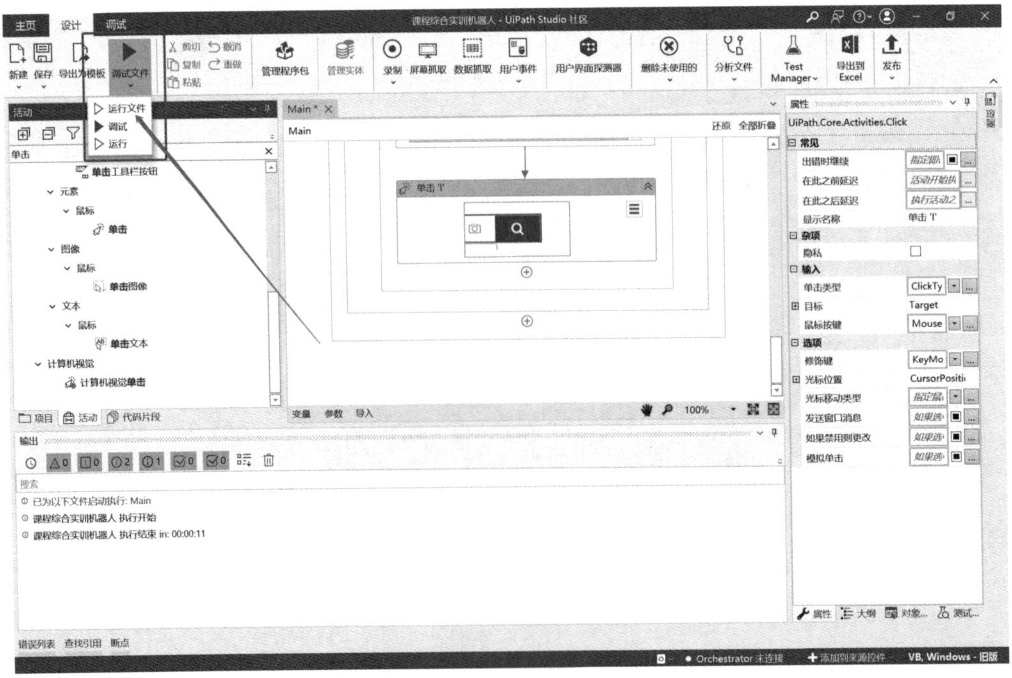

图 6-50　点击“运行文件”

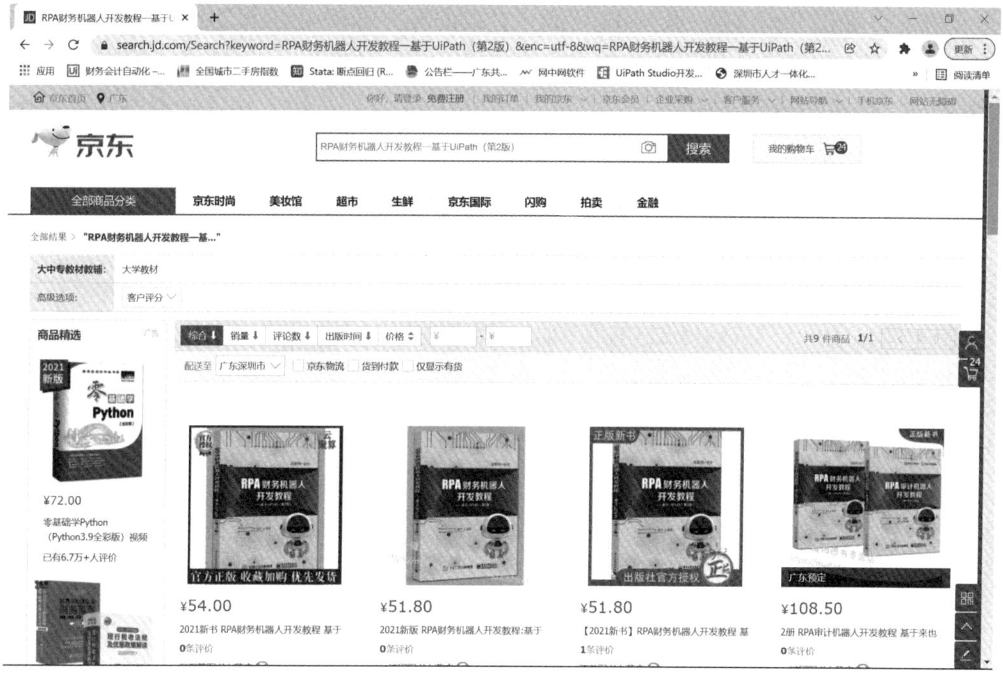

图 6－51　打开的京东子页面

（3）机器人在跳转出的京东子页面上抓取商品信息。

步骤一：点击京东子页面的浏览器，然后在如图 6－52 所示的 UiPath 工作流界面中，用鼠标左键点击最外层的序列（标记 1），然后在上方菜单面板中点击“数据抓取”（标记 2）。

图 6－52　在工作流界面中点击“数据抓取”

步骤二：如图 6－53 所示，在随后的“提取向导”弹框里点击“下一步”；然后在谷歌浏览器页面中用鼠标左键点击选取第一个商品名称，如图 6－54 所示；然后在随后的“提取向导”弹框里继续点击“下一步”，如图 6－55 所示；然后在谷歌浏览器页面中用鼠标左键点击选取第二个商品名称，如图 6－56 所示。

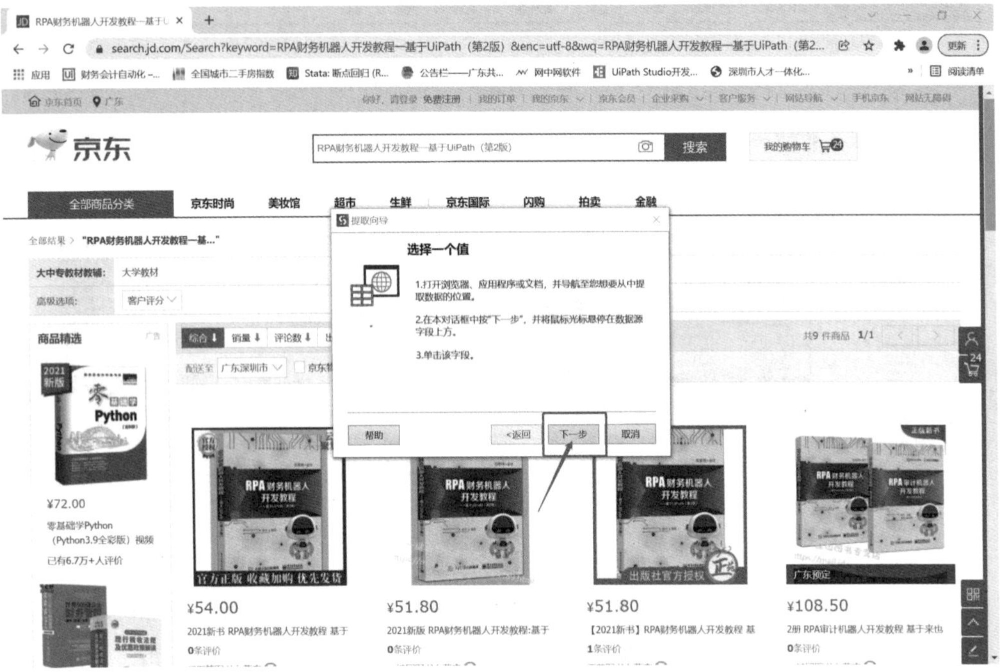

图 6－53　在弹出的方框中选择“下一步”

图 6－54　用鼠标左键点击选取第一个商品名称

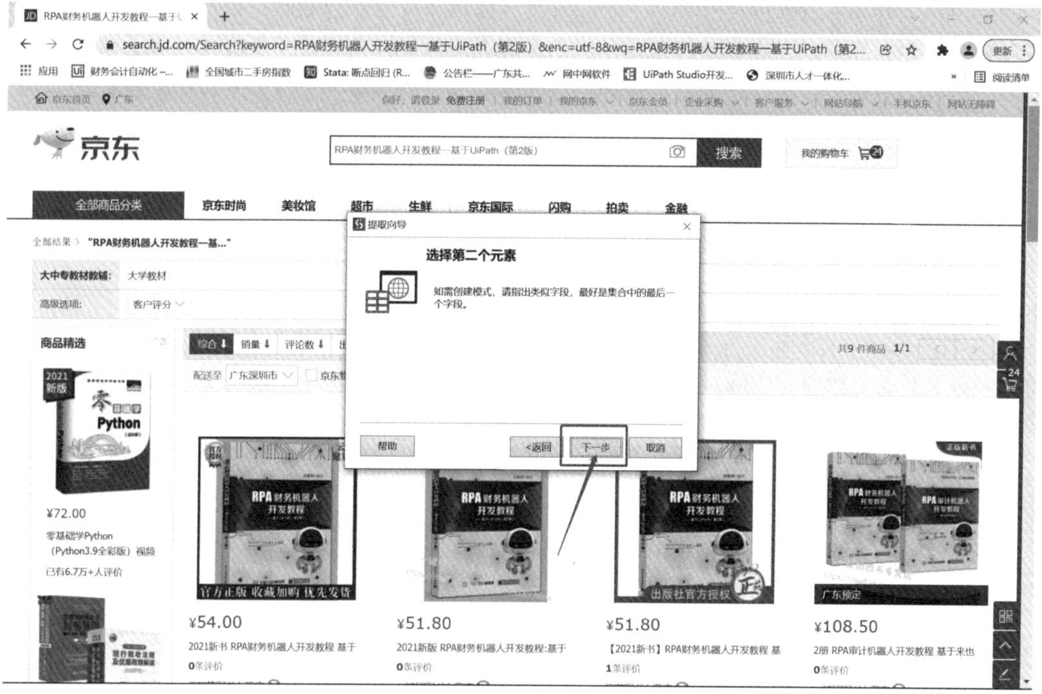

图 6 - 55　在弹出的方框中选择“下一步”

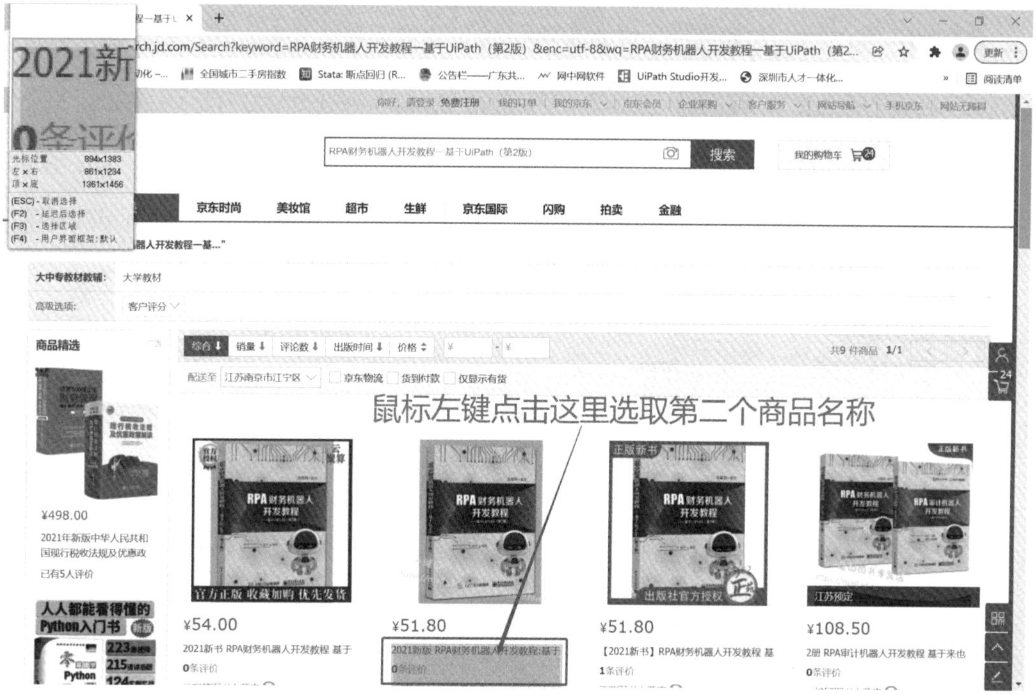

图 6 - 56　用鼠标左键点击选取第二个商品名称

步骤三：在随后出现的图 6 - 57 页面中，可以看到其他的商品名称都被标黄了（标记 1），然后在“提取向导”弹框中勾选“提取文本”并将文本列名称修改为商品名称、勾选

“提取 URL”并将文本列名称修改为商品网址（标记 2），然后点击“下一步”（标记 3）。

图 6－57　在“提取向导”弹框中配置列并点击“下一步”

步骤四：在随后出现的图 6－58 页面中，首先将最大结果条数（0 代表全部）修改为 0（标记 1），然后点击“提取相关数据”（标记 2）。

图 6－58　在“提取向导”弹框中修改条数并继续“提取相关数据”

步骤五：在随后出现的图 6－59 页面中，用鼠标左键点击选取第一个商品价格；然后在随后的“提取向导”弹框里继续点击“下一步”，如图 6－60 所示；然后在谷歌浏览器页面中用鼠标左键点击选取第二个商品价格，如图 6－61 所示。

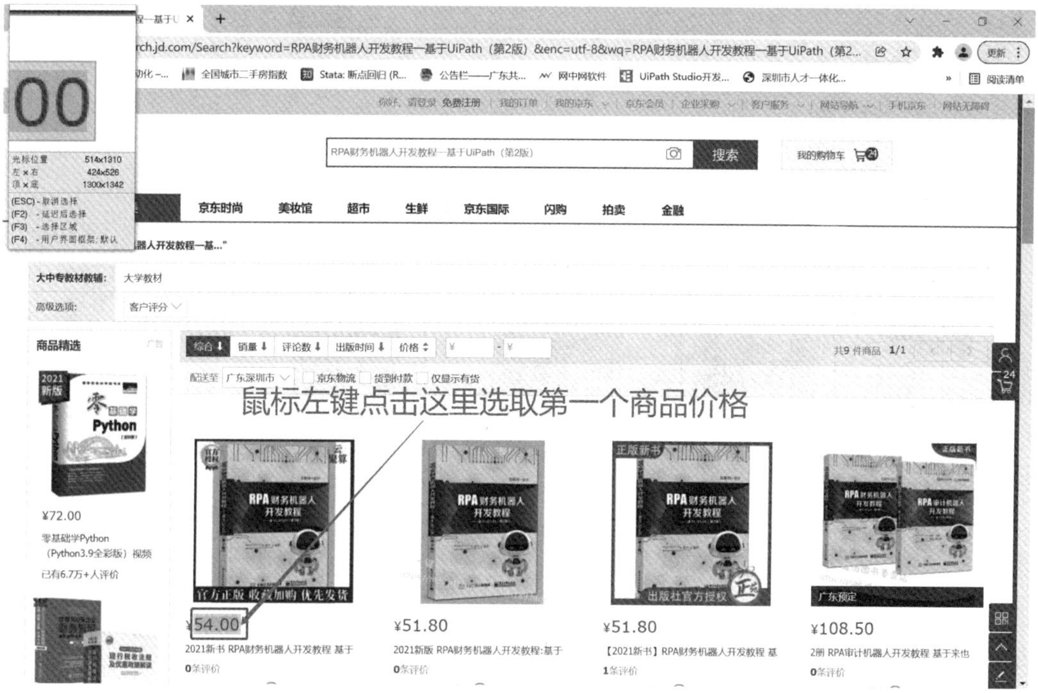

图 6－59 用鼠标左键点击选取第一个商品价格

图 6－60 在弹出的方框中选择“下一步”

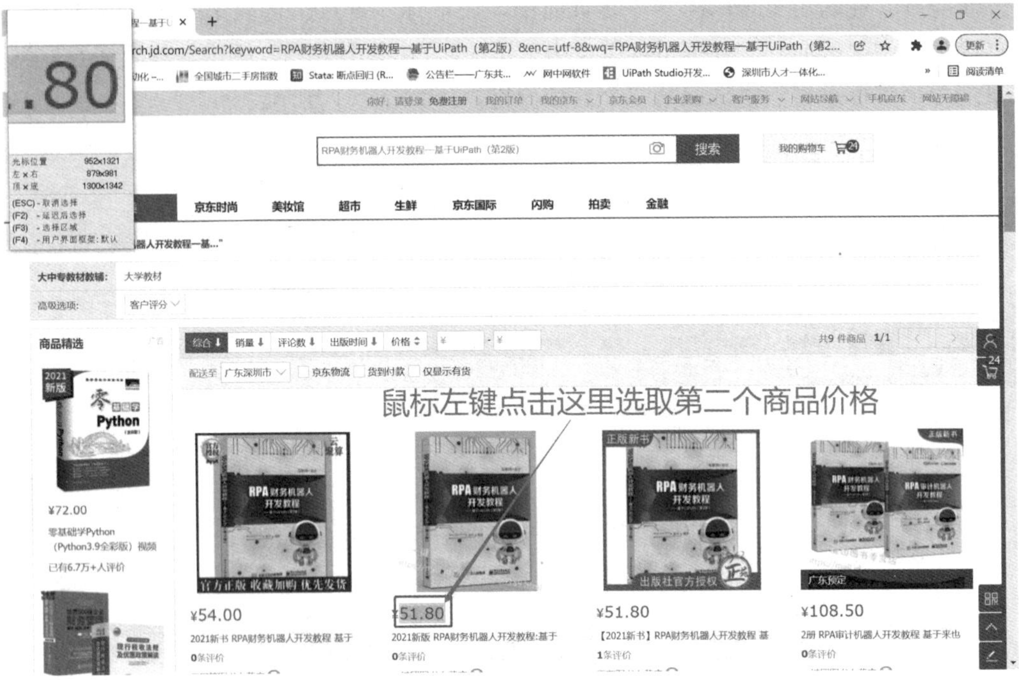

图 6－61　用鼠标左键点击选取第二个商品价格

步骤六：在随后出现的图 6－62 页面中，可以看到其他的商品价格都被标黄了（标记 1），然后在“提取向导”弹框中只勾选“提取文本”并将文本列名称修改为商品价格（标记 2），然后点击“下一步”（标记 3）；然后在出现的图 6－63 页面中选择“完成”。

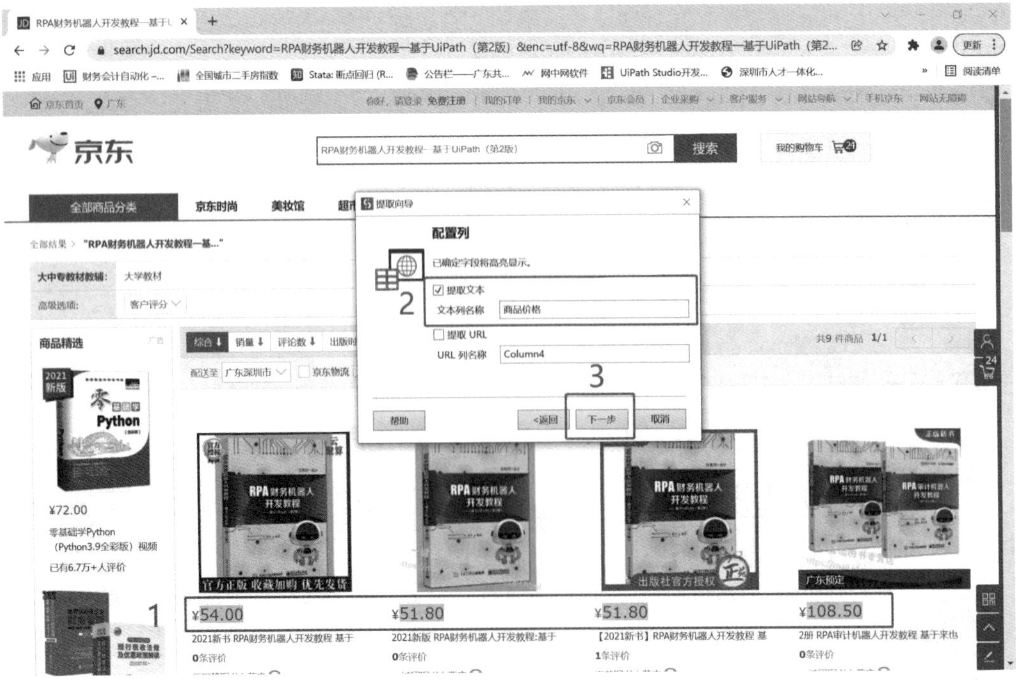

图 6－62　在“提取向导”弹框中配置列并点击“下一步”

图 6－63　在“提取向导”弹框中选择“完成”

步骤七：在随后出现的图 6－64 页面中，在“指出下一个链接”弹框里点击“否”，此时完成了数据抓取的交互过程，UiPath 工作流界面中将增加一个“数据抓取”活动，如图 6－65 所示，为了看到最里面的构成，可将设计主界面右侧的滑动条拉到最下方。

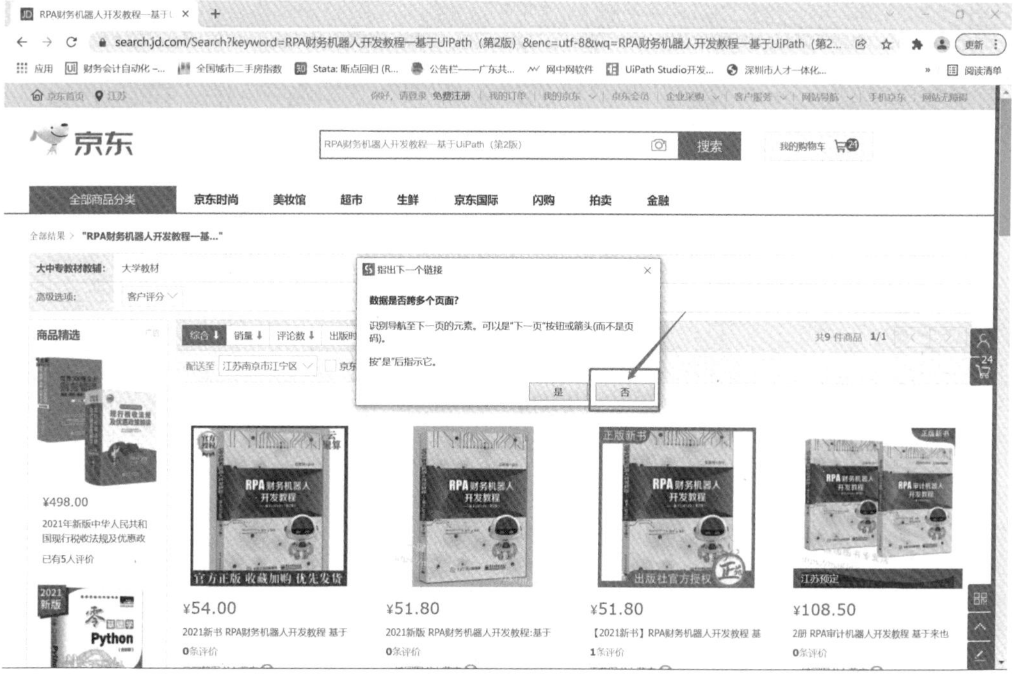

图 6－64　在“指出下一个链接”弹框里点击“否”

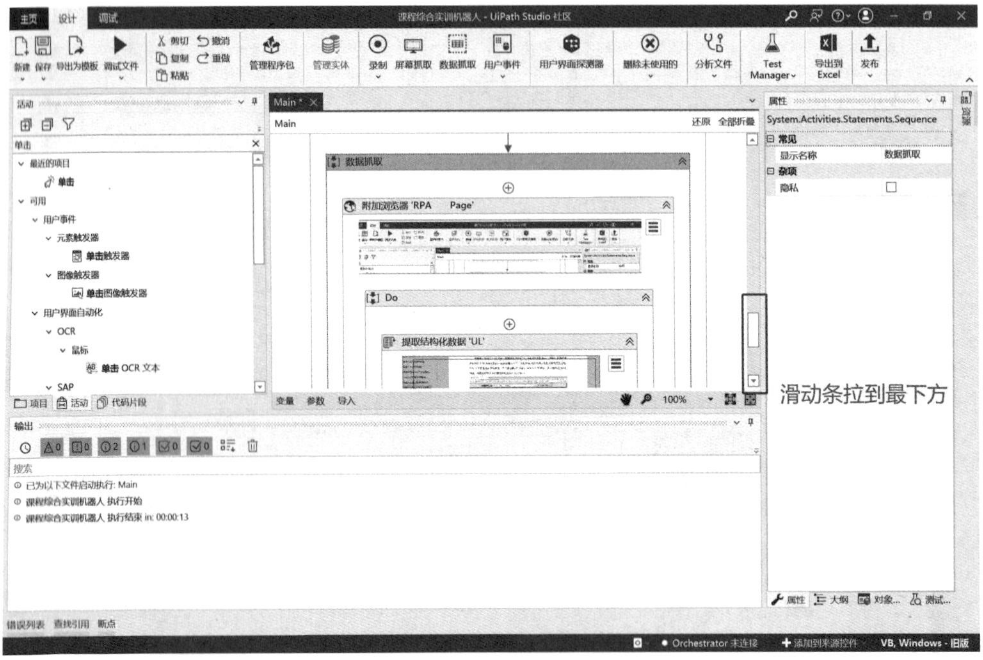

图 6-65　将滑动条拉到最下方

步骤八：在随后出现的图 6-66 界面中，在设计主界面中点击内嵌的【提取结构化数据】活动（标记 1）；然后可以看到属性中输出的“数据表”默认为ExtractDataTable（标记 2），这实际是一个数据表变量，我们接下来点击变量面板中的“变量”查看并编辑其属性（标记 3）。

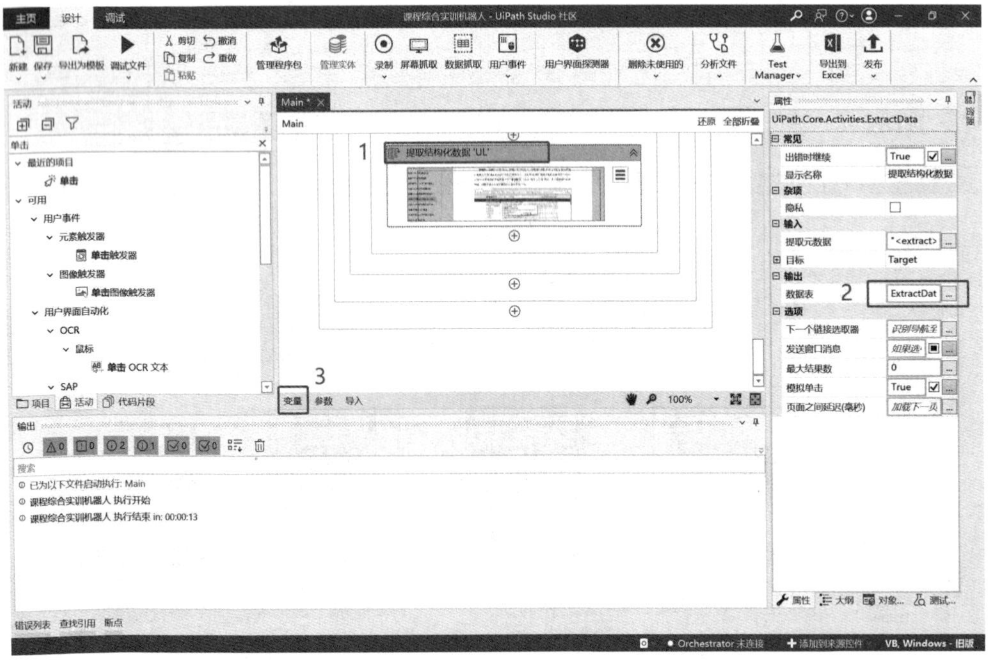

图 6-66　抓取的数据输出到一个默认的数据表变量“ExtractDataTable”

步骤九：在随后出现的图 6－67 界面中，我们看到变量为ExtractDataTable（标记1），变量类型保持默认为DataTable（标记2），范围修改为序列（标记3），默认值保持为New System. Data. DataTable（标记4），然后在右侧属性面板可以看到同步出填写的内容（标记5），最后点击变量面板处的“变量”（标记6），收回变量编辑区域。

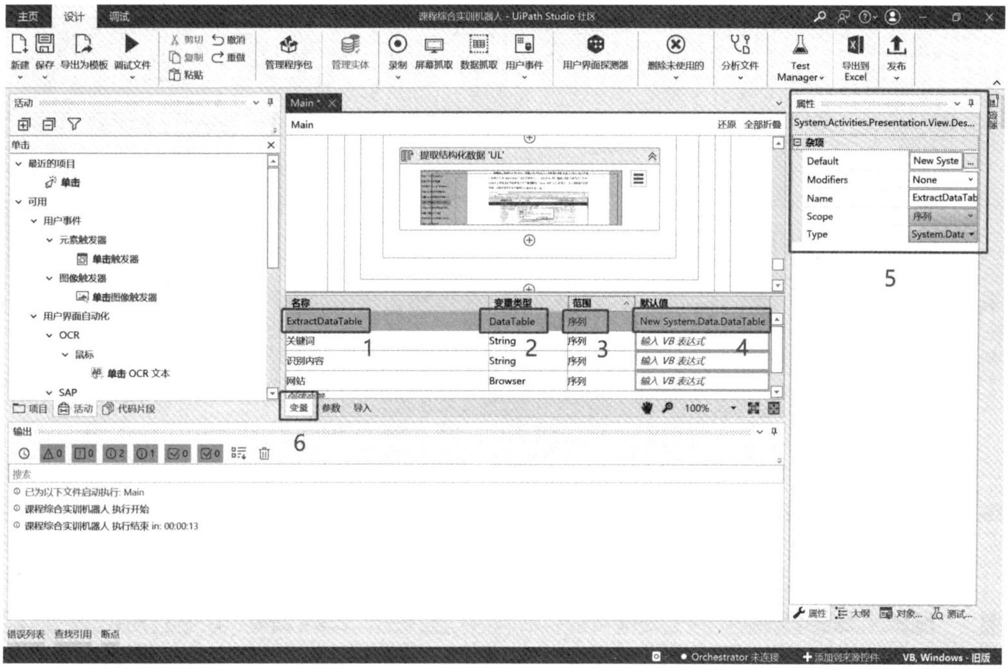

图 6－67 修改“ExtractDataTable”变量的范围

（4）机器人保存商品信息至指定文件。

步骤一：如图 6－68 所示，首先在工作流界面中点击左侧活动面板的“活动”（标记1），然后在上方搜索活动框中输入写入范围（标记2），然后用鼠标左键按住控件【写入范围】拖拽到设计主界面最下方的“⊕”处（标记3）。

步骤二：在随后出现的图 6－69 界面中，首先在【写入范围】活动中输入写入的Excel文件路径"C:\课程综合实训机器人\商品信息.xlsx"（标记1），然后数据表输入ExtractDataTable（标记2），然后在属性面板中保持工作表名称和起始单元格默认为"Sheet1"和"A1"（标记3），并将“添加标头”处勾选上（标记4），最后将设计主界面右侧的滑动条下拉到最下方（标记5）。

（5）机器人关闭京东网站。

步骤一：如图 6－70 所示，首先在工作流界面中点击左侧活动面板的“活动”（标记1），然后在上方搜索活动框中输入关闭选项卡（标记2），然后用鼠标左键按住控件【关闭选项卡】拖拽到设计主界面的“⊕”处（标记3）。

步骤二：在随后出现的图 6－71 界面中，首先用鼠标左键点击【关闭选项卡】活动（标记1），然后在右侧属性面板输入“浏览器”处输入我们之前创建的变量名称网站（标记2）。

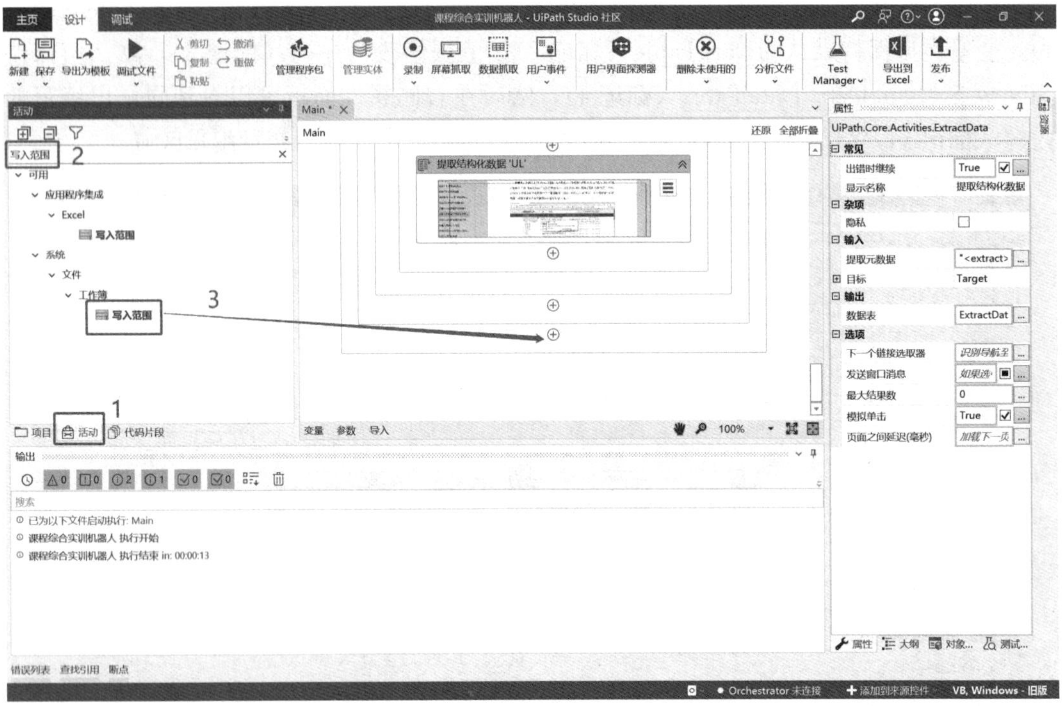

图 6-68　在工作流界面中加入一个【写入范围】活动

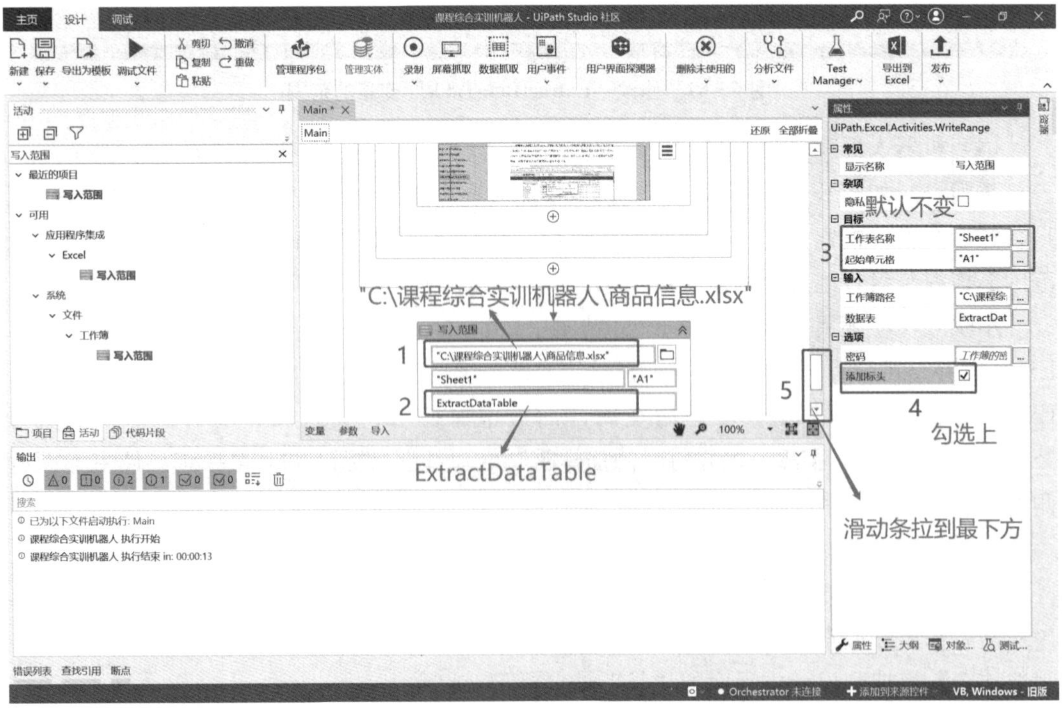

图 6-69　在【写入范围】活动中填写相关内容

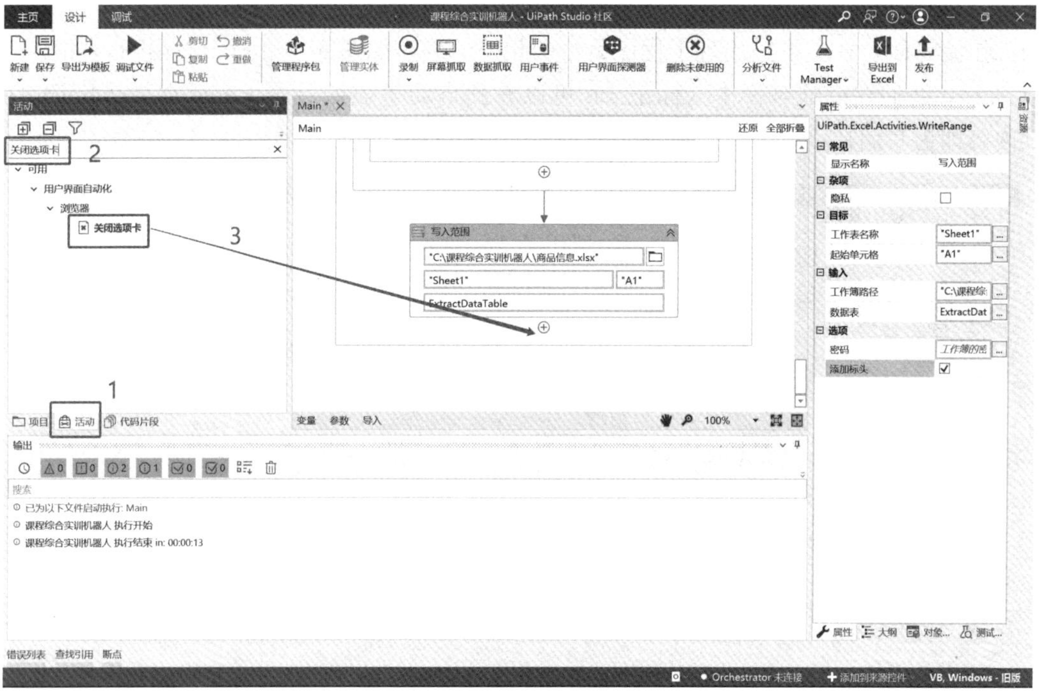

图 6 - 70　在工作流界面加入一个【关闭选项卡】活动

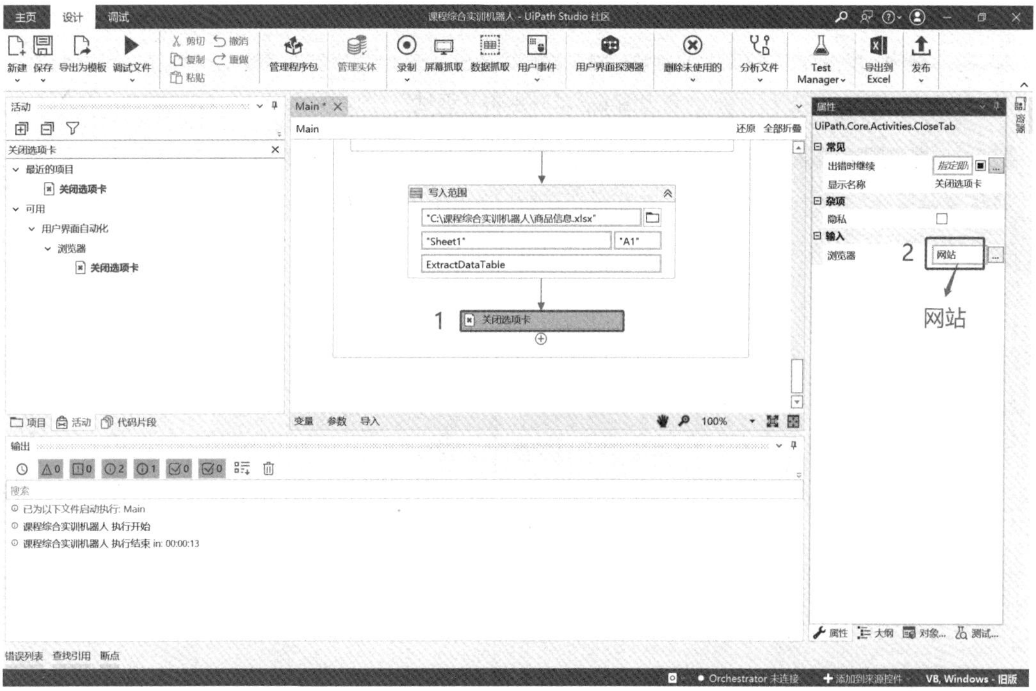

图 6 - 71　在【关闭选项卡】活动中输入相关内容

至此，我们完成了“打开京东网站并抓取商品信息”的操作，如果你想看看这个阶段完成得怎么样，可以先调试下看看效果。首先，如图 6 - 72 所示，点击工作流界面左上角的“调试文件”按钮，并点击出现的“调试”按钮，然后经过调试运行，UiPath 回到工作流界面，在左下方出现了程序运行的相关信息，如图 6－73 所示。最后，如图 6－74 所示，我们在电脑路径中（标记 1）可以看到自动生成的一个 Excel 文件（标记 2），其内容即为我们在京东主页跳转的子网页上抓取的商品信息（标记 3）。

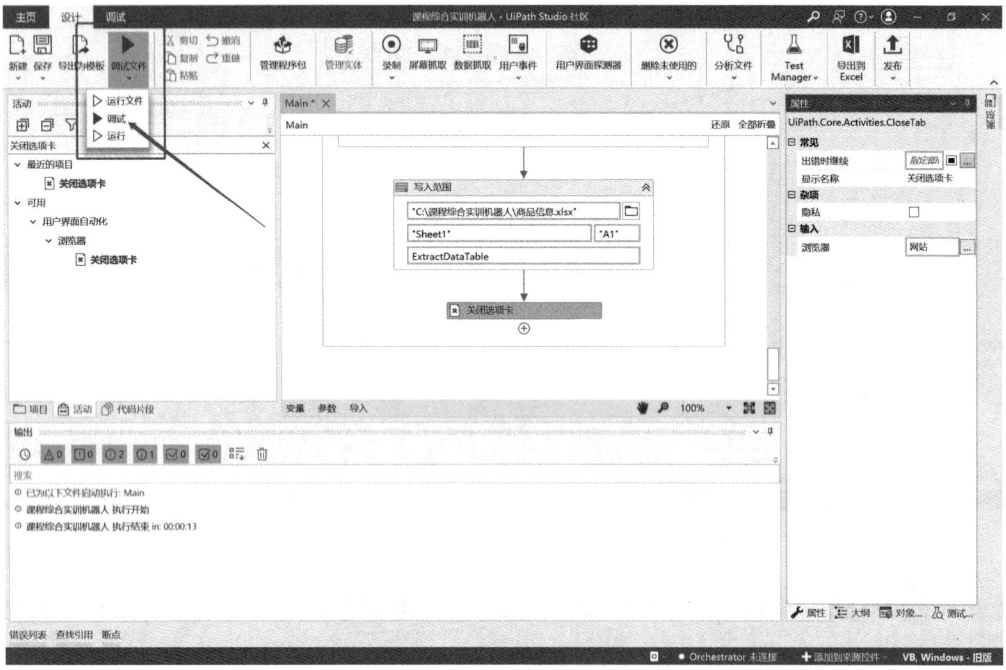

图 6－72　点击“调试”

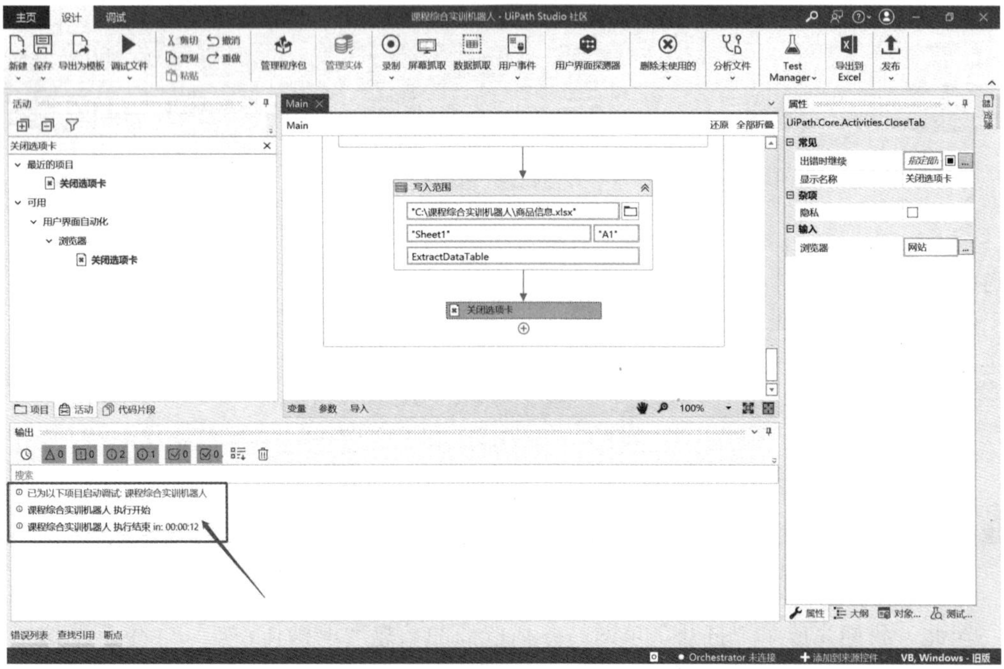

图 6－73　调试结束界面

图 6-74　生成的 Excel 文件及内容

过程 3：Excel 场景应用——按价格排序并保存商品信息

从上一步“打开京东网站并抓取商品信息”的结果来看，Excel 文件中虽有“商品价格”一列，但其类型是字符串而非数字，因此无法按价格高低进行排序。那如何才能排序呢？接下来的步骤将展示这一过程。

（1）机器人添加数据列。

步骤一：如图 6-75 所示，首先在工作流界面中点击左侧活动面板的“活动”（标记 1），然后在上方搜索活动框中输入添加数据列（标记 2），然后用鼠标左键按住控件【添加数据列】拖拽到设计主界面最下面那个“⊕”处（标记 3）。

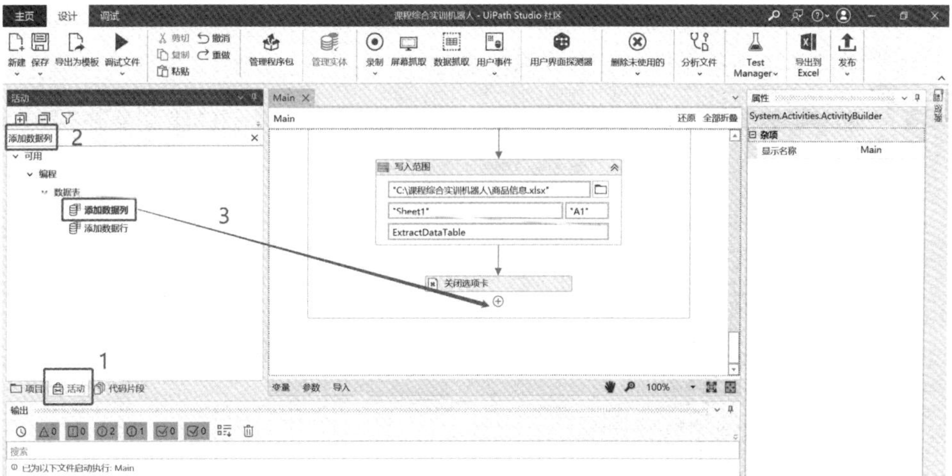

图 6-75　在工作流界面中加入一个【添加数据列】活动

步骤二：在随后出现的图 6-76 界面中，首先在【添加数据列】活动中“列名称”处填写"商品价格2"（标记 1），然后“数据表”处填写ExtractDataTable（标记 2），然后在右侧属性面板杂项 TypeArgument 中下拉点击"浏览类型..."（标记 3）。

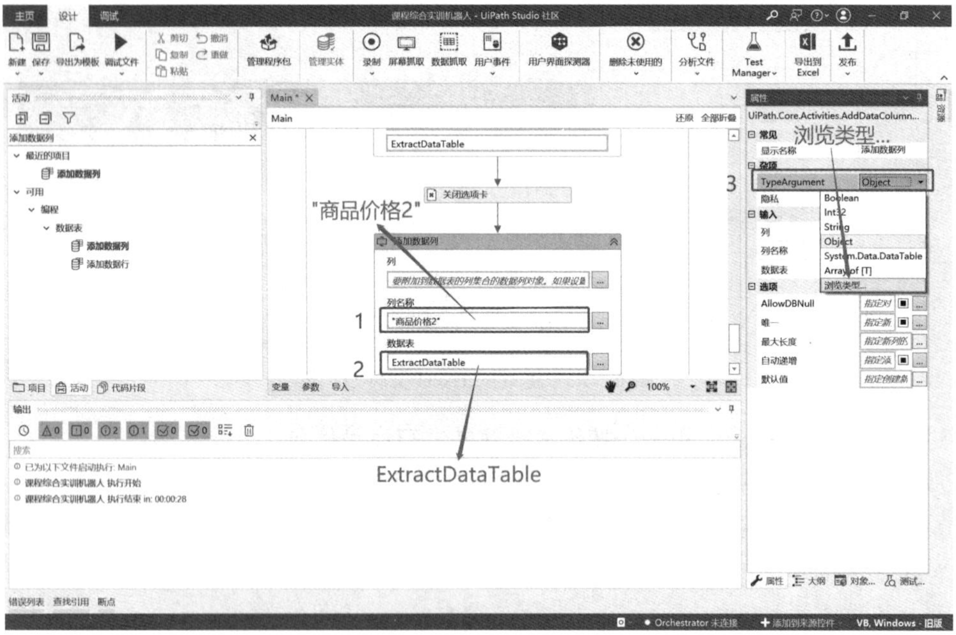

图 6-76　在【添加数据列】活动中填写相关内容

步骤三：在随后出现的图 6-77 界面中，在“类型名称”中输入Double 搜索（标记 1），然后点击 System 下的“Double”（标记 2），然后点击“确定”（标记 3）；在接下来的图 6-78 界面中，右侧属性面板杂项 TypeArgument 变为System. Double（标记 1），然后将设计主界面的滑动条拉到最下方（标记 2）。

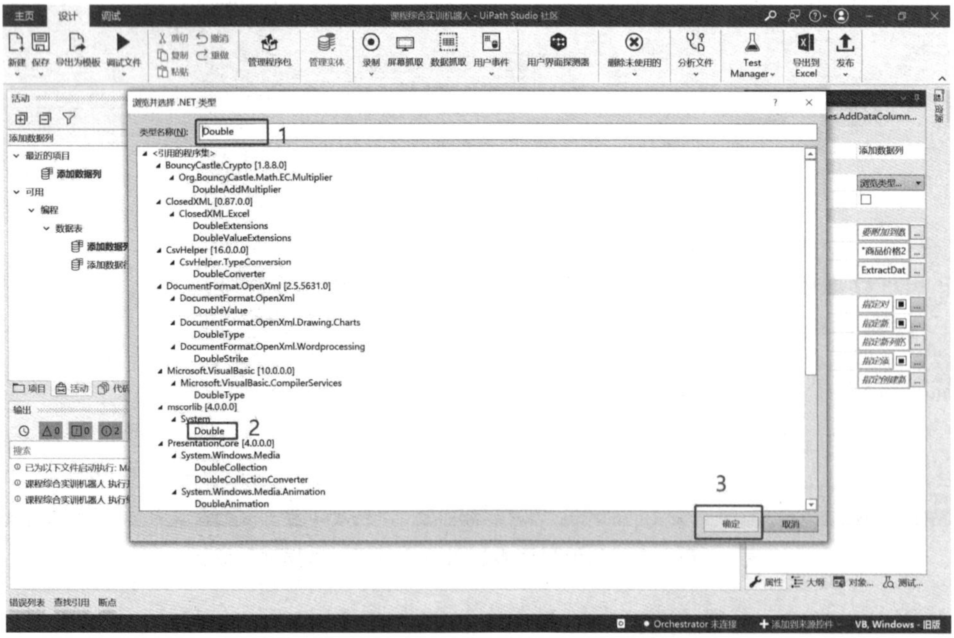

图 6-77　在浏览类型中输入“Double”查找类型

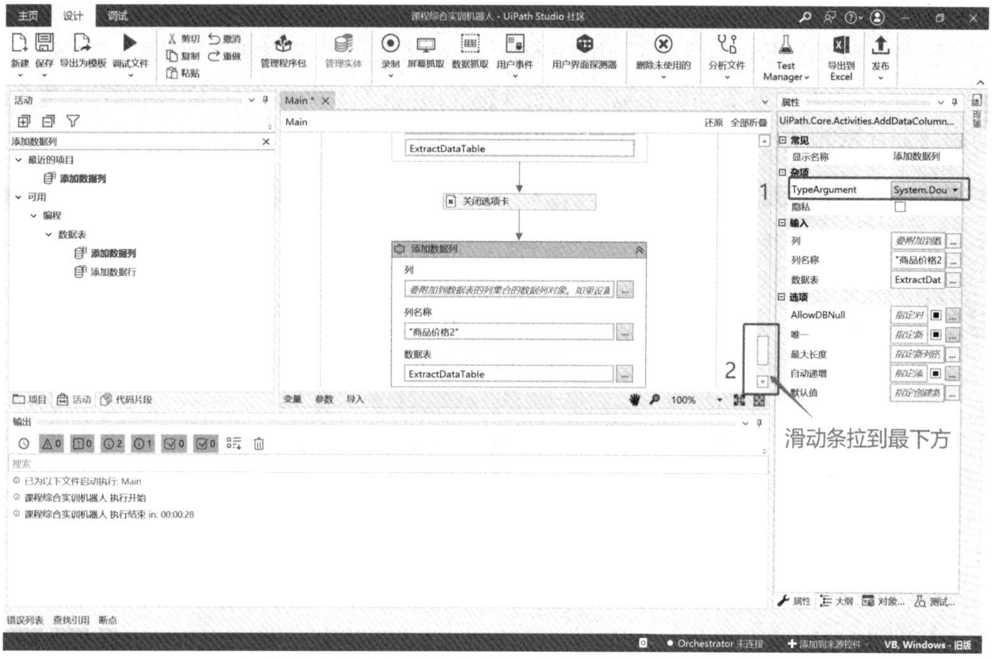

图 6 - 78　确定“Double”类型后再将滑动条拉到最下方

（2）机器人修改数据列。

步骤一：如图 6 - 79 所示，首先在工作流界面中点击左侧活动面板的“活动”（标记 1），然后在上方搜索活动框中输入对于数据表中的每一行（标记 2），然后用鼠标左键按住控件【对于数据表中的每一行】拖拽到设计主界面最下方的“⊕”处（标记 3）。

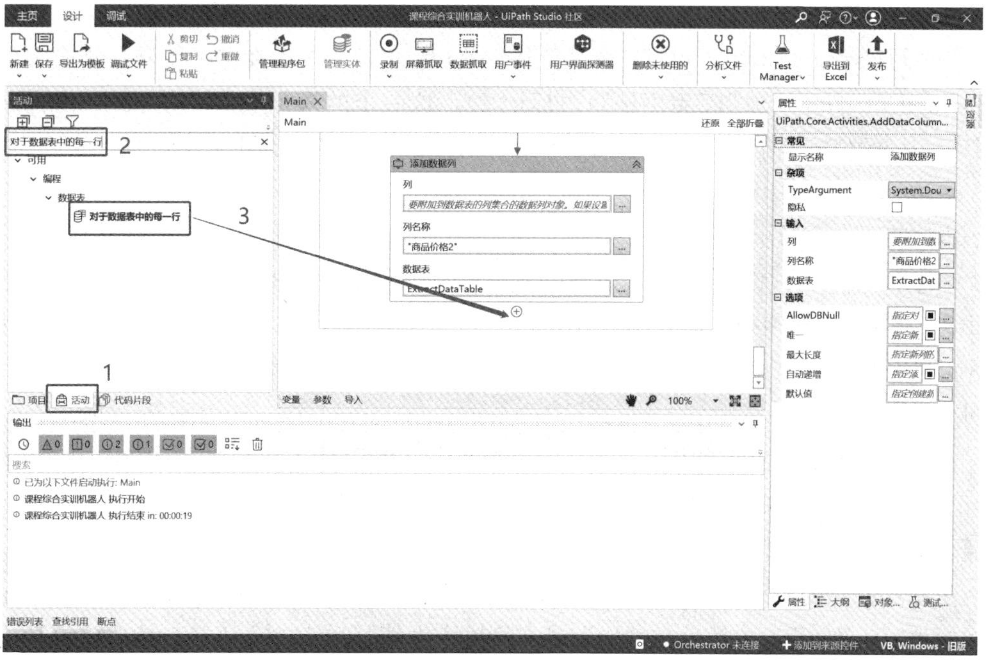

图 6 - 79　在工作流界面中加入一个【对于数据表中的每一行】活动

步骤二：在随后出现的图6-80界面中，首先在工作流【对于数据表中的每一行】活动“输入”处填写ExtractDataTable（标记1），然后点击左侧活动面板的“活动”（标记2），然后在上方搜索活动框中输入分配（标记3），然后用鼠标左键按住控件【分配】拖拽到【对于数据表中的每一行】活动“正文”中的“⊕”处（标记4）。

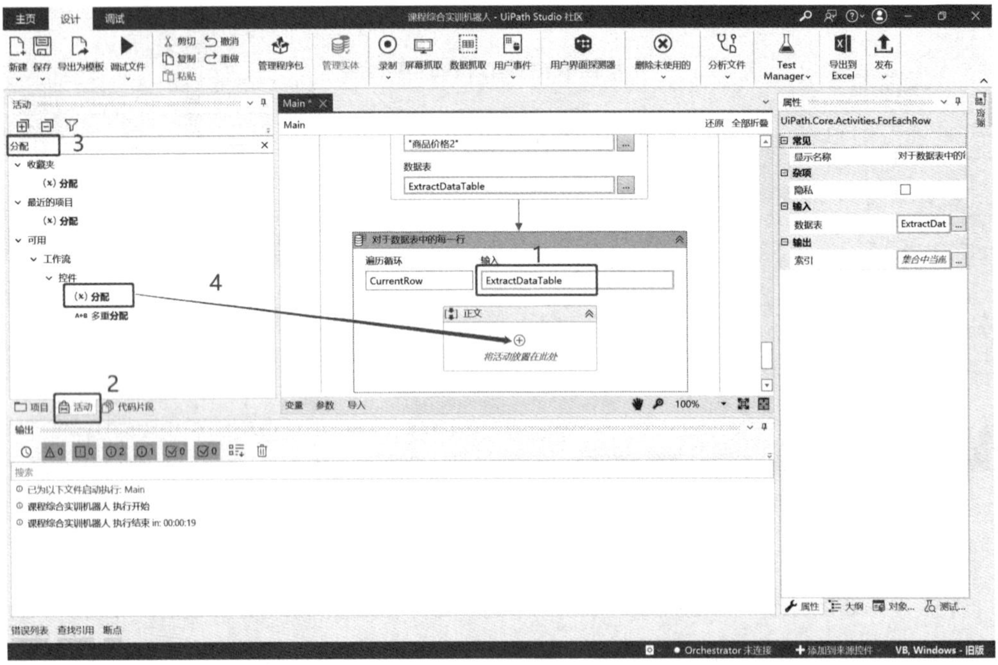

图6-80　在【对于数据表中的每一行】活动中填写相关内容

步骤三：在随后出现的图6-81界面中，首先在工作流【分配】活动“=”号左侧输入框填写ExtractDataTable(i)("商品价格2")（标记1），然后在“=”号右侧输入框填写ExtractDataTable(i)("商品价格")（标记2），这一步的操作实际上是从“商品价格”列中每一行的值分配给“商品价格2”列的每一行；然后点击变量面板处的“变量”（标记3），展开变量编辑区域。

步骤四：在随后出现的图6-82界面中，首先点击变量编辑区域的“创建变量”处，在“名称”列输入i（标记1），然后在“变量类型”列下拉选择int32（标记2），然后在“范围”列下拉选择序列（标记3），然后在“默认值”列填写0（标记4），然后在属性面板处可以看到同步出填写的内容（标记5），最后点击变量面板处的“变量”（标记6），收回变量编辑区域。

步骤五：在随后出现的图6-83界面中，首先将设计主界面的滑动条拉到最下方（标记1），然后在左侧活动面板中用鼠标左键按住控件【分配】拖拽到设计主界面上一个【分配】活动下方的“⊕”处（标记2）。

步骤六：在随后出现的图6-84界面中，首先在工作流【分配】活动“=”号左侧输入框填写i（标记1），然后在“=”号右侧输入框填写i+1（标记2），然后将设计主界面右侧的滑动条拉到最下方（标记3）。

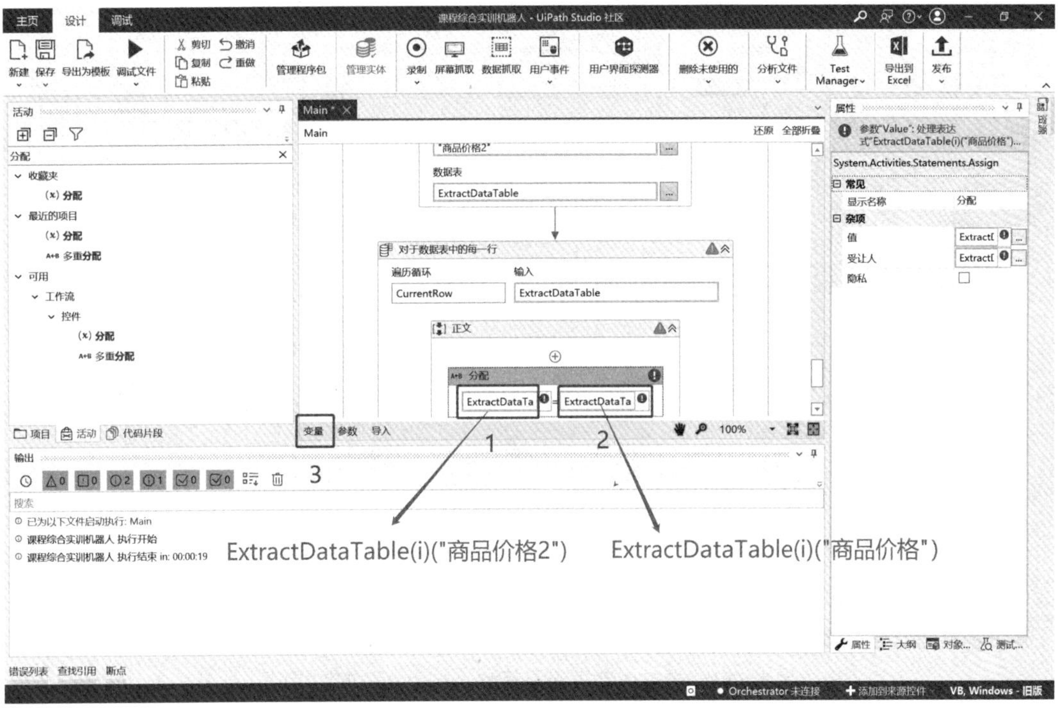

图 6-81　在【分配】活动中填写相关内容

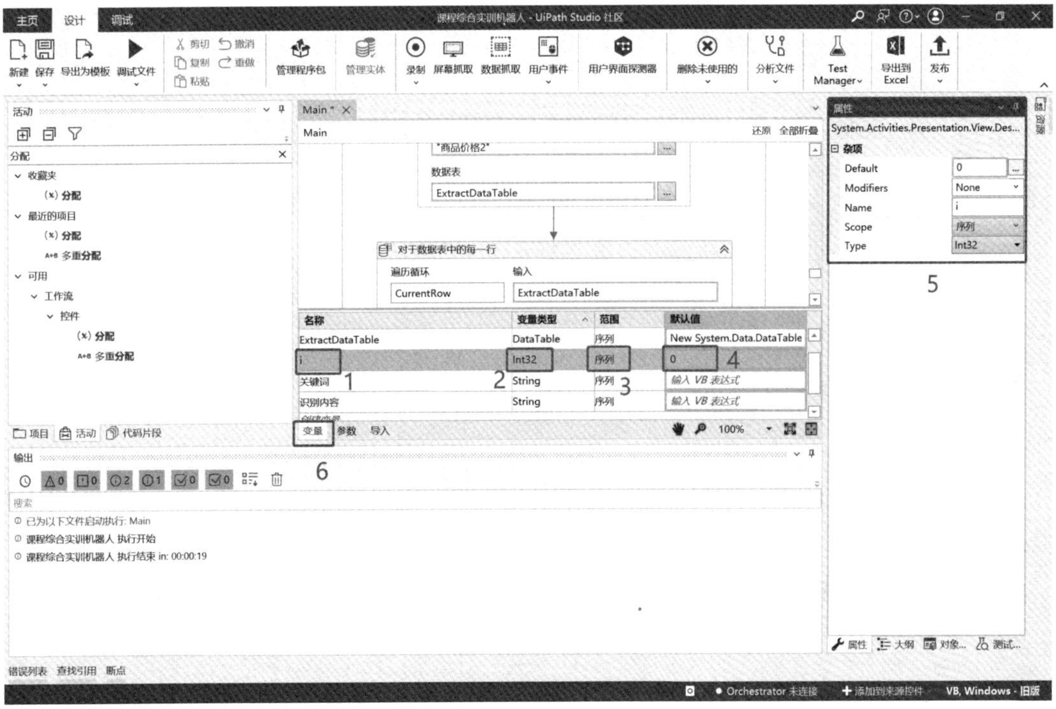

图 6-82　在变量编辑区域创建一个“i”变量

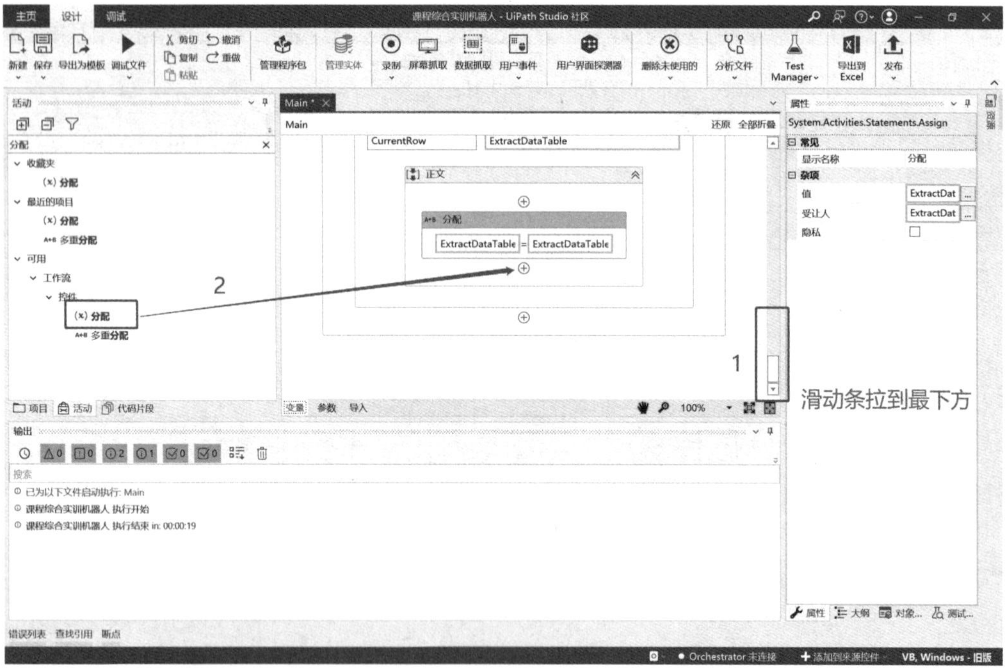

图 6-83　在工作流界面中再加入一个【分配】活动

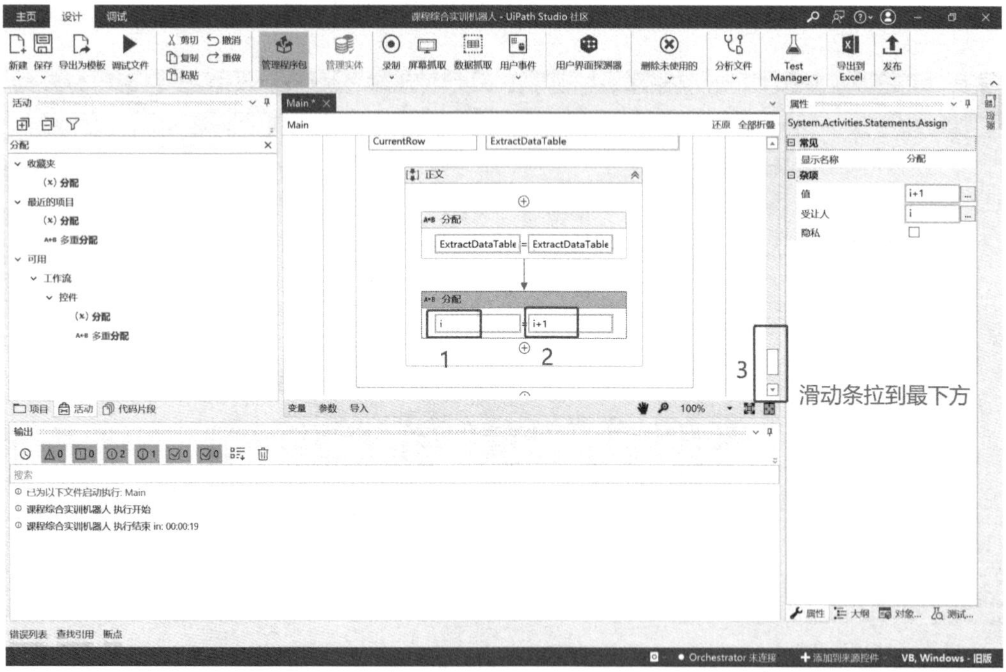

图 6-84　在【分配】活动中填写相关内容

（3）机器人排序数据列。

步骤一：如图 6-85 所示，首先点击左侧活动面板的“活动”（标记 1），然后在上方搜索活动框中输入排序数据表（标记 2），然后用鼠标左键按住控件【排序数据表】拖拽到设计主界面的“⊕”处（标记 3）。

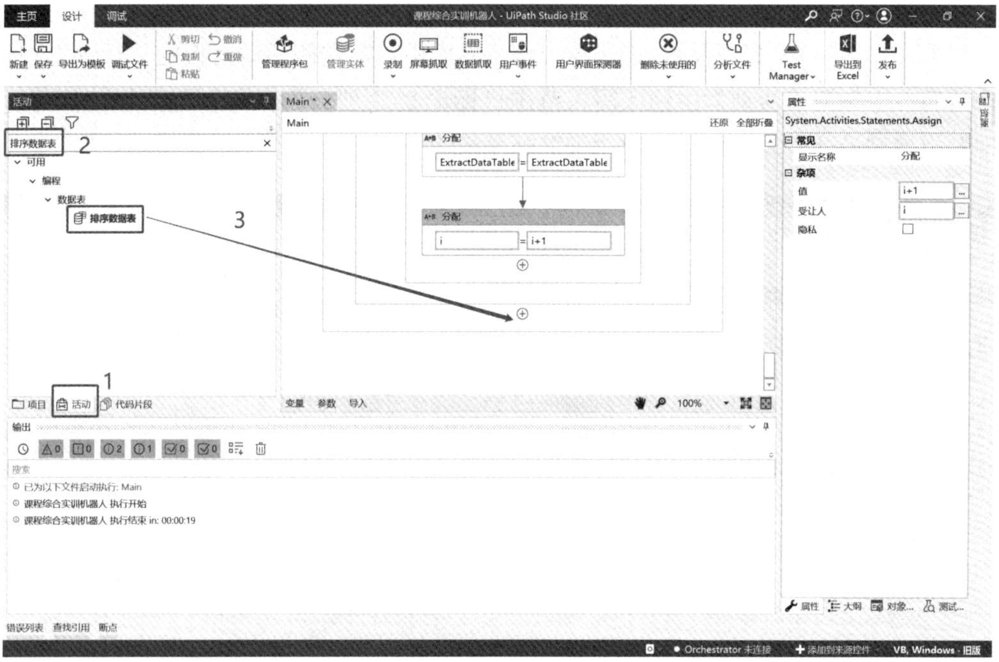

图 6-85　在工作流界面加入一个【排序数据表】活动

步骤二：在随后出现的图 6-86 界面中，首先在工作流界面【排序数据表】活动中“名称”处输入"商品价格 2"（标记 1），然后在“数据表”处输入"ExtractDataTable"（标记 2），然后在右侧属性面板输出“数据表”处输入"ExtractDataTable"（标记 3），然后将设计主界面右侧的滑动条拉到最下方（标记 4）。

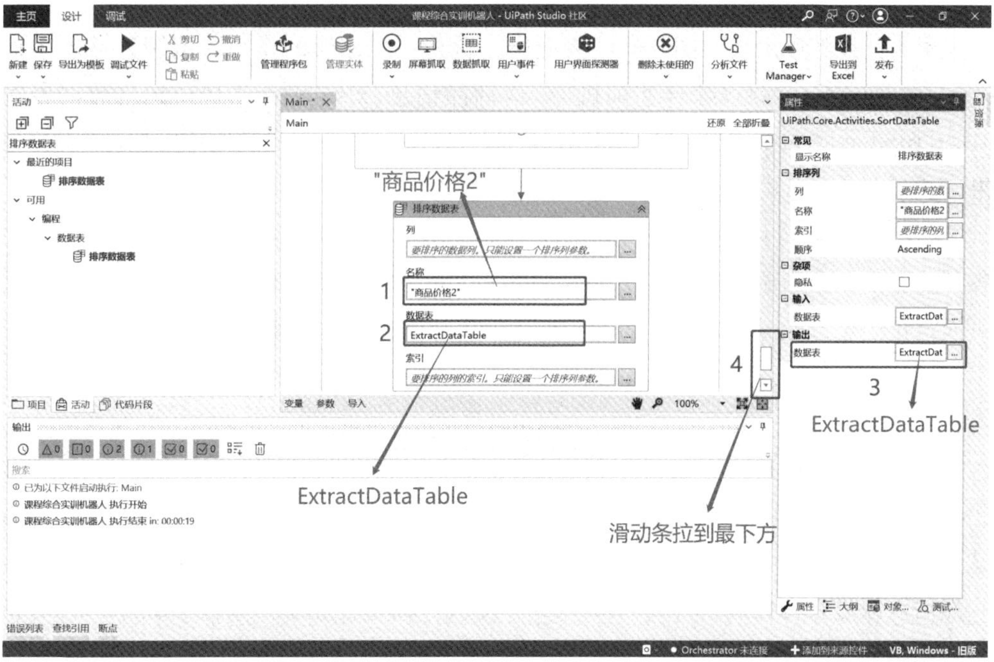

图 6-86　在【排序数据表】活动中填写相关内容

（4）机器人保存商品信息。

步骤一：如图 6－87 所示，首先在工作流界面中点击左侧活动面板的“活动”（标记 1），然后在上方搜索活动框中输入写入范围（标记 2），然后用鼠标左键按住控件【写入范围】拖拽到设计主界面最下方的“⊕”处（标记 3）。

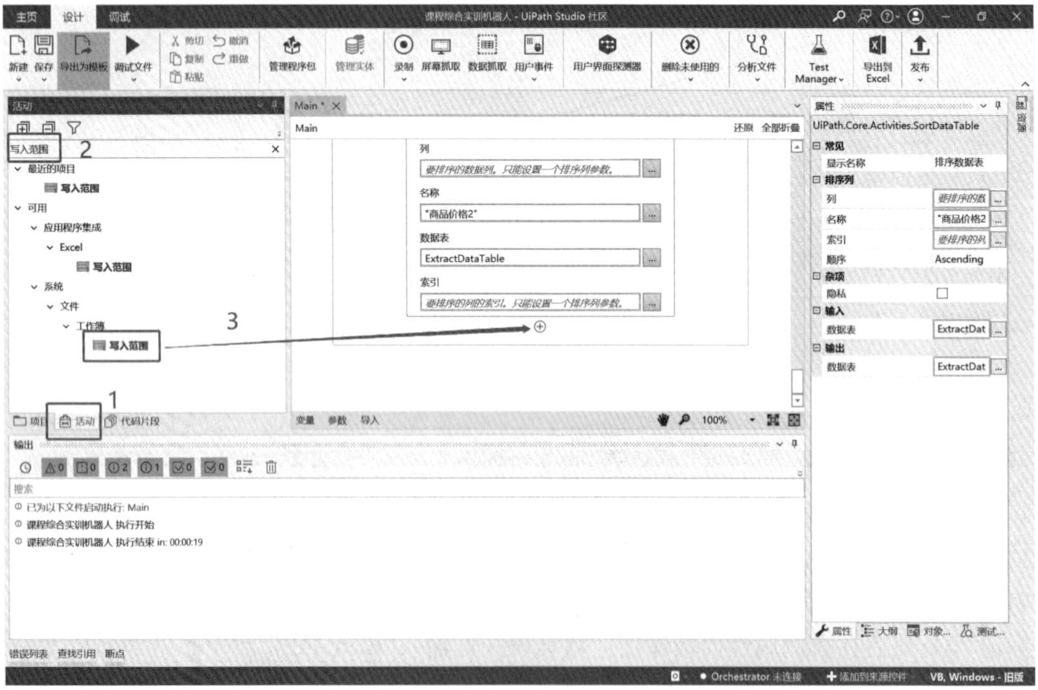

图 6－87 在工作流界面加入一个【写入范围】活动

步骤二：在随后出现的图 6－88 界面中，首先在工作流的【写入范围】活动中输入 Excel 文件路径"C：\课程综合实训机器人\商品信息.xlsx"（标记 1），然后数据表输入 ExtractDataTable（标记 2），然后在属性面板中将工作表名称和起始单元格填写为"排序结果"和"A1"（标记 3），并将“添加标头”处勾选上（标记 4）。

至此，我们完成了“按价格排序并保存商品信息”的操作，我们在设计主界面中通过各种功能按钮适当调整视图，结果如图 6－89 所示，由于操作步骤太多无法展示在一个页面，我们可以通过设计主界面的各种功能按钮查看具体的操作内容。

（三）程序运行

至此，我们完成了所有程序，下面让我们运行一下看看效果吧！

首先，如图 6－90 所示，点击工作流界面左上角的“调试文件”按钮，并点击出现的“运行文件”按钮，运行程序文件。

然后，经过自动化运行，UiPath 回到工作流界面，在左下方出现了程序运行的相关信息，如图 6－91 所示。

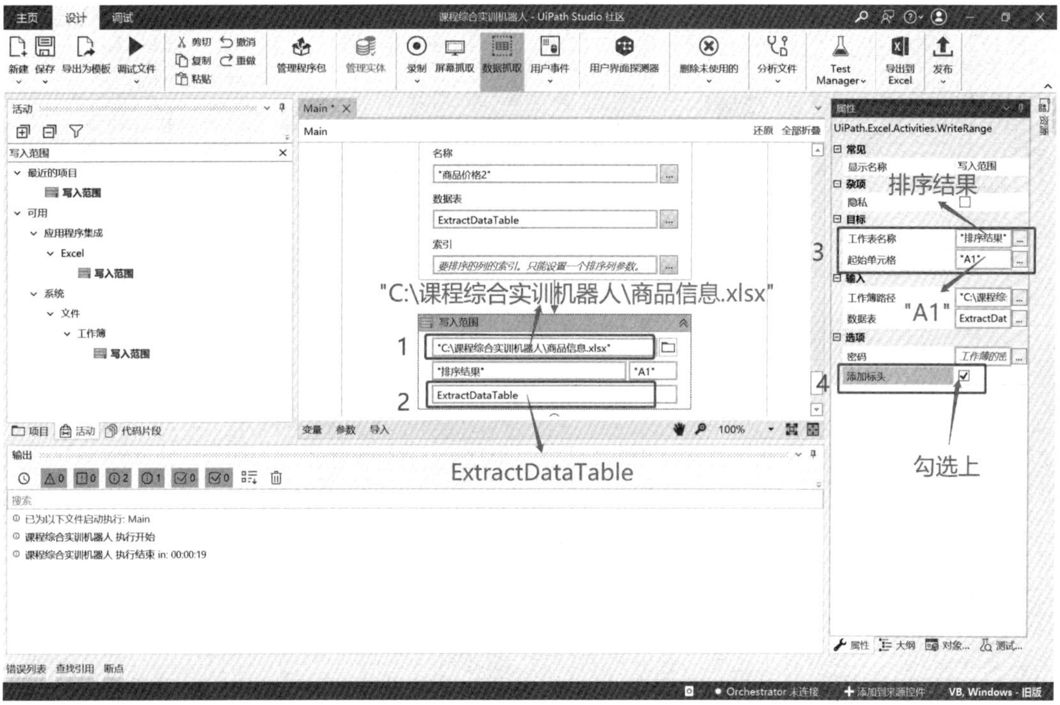

图 6－88　在【写入范围】活动中填写相关内容

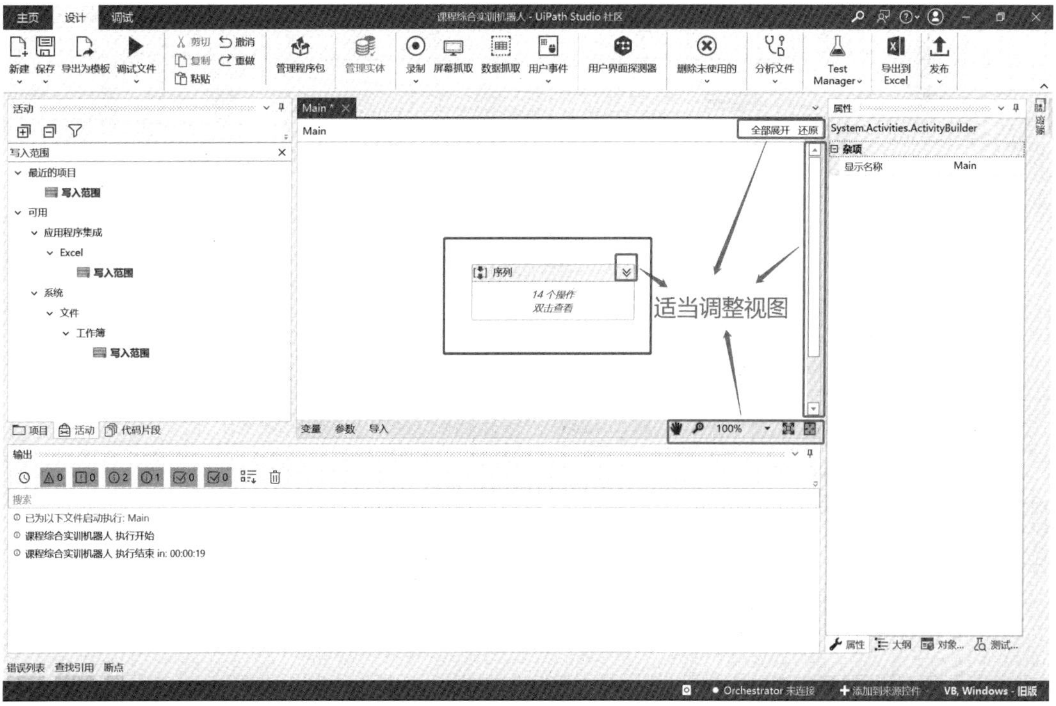

图 6－89　完整程序及主要活动一览图

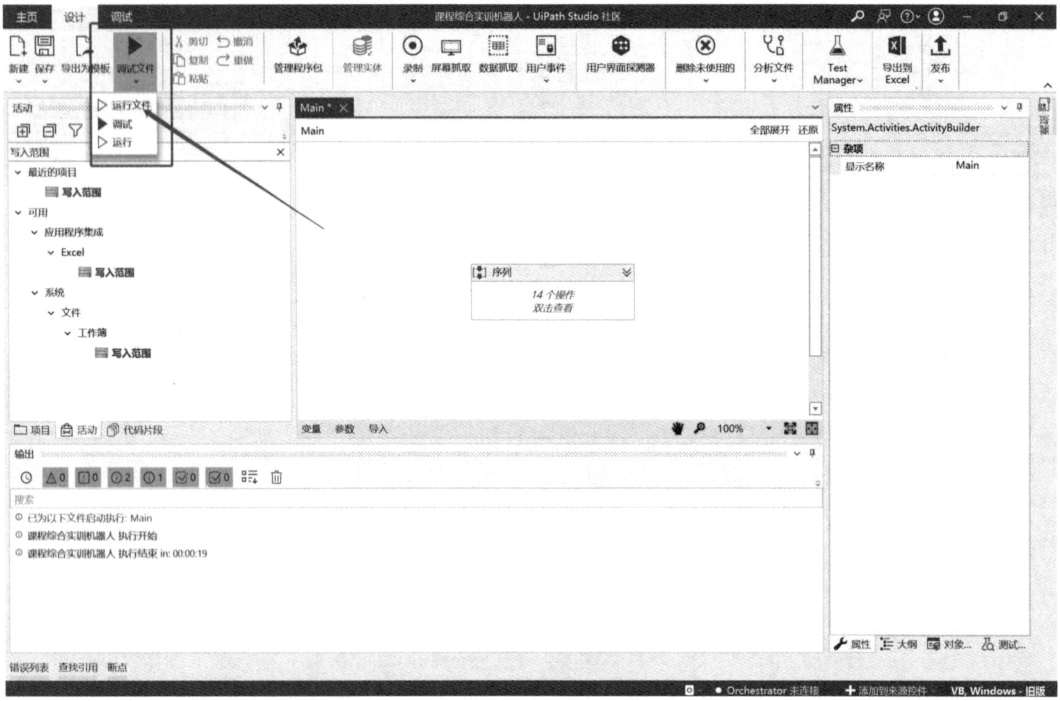

图 6-90　点击“运行文件”

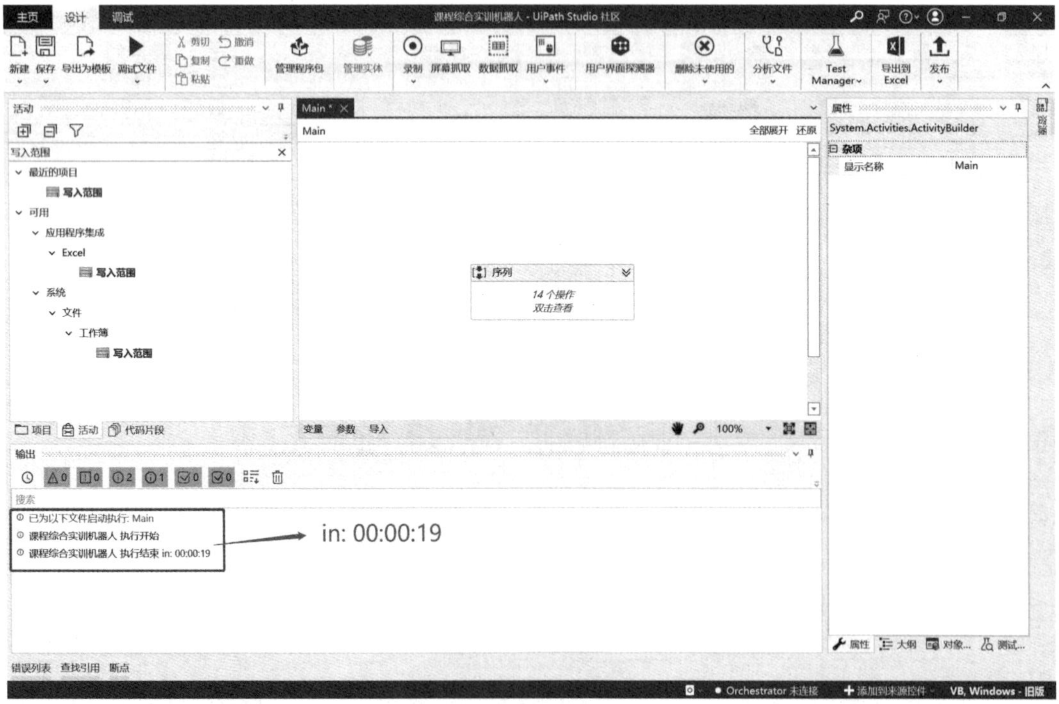

图 6-91　运行结束界面

最后，如图 6-92 所示，我们在电脑路径中（标记 1）可以看到自动生成的文本文件和 Excel 文件（标记 2），其中 Excel 文件“排序结果”表中的内容即为我们从京东网页抓取并按价格排序后的商品信息（标记 3）。

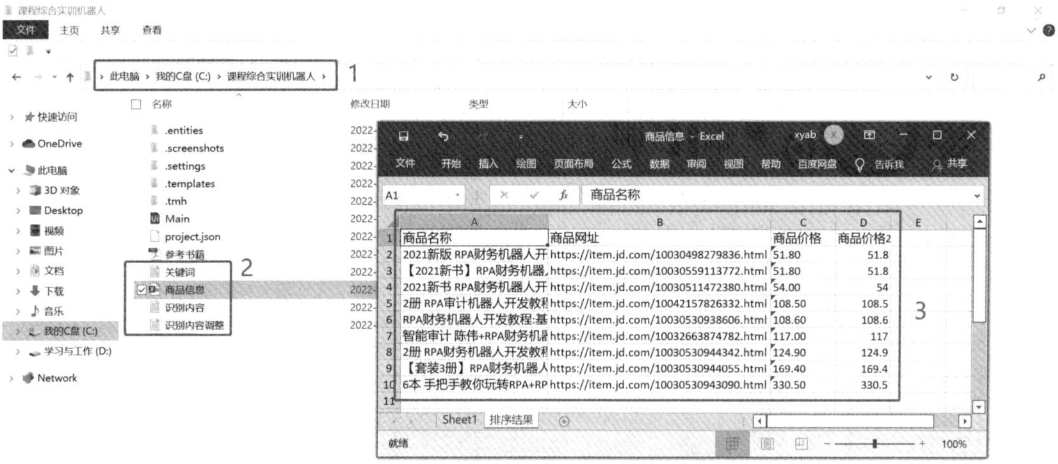

图 6-92 生成的相关文件及排序结果

(四) 文件保存

如图 6-93 所示，用鼠标左键点击工作流界面左上角的“保存”按钮，并点击出现的“全部保存”按钮。

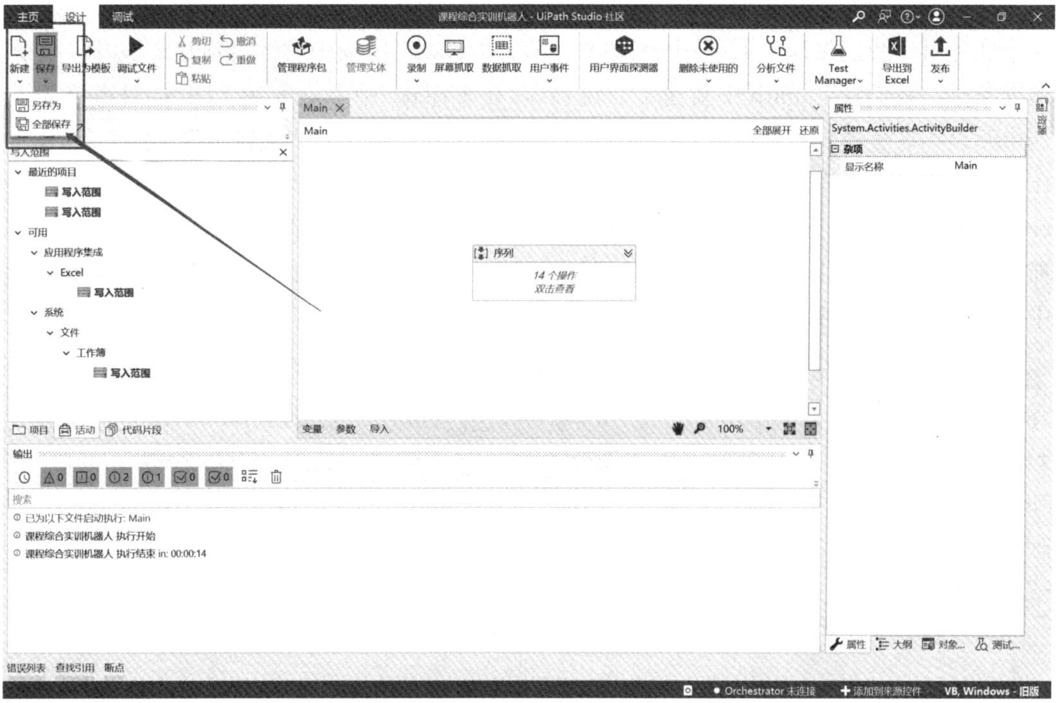

图 6-93 点击“全部保存”

最后保存的文件在哪儿呢？这与我们在“图 6－3 创建一个空白流程并更改‘名称’和‘位置’信息”的操作密切相关，如图 6－94 所示。

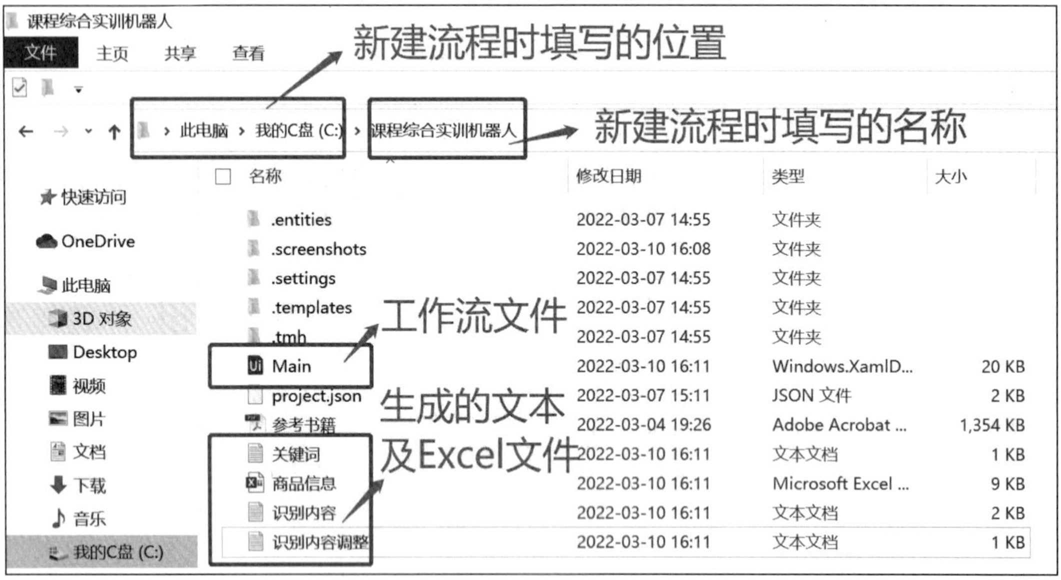

图 6－94 程序文件所在的位置及内容

任务小结

通过本任务的学习，大家是不是学会在 UiPath 中制作课程综合实训机器人了呢？在这个任务里，我们见识了 UiPath 在 PDF、Web、Excel 场景中的综合应用。其中，在操作准备时，我们在 UiPath 中新建了“流程”，在 UiPath 中下载安装 PDF 插件并在浏览器中互设扩展程序；在程序制作时创建了名称为“识别内容”“关键词”“网站”“ExtractDataTable”“i”的变量（如图 6－95 所示），应用了【使用 OCR 读取 PDF】、【Microsoft OCR】、【写入文本文件】、【分配】、【打开浏览器】、【输入信息】、【单击】、【数据抓取】、【提取结构化数据】、【写入范围】、【关闭选项卡】、【添加数据列】、【对于数据表中的每一行】、【排序数据表】等活动。

名称	变量类型	范围	默认值
识别内容	String	序列	输入 VB 表达式
关键词	String	序列	输入 VB 表达式
网站	Browser	序列	输入 VB 表达式
ExtractDataTable	DataTable	序列	New System.Data.DataTable
i	Int32	序列	0

图 6－95 创建的变量

任务 2

课程总结与展望

一、课程总结

通过本课程的学习，你对 RPA 概念及 UiPath Studio 的界面布局及相关功能是不是有所熟悉了呢？下面让我们对 UiPath Studio 中常用的项目、活动、变量等内容做个简单的总结吧！

（一）项目（Project）

UiPath Studio 中所说的项目（如图 6－96 所示），在英文版中显示为 Project，对应着我们工作中的业务流程，包括“流程”“库”等。在“新建项目”时，如果选择新建“流程”，是从空白项目开始设计新的自动化流程；如果选择新建“库”，是创建可重用组件，然后将这些组件作为库一起发布，库可作为依赖项添加到自动化流程。从我们前面保存的文件来看，“流程”“库”等项目实际上可由多个流程文件（文件拓展名. xmal）、Project. json 等组成。

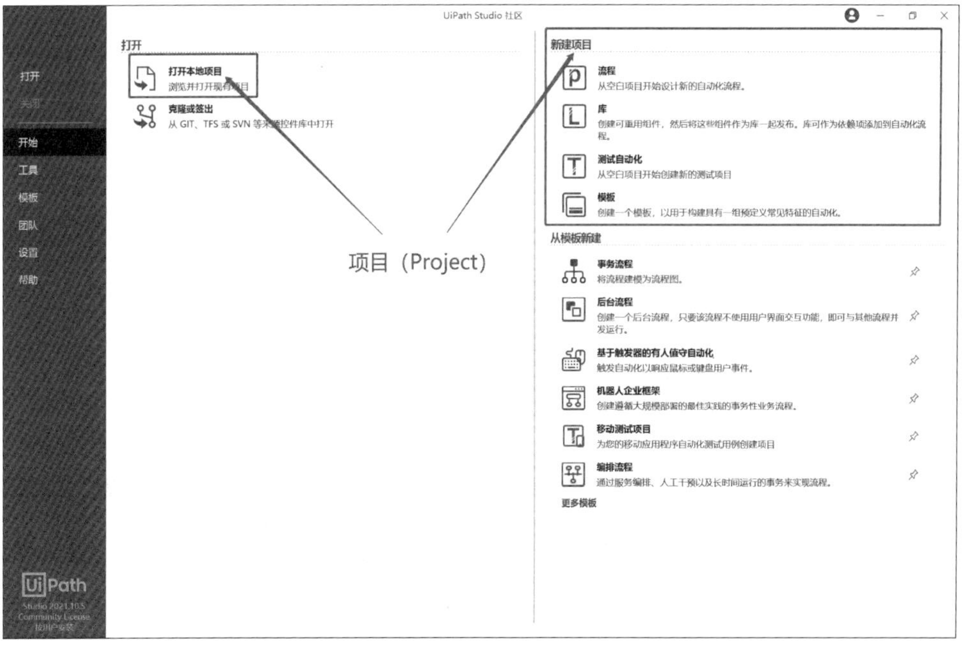

图 6－96　UiPath Studio 开始界面要求新建或者打开的“项目”

（1）文件拓展名. xaml：位于每个项目的主目录中，若新建的是“流程”则默认名为 Main. xaml，若新建的是“库”则默认名为 NewActivity. xaml，运行项目则将从这个文件开始运行。

（2）Project. json：位于每个项目的主目录中，记录着这个项目相关的依赖文件、项目说明等信息。

（二）活动（Activities）

UiPath Studio 中所说的活动（如图 6－97 所示），在英文版中显示为 Activities，对应用户在计算机上的每个操作或者逻辑（例如我们已经应用的【消息框】、【后条件循环】、【分配】、【输入对话框】、【Excel 应用程序范围】、【读取单元格】等活动），以及为了容易理解而对流程步骤所做的分组（这里说的是活动中的【序列】、【流程图】、【状态机】）。

UiPath Studio 作为一个可视化的 RPA 工具，提供了大量的活动，用户可以根据需求搜索相应的活动并通过拖拽等方式将活动组合到流程编辑区；除了初次安装已有的活动外，UiPath Studio 还提供了“管理程序包”的按钮，可以在线搜索并安装官方或者第三方开发的活动（例如我们在 PDF 场景应用中下载的 PDF 插件），极大地满足了流程设计与开发的需要。

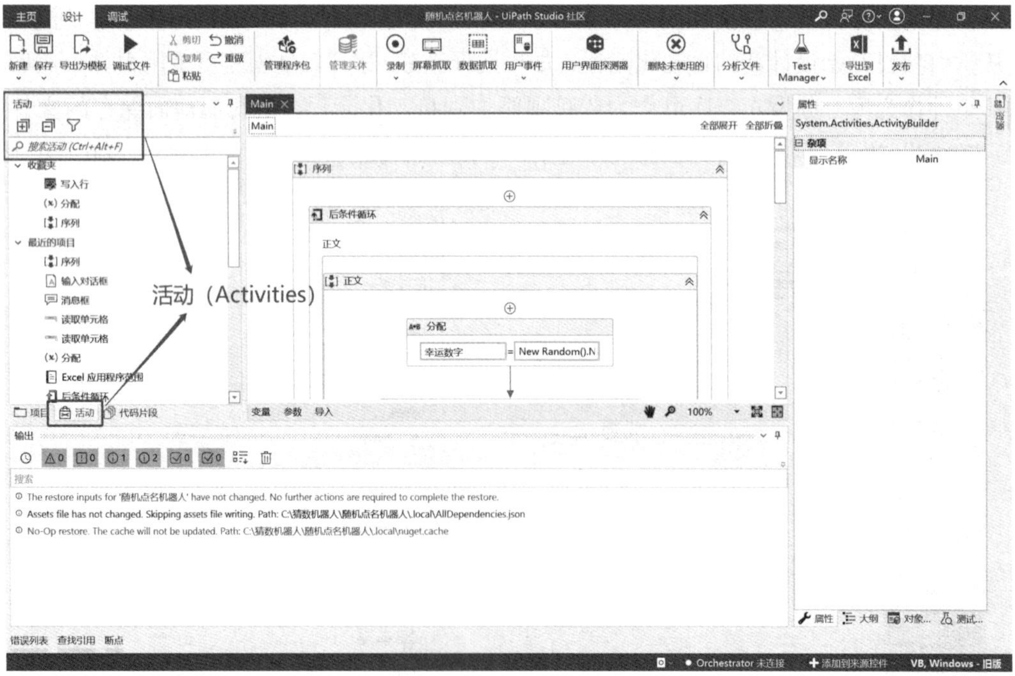

图 6－97 UiPath Studio 左侧活动面板中的“活动”

（三）变量（Variables）

变量（Variables）是编程语言最重要的概念之一，“变量”可以被理解为计算机存放数据的周转容器，UiPath 等 RPA 软件通过“变量”来处理数据，就像装数据的快递盒子，把数据运送过来供你处理或运走。在自动化项目中，“变量”起到数据传递的重要作用，还可以通过改变值以实现多种目的，例如控制循环主体的执行次数。在 UiPath 中定义“变量”需要了解“名称”“变量类型”“范围”“默认值”等要素（如图 6-98 所示），其中“名称”“变量类型”“范围”这三个要素是必填项，而“默认值”是选填项。

（1）名称（Name）：必填项，用于填写变量名称，同一范围内的变量名称不能重复。

（2）变量类型（Variable type）：必填项，用于填写变量的类型，如我们涉及的字符串（String）、整数（Int32）、双精度（Double）、数组（Array）、数据表（DataTable）、浏览器（Browser）等变量类型。

（3）范围（Scope）：必填项，用于填写变量的作用域。

（4）默认值（Default）：选填项，用于为变量设定默认值。

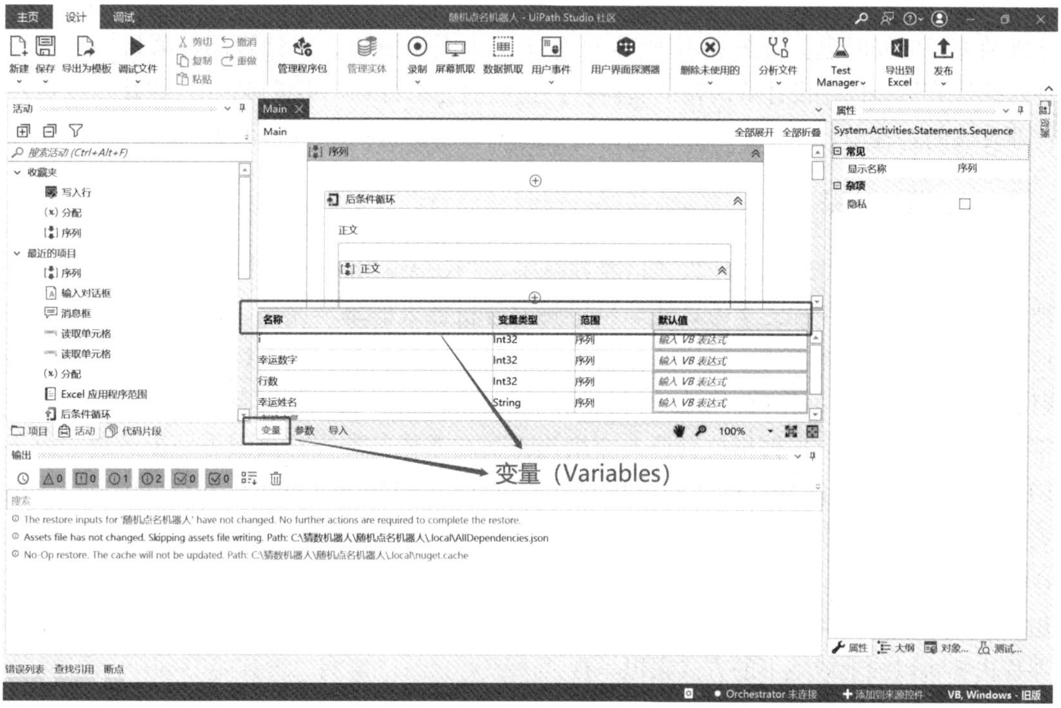

图 6-98　UiPath Studio 的“变量”及变量编辑区域

二、课程展望

通过本课程的学习，我们初步认识了 RPA 并逐渐学会使用 UiPath 软件在 Web、Excel、PDF 等场景中的应用。然而值得注意的是，在数字经济蓬勃发展和职业教育深化改革的浪潮中，RPA 财务机器人等课程才刚刚兴起，RPA 的未来以及学习的重点在哪儿？2021 年全国职业教育大会明确指出：深化“三教”改革，“岗课赛证”综合育人，提高教育质量。下面，让我们围绕 RPA，分别从高等职业教育人才培养的“岗”“课”

"赛""证"四个方面看一看。

（一）岗-岗位

在高等职业教育的赛道上积极培养适应时代发展需要的新型复合型高素质会计专业人才，需要我们在岗位需求及前景分析的基础上，对接岗位进一步优化人才培养方案和课程体系。RPA 有着"软件机器人""虚拟员工"等称谓，社会上也存在着"RPA 会抢走我们的工作，我们会被机器人取代"的忧虑。这里引用达观数据在《智能 RPA 实战》一书中的观点，"RPA 的主旨是解放劳动力，把员工从单调重复、枯燥乏味的操作型工作中解放出来，RPA 未来反而会为我们增加更多的工作机会。机器人取代规则化、重复性的低价值劳动任务是大势所趋，但不可否认的是，RPA 机器人不仅解放了员工的时间和精力，使他们能够从事具有更高价值的工作，更会创造大量诸如机器人管理、人机合作类岗位"。随着 RPA 和 AI 的深度融合，我们相信很多传统的重复性、低层次的岗位会逐渐消失，但同时也会带来从事 RPA 财务机器人需求分析、咨询顾问、项目规划与管理、流程分析与优化设计等岗位的新需求。正如"逆水行舟，不进则退"，在技术变革和产业发展的进程中，努力学习并应用新的信息技术才是获得岗位竞争力的重要保证。

（二）课-课程

在高等职业教育相关专业人才培养方案中，"RPA 财务机器人"的课程目标大致会被表述为"通过该课程的学习，使学生了解财务机器人的基本原理、财务机器人的现实运用，以及财务机器人的方案实施，让学生了解最新的财务机器人运用趋势，了解未来财务会计工作，促使学生更好地学习相关知识，解决今后面临的财务自动化问题"，教学内容及教学要求会根据相关专业人才培养方案在具体的课程标准中进一步体现。由于 RPA 这门信息技术以及"RPA 财务机器人"这类课程才刚刚兴起，因此课程内容有着很大的发挥空间。事实上，除了 UiPath 等 RPA 行业领导者开发的软件外，国内来也 UiBot、华为 WeAutomate RPA 等民族自主品牌也正在 RPA 市场中发挥着越来越重要的作用，相关课程培训体系也在不断完善。随着 RPA"产学研用"的深度融合，越来越多的课程内容将以线上或线下的方式得以呈现。

（三）赛-竞赛

在高等职业教育的人才培养中，技能竞赛发挥着重要的引领作用。从 2022 年 3 月发布的全国职业院校高职组会计技能大赛规程来看，"财务机器人开发与应用"已成为其中的一项竞赛内容，考查"对企业日常发生的一些简单、重复的经济业务，通过 OCR 扫描自动识别企业票据，根据识别出的企业票据自动生成记账凭证"和"按照给定财务案例背景描述，梳理业务流程及业务痛点，遵循 RPA 财务机器人适用标准、业务数据规范及标准，分析机器人开发的可行性与必要性，利用 UiPath 工具设计开发 RPA 财务机器人"。我们相信这是专业升级和数字化改造后发生的巨大变化，RPA 财务机器人等相关内容将进入越来越多的技能竞赛视野。例如，2021 年，首届"中国 RPA＋AI 开发者大赛”由中国最大的 RPA 行业生态平台——RPA 中国，联合达观数据、九科信息、华为、UiPath、中国移动信息技术中心、中电金信、RPA 之家、艺赛旗、Automation Anywhere、云扩科技等国内外多家优秀头部企业共同举办。为了加强高校人才培养和新兴信息产业需求的有效衔接，加快培育更多高端、优秀的软件人才，也为了让更多的同学了解 RPA 技术以加强未来在职场的竞争力，大赛特别设置了高校参赛组，参赛对象包括国内高等学院的会计、计算机、物流、金融、管理咨询等院校在读学生（含专科、本科、硕博）等。

（四）证-证书

在高等职业教育的人才培养中，证书考培也是提升学生技能的重要方式。从 RPA 各供应商提供的认证证书来看，市面已经出现一些涵盖初级、中级和高级证书的认证体系，例如 UiPath 认证证书、UiBotRPA 实施工程认证、教育部 1+X 证书等。以教育部主推的 1+X 证书试点为例，北京东大正保科技有限公司近年来推出了“1+X 政府财务与会计机器人应用职业技能等级证书”，分为初级、中级、高级三个层次依次递进，目前并在全国多家高职院校试点应用。随着职业教育改革对产教融合校企合作工作的推进，校企合作开发课程、课证融通等趋势将越来越明显。

任务小结

通过本任务的学习，大家是不是对 RPA 的课程内容以及未来有着更深的体会了呢？是的，本教程带领大家认识了 RPA 并体验了 UiPath 在 Web、Excel、PDF 等场景中的应用。然而值得注意的是，在数字经济蓬勃发展和职业教育深化改革的浪潮中，RPA 财务机器人等课程才刚刚兴起，高等职业教育“岗课赛证”综合育人的教育理念正在实践。学无止境，如果还意犹未尽的话，那么请结合本教程的主要参考书籍和其他学习资源继续探索吧！

项目练习

1. 登录来也 UiBot 官网（https://laiye.com/academy/rpa/study），获取更多学习资源。

2. 登录华为 RPA 课程网站（https://www.huaweicloud.com/solution/rpa.html）学习。

参考文献

［1］程平 . RPA 财务机器人开发教程——基于 UiPath［M］. 2 版 . 北京：电子工业出版社，2021.

［2］程平 . RPA 财务机器人原理、应用与开发［M］. 北京：中国人民大学出版社，2022.

［3］程平，褚瑞 . RPA 审计机器人开发教程：基于来也 UiBot［M］. 北京：电子工业出版社，2021.

［4］孙玥璠 . RPA 财务机器人开发与应用（基础版）——基于 UiPath StudioX［M］. 北京：中国人民大学出版社，2021.

［5］程淮中，蔡理强 . RPA 财务机器人开发与应用［M］. 北京：高等教育出版社，2022.

［6］杨智慧，韦兰英，陈少强 . RPA 财务机器人设计与应用［M］. 上海：立信会计出版社，2022.

［7］邵京京，白晶茹等 . UiPath RPA 开发：入门、实战与进阶［M］. 北京：机械工业出版社，2020.

［8］褚瑞，袁志坚 . 机器人流程自动化（RPA）UiBot 开发者认证教程（上、下册）［M］. 北京：电子工业出版社，2020.

［9］财智未来编委会 . RPA 财税机器人开发与应用［M］. 北京：电子工业出版社，2021.

［10］邵锐照 . UiPath Studio 开发入门［M］. 北京：人民邮电出版社，2020.

［11］柴娟伟 . RPA（流程自动化机器人）入门——手把手教你应用 UiPath 自动化工作［M］. 北京：电子工业出版社，2020.

［12］王旭斌 . 手把手教你玩转 RPA——基于 UiPath 和 Blue Prism［M］. 北京：电子工业出版社，2020.

［13］王言 . RPA：流程自动化引领数字劳动力革命［M］. 北京：机械工业出版社，2020.

［14］李永伦 . RPA 开发与应用［M］. 北京：北京航空航天大学出版社，2020.

［15］财智未来编委会 . RPA 财税机器人开发与应用［M］. 北京：电子工业出版社，2020.

［16］达观数据 . 智能 RPA 实战［M］. 北京：机械工业出版社，2020.

［17］朱龙春，刘会福，柴亚团，万正勇 . RPA 智能机器人实施方法和行业解决方案

[M]. 北京：机械工业出版社，2020.

[18] 郭奕，赵旖旎．财税 RPA：财税智能化转型实战 [M]. 北京：机械工业出版社，2020.

[19] 西村泰洋．几张图教你看懂 RPA——AI & RPA：人工智能与机器人流程自动化的完美结合 [M]. 张丹，译．北京：中国青年出版社，2020.

[20] 陈虎，孙彦丛，等．财务机器人——RPA 的财务应用 [M]. 北京：中国财政经济出版社，2019.